U0554104

民法典
研究丛书

合同法通义

郭明瑞　著

商务印书馆
The Commercial Press
创于1897

图书在版编目（CIP）数据

合同法通义 / 郭明瑞著. —— 北京：商务印书馆，2020
（民法典研究丛书）
ISBN 978-7-100-18944-6

Ⅰ.①合⋯ Ⅱ.①郭⋯ Ⅲ.①合同法—法律解释—
中国 Ⅳ.① D923.65

中国版本图书馆 CIP 数据核字（2020）第 151839 号

权利保留，侵权必究。

民法典研究丛书
合同法通义
郭明瑞　著

商　务　印　书　馆　出　版
（北京王府井大街36号　邮政编码100710）
商　务　印　书　馆　发　行
北　京　冠　中　印　刷　厂　印　刷
ISBN　978-7-100-18944-6

2020年10月第1版　　　开本 880×1230　1/32
2020年10月北京第1次印刷　　印张 24¹/₈　插页 2

定价：99.00 元

　　郭明瑞，1947 年 9 月出生于山东招远的一个小乡村。1966 年值高中毕业之际，文化革命爆发，高考中止，于 1967 年回村务农。1969 年 3 月至 1975 年 4 月在部队服役。退伍后在农村中学任民办老师。1977 年恢复高考后考入北京大学法律系学习，于 1982 年 1 月毕业后留校任教。1985 年 8 月为支援烟台大学建设和解决两地分居，调入烟台大学。1982 年获法学学士学位（北京大学），1995 年获法学博士学位（中国人民大学）。1985 年晋升讲师，1988 年晋升副教授，1992 年晋升教授。曾任烟台大学校长。长期致力于民商法研究，现为中国民法学研究会学术委员会副主任，中国人民大学、山东大学博士生导师。2011 年 9 月至 2018 年 9 月被山东大学特聘为人文社科一级教授。出版著作《民法总则通义》，本书获 2018 年《法治周末》十强图书。

内容概要

　　《合同法通义》包括绪论和本论。绪论阐述合同法的含义与特性、合同法在民法中的地位、合同法的历史发展以及民法典合同编的编纂。根据民法典合同编的规定，本论部分包括通则、典型合同和准合同。通则包括一般规定、合同的订立、合同的效力、合同的履行、合同的保全、合同的变更和转让、合同的终止、违约责任等。典型合同包括买卖合同、供用合同、赠与合同、保证合同、借款合同、租赁合同、融资租赁合同、保理合同、承揽合同、建设工程合同、运输合同、技术合同、保管合同、仓储合同、委托合同、物业服务合同、行纪合同、中介合同、合伙合同等19种合同。准合同包括无因管理和不当得利。全书以民法典合同编的章节规定为线索，根据合同法的立法材料、司法解释和合同法研究的最新成果，结合司法实务，系统阐述合同法的基本知识、基本理论和基本制度，从法解释学的角度释明合同编的条文，以准确理解和适用合同法的规定。本书既可作为法科学生学习合同法的教学用书，也可作为法律职业人研习和适用合同法的工具书，还是其他有心学习法律、实践依法治国理念者的有效读本。

前　言

　　自中共中央第十一届三中全会确立改革开放政策以来，商品、市场、合同日益成为流行语。高度集中的计划经济体制篱笆一经打开，市场就迸发出了令人兴奋的活力，促进了我国经济的迅速发展。经济生活的实践证明，市场并不姓"资"，不是令人害怕的资本主义"专有物"。在消除市场姓"资"姓"社"的疑惑之后，中共中央第十四大明确提出我国经济体制改革的目标就是建立社会主义市场经济体制。此后，发展社会主义市场经济成为人人皆知的改革目标，也成为我国社会发展的运力。市场经济就是通过市场调节各种资源，市场经济体制就是要让市场在调节各种资源中发挥主要和主导作用。市场是一种竞争机制，实行优胜劣汰，从而会增强主体的活力，使资源得到优化配置，提高经济效益。同时，市场又具有天然的弊端，例如，市场会使主体唯利是图，不顾一切地追逐利益最大化，会以各种不正当的手段进行竞争，从而破坏交易秩序，威胁交易安全；市场也会导致垄断，从而反过来扼杀市场活力。因此，为发挥市场的长处，克服市场的短处，必须为市场制定相应的规则，以法律保障市场交易得以正常有序地安全进行。正是在这一意义上说，市场经济也是法治经济。调整市场经济的法律包括物权法、反不正当竞争法、反垄断法，等等，其中最基本的法律就是合同法。

合同法是民法的重要组成部分，是市场经济的基本法，是随着市场经济的确立和发展而产生和发展的。我国合同法正是在确定建立社会主义市场经济体制的改革目标后，为保障社会主义市场经济的健康发展而制定的。合同法不仅确立市场主体的地位，为市场经济规定了基本交易规则，为市场主体订立各类合同提供了有效的选择规范，而且为保障合同的效力及促进社会信用体系的建立，提供了有效的手段。合同法的地位以及合同法与市场经济的关系，说明学好用好合同法，无论对于从事经济工作的经济人，还是对于从事法律工作的法律人来说，都是极为重要的。

合同法的内容繁多，原《中华人民共和国合同法》就有 428 个条文，最高人民法院还就适用合同法发布了诸多司法解释。《中华人民共和国民法典》共 1260 条，合同编为 526 条。而市场经济又是最活跃的，实践中不断会出现新的需要法律解决的合同问题。因此，如何学好合同法，用好合同法，以正确处理各种合同纠纷和保护主体的合法权益，并非是一件容易的事情。这要求不仅要掌握合同法的基本理论，还要能够准确理解合同法条文；不仅应重视社会中出现的新问题，还要善于理论联系实际以合法地处理合同纠纷。正是为了更好地理解和运用合同法，笔者根据合同法理论的新发展和合同法施行以来的新材料，从法律解释学的角度，撰写了《合同法通义》，以求以简洁的语言阐述合同法理论和法律条文的要义。

但愿本书能够为有志于学习合同法和从事法律实务的法律人学好用好合同法有所帮助。

　　本书的出版得到商务印书馆的大力支持，尤其是王兰萍编审付出了辛勤的劳动。借此机会，我对商务印书馆和王编审表示衷心感谢！

郭明瑞

2020 年夏于烟台大学

目　录

绪　论··1

　　一、合同法的含义和特性···1

　　二、合同法在民法中的地位···3

　　三、合同法的立法发展···3

　　四、民法典合同编的编纂···4

本　论

民法典第三编　合同

第一分编　通则

第一章　一般规定···15

　　一、合同法的调整对象···15

　　二、合同的含义···16

　　三、合同的分类···18

　　四、合同神圣原则···26

　　五、合同的解释···27

　　六、无名合同及涉外合同的法律适用·································33

　　　　（一）无名合同的法律适用···34

　　　　（二）涉外合同的法律适用···35

　　七、合同法总则对非合同之债关系的适用·························36

第二章　合同的订立·····················38

一、合同订立的含义·····················38

二、合同的形式和内容·····················39

（一）合同的形式·····················39

（二）合同的内容·····················41

三、合同订立的方式和程序·····················44

（一）要约·····················45

（二）承诺·····················53

四、合同成立的时间和地点·····················60

（一）合同成立的时间·····················60

（二）合同成立的地点·····················62

五、计划合同的订立·····················63

六、预约合同·····················64

七、格式合同条款·····················65

（一）格式条款提供一方的义务·····················65

（二）格式条款的无效·····················68

（三）格式条款的解释·····················70

八、悬赏广告·····················71

九、缔约过失责任·····················72

（一）缔约过失责任的含义和构成·····················72

（二）缔约过失责任的行为类型·····················75

（三）侵害缔约中知悉的商业秘密及其他秘密信息的责任·····················77

第三章　合同的效力·····················79

一、合同效力的含义·····················79

二、合同生效的时间·····················81

三、无权代理人订立合同的效力·····················82

四、法定代表人越权订立合同的效力·····················83

五、超越经营范围订立的合同效力 ································84

六、合同免责条款的无效 ····································85

七、合同效力的认定规则 ····································86

八、附条件和附期限合同的效力 ·······························90

（一）附条件合同的效力 ··································90

（二）附期限合同的效力 ··································98

第四章　合同的履行 ·······································103

一、合同履行的含义和原则 ·································103

（一）合同履行的含义 ····································103

（二）合同履行的原则 ····································105

二、合同的正确履行规则 ····································107

（一）合同的履行主体 ····································109

（二）合同的履行标的 ····································109

（三）合同的履行地点 ····································110

（四）合同的履行方式 ····································111

（五）合同的履行期限 ····································111

（六）合同的履行费用 ····································112

三、金钱之债的履行 ··112

四、选择之债的履行 ··113

五、按份之债的履行 ··114

六、连带之债的履行 ··115

七、第三人履行 ··118

八、双务合同履行中的抗辩权 ·······························120

（一）双务合同履行抗辩权含义 ···························120

（二）同时履行抗辩权 ····································121

（三）先履行抗辩权 ······································124

（四）不安抗辩权 ··126

九、债权人的通知义务和拒绝受领的权利 ·····················129

（一）债权人的通知义务 ……………………………………………… 129

（二）债权人拒绝受领的权利 ………………………………………… 130

十、合同当事人相关事项变动的效力 ………………………………… 131

十一、情势变更原则 …………………………………………………… 132

十二、合同的监管 ……………………………………………………… 134

第五章　合同的保全 ………………………………………………………… 136

一、合同保全的含义 …………………………………………………… 136

二、债权人的代位权 …………………………………………………… 137

三、债权人的撤销权 …………………………………………………… 143

第六章　合同的变更和转让 ………………………………………………… 150

一、合同的变更 ………………………………………………………… 150

二、合同权利的转让 …………………………………………………… 153

（一）合同权利转让的含义与特征 …………………………………… 153

（二）合同权利转让的条件 …………………………………………… 154

（三）合同权利转让的通知义务 ……………………………………… 156

（四）合同权利转让的效力 …………………………………………… 158

三、合同义务的转移 …………………………………………………… 161

（一）合同义务转移的含义 …………………………………………… 161

（二）合同义务转移的条件 …………………………………………… 163

（三）合同义务转移的效力 …………………………………………… 165

（四）债务加入 ………………………………………………………… 166

四、合同权利义务的概括转让 ………………………………………… 167

（一）约定的概括转让 ………………………………………………… 167

（二）法定的概括转让 ………………………………………………… 169

第七章　合同的权利义务终止 ……………………………………………… 170

一、合同权利义务终止的含义与原因 ………………………………… 170

二、合同的权利义务终止的效力 ………………………………………171

三、债务清偿 ………………………………………………………………172

（一）债务清偿的含义 …………………………………………………172

（二）代物清偿 …………………………………………………………173

（三）清偿的抵充 ………………………………………………………175

四、合同解除 ………………………………………………………………177

（一）合同解除的含义和特征 …………………………………………177

（二）合同的协议解除 …………………………………………………178

（三）合同的约定解除 …………………………………………………178

（四）合同的法定解除 …………………………………………………179

（五）合同解除权的行使 ………………………………………………183

（六）合同解除的效力 …………………………………………………185

五、债务的抵销 ……………………………………………………………188

（一）债务的法定抵销 …………………………………………………188

（二）债务的合意抵销 …………………………………………………193

六、提存 ……………………………………………………………………194

（一）提存的原因和条件 ………………………………………………194

（二）提存的效力 ………………………………………………………198

七、债务免除和混同 ………………………………………………………201

（一）债务免除 …………………………………………………………201

（二）债权债务混同 ……………………………………………………204

第八章　违约责任 ………………………………………………………206

一、违约责任的含义与构成 ………………………………………………206

（一）违约责任的含义与特征 …………………………………………206

（二）违约责任的构成 …………………………………………………211

二、预期违约的违约责任 …………………………………………………214

三、违约责任的形态与承担 ………………………………………………216

（一）继续履行责任的承担 ……………………………………………216

（二）瑕疵履行的违约责任……………………………………220

（三）继续履行、补救措施与赔偿责任的并用…………………222

（四）赔偿损失的违约责任……………………………………223

（五）支付违约金………………………………………………231

（六）定金罚则…………………………………………………235

（七）违约金与定金的关系……………………………………238

（八）债权人拒收或迟延的责任………………………………238

四、违约责任的免责事由…………………………………………239

五、债权人防止损失扩大的义务…………………………………242

六、双方违约和因第三人原因造成违约的违约责任……………244

（一）双方违约的违约责任……………………………………244

（二）因第三人的原因造成违约的违约责任…………………245

七、合同争议的诉讼时效…………………………………………246

八、违约责任与侵权责任的竞合…………………………………247

第二分编　典型合同

第九章　买卖合同………………………………………………………253

一、买卖合同的概念和特征………………………………………253

二、买卖合同的内容………………………………………………255

三、买卖合同的标的物……………………………………………257

（一）买卖合同的标的物………………………………………257

（二）买卖标的物所有权的转移时间…………………………259

四、买卖合同的效力………………………………………………259

（一）出卖人的义务……………………………………………259

（二）买受人的义务……………………………………………277

（三）买卖合同的利益承受……………………………………284

（四）因物之瑕疵解除合同的效力……………………………284

五、特种买卖·······285

（一）分批交付的买卖·······285

（二）分期付款的买卖·······287

（三）凭样品买卖·······290

（四）试用买卖·······293

（五）所有权保留买卖·······296

（六）招标投标买卖·······298

（七）拍卖·······299

六、有偿合同的法律适用·······301

七、易货交易的法律适用·······301

第十章 供用电、水、气、热力合同·······303

一、供用电、水、气、热力合同的概念和特征·······303

二、供用电合同的概念·······305

三、供用电合同的内容·······305

四、供用电合同的履行地点·······307

五、供用电合同的效力·······307

（一）供电人的主要义务·······307

（二）用电人的主要义务·······309

六、供用水、供用气、供用热力合同的法律适用·······311

第十一章 赠与合同·······312

一、赠与合同的概念与特征·······312

二、赠与的任意撤销·······314

三、赠与财产的权利转移·······315

四、赠与人的给付义务和责任·······316

五、附义务的赠与合同·······317

六、赠与人的瑕疵担保责任·······319

七、赠与的法定撤销·······320

　　八、赠与人不再履行赠与义务的抗辩权…………………………………323

第十二章　借款合同………………………………………………………326
　　一、借款合同的概念………………………………………………………326
　　二、借款合同的形式和内容………………………………………………327
　　三、订立借款合同当事人的权利义务……………………………………329
　　四、借款合同的效力………………………………………………………330
　　　　（一）借款本金数额的确定…………………………………………330
　　　　（二）当事人提供借款与收取借款的义务和责任…………………331
　　　　（三）贷款人对借款使用的检查、监督权…………………………332
　　　　（四）借款人按照用途使用借款的义务和责任……………………332
　　　　（五）借款人支付利息的义务………………………………………333
　　　　（六）借款人返还借款的义务………………………………………333
　　五、借款合同的展期………………………………………………………335
　　六、自然人之间借款合同的实践性和无偿性……………………………336
　　　　（一）自然人之间借款合同的成立时间……………………………336
　　　　（二）借款的利息……………………………………………………337

第十三章　保证合同………………………………………………………339
　第一节　一般规定…………………………………………………………339
　　一、保证合同的概念和特征………………………………………………339
　　　　（一）保证合同的概念………………………………………………339
　　　　（二）保证合同的特征………………………………………………340
　　二、保证合同的内容和形式………………………………………………341
　　　　（一）保证合同的内容………………………………………………341
　　　　（二）保证合同的形式………………………………………………343
　　三、保证方式………………………………………………………………343
　　　　（一）保证方式的确定………………………………………………343
　　　　（二）一般保证的效力………………………………………………344

（三）连带责任保证的效力 346

四、反担保 346

五、最高额保证 347

第二节　保证责任 348

一、保证责任的范围和期间 348

（一）保证的范围 348

（二）保证期间 349

二、保证债务的诉讼时效 350

三、合同变更和转让对保证责任的效力 351

（一）合同变更对保证责任的效力 351

（二）债权转让对保证责任的效力 352

（三）债务转移对保证责任的效力 352

四、一般保证的债权人放弃或者怠于行使权利对保证责任的效力 353

五、共同保证人的保证责任 354

六、保证人的追偿权 355

七、保证人的抗辩权 357

第十四章　租赁合同 358

一、租赁合同的概念和特征 358

二、租赁合同的内容 361

三、租赁合同的期限和形式 364

（一）租赁合同的期限 364

（二）租赁合同的形式 365

四、租赁合同的效力 366

（一）出租人交付租赁物并维持租赁物符合用途的义务 366

（二）承租人正当使用租赁物的义务 367

（三）租赁物的维修义务 369

（四）租赁物的保管义务 371

（五）租赁物的改善或增设他物的后果 ································ 372

（六）租赁物的转租 ································ 374

（七）租赁物的收益归属 ································ 378

（八）承租人支付租金的义务 ································ 378

（九）出租人的权利瑕疵担保责任 ································ 380

（十）承租人的法定解除权 ································ 382

（十一）租赁物的所有权变动后的合同效力 ································ 382

（十二）承租人的优先购买权 ································ 386

（十三）租赁物毁损、灭失的负担 ································ 389

（十四）不定期租赁合同的解除 ································ 389

（十五）出租人的租赁物的瑕疵担保责任 ································ 390

（十六）共同居住人的继续租赁权 ································ 391

五、租赁期间届满的法律后果 ································ 392

第十五章　融资租赁合同 ································ 394

一、融资租赁合同的概念和特征 ································ 394

（一）融资租赁合同的概念 ································ 394

（二）融资租赁合同的特征 ································ 399

二、融资租赁合同的内容和形式 ································ 402

三、融资租赁合同的标的物 ································ 403

四、融资租赁合同的效力 ································ 404

（一）出租人购买租赁物的义务 ································ 404

（二）承租人的拒绝受领权和索赔权利的行使 ································ 405

（三）出租人不得随意变更买卖合同内容的义务 ································ 407

（四）租赁物的所有权权属 ································ 408

（五）融资租赁合同的租金确定根据 ································ 409

（六）租赁物的瑕疵担保责任 ································ 410

（七）出租人保证承租人占有和使用租赁物的义务 ································ 411

（八）租赁期间租赁物致害的责任 ·················· 413

（九）承租人对租赁物妥善保管、使用和维修的义务及风险负担 ·········· 413

（十）承租人支付租金的义务 ····················· 415

四、融资租赁合同的解除 ························· 416

（一）融资租赁合同解除事由 ···················· 416

（二）承租人对融资租赁合同解除的赔偿责任 ············ 417

（三）合同因标的物毁损、灭失而解除时的补偿 ·········· 418

五、租赁期间届满后租赁物的归属 ···················· 419

六、合同无效时租赁物的归属 ······················ 421

第十六章 保理合同 ·························· 422

一、保理合同的概念和特征 ······················ 422

二、保理合同的内容和形式 ······················ 423

三、保理合同对应收账款债务人的效力 ················· 424

四、保理合同当事人的权利义务 ···················· 425

（一）保理人的权利义务 ······················ 425

（二）应收账款债权人的权利义务 ·················· 426

五、多重保理的效力 ·························· 426

六、债权转让规定的适用 ························ 427

第十七章 承揽合同 ·························· 428

一、承揽合同的概念和种类 ······················ 428

（一）承揽合同的含义和特征 ···················· 428

（二）承揽合同的种类 ······················· 430

二、承揽合同与类似合同的区别 ···················· 433

三、承揽合同的内容 ·························· 435

四、承揽合同的效力 ·························· 437

（一）承揽人独立完成承揽的工作的义务 ·············· 437

（二）承揽人的材料提供和验收等义务 ················ 439

（三）承揽人的通知义务 ································440

（四）定作人不得中途变更工作要求的义务 ·········441

（五）定作人的协助义务 ····························441

（六）承揽人接受定作人的必要监督检验的义务 ······442

（七）承揽工作成果的交付和验收义务 ··············443

（八）承揽人对工作成果的瑕疵担保责任 ············445

（九）定作人支付报酬和其他费用的义务 ············446

（十）承揽合同中的风险负担 ·······················448

（十一）承揽人的保密义务 ·························450

五、共同承揽人的责任 ·······························450

六、定作人的任意解除权 ·····························451

第十八章　建设工程合同 ································452

一、建设工程合同的概念和种类 ·······················452

二、建设工程合同的形式和订立程序 ···················454

三、建设工程合同联系的结构 ·························456

四、国家重大建设工程合同订立的特殊性 ···············459

五、建设工程施工合同无效的处理 ·····················460

六、勘察、设计合同的内容 ···························461

七、施工合同的内容 ·································462

八、监理合同 ·······································463

九、发包人的监督权和隐蔽工程的检查义务 ·············465

（一）发包人的监督权 ····························465

（二）发包人的隐蔽工程检查义务 ··················465

十、建设工程的竣工验收和价款支付 ···················466

十一、勘察人、设计人的违约责任 ·····················469

十二、施工人完成工程建设义务和工程质量安全担保责任 ····469

（一）施工人按期按质完成工程建设的义务 ·········469

（二）承包人的工程质量安全担保责任 ……………………471

十三、发包人不履行协助义务的责任 ………………………473

（一）施工合同发包人不履行协助义务的责任 ……………474

（二）勘察、设计合同发包人不履行协助义务的责任 ……475

十四、建设工程合同的解除 …………………………………476

十五、承包人工程价款的优先受偿权 ………………………477

十六、承揽合同规定的适用 …………………………………479

第十九章　运输合同 …………………………………………480

第一节　一般规定 ……………………………………………480

一、运输合同的概念和特征 …………………………………480

二、公共运输合同的强制缔约性 ……………………………484

三、运输合同的基本效力 ……………………………………485

（一）承运人的基本义务 ……………………………………485

（二）旅客、托运人一方的基本义务 ………………………486

第二节　客运合同 ……………………………………………486

一、客运合同的概念和特征 …………………………………486

二、客运合同的成立时间 ……………………………………488

三、客运合同的效力 …………………………………………490

（一）旅客的义务 ……………………………………………490

（二）承运人的义务 …………………………………………493

第三节　货运合同 ……………………………………………497

一、货运合同的概念和特点 …………………………………497

二、货运合同的订立和生效 …………………………………498

三、货运合同的效力 …………………………………………500

（一）托运人的义务 …………………………………………500

（二）承运人的义务 …………………………………………503

（三）收货人的义务 …………………………………………506

四、相继运输中承运人的责任 ………………………………507

五、货物运输中的风险负担 …………………………………508

六、承运人的留置权和提存权 ………………………………508

（一）承运人的留置权 ………………………………………508

（二）承运人的提存权 ………………………………………509

第四节　多式联运合同 ………………………………………510

一、多式联运合同的概念和特点 ……………………………510

二、多式联运经营人的地位 …………………………………512

三、多式联运经营人与各区段承运人责任约定的效力 ……513

四、多式联运单据 ……………………………………………514

五、托运人的赔偿责任 ………………………………………515

六、多式联运中发生货损的赔偿责任确定 …………………516

第二十章　技术合同 ……………………………………………517

第一节　一般规定 ……………………………………………517

一、技术合同的概念和特征 …………………………………517

二、订立技术合同的原则 ……………………………………519

三、技术合同的内容 …………………………………………519

四、技术合同价款、报酬或使用费的支付方式 ……………522

五、职务技术成果的权属 ……………………………………524

六、非职务技术成果的权属 …………………………………526

七、技术成果完成人的个人权利 ……………………………527

八、技术合同无效的特别规定 ………………………………528

第二节　技术开发合同 ………………………………………530

一、技术开发合同的概念、种类和形式 ……………………530

（一）技术开发合同的概念和特征 …………………………530

（二）技术开发合同的种类 …………………………………531

（三）技术开发合同的形式·······································532

二、委托开发合同的效力··533

（一）委托人的义务···533

（二）研究开发人的义务···534

（三）委托开发合同当事人的违约责任···························535

三、合作开发合同的效力··537

（一）合作开发合同当事人的义务·································537

（二）合作开发合同当事人的责任·································538

四、技术开发合同解除的特别事由·································538

五、技术开发合同的风险负担······································538

六、技术开发合同技术成果的归属·································539

第三节　技术转让合同和技术许可合同·····························542

一、技术转让合同和技术许可合同的概念和形式·················542

二、技术转让合同和技术许可合同中的"使用范围"的规制·······544

三、专利实施许可合同··545

（一）专利实施许可合同的限制···································545

（二）专利实施许可合同许可人的义务···························546

（三）专利实施许可合同被许可人的义务·························547

四、技术秘密转让合同和许可使用合同····························548

（一）技术秘密转让合同和许可使用合同让与人、许可人的义务···548

（二）技术秘密转让合同受让人和技术秘密使用许可合同被许可人的义务···549

五、技术转让、许可合同的基本效力······························550

（一）让与人的基本义务···550

（二）受让人的基本义务···550

（三）技术许可人和让与人的违约责任···························551

（四）被许可人和受让人的违约责任·······························552

（五）受让人、被许可人按照约定使用受让技术侵害他人权益的责任承担···553

六、后续改进的技术成果的归属····································553

七、技术转让合同和技术许可合同规定的适用 ……………………554

第四节　技术咨询和技术服务合同 ……………………………………555

一、技术咨询合同和技术服务合同的概念 ……………………555

（一）技术咨询合同的概念和特征 …………………………556

（二）技术服务合同的概念和特征 …………………………557

二、技术咨询合同的效力 ………………………………………558

（一）技术咨询合同委托人的义务 …………………………558

（二）技术咨询合同受托人的义务 …………………………559

（三）技术咨询合同当事人的责任 …………………………560

三、技术服务合同的效力 ………………………………………561

（一）技术服务合同委托人的义务 …………………………561

（二）技术服务合同受托人的义务 …………………………562

（三）技术服务合同当事人的责任 …………………………562

四、技术咨询合同和技术服务合同新技术成果的归属 ………563

五、受托人完成工作的费用负担 ………………………………564

六、技术中介合同、技术培训合同的法律适用 ………………564

第二十一章　保管合同 ………………………………………………567

一、保管合同的概念和特征 ……………………………………567

二、保管合同的效力 ……………………………………………569

（一）保管人的义务 …………………………………………569

（二）寄存人的义务 …………………………………………574

三、替代物保管合同保管物的返还 ……………………………577

第二十二章　仓储合同 ………………………………………………579

一、仓储合同的概念和特征 ……………………………………579

二、仓储合同的成立时间 ………………………………………581

三、仓储合同的效力 ……………………………………………581

（一）仓储物入库时双方的权利义务 ………………………581

（二）保管人给付仓单的义务 ································ 583

（三）仓单的性质和效力 ································ 584

（四）保管人的容忍义务 ································ 586

（五）保管人的通知义务 ································ 586

（六）仓储物提取方面当事人的权利义务 ············ 587

（七）仓储物毁损、灭失的赔偿责任 ················ 588

四、保管合同有关规定的适用 ····························· 589

第二十三章　委托合同 ···································· 590

一、委托合同的概念和特征 ····························· 590

二、委托合同与相关概念的区别 ························· 592

（一）委托合同与委托代理的区别 ·················· 592

（二）委托合同与雇佣合同的区别 ·················· 593

（三）委托合同与承揽合同的区别 ·················· 594

三、特别委托与概括委托 ································· 594

四、委托合同的效力 ····································· 595

（一）委托人支付处理委托事务费用的义务 ·········· 595

（二）受托人的义务 ································ 596

（三）受托人以自己名义与第三人订立合同的效力 ···· 599

（四）委托合同的报酬支付 ························ 602

（五）委托合同履行中的损害赔偿 ·················· 603

五、共同受托人的责任 ··································· 604

六、委托合同的终止 ····································· 605

（一）因任意解除而终止 ·························· 605

（二）因当事人一方死亡、丧失民事行为能力或破产而终止 ···· 605

第二十四章　物业服务合同 ································ 608

一、物业服务合同的概念和特征 ························· 608

二、物业合同的内容和形式 ····························· 609

三、前期物业服务合同的效力 ································ 610

四、物业服务合同的效力 ······························· 610

　（一）物业服务人的主要义务 ······················ 610

　（二）业主的主要义务 ·························· 612

五、物业服务合同的任意解除和续订 ···················· 614

　（一）物业服务合同的解除 ······················ 614

　（二）物业服务合同的续订 ······················ 614

六、物业服务合同终止的善后处理义务 ················· 616

第二十五章　行纪合同 ······························· 617

一、行纪合同的概念和特征 ························· 617

二、行纪合同的效力 ····························· 620

　（一）行纪人的权利义务 ························ 620

　（二）行纪人与第三人订立合同的效力 ············· 624

　（三）委托人的义务 ·························· 625

三、委托合同有关规定的适用 ······················ 627

第二十六章　中介合同 ······························· 628

一、中介合同的概念和特征 ························· 628

二、中介合同的效力 ····························· 630

　（一）中介人的义务 ·························· 630

　（二）委托人的义务 ·························· 631

　（三）委托人"跳单"的责任 ··················· 633

三、委托合同规定的适用 ························· 634

第二十七章　合伙合同 ······························· 635

一、合伙合同的概念和特征 ························· 635

二、合伙合同当事人的权利义务 ···················· 636

　（一）出资义务 ···························· 636

（二）维护合伙财产的义务 ···································· 637

（三）合伙事务的执行权、决定权、监督权 ············ 637

（四）合伙收益的分配权和合伙亏损的负担义务 ······ 638

（五）合伙财产份额的转让权 ································ 639

三、合伙人的债权人的权利 ······························· 640

四、不定期合伙 ··· 640

五、合伙合同的终止 ·· 641

第三分编　准合同

第二十八章　无因管理 ···645

一、无因管理的概念和性质 ································· 645

二、无因管理与相关制度的区别 ··························· 646

（一）无因管理与合同、不当得利、侵权行为的区别 ··· 646

（二）无因管理与代理、无权代理的区别 ············· 647

三、无因管理的构成和效力 ································· 648

（一）无因管理的构成 ···································· 648

（二）无因管理的效力 ···································· 651

四、管理人的义务 ·· 653

（一）适当管理义务 ······································ 653

（二）通知义务 ··· 655

（三）报告与交付义务 ···································· 655

五、委托合同在无因管理中的适用 ······················· 656

第二十九章　不当得利 ···657

一、不当得利的概念与性质 ································· 657

二、不当得利与相关制度的关系 ··························· 658

三、不当得利的构成条件及除外情况 ······················ 659

（一）不当得利的构成条件 ··659

（二）不当得利的类型 ··661

四、不当得利的效力 ··664

（一）善意得利人的利益返还义务 ····································664

（二）恶意得利人的利益返还义务 ····································665

（三）无偿受让人的返还义务 ··666

附录：中华人民共和国民法典第三编　合同（节选）··················667

绪　论

一、合同法的含义和特性

合同法有形式意义合同法与实质意义合同法之分。形式意义合同法是指以合同法命名的法律。在大陆法系制定有民法典的国家，形式意义合同法则是指在民法典中关于合同法的规范。《中华人民共和国民法典》的合同编即为形式意义合同法。实质意义合同法是指调整合同关系的法律规范的总称。

因为各国法对于合同的范围规定不一，所以实质意义的合同法也有广义与狭义之分。广义的合同法是指调整平等主体之间设立、变更、终止民事权利义务关系的法律规范的总称；狭义的合同法则是指调整平等主体之间设立、变更、终止财产权利义务关系的法律规范的总称。我国法律上实质意义的合同法是狭义的。

形式意义合同法是实质意义合同法的基本内容。本书所讲的合同法即为形式意义合同法。

合同法主要具有以下特性：

其一，合同法为财产法。平等主体之间的社会关系包括人身关系和财产关系。合同法调整平等主体之间的财产关系，而不调整平等主体之间的人身关系。因此，合同法为财产法，具有财产性。这是合同法与物权法的共同特性。

其二,合同法为交易法。平等主体之间的财产关系包括财产归属和利用关系、财产流转关系。合同法是调整财产流转关系的法律。因为财产流转关系大多采用交易方式,因此,合同法为交易法,具有交易性。合同法确立交易规则,而交易规则即是保障市场经济健康有序发展的基本规则。从这一意义上可以说,合同法是市场经济的基本法。市场交易不论在何种制度下,都通行统一的规则。因此,各国的合同法制度有更多的共性,一国的合同法不仅可以移植他国的合同法制度,而且对国际间规范合同关系的国际公约、条约也多有接受。也正是在这一意义上说,合同法具有国际性,而较少具有本土性。这是合同法在内容上与物权法不同的特性。

其三,合同法为任意法。合同法以确认交易规则为基本内容。市场交易只有基于当事人自己的真实意愿进行,才能使各项资源达到优化配置。而只有交易当事人才最了解自己的需求,并能最为合理地做出自己的选择。当事人是否进行交易、与何人交易、交易中的利害如何分配,等等,应由当事人自己决定。因此,合同法规范多是仅为当事人提供指导意见,为当事人提供一种选择,并不是当事人必须遵守的。正是从这一意义上说,合同法为任意法。合同法规范多为任意性规范,而非强行性规范。并且,由于市场的多变性,交易当事人须根据市场情形灵活地做出应对,合同法需要为当事人进行市场交易提供足够的活动空间。这是合同法在法规性质上不同于物权法的特性。

二、合同法在民法中的地位

在大陆法系的国家，合同法是民法的重要组成部分。民法调整平等主体之间的人身关系与财产关系。民法所调整的财产关系包括财产归属和利用关系、财产流转关系。物权法和知识产权法调整财产归属和利用关系，而债权法是调整财产流转关系的。合同法是债权法的主要和基本组成部分。在传统民法中，债权法包括合同法、侵权行为法以及无因管理与不当得利等制度。合同法为债权法的核心内容。虽然在传统民法中合同法与侵权行为法同为债权法的组成部分，但是由于侵权行为法（即我国法体系中的侵权责任法）调整因侵害他人权益而产生的责任关系，亦即主要规定侵害民事权益的民事责任，因此，尽管侵权责任法规制的关系与合同法规制的关系都是具有相对性的特定人之间的关系，二者的性质却实不相同。

三、合同法的立法发展

合同法是随着商品经济关系的产生、发展而产生和发展的。从历史纵向上看，合同法的发展经历了古代合同法、近代合同法、现代合同法三个历史时期。从中华人民共和国成立以来的合同法的发展看，我国的合同法的发展也可分为四个时期。第一个时期是 1950 年代至 1970 年代，这一时期最初曾制定有一些关于合同的规章，但其后随着高度集中的计划经济体制的确立，有关规制合同的规章也被废弃。第二个时期为 1980 年代至 1990 年代。这是合同法制度的创建时期。中共十一届三中全会以后，我国开始进行经济体制改革，为适应改革的需要，于1981年12月、1985年3月、1987年6月，相继颁布了《中华人民共和国经济合同法》、《中华人民共和国涉外经济合同法》、《中华人民共和国技术合同法》，从而也形成合同法领域的三足鼎立的局面。第三个时期为1990年代以后，这是合同法制的完善时期。1992年后，我国明确建立社会主义市场经济体制。随着改革的深入，原来的合同法制度已经无法充分适应新形势的要求，从1993年起，全国人大开始着手制定统一的新合同法。1999年3月15日第九届全国人民代表大会第二次会议审议通过了《中华人民共和国合同法》。这标志着我国的合同法制度完全确立。第四个时期为2017年后民法典编纂时期，原合同法经修订后纳入民法典。

从合同法的立法史可以看出，合同法制的确立与完善，是与市场经济的确立与完善相伴随的。从中共中央第十一届三中全会宣告中国开始告别"计划经济"实行改革开放，到中共十二大提出了"计划经济为主、市场经济为辅"的经济改革模式，再到中共十三大提出"社会主义初级阶段"和"社会主义商品经济"理论，直至中共十四大提出建立社会主义市场经济体制，中国的统一合同法制度才得以确立。

四、民法典合同编的编纂

自中共十八届四中全会决定启动民法典编纂工作以来，中国民法典的编纂工作正在加紧进行。《中华人民共和国民法总则》（以下简称《民法总则》）于2017年颁布施行，自总则颁布后，立法机关着手编纂民法典各分编。民法典各分编的编纂是以以往的法律为基础的。合同编为民法典的一编。

2018年全国人大常委会第五次会议第一次审议了《民法典各分编（草案）》，宪法和法律委员会就此草案说明中谈到合同编草案内容时讲到：合同制度是市场经济的基本法律制度。1999年九届全国人大二次会议通过了合同法。合同法的实施对保护当事人合法权益、促进商品和要素自由流动、实现公平交易和维护经济秩序发挥了重要作用。贯彻全面深化改革的精神，使市场在资源配置中起决定性作用，必须坚持维护契约、平等交换、公平竞争，完善市场经济法律制度。为适应我国经济社会发展和全面深化改革的需要，落实党中央提出的完善市场经济法律制度的要求，解决合同法实施以来出现的新情况、新问题，借鉴国际立法经验，合同编草案进一步修改完善了合同制度。与现行合同法相比，主要修改内容有：

1. 完善电子合同的订立、履行规则。为适应电子商务和数字经济快速发展的需要，规范电子交易行为，草案对电子合同的订立、履行的特殊规则作了规定。

2. 强化对债权实现的保护力度。针对实践中一些合同当事人不信守合同，欠债不还等突出问题，为保障债权顺利实现，防范因违约可能导致的债务风险，构建诚信社会，草案完善了合同保全、贷款合同、融资租赁合同的有关规则，并增设专章规定了保证合同。

3. 加大对弱势合同当事人一方的保护。草案规定了电、水、气、热力供应人以及公共承运人对社会公众的强制缔约义务，完善了格式条款制度。同时，为落实党中央提出的建立租购同权住房制度的要求，保护承租人利益，促进住房租赁市场健康发展，草案增加了住房承租人的优先承租制度。

4. 促进生态文明建设。落实民法总则绿色原则的要求，草案规定，当事人在合同履行中应当遵循诚信原则，根据交易习惯负有节约资源、减少污染的义务，在合同终止后负有旧物回收义务；还规定买卖合同的出卖人依法负有回收义务。

5. 根据合同理论和实践的发展，修改了合同效力、合同履行、债权转让、合同解除和违约责任等一般规则；完善了买卖合同、租赁合同、建设工程合同等典型合同的具体规则，增加了物业服务合同和合伙合同。

6. 补充完善债法的一般规则。债法的一般规则是民法的重要内容，考虑到现行合同法总则已规定了大多数债的一般规则，这次编纂不再单设一编对此作出规定，为更好规范各类债权债务关系，草案在现行合同法的基础上，补充完善债法的一般规则：一是明确非合同之债的法律适用。二是细化无因管理、不当得利之债的规则。在民法总则规定的基础上，草案进一步规定了无因管理、不当得利两种债的具体规则。

在全国人大常委会第五次会议对《民法典各分编（草案）》进行初次审议后，法制委员会又征求社会各界及公众意见，召开座谈会听取意见，到一些地方进行调研，然后又对草案进行了修改。在全国人大常委会第二次审议《民法典合同编（草案）》时，宪法和法律委员会就《民法典合同编（草案）》修改情况向常委会作了汇报。报告中提出民法典合同编（草案）主要修改情况如下：

一是关于体例结构。有的常委委员、法学教学研究机构和社会公众提出，为了便于法律适用，建议在合同编之下再设分编，这样也可以使"无因管理"和"不当得利"的法律规范内容与合同编名称匹配。宪法和法律委员会经研究认为，合同编草案内容比较多，包括合同的一般性规则和多种典型合同，其中"无因管理"和"不当得利"两部分内容，既与合同规则同属债法性质，又与合同规则有所区别。为便于理解和适用，有必要对草案的体例结构进行一定调整。据此，建议将合同编草案设置为三个分编，分别为第一分编"通则"、第二分编"典型合同"和第三分编"准合同"。第三分编"准合同"包括"无因管理"和"不当得利"两章。

二是关于依法成立的合同受法律保护。有的法学教学研究机构和社会公众提出，实践中，任意违反合同，干涉合同订立履行的情况时有发生，不利于构建诚信社会和维护市场经济秩序，建议对此作出有针对性的规定。宪法和法律委员会经研究认为，依法成立的合同具有法定效力。为了体现对合同的保护，强化有关规定是必要的。据此，建议增加规定："依法成立的合同，受法律保护。"

三是关于格式条款提供方未履行提示或者说明义务的后果。草案第二百八十八条规定，提供格式条款的一方未履行提示或者说明义务，致使对方没有注意或者理解与其有重大利害关系的条款的，该条款不产生效力。有的部门、法学教学研究机构和社会公众提出，本条规定旨在保护处于弱势的格式条款相对方利益，在提供格式条款一方未履行提示或者说明义务的情形下，应当由格式条款相对方决定该条款是否为合同的组成部分。宪法和法律委员会经研究，赞同这一意见，建议将本条中的

"该条款不产生效力"修改为"对方可以主张该条款不成为合同的组成部分"。

四是关于情势变更规则。草案对情势变更规则作了规定，即合同成立后，订立合同的基础发生了当事人在订立合同时无法预见的、非不可抗力造成的不属于商业风险的重大变化，人民法院或者仲裁机构应当结合案件的实际情况，根据公平原则确定变更或者解除合同。草案规定，当事人一方因不可抗力致使继续履行合同对其明显不公平的，可以请求人民法院或者仲裁机构变更或者解除合同。有的地方、法学教学研究机构和社会公众提出，实践中，因一般情势变更导致的合同履行显失公平与不可抗力导致的合同履行显失公平很难区分，情势变更规则的适用没有必要强调是因非不可抗力造成的重大变化，不可抗力导致的合同履行显失公平规则也无单独规定的必要、宪法和法律委员会经研究，建议将其内容并入草案情势变更规则中。

五是关于不可撤销的赠与。草案对不可撤销的赠与情形作了规定。有的常委委员提出，为了体现对残疾人权益的保护，解决实践中存在的虚假助残捐赠问题，有必要在不可撤销的赠与情形中增加"助残"。宪法和法律委员会经研究，建议在草案第四百四十八条第二款和草案第四百五十条第一款增加"助残"情形。

六是关于保证方式的推定。草案第四百七十六条第二款规定，当事人在保证合同中对保证方式没有约定或者约定不明确的，按照连带责任保证承担责任，但自然人之间的保证合同除外。有的部门、法学教学研究机构和社会公众提出，连带责任是一种加重保证人责任的保证方式，原则上宜由当事人明确约定；没有约定或者约定不明的，一概推定为连带责任保证，会加重实践中因互相担保或者连环担保导致资不抵债或者破产问题，影响正常的生活和经营秩序。宪法和法律委员会经研究认为，将当事人对保证方式没有约定或者约定不明确的推定为一般保证，有利于防止债务风险的扩散，维护社会经济秩序稳定。据此，建议将草案第四百七十六第二款修改为"当事人在保证合同中对保证方式没有约定或者约定不明确的，按照一般保证承担保证责任。"

七是关于保理合同。保理合同是应收账款的债权人将应收账款转让给保理人，保理人提供资金支持以及应收账款管理、催收等服务的合同。有的常委委员、部门和社会公众提出，保理业务可以为实体企业提供综合性金融服务，特别是可以为中小型企业拓宽融资渠道。当前我国保理业务发展迅猛、体量庞大，但也存在一些问题，时常发生纠纷，亟需立法加以规范。宪法和法律委员会经研究认为，保理业务作为企业融资的一种手段，在权利义务设置、对外效力等方面具有典型性。对保理合同作出明确规定，有利于促进保理业务的健康发展，缓解中小企业融资难融资贵的问题，进而促进我国实体经济发展。据此，建议设专章规定保理合同。

八是关于客运合同。草案第十八章专门规定了客运合同。一些意见提出，近年来客运领域出现不少新问题，一方面不时发生旅客霸座、强抢方向盘、不配合承运人采取安全运输措施等严重干扰运输秩序和危害运输安全的恶劣行为；另一方面，也存在因承运人履行安全运输义务不到位导致时常发生安全事故，以及承运人通过收取高额挂失补办费的名义变相再次收取票款等损害旅客合法权益的情形。建议对这些问题作出有针对性的规定。宪法和法律委员会经研究认为，为了维护正常的运输秩序，保护旅客在运输过程中的人身、财产安全，建议对草案作如下修改：一是明确旅客应当按照有效客票记载的时间、班次和座位号乘运。承运人应当按照有效客票记载的时间、班次和条件运输旅客。二是明确实名制客运合同的旅客丢失客票的，可以要求承运人挂失补办，承运人不得再次收取票款和其他不合理费用。三是明确承运人应当严格履行安全运输义务，及时告知旅客安全运输应当注意的事项。旅客对承运人为安全运输所作的合理安排应当积极协助和配合。遇有不能正常运输的特殊情形和重要事由，承运人应当及时告知旅客并采取必要的安置措施。

九是关于技术合同。一是，适应加强知识产权保护的需要，宪法和法律委员会会建议草案第六百二十九条中增加规定"应当有利于知识产权的保护"。二是，草案第十九章对技术转让合同作了规定。有的部门提出，技术转让和技术许可具有不同的法律含义，建议区分技术转让合同和技术许可合同。宪法和法律委员会经研究，建议将草案第十九章第三节的名称修改为"技术转让合同和技术许可合同"，并在草案第六百四十七条中增加规定技术许可合同的定义，有关规定也作相应修改。

十是关于物业服务合同。各方面普遍认为，物业服务合同是现实生活中普遍存在的一类合同，明确规定这类合同很有必要，建议针对物业服务合同领域存在的突出问题，对草案的规定进一步完善。宪法和法律委员会经研究，建议对草案有关规定作如下修改：一是，为了更好保护业主的知情权，便于业主对物业服务事项予以监督，明确规定物业服务人应当定期公布服务信息。二是，为了进一步规范业主的单方解除权利，将草案第七百二十八条中的"业主依法共同解聘物业服务人"修改为"业主依照法定程序共同决定解聘物业服务人"。三是，考虑到物业服务合同属于混合性合同，既具有委托合同的特性，也具有承揽合同的特性，不宜笼统规定物业服务合同参照适用委托合同，建议删去草案第七百三十四条的规定。

草案第十二章对借款合同作了规定。有的常委委员、代表和部门提出，民间借贷对金融经济秩序和社会生活带来了很多负面影响，为了解决民间借贷领域存在的突出问题，防范金融风险，建议草案将借款合同区分为金融借款合同和民间借贷合同，分别进行有针对性的规定。宪法和法律委员会经研究认为，民间借贷是一个较为复杂的问题，涉及我国的金融监管体制、社会信用体系和经济政策等诸多问题。对借款合同是否区分、如何规定，需作进一步调研论证。

2019年12月全国人大常委会公布了《中华人民共和国民法典（草案）》，征求社会公众意见。2020年立法机关根据各方意见，对民法典草案作了进一步修改。2020年5月28日第十三届全国人民代表大会第三次会议通过了《中华人民共和国民法典》，该法典自2021年1月1日起正式施行，同时《中华人民共和国合同法》废止。

本　论

民法典第三编　合同

第一分编　通则

第一章　一般规定

一、合同法的调整对象

第四百六十三条　本编调整因合同产生的民事关系

本条规定了合同法的调整对象。

合同法是调整因合同产生的民事关系。而合同是当事人就商品交易达成的协议。因合同产生的民事关系也就是交易关系。交易关系是财产流转关系，因此，合同法也就是调整交易关系的基本法，是调整财产流转关系的法律规范的总合。

合同法调整财产流转关系，也就要维护市场交易秩序。所谓市场交易秩序，"是指在商品和劳务的交换活动中以及其他的财产流转中所应有的稳定性和规则性。"[1] 市场交易只有有序地进行，才能使当事人最大限度地实现其利益，也才能提高交易效率，保障交易安全，避免或减少社会资源的浪费。合同法规定交易主体的条件、交易的客体、交易的形式，规定交易的达成要件、实现方式以及违反约定的救济措施等，为市场交易的有序安全进行提供了相应的规则，从而使市场交易得以稳定有

---

[1] 王利明、崔建远：《合同法新论·总则》，中国政法大学出版社 1996 年版，第 72 页。

序地进行。正是从这一意义上说，合同法为市场经济的基本法，
维护市场交易秩序法。

二、合同的含义

第四百六十四条　合同是民事主体之间设立、变更、终止民事
权利义务关系的协议。

婚姻、收养、监护等有关身份关系的协议，适用有关身份关系
的法律规定；没有规定的，可以根据其性质参照适用本编规定。

本条规定了合同的概念。

合同在不同的场合，有不同的含义。一种场合是从权利义
务变动的根据上使用合同概念的，如订立合同；另一种场合是
从权利义务关系上使用合同概念的，如履行合同；还有一种场
合是从证据意义上使用合同概念的，如有合同为证。这三种场
合合同的概念是相联系的，但含义并不完全相同。

从权利义务变动根据上说，合同作为一种法律事实，是平
等的民事主体设立、变更、终止民事权利义务关系的协议。合
同具有以下特征：

其一，合同是平等的民事主体之间的协议。合同主体亦即
合同当事人，可以是自然人，也可以是法人、非法人组织，但
只能是平等的民事主体。合同是平等的民事主体在平等基础上
通过平等协商达成的协议。合同主体相互之间不存在任何的隶
属关系，不存在命令与服从关系，任何一方也都不能将自己的
意志强加给对方。合同的这一特征区别于行政合同。

其二，合同是双方或多方的民事法律行为。合同属于法律

事实中的民事法律行为。民事法律行为有单方民事法律行为与双方或多方民事法律行为之分。单方民事法律行为只要有单方的意思表示即可成立，而双方或多方民事法律行为须有各方意思表示的一致才能成立。正是在这一意义上说，合同是当事人之间的合意。在传统法上，一般认为，各方当事人所追求的经济目的相反的民事法律行为，称为契约；而各方所追求的经济目的一致的民事法律行为，称为合同。我国现行法上并无契约和合同的区分，凡双方或多方民事法律行为统称为合同。

其三，合同是以设立、变更、终止财产法律关系为目的民事法律行为。民事法律行为是以意思表示为要素，以设立、变更、终止民事权利义务关系为目的的行为。民事权利义务关系有财产关系与身份关系之分。合同是以设立、变更、终止财产关系为目的民事法律行为，而不以设立、变更、终止身份关系为目的。以设立、变更、终止身份关系为目的的婚姻、收养、监护等身份行为不属于合同法上的合同，不适用合同法的规定，而适用有关身份关系的法律规定。有关身份关系的法律没有规定的，可以参照适用合同法的规定。

作为权利义务关系使用的合同概念，意指依当事人之间的合意所发生的法律关系，即合同关系。合同关系是依合同产生的债权债务关系，称为合同之债。合同之债是在特定人之间产生的特定的权利义务关系。正是在这一意义上说，合同具有特定性。合同的特定性表现主要有三：

其一，主体特定。任何权利义务关系的权利主体都是特定的，但义务主体有的并不特定。例如，物权等绝对权的义务主体就是不特定的。而合同关系不仅权利主体特定，义务主体也是特定的，权利人原则上只能向特定的义务人主张权利。所以说，合同关系属于相对的法律关系。

其二，内容特定。合同的权利义务只能是当事人在合同中具体约定的，权利义务若不特定，权利人无法请求义务人履行，义务人也无法履行。

其三，合同责任特定。合同当事人可以约定责任的形式、范围。合同责任原则上也只能发生在特定的合同当事人之间，一般不能由第三人承担合同责任。

当然，合同的相对性也有例外。也就是说，在例外的情形下，合同也会对第三人发生效力。例如，共有人之间关于共有物管理的合同就有对抗第三人的效力；债权人行使保全债权的权利就会对第三人发生效力；第三人侵害合同债权的，也会构成侵权。

从证据意义上使用的合同概念，意指合同是一种法律文书，具有证明当事人间权利义务的证据效力。

三、合同的分类

合同多种多样，依不同的标准，可作不同的分类。例如，依合同给付内容，可将合同分为转移所有权的合同、转移使用权的合同、提供服务的合同、提供信贷的合同等。对合同分类的目的，是为了准确认识不同种类合同的不同特点，以正确适用法律。常见的合同分类有以下几种。

1. 依当事人间是否负对待给付义务，合同可分为双务合同与单务合同。双务合同是当事人双方互负对待给付义务的合同。

双务合同的主体双方互为债权人与债务人，一方享有的权利也正是对方负担的义务。如买卖合同的出卖人享有取得价款的权利，买受人一方负有支付价款的义务。单务合同是当事人双方互不负担对待给付义务的合同。有的单务合同只有一方享有权利，而另一方仅负担义务。如一般赠与合同的赠与人仅负担义务而不享有权利，受赠人只享有权利而不负担义务。有的单务合同双方都负有义务，但双方的义务不具有对待给付的性质。例如，附义务的赠与合同的受赠人也负有一定义务，但受赠人所负义务与赠与人的义务不具对待给付的性质，受赠人所负的义务也并非是赠与人的权利。

区分双务合同与单务合同的意义主要有三：其一，合同义务的履行顺序不同。双务合同当事人互负对待给付义务，双方义务的履行顺序有意义。除当事人另有约定外，双方当事人应同时履行各自的义务，任何一方未履行其义务前无权要求对方履行。而单务合同当事人的义务的履行不发生顺序问题。其二，当事人的风险不同。双务合同中当事人非因自己的原因致使义务不能履行的，发生由何方承担风险问题，即对方当事人应否履行合同。一般来说，双务合同当事人一方因不可归责于双方当事人的事由而履行不能的，对方当事人的对待给付义务随之免除；对方已经履行的，可以解除合同并要求返还已为的给付。而单务合同非因当事人的原因不能履行合同时，不发生可否请求对方履行即风险如何承担问题。其三，不履行合同的后果不同。双务合同的一方不履行合同义务的，对方可以要求违约方履行或承担其他违约责任；对方依法解除合同的，违约方应将从对方取得的财产返还给对方。而单务合同一方违约的，不发生对方要求对待履行或返还财产问题。

2. 依当事人一方取得权利是否须偿付代价，合同可分为有偿合同与无偿合同。有偿合同是当事人一方取得利益必须向对方支付相应的代价的合同。当事人所支付的代价，可以是给付金钱，也可以是给付实物或者提供劳务。有偿合同因当事人双方从对方取得权利都必须支付对价，因此，适用等价交换原则。无偿合同是一方当事人取得权利无须支付代价的合同。无偿合同因双方不存在相互给付对价，因此，也就不适用等价交换原则。合同是否有偿决定于合同的性质。有的合同只能是有偿的，如买卖合同、租赁合同等；有的合同只能是无偿的，如赠与合同、借用合同。有的合同是否有偿决定于当事人约定是否给付报酬。如保管合同、委托合同，如双方约定寄存人、委托人应向保管人、受托人支付报酬，该合同即为有偿合同，否则就为无偿合同。

区分有偿合同与无偿合同的主要意义在于：其一，对当事人的注意义务要求不同。有偿合同当事人负有较高的注意义务，而无偿合同当事人的注意义务要求较低。例如，有偿保管合同的保管人负有较高的注意义务，只要因其保管不善致保管物毁损、灭失，就应负赔偿责任；而无偿保管合同的保管人只要能证明其对保管物的毁损、灭失没有重大过失，就不负赔偿责任。其二，主体资格的要求不同。有偿合同的当事人应具有完全民事行为能力，限制民事行为能力人非经法定代理人同意不能订立与其年龄、智力、精神健康状况不相适应的有偿合同；而无偿合同因一方取得利益不付代价，因此限制民事行为能力人也可以独立订立自己纯粹享受利益的无偿合同。其三，债权人行使撤销权的条件不同。债务人通过无偿合同将财产转移给第三人而损害债权的，债权人可以行使撤销权；而债务人通过有偿合同将财产转移给第三人而损害债权的，只有受让第三人为恶意的，债权人才可行使撤销权。其四，无处分权人将财产通过无偿合同转让的，所有权人有权追回转让的财产；而无处分权人将财产通过有偿合同转让的，受让第三人可依照善意取得规则取得受让标的物的所有权。

3. 依合同的成立根据法律规定是否以交付标的物为要件，合同可分为诺成性合同与实践性合同。诺成性合同是只要当事人的意思表示一致就可以成立生效的合同。大多数合同属于诺成性合同。实践性合同是除当事人意思表示一致外还须交付标的物才能成立生效的合同。如，保管合同除保管人与寄存人的意思表示一致外，还须寄存人将保管物交付保管人，合同才成立。保管合同即为实践性合同。实践性合同并非合同常态，只有依法律规定或者交易习惯合同自当事人一方交付标的物时成立生效的，该合同才为实践性合同。

区分诺成性合同与实践性合同的意义主要有二：其一，合同的成立时间不同。诺成性合同自当事人意思表示一致时即可成立；而实践性合同仅有当事人意思表示一致并不能成立，只有一方交付标的物，合同才能成立。其二，交付标的物的意义不同。诺成性合同中当事人一方交付标的物属于履行合同，而实践性合同的当事人一方交付标的物为合同成立的要件。实际上，在实践性合同，合同自一方交付标的物起成立生效后，交付标的物的当事人一方也不再负交付义务，当事人交付标的物的行为同时也具有履行给付义务的作用。

4. 依合同是否以特定的形式为要件，合同可分为要式合同与不要式合同。要式合同是指依法律规定须采取特定的形式才能成立生效的合同。不要式合同是法律没有规定须采取特定形式的合同，合同采取何种形式，可由当事人自由约定。

区分要式合同与不要式合同的主要意义就在于合同形式是否可由当事人约定及合同形式在合同成立生效方面的作用。要式合同的形式不能由当事人自由约定，法律规定须采取特定形式而当事人未采取该特定形式，合同不能成立生效。但法律规定合同应当采取某种形式，而未规定非采取应当采取的形式合同就不能生效的，法律规定应采取的合同形式并不一定影响合同的成立。不要式合同的形式可由当事人自行约定，合同的形式一般不影响合同的成立生效。但若当事人约定合同非采取某种形式不能成立的，当事人未采取该特别约定的合同形式，合同也不能成立。古代法上，合同以要式为原则，以不要式为例外；而现代法上，合同以不要式为原则，以要式为例外。

5. 依两个合同间是否有相互依赖关系，合同可分为主合同与从合同。主合同与从合同是相对而言的，没有主合同也就没有从合同，反之亦然。主合同是指两个合同中不依赖其他合同的存在而能够独立存在的合同。从合同是以主合同的存在为存在前提的合同。例如，借款合同与担保借款合同履行的担保合同，借款合同为主合同，担保合同则为从合同。

区分主合同与从合同的法律意义，主要在于从合同对主合同有依附性：主合同的命运决定从合同的命运；主合同不存在的，从合同也就不能存在；从合同不能与主合同分开而单独转让。从合同的存在与否、是否有效，一般并不会影响主合同的存在和效力。

6. 依合同的订立是否有事先的约定，合同可分为预约合同与本合同。预约合同又称预约，是当事人约定将来订立一定合同的合同。本合同简称本约，是为履行预约而订立的合同。预约与本约是相对而言的，没有预约也就无所谓本约，没有本约也谈不上预约。现实中的房屋预售合同即为预约，为履行预售合同而订立的房屋买卖合同即为本约。

区分预约合同与本合同的法律意义主要在于，预约合同与本合同的效力不同。预约合同的效力在于当事人应依约定订立本合同，并不发生当事人间的实体上的权利义务；而本合同的效力在于确定当事人间实体上的权利义务。

7. 依合同订立时当事人的给付义务是否确定，合同可分为实定合同与射幸合同。实定合同又称交换合同，是指于合同订立时当事人双方的给付义务就确定的合同。射幸合同是指在合同订立时当事人一方的给付义务尚未确定，当事人的给付义务是否发生还决定于偶然事件出现的合同。大多数合同为实定合同，射幸合同只有在法律许可的场合或领域才可订立。

区分实定合同与射幸合同的法律意义主要在于：实定合同一般以双方的给付是否为等价为价值判断标准，因此，实定合同当事人一方可以以给付不等价即显失公平为由主张撤销合同；而射幸合同不存在给付是否等价问题，当事人不能以给付不公平为由主张撤销合同。例如，保险合同为射幸合同，在合同订立时仅是确定投保人给付保险费的义务，而不能确定保险人的给付义务，保险人的给付义务是以保险事故的发生为前提的，若不发生保险事故，则保险人就不负给付义务。投保人的给付义务与保险人的给付义务之间并无等价关系。

8. 依当事人可否对合同内容充分协议，合同可分为商议合同与格式合同。商议合同是当事人可以就合同的内容进行充分协商的合同。格式合同是当事人并不能就合同内容进行协商的合同。

区分商议合同与格式合同的法律意义主要在于法律对于格式合同需要予以特别规制。商议合同当事人可以自由地选择合同相对人和决定合同的内容。而格式合同又称附合合同、定式合同、标准合同、定型化合同等，合同的条款是由一方当事人事先决定的，相对方仅可决定是否订立合同而不能决定合同内容。格式合同有利于节省交易成本，在现代社会中有广泛的适用性，但是，格式合同因是由当事人一方事先决定的，会存在限制相对人权利、加重相对人责任等条款，因此法律特别规定制定格式合同的要求和格式条款的解释规则。

9. 依为何人的利益订立合同，合同可分为利己合同与利他合同。利己合同又称为自己利益订立的合同，是当事人一方为自己的利益而非为他人利益而订立的合同。利他合同又称为第三人利益订立的合同，是指订约当事人不是为自己利益而是为了第三人的利益为第三人设立权利的合同。利他合同不同于涉他合同。涉他合同是指合同效力涉及第三人的合同，既包括为第三人设立义务的合同，也包括为第三人设立权利的合同。因为任何人都不能以任何理由为他人设立义务，因此，各国法上一般不允许订立为第三人设立义务的涉他合同，但许可订立为他人设立权利的涉他合同即利他合同。

区分利己合同与利他合同的法律意义主要在于利他合同有

特别效力。利他合同中为第三人设立权利的一方为债权人，按约定应向第三人直接履行合同义务的一方为债务人，第三人则称为受益人。受益第三人不是合同当事人，但于合同成立生效后可直接享有合同设立的权利。第三人对于合同设立的权利有决定是否接受的权利。第三人愿意接受的，债务人只能向该第三人履行义务，债权人也只能要求债务人向该第三人履行义务；第三人不同意接受的，该项权利可为订约当事人享有或者由该订约人重新指定受益人或者免除债务人的债务。债务人不依照约定向第三人履行义务的，应向第三人及债权人承担违约责任，债务人基于合同所发生的抗辩，既可对抗债权人，也可对抗第三人。

10. 依时间因素在合同履行中的地位和作用，合同可分为一时性合同和继续性合同。一时性合同是指一次给付就能使合同内容实现的合同。例如，买卖、赠与、承揽等合同。买卖合同的出卖人通过交付标的物就能履行自己的给付义务，无须连续给付就可实现合同的内容。继续性合同是指合同内容并非通过一次给付就可实现，当事人须持续不断履行给付义务。如租赁合同、供用电合同等合同。供用电合同的供电人并非通过一次的供电就能履行自己的供电义务，而是应在合同有效期内持续不间断地向用户供电。

一时性合同和继续性合同的区分意义主要有以下几点：其一，合同的履行时间的确定性要求不同。一时性合同的成立要求履行时间具有确定性，而继续性合同的成立仅要求履行时间可行而不要求具体确定；其二，合同的可让与性不同。一时性合同债权债务的转让原则上不受限制，而继续性合同债权债务的转让一般受到限制。如承租人转租的，应经出租人同意；其三，合同解除的溯及力不同。一时性合同的解除可有溯及力，而继续性合同解除不具有溯及力；其四，合同被确认无效、被撤销的后果不同。一时性合同被确认无效、被撤销的，合同自始就无效，当事人应当恢复原状，而继续性合同被确认无效、被撤销的，合同效力虽也自始消灭，但当事人却无法恢复原状。

四、合同神圣原则

第四百六十五条　依法成立的合同，受法律保护。

依法成立的合同仅对当事人具有法律约束力，但是，法律另有规定的除外。

本条规定了合同神圣原则。

合同神圣原则也称为合同权益受保护原则。合同尽管是当事人基于自己的意愿自主订立的，但依法成立的合同具有法律效力，任何人不得侵害。也正是在这一意义上，有的称合同就是当事人之间的"法律"。合同神圣原则主要有以下内容：一是依法成立的合同对当事人具有法律约束力，当事人应当全面履行自己的义务；二是当事人不得擅自变更或者解除合同；三是任何一方违反合同都应承担相应的违约责任；四是当事人的合同权益受国家强制力保护，任何侵害合同当事人合同权益的行为，都可构成侵权，应依法承担侵权责任。

基于合同的相对性，依法成立的合同，也只能对当事人具有法律约束力。在法律另有规定的情形下，依法成立的合同的效力也可涉及第三人。

五、合同的解释

第四百六十六条　当事人对合同条款的理解有争议的，应当依据本法第一百四十二条第一款的规定，确定该条款的真实意思。合同文本采用两种以上文字订立并约定具有同等效力的，对各文本使用的词句推定具有相同含义。各文本使用的词句不一致的，应当根据合同的相关条款、性质、目的以及诚信原则等予以解释。

本条规定了合同的解释规则。

1. 合同解释的含义

合同解释，是指在对合同内容有争议时对有争议的内容予以释明，以确定当事人的真实意思。

合同解释从主体上看有广义的合同解释与狭义的合同解释。广义的合同解释是指各种解释主体对合同的解释，既包括合同当事人所作的解释，也包括法院或仲裁机构所作的解释。而狭义的合同解释则仅指法院或仲裁机构所作的有权解释，而不包括当事人对合同所作的解释。从本条规定看，合同法未对合同解释的主体作出限制，可以认为合同法规定的合同解释为广义的合同解释。但是，因为当事人对合同的解释，仍然属于当事人意思自治的范围，法律确定的解释规则是当事人进行解释的依据，但并不意味着当事人会取得理解上的一致。所以，从实务上说，合同解释主要是指法院或仲裁机构的解释。

关于合同解释的对象亦即合同解释的客体有不同的观点。有的认为，在不同的合同争议中，合同解释的客体并不一致：（1）在因合同中的语言文字表达含糊不清、模棱两可或相互矛盾而发生争议场合，合同解释的客体即是意思含糊不清、模棱两可或相互矛盾的语言文字的含义。（2）在当事人一方主张合同的语言文字所表达的含义与其内心真意相异或相悖场合，当事人的内心真意如何，即成为合同解释的客体。（3）在合同纠纷系因欠缺某些条款而使当事人之间的权利义务不甚明确时，合同解释的客体是漏订的合同条款。（4）在合同内容不符合法律要求，需要变更、修订其规定场合，不适法的合同内容即是合同解释的客体。[①] 从合同法的规定看，合同解释的对象就是当事人有争议的合同条款，而不包括其他事项。

合同解释旨在正确确定合同内容，即正确地确定当事人的权利义务，以便合理地解决合同纠纷。从合同解释的内容看，合同的解释可分为阐释性解释和补充性解释。

阐释性解释又称为释明性解释，是指对有争议的合同条款所作出的解释，以求得合同内容的真实含义和准确理解。关于阐释性解释的对象，有不同的看法。从合同法的规定看，凡是对有争议的合同条款的解释，都为阐释性解释。因此，阐释性解释的对象依争议条款的分歧而有不同：（1）就合同成立与否或者生效与否发生争议的，解释的对象为合同的成立与效力；（2）就合同的性质发生争议的，如合同名称为租赁合同而对该合同实际上为租赁合同还是承包经营合同发生争议，解释的对象为合同的性质；（3）就合同用语或文句的理解不一致的，解释的对象为有争议的语句的准确含义；（4）当事人主张合同用语所表达的意思与真实意思不一致的，解释的对象为当事人的真实意思。

---

① 　参见崔建远：《合同法》（第三版），北京大学出版社 2016 年版，第 424 页。

补充性解释，是指在合同欠缺某些条款或者某些条款不完备致使无法确定当事人的权利义务时，对欠缺条款的解释。补充性解释的目的在于填补合同的漏洞。补充性解释的特点在于，它不是根据现有的合同条款就该条款进行解释，而是根据现有的条款来确定应有而未有的条款。补充性解释主要适用于合同存在漏洞的场合，而不是对合同条款本身理解上有争议。补充性解释尽管是为了填补合同漏洞，但仍是为探求当事人的真实意思，而不是由法官或仲裁员代替当事人订立合同。

2. 合同解释的规则

合同解释的规则又称为合同解释的原则，是指在进行合同解释时应遵行的原则，以实现合同解释的目的。

从各国立法看，在合同解释规则上有意思主义、表示主义与折衷主义三种不同的理论主张。意思主义认为，解释合同应以当事人的主观意思为标准，而不能拘泥于文句。意思主义的理论基础在于意思自治，因为合同是由当事人双方的意思表示的一致而成立的，合同内容由当事人自由决定，因此，也就应当以当事人的真实意思来解释合同。表示主义认为，解释合同应以客观表示出来的当事人意思为标准而不能根据当事人自己的意思解释。表示主义以客观标准为解释合同的方法，注重合同的文句，而不探求当事人的真意。表示主义的理论基础在于信赖原理与交易安全，是对合同自由加以限制的表现。折衷主义认为，解释合同既不能仅以主观意思为标准，也不能仅采取客观表示为标准，应当以坚持用主观标准与客观标准相互结合的方法解释合同。我国合同法立法对合同解释也是采取折衷主义的。根据合同法的规定，合同解释的具体规则主要有以下几项：

（1）文义解释。文义解释，是指按照合同所使用的语句解释有争议的合同条款。因为合同条款是由文句构成的，对合同条款有争议，常常就表现为对合同中使用的文句有不同的理解，因此，要确定当事人的真实意思，也就要对合同条款中使用的词句做出解释。

对合同条款用语的解释，首先应按照词句的通常含义进行解释。依通常含义解释是按照一个合理的人的标准的通常理解来解释，而不是按照合同一方当事人理解的含义解释。其次，如果当事人主张在订立合同时赋予该词句以特定的含义而非通常的含义，则主张该词句有特定含义的当事人应举证证明，并应当按照一个合理的人对该特定词句的特定含义的理解进行解释。

依文义解释规则能够确定合同条款的真实意思的，就不必再依其他解释规则进行解释。如果依文义解释不能确定争议条款的真实含义，就需要结合其他的解释规则进行解释，以准确地确定合同争议条款的真实意思。

（2）整体解释。整体解释又称体系解释，是指不拘泥于合同条款中使用的词句，而将合同的全部条款以及各个构成部分作为一个整体，从各个条款以及各部分之间的体系关系上探求有争议合同条款的真实含义。

合同的内容是由各个条款组成的，但各个条款并非简单地随意地堆集在一起，而是相互间有着有机联系的。因此，在对有争议的条款进行解释时，有必要也应当根据合同条款的整体来阐明争议条款的含义。整体解释，一方面应当考虑争议条款形成过程中的各种资料，如来往信件、备忘录、确认书、附件等；另一方面应当考虑争议条款在整体合同中的地位及与其他条款的关系，从整体上来理解争议条款的真实含义。

整体解释规则，为各国合同法普遍认可的一项解释规则。《国际商事合同通则》第4.4条也规定：合同的条款和表述应根据其所属的整个合同或全部陈述予以解释。我国合同法规定根据"合同的有关条款"解释，就是对整体解释规则的确认。按照整体解释规则，合同文本采用两种以上文字订立并约定具有同等效力的，对各文本使用的词句推定具有相同的含义；当事人在同一合同文本中有印刷条款与手写条款且相互矛盾的，应按手写条款解释；合同的特殊用语与一般用语相互矛盾的，应按特殊用语解释；合同中关于数量与价款有大写又有小写且相互矛盾的，原则上应以大写为准；合同中就某一事项在不同条款中都有规定的，应以规定内容更具体的条款为准来确定该事项的含义。

（3）目的解释。目的解释，是指对于合同中有争议的条款或用语，应根据合同的目的来解释该争议条款或用语的含义。

任何合同都是当事人为达到一定的目的而订立的，合同的各项条款及其用语都是为实现合同目的服务的，因此，当事人就合同条款及其用语发生争议时，应当依合同订立的目的来确定争议条款及其用语的真实含义，以使解释的结果符合当事人订约时的意思。例如，就合同条款可作有效解释与无效解释的，应解释为有效。因为当事人订立合同是追求合同有效而不是追求合同无效的；合同中某一用语所表达的意思与合同目的相悖的，应按照合同的目的更正该用语；当合同条款意思不明或者相互矛盾时，应当按照合同的目的予以统一协调解释其含义；当合同中的用语依文义解释有两种以上不同意思时，应依符合合同目的的意思确定该用语的含义。

目的解释也是各国合同法普遍确认的解释规则，对合同条款有争议的，应当按照"合同目的"确定该条款的真实意思；各文本使用的词句不一致的，应当根据合同的目的予以解释。

（4）习惯解释。习惯解释，是指在当事人对合同使用的文字或者合同条款有不同理解时，按照交易习惯或者惯例来确定该文字或者条款的真实含义。

交易习惯或者惯例是人们在交易活动中长期形成的普遍认可和遵行的行为规则，具有普遍的指导意义。因此，在对合同条款有争议时，按照交易习惯或惯例进行解释，能够反映当事人的真实意思。

各国合同法上普遍确认习惯解释规则。《国际商事合同通则》第4.3条也规定，在解释合同时，应考虑当事人之间已经确立的习惯做法、惯例。我国合同法规定，当事人对合同条款的理解有争议的，应当按照"交易习惯"确定该条款的真实意思。依《合同法解释（二）》第7条规定，下列情形，不违反法律、行政法规强制性规定的，人民法院可以认定为合同法所称的"交易习惯"：（一）在交易行为当地或者某一领域、某一行业通常采用并为交易对方订立合同时所知道或者应当知道的做法；（二）当事人经常使用的习惯做法。对于交易习惯，由提出主张的一方当事人承担举证责任。

（5）诚实信用原则解释。诚实信用原则解释，是指在当事人对合同条款有不同理解时，依照诚实信用原则解释，以确定该条款的真实意思。

诚实信用原则是民法的基本原则，当然也是合同法的一项基本原则。作为一项基本原则，诚实信用原则贯穿于合同法各项制度中，也是合同解释应遵行的一项基本原则。当事人对合同条款的理解有争议的，应当按照"诚实信用原则"确认该条款的意思。各文本使用词句不一致的，也应当根据诚信原则予以解释。

诚实信用原则解释的作用主要有二：首先，依诚信原则填补合同漏洞。也就是说，在合同中缺乏规定或者条款本身不明确时，应当按照一个讲诚实守信用的人所应作出的理智选择进行解释；其次，依诚信原则解释合同用语。也就是说，在对合同用语发生争议时，应当按照一个诚实守信的人所应当理解的含义来解释该用语。由于诚实信用原则本身具有高度的抽象性，因此，一般只有在以其他解释规则仍不足以确定争议条款的真实意思的情形下才适用诚实信用原则解释规则。如果以其他解释规则足以确定有争议条款的真实含义，则没有必要使用诚实信用解释规则。

最后，需要说明的是，对于合同解释法律有另外规定的，应适用法律的另外规定。例如，关于格式条款的解释，法律有另外的特别规定。因此，对于格式条款的解释，还应适用法律的特别规定。

六、无名合同及涉外合同的法律适用

第四百六十七条 本法或者其他法律没有明文规定的合同，适用本编通则的规定，并可以参照本编或者其他法律最相类似合同的规定。

在中华人民共和国境内履行的中外合资经营企业合同、中外合作经营企业合同、中外合作勘探开发自然资源合同，适用中华人民共和国法律。

本条规定了无名合同和涉外合同的法律适用。

（一）无名合同的法律适用

无名合同是相对于有名合同而言的。无名合同又称为非典型合同，是指法律上尚未确定其特定名称的合同。有名合同又称为典型合同，是法律上已经确定了特定名称的合同。无名合同与有名合同的区分是以法律上是否已经确定其特定名称为标准的。这里所称的法律，不限于民法合同编也包括其他法律。合同编中规定的典型合同当然为有名合同，其他法律中规定的有特定名称的合同也为有名合同。例如，保险法中规定的保险合同、旅游法中规定的旅游合同，以及民法典物权编中规定的地役权合同、抵押权合同、质权合同等，都属于有名合同。因为合同债权可由当事人自由设立而非与物权那样实行物权法定主义，因此，除了法律上确定特定名称的合同外，当事人完全可以订立各种法律上尚未确定特定名称的合同亦即无名合同。

区分有名合同与无名合同的法律意义主要就在于，处理有名合同与无名合同适用不同的规则。有名合同因法律已经为其确定了特定名称和规定了规则，因此对于有名合同应直接适用法律规定的有关规则。对于无名合同，因法律并无直接的具体规定，从而也就不能直接适用法律的规定，因此就发生如何适用法律问题。

无名合同主要有三种类型：一是纯粹的无名合同，这种合同以不属于任何有名合同的事项为内容，例如使用他人姓名的合同；二是准混合合同，这种合同以一个有名合同规范的事项和不属于任何有名合同规范的事项为内容，例如合同中约定一方为另一方处理特定事务，另一方授予一方特定技能；三是混合合同，这种合同由一个有名合同规范的事项与另一个有名合同规范的事项为内容，例如房屋租赁中约定，承租人以为房主提供服务代交租金。对于无名合同的法律规则适用，有不同的观点。通说认为，对于纯粹无名合同，应当按照合同法的一般原理处理。对于混合合同与准混合合同的法律适用有吸收主义、结合主义与类推适用主义三种主张。吸收主义主张：区别合同的主要内容和次要内容，由主要内容吸收次要内容，适用主要内容的有名合同规则。结合主义主张：分解各种有名合同的规定而寻求其法律要件，以发现其法律加以调和统一，创造一种混成法，而予以适用。类推适用主义主张：考虑当事人订约的经济目的及社会机能，就无名合同的事项类推适用有关有名合同的特别规定。我国合同法采取的是类推适用主义。依我国合同法规定，对于无名合同，有类似的有名合同的，可以参照类似有名合同的规则处理，也就是参照适用合同编规定的典型合同或者其他法律关于相类似合同的规定；没有类似的有名合同的，应按照合同法的一般规则处理，也就是应适用民法典合同编通则的规定。

（二）涉外合同的法律适用

涉外合同是指中国自然人、法人或非法人组织与外国的自然人、法人或非法人组织订立的合同。

涉外合同的法律适用应注重以下三点：

其一，当事人可以选择处理合同争议所适用的法律。当事人对合同的法律适用有选择的，法院应当按照当事人的选择决定审理合同争议所适用的法律。

其二，当事人对合同所适用的法律没有选择的，应适用与合同有最密切联系的国家的法律。这就是涉外合同法律适用中的"最密切联系原则"。依《中华人民共和国法涉外民事法律关系适用法》第42条规定，消费者合同，适用消费者经常居所地法律；消费者选择适用商品、服务提供地法律或者经营者在消费者经常居所地没有从事相关经营活动的，适用商品、服务提供地法律。

其三，在中华人民共和国境内履行的中外合资经营企业合同、中外合作经营企业合同、中外合作勘探开发自然资源合同，适用中华人民共和国法律，而不能适用他国的法律。对于这类合同，当事人协议选择适用他国法律的，该选择法律适用的协议是无效的。

七、合同法总则对非合同之债关系的适用

第四百六十八条　非因合同产生的债权债务关系，适用有关该债权债务关系的法律规定；没有规定的，适用本编通则的有关规定，但是根据其性质不能适用的除外。

本条规定了合同法总则对非合同之债关系的适用。

合同是债的发生根据之一，因合同是当事人自愿实施的民

事法律行为，依合同设立的债权债务关系也就是基于当事人意思自愿设立的，因此，合同之债又称为意定之债。除合同外，其他法律事实如侵权行为、不当得利、无因管理等也可引发债权债务关系。因合同外其他法律事实产生的债权债务关系称为非合同之债。

民法典合同编的通则，是合同法总则，当然适用于各种合同之债。因合同之债是债的主体组成部分，合同法总则的规定大多也适用于其他债权债务关系。由于我国民法典未单独规定债法总则，合同法总则在一定意义上起到替代债法总则的作用。因此，法律规定，非合同之债适用有关该债权债务关系的法律规定，没有法律规定的适用合同法总则的规定，但是根据其性质不能适用的除外。如关于合同保全、合同变更和转让、合同终止等规定可以适用于非合同之债，但关于缔约过失责任、关于违约金等违约责任的规定就不能适用于非合同之债权债务关系。

第二章　合同的订立

一、合同订立的含义

合同订立又称缔约，是订约当事人为设立、变更、终止财产权利义务关系而进行协商，达成协议的过程。也就是说，合同订立是各方当事人意思表示达成一致的过程。合同订立的结果，如当事人的意思表示一致，则合同成立。可见，合同订立不同于合同成立，合同订立是当事人相互进行协商的一个过程。合同订立的结果会有成功与失败两种：合同订立成功，则合同成立，即交易成功；如果合同订立不成功，则合同不成立，即交易失败。可见，合同成立仅是合同订立的当事人形成合意的成功结果。

合同成立须具有以下三个条件：

其一，须有订约当事人。合同为双方或多方民事法律行为，参与合同订立的当事人须为两个以上的民事主体，单个民事主体不可能订立合同。民事主体可以自己订立合同，也可能依法由代理人代订合同。订立合同的当事人还必须具有相应的民事权利能力和民事行为能力，没有相应的民事权利能力和民事行为能力的人所订立的合同是不能发生效力的。

其二，须有标的。标的是当事人设立、变更、终止的民事权利义务关系。没有标的，也就没有法律意义，不会成立合同。

其三，当事人的意思表示一致。当事人订立合同是各方意思表示互动的过程，经过各方的协商，当事人订约的意思表示一致的，合同成立；若当事人订约的意思表示不能达成一致，则合同不成立。

在司法实务中，当事人对合同是否成立存在争议，人民法院能够确定当事人名称或者姓名、标的和数量的，一般应当认定合同成立。但法律另有规定或者当事人另有约定的除外。

合同订立、合同成立也不同于合同生效。合同生效是指合同发生法律效力，未成立的合同谈不上生效，但成立的合同也未必生效。合同成立仅仅是合同生效的前提，已经成立的合同是否生效还决定于其他条件。

二、合同的形式和内容

（一）合同的形式

第四百六十九条　当事人订立合同，可以采用书面形式、口头形式或者其他形式。

书面形式是合同书、信件、电报、电传、传真等可以有形地表现所载内容的形式。

以电子数据交换、电子邮件等方式能够有形地表现所载内容，并可以随时调取查用的数据电文，视为书面形式。

本条规定了合同的形式。

合同形式是指订立合同当事人各方所达成的协议的表现形式，也是合同内容的载体。

当事人订立合同，无论是在协商过程中做出意思表示，还是最终达成意思表示的一致，都须以一定形式表达出来，最终以一定的载体记载意思表示的内容。这一载体即为合同形式。合同形式有书面形式、口头形式和其他形式。

书面形式是指当事人以书面文字和数据电文记载当事人意思表示的内容。书面形式的优点在于对意思表示内容有有形的记载，有据可查，发生纠纷时，当事人举证方便，易分清责任。

口头形式是指当事人并不以书面文字而仅以口头语言记载意思表示的内容。例如，当事人当面交谈，通过电话磋商，都是以口头形式表达意思表示的内容。口头形式具有简便易行的优点，但当事人发生纠纷时难以举证，不易分清责任。

其他形式是指当事人既不以口头言语也不以书面文字而是以其他形式表达意思表示的内容。司法实务中认为，当事人未以书面形式或者口头形式订立合同，但从双方从事的民事行为能够推定双方有订立合同意愿的，人民法院可以认定是以其他形式订立的合同，但法律另有规定的除外。可见，其他形式指的是推定形式。例如，租赁期限届满后，承租人继续交付租金，出租人接受承租人交付的租金，从双方的行为可以推定当事人续订租赁合同。

合同形式有法定形式与约定形式之分。法定形式是法律、行政法规规定的应采用的合同形式。凡法律、行政法规规定订立合同应采用书面形式的，当事人应当采用书面形式。约定形式是指由当事人自由约定的合同形式。如前所述，合同自由原则包括选择合同形式的自由。因此，只要法律、行政法规对订立合同的形式没有另外的规定，当事人就可以约定订约形式。当事人约定合同采用书面形式的，当事人应当采用书面形式，而不能采用其他形式。

（二）合同的内容

第四百七十条　合同的内容由当事人约定，一般包括下列条款：

（一）当事人的姓名或者名称和住所；

（二）标的；

（三）数量；

（四）质量；

（五）价款或者报酬；

（六）履行期限、地点和方式；

（七）违约责任；

（八）解决争议的方法。

当事人可以参照各类合同的示范文本订立合同。

本条规定了合同的内容。

合同内容是订约当事人合意的内容。合同内容是确定合同当事人权利义务的依据。合同内容是以合同条款固定下来的。因此，合同条款也就是合同的内容。合同的条款有主要条款和普通条款之分。

合同的主要条款又称为合同的必要条款，是决定合同能否成立的条款，亦即合同成立所必须具备的条款。在合同订立过程中，当事人必须就必要条款达成协议，合同才能成立；若无当事人关于必要条款的合意，则合同不能成立。确定合同主要条款的依据有三：一是法律的规定。凡法律规定某合同必须具备的条款，该条款即为该合同的必要条款。二是合同的类型和性质。凡合同类型和性质决定该类合同必须具备的条款，该条款也就是该类合同的必要条款。例如，有偿合同的性质决定了有偿合同这一类型的合同必有价款或者报酬条款，因此价款或报酬就是有偿合同的必要条款。又如租赁合同决定了合同中必有租赁物与租金条款，否则不成立租赁合同。三是当事人的特别要求。凡是当事人一方要求合同必须具有的条款，也为合同的必要条款。例如，包装并不是法律规定的和合同性质决定的买卖合同的必要条款，但若当事人一方提出标的物必须采用某种方式包装，则该包装条款也就成为该买卖合同的必要条款。

合同的普通条款又称为合同的一般条款，是指合同主要条款以外的并不影响合同成立的条款。合同的普通条款又分为通常条款和偶尔条款。合同的通常条款一般是由法律规定或者交易习惯确定的条款，它不必经当事人协商就可以当然地成为合同的内容。通常条款可能经当事人协商而记载于合同，也可能未经当事人协商未记载于合同，但即使当事人未在合同中记载该条款，只要合同成立，它就成为合同的内容。合同的偶尔条款，是指必须经当事人协商才能成为合同内容的合同条款。订约当事人就合同的主要条款达成协议，而就偶尔条款未协商的，该合同成立。于合同成立后，当事人可以继续就该条款协商，但未经当事人双方达成合意，该条款不能成为合同的内容。这是偶尔条款与通常条款的根本区别。

区别合同主要条款与一般条款的法律意义，仅在于这两种条款对于合同成立的影响不同：当事人未就主要条款协商达成协议的，合同不成立；而当事人未就一般条款协商的，合同仍可成立。需要注意的是，合同主要条款与一般条款都是确定当事人权利义务的根据，都有重要意义，而不存在孰轻孰重。

合同多种多样，不同合同的主要条款是不同的，法律不可能对各种合同的主要条款作出统一的规定。根据合同自由原则，合同的内容由当事人依法自由确定。合同当事人订约时当然会根据具体情况和需求而设置合同的条款。为提请订约当事人注意，民法典第470条规定了合同一般包括的条款，这些条款可称为提示条款，包括以下7项：

（1）当事人的姓名或者名称和住所。当事人是合同的主体，没有主体，当然不能成立合同。当事人的住所是明确当事人住址需要的事项，也会涉及债务清偿、纠纷管辖等事项，因此，当事人的名称或者姓名和住所通常是任何合同都须具备的合同必要条款。

（2）标的。这里的标的是指合同确定的权利义务共同指向的对象。没有标的，权利义务就会落空，当事人之间也就不能确定合同权利义务关系。因此，标的是任何合同都须具备的必要条款。

（3）数量和质量。数量和质量是确定合同标的的具体条件，也是同类合同标的得以相互区分的具体特征。例如，给付标的同为提供劳务的，提供劳务的时间和质量要求，是提供同类劳务的合同标的区别的特征。以物为标的物的，不仅应明确物的数量和质量，还应明确计量单位、计量方法、合理的磅差或尾差，明确技术指标、规格型号及质量标准等。

（4）价款或报酬。价款或报酬是有偿合同的必要条款，没有价款或报酬条款，不能成立有偿合同。当然，无偿合同中不存在价款或报酬条款。

（5）履行的期限、地点和方式。履行期限是当事人履行自己负担的合同债务的时间限制。当事人只有在履行期限内全面履行了债务，才为适当履行合同。因此，履行期限是确定当事人是否按期履行合同的标准。履行地点是当事人依合同履行其债务的处所。履行地点既关涉履行的费用负担，也关涉双方的风险负担。是否在约定的地点履行合同也是确定合同是否适当履行的标准。履行方式是当事人履行合同债务的方法。履行方式关系到当事人双方的利益分配和费用负担，也是确定当事人是否适当履行合同的标准。

（6）违约责任。违约责任是当事人违反合同所应承担的民事责任。为避免发生违约后当事人就违约责任发生争议，双方可以在合同中约定违约责任。当事人既可以约定责任的承担方式，也可以约定违约责任的范围，还可以约定赔偿的计算方法和免除责任的条件。但当事人在合同中未约定违约责任的，并不影响违约方依法承担违约责任。

（7）解决争议的方法。解决争议的方法是当事人发生争议时解决争议的途径和方式。当事人可以约定争议是否经由调解或仲裁解决，当事人还可约定通过诉讼解决争议时的管辖地等。解决争议的方法，属于程序条款，而不属于实体条款。合同的实体条款是确定当事人实体权利义务的条款，在合同无效、被撤销或者终止时，实体条款就失去效力。而程序条款是确定争议解决方法的，程序条款不受实体条款效力的影响，有独立的效力。

三、合同订立的方式和程序

第四百七十一条　当事人订立合同，可以采取要约、承诺方式或者其他方式。

本条规定了订立合同的方式和程序。

当事人订立合同是一个反复协商的过程，整个协商过程从开始到最后，无非也就是一方同意另一方提出的条件，从而双方的意思表示一致。从法律上说，一方提出条件的意思表示为要约，另一方同意的意思表示为承诺。因此，当事人通常是采取要约、承诺方式订立合同的。要约和承诺是合同订立过程中的两个阶段，是合同订立的必要程序。

（一）要约

1. 要约的概念和条件

第四百七十二条　要约是希望和他人订立合同的意思表示，该意思表示应当符合下列规定：

（一）内容具体确定；

（二）表明经受要约人承诺，要约人即受该意思表示约束。

本条规定了要约的概念和条件。

要约是订约当事人一方向对方所发出的以订立合同为目的意思表示。发出要约的一方称为要约人，接受要约的一方称为受要约人或者相对人。要约是订立合同的一个必要的阶段。尽管要约是以订立合同为目的亦即以设立、变更、终止民事权利义务关系为目的的意思表示，但要约并不属于民事法律行为。

要约是一项意思表示，但并非任何意思表示均为要约。要约必须具备一定的条件才能构成。关于要约的构成条件，有不同的表述。判断一项意思表示是否构成要约，需要综合各方面情形。在英美法中，判定当事人所发出的意思表示是否为要约的决定因素包括：实际所用言语或者文字、当时的情形、要约的对象、要约表示是否明确。[1] 依《国际商事合同通则》第2.2条的规定，一项订立合同的建议构成要约必须具备两个条件：一是内容十分确定；二是表明要约人在得到承诺时受其约束的意旨。依我国合同法规定，要约应具备下列两个条件：

其一，内容具体确定。内容具体确定是指要约的内容包括足以使合同成立的具体确定的必要条款。因为要约一经受要约人承诺，合同也就成立。要约的内容只有具体确定，受要约人才能决定是否承诺。只有要约的内容具体确定，合同的内容也才能具体确定，从而才能使合同得以履行。因此，内容具体确定是构成要约的一个基本条件。如一项意思表示的内容不具体确定，则该意思表示不构成要约。

其二，表明经受要约人承诺，要约人即受该意思表示的约束。要约是以订立合同为目的的，一经对方承诺，当事人之间的合同订立，要约人与受要约人即为合同当事人。因为合同当事人只能是特定的，因此，要约人与受要约人也只能是特定的人，要约只能是特定的当事人向特定的相对人发出的。向不特定人发出的意思表示通常不构成要约。要约不仅是特定人向特定人作出的意思表示，还必须是以订立合同为目的的。也就是说，要约人发出要约的目的是订立合同。如果一方当事人向另一方作出的意思表示不是希望和对方订立合同，则该意思表示不构成要约。依我国法规定，只要一方发出的意思表示表明一

---

① 参见杨桢：《英美契约法论》（修订版），北京大学出版社2000年版，第32—35页。

经对方承诺即受其意思表示的约束，也就表明发出的意思表示是以订立合同为目的，该意思表示即可构成要约；若一方发出的意思表示不能表明一经对方承诺其即受该意思表示的约束，则该意思表示不构成要约。

2. 要约邀请的概念

第四百七十三条　要约邀请是希望他人向自己发出要约的意思表示，拍卖公告、招标公告、招股说明书、债券募集办法、基金招募说明书、商业广告和宣传、寄送的价目表等为要约邀请。

商业广告和宣传的内容符合要约规定的，视为要约。

本条规定了要约邀请的概念。

要约邀请又称要约引诱、邀请要约，是希望他人向自己发出要约的意思表示，也就是希望他人向自己发出订立合同的要约的意思表示。要约邀请是在合同特殊订立程序中的一个阶段，或者是订立合同的准备阶段。要约邀请也是订约当事人一方发出的意思表示，但它不属于要约，只具有引诱要约的效力，而不具有要约的效力。

要约邀请与要约的区别主要有两点：其一，二者的目的不同。要约是希望和他人订立合同的意思表示，目的在于与受要约人订立合同；而要约邀请是希望他人向自己发出要约的意思表示，目的在于希望他人选择自己为合同当事人。其二，二者的性质不同。要约是订立合同的意思表示，要约人发出要约后应受要约的拘束。要约一经承诺，合同即成立。而要约邀请是行为人发出的准备订立合同的意思表示，不具有法律效力，要约邀请的发出人不受要约邀请的拘束。

区别要约邀请与要约有重要意义，也是一个复杂问题。区分要约与要约邀请的标准主要有四：一是法律规定。如果法律对某行为属于要约还是要约邀请有明确规定，则依法律规定确定该行为属于要约还是要约邀请。例如，依法律规定，寄送价目表、拍卖公告、招标公告、招股说明书、债券募集办法、基金招募说明书、内容不符合要约规定的商业广告和宣传为要约邀请，而不为要约。二是意思表示的内容。当事人发出的意思表示的内容是否包含合同的主要条款也是决定要约与要约邀请的标准。如果一项意思表示中包含了合同的主要条款，具体确定，则该意思表示可为要约。例如，商业广告和宣传一般为要约邀请而不为要约，若广告中明确规定了货物、价格等，并有"备有现货，随到随取"等字样，那么该广告的内容包含足以决定合同成立的合同主要条款，就可视为要约。三是当事人的意愿。当事人的主观意愿也是区别要约与要约邀请的标准。一个人发出的意思表示不论其内容如何，只要表明当事人主观上不认为是要约，则该意思表示也就不为要约，而只能为要约邀请。例如，作出意思表示的表意人在意思表示中明确表示不受该意思表示的约束，即使意思表示的内容具体确定，包含足以决定合同成立的条款，该意思表示也不为要约。四是交易习惯。如果交易习惯认定某行为属于要约，而不属于要约邀请，则该行为应视为要约，而不为要约邀请。例如，询问商品的价格，一般不为要约而属于要约邀请。若某地的交易习惯认为询价属于要约，则在该地域内询价就视为要约，而不能看作要约邀请。再如，商品的标价陈列，依交易习惯视为要约；而商品在橱窗中标价展出依交易习惯不属于要约，而为要约邀请。

3. 要约的生效时间

第四百七十四条　要约的生效时间适用本法第一百三十七条的规定。

本条规定了要约的生效时间。

要约生效即要约发生法律效力。要约的法律效力表现在两方面：对于要约人，要约生效，要约人即受要约的拘束，要约人不得随意撤销或者变更要约，有的称此为要约的形式拘束力；对于受要约人，要约生效，其就取得承诺的资格，有的称此为要约的实质拘束力。要约生效后，受要约人取得依其承诺而成立合同的承诺资格，称为承诺适格。受要约人享有承诺的资格，其可以承诺，也可以不承诺，不受要约人的限制。

要约自何时生效，既涉及要约人自何时起受要约的约束，也涉及受要约人何时取得承诺资格。关于要约的生效时间，理论上主要有发信主义与受信主义两种主张。我国采取受信主义，规定要约到达受要约人时生效。依《民法典》第137条规定，以对话方式作出的意思表示，相对人知道内容时生效。非以对话方式作出的意思表示，到达相对人生效。要约到达受要约人是指要约的意思表示到达受要约人所控制的地方，如送达到受要约人或其代理人的信箱。以数据电文形式订立合同的，收件人指定特定系统接受数据电文的，该数据电文进入该特定系统的时间为到达时间；没有指定特定系统的，相对人知道或者应当知道该数据电文进入其系统时生效。当事人对采用数据电文形式的意思表示的生效时间另有约定的，按照其约定。

4. 要约的撤回

第四百七十五条　要约可以撤回。要约的撤回适用本法第

一百四十一条的规定。

本条规定了要约的撤回。

要约的撤回，是指要约人在发出要约后于要约尚未生效前取消要约。要约人撤回要约的目的是不让发出的要约发生法律效力。基于意思表示的自由，要约人可以任意撤回要约。但是，因要约一经生效，就不能撤回。因此，依民法典第 141 条规定，撤回要约的通知应当在要约到达受要约人之前或者与要约同时到达受要约人，否则，撤回要约的通知无效，要约发生效力。

5. 要约的撤销

第四百七十六条　要约可以撤销，但是有下列情形之一的除外：

（一）要约人确定了承诺期限或者以其他形式明示要约不可撤销；

（二）受要约人有理由认为要约是不可撤销的，并已经为履行合同作了准备工作。

第四百七十七条　撤销要约的意思表示以对话方式作出的，该意思表示的内容应当在受要约人作出承诺之前，为受要约人所知道；撤销要约的意思表示以非对话方式作出的，应当在受要约人作出承诺之前到达受要约人。

上两条规定了要约的撤销。

要约的撤销，是指在要约生效后，要约人以自己的意思使要约溯及地不发生效力。要约的撤销不同于要约的撤回。要约的撤回是使要约不发生效力，而要约的撤销是使要约的效力终止。因此，要约的撤销只能发生于要约生效后。

关于要约生效后要约人可否撤销要约，各国法的规定不同。大陆法系国家一般规定，要约生效后，要约人不得随意撤销要约。我国法采取了同样的做法。一方面规定要约人可以撤销要约；另一方面又对要约的撤销予以限制，规定在某些情形下，要约不得撤销。依我国法规定，要约人于受要约人发出承诺通知前可以撤销要约。撤销要约采取向受要约人发出通知的方式，撤销要约的通知应于受要约人发出承诺通知之前到达，否则不能发生撤销的效力。但为保护受要约人的信赖利益，在下列两种情形下，要约人不得撤销要约：一是要约人确定了承诺期限或者以其他形式明示要约不可撤销；二是受要约人有理由认为要约是不可撤销的，并已经为履行合同作了准备工作。是否有要约人不得撤销要约的情形，应由不认可要约撤销的受要约人负举证责任。

6. 要约的失效

第四百七十八条　有下列情形之一的，要约失效：

（一）要约被拒绝；

（二）要约被依法撤销；

（三）承诺期限届满，受要约人未作出承诺；

（四）受要约人对要约的内容作出实质性变更。

本条规定了要约失效的情形。

要约失效，即要约失去拘束力。要约生效后，在发生一定法定事由时其效力也会终止。要约失效的原因包括：

（1）要约被拒绝。要约被拒绝，也就是受要约人对要约不予承诺。要约一经被受要约人拒绝，也就失去效力。要约是否被拒绝，只有受要约人对要约不予承诺的通知到达要约人时，要约人才能知道。因此，自受要约人拒绝要约的通知到达要约人时起，要约的效力才终止。受要约人发出拒绝承诺的通知后又撤回该拒绝的意思表示的，撤回的通知应先于或者与拒绝要约的通知同时到达要约人，否则，拒绝要约的通知发生效力，要约失效。

（2）要约依法被撤销。要约依法被撤销的，要约的效力溯及地消灭，要约也就失去效力。所谓依法撤销，是指要约人对要约的撤销符合合同法关于要约撤销的规定。

（3）承诺期限届满，受要约人未作出承诺。承诺期限是受要约人可以承诺的期限，也是要约的有效期限。受要约人只有在要约的有效期限届满前作出承诺，承诺才有效力；承诺期限届满后，受要约人接受要约的意思表示，不为承诺，不发生承诺的效力。因此，承诺期限届满，受要约人未做出承诺的，要约也就失去效力。要约人在要约中明确规定受要约人应于某期限内做出承诺的，该期限即为承诺期限。如要约中未明确规定承诺期限，对于口头要约，受要约人应当当即承诺，受要约人未立即承诺的，要约即失效；对于书面形式要约，受要约人应于合理期限内做出承诺。受要约人未在合理期限内做出承诺的，要约失效。所谓的合理期限，应为通常情形下受要约人足以决定是否承诺的期限。

（4）受要约人对要约的内容做出实质性变更。受要约人对要约的承诺，应是对要约内容的完全同意，而不能作出任何实质性变更。受要约人对要约的内容做出实质性变更的意思表示不为承诺，实质上是对要约的一种拒绝。因此，受要约人对要约的内容做出实质性变更时，要约也就失效。

要约人为自然人在发出要约后死亡或者丧失民事行为能力的，或者要约人为法人在发出要约后解散或者被撤销的，要约的效力是否终止呢？对此有不同的观点。有的认为，要约人发出要约后死亡的，如果未来的合同必须由要约人本人履行，则要约失效；如果未来的合同无须由要约人本人履行，则要约人死亡不影响要约的效力。有的认为，要约人于要约发出后受要约人作出承诺前死亡或者丧失民事行为能力的，因要约的主体已经不存在或者不适格，要约的效力应终止。

（二）承诺

1. 承诺的概念

第四百七十九条　承诺是受要约人同意要约的意思表示。

本条规定了承诺的概念。

承诺是受要约人向要约人发出的同意按照要约的内容订立合同的意思表示。同意要约的受要约人称为承诺人。承诺是合同订立的最后阶段，是使合同这一民事法律行为成立的意思表示，而不属于民事法律行为。

承诺应具备以下条件：

第一，承诺应是受要约人向要约人作出的意思表示。非受要约人向要约人作出的同意要约的意思表示，不为承诺，只能为要约；受要约人向要约人以外的第三人作出的同意要约的意思表示，也不为承诺。这里所说的受要约人、要约人包括其代理人。

第二，承诺是受要约人在要约有效期限内作出的意思表示。要约的有效期限，是要约的存续期限，有效期限届满，要约也就失效。对于已经失效的要约，当然也就不发生承诺问题。因此，承诺只能是受要约人于要约的有效期限内作出的意思表示。

在要约有效期限届满后，受要约人向要约人做出同意要约的意思表示，只能视为其向原要约人发出的要约。

第三，承诺是同意要约的意思表示。同意要约，也就是接受要约人提出的订约条件，双方达成协议。因此，承诺的内容应当与要约的内容一致。

2. 承诺的方式

第四百八十条　承诺应当以通知的方式作出；但是，根据交易习惯或者要约表明可以通过行为作出承诺的除外。

本条规定了承诺的方式。

承诺的方式是受要约人向要约人传达其同意要约的意思表示的方式。承诺的方式包括通知和行为两种。

受要约人以通知方式作出承诺，就是用口头或者书面形式将其同意要约的意思表示传达给要约人或其代理人。一般来说，通知的形式应与要约的形式相同：要约采取口头形式的，承诺通知也可采取口头形式；要约采书面形式的，承诺通知也应采书面形式。

受要约人以行为方式做出承诺，是以默示的形式表达出其同意要约的意思表示。只有根据交易习惯或者要约表明可以通过行为作出承诺的，承诺才可以行为方式作出。例如，根据交易习惯，在自选商品的市场内，顾客取下商品并去付款，就是以行为做出承诺；顾客向自动售货机投币，也是以行为做出承诺。

根据受要约人的行为认定受要约人承诺，这在学理上称为意思实现。只有在根据交易习惯或者要约人表明受要约人可以通过行为做出承诺的情形下，才可以认定意思实现。依《合同法解释（二）》第7条规定，实务中认为，下列情形，不违反法律、行政法规强制性规定的，可以认定为合同法所称"交易习惯"：（1）在交易行为当地或者某一领域、某一行业通常采用并为交易对方订立合同时所知道或者应当知道的做法；（2）当事人双方经常使用的习惯做法。对于交易习惯，应由提出主张的一方承担举证责任。

3. 承诺的期限

第四百八十一条　承诺应当在要约确定的期限内到达要约人。

要约没有确定承诺期限的，承诺应当依照下列规定到达：

（一）要约以对话方式作出的，应当即时作出承诺；

（二）要约以非对话方式作出的，承诺应当在合理期限内到达。

第四百八十二条　要约以信件或者电报作出的，承诺期限自信件载明的日期或者电报交发之日开始计算。信件未载明日期的，自投寄该信件的邮戳日期开始计算。要约以电话、传真等快速通讯方式作出的，承诺期限自要约到达受要约人时开始计算。

上两条规定了承诺期限。

承诺应于要约有效期限即承诺期限内作出。要约中明确规定承诺期限的，承诺自应在要约确定的期限内作出。要约中未明确规定承诺期限的，应当如何确定受要约人的承诺是否是在有效期限内作出的呢？对此，应区分要约的方式来定：要约以对话方式作出的，受要约人应当即作出承诺；要约以非对话方式作出的，受要约人应在合理期限内作出。所谓合理期限，是指通常情形下受要约人可作出承诺的期限。

要约以信件或者电报作出的，承诺期限自信件载明的日期或者电报交发之日开始计算；信件未载明日期的，自投寄该信件的邮戳日期开始计算。要约以电话、传真等快速通讯方式作出的，承诺期限自要约到达受要约人时开始计算。承诺期限并不以受要约人作出承诺的时间为准，而以承诺到达要约人的时间为准。因为承诺只有到达要约人，要约人才能知道受要约人已为承诺。

4. 承诺的效力

第四百八十三条　承诺生效时合同成立，但是法律另有规定或者当事人另有约定的除外。

本条规定了承诺的法律效力。

承诺的法律效力是承诺生效后的法律后果。承诺的法律效力在于使合同成立，订约过程结束。因为承诺为受要约人接受要约的意思表示，承诺生效也就表示订约当事人之间达成合意，除法律另有规定或者当事人另有约定外，合同也就成立。

5. 承诺的生效时间

第四百八十四条　以通知方式作出的承诺，生效的时间适用本法一百三十七条的规定。

承诺不需要通知的，根据交易习惯或者要约的要求作出承诺的行为时生效。

本条规定了承诺的生效时间。

承诺生效时间关系到合同的成立时间，具有重要的法律意义。承诺是承诺人作出的意思表示，前已述之，我国法对于意思表示的生效是采取到达主义的，因此，承诺的生效时间也为承诺的意思表示到达要约人的时间，也就说，承诺自受要约人的承诺通知到达要约人时生效。采取数据电文订立合同的，承诺到达的时间，适用要约到达受要约人的规定。

因为承诺也可以采取以行为作出，而以行为作出承诺的，不存在通知到达时间，因此，法律规定根据交易习惯或者要约要求通过行为作出承诺的，承诺自行为作出时生效。需要注意的是，以行为作出意思表示的，除法律另有特定规定或者当事人另有约定外，该行为只能是作为而不能是不作为。

6. 承诺的撤回

第四百八十五条 承诺可以撤回。承诺的撤回适用本法第一百四十一条的规定。

本条规定了承诺的撤回。

承诺的撤回是指在承诺生效前受要约人撤回已发出的承诺通知，以使承诺不发生效力。

承诺可否撤回，各国因立法上关于承诺生效时间规定的不同而不同。在对承诺生效采取发信主义的立法例的国家，因承诺通知一经作出也就生效，自不能撤回；而在对承诺生效采取到达主义的立法例的国家，则因承诺作出并不当即生效，在承诺未生效前，承诺人自可撤回其承诺。我国是采取到达主义立法例的，因此，我国法规定，承诺可以撤回。承诺一经撤回，也就不发生法律效力。因承诺通知一经到达要约人即发生效力，因此受要约人撤回承诺的通知应在承诺通知到达要约人之前或者与承诺通知同时到达要约人，否则不能发生撤回承诺的效力，承诺生效。

7. 承诺的迟延

第四百八十六条 受要约人超过承诺期限发出承诺的，或者在承诺期限内发出承诺，按照通常情形不能及时到达要约人的，

为新要约；但是要约人及时通知受要约人该承诺有效的除外。

第四百八十七条　受要约人在承诺期限内发出承诺，按照通常情形能够及时到达要约人，但是因其他原因致使承诺到达要约人时超过承诺期限的，除要约人及时通知受要约人因承诺超过期限不接受该承诺外，该承诺有效。

上两条规定了承诺的迟延。

承诺的迟延又称为承诺迟到，是指于承诺期限届满后承诺的通知才到达要约人。承诺迟延包括以下两种情况：

一是因受要约人迟发而发生的承诺迟延。因受要约人迟发发生的承诺迟延，是指因受要约人未在承诺期限内作出承诺而使承诺通知延迟到达要约人。迟发发生迟延的承诺，因是在承诺期限届满后发出的，因而不应发生承诺的效力。受要约人作出的该意思表示，应视为新要约。但是，为促成交易，节省交易成本，如果要约人愿意接受受要约人迟发的承诺，则该承诺可以有效，双方间的合同成立。要约人接受迟发的承诺的，须及时通知受要约人。若要约人未及时通知受要约人该承诺有效，则该迟发的承诺只能为新要约。

二是非因受要约人迟发而发生的承诺迟延。非因受要约人迟发而发生的承诺迟延，是指受要约人在承诺期限内发出承诺，但因客观原因承诺通知未能正常到达，从而于承诺期限届满后才到达要约人。于此情形下，因为受要约人是相信承诺会在有效期限内到达要约人的，承诺迟延完全是其不可预料的，因此，为了保护受要约人的信赖利益，要约人如不承认该迟延的承诺，应当及时通知受要约人；要约人未及时通知的，该承诺有效，合同成立。

8. 承诺的内容

第四百八十八条　承诺的内容应当与要约的内容一致。受要约人对要约的内容作出实质性变更的，为新要约。有关合同标的、数量、质量、价款或者报酬、履行期限、履行地点和方式、违约责任和解决争议方法等的变更，是对合同内容的实质性变更。

第四百八十九条　承诺对要约的内容作出非实质性变更的，除要约人及时表示反对或者要约表明承诺不得对要约的内容作出任何变更外，该承诺有效，合同的内容以承诺的内容为准。

上两条规定了承诺的内容。

因为承诺表明受要约人接受要约人提出的合同条件，承诺生效，合同就成立，订约结束。因此，承诺的内容应当与要约的内容一致。在判断承诺的内容是否与要约内容一致上，依英美法上的"镜像原则"，要求承诺的内容必须像照镜子一样照出要约的内容。我国理论上也曾有不同的观点。一种观点认为，承诺必须是无条件地接受要约的所有条件，不得有任何改动；另一种观点认为，承诺的内容与要约内容一致，指的是承诺的内容与要约的实质内容一致，并非指不能有任何不同。后一种观点更有利于促使合同成立，符合效益原则。为鼓励交易，合同法原则接受后一种观点。承诺的内容未对要约的内容作出实质性变更的，则为承诺的内容与要约的内容一致，承诺有效。所谓实质性内容，是指有关合同标的、数量、质量、价款或报酬、履行期限、履行地点和方式、违约责任和解决争议方法等。承诺的内容对要约的内容作出实质性变更的，不生承诺效力，只能视为新要约。承诺对要约的内容作出非实质性变更的，该承诺有效，合同的内容以承诺的内容为准。但是，如果要约人在要约中表明承诺不得对要约的内容作任何变更或者要约人收到承诺后及时表示反对的，则未对要约内容作实质性变更的承诺也不能有效，只能为新要约。

四、合同成立的时间和地点

（一）合同成立的时间

第四百九十条　当事人采用合同书形式订立合同的，自当事人均签字、盖章或者按指印时合同成立。在签字、盖章或者按指印之前，当事人一方已经履行主要义务，对方接受时，该合同成立。

法律、行政法规规定或者当事人约定合同应当采用书面形式订立，当事人未采用书面形式但是一方已经履行主要义务，对方接受时，该合同成立。

第四百九十一条　当事人采用信件、数据电文等形式订立合同要求签订确认书的，签订确认书时合同成立。

当事人一方通过互联网等信息网络发布的商品或者服务信息符合要约条件的，对方选择该商品或者服务并提交订单成功时合同成立，但是当事人另有约定的除外。

上两条规定了合同的成立时间。

合同成立要经要约与承诺两个阶段，承诺的法律效力就在于使合同成立，因此，承诺的生效时间也就是合同的成立时间。在一般情形下，自受要约人作出承诺的通知到达要约人时，合同即成立。但是在以下情形下，合同成立时间的确定有一定特殊性：

其一，合同采用书面形式订立的，双方当事人均签字或者盖章、按指印的时间为合同成立时间；特定场合不以签字或盖章为合同成立条件，如须经批准或者其他特定程序合同才能成立的，批准或者特定程序办理时间为合同成立时间。但在签字、盖章或按指印前，一方已经履行主要义务，另一方接受时合同成立。

法律、行政法规或者当事人约定应当采用书面形式订立合同，当事人未采用书面形式的，合同可否成立呢？对此曾有两种不同观点。一种观点认为，合同形式有决定合同成立的效力，对于要式合同，当事人未采用书面形式的，合同不能成立。另一种观点认为，合同形式仅具有证据效力。对于要式合同，当事人未采用书面形式的，不影响合同的成立，当事人只是不能以口头约定作为证明双方合同关系的证据。合同法基本采取后一观点。依我国法规定，法律、行政法规规定或者当事人约定采用书面形式订立合同，当事人未采用书面形式但一方已经履行主要义务，对方接受时，该合同成立。

其二，采用信件、数据电文等形式订立合同的，在合同成立之前签订确认书的，签订确认书的时间为合同成立时间。确认书，是承诺方对要约所做出的最终的、明确的承诺。因此，确认书实际上是断定受要约人是否做出承诺的要素。双方以信件、数据电文等方式订立合同时，当事人可以提出承诺以确认书为准。如果当事人有此要求，在签订确认书之前，双方所达成的协议只能是初步的；只有签订确认书，承诺才正式生效，合同才成立。通过互联网等信息网络平台订立合同的，除当事人另有约定外，自成功提交订单时合同成立。

其三，在当事人双方相互向对方发出两个独立的且内容相同的要约时，合同的成立时间应以后一要约到达对方时为准。当事人双方相互同时向对方发出相同内容的独立要约，称为要约交错或要约交叉。对于交错要约是否导致合同成立，有不同观点，有一种观点认为，交错要约不能使合同成立，因为双方互为要约时，只能导致接到对方要约的一方可以同意的结果，而不能导致必然同意的结果。通说认为，交错要约时，双方已有相同的意思表示，可以推定必有承诺的结果，可以认定双方达成合意。认定交错要约可使合同成立，有利于促成交易，符合合同效益原则。

其四，根据交易习惯或者要约的要求，受要约方可以行为承诺的，受要约人作出承诺行为的时间，为合同的成立时间。

（二）合同成立的地点

第四百九十二条　承诺生效的地点为合同成立的地点。

采用数据电文形式订立合同的，收件人的主营业地为合同成立地点；没有主营业地的，其经常居住地为合同成立的地点。当事人另有约定的，按照其约定。

第四百九十三条　当事人采用合同书形式订立合同的，最后签名、盖章或者按指印的地点为合同成立的地点，但是当事人另有约定的除外。

上两条规定了合同成立的地点。

合同的成立地点亦即合同签订地，因其会成为确定法院管辖权及选择法律的适用等问题的重要因素，因此明确合同成立的地点具有重要意义。

因为合同自承诺生效时起成立,因此承诺生效的地点也就为合同的成立地点。但是,因合同订立的形式不同,确定合同成立的地点的具体标准也就有所不同。

当事人采用特定形式订立合同的,只有完成特定形式时合同才能成立,完成特定形式的地点为合同成立的地点。合同法规定,当事人采用数据电文形式订立合同的,收件人的主营业地为合同成立的地点;没有主营业地的,其经常居住地为合同的成立地点。当事人对合同成立地点另有约定的,按照其约定。

当事人采用书面形式订立合同的,最后签字或者盖章、按指印的地点为合同成立的地点。当事人对合同成立地点另有约定,应依其约定。

五、计划合同的订立

第四百九十四条　国家根据抢险救灾、疫情防控或者其他需要下达国家订货任务、指令性任务的,有关民事主体之间应当依照有关法律、行政法规规定的权利和义务订立合同。

依照法律、行政法规的规定负有发出要约义务的当事人,应当及时发出合理的要约。

依照法律、行政法规的规定负有作出承诺义务的当事人,不得拒绝对方合理的订立合同要求。

本条规定了计划合同的订立。

所谓计划合同,是指当事人为完成国家计划所订立的合同。在市场经济条件下,市场在资源配置中起决定性作用,因此，国家计划已经不能如同计划经济或者以计划经济为主市场经济为辅时代那样重要。但在市场经济条件下，基于抢险救灾、疫情防控及其他特殊需要，国家还须下达一定的指令性计划任务，也会下达国家的订货任务，市场主体为完成国家下达的指令性任务和国家订货任务，也需要订立合同。这类合同即为计划合同[①]。计划合同的订立有两个显著特点：其一，订约的强制性。在通常情形下，是否订约由当事人自主决定。但是，计划合同的订立具有强制性，当事人必须订立合同。因为订立合同是为了保障国家下达的指令性任务或国家订货任务的完成，所以，基于国家利益的需要，当事人双方必须订立合同。负有要约义务的人应及时发出要约，另一方应及时承诺，不得拒绝对方合理的订约要求。其二，内容的法定性。计划合同的内容即当事人双方的权利义务，应当符合有关法律、行政法规的规定。法律、行政法规规定的权利和义务是为了完成国家任务而赋予当事人双方的，因此，基于国家需要，当事人双方只能依照法律、行政法规规定的权利和义务订立合同，而不能自行决定合同的内容。

六、预约合同

第四百九十五条　当事人约定在将来一定期限内订立合同的认购书、订购书、预订书等，构成预约合同。

当事人一方不履行预约合同约定的订立合同义务的，对方可

---

① 也有学者认为，只有完成指令性计划的合同才为计划合同。

以请求其承担预约合同的违约责任。

本条规定了预约合同。

预约合同是与本合同相对应的合同，又称为预约。当事人订立预约合同的目的在于将来签订本合同。因此，预约合同中并不约定当事人实体权利义务，而仅是规定未来订立本合同的权利义务，通常所见的认购书、订购书、预订书等，只要当事人约定在一定期限内订立合同，就构成预约合同。

预约合同也是正式合同，具有合同效力。因此，当事人一方不履行预约合同约定的订约义务的，对方可以请求其承担违约责任。

七、格式合同条款

（一）格式条款提供一方的义务

第四百九十六条　格式条款是当事人为了重复使用而预先拟定，并在订立合同时未与对方协商的条款。

采用格式条款订立合同的，提供格式条款的一方应当遵循公平原则确定当事人之间的权利和义务，并采取合理的方式提示对方注意免除或者减轻其责任等与对方有重大利害关系的条款，按照对方的要求，对该条款予以说明。提供格式条款的一方未履行提示或者说明义务，致使对方没有注意或者理解与其有重大利害关系条款的，对方可以主张该条款不成为合同的内容。

本条规定了提供格式条款一方的义务和格式条款的概念。

格式条款是当事人一方为在合同订立中重复使用而事先拟

定的，并在订立合同时未与对方协商的条款。格式条款又称为标准条款、定型化条款等，具有以下特点：

1. 格式条款具有单方性。在一般情形下，合同条款是由当事人双方协商确定的，具有双方性。而格式条款是由一方当事人预先拟定的，另一方当事人对该条款只有同意或不同意的选择，而不能与对方协商改变，也正是在这一意义上，格式条款又称为附合条款，具有单方性。

2. 格式条款具有重复使用性。格式条款不是为了一次使用制定而是为了重复使用制定的条款。格式条款不是针对特定当事人制定的，也不是为某一特定合同而制定的。格式条款的拟定者是固定提供某种商品或者服务者，其提供该种商品或者服务都是遵行同样的条件。因而，提供格式条款的一方在订约过程中总是为要约人，在一定时期内格式条款会在同一事项中反复使用。也正是在这一意义上，格式条款又称为定型化条款。

3. 格式条款具有效益性。格式条款是一方当事人事先拟定的且对一切不特定的会与之进行同一项交易的人公开的合同条款，订立合同时格式条款不经变动地即成为合同的内容。由于格式条款是公开的、稳定的，订约时不必经双方磋商。因此，格式条款的使用可以减少谈判时间，简化订约手续，使交易便捷，节省交易成本，提高效率。正是从这一意义上说，格式条款具有效益性。

由于格式条款具有单方性，提供格式条款的一方又处于优势地位，为合理利用格式条款，避免格式条款的使用造成不公平，法律对格式条款的提供一方提出特别要求，赋予其以下义务：

1. 公平拟定条款的义务

公平拟定条款义务，是指格式条款的提供者在拟定格式条款时，应当遵循公平原则，合理地确定双方的权利义务。格式条款的内容应当让双方的利益均衡，风险负担合理，而不能将义务和责任全部推给对方，而自己仅享有权利。依《合同法解释（二）》第10条规定，实务中认为提供格式条款的一方当事人违反遵循公平原则拟定条款的义务，格式条款具有免除其责任、加重对方责任、排除对方主要权利的情形之一的，人民法院应当认定该格式条款无效。

2. 提示和说明义务

提示义务，是指格式条款提供者于订立合同时，应当以合理方式提请对方注意格式条款的内容。由于利用格式条款订立合同时，对方并不能就格式条款提出修改，而只能完全同意格式条款订约或者拒绝格式条款而不订约。因此，为使相对人慎重订约，格式条款的提供者负有以合理方式提请对方注意格式条款的义务。格式条款中决定公平性的内容主要是免除或者限制提供者责任的条款，因此，格式条款的提供者特别应提请对方注意免除或者限制其责任等与对方有重大利害关系的条款，以使对方能够在知悉和了解免责或者限制责任等条款内容的前提下，以选择是否订约。

说明义务，是指在利用格式条款订约中，如果对方要求就免责或者限制责任等的条款内容做出说明，格式条款提供者应当向其做出说明，以使对方能够或明了免责或限制责任条款的内容与意义。

如何认定格式条款的提供者以合理方式提请注意并说明格

式条款呢?《合同法解释（二）》第6条规定，实务中认为提供格式条款的一方对格式条款中免除或者限制其责任的内容，在合同订立时采用足以引起对方注意的文字、符号、字体等特别标识，并按照对方的要求对该格式条款予以说明的，人民法院应当认定所称"采取合理的方式"。提供格式条款一方对已尽合理提示及说明义务承担举证责任。

关于格式条款提供方未履行说明义务的后果有不同的观点。

依《合同法解释（二）》第9条规定，提供格式条款的一方当事人违反提示和说明义务，导致对方没有注意免除或者限制其责任的条款，对方当事人申请撤销该格式条款的，人民法院应当支持。

有学者指出，法律规定格式条款方的提示说明义务，乃合同合意原则之必然要求。仅当相对人对要约内容知晓并理解后作出之承诺，才构成合意，意思表示内容的效果意思才体现其真实意思。换言之，未履行提示说明义务的，不构成合意，自无须再行效力判断。[1]

民法典最终采取的是后一种观点，即：一方未履行提示或者说明义务，致使对方没有注意或者理解与其有重大利害关系的条款的，对方可以主张该条款不成为合同的内容。

（二）格式条款的无效

第四百九十七条　有下列情形之一的，该格式条款无效：

---

[1]　贺栩栩:《〈合同法〉第40条后段（格式条款效力审查）评注》，载《法学家》2018年第6期，第176—177页。

（一）具有本法第一编第六章第三节和本法第五百零六条规定的无效情形；

（二）提供格式条款一方不合理地免除或者减轻其责任、加重对方责任、限制对方主要权利；

（三）提供格式条款一方排除对方主要权利。

本条规定了格式条款无效的情形。

格式条款在双方订约后即为合同的内容，但有下列情形时，该格式条款无效：

1. 具有民事法律行为无效的情形。民法典第一编第六章第三节规定了民事法律行为无效的情形。格式条款如具有民事法律行为无效的事由，该格式条款当然无效。

2. 具有免责条款无效的情形。合同当事人可以约定免责条款，民法典第506条规定了当事人约定的免责条款无效的情形。格式条款如具有民法典第506条规定的情形，格式条款也当然无效。

3. 格式条款免除提供者一方的责任、加重对方责任。这里的责任是指订约人在订约和履约时应承担的责任，而不是指未来的违约责任。合同当事人双方应合理分担责任，这是公平原则的要求。如果格式条款中不正当地免除格式条款提供者一方应承担的责任，无理地加重对方的责任，这是违反公平原则的，也不符合合同正义的要求，因此，该格式条款是无效的。例如，提供格式条款的超市一方在格式条款中约定：商品一经出场，概不负责。因为这一条款免除其对商品质量的责任，加重消费者检验商品质量的责任，因此该条款无效。

4. 格式条款排除对方的主要权利。主要权利是合同中主要条款或者法律、行政法规规定的当事人权利。主要权利体现着当事人的根本利益，因此，任何一方都不能排除他方的主要权利，损害他方的根本利益。格式条款提供者提供的格式条款若排除对方的主要权利，则损害对方的合同利益，该格式条款也无效而不能有效。

（三）格式条款的解释

第四百九十八条　对格式条款的理解发生争议的，应当按照通常理解予以解释。对格式条款有两种以上解释的，应当作出不利于提供格式条款一方的解释。格式条款和非格式条款不一致的，应当采用非格式条款。

本条规定了格式条款的解释规则。

格式条款的解释，是指在对格式条款的理解发生争议时，对格式条款的含义做出说明。

格式条款为合同条款，对格式条款的解释当然也应当适用合同解释的一般规则。但是由于格式条款是由一方提供的，因此对于格式条款的解释有特别的要求。依合同法规定，对格式条款的解释应采用以下三条特别规则：

1. 按照通常理解解释。由于格式条款是由一方拟定而非双方协商确定的，因此，在双方对格式条款的含义理解有争议时，不能按照提供者一方的理解来解释合同条款，也不能按照相对方在订约时的理解来解释，而应按照通常的理解来解释。所谓通常的理解，是指通常情形下订约一般人的理解。

2. 作不利于格式条款提供一方的解释。法谚云：用语有疑义时，对使用者为不利益的解释。格式条款为一方事先拟定的并提供对方订约的，因此，在对格式条款按照通常的理解会出现两种以上不同解释时，应当作出不利于提供格式条款一方的解释。这一方面是因为提供者一方应当对格式条款的含义不清负责，另一方面也是为了保护处于弱势地位的相对方的利益。

3. 非格式条款优于格式条款。合同中既有格式条款又有非格式条款，且两者不一致的，应当按照非格式条款优于格式条款的规则解释格式条款，采用非格式条款而否定格式条款的同一内容。因为非格式条款是由双方充分协商确定的，而格式条款是单方制定的，格式条款与非格式条款不一致的，实际上是当事人双方以其明确的合意否定了格式条款的效力，因此，在格式条款与非格式条款不一致时，采用非格式条款而排除格式条款的适用，才真正符合当事人双方的真实意思。

八、悬赏广告

第四百九十九条　悬赏人以公开方式声明对完成特定行为的人支付报酬的，完成该行为的人可以请求其支付。

本条规定了悬赏广告。

悬赏广告是悬赏人向不特定人发出的承诺对完成特定行为的人支付报酬的意思表示。关于悬赏广告的性质有单方民事法律行为说与双方民事法律行为说不同观点。民法典在合同成立一章规定悬赏广告，这表明悬赏广告虽为单方做出的意思表示，但具有不可撤销性，只要特定的行为人完成了特定行为，不论该行为人是否知道广告的内容，都可以请求悬赏人支付报酬，悬赏人应当履行其承诺，向完成特定行为人支付报酬。

九、缔约过失责任

（一）缔约过失责任的含义和构成

关于缔约过失责任的概念，法律上并未规定，学者中也有不同的观点。一般认为，缔约过失责任是指缔约当事人因在合同订立过程中有过错造成对方损失所应承担的民事责任。

缔约当事人双方自开始缔约时起，基于诚信原则或法律规定，负有一定的注意义务。这些义务通常称为前合同义务或先合同义务。当事人在缔约过程中应认真履行其义务，以促成合同的成立。当事人违反缔约中的义务，导致合同不成立而给对方造成损失的，应就对方的损失负赔偿责任。这就是缔约人的缔约过失责任。缔约过失责任的构成须具备以下条件：

其一，一方当事人在缔约过程中违反缔约中的义务。缔约过失责任是因缔约中有过错而应承担的责任，因此，缔约过失责任只能以缔约双方中的一方违反缔约义务为条件。缔约双方的缔约义务自缔约开始至缔约结束存在。缔约结束有两种情况：一是缔约成功即合同成立，自合同成立时起当事人双方产生合同义务，而不再发生缔约义务；二是缔约失败即合同未成立，缔约失败后双方不再进行缔约谈判，也不再发生缔约义务。在缔约过程中基于诚信原则，为维护交易安全和保护缔约当事人的利益，法律赋予缔约当事人一定的义务。这些义务称为先合同义务或前合同义务，是自当事人相互接触缔约开始发生，随缔约过程的推移而不断发展的。缔约当事人在缔约过程中违反缔约义务，为构成缔约过失责任的前提条件。

其二，缔约当事人在违反缔约义务上有过错。缔约过失责任属于过错责任，以过错为归责原则。因此，只有违反缔约义务的当事人有过错，才会构成缔约过失责任。在判断缔约当事人是否有过错上，有主观说与客观说两种观点。主观说主张，当事人是否有过错应以其主观上是否有故意或者过失为标准。客观说主张，只要缔约当事人一方违反了其负担的缔约义务，就可推定该当事人有过错。如果违反缔约义务的当事人主张自己没有过错，则其应就此负举证责任；如果其不能证明自己没有过错，就为有过错。

其三，一方违反缔约义务造成缔约相对人的损失。缔约过失责任为赔偿责任。赔偿责任以损失的存在为要件。因此，只有一方违反缔约义务且给另一方造成损失，才会构成缔约过失责任。这一要件要求：一是一方当事人受有损失；二是当事人的损失是因另一方违反缔约义务造成的。何为一方受有损失呢？一方当事人的损失是指其因相信合同可有效成立但合同却未有效成立即订约失败所受到的损失。该损失称为信赖利益损失。信赖利益损失，既不是现有财产毁损、灭失的损失，也不是履行利益的损失。正因为违反缔约义务造成的损失为信赖利益损失，因此缔约过失责任的赔偿范围也仅限于信赖利益。一般认为，缔约的信赖利益损失包括：（1）当事人为订立合同所支出的缔约费用；（2）当事人为准备履行合同所支出的费用；（3）当事人因支出费用导致的利息损失；（4）当事人丧失缔约机会的损失。有学者指出，缔约是一个动态的发展过程，当事人的信赖程度随着接触的密切化而逐步增强，缔约关系越成熟，缔约过失责任就越接近于合同救济。因此，缔约过失责任的赔偿范围可以是期待利益。① 最高人民法院《深圳市标榜投资发展有限公司与鞍山市局股权转让纠纷案》的判决即（2016）最高法民终 802 号中指出，"缔约过失人获得利益以善意相对人丧失交易机会为代价，善意相对人要求缔约过失人赔偿的，人民法院应予支持。""除直接损失外，缔约过失人对善意相对人的交易机会损失等间接损失，应予赔偿。间接损失额应考虑缔约过失人过错程度及获得利益情况、善意相对人成本支出及预期利益等，综合衡量确定。"②

关于缔约过失责任的性质，有不同的观点。一种观点认为，缔约过失责任属于侵权责任，而非独立的责任类型。另一种观点认为缔约过失责任，既不同于侵权责任又不同于违约责任，而是一种独立的责任类型。

缔约过失责任与违约责任的根本区别在于：违约责任是违反合同义务的责任，而缔约过失责任是违反先合同义务的责任。违约责任的基础是合同义务，当事人可以约定违约责任，违约责任形式也不限于赔偿，违约赔偿的损失范围为履行利益损失；而缔约过失责任以先合同义务为基础，当事人不得事先约定缔约过失责任，缔约过失责任仅是一种赔偿责任，赔偿损失的范围为信赖利益损失。

缔约过失责任与侵权责任的根本区别在于：侵权责任是违反不得侵害他人人身、财产的一般义务的责任，而缔约过失责任是违反缔约中义务的责任。缔约过失责任是以缔约双方的缔

---

① 参见张家勇：《论前合同损害赔偿中的期待利益——基于动态缔约过程观的分析》，载《中外法学》2016 年第 3 期，第 646—661 页。
② 《最高人民法院公报》2017 年第 12 期，第 19 页。

约接触为条件的，只有双方存在特别的缔约关系，才会发生缔约过失责任。侵权责任与缔约过失责任不仅违反的义务不同，而且在责任形式、归责原则等方面也有不同。侵权责任形式多样，而缔约过失责任仅有赔偿损失一种；侵权责任有不以过错为归责原则的无过错责任，而缔约过失责任只以过错为归责原则。

（二）缔约过失责任的行为类型

第五百条　当事人在订立合同过程中有下列情形之一，造成对方损失的，应当承担赔偿责任：

（一）假借订立合同，恶意进行磋商；

（二）故意隐瞒与订立合同有关的重要事实或者提供虚假情况；

（三）其他违背诚实信用原则的行为。

本条规定了缔约过失责任的行为类型：

当事人应承担缔约过失责任的违反缔约义务的行为，包括以下类型：

1. 假借订立合同，恶意进行磋商。这是指缔约当事人根本没有与对方订立合同的目的，故意与对方协商，以借订立合同而损害相对人利益的行为。如为使对方的房屋不能在价位高时出卖，借购买该房为名与对方磋商购房。"假借订立合同，恶意进行磋商"的行为构成要件有二：一是缔约当事人一方并没有订立合同的目的。"假借"表明当事人并无订约目的。当事人没有订约的目的也就自始就没有准备与对方订立合同，只是以订约为借口与对方谈判而已；二是没有订约目的的一方主观上有恶意。所谓主观上有恶意，是指订约当事人一方之所以假借订立合同与对方磋商是为了损害对方的利益。如果一方虽没有订约的目的而与对方磋商，但其主观上并没有损害对方利益的目的或动机，则也构不成"假借订立合同，恶意进行磋商"的行为。

2. 故意隐瞒与订立合同有关的重要事实或者提供虚假情况。这是缔约中的欺诈行为。构成这一行为的要件有三：其一，行为人客观上隐瞒了与订立合同有关的重要事实或者提供虚假情况。订约当事人在订约中负有如实告知与订立合同有关的其真实情况的忠实义务，以使对方据以决定是否订约和如何确定合同内容。当事人违反如实告知的忠实义务有两种形态：一是故意隐瞒真实情况，如明知其商品有瑕疵而不告知；二是故意提供虚假情况。如提供虚假的财务状况。其二，行为人主观上有故意。当事人违反忠实告知义务，以故意为要件。这里的故意，是指行为人知道与订立合同有关的事实真相而有意地不告知或者提供不真实的情况。其三，相对人因受欺诈而陷入错误的认识。只有因行为人故意隐瞒与订立合同有关的重要事实或者提供虚假情况而使对方陷入错误的认识，从而遭受损失的情况下，才会构成"故意隐瞒与订约有关的重要事实或者提供虚假"的行为。仅有一方的欺诈，而无对方因受欺诈使订约失败遭受损失的后果，不构成此种缔约过失行为。

3. 其他违背诚实信用原则的行为。除上述两种行为外，其他违背诚实信用原则的行为，导致订约失败而造成对方损失的，也可产生缔约过失责任。例如，要约生效后，要约人擅自撤销或者变更要约，而使受要约人遭受损失的，就属于其他违背诚实信用的行为。依《合同法解释（二）》第8条规定，实务中认为依照法律、行政法规的规定经批准或者登记才能生效的合同成立后，有义务办理申请批准或者申请登记等手续的一方当事人未按照法律规定或者合同约定办理批准或者未申请登记的，属于"其他违背信用原则的行为"。最高法（2016）民终 802 号判决中指出，合同约定生效要件为报批允准，承担报批义务方不履行报批义务的，应当承担缔约过失责任。[①]

（三）侵害缔约中知悉的商业秘密及其他秘密信息的责任

第五百零一条　当事人在订立合同过程中知悉的商业秘密或者其他应当保密的信息，无论合同是否成立，不得泄露或者不正当地使用；泄露、不正当地使用该商业秘密或者信息造成对方损失的，应当承担赔偿责任。

本条规定了侵害缔约中知悉的商业秘密及其他保密信息的责任。

侵害缔约中知悉的商业秘密或其他秘密信息的责任构成，须具备以下条件：（1）当事人在订约过程中知悉了对方的商业秘密或其他应当保密的信息。所谓商业秘密，是指不为公众所知悉，能对权利人带来经济利益，具有实用性并经权利人采取保密措施的技术信息和经营信息。商业秘密并不能告知他人，但为了订立合同，权利人将其商业秘密披露给订约当事人，从而使当事人在订约过程中知悉该商业秘密。除商业秘密外的，当事人不希望公开的信息，则属于应当保密的信息。（2）知悉他人秘密的当事人泄露或者不正当地使用该秘密。在订约过程中

---

① 《最高人民法院公报》2017 年第 12 期，第 19 页。

因他人披露而知悉商业秘密及其他应保密的信息的当事人负有保密义务，只能为订约所需要而正当使用该秘密，而不得泄露或者于订约所需以外不正当地使用该秘密。当事人泄露或者不正当使用知悉的商业秘密或其他应当保密的信息的，构成对商业秘密或其他秘密的侵害。（3）给对方造成损失。若对方未因其泄露或者不正当使用其商业秘密或其他秘密而造成损失，当事人也不会承担侵害缔约中知悉的秘密的责任。

侵害缔约中知悉的商业秘密或其他秘密的赔偿责任是一种缔约过失责任还是侵权责任呢？对此有不同的观点。有的认为，这是缔约过失责任，因为从体系上看，第501条立法的配置所指的不是侵权而是缔约过失。另一种观点认为，这是一种侵权责任。还有一种观点认为，如果当事人之间订约失败，则当事人承担的是缔约过失责任。如果这种行为发生于合同成立后，当事人承担的应为侵权责任。因此，侵害缔约中知悉的商业秘密或其他应当保密的信息的责任可以不列为缔约过失责任的类型。

第三章　合同的效力

一、合同效力的含义

关于合同效力的含义有不同的观点。有的认为，合同的效力是指已经成立的合同在当事人之间产生的法律拘束力。[1] 有的认为，合同的效力又称为合同的法律效力，是指法律赋予依法成立的合同具有拘束当事人各方乃至第三人的强制力。[2] 也有的认为，合同效力并不完全等同于法律拘束力。合同效力包括拘束力、确定力与实现力三方面的内容，前二者可以理解为法律拘束力。

合同效力也有为广义与狭义之分。广义的合同效力，是指已经成立的合同所发生的法律后果。狭义的合同效力是指有效合同所发生的法律后果。就其本意而言，合同的效力应是指狭义的合同效力，即仅指依法成立的合同所发生的法律后果。上述对合同效力的不同表述也都是指狭义的合同效力而言的。依法成立的合同是指符合法律规定的有效条件的合同。但是，已

---

[1]　参见胡康生主编:《中华人民共和国合同法释义》，法律出版社 1999 年版，第 75 页。

[2]　参见崔建远:《合同法》（第三版），北京大学出版社 2016 年 9 月版，第 79 页。

经成立的合同并非都符合法律规定的有效条件。不符合有效条件的合同当然不能发生有效合同具有的法律效力，但也会发生一定的法律后果。因此，确定合同效力，首先应当确定该已经成立的合同是否为依法成立的有效合同，然后才能确定该合同发生何种法律后果。

依法成立的合同，即符合法律规定有效条件的合同为有效合同，是受法律保护的，发生狭义的合同法律效力。有效合同的效力包括两个方面：一是在合同当事人之间的效力；一是对第三人的效力。

就合同当事人之间来说，有效合同对当事人的效力包括：（1）在当事人之间产生合同之债。有效合同在当事人之间产生债权债务，当事人在合同中约定的权利义务也为法律上的权利义务；（2）当事人不得随意变更、解除合同。合同有效成立后，双方都受合同的拘束，任何一方不得擅自随意地变更或者解除。只有经双方协商一致或者具备法定事由，当事人才可以变更或者解除合同；（3）当事人须履行合同。有效成立的合同具有执行力和实现力，当事人须按照合同的约定或法律规定履行义务，债务人不履行义务的，债权人有权要求其履行。债务人未按照约定履行义务，致使债权不能得到实现的，债权人得要求债务人承担违约责任；（4）依照合同处理当事人之间的纠纷。合同既是当事人之间发生债权债务的根据，也是处理当事人之间合同纠纷的依据。

有效合同仅在当事人之间产生债权债务，正是从这一意义上说，合同具有相对性。但是，有效合同也会对第三人发生一定法律效力。就有效合同对第三人的效力来说，一方面任何第三人都负有不得侵害合同债权的义务，第三人侵害债权的，会构成侵权责任；另一方面订约当事人可以为第三人设定权利，且在特定情形下债权人行使债权保全的权利时，合同效力会延伸到第三人。

欠缺法律规定的有效条件的合同，因其欠缺有效要件的情况不同，又有无效合同、效力待定合同和可撤销合同之别，各自会发生不同的法律后果。

二、合同生效的时间

第五百零二条　依法成立的合同，自成立时生效，但是法律另有规定或者当事人另有约定的除外。

依照法律、行政法规的规定，合同应当办理批准等手续的，依照其规定。未办理批准等手续影响合同生效的，不影响合同中履行报批等义务条款以及相关条款的效力。应当办理申请批准等手续的当事人未履行义务的，对方可以请求其承担违反该义务的责任。

依照法律、行政法规的规定，合同的变更、转让、解除等情形应当办理批准等手续的，适用前款规定。

本条规定了合同生效的时间。

合同的成立和生效是两个相联系而又不同的概念。合同成立是合同生效的前提，未成立的合同无所谓是否生效；但已成立的合同，未必生效。只有依法成立的合同才能生效且自合同成立时即生效。所谓合同的依法成立，是指已经成立的合同具备法律规定的生效要件。

合同生效应当具备民事法律行为的生效要件。合同的一般生效要件包括：（1）行为人具有相应的民事行为能力；（2）意思表示真实；（3）不违反法律、行政法规的强制性规定，不违背公序良俗。

合同生效的特别要件是指某些合同生效还须特别具备的要件。法律、行政法规规定应当办理批准等手续的，依照其规定。对于这类合同，批准等就为合同生效的特别要件。法律、行政法规规定应办理批准、登记等手续的，因未办理批准、登记等手续，合同就不能生效。但合同不生效不等于合同无效。如果合同成立后，有义务办理申请批准或者申请登记手续的一方当事人不按照合同约定申请办理相关手续，对方当事人有权请求法律救济。应当办理批准等手续的当事人未履行义务的，对于给对方当事人对由此产生的费用和造成的实际损失，应当承担赔偿责任。

三、无权代理人订立合同的效力

第五百零三条　无权代理人以被代理人的名义订立合同，被代理人已经开始履行合同义务或者接受相对人履行的，视为对合同的追认。

本条规定了无权代理人订立合同的效力。

无权代理人订立的合同，是指行为人没有代理权且也没有客观上足以使他人相信其有代理权的事由而以被代理人名义订立的合同。

受当事人的委托，代理人可以以被代理人名义订立合同。

代理人在代理权限范围内以被代理人名义订立的合同，对被代理人发生效力。但是，行为人没有代理权而以被代理人名义订立的合同对被代理人不发生效力，应由行为人自己承担责任。订约的行为人没有代理权有三种情形：一是行为人自始就没有代理权；二是行为人虽有代理权但其订约行为超出代理权限范围；三是行为人原有代理权但在订约时代理权已经终止。

　　无权代理人订立的合同因其无代理权而对被代理人不发生效力，但其代理权的欠缺是可以补正的。如果被代理人事后授予其代理权，即被代理人对其订约行为予以追认，则该合同对被代理人发生效力。因为订约相对人是基于与被代理人发生合同关系而订立合同的，所以相对人有权催告被代理人在一个月内予以追认，于此期限内，被代理人未作表示的，视为拒绝。被代理人的追认可为明示的，也可为默示的。无权代理人以被代理人名义订立合同，被代理人已经开始履行合同义务或者接受对方当事人履行的，视为对合同的追认。

四、法定代表人越权订立合同的效力

第五百零四条　法人的法定代表人或者非法人组织的负责人超越权限订立的合同，除相对人知道或者应当知道其超越权限外，该代表行为有效，订立的合同对法人或者非法人组织发生效力。

　　本条规定了法定代表人越权订立合同的效力。

　　法人的法定代表人、非法人组织的负责人有权代表法人、非法人组织订立合同。法人或者非法人组织可以通过章程等对其法定代表人、负责人的代表权限予以限制，但是法人、非法人组织对其法定代表人、负责人代表权限的限制，对善意第三人不能发生效力。因此，法人或者非法人组织的法定代表人、负责人超越代表权限订立合同的，属于表见代表行为。所谓表见代表行为，是指行为人实施行为因超越代表权限而没有代表权，但相对人有理由相信行为人实施行为是有代表权的。为维护交易安全，除相对人知道或者应当知道法定代表人、负责人超越权限的以外，法定代表人、负责人的表见代表行为有效。所谓表见代表行为有效，是指表见代表人代表法人、非法人组织订立的合同对该法人、非法人组织发生法律效力。相对人如果知道或者应当知道法人的法定代表人或非法人组织的负责人超越权限订立合同的，则该合同对法人或非法人组织不发生效力。因为于此情形下，相对人不为善意，不存在法律应予保护的相对人的信赖利益。相对人是否知道或者应当知道法定代表人或负责人超越权限，应当由主张合同对其无效的法人或者非法人组织负举证责任。

五、超越经营范围订立的合同效力

第五百零五条　当事人超越经营范围订立的合同的效力，应当依照本法第一编第六章第三节和本编的有关规定确定，不得仅以超越经营范围确认合同无效。

本条规定了超越经营范围订立的合同效力。

营利法人、非法人组织应在经营范围内从事经营活动。但是，当事人超越经营范围订立合同的，不能仅以超越经营范围确认合同无效，只要合同不具备民事法律行为无效的事由，合同就可以有效。

六、合同免责条款的无效

第五百零六条　合同中的下列免责条款无效：

（一）造成对方人身伤害的；

（二）因故意或者重大过失造成对方财产损失的。

本条规定了合同免责条款的无效。

依合同自由原则，当事人可以就合同责任做出约定。当事人在合同中约定的排除或者限制其未来责任的条款，为免责条款。免责条款是合同的内容，在合同有效的情况下，当事人应当按照免责条款的约定确定相互间的违约责任。但是，为保护合同当事人的合法权益，实现合同正义，法律对免责条款予以一定限制。合同中的免责条款有以下两种情形之一的，该免责条款无效，不能依免责条款的约定而免除行为人的责任：

1. 造成对方人身伤害的免责条款无效。当事人造成对方人身伤害的行为可构成侵权行为，行为人会依法承担侵权责任。而侵权责任是不能事先约定的。因此，合同中关于免除或者限制造成人身伤害的免责条款无效。法律规定造成对方人身伤害的免责条款无效，体现了法律以人为终极目的和终极关怀的价值取向。[①]

---

① 　郭明瑞、房绍坤主编：《合同法学》（第三版），复旦大学出版社 2016 年版，第 70 页。

2. 因故意或者重大过失造成对方财产损失的免责条款无效。行为人的故意或者重大过失的违约行为是严重违反诚实信用原则的行为。任何人对于其故意或者重大过失造成损害的行为，都应当承担相应的民事责任。若许可故意或者重大过失致人损害的行为可以不承担民事责任，无疑是放纵违法行为。当事人在合同中约定因故意或者重大过失造成对方财产损失的免责条款若有效，免除责任的当事人就不受任何合同责任的约束，这等于鼓励当事人可以任意毁约，合同的严肃性就会荡然无存，合同的法律效力也就全然丧失。因此，对于故意或重大过失造成对方财产损失的民事责任，当事人也不得事先免除。合同中有因故意或者重大过失造成对方财产损失的免责条款的，该免责条款无效。

七、合同效力的认定规则

第五百零八条　本编对合同效力没有规定的，适用本法第一编第六章的有关规定。

本条规定了合同效力的认定规则。

合同是民事法律行为，因此，法律关于民事法律行为有效、无效、可撤销等规定均适用于合同。在合同效力的认定上，只要合同编没有规定，就适用总则编关于民事法律行为效力的有关规定。

依总则编的规定，导致合同无效的原因主要有以下五种情形：

1. 损害国家利益。损害国家利益的合同，不能由订约当事人决定合同是否有效，而只能为无效的合同。

2. 恶意串通,损害第三人利益。恶意串通,是指双方合谋损害他人合法权益。订约当事人双方恶意串通,损害第三人利益的合同,一方面因当事人双方都故意违法,另一方面因该合同损害的是第三人的利益,而不是当事人的利益,而任何人都不得将不利益加于第三人,所以恶意串通,损害第三人利益的合同为无效合同。①

3. 虚假的合同。

只要当事人订立的合同是虚假的,该合同就是无效的。当然,《民法典》第 146 条第 2 款规定,以虚假的意思表示隐藏的民事法律行为的效力,依照有关法律规定处理。依此规定,当事人订立阴阳合同,以一份虚假合同隐藏(掩盖)另一真实合同的,虚假合同当然无效,而真实合同是否有效应看其是否符合法律规定的有效条件。如其真实合同具有非法目的,就会因目的非法而无效。

4. 损害社会公共利益。通说认为,社会公共利益包括社会公共秩序和善良风俗。社会公共秩序、善良风俗,关涉国家、社会的一般利益及一般道德观念。可以说,社会公共利益是社会公众的整体利益,是容不得任何人以任何方式侵害的。因此,损害社会公共利益的合同当然为无效合同。至于合同是否损害社会公共利益,应当从当事人的动机、目的以及合同的内容等其他客观因素综合判断。

5. 违反法律、行政法规的强制性规定。法律、行政法规的

---

① 有学者主张,恶意串通损害第三人利益的合同应为可撤销合同,由第三人行使撤销权。

强制性规定，是当事人必须遵守的规范，当事人不得违反。依
《民法典》第153条规定，违反法律、行政法规的强制性规定的
民事法律行为无效，但是该强制性规定不导致该民事法律行为
无效的除外。因此，只有违反效力性强制规定的合同才是无效
的。如果当事人订立的合同违反的是管理性强制规定，则该合
同并不会因违反强制性规定而无效。如何区分管理性强制规定
和效力性强制规定呢？对此有不同的观点。有的主张，如果规
定所禁止的是民事法律行为本身，该规定即属于效力性强制规
定；如果规定并非禁止某种类型的行为，而是与当事人的"市
场准入"资格有关，或者禁止的是合同履行中的某种履行途径
或方式，则该规范属于管理性强制规定。对于违反管理性强制
规定的，应当区别情况：如属于对主体从事特定类型行为的禁
止，已经履行的可以有效，未履行的部分无效；如属于是对主
体履行行为的禁止，一般不认定无效。

可撤销合同有以下类型：

1. 因重大误解订立的合同。所谓重大误解是指当事人对有
关合同成立和效力的重要事项产生了错误认识。构成因重大误
解订立的合同的条件有三：（1）当事人一方因过失对有关合同
的性质、对方当事人、合同标的物的品种、质量、规格、型号、
数量等重要事项产生了错误认识；（2）当事人一方基于其错误的
认识而订立合同，若无此错误认识则不会订立合同；（3）当事人
订立的合同会使一方造成重大损失或者影响合同的目的。如果
当事人所订立的合同并不会给一方造成重大损失或者影响合同
目的，就构不成重大误解的合同。例如，误将甲当作乙而为赠
与，因对受赠人的认识错误影响赠与合同的目的，该赠与合同

是构成重大误解的合同；而误将甲当作乙而为买卖，因对买受人的认识错误既不会造成一方重大损失也不影响合同目的，因此该买卖合同不构成重大误解的合同。

2. 在订立时显失公平的合同。在订立时显失公平的合同，是指于合同成立时双方当事人的权利义务的分担就明显不公平的合同。显失公平合同的构成条件有三：其一，一方利用另一方没有经验、轻率或者处于危难状态而提出有利于自己的条件订立合同；其二，对方由于缺乏判断能力或者为摆脱危难不得不违背自己的真实意思而订立合同；其三，合同在成立时双方的权利义务就明显不公平。合同成立时当事人之间的权利义务是否明显不公平即双方利益是否严重失衡，应依当时的社会情势和公众的一般观念判定。只有依订约时的情势，一方获得的利益明显超过法律规定的限度，社会公众认为是不公平的，获利的一方也自知不公平，才可以认定为显失公平。如果在合同订立时双方的权利义务分配并不失衡，但因为订约后客观情势发生变化导致当事人双方的权利义务严重失衡，则该合同不属于显失公平合同。

3. 因受欺诈订立的合同。因受欺诈订立的合同，是指一方以欺诈的手段，使对方在违背真实意思的情况下订立的合同。因受欺诈订立的合同须具备以下条件：（1）一方对另一方实施了欺诈。所谓欺诈，是指故意隐瞒真实情况或者告知虚假情况。一方故意隐瞒真实情况或者告知虚假情况以其有告知义务为前提。若其无告知义务，则不发生故意隐瞒真实情况或者告知虚假情况；（2）另一方因受欺诈而产生错误认识；（3）另一方基于错误认识在违背真实意思的情况下订立合同；（4）另一方的利益受到损失。

4. 因受胁迫订立的合同。受胁迫订立的合同，是指一方以胁迫的手段，使对方在违背真实意思的情况下订立的合同。因受胁迫订立的合同须具备以下三要件：一是一方对另一方使用胁迫的手段。所谓胁迫，是指以给本人或者其亲友的身体、生命、自由、名誉、财产等造成损害相要挟；其二是另一方因受胁迫而产生恐惧，违背真实意思而与胁迫方订立合同；其三是合同的订立使受胁迫一方遭受不利益。

因订立可撤销合同受损失的一方当事人享有撤销权，可以请求人民法院或者仲裁机构解除已经成立的合同。当事人享有的请求解除合同的权利，称为撤销权。撤销权应以诉讼或仲裁方式行使。

八、附条件和附期限合同的效力

（一）附条件合同的效力

1. 附条件合同的含义

附条件合同，是指在合同中附以条件约款，以其成就与否限制合同效力的合同。

附条件的合同须具备合同有效的各种要件，而不能欠缺合同有效的要件。如果一项合同的内容中有限制合同效力的附款，但该合同并不完全具备合同的有效要件，则该合同不属于附条件的合同。例如，当事人双方约定合同于发生某一事件时才生效，但一方在设立权利义务上的意思表示不真实，该合同就不属于附条件的合同，而属于可撤销合同（或无效合同）。附条件的合同也不同于效力待定合同。效力待定合同是于合同成立时是否有效尚不能确定的合同，而附条件的合同于成立时就确定地有效。

附条件的合同也不同于法定未生效合同。法定未生效合同是指法律规定的只有经办理特定法定手续后合同才发生效力的合同。如法律规定的须经审批、登记等才生效的合同。这类合同也是以具备一定条件才发生效力的，这与当事人约定以一定的条件事实发生作为合同生效的前提的附条件合同极为相似。但二者根本不同：法定未生效合同中决定合同是否生效的条件是法律规定的；而附条件的合同中决定合同是否发生效力的条件是约定的。如果说法定未生效合同体现国家管制与私法自治的平衡，那么附条件的合同仅体现私法自治。况且，附条件的合同不仅包括以条件限制合同生效的合同，也包括以条件决定合同失效的合同。

附条件的合同也不同于附负担的合同。附负担的合同是指当事人在合同中设定了给予一方特定的负担的附款的合同。附负担的合同中负有负担的一方如不履行其负担，则会构成违约，其也会失去相应的权利。而附条件合同中的条件仅决定合同法律效力的发生或终止，而不决定当事人权利义务的内容和范围。例如，某甲与某校乙约定：若乙设立某种教育基金，则甲赠与乙100万元。此赠与合同则为附条件合同。乙设立某种教育基金，是该赠与合同发生效力的条件，而乙并不负担设立某种教育基金的义务。如果某甲与某校乙约定：甲赠与乙100万元，乙须以此赠款设立某教育基金。此赠与合同就为附负担的合同，乙是否设立教育基金不是甲赠款的前提条件，但甲赠款后乙负有设立某教育基金的义务。若乙不履行该义务，则构成违约，甲可追究乙的违约责任。

2. 附条件合同中的条件

（1）附条件合同中条件的含义与特征

附条件合同中的条件，是指当事人在合同中约定的用以限定合同效力的客观事实。条件作为当事人约定的决定合同效力发生或消灭的一种客观事实，须具有以下特征：

其一，条件是当事人约定的决定当事人权利义务效力发生或消灭的事实。如果当事人约定的事实关涉权利义务的内容增减，则该事实并非条件。例如，附条件买卖中当事人约定的有关所有权转移的事实，虽也称为"条件"，但不属于附条件的合同中的条件。[①]条件也只能是当事人约定的决定合同效力发生或消灭的事实，法律规定的决定合同效力的事实，也不属于条件。例如，法律规定某些合同经办理登记手续后才生效，办理登记即为合同生效的条件。但这种法律规定的条件不属于附条件的合同中的条件，被称为法定条件，而条件只能是约定的。

其二，条件是尚未发生的客观事实。条件须是当事人订立合同时尚未发生即并不存在的事实。在合同订立时已经发生的客观事实，称之为既成条件。既成条件已经成为当事人设定权利义务的合同基础，自无再用以限制合同效力的必要。

其三，条件是将来发生与否不确定的事实。条件不仅须为于合同成立时尚未发生的客观事实，并且须为将来是否发生并不确定的客观事实。也就是说作为条件的客观事实是否发生具有或然性而不是具有必然性的。如果当事人约定的客观事实是将来

---

① 参见梁慧星：《民法总论》（第四版），法律出版社 2011 年版，第 183 页。

必然会发生的，则它不属于条件，而属于期限。当事人约定的作为条件的客观事实须是将来可能发生的，如根本是不可能发生的，也不能作为条件。如以不可能发生的事实作为合同生效条件的，视为当事人根本不希望订立合同；如果以不可能发生的事实作为合同失效的条件，则视为该合同根本未附条件。[①]

其四，条件是合法的事实。条件是一种客观事实，它可以是事件，也可以是行为。作为事件当然无合法、不法之分。但人的行为却有合法、不法之别。若当事人约定的事实是违法的，此条件为违法条件，不为附条件合同的条件。例如，甲乙约定：若乙将丙致伤，甲给予乙报酬若干。此合同中所附的条件即为违法条件。附违法条件的合同，应为无效合同。当然，如果关于条件的条款无效不影响其他部分的效力，则合同的其他部分仍可有效。

其五，条件是与合同目的和内容不相矛盾的事实。条件是决定合同效力的事实，是合同内容的组成部分，因而，不能与合同的目的和内容相矛盾。如甲与乙订立租赁合同，合同中约定甲将房屋卖与他人时，甲就将该房屋租赁给乙。该租赁合同所附的条件就与合同的内容和目的相矛盾，因为甲将房屋出卖，其则无权出租。[②] 合同所附的与合同内容相矛盾的条件，被称为矛盾条件。关于所附条件为矛盾条件的合同效力，有不同的观点。一种观点认为，若"条件"与主要内容相矛盾，则该合同

---

① 参见王利明：《民法总则研究》（第二版），中国人民大学出版社 2012 年 7 月版，第 583 页。

② 郭明瑞、房绍坤：《新合同法原理》，中国人民大学出版社 2001 年版，第 162 页。

本身应无效。另一种观点认为，如果该"条件"是决定合同效力发生的，则该合同无效；如果该"条件"是决定合同效力消灭的，则视为未附条件。①

（2）条件的种类

条件的种类可依不同的标准作不同的区分，通常有以下分类：

其一，依条件在决定合同效力上的作用，条件可分为生效条件与解除条件。

生效条件是指决定合同效力发生的条件。附生效条件的合同是当事人在订立合同时不希望合同于成立时即发生效力，而于合同中约定若某一客观事实出现合同才发生效力的合同。因此，附有生效条件的合同，于合同成立后当事人间的权利义务虽已经合法确定但并不能当即发生履行效力，合同效力处于一种停止状态，合同的效力一直延缓到约定的客观事实出现才发生。也正因为如此，生效条件又被称为停止条件、延缓条件。附生效条件的合同，如果约定的客观事实出现，则合同发生效力；如果约定的客观事实不出现，则合同不发生效力。

解除条件是指决定合同效力解除的条件。附解除条件的合同是合同成立时起即已经发生效力的合同，但当事人在合同中附有若某一客观事实出现合同就解除的约款。因此，附解除条件的合同，自合同成立时起即发生法律效力，但在约定的客观事实出现时双方的权利义务关系就解除亦即合同的效力消灭；

---

① 参见王利明：《民法总则研究》（第二版），中国人民大学出版社 2012 年版，第 584 页。

约定的客观事实不出现，合同的效力就不消灭而继续有效。因此，解除条件又称之为消灭条件。一个合同中既附有生效条件又附有解除条件的，则应分别确定其效力。

其二，依条件的内容，条件可分为积极条件与消极条件。

积极条件是指以某种事实的发生为内容的条件。某种事实的发生是对该事实的肯定，因而积极条件又被称为肯定条件。例如，甲乙约定，若甲之苹果产量达6万公斤，则出售给乙4万公斤。该合同以甲的苹果产量达6万公斤为甲出售与乙4万公斤的条件。这一条件是以苹果产量达6万公斤这一事实的发生为内容的，即为积极条件。

消极条件是指以某种事实的不发生为内容的条件。某种事实的不发生是对该事实的否定，因而消极条件又称为否定条件。例如，前述例中，若当事人双方约定甲的苹果产量达不到6万公斤，则甲不向乙出售苹果。"甲的苹果产量达不到6万公斤"这一条件即属于消极条件。

3.附条件合同当事人利益的保护

（1）条件的成就与不成就

条件的成就，是指当事人约定的决定合同效力的客观事实发生即作为条件内容的事实实现。条件成就决定附条件合同的法律效力发生或消灭。附生效条件的合同，自条件成就时起，合同即发生法律效力。附解除条件的合同，自条件成就时起，合同即解除，合同的效力消灭。因条件成就而解除合同的，不同于合同的法定解除。其区别主要有二：其一，原因不同。法定解除须有法定解除事由，而附解除条件合同的解除是因条件成就；其二，程序不同。法定解除须经由解除权人行使解除权而解除，而附解除条件的合同一经条件成就即当然解除，无须解除权的行使。

条件的不成就，是指当事人约定的决定合同效力的客观事实未发生即作为条件内容的事实未实现。条件不成就决定附条件合同的法律效力不发生或不消灭。附生效条件的合同，条件不成就的，合同的效力确定地不发生。附解除条件的合同，条件不成就的，合同的效力确定地不消灭而继续有效。

因条件是决定合同的法律效力发生或消灭的，条件成就与否未确定时，附条件合同的法律效力是否发生或者消灭也就不能确定。因而，于条件成就与否未确定之前，附条件合同的效力也就处于一种不确定状态。然而，在条件成就与否未确定之前，附条件合同对于当事人仍然具有法律拘束力，双方当事人不能随意变更或者解除。[①] 因为附条件合同本来就是当事人双方基于未来风险的利益考虑而作出的安排。当事人双方都期望于条件成就或者不成就时能取得相应的利益。如果条件成就或者不成就，当事人也就确定地取得相应的利益。而在条件成就与否未定前，当事人期望条件成就或不成就会得到的利益仍然只能是预期的期望得到的利益，也只是一种可以得到的利益，而非确定得到的利益。当事人于此时享有的因尚未具备全部条件而得到的利益，通常称之为期待权。附条件合同的期待权因所附条件的作用不同而有所不同。在附生效条件的合同，当事人一方或双方希望在条件成就时取得权利，或得到一定利益，学

---

① 胡康生主编：《中华人民共和国合同法释义》，法律出版社 1999 年 4 月版，第 78 页。

者称当事人的这种期待为"希望权"。在附解除条件的合同中，因条件成就合同的效力即消灭，权利将复归原权利人，有学者称此种期待为"复归权"。①在附条件合同当事人享有的期待权是否为独立的一种权利类型上，学者中有不同的观点。有的认为，附条件合同在条件成就与否前，当事人所处的受法律保护的地位，并不属于期待权。期待权是与既得权相对应的概念。期待权是已经具备一定条件且于条件完全具备时即可取得的权利。而附条件合同中当事人的合同权利已经取得，只不过在附生效条件合同，权利人能否行使权利不能确定；在附解除条件的合同，是否解除对权利的限制或者免除义务不能确定。实际上，附条件合同在条件成就与否未定前合同的效力处于一种不确定状态，当事人期待的是这种状态结束时将会得到权利的这种利益。因此，与其称其为期待权，不如直接称其为期待利益。

（2）条件成就与否的拟制

由于附条件合同中的条件是否成就决定着合同效力是否发生或者是否消灭，因此条件是否成就也就是事关双方当事人的利益。条件的成就与否应是客观情形自然发展的结果，这样，客观情形发展的结果才能会与当事人双方约定条件时利益的考量相一致。由于尽管合同双方具有互惠性，但在具体事项上，对一方的利益也就会是对另一方的不利益。因此，发生妨碍期待利益实现的事实时，一方为自己的利益以不正当行为促使条件成就或者阻碍条件成就的，定会对自己有利而对对方不利。

---

① 郭明瑞、房绍坤主编:《合同法学》（第二版），复旦大学出版社 2009 年 8 月版，第 78 页；王利明:《民法总则研究》（第二版），中国人民大学出版社 2012 年版，第 587—588 页。

相反，若条件自然成就或者不成就的，可能就会对实施不当行为的一方不利。因为，任何不正当的行为都不应使行为人得到利益，而由此不当行为造成的不利益应由行为人自己承受。因此，为保护附条件的合同当事人的期待利益，法律规定了条件成就与否的拟制制度，以使由不当行为人承受妨碍期待利益行为的不利后果。

条件成就与否的拟制，包括条件成就的拟制和条件不成就的拟制。条件成就的拟制，是指当事人为自己的利益不正当地阻止条件成就的，视为条件成就。条件不成就的拟制，是指当事人为自己的利益不正当地促成条件成就的，视为条件不成就。无论是视为条件成就还是视为条件不成就，均发生条件成就或者条件不成就的相应的法律后果。

（二）附期限合同的效力

1. 附期限合同的含义

附期限的合同是指当事人以将来确定发生的事实来限制合同效力的合同。

附期限合同与附条件合同，都是以将来的某一客观事实来限制合同法律效力的，都属于当事人于合同订立时对未来的风险做出的安排。合同中所附的无论是关于条件还是关于期限的约定，都是双方协商的结果，因此，法律确认附期限合同的效力受制于期限，与法律确认附条件合同的效力受制于条件，具有同样重要的意义。

附期限的合同与附条件的合同在以将来发生的客观事实来决定合同效力上，具有相同性。附期限合同中也可以同时附有限制合同效力的条件。于此情形，合同既附有期限又附有条件，应分别适用关于附期限合同和附条件合同的规定。

附期限合同中所附期限不同于合同的履行期限。合同的履行期限，是当事人双方约定的履行合同债务的期限，是对当事人已经生效的合同所负义务的履行时间的限制。合同规定履行期限的，债务人须于履行期限内履行义务，在履行期限前债务人可以不履行义务，但履行期限届至债务人必须履行，否则应承担违约责任。并且，除特殊情况外，法律并没有绝对禁止债务人提前履行。债务人提前履行，债权人接受履行的，是债权人的正当权利。而附期限合同所附的期限是决定合同效力发生或者终止的期限。在所附生效期限的合同中所附生效期限到来之前，当事人间债权债务关系不发生效力，只有期限到来后合同的债权债务才发生效力。

附期限的合同是有效合同，它不同于无效合同、可撤销合同以及效力待定合同。因此，自合同成立时起，附期限合同的当事人任何一方都不得擅自随意变更或者解除合同。

附期限的合同虽为有效合同，但其法律效力又是受未来必定发生的事实限制的。依当事人的约定，附期限的合同，或是自某一事实发生时才开始发生效力，或是于成立时起即发生效力而于某一特定事实发生时合同的效力即消灭。

2. 附期限合同中的期限

（1）附期限合同中的期限的含义。

附期限合同中的期限，是指合同当事人约定的用以限定合同效力的将来确定发生的事实。当事人关于期限的约款为合同的附款，该合同附款虽不决定合同当事人权利义务的内容和范围，但却决定合同效力的发生或消灭。

附期限合同中的期限的根本特点就在于它是将来确定发生的客观事实。不过，有的事实发生的具体时间不能确定，有的事实发生的具体时间就已经确定。但无论如何，作为期限的客观事实必定是会发生的。期限与条件的根本区别就在于期限是必定发生的客观事实，而条件是可能发生也可能不发生的客观事实。若当事人约定的客观事实是发生与否不能确定的，则不为期限，而只能为条件。有此条款的合同也就不属于附期限的合同，而可为附条件的合同。

（2）期限的种类

附期限合同中的期限依不同的标准，可有不同的分类。通常期限的分类有以下两种：

其一，以期限在决定合同效力上的作用，期限可分为生效期限与终止期限。

生效期限是决定合同效力发生的期限。因附生效期限的合同，于成立时起并不生效，一直延缓到所附期限届至时合同才开始生效。因此，生效期限又称为始期。例如，甲乙订立的租赁合同中约定：本合同自5月1日起生效。该合同中约定的5月1日即为生效期限。甲乙之间的租赁合同本应自合同成立时起生效，但因当事人的这一特约，合同就须等到5月1日才开始生效。

终止期限是决定合同效力消灭的期限。附终止期限的合同自成立时就发生效力，于期限届至时合同的效力即终止。因附终止期限的合同效力延续至期限届至，因此，终止期限又称为终期。如甲乙订立的租赁合同中约定：本合同至本年底终止。该合同中约定的"本年底"这一期限即为终止期限。甲乙间的租赁合同自成立时起即发生效力,但到年底合同的效力就消灭。

当事人可以在合同中既约定生效期限又约定终止期限。合同既附有生效期限又附有终止期限的,应分别适用关于生效期限与终止期限的规定。

其二,以期限的届至时点是否确定为标准,期限可分为确定期限与不确定期限。

确定期限是指期限届至的时点直接明确的期限。如某年某月某日、三个月等。

不确定的期限是指期限届至的时点不能确定但必会发生的期限。如甲乙双方约定:甲之大楼建成之日,甲就将该楼之商铺若干出租给乙。因大楼正在建造中,虽然一定会建成,但是具体的建成日期并不确定(虽有计划,也会或早或迟)。这一期限就属于不确定的期限。不确定期限的"不确定",不是说将来是否发生某一事实不确定,而是指该事实发生的具体时日不能确定,因为只有该事实属于必定会发生的,才为期限,否则即会为条件。

3. 期限的效力

期限届至,又称为期限到来,也就是当事人约定的必定发生的事实发生。期限届至的效力依所附期限的作用不同而不同。

附生效期限的合同,自期限届至时生效。也就是说,附生效期限的合同于期限到来时起,合同开始发生法律效力,当事人依合同约定取得权利和负担义务。附生效期限的合同也只能于期限到来时起发生效力,当事人不得以特约另行规定合同生效的时间。

附终止期限的合同，自期限届至时失效。也就是说，附终止期限的合同，于期限到来时起，合同即失去效力，合同当事人双方的权利义务消灭。此时的合同效力的终止，仅对未来发生效力，不能溯及期限届至前的权利义务。附终止期限的合同只能于期限届至时终止，当事人不得以特约另行规定合同效力消灭的时点。

附期限的合同在期限到来前，合同对当事人双方是有法律拘束力的，任何一方不得擅自变更或解除。附生效期限的合同，合同虽然有效成立，但尚未发生效力。附终止期限的合同，自合同成立时起即发生效力，于期限到来前双方一直享受合同权利、负担合同义务。

第四章　合同的履行

一、合同履行的含义和原则

（一）合同履行的含义

第五百零九条　当事人应当按照约定全面履行自己的义务。

当事人应当遵循诚实信用原则，根据合同的性质、目的和交易习惯履行通知、协助、保密等义务。

当事人在履行合同过程中，应当避免浪费资源、污染环境和破坏生态。

本条规定了合同履行的含义。

合同履行是指合同当事人按照合同的约定或者法律规定，全面地履行自己所负担的义务。

合同生效后，合同中约定的义务即对债务人发生拘束力。债务人也就应当按照约定全面履行自己的义务。合同当事人应当履行的义务，既包括当事人约定的义务，也包括当事人按照诚信实用原则，根据合同的性质、目的和交易习惯依法应负担的通知、协助、保密等义务。

合同当事人的义务从性质上可分为给付义务与附随义务。给付义务是合同债务人依合同约定应向债权人为给付的义务，包括主给付义务与从给付义务。主给付义务是指合同关系固有的必备的并以之决定合同类型的基本义务。例如，买卖合同中出卖人交付标的物的义务，买受人支付价款的义务，就是买卖合同的主给付义务。在双务合同中，当事人双方各自负担的主给付义务，构成所谓的对待给付义务。从给付义务是指不能决定合同类型、不影响合同目的，但却是完全满足给付利益所必需的具有补充功能的义务。例如，买卖合同的出卖人负有交付购货发票的义务，该义务即为从给付义务。从给付义务可以是合同中约定的，也可以是法律规定的。不论是否属于当事人约定的从给付义务，都是债权人可以独立诉请债务人履行的义务。附随义务又称为附从义务，是指当事人根据合同的性质、目的和交易习惯随着合同关系的发展依诚实信用原则而发生的义务，包括通知、协助、保密等义务。例如，食品出卖人应对卖出的食品为相应的包装，以保证食品安全和方便携带。出卖人的这一义务就属于附随义务。附随义务是给付义务以外的义务，是附随于主给付义务的。附随义务与主给付义务主要有以下区别：（1）主给付义务是自始就确定的，决定合同的类型，直接影响合同目的的实现；而附随义务是随着合同关系的发展而产生的，不受合同类型的限制；（2）主给付义务构成双务合同中的对待给付；附随义务原则上不属于对待给付，不能发生履行中的抗辩权；（3）主给付义务的不履行，会构成根本违约，守约方有权解除合同；而附随义务的不履行，不会构成根本违约，对方只能请求赔偿而不能解除合同。附随义务也不同于从给付义务，二者的根本区别在于：对于附随义务，债权人不得诉请义务人履行；而对于从给付义务，债权人可以诉请义务人履行。

合同的履行是债务人履行合同义务的行为。从债务人方面说，合同的履行也就是合同义务人为给付行为。给付通常称为合同之债的标的，是指合同债务人应为的特定行为。而履行是债务人为其应为的行为。例如，交付出卖物是买卖合同中出卖人的给付义务，出卖人实施交付出卖物的行为即为合同的履行。合同履行的结果是债务人的债务消灭，债权人的债权实现，也就是债务人清偿了债务。从这一意义上看，合同的履行与清偿有相同的意义。只不过合同履行是从合同效力上、从合同关系的动态发展过程方面来说的；而合同的清偿是从合同的权利义务消灭、从合同终止的结果方面来说的。但二者也有一定区别。履行未必就一定导致清偿，客观上不符合要求的履行不能清偿债务。在分期履行合同，每一期的合同履行，也只能使部分债务清偿。

　　合同履行是合同法律效力的表现，也是当事人订立合同的目的。当事人订立合同就是为了履行合同，即取得合同的履行利益。合同履行可以说是合同法的核心，合同法的各项制度都是围绕合同履行这一核心制度设计的。当事人只有履行合同，债权人的债权才能得以实现，合同的目的才能达到。为严肃合同法制，债务人不履行或不适当履行合同，就应当依法承担相应的违约责任。

（二）合同履行的原则

　　合同履行原则是合同当事人履行合同应遵循的基本准则，是合同法基本原则在合同履行方面的具体体现。合同法中并未以具体条文明确规定合同履行原则，但从合同法的有关规定看，合同的履行原则主要有以下几项：

1. 全面履行原则

全面履行原则又称为适当履行原则，是指合同当事人按照合同的约定全面地履行自己的义务，合同的履行主体、履行标的、数量、质量、价款、酬金、履行时间以及履行地点、方式等都是适当的。全面履行原则要求当事人应按照约定的标的履行，亦即实际履行。但全面履行与实际履行有所不同。实际履行仅指按照约定的标的履行，而不得任意以其他标的代之。而全面履行，不仅要求按照约定的标的履行，而且要求履行主体、履行时间、履行地点、履行方式，以及标的物的数量、质量、价款等各方面都符合合同的约定和法律的规定。

2. 协作履行原则

协作履行原则是指当事人不仅应履行自己的义务，还应依据诚信原则，协助对方履行义务。合同履行是债务人履行其义务的行为，但是仅有债务人的履行，没有债权人的受领，合同的目的仍不能实现。因此，协作履行是保障合同目的实现的必然要求。协作履行主要表现在以下方面：（1）合同当事人双方都应按照合同的约定或者法律规定，履行自己应承担的义务，包括依诚信原则产生的附随义务；（2）在履行合同过程中双方应互通情况，提供方便。例如，债权人不仅应及时受领债务人的适当给付，还应为债务人履行提供必要的条件；债务人在发生不能履行的情况时应及时通知对方，以使对方采取必要的措施；（3）当事人在发生不能履行情况时，应采取必要的措施，以防止损失的扩大；（4）当事人双方发生纠纷时，各自应主动承担责任，而不应相互推诿。当然，债务人也不能以协作履行为借口，加重债权人不应有的负担。

3. 经济合理原则

所谓经济合理原则，是指当事人在履行合同中应讲求经济效益，维护各方利益，节约资源，以最少的成本获得最佳效益，避免污染环境和破坏生态。合同履行的经济合理原则是合同法效益原则的表现，是市场交易的内在要求。市场交易的当事人都是从自己的利益需求出发，追求利益的最大化。一般来说，当事人在合同中的约定会体现经济合理原则，因此，按照合同的约定履行也是经济合理原则的基本要求。但是，在有些情形下，当事人还须按照经济合理的要求履行合同。例如，在没有约定履行方式时，当事人应当选择最经济、最合理的方式履行；在履行期限上，如果客观情况变化，当事人可以提前或者延后履行；一方违约后，如果继续履行的费用过高，超过履行的收益，则守约方不得要求继续履行。当事人对履行方式的选择不得浪费资源、污染环境和破坏生态。

二、合同的正确履行规则

第五百一十条　合同生效后，当事人就质量、价款或者报酬、履行地点等内容没有约定或者约定不明确的，可以协议补充；不能达成补充协议的，按照合同有关条款或者交易习惯确定。

第五百一十一条　当事人就有关合同内容约定不明确，依据前条规定仍不能确定的，适用下列规定：

（一）质量要求不明确的，按照强制性国家标准履行；没有强制性国家标准的，按照推荐性国家标准履行；没有推荐性国家标准的，按照行业标准履行；没有国家标准、行业标准的，按照通常标准或者符合合同目的的特定标准履行。

（二）价款或者报酬不明确的，按照订立合同时履行地的市场价格履行；依法应当执行政府定价或者政府指导价的，依照规定履行。

（三）履行地点不明确，给付货币的，在接受货币一方所在地履行；交付不动产的，在不动产所在地履行；其他标的，在履行义务一方所在地履行。

（四）履行期限不明确的，债务人可以随时履行，债权人也可以随时请求履行，但是应当给对方必要的准备时间。

（五）履行方式不明确的，按照有利于实现合同目的的方式履行。

（六）履行费用的负担不明确的，由履行义务一方负担；因债权人原因增加的履行费用，由债权人负担。

第五百一十二条　通过互联网等信息网络订立的电子合同的标的为交付商品并采用快递物流方式交付的，收货人的签收时间为交付时间。电子合同的标的为提供服务的，生成的电子凭证或者实物凭证中载明的时间为提供服务时间；前述凭证没有载明时间或者载明时间与实际提供服务时间不一致的，以实际提供服务的时间为准。

电子合同的标的物为采用在线传输方式交付的，合同标的物进入对方当事人指定的特定系统且能够检索识别的时间为交付时间。

电子合同当事人对交付商品或者提供服务的方式、时间另有约定的，按照其约定。

第五百一十三条　执行政府定价或者政府指导价的，在合同约定的交付期限内政府价格调整时，按照交付时的价格计价。逾期交付标的物的，遇价格上涨时，按照原价格执行；价格下降时，按照新价格执行。逾期提取标的物或者逾期付款的，遇价格上涨时，按照新价格执行；价格下降时，按照原价格执行。

以上四条规定了合同的正确履行规则。

（一）合同的履行主体

合同的履行主体是指履行义务和接受义务履行的当事人。合同的履行主体正确，须是正确的债务履行人向正确的受领人履行。按照债的相对性原则，债务人应向债权人履行，债权人只能请求债务人履行。因此，债务人为债务的履行人，债权人为债务履行的受领人。债务人履行债务，债权人受领履行，债的履行主体是正确的。但是，在下列情形下，债务人不能向债权人履行，债权人也不得请求债务人向其履行：（1）债权人的债权被依法强制执行，禁止向债权人履行的；（2）债权人受破产宣告的。在债务履行行为属于法律行为时，而债权人为无完全民事行为能力人的，债务人应当向债权人的代理人履行。

（二）合同的履行标的

合同的履行标的也就是给付标的、给付对象，指的是债务人应为履行的内容。如给付货物、移转权利、提供劳务、完成工作等。履行标的直接关系当事人利益的实现。按照合同约定的标的履行是实际履行的基本要求。当事人只有按照约定的标的履行，其履行才是正确的。

当事人不仅须按照合同约定的标的履行，而且履行的标的的数量和质量也须符合合同的约定。合同中对质量没有约定或者约定不明确的，当事人可以补充协议，按照补充协议的约定履行；达不成补充协议的，按照合同的有关条款和交易习惯确定。按照合同有关条款和交易习惯仍不确定的，按照国家强制性标准履行；没有强制性标准的，按照推荐性国家标准履行；没有推荐性国家标准的，按照行业标准履行；没有国家标准、行业标准的，按照通常标准或者符合合同目的的标准履行。

债务人应当支付价款或者报酬的，须以给付货币履行债务。债务人以货币履行债务，应按照合同约定的支付方式支付，并遵守国家有关货币管理的规定。价款或者报酬约定不明确的，可以补充协议，达不成补充协议的，应按合同有关条款或者交易习惯确定，仍无法确定的，应按照合同订立时合同履行地的市场价格确定。依法执行政府定价或者政府指导价的，按照规定履行。在合同约定的交付期限内政府价格调整的，按交付时的价格计价。逾期交付标的物，遇价格上涨时，按照原价格执行；价格下降时，按新价格执行；逾期提取标的物或者逾期付款的，遇价格上涨时，按照新价格执行；价格下降时，按照原价格执行。

（三）合同的履行地点

合同的履行地点是指债务人履行债务，债权人受领履行的地点。履行地点不仅关系到履行的费用、时间以及价款或者报酬的确定，而且还是确定解决纠纷所适用法律的根据。当事人按照合同约定的地点履行，其履行是正确的。合同对履行地点约定不明确的，可以补充协议；不能达成补充协议的，按照合同有关条款和交易习惯确定。按照以上办法仍不能确定履行地点的，给付货币的，接受货币一方的所在地为履行地；交付不动产的，不动产所在地为履行地；其他标的，履行义务一方所在地为履行地。只要是在上述地点履行债务，履行地点就是正确的。

（四）合同的履行方式

合同的履行方式是指债务人履行债务的方法。如标的物的交付方式、运输方式、结算方式等都属于履行方式。合同的履行方式由当事人在合同中约定。当事人按照合同约定的方式履行，其履行方式当然是正确的。合同中没有明确约定履行方式的，可以补充协议；达不成补充协议的，应按照合同有关条款或者交易习惯确定；仍不能确定的，应按照有利于实现合同目的和经济合理原则确定。

（五）合同的履行期限

合同的履行期限是指债务人履行债务的期限，实际是对债务人履行债务的时间限制。合同中约定履行期限的，债务人在约定的期限内履行即是正确的。合同中没有约定或者约定不明确的，依照法律规定或者依照合同性质确定履行期限。如果法律也没有规定并且按照合同性质也不能确定履行期限的，则债务人可以随时履行，债权人也可以随时要求履行。但债权人要求债务人履行的，应当给对方必要的准备时间。当事人依此规定期限履行的，履行期限也是正确的。

除合同当事人另有约定外，电子合同的标的为交付商品并采用快递物流方式交付的，收货人的签收时间为交付时间。电子合同的标的为提供服务的，生成的电子凭证或者实物凭证中载明的时间为提供服务时间；凭证没有载明时间或者载明时间与实际提供服务时间不一致的，以实际提供服务的时间为准。

电子合同的标的物为采用在线传输方式交付的，合同标的物进入对方当事人指定的特定系统且能够检索，识别的时间为交付时间。

（六）合同的履行费用

合同的履行费用，是指债务人履行合同所须支出的必要费用。例如，运送费、包装费、汇费等等。履行费用，合同中有约定的，依约定执行；合同中没有明确约定的，可以补充协议；达不成补充协议的，按照合同有关条款或者交易习惯确定；仍不能确定的，由履行义务的一方负担履行费用。当然，如果因债权人方面的原因（如债权人住所变更），致使履行费用增加的，则债权人应负担增加的履行费用。

三、金钱之债的履行

第五百一十四条　以支付金钱为内容的债，除法律另有规定或者当事人另有约定外，债权人可以请求债务人以实际履行地的法定货币履行。

本条规定了金钱之债的履行。

金钱之债，又称货币之债，是指以支付一定数额的货币为标的的债。除法律另有规定或者当事人另有约定外，货币之债的债权人有权要求债务人以实际履行地的法定货币履行，债务人应当依债权人的请求以实际履行地的法定货币履行。在我国，人民币为法定货币。

四、选择之债的履行

第五百一十五条 标的有多项而债务人只需履行其中一项的，债务人享有选择权；但是，法律另有规定、当事人另有约定或者另有交易习惯的除外。

享有选择权的当事人在约定期限内或者履行期限届满未作选择，经催告后在合理期限内仍未选择的，选择权转移至对方。

第五百一十六条 当事人行使选择权应当及时通知对方，通知到达对方时，标的确定。标的确定后不得变更，但是经对方同意的除外。

可选择的标的发生不能履行情形的，享有选择权的当事人不得选择不能履行的标的，但是该不能履行的情形是由对方造成的除外。

上两条规定了选择之债的履行。

选择之债是指标的为两项以上，当事人仅选择一项标的履行的债。选择之债的特点在于：只有选定多项标的中的一项，债务人才能按照选定的标的履行；而债的履行标的一旦选定，选择之债也就成为简单之债。当事人选择标的之权利性质上为形成权。除了法律另有规定、当事人另有约定或者另有交易习惯外，选择权归属债务人，因为选择是与债的履行相关联的，由债务人行使选择权更为方便。

为使债的履行标的尽快确定，选择之债的选择权人应按约定期限行使选择权。选择权人未在约定期限内或者履行期限届满未作选择的，经催告后在合理期限内仍未行使选择权的，选择权转移至对方。

选择权人行使选择权为单方法律行为，只要选择权人作出选择的意思表示即可成立。但选择权是有相对人的，选择权人作出选择的意思表示，应及时通知对方，通知到达对方，选择的意思表示生效，债的履行标的确定。选择之债的履行标的一经确定，未经对方同意不得更改。

选择之债的多项标的，有发生履行不能的，选择权人只能从可履行的标的中选定履行标的，而不能选择不能履行的标的。但是该标的不能履行的情形是由对方造成的，选择权人也可以选择该不能履行的标的为履行标的。此种情形下，对方将承担履行不能的违约责任。

五、按份之债的履行

第五百一十七条　债权人为二人以上，标的可分，按照份额各自享有债权的，为按份债权；债务人为二人以上，标的可分，按照份额各自负担债务的，为按份债务。

按份债权人或者按份债务人的份额难以确定的，视为份额相同。

本条规定了按份之债。

按份之债，是指债权人或债务人为二人以上，各债权人或债务人按照一定份额享有债权或负担债务的债权债务关系。债权人为二人以上，按照份额各自享有债权的，为按份债权：债务为二人以，按照份额各自负担债务的，为按份债务。

按份之债只能是可分之债。可分之债是相对于不可分之债而言的。可分之债的标的可分，而不可分之债的标的不可分。因此，不可分之债不能成为按份之债。

按份之债的主体尽管为多数，但各个主体的债权、债务份额是确定的，因此，按份之债的债务人只就自己负担的债务份额承担履行责任；按份之债的债权人也只就自己享有的份额要求债务人履行和接受履行。按份债务人清偿债务超过自己份额的，除可构成为第三人履行外，有权请求债权人偿还。按份债权人受偿债权超过自己份额的，除构成为第三人受领外，应将超过的部分返还给债务人。

六、连带之债的履行

第五百一十八条　债权人为二人以上，部分或者全部债权人均可以请求债务人履行债务的，为连带债权；债务人为二人以上，债权人可以请求部分或者全部债务人履行全部债务的，为连带债务。

连带债权或者连带债务，由法律规定或者当事人约定。

第五百一十九条　连带债务人之间的份额难以确定的，视为份额相同。

实际承担债务超过自己份额的连带债务人，有权就超出部分在其他连带债务人未履行的份额范围内向其追偿，并相应地享有债权人的权利，但是不得损害债权人的利益。其他连带债务人对债权人的抗辩，可以向该债务人主张。

被追偿的连带债务人不能履行其应分担份额的，其他连带债务人应当在相应范围内按比例分担。

第五百二十条　部分连带债务人履行、抵销债务或者提存标的物的，其他债务人对债权人的债务在相应范围内消灭；该债务人可以依据前条规定向其他债务人追偿。

部分连带债务人的债务被债权人免除的，在该连带债务人应当承担的份额范围内，其他债务人对债权人的债务消灭。

部分连带债务人的债务与债权人的债权同归于一人的，在扣除该债务人应当承担的份额后，债权人对其他债务人的债权继续存在。

债权人对部分连带债务人的给付受领迟延的，对其他连带债务人发生效力。

第五百二十一条　连带债权人之间的份额难以确定的，视为份额相同。

实际受领债权的连带债权人，应当按比例向其他连带债权人返还。

连带债权参照适用本章连带债务的有关规定。

上四条规定了连带之债。

连带之债是指债权人或者债务人为多数，多数主体一方各当事人间有连带关系的债。所谓有连带关系是指多数主体的各当事人的债权或者债务有共同的目，在债的效力、履行、消灭上相互牵连。连带之债包括连带债权和连带责任。连带债权是债权人为二人以上，各债权人的债权有连带关系；连带债务是债务人为二人以上，各债务人的债务有连带关系。

连带之债可因法律的规定而发生，也可因当事人间的合同而发生。因合同发生的连带之债必须当事人有明确的约定；当事人订立的合同未明确约定发生连带债务债权的，则不成立连带之债。

连带债务的债务人在对外关系上即相对于债权人有连带关系，每个债务人对全部债务都有清偿责任，只要债务未全部清偿，各债务人的清偿责任就不消灭。部分连带债务人履行、抵销债务或者提存标的物，对其他债务人发生效力，其他债务人对债权人的债务也在相应范围内消灭；债权人免除部分连带债务人的债务的，该免除对其他债务人也发生效力，在被免除的债务范围内，其他债务人的债务消灭。部分连带债务人的债务与债权人的债权混同的，在扣除该债务人应当承担的份额后，债权人对其他债务人的债权继续存在。连带债务的债权人对部分连带债务人的给付受领迟延的，对其他连带债务人发生效力。

连带债务的债务人在内部关系上各个债务人的债务是有份额的。如果债务人间的份额能以确定，则推定各债务人的份额相等。每个债务人实际清偿的债务超过自己份额的，有权就超过自己份额的部分向其他连带债务人未在其未履行的份额范围内追偿，并相应地享有债权人的权利，其他连带债务人也可以向该债务人主张债权人的抗辩。被追偿的连带债务人不能履行其负担的部分，其他连带债务人在相应的范围内按比例分担。

连带债权的债权人的债权有连带关系。每个债权人都可以要求债务人清偿全部债务，也可以接受债务人的全部清偿。但是，连带债权人在相内部也是有份额的，其份额难以确定的，推定为等额。连带债权人实际受偿超过自己份额的，应当按比例向其他连带债权人返还。连带债权人免除债务人债务的，在扣除该连带债权人的份额后，不影响其他连带债权人的债权。

七、第三人履行

第五百二十二条　当事人约定由债务人向第三人履行债务，债务人未向第三人履行债务或者履行债务不符合约定的，应当向债权人承担违约责任。

法律规定或者当事人约定第三人可以直接请求债务人向其履行债务，第三人未在合理期限内明确拒绝，债务人未向第三人履行债务或者履行债务不符合约定的，第三人可以请求债务人承担违约责任；债务人对债权人的抗辩，可以向第三人主张。

第五百二十三条　当事人约定由第三人向债权人履行债务，第三人不履行债务或者履行债务不符合约定的，债务人应当向债权人承担违约责任。

第五百二十四条　债务人不履行债务，第三人对履行该债务具有合法利益的，第三人有权向债权人代为履行；但是，根据债务性质、按照当事人约定或者依照法律规定只能由债务人履行的除外。

债权人接受第三人履行后，其对债务人的债权转让给第三人，但是债务人和第三人另有约定的除外。

上三条规定了第三人履行。

如前所述，合同的履行主体为债权人和债务人。债务人履行债务，债权人接受债务人的履行，债的履行主体即为正确。

但是，在特殊情形下，第三人也可成为履行主体，由第三人履行债务或者由第三人接受履行，履行主体仍是适当的，不构成债的不履行。

第三人履行主要有以下两种情形：

1. 第三人受领债务人的债务履行

当事人约定，由债务人向第三人履行的，债务人应按约定向该第三人履行。但是，受领的第三人仅是履行主体，是代债权人受领，债权主体仍为债权人，因此，债务人未向第三人履行债务或者履行债务不符合约定的，应当向债权人承担违约责任。

法律规定或者当事人约定第三人可以直接请求债务人向其履行债务，第三人未在合理期限内拒绝，在债务人未向第三人履行或者履行不符合约定时，第三人可以请求债务人承担违约责任，债务人可以向第三人主张对债权人的抗辩。

2. 第三人向债权人履行债务

当事人约定由第三人向债权人履行债务的，第三人可以向债权人履行。但第三人仅是代债务人履行，为履行主体，而不是债务人。因此，第三人不履行或者履行不符合约定的，债务人应当向债权人承担违约责任。

虽然未约定由第三人履行，但债务人不履行债务，第三人对履行该债务具有合法利益的，第三人有权向债权人代为履行，债权人应当接受第三人的履行。但是，根据债务性质、按照当事人约定或者依照法律规定只能由债务人履行的，第三人不得代为履行。债权人接受第三人履行后，其对债务人的债权转让给第三人，即第三人享有代位权，但是债务人和第三人另有约定的除外。

八、双务合同履行中的抗辩权

（一）双务合同履行抗辩权含义

双务合同履行抗辩权，是指在符合法定条件时，双务合同的当事人一方对抗另一方当事人的履行请求权，暂时拒绝履行其给付义务的权利。

合同当事人应当按照约定履行其义务，这是合同履行的基本规则。在单务合同中，当事人双方并没有对待给付义务，因此，也就不发生债务履行顺序问题。然而，在双务合同中，因为当事人双方负有对待给付义务，如果一方履行了义务而另一方不履行义务，就发生对履行义务一方当事人的利益保护，所以，双务合同中的债务履行顺序有重要意义。为保护双务合同中履行义务一方的利益，法律规定了履行抗辩权制度。履行抗辩权实质是履行债务的一方当事人为保护其利益而采取的措施。

履行抗辩权的基础是双务合同的牵连性，即双务合同当事人的给付与对待给付有不可分离的牵连关系。这种牵连关系包括债务发生、存续以及履行上的牵连。所谓债务发生上的牵连，是指当事人双方的权利义务是基于同一合同产生的且互为条件，一方的给付义务不发生，另一方的给付义务也不会发生。所谓债务存续上的牵连，是指如果不是因当事人过错而导致合同事实上不能履行，债务人免除给付义务的，则另一方的对待给付义务也免除。所谓债务履行上的牵连，是指双方所负的给付义务互为前提，一方不履行其义务时，另一方原则上也不履行。

履行抗辩权是合同法律效力的表现。履行抗辩权属于一时的抗辩，其行使仅是暂时中止债务的履行，延缓或阻止对方请求权的发生，并不消灭合同的履行效力。因此，履行抗辩权属于延期抗辩权。在抗辩权事由消除后，当事人仍须履行合同。

履行抗辩权是当事人享有的一项自助权利，其行使无须经另一方当事人同意，也不需经诉讼或仲裁程序。只要具备成立履行抗辩权的法定条件，当事人就可以自行行使履行抗辩权。当事人行使履行抗辩权而不履行债务的，不承担违约责任，因为这是行使权利，自不能按违约处理。当然，当事人也可以放弃履行抗辩权。

（二）同时履行抗辩权

第五百二十五条　当事人互负债务，没有先后履行顺序的，应当同时履行。一方在对方履行之前有权拒绝其履行要求。一方在对方履行债务不符合约定时，有权拒绝其相应的履行请求。

本条规定了同时履行抗辩权。

同时履行抗辩权，是指双务合同当事人在未规定债务履行顺序时，一方在他方未为对待给付或者他方所为的对待给付不符合约定时，得拒绝履行自己相应的对待给付义务的权利。

适用同时履行抗辩权，须具备以下条件：

1. 须基于同一双务合同，当事人互负债务。只有当事人双方互负的债务是由同一合同产生的，才会发生同时履行抗辩权。例如，买卖合同的出卖人负有的交付出卖物的义务与买受人负有的给付价款的义务都是基于同一买卖合同发生的。如果双方互负的债务是基于两个合同发生的，则不发生同时履行抗辩权。同时抗辩权为双务合同履行抗辩权的一种，因此，只有合同当事人双方的给付义务具有牵连关系时，才能发生。这里的给付义务是否仅限于主给付义务呢？有不同的观点。一种观点认为，这里的给付义务仅限于主给付义务。另一种观点认为，这里的给付义务主要是指主给付义务，但不应限于主给付义务。当事人双方的给付义务是否为具有牵连关系的给付义务，应决定于该给付义务是否与合同目的的实现有关。具有对待给付义务的牵连关系要求当事人双方的义务具有对价关系。所谓对价关系，并非指双方的义务价值相等，而是指一方债务的履行与他方债务的履行互为条件，具有牵连性，因此，只要当事人主观上认为双方的给付义务具有对价关系，双方的给付义务也就为有牵连关系。从给付义务与主给付义务之间存在同时履行关系的，也可以适用同时履行抗辩权。

2. 双方互负义务没有先后履行顺序且已届清偿期。同时履行抗辩权适用的目的，是使当事人双方互负的债务同时履行，双方互享的债权同时实现。所以，只有在双方的债务同时到期时，才能行使同时履行抗辩权。如果当事人双方互负的债务已经不存在，如因合同无效或者被撤销，或者债务已经被抵销或者免除，自不发生同时履行抗辩权。在双方的债务都有效存在的情况下，若当事人的债务履行有先后顺序，当事人当然应按顺序履行债务，自然也不能适用同时履行抗辩权。当事人双方债务履行没有先后履行顺序包括双方没有约定债务同时履行，以及双方没有约定各自债务的履行期限，按债务性质也不存在一方应先履行的情形。双方的有效债务即使没有先后履行顺序，若债务清偿期并未届至，也不能适用同时履行抗辩权。

3. 须对方当事人未履行或者未按约定履行其债务。一方向另一方请求履行债务时，必须自己已为履行或者已提出履行，否则，另一方即可行使同时履行抗辩权。当事人一方的未履行包括未提出履行。一方未履行债务而请求另一方履行的，另一方可拒绝履行自己所负债务；一方履行债务不符合约定而请求另一方履行的，另一方可以拒绝其相应的履行请求。但是，在一方已为债务的部分履行，另一方拒绝履行自己的债务而有悖诚信原则的，则另一方不能行使同时履行抗辩权。①

4. 须对方的对待给付是可能的。同时履行抗辩权旨在促使当事人双方同时履行合同，以保障各方利益的实现，并不是消灭合同的效力。因此，同时履行抗辩权的行使以合同能够履行为前提。如果合同已不能履行，同时履行的目的不能达到，也就不能适用同时履行抗辩权。如果一方已经履行合同，而另一方客观上已经不能履行合同，则已经履行的一方只能借助债务不履行的规则以求救济。如果非因当事人的责任而不能履行合同，一方提出履行请求时，对方可以提出否认对方请求权的抗辩，而不可以主张同时履行抗辩权，因为于此情形下，该当事人的债务履行责任被免除。

只要具备同时履行抗辩权适用的条件，当事人就可以自行行使同时履行抗辩权。同时履行抗辩权不具有消灭对方请求权的效力，仅是产生使对方请求权延期的效力。同时履行抗辩权为一项权利，享有同时履行抗辩权的债务人可以行使同时履行

---

① 参见崔建远：《合同法》（第三版），北京大学出版社 2016 年版，第 142 页。

抗辩权对另一方的履行请求提出抗辩，也可以不援用同时履行抗辩权，法院或者仲裁机构不能依职权主动适用同时履行抗辩权。享有同时履行抗辩权的债务人虽未明确表示行使同时履行抗辩权，但也未为相应给付的，应属于以默示方式行使同时履行抗辩权，而不负迟延履行的责任。同时履行抗辩权的行使，也不影响向违约方主张违约责任。

（三）先履行抗辩权

第五百二十六条　当事人互负债务，有先后履行顺序，应当先履行一方未履行的，后履行一方有权拒绝其履行要求。先履行一方履行债务不符合约定的，后履行一方有权拒绝其相应的履行请求。

本条规定了先履行抗辩权。

先履行抗辩权，是指双务合同中互负债务的当事人双方债务有先后履行顺序时，应先履行债务的一方没有履行债务或者履行债务不符合约定的，后履行的一方可以拒绝履行自己相应的债务的权利。

先履行抗辩权是互负债务的当事人的相互债务有履行顺序时，履行顺序在后的债务人享有的抗辩权，因此又称为后履行的抗辩权。因为只有先履行的一方未履行其债务时，才发生后履行一方的抗辩权，而先履行一方未履行债务或者未按约定履行债务已经构成违约，所以有的称此抗辩权为违约抗辩权。

先履行抗辩权的构成条件包括以下几项：

1. 当事人双方因同一双务合同而互负债务。先履行抗辩权为双务合同履行抗辩权中的一种，其基础也是双务合同中双方债务的牵连性。因此，也只有当事人的债务是由同一合同产生的，且双方互负对待给付债务，才会发生先履行抗辩权。正因为双方互负对待给付债务时，一方债务的履行是为了换取对方债务的履行，所以才会发生如何保障一方的履行能够换取对方履行的问题。

2. 双方的债务有先后履行顺序。只有双方的债务有先后履行顺序时，才会发生先履行抗辩权。如果双方债务履行没有先后顺序，就仅能发生同时履行抗辩权，而不能发生先履行抗辩权。双方债务履行的非同时性，是先履行抗辩权不同于同时履行抗辩权的适用条件。当事人双方债务的履行顺序，依当事人的约定；当事人没有约定或者约定不明确的，法律有规定的，依法律规定；法律没有规定的，依交易习惯确定。

3. 应先履行的一方未履行债务或者履行债务不符合约定。互负债务的当事人双方的债务履行有先后顺序的，应先履行债务的一方应当先履行其债务。如果先履行的一方于债务履行期限内未按要求履行债务，则属于违约，后履行一方可行使先履行抗辩权：先履行一方未履行债务的，后履行一方有权拒绝先履行一方的履约要求；先履行一方履行债务不符合要求的，后履行一方有权拒绝先履行一方相应的履约要求。

先履行抗辩权也属于延期的抗辩权，当然不具有消灭对方请求权的效力，而仅是阻止先履行一方请求权的行使。如果先履行一方全面正确地履行了合同，则后履行一方即应按要求恢复履行其债务。在先履行一方要求后履行方履行合同时，如果构成先履行抗辩权，后履行一方应当以明示的方式行使先履行抗辩权。若先履行的一方未对后履行方提出履约请求，则后履行一方可以默示方式行使抗辩权，即以不履行自己的债务以为抗辩。后履行一方行使先履行抗辩权的，不构成违约；并且，当事人行使先履行抗辩权的，仍然可以主张先履行一方的违约责任。

（四）不安抗辩权

第五百二十七条　应当先履行债务的当事人，有确切证据证明对方有下列情形之一的，可以中止履行：

（一）经营状况严重恶化；

（二）转移财产、抽逃资金，以逃避债务；

（三）丧失商业信誉；

（四）有丧失或者可能丧失履行债务能力的其他情形。

当事人没有确切证据中止履行的，应当承担违约责任。

第五百二十八条　当事人依据前条的规定中止履行的，应当及时通知对方。对方提供适当担保时，应当恢复履行。中止履行后，对方在合理期限内未恢复履行能力并且未提供适当担保的，视为以自己的行为表明不履行主债务，中止履行的一方可以解除合同并可以请求对方承担违约责任。

上两条规定了不安抗辩权。

不安抗辩权，是指双务合同双方债务异时履行的，应先履行债务的当事人一方有确切证据证明在自己履行债务后将不能或不会得到对方履行的，有权中止履行自己债务的权利。

不安抗辩权是为保护先履行一方利益而设立的制度，旨在保障先履行一方在其履行债务后可以得到相应的对待给付。

1. 不安抗辩权的构成条件

不安抗辩权的构成，应具备以下条件：

（1）须因同一双务合同当事人双方互负债务。在双务合同中双方互负对待给付义务，且双方债务的履行顺序具有意义，从而也才发生如何保障双方履行利益问题。若当事人双方的义务不具有对待给付性质，也就不会有履行抗辩权的发生。

（2）须当事人一方应先履行义务且其债务已届清偿期。在双务合同中，只有当事人一方应先履行义务的，才会发生不安抗辩权。否则只能发生同时履行抗辩权。在双务合同双方的债务有先后履行顺序时，应先履行债务的一方应当先履行自己的债务。但是，如果后履行的一方不能做出对待给付时，先履行一方的利益就会受损。因此，为保护先履行一方的利益，法律赋予先履行一方不安抗辩权，以使其在符合法定条件下享有拒绝履行的权利。应先履行一方的债务若未到清偿期，其本就无履行责任，也就谈不上拒绝履行。只有在应先履行的一方的债务已届清偿期时，该债务人才有履行责任。于此时因其履行给付义务后而会不能得到相应的对待给付，这才发生先履行一方可中止履行问题。

（3）须后履行一方有丧失或者可能丧失债务履行能力的情形。不安抗辩权是为防止先履行一方利益受损的权利，只有在先履行义务一方有确切证据证明其履行后对方不能履行债务时，才能发生。先履行一方之所以不安，是因为后履行的对方已经丧失或者可能丧失履行能力，自己会不能得到对待给付。后履行一方丧失或者可能丧失履行能力的情形应当是发生于合同生效后，至于当事人主观上是否有过错，则在所不问。

后履行一方丧失或者可能丧失履行能力的情形包括：①经济状况严重恶化。何为严重恶化？严重恶化是指其已经失去履约能力，没有履行合同的经济势力；②转移财产、抽逃资金，以逃避债务。有此情形时，不仅直接影响当事人的履行能力，而且也表明其并无履行合同的诚意，根本就不准备履行其债务；③丧失商业信誉。商业信誉是合同履行的基础。后履行一方的商业信誉丧失，也就表明其履行合同的基础丧失，其不能履行债务；④其他丧失或者可能丧失履行能力的情形。例如，当事人以提供劳务为给付义务的，其丧失劳动能力；当事人履行债务须具有相应的特殊技能的，其丧失特殊技能。凡后履行一方有丧失或者可能丧失履约能力的情形，先履行一方都可享有不安抗辩权。

2. 不安抗辩权的行使和效力

应先履行债务的一方行使不安抗辩权的方式就是中止履行自己的债务。为防止权利滥用，行使不安抗辩权的先履行债务人依法负有以下两项义务：

（1）举证义务。先履行一方须证明自己有确切证据证明后履行一方有丧失或者可能丧失履行能力的情形。如果先履行一方没有确切证据证明而中止合同履行的，其不为正当行使不安抗辩权，而属于违约，应当承担违约责任。

（2）通知义务。先履行一方行使不安抗辩权只能以明示的方式，虽然不安抗辩权的行使无须对方同意，但因不安抗辩权的行使导致其中止债务的履行，若后履行一方不知道先履行一方行使不安抗辩权，则其会因无所准备而受损。因此，先履行一方行使不安抗辩权的，应及时通知对方。如果行使不安抗辩权的先履行一方没有及时通知对方，则不为正当行使权利，有可能构成违约。

不安抗辩权的行使效力是先履行一方中止合同的履行，促使对方恢复履行能力或者提供适当担保。不安抗辩权并不具有直接消灭对方请求权的效力。因此，先履行一方通知对方行使不安抗辩权后，对方提供适当担保的，因其利益可以得到保证，就应恢复履行其债务。如果行使不安抗辩权后，对方在合理期限内未恢复履行能力又未提供适当担保的，推定其不履行主要债务先履行一方可以解除合同，以免去自己的债务，并可以要求对方承担不履行的违约责任。

九、债权人的通知义务和拒绝受领的权利

（一）债权人的通知义务

第五百二十九条　债权人分立、合并或者变更住所没有通知债务人，致使履行债务发生困难的，债务人可以终止履行或者将标的物提存。

本条规定了债权人的通知义务。

债权人的通知义务，是指债权人在发生会影响债务人债务履行的事项时，应当将相应事项通知债务人。

因为债务人是向债权人履行债务的，只有债权人受领履行，债务人的履行才能达到目的。因此，债权人在其发生影响债务人履行债务的事项时，为保障债务人能够向其履行债务，应当通知债务人，以使债务人按照相关事项变动后的要求履行债务。这也是协作履行的要求。会影响债务人债务履行的事项主要包

括：债权人的分立、合并和住所的变更。因为债权人分立、合
并涉及债务人应向何人履行债务，债权人住所变更涉及债务人
到何地点履行其债务。所以，于合同成立生效后，债权人分立、
合并或者住所变更的，应当通知债务人。债权人没有将相关变
动情形通知债务人，致使债务人履行债务发生困难的，债务人
有权终止履行或者将标的物提存以代履行。当然，如果尽管债
权人没有将分立、合并或者住所变更的事项通知债务人，但是
并没有因此导致债务人发生履行困难的，则债务人不得终止履
行或者将标的物提存。

（二）债权人拒绝受领的权利

**第五百三十条　债权人可以拒绝债务人提前履行债务，但是提
前履行不损害债权人利益的除外。**

　　债务人提前履行债务给债权人增加的费用，由债务人负担。

**第五百三十一条　债权人可以拒绝债务人部分履行债务，但是
部分履行不损害债权人利益的除外。**

　　债务人部分履行给债权人增加的费用，由债务人负担。

　　上两条规定了债权人拒绝受领的权利。

　　债权人拒绝受领的权利是指债权人可以不接受债务人的履
行。债务人履行债务，债权人受领履行，才会实现合同的目的。
因此，从协作履行原则上说，债权人应当及时受领债务人的履
行。但是，只有在债务人的履行正确时，债权人才有受领的义
务。如果债务人的履行不符合要求，则债权人有权拒绝受领。
债务人履行债务不符合要求的，主要表现为未按期履行和未全
部履行。

债务人应在规定期限内履行债务，既不能提前履行，也不能延期履行。债务人延期履行的，构成迟延履行。债务人提前履行的，债权人可以拒绝受领。但是，因为债务提前履行并非对债权人一定不利，有的提前履行并不会损害债权人的利益，而有的履行期限本来就是为债务人利益而设的。因此，债务人提前履行不损害债权人利益的，债务人可以提前履行，债权人应当受领该履行。当然，因提前履行而给债权人增加的费用，则由债务人承担，因为这是由于债务人提前履行发生的费用。

债务人履行债务应按约定的标的全部履行，而不能仅部分履行，其他部分不履行。债务人部分履行的，债权人有权拒绝受领。但是，在不损害债权人利益的情形下，债务人也可以部分履行。因此，如果债务人的部分履行不损害债权人的利益，债权人应当受领该履行。因债务人部分履行给债权人增加的费用，由债务人负担，而不能因债权人受领而将该费用转嫁给债权人。

十、合同当事人相关事项变动的效力

第五百三十二条　合同生效后，当事人不得因姓名、名称的变更或者法定代表人、负责人、承办人的变动而不履行合同义务。

本条规定了合同当事人相关事项的变动对合同履行的效力。

合同生效后，当事人就应当按照合同约定或法律规定履行合同义务，否则，即应承担相应的违约责任。合同生效后，当事人的相关事项可能会发生变动，例如当事人姓名或者名称变更，当事人订立合同时的法定代表人、负责人、承办人发生变动。但是，当事人相关事项的变动属于当事人内部事项的变更，不得影响合同义务的履行。当事人以其内部相关事项变动而不履行合同的，仍可构成违约。

十一、情势变更原则

第五百三十三条　合同成立后，合同的基础条件发生了当事人在订立合同时无法预见的、不属于商业风险的重大变化，继续履行合同对于当事人一方明显不公平的，受不利影响的当事人可以与对方重新协商；在合理期限内协商不成的，当事人可以请求人民法院或者仲裁机构变更或者解除合同。

人民法院或者仲裁机构应当结合案件的实际情况，根据公平原则变更或者解除合同。

本条规定了情势变更原则。

情势变更原则，是指合同生效后因不可归责于双方的原因发生不可预见的客观情况变化，致使按原合同履行显失公平时，依据诚信原则，当事人可以变更或者解除合同。

在合同法立法过程中，对于是否规定情势变更原则，是有争议的。合同法草案中也曾规定情势变更规则，但合同法最终并未予以明文规定。然而，情势变更原则在实务中是得到认可的。《合同法解释（二）》第 26 条规定，合同成立以后客观情况发生了当事人在订立合同时无法预见的、非不可抗力造成的不属于商业风险的重大变化，继续履行合同对于一方当事人明显不公平或者不能实现合同目的，当事人请求人民法院变更或者解除合同的，人民法院应当根据公平原则，并结合案件的实际情况确定是否变更或者解除。这一规定就表明情势变更原则在司法实践中得到确认和运用。民法典从立法上确立了这一原则。

适用情势变更原则的条件包括：（1）须有情势变更的客观事实。所谓情势，是指合同赖以成立的客观情况，包括交易情况和经济情况等客观情况。当事人订立合同都是基于当时的客观情况认为履行合同会使自己利益最大化的，而在订立合同后，情势一旦变更，也就使当事人订立合同的基础丧失，合同的目的不能实现，即导致合同落空。（2）须情势变更发生在合同订立后履行前。如果情势在合同订立时已经发生变化，当事人仍订立合同，应认定当事人自己自愿承担风险，不发生合同成立后的情势变更；如果情势变更发生在合同履行后，因为合同关系已经消灭，自也不存在情势变更规则的适用。但是如果是在债务人迟延履行债务期间发生情势变更的，因为基于该情势变更而发生的不利后果，实际上是由债务人违约行为造成的，应由债务人自行承担，所以也不应适用情势变更规则。（3）须情势的变更不可归责于双方当事人。如果是因一方过错造成的，则有过错的当事人一方应承担由此带来的不利后果，而不能适用情势变更原则。（4）须情势的变更是当事人不可预见的。当事人在订立合同时对于合同订立后会发生的各种不利的情形都会有所考虑。当事人在订立合同时可预见到的情势变化属于正常的商业风险。商业风险属于从事商业活动的固有风险。例如，订约后发生未达到异常变动的供求关系变化、价格涨跌等。情势变更是缔约时无法预见的非市场系统固有的风险。如果在订约后发生的情势变化是当事人订约时能够预见到的，这属于正常的商业风险，不属于情势变更的范围，发生此种情势变化时，不能适用情势变更原则。区别情势变更与商业风险的标准在于：社会一般观念上是否事先无法预见，风险程度是否远远超出正常人的合理预期，风险是否可以防范和控制，交易性质是否属于通常的"高风险高收益"范围等。（5）须按照原合同履行显失公平。如果情势变更对当事人之间的利益平衡影响不大，按照原合同履行并不会对当事人造成利益严重失衡，则也不能适用情势变更原则。只有在按原合同履行对一方显失公平时，当事人才可以基于情势变更原则，请求变更或者解除合同。如果变更合同就可以消除显失公平的后果，则应变更合同；如果变更合同也不能消除显失公平现象，则应解除合同。

十二、合同的监管

第五百三十四条　对当事人利用合同实施危害国家利益、社会公共利益行为的，市场监督管理和其他有关行政主管部门依照法律、行政法规的规定负责监督处理。

本条规定了行政主管机关对合同的监督职责。

合同关系是私法关系，是平等的民事主体依自己的意愿所确立的。私法自治为合同法的基本原则之一，因此，国家不能借助公权力来干预当事人之间的合同关系。但是，私法自治并非指当事人的意志自由不受任何限制。在任何情形下，任何人不得以任何方式损害国家利益和社会公共利益。在任何场合，国家对于损害国家利益、社会公共利益的行为都必须予以干涉。因此，为防止或避免利用合同实施危害国家利益、社会公共利益的违法行为，合同法在本条规定了国家行政管理部门对合同的监督职责。

按照本条规定，对合同监管的主体为工商行政管理部门以及其他行政主管部门。应注意的是，除了工商行政管理部门外，其他的履行监督职责的行政部门须为行政主管部门，而不是任何行政部门。

对合同的行政监管，监管对象仅限于利用合同危害国家利益、社会公共利益的违法行为。对于其他合同行为，行政管理部门无权干预。

国家行政主管部门对合同的监督是依法查处利用合同的违法行为。对于利用合同危害国家利益、社会公共利益的违法行为，有监管职权的机关可依照法律、行政法规的规定予以行政处罚；对构成犯罪的，应依法追究刑事责任。国家行政主管部门查处利用合同实施违法行为的依据，只能是法律、行政法规，而不能是地方性法规、行政规章。

第五章　合同的保全

一、合同保全的含义

合同保全是债权人为保障其债权，防止债务人财产不当减少的法律手段。因为在合同成立生效后，债务人就须以自己的财产清偿债务，从而使债权人的债权实现。合同债务人是以自己的全部财产为履行债务的财产基础的，该财产也就称为"责任财产"。如果在合同成立生效后，债务人的责任财产不当减少，也就会导致债务人资力减弱而不能履行合同，债权人的债权也就不能实现。债务人责任财产的不当减少有两种情形：一是应当增加而未增加；二是不应减少而减少。为保障债权人利益，法律赋予债权人在债务人不当减少责任财产时以保全债权的权利，包括债权人撤销权和债权人代位权。

债权人代位权是债权人以自己的名义向债务人的债务人主张权利的权利，而债权人撤销权是债权人主张撤销债务人与第三人间的民事法律行为的权利。可见，合同的保全涉及第三人。合同本具有相对性，仅在当事人间发生效力，而合同保全涉及第三人，属于合同对外效力，为合同相对性的例外。

合同保全并不是对某一合同债权人的特别担保，而是对全体债权的担保，因为债务人的责任财产是用以清偿所有债权人的债权的。而合同担保是对某一合同债权人的单独担保。

二、债权人的代位权

第五百三十五条　因债务人怠于行使其债权或者与该债权有关的从权利，影响债权人的到期债权实现的，债权人可以向人民法院请求以自己的名义代位行使债务人对相对人的权利，但是该权利专属于债务人自身的除外。

代位权的行使范围以债权人的到期债权为限。债权人行使代位权的必要费用，由债务人负担。

相对人对债务人的抗辩，可以向债权人主张。

第五百三十六条　债权人的债权到期前，债务人的债权或者与该债权有关的从权利存在诉讼时效期间即将届满或者未及时申报破产债权等情形，影响债权人的债权实现的，债权人可以代位向债务人的相对人请求其向债务人履行、向破产管理人申报或者作出其他必要的行为。

第五百三十七条　人民法院认定代位权成立的，由债务人的相对人向债权人履行义务，债权人接受履行后，债权人与债务人、债务人与相对人之间相应的权利义务终止。债务人对相对人的债权或者与该债权有关的从权利被采取保全、执行措施，或者债务人破产的，依照相关法律的规定处理。

上三条规定了债权人的代位权。

1. 债权人代位权的含义与性质

债权人代位权，是指债务人怠于行使其对第三人享有的权利而有害于债权人债权时，债权人为保全自己的债权，可以自己的名义行使债务人对第三人之权利的权利。

债权人代位权具有以下性质：

（1）债权人代位权为实体权利。债权人代位权虽然须经诉讼程序行使，但它不属于程序权利，而属于实体权利。只要具备代位权的成立条件，债权人就可以自己的名义代债务人向第三人主张权利。

（2）债权人代位权是债权人享有的权利。债权人代位权是债权人代债务人向第三人行使债务人的权利，但债权人行使的是自己的权利，而不是作为债务人的代理人代债务人行使债务人的权利。

（3）债权人代位权是以行使债务人权利为内容的权利。关于债权人代位权的权利属性，有不同的观点。由于债权人代位权行使的效果是使债务人与第三人之间的法律关系发生变更，所以，有的认为债权人代位权为形成权。但形成权是权利人以自己的意思而使法律关系效力发生变动的权利，而债权人代位权的行使为债权人行使的债务人的权利，因此，有的认为债权人代位权为管理权。一般认为，债权人代位权不为纯粹的形成权，也不为纯粹的管理权，而属于两种权利属性兼而有之。

（4）债权人代位权行使的目的是为了保全债权。债权人代位权是债权人向第三人主张权利，为合同的对外效力，但债权人代位权行使并非是直接实现自己的债权，而是为了保全债权。因此，一方面，只有在债务人怠于行使权利害及债权时债权人才可以行使代位权；另一方面，债权人行使代位权而取得的财产应当加入债务人的财产，为债务人的责任财产，债权人并无优先取得权。学者称此为入库规则。也正是从这一意义上说，债权人代位权作为保全权利，只是合同权利的一般担保，而不属于特别担保。合同权利的特别担保是担保特定合同权利的。

（5）债权人代位权是债权的固有效力。债权人代位权，只能随同合同债权的发生而发生，随同合同债权的转移、消灭而发生转移、消灭，绝不能脱离债权而独立存在。

2. 债权人代位权的成立条件

债权人代位权的成立须具备以下条件：

（1）须债务人对第三人享有权利且其怠于行使权利。首先，须债务人对第三人享有权利。债务人对第三人享有的权利，是债权人代位权的标的，若无债务人对第三人的权利，也就无债权人代位权的标的，当然不能发生债权人代位权。作为债权人代位权的标的，债务人对第三人享有的权利必须是非专属于债务人本身享有的不得转让的财产权。依《合同法解释（一）》第12条规定，基于扶养关系、抚养关系、赡养关系、继承关系产生的给付请求权和劳动报酬、退休金、养老金、抚恤金、安置费、人寿保险、人身伤害赔偿请求权等权利，属于专属于债务人自身的财产权，不能为债权人代位权的标的。其次，须债务人怠于行使权利。债务人怠于行使权利以债务人能够行使权利为前提。因此，只有债务人对第三人的权利已到期，才会发生债务人怠于行使权利。怠于行使权利，也就是能够行使而不积极行使权利，是指债务人不以诉讼或者仲裁方式向第三人主张其对第三人享有的具有金钱给付内容的到期债权。

（2）须债务人履行债务迟延。债务人履行债务迟延，是指债务人于履行债务期限届满后仍未履行债务。债务人债务履行期限届满即债权人债权到期。债权人债权到期而债务人未履行债务，债权人的债权不能实现，这才有行使代位权的必要。若债权人的债权未到期，债务人不负履行责任，债务人未履行债务并不构成对债权人债权的侵害，不发生债权人代位权。但是，在债务人债务履行期限未届满时，如有必要，债权人也可行使代位权。例如，债务人的债权或者与该债权的从权利存在诉讼时效期间或者未及时申报破产债权等情形影响债权人债权实现的，债权人可行使代位权，向债务人的相对人请求其向债务人履行，向破产管理人申报债权等。

（3）须有保全债权的必要。所谓有保全债权的必要，是指债权人若不行使代位权，则其债权确有无法实现的危险。因此，只有债务人怠于行使对第三人的权利会使债务人不能履行其到期债务而害及债权时，债权人才有行使代位权以保全其债权的必要。如果虽债务人怠于行使其对第三人的权利，但债务人仍能够履行其到期债务，债权人之债权不会受损害，自也不发生债权人代位权。

3. 债权人代位权的行使

只要具备债权人代位权的成立条件，债权人就可行使其代位权。债务人的各个债权人凡具备符合法律规定的代位权的成立条件的，均可行使代位权。但如果某一债权人已就债务人的某项权利行使了代位权，其他债权人就不得就该项权利再行使代位权。

依我国法规定，债权人行使代位权必须以诉讼的方式。债权人行使代位权时，债权人为原告，债务人的债务人即次债务人为被告，债务人为第三人。^①若几个符合条件的债权人均对同一第三人行使代位权，则各债权人应为共同原告。债权人行使代位权的范围应以保全债权的必要为限度。在必要的范围内债权人可以同时或顺次代位行使债务人的数项权利。如果债权人代位权的标的的价值超过保全债权的必要限度，应于必要的限度内分割债务人的权利行使；如债务人的权利不能分割行使，则债权人得代位行使全部权利。

债权人行使代位权是以自己的名义行使债务人对第三人的权利，其目的为了保全其债权。因此，债权人行使代位权应尽善良管理人的注意义务，否则，因其未尽注意义务而造成债务人损失的，应负赔偿责任。债权人行使代位权原则上不得处分债务人的权利，但其处分可使债务人财产增加的，则其处分不为违反注意义务。例如，债权人可以以抵销消灭债务人财产上的负担。

4. 债权人代位权行使的效力

债权人代位权的行使会发生三方面的效力：

（1）对于债务人的效力

债权人行使代位权的目的是保全债权，因此，债权人代位权行使的效果应直接归属于债务人。但是，债权人也可以代债务人受领第三人的清偿。债权人行使代位权后，债务人可否处分其权利呢？对此有不同的观点。一种观点认为，代位权的行使并非强制执行，既然代位权的行使效果归属于债务人，债务人当然可以处分其权利，如债务人的处分行为有损于债权，则

---

① 《合同法解释（一）》第16条第1款规定，债权人以次债务人为被告向人民法院提起代位权诉讼，未将债务人列为第三人的，人民法院可以追加债务人为第三人。

债权人可以再行使撤销权。另一种观点认为，代位权行使后，债务人对代位权的标的不得再为妨害代位权行使的处分行为，这是实现代位权的目的所必须的。否则，债权人行使代位权，而债务人又仍可对其享有的债权为抛弃或者让与等处分，那么，债权人代位权制度也就失去效用。后一种观点更符合立法目的。

（2）对于第三人的效力

债权人行使代位权是以自己的名义行使债务人对第三人的权利。债务人对第三人的权利，是由债务人行使还是由债权人代位行使，对于第三人的地位并无影响。因此，凡第三人享有的对债务人的抗辩，诸如主张债务不成立、无效、可撤销、未届清偿期等，第三人均可用于对抗债权人的请求。第三人也可以举证证明没有债务人怠于行使其到期债权的情况，以主张债权人代位权不成立。

（3）对于债权人的效力

按照代位权理论，债权人行使代位权的效果直接归属债务人，因此，只有在债务人怠于受领代位权行使效果时，债权人才可以代为受领，但债权人对于受领的财产利益并无优先受偿权。但是，依《合同法解释（一）》第 20 条规定，债权人向次债务人提起的代位权诉讼经人民法院审理后认定代位权成立的，由次债务人向债权人履行清偿义务，债权人与债务人、债务人与次债务人之间相应的债权债务关系即予以消灭。[①] 依该解释第 19 条规定，在代位权诉讼中，债权人胜诉的，诉讼费用由次债

---

① 该解释违反代位权行使效果的入库规则，实际赋予行使代位权的债权人以优先受偿权。学者对此多有不同意见。

务人负担，从实现的债权中优先支付。民法典规定，法院认定代位权成立的，由债务人的相对人向债权人履行债务，债权人接受履行后，债权人与债务人、债务人与相对人之间相应的权利义务终止。

三、债权人的撤销权

第五百三十八条　债务人以放弃其债权、放弃债权担保、无偿转让财产等方式无偿处分财产权益，或者恶意延长其到期债权的履行期限，影响债权人的债权实现的，债权人可以请求人民法院撤销债务人的行为。

第五百三十九条　债务人以明显不合理的低价转让财产、以明显不合理的高价受让他人财产或者为他人的债务提供担保，影响债权人的债权实现，债务人的相对人知道或者应当知道该情形的，债权人可以请求人民法院撤销债务人的行为。

第五百四十条　撤销权的行使范围以债权人的债权为限。债权人行使撤销权的必要费用，由债务人负担。

第五百四十一条　撤销权自债权人知道或者应当知道撤销事由之日起一年内行使。自债务人的行为发生之日起五年内没有行使撤销权的，该撤销权消灭。

第五百四十二条　债务人影响债权人的债权实现的行为被撤销的，自始没有法律约束力。

　　上五条规定了债权人的撤销权。

　　1. 债权人撤销权的含义与性质

　　债权人的撤销权又称废罢诉权，是指债权人对于债务人所实施的危害债权实现的行为，得请求法院予以撤销的权利。

债权人撤销权为债权人债权保全权利中的一项权利。前已述之，债权保全权利包括债权人撤销权与债权人代位权。债权人撤销权与债权人代位权不同。债权人代位权的行使目的旨在使债务人可以增加的财产得以增加，而债权人撤销权行使的目的旨在使债务人的财产不应减少的而不减少。债权人撤销权所撤销的是债务人与第三人实施的会使债务人财产不当减少从而害及债权人利益的行为，其目的就是恢复债务人的责任财产，保障债权实现。债权人撤销权撤销的是债务人与第三人之间的行为，突破了债的相对性原则，因此，债权人撤销权也为合同对第三人效力的表现。

债权人撤销权只能以诉讼方式行使，但它属于实体法上的实体权利而非程序法上的程序权利。关于债权人撤销权的性质，主要有以下四种不同观点：

（1）请求权说。该说认为债权人撤销权的实质在于要求第三人返还所受利益，因而属于请求权。至于撤销权此种请求权为何请求权，又有不同的观点。有的认为，此请求权是基于法律规定的返还请求权；有的认为，此请求权为基于侵权行为的返还请求权；有的认为此请求权类似于不当得利返还请求权等。请求权说难以说明，在债务人的行为有效时，第三人何以应承担返还义务？

（2）形成权说。该说认为，债权人撤销权是依债权人的意思而使债务人与第三人之间的法律行为消灭。但是，形成权说也难以说明若债务人怠于请求第三人返还利益时如何才能实现恢复债务人责任财产的目的呢？

（3）请求权与形成权折衷说。此说认为，债权人撤销权兼具请求权与形成权双重性质，撤销权的行使，一方面使债务人与第三人的法律行为归于无效，另一方面又可使债务人的责任财产恢复到行为实施前的状态。

（4）责任说。该说认为，债权人行使撤销权不需要请求第三人返还利益，而是将第三人所受利益视为债务人的责任财产，得请求法院直接对这一财产强制执行。此说可说是对形成权说的发展。

2. 债权人撤销权的成立条件

债权人撤销权的成立条件，可分为客观要件与主观要件。

（1）债权人撤销权成立的客观要件。债权人撤销权成立的客观要件，就是债务人实施了危害债权的行为。

首先，债务人是于合同成立生效后实施了行为。债务人于合同成立生效前实施的行为，与债权人债权的实现无关，债权人自不能享有撤销权。债务人的行为主要为民事法律行为，也可以是能发生法律效力的诸如诉讼中的和解、抵销等非民事法律行为，但事实行为、身份行为等，不为撤销权的标的。

其次，债务人的行为是以财产为标的的。不以财产为标的的行为，与债务人的责任财产无关，债权人不得撤销。所谓以财产为标的的行为，是指能使债务人责任财产直接受影响的行为。例如，债务人放弃其债权，放弃债权担保，将其财产赠与他人，或者故意延长其到其债权的履行期限以不合理的低价转让财产、以明显不合理的高价受让财产或者为他人的债务提供担保等，都会直接影响责任财产，使责任财产减少。债务人实施的结婚、收养、继承抛弃或承认等行为，不以财产为标的，虽然会对债务人责任财产产生间接影响，但也不得撤销。债务人拒绝接受财产的行为，虽以财产为标的，也不得撤销，因为该行为并不是使债务人责任财产减少的行为。

再次，债务人的行为有害于债权。所谓有害于债权，是指债务人实施行为使责任财产减少，导致债务人的清偿能力降低，债权人不能完全受偿，从而损害债权。凡债务人积极减少财产（如转让财产、为他人设立担保物权、让与债权、免除债务等）或者消极的增加债务（如债务承担、为他人提供保证担保、提前清偿未到期债务等），使其陷入资力不足，不能清偿全部债权或者发生清偿困难，且此种状态持续至债权人撤销权行使时仍然存在的，就可认定为害及债权。至于债务人是否陷入资力不足而不能清偿或者清偿困难，致使债权人的债权受到损害，则应由主张撤销权的债权人举证证明。

从我国民法典规定看，债权人可以撤销的债务人的行为主要有三种：其一为放弃到期债权、放弃其未到期债权或者放弃债权担保，或者恶意延长到期债权的履行期，对债权人造成损害；其二为无偿转让财产；其三为以明显不合理低价转让财产、明显不合理高价收购财产。实务中认为，对于"明显不合理的低价"，应当以交易当地一般经营者的判断，并参考交易当时交易地的物价部门指导价或者市场交易价，结合其他相关因素综合考虑予以确认。转让价格达不到交易时交易地的指导价或者市场交易价70%的，一般可以视为明显不合理的低价；对转让价格高于当地指导价或者交易价格30%的，一般可视为明显不合理的高价。

（2）债权人撤销权成立的主观要件。债权人撤销权成立的主观要件，是指债务人与受益第三人的主观恶意。

我国民法如同德国等法的规定一样，将债务人所为的害及债权的行为分为有偿行为与无偿行为两种情形。债务人所为的行为属于无偿行为的，只要具备撤销权成立的客观要件，撤销权就成立。因为在无偿行为的情形下，债权人行使撤销权撤销债务人所为的无偿行为，仅仅是使受益第三人失去无偿所得的利益，并不会损害受益第三人的固有利益。但是，在债务人所为的行为属于有偿行为情形下，债权人撤销权的成立不仅须具备客观要件，还须具备主观要件。

关于债务人恶意的认定，有两种不同立法例：一是意思主义。意思主义立法例认为，债务人恶意为债务人在实施行为时须有诈害的意思；一是观念主义。观念主义立法例认为，认定债务人恶意，以债务人知其行为可能引起或者增加其无资力状态为已足。两相比较，采取观念主义对债权人更为有利。债务人有无恶意，应以债务人实施行为时的状态为准。债务人于实施行为时不知其行为会引起或者增加自己无清偿资力状态而后知之，不为有危害债权的恶意。至于债务人实施行为时之不知是否有过错，则应在所不问。债务人由他人代理实施行为的，债务人恶意的存否，应就其代理人的认知状态予以确认。

受益第三人的恶意，是指基于债务人的行为而取得利益的第三人在取得财产利益时知道或者应当债务人的行为有害于债权人的债权，即已经认识到此行为会对债权造成损害的事实。至于受益第三人是否具有损害债权人的故意或者是否与债务人恶意串通，则不影响受益第三人恶意的成立。

对于债权人与受益第三人的恶意，应由债权人举证证明。

债权人能够证明债务人有害于债权的事实，依照当时的具体情形应为受益人所知道的或应当知道，可以推定受益第三人为恶意。

3. 债权人撤销权的行使

债权人撤销权的行使须由债权人以自己的名义向法院提起诉讼，请求撤销债务人不当处理财产的行为。连带债权人享有撤销权的，各债权人可以连带行使撤销权，也可以由债权人中的一人行使撤销权。数个债权人的债权因同一债务人的行为受到损害的，各债权人均有权提起撤销权诉讼，请求撤销债务人的行为，但是各债权人的请求范围仅限于各自债权的保全范围。两个或者两个以上债权人以同一债务人为被告，就同一标的提起撤销权诉讼的，人民法院可以合并审理。

债权人提起撤销权诉讼的，以债务人及其与债务人实施行为的相对人为被告，诉讼请求兼为要求返还财产的，应以债务人、相对人及其受益人为被告；债务人实施的行为为单独行为的，应以债务人为被告。债权人提起撤销权诉讼时只以债务人为被告，未将受益人或者受让人列为第三人的，人民法院可以追加该受益人或者受让人为第三人。

债权人行使撤销权应于法定期间内行使。法律规定的撤销权行使期间属于除斥期间，不适用诉讼时效中止、中断、延长的规定。撤销权存续的除斥期间为 1 年，该期间自债权人知道撤销事由之日起计算。但是，自债务人行为发生之日起 5 年内债权人未行使撤销权的，其撤销权消灭。

4. 撤销权行使的效力

债权人撤销权的行使也会发生三方面的效力。

（1）对于债务人与第三人的效力。债权人依法提起撤销权诉讼，请求人民法院撤销债务人放弃债权或者转让财产的行为，人民法院应当就债权人主张的部分进行审理，依法撤销的，该行为自始无效。债务人的行为被撤销的，受益人应当返还已受领的债务人财产；原物不能返还的，应当折价赔偿。受益人取得财产支付一定对价的，受益人对债务人有不当得利返还请求权。

债权人行使撤销权所支付的代理费、差旅费等必要费用，由债务人负担；第三人有过错的，应当适当分担。

（2）对撤销权人的效力。行使撤销权的债权人有权请求受益人向其返还所受利益。从撤销权保全债权的功能上说，受益人返还的财产应当加入债务人的责任财产，撤销权人对其并无优先受偿权。

（3）对其他债权人的效力。撤销权旨在保全债务人的责任财产，因而，撤销权的行使是为了全体债权人的利益。因撤销债务人行为而取回的财产归属于债务人的责任财产，为全体一般债权的共同担保，各债权人可以按照债权比例分别受偿。

第六章　合同的变更和转让

一、合同的变更

第五百四十三条　当事人协商一致，可以变更合同。

第五百四十四条　当事人对合同变更的内容约定不明确的，推定为未变更。

上两条规定了合同的变更。

1. 合同变更的含义

合同的变更有广义与狭义之分。广义的合同变更，是指合同内容以及合同主体、客体的变更。狭义的合同变更，仅指合同内容的变更，而不包括合同主体及客体的变更。合同法规定的合同变更为狭义的合同变更。合同变更具有以下特点：

（1）合同变更是经当事人双方协商一致变更合同的内容。合同变更，从适用上看有两种情形：一是约定变更或者协商变更；二是法定变更，即一方当事人依照法律规定请求法院或者仲裁机构变更合同。法定变更是在合同生效后因发生情势变更一方当事人请求法院或者仲裁机构对合同予以变更，属于情势变更原则的运用。而这里所说的合同变更仅仅为约定变更，是指经当事人双方协商一致变更合同的内容。

（2）合同变更是在合同当事人不变的前提下，对合同内容的变更。合同成立生效后，合同的各项要素都会发生变化。但只有合同内容的变化，才属于合同变更。合同主体的变化是合同权利义务移转的结果，属于合同转让的范畴，而不属于合同变更。

（3）合同变更是在合同成立后未完全履行前对合同内容的改变。合同未成立，当事人间并无合同关系，自不发生合同变更问题。合同已经履行完毕，当事人之间的合同权利义务消灭，也不存在合同变更问题。因此，只有在合同成立后债务未完全履行完前，才会发生合同变更。

（4）合同变更是合同内容的部分变化而非全部的根本性改变。合同变更，仅是对合同关系的内容作某些修改、补充，可以表现为标的物数量的增减或者质量、规格、价格、计算方法、履行时间、履行地点、履行方式等合同内容的某项或数项变化，但不能是合同内容的全部改变。合同变更是在维持合同内容同一性下对个别事项的改变；而合同内容全部改变，则使合同前后的内容失去同一性与连续性。合同内容全部发生根本性改变的，属于合同更新，而不是合同变更。合同更新是以一个新的合同代替原来的合同，新合同有效，原合同即消灭；新合同不能有效的，原合同继续有效。

2.合同变更须具备的条件

合同变更须具备以下条件：

（1）须原存在有效的合同。合同变更是在原合同的基础上双方当事人协商改变合同的内容。因此，合同变更是以原已存在有效的合同关系为前提的。不存在有效的合同，也就谈不上合同变更。

（2）须双方协商一致。合同变更是双方协商一致的结果。经双方协商一致变更合同内容，也是私法自治的体现。当事人可以自主订立合同，也可以自主变更合同。当事人协商变更合同的程序，适用合同订立的程序。双方变更合同内容的约定必须明确。当事人对合同变更的内容约定不明确的，变更协议不成立，推定合同未变更。双方变更合同的协议也须具备民事法律行为有效条件，才能发生变更合同的效力。如果当事人变更合同的协议不成立或者不能有效，则合同不能发生变更。

（3）须遵守变更的法定方式。法律、法规对于合同变更规定了变更方式的，当事人变更合同须遵守法律、法规规定的方式。法律、法规规定变更合同应当办理批准等手续的，应依照规定办理批准等手续，在未依法办理相关手续前，合同的变更协议不能发生效力。

（4）须合同的内容发生部分改变。合同变更是在保持合同同一性与连续性的前提下变更合同的内容，因此，只有合同的部分内容发生改变，才发生合同变更。如果合同内容不变而主体变，则为合同转让；如果合同主体不变而合同内容全部改变，则为合同更新。

3. 合同变更的效力

合同变更原则上仅向将来发生效力而无溯及力。合同变更协议一经有效成立，当事人应依变更后的合同内容履行，已经履行的部分不因合同变更而失去法律依据，仍为有效履行。

二、合同权利的转让

（一）合同权利转让的含义与特征

合同权利转让亦即合同债权转让，是指合同权利主体的变更。合同权利转让有广义与狭义之分。广义的合同权利转让，是指合同债权人的权利由第三人承受，第三人成为合同债权人。狭义的合同权利转让，是指合同债权人通过协议将其债权全部或者部分转让给第三人的行为。转让合同权利的债权人称为转让人或让与人，受让合同权利的第三人称为受让人。这里所说的合同权利转让是指狭义的合同转让。合同权利转让是基于让与人和受让人关于转让合同债权的民事法律行为发生债权主体变更的。让与人与受让人之间转让合同债权的民事法律行为也就是合同权利转让合同。

合同权利转让具有以下主要特征：

1. 合同权利转让的标的为合同债权。合同债权是当事人基于合同享有的请求债务人履行债务的权利，具有相对性。因此，合同权利的转让不发生对标的物的处分权利的转移。合同权利转让只是合同债权人处分其债权的行为。

2. 合同权利转让是合同权利主体的变更。合同权利转让并不改变合同的内容，仅是债权人将其权利全部或部分转让给第三人，转让生效后受让权利的第三人也就成为合同权利主体。合同权利全部转让的，原权利人退出合同关系，受让人成为权利主体；合同权利部分转让的，受让人加入合同关系，与让与人共同成为合同权利主体。因此，合同权利转让会发生权利主体的变动，属于合同主体变更的范畴。

3. 合同权利转让是合同债权人与第三人之间的民事法律行为。转让合同权利的权利转让合同的当事人是合同债权人与第三人。合同权利转让只能是合同债权人将其权利转让给第三人，而不能是债权人将权利转让给合同债务人。合同债权人将合同债权让与债务人的，发生合同的混同，不属于合同权利转让。

（二）合同权利转让的条件

第五百四十五条　债权人可以将债权的全部或者部分转让给第三人，但是有下列情形之一的除外：

（一）根据合同性质不得转让；

（二）按照当事人约定不得转让；

（三）依照法律规定不得转让。

当事人约定非金钱债权不得转让的，不得对抗善意第三人。

当事人约定金钱债权不得转让的，不得对抗第三人。

本条规定了合同权利转让的条件。

合同权利转让须具备以下条件：

1. 合同权利转让以可让与的合同权利有效存在为前提。合同权利转让不改变合同权利的内容，仅是变更合同权利的主体。因此，只有有效存在的可让与的合同权利才能成为转让的标的。以不存在的或者无效的或者已经消灭的合同权利转让给他人的，属于标的不能，该转让行为当然无效。如果受让人因此受有损失，其得请求让与人赔偿。

2. 合同权利转让须由让与人与受让人达成转让合同权利的协议。合同权利转让是让与人与受让人协商一致的结果，是一种双方民事法律行为。当事人订立转让合同的程序适用合同订立的程序，双方的转让协议应符合民事法律行为的有效要件，否则，转让协议不成立或不能发生效力。

3. 合同权利转让所转让的债权须具有可让与性。不可让与的合同债权不具有可让与性，不能转让。不具有让与性的合同债权包括以下三类：

其一，根据合同性质不得转让的合同权利。根据合同性质不得转让的合同债权主要是基于特定人利益享有的合同权利，主要包括：（1）特定人享有的为其提供劳务的权利，如雇佣合同中雇主享有的权利；（2）基于特定信任关系的合同权利，例如，雇佣合同、委托合同中受雇佣人、受托人享有的合同权利；（3）属于从权利的合同权利，如保证合同中保证人享有的权利；（4）以请求债务人不作为为内容的合同权利。

其二，按照当事人约定不得转让的合同权利。当事人关于禁止债权转让的约定，被称作为"禁止特约"。当事人可以在合同订立时或合同订立后特别约定，不得转让合同权利。只要其约定不违反法律、法规的禁止性规定和社会公序良俗，该特约也就产生法律效力。对于当事人间禁止特约的效力，主要有债权效果说与物权效果说两种不同学说。债权效果说认为，当事人之间的禁止特约原则上无对外效力。当事人之间有禁止转让的特别约定的，债权人与第三人之间的债权转让行为仍可有效，但债务人对恶意的受让人有恶意抗辩权。物权效果说认为，禁止特约具有物权效力，可对第三人发生效力。禁止特约排除债权的让与性，违反禁止特约向第三人转让债权时，债权人承担不履行该特约的责任，并且对于恶意受让人，不发生债权移转的效力。此说主张，禁止特约不得对抗善意第三人。有学者提出，从促进债权流通，最优化资金配置的角度来说，债权效果说是我国《合同法》解释论的发展方向。[①]民法典规定，当事约定非金钱债权不得转让的，不得对抗善意第三人；当事人约定金钱债权不得转让的，不得对抗第三人。

其三，依照法律规定不得转让的合同权利。例如，最高额抵押担保的合同权利，依法律规定不得转让。依照法律规定转让应由国家批准的合同，在未经批准前，合同权利也不得转让。

（三）合同权利转让的通知义务

第五百四十六条　债权人转让债权，未通知债务人的，该转让对债务人不发生效力。

债权人转让的通知不得撤销，但是经受让人同意的除外。

本条规定了合同权利转让的通知义务。

关于权利转让对于债务人发生效力，各国立法例主要有三种做法。一是自由主义。此种立法例主张，债权人转让债权的，只要有原债权人与新债权人的合意即可，不必征得债务人的同意，也不必通知债务人。但是债务人不知道债权已经转让的，债务人仍对原债权人所为的清偿，为有效清偿。依此种立法例主张，债权转让是否通知债务人，为当事人的自由。二是债务人同意主义。此种立法例主张，债权转让须经债务人同意才能发生转让的效力。债务人同意是法律为保护债务人利益而设定的规则。若债权人转让债权未经债务人同意，则债务人依照合

---

① 冯洁语：《禁止债权让与特约的效力论——对继受日本学说的反思》，载《甘肃政法学院学报》2016 年第 3 期，第 80 页。

同的约定仍然向债权人履行的，债权人不得拒绝；而受让人向债务人请求履行债务的，债务人有权予以拒绝。三是通知主义。此种立法例主张，债权人转让其债权不必经债务人同意，但须将债权转让的事实及时通知债务人。债务人接到转让通知后，权利转让才对债务人发生效力，受让人才可以请求债务人履行，债务人才不得向原债权人履行。我国法采取的是通知主义。我国法明确规定，债权人转让权利的，未通知债务人的，该转让对债务人不发生效力。这也就是说，只有将债权人转让权利的情事通知债务人，债权转让才对债务人发生效力。

关于债权人转让权利通知的性质，理论上有准法律行为说、事实行为说、单方法律行为说等不同观点。准法律行为说认为让与通知属于观念通知，并不需要有发生权利让与效力的效果意思，但可以类推适用民法关于意思表示的规定。事实行为说认为，只有让与通知才能使受让人取得受让的权利，因此，让与通知是履行合同权利让与合同的行为，其性质相当于动产买卖中的交付，即通知是权利实际发生转移的事实行为。单方法律行为说认为，从合同法对权利让与的规定及各方当事人利益维护来看，宜将权利让与通知解释为债权人对其债权的单方处分行为。相比较而言，准法律行为说更合理。让与通知性质上属于观念通知，其所通知者，系债权已被让与的事实，法律效果则是使债权让与对债务人发生效力；此法律效果的实现不决定于通知人的意思，而是法律的直接规定。[①]

---

① 徐涤宇：《〈合同法〉第 80 条（债权让与通知）评注》，载《法学家》2019年第 1 期，第 178 页。

　　合同转让依让与人与受让人的合意而成立，但因合同权利转让后，债务人应向受让人履行义务，为维护债务人的利益，债权人转让权利的，应当通知债务人。关于通知人，一般认为，不仅让与人可为通知，受让人也可为通知。但为保护债务人的履行安全，受让人为通知时，应出示其取得受让债权的相关证明。至于通知的方式，除法律、法规有特别规定或当事人事先有特别约定外，则可以采用各种方式。债权人转让权利未通知债务人的，该转让对债务人不发生效力，债务人向让与人所为的履行为有效履行。债权人转让权利的通知一经到达债务人即对债务人发生权利转让的效力，债权人不得撤销该通知。也就是说，即使债权人撤销该通知，债务人仍应向受让人履行债务。但是受让人同意债权人撤销权利转让通知的，转让通知的撤销发生撤销的效力，债权转让对于债务人也就不发生效力。

（四）合同权利转让的效力

第五百四十七条　债权人转让债权的，受让人取得与债权有关的从权利，但是该从权利专属于债权人自身的除外。

　　受让人取得从权利不因该从权利未办理转移登记手续或者未转移占有而受到影响。

第五百四十八条　债务人接到债权转让通知后，债务人对让与人的抗辩，可以向受让人主张。

第五百四十九条　有下列情形之一的，债务人可以向受让人主张抵销：

（一）债务人接到债权转让通知时，债务人对让与人享有债权，且债务人的债权先于转让的债权到期或者同时到期；

（二）债务人的债权与转让的债权是基于同一合同产生。

第五百五十条　因债权转让增加的履行费用，由让与人负担。

以上四条规定了合同权利转让的效力。

合同权利转让一经生效，发生以下法律后果：

1. 合同权利由让与人转移给受让人。合同权利全部转让的，让与人退出合同关系，受让人成为合同权利人；合同权利部分转让的，受让人加入合同关系，受让人与让与人共同为合同权利人。受让人与让与人之间关于债权份额有明确约定的，受让人与让与人为按份债权人，否则，受让人与让与人为连带债权人。

2. 合同权利转让，从权利也随之转让。合同权利的从权利因其附随性，随主权利的转移而转移，因此，合同权利转让的受让人受让合同债权的同时也取得与债权有关的从权利。但是，专属于债权人自身的从权利不随债权转移而转移，受让人不能取得。例如，从属于合同债权的担保权等可由受让人取得，而合同的撤销权、解除权为合同当事人专属权利，受让人不能因受让债权而取得合同的撤销权、解除权。受让人取得从权利不受其是否办理转移登记或者转移占有的影响。

3. 让与人应保证其转让的权利有效存在且不存在权利瑕疵。权利转让的让与人负有权利瑕疵担保义务，让与人所让与的权利存在瑕疵而导致受让人损失的，受让人可以请求让与人赔偿。但是，让与人转让权利时告知其权利瑕疵的，则受让人无权要求赔偿。《魁北克民法典》第1639条规定，"有偿让与债权的，即使让与是无担保实施的，让与人仍应担保债权存在且为他所有，但受让人以自负风险取得了该债权的，或他在让与时知悉了债权的不确定性的，不在此限。"① 我国法也应作此解释。

债权人转让权利后不得就同一权利再转让给他人。若债权人重复转让其同一权利，该权利应由何人取得呢？一种观点认为，有偿让与的受让人应优先于无偿让与的受让人取得权利；全部让与的受让人应优先于部分让与的受让人取得；同时按照"先来后到"规则，先前的受让人应优先于在后的受让人取得权利。另一种认为，债权人重复转让权利的，应由债务人最先接到的权利转让通知的通知中告知的受让人取得；未能取得受让权利的受让人得依权利瑕疵担保责任请求让与人承担责任。还有一种观点认为，债权人转让债权后又重复转让同一债权的，属于无权处分，后来的受让人不能取得权利，转让协议无效。这个问题实际涉及债权转让对第三人的效力。在债权转让对第三人效力上，各国有不同的立法例，主要采取让与主义、通知主义、登记主义等三种不同规则。让与主义主张，债权让与生效就可对抗第三人，因此重复让与时在先者权利优先；通知主义主张，让与通知债务人为对抗第三人的要件，因此重复让与时通知在先者权利优先；登记主义主张，让与登记为对抗第三人的要件，重复让与时登记在先者权利优先。依我国合同法规定，债权转让通知为对债务人发生效力的要件，转让通知也为债权转让对抗第三人的要件，因此，重复转让的应由通知在先者的受让人取得权利。

4. 债务人应向受让人履行债务。债权权利转让生效后，债

---

① 孙建江、郭站经、朱亚芬译：《魁北克民法典》，中国人民大学出版社 2005 年版，第 204 页。

务人仍向让与人履行债务的，不为合同履行，而为合同不履行，由此而给受让人造成损失的，债务人应向受让人承担责任。让与人接受债务人履行的，构成不当得利，受让人和债务人都可要求其返还所受利益。债务人接到转让通知后，即使权利转让无效或者未发生，债务人向受让人的履行仍是有效的。此种情形，学者称之为表见让与。因债权转让增加的履行费用，由让与人负担。

5. 债务人在合同权利转让时享有的对让与人的抗辩，可以对抗受让人。这些抗辩包括同时履行抗辩、时效完成的抗辩、债权消灭的抗辩、债权未发生或者无效的抗辩等。这些抗辩权利是债务人享有的利益，不能因合同权利转让而消灭。

6. 债务人享有抵销权。在债务人接到债权转让通知时，债务人对让与人享有可抵销的债权的，债务人的抵销权不消灭，债务人可以向受让人主张抵销。

三、合同义务的转移

（一）合同义务转移的含义

合同义务转移，是指在不改变合同内容和标的的前提下，债务人将其合同义务全部或者部分转移给第三人承担。从承受移转的债务的第三人方面看，合同义务转移又称为债务承担。

债务承担是债务人将债务全部或者部分转移给第三人，第三人即成为债务人。因此，债务承担不同于债务的第三人履行。债务由第三人履行时，第三人仅为履行主体而非债务主体，第三人是替债务人履行债务的，第三人履行不当时，债务人仍应承担违约责任，而第三人并不向债权人承担履行不当的违约责任。而在债务承担，第三人承担债务人移转的债务后即成为债务人，此后其履行债务是其责任，履行的是自己的债务，若其履行不当，则应向债权人承担违约责任。

合同义务转移既可因民事法律行为发生，也可因法律的直接规定发生。例如，继承人承受被继承人的合同债务，就是基于继承法的规定而发生的合同义务的转移。基于民事法律行为发生的合同义务移转是指依当事人之间转移合同债务的合意而发生的合同义务转移。这里所说的合同义务移转是指基于民事法律行为发生的合同义务转移。

合同义务的移转包括合同义务的全部移转和合同义务的部分移转。合同义务的全部移转是指债务人将其全部债务转移给第三人。在合同义务全部转移给第三人时，债务人退出合同关系，而不再为债务人，受让债务的第三人成为债务人。因此种合同义务移转生效后，原债务人不再承担任何履行责任，因此称为免责的债务承担。合同义务的部分移转是指债务人将其部分债务移转给第三人。在合同义务部分转移给第三人时，债务人并不退出合同债权债务关系，而仍为债务人，而受让债务的第三人也加入合同债权债务关系中，与原债务人一同成为共同债务人。原债务人与受让第三人在义务移转协议中约定各自债务份额的，双方应按照合同义务移转约定的份额承担履行责任，第三人就受让的债务部分承担履行责任，而原债务人对此已经移转的债务部分不再承担履行责任。正是在这一意义上，此种情形下的合同义务转移也为免责的债务承担，只不过原债务人免除履行责任的仅是受让第三人承受的债务份额，而不是全部债务。如果原债务人与受让第三人在义务移转协议中并没有明确约定各自的债务份额，则原债务人与受让第三人就全部合同债务负担同一的履行责任，二者间成立连带债务。

这里所说的义务转移是指免责的债务承担。

（二）合同义务转移的条件

第五百五十一条 债务人将债务的全部或者部分转移给第三人的，应当经债权人同意。

债务人或者第三人可以催告债权人在合理期限内予以同意，债权人未作表示的，视为不同意。

本条规定了合同义务转移的条件。

合同义务转移主要应具备以下条件：

1. 必须存在有效的债务。合同不成立、合同无效或合同终止的，不存在有效的合同义务，自不能发生合同义务转移问题。附延缓条件合同和附始期合同的合同义务为有效债务，可以转移；可撤销合同在未被撤销时合同义务是有效的，也可以转移。

2. 转移的合同义务须具有可移转性。不具有移转性的义务包括：（1）性质上不可转移的义务。如与特定债务人人身有关的，需由债务人亲自履行的合同义务等；（2）当事人特别约定的不得转移的义务；（3）法律规定不得转移的义务。

3. 须有将合同义务转移给第三人的有效合意。合同权利转让须有当事人之间的转让协议，合同义务转移也须有当事人之间达成的转移合同义务的协议。从实务上看，转移合同义务的协议，有以下两种情形：

　　一是债务人与承受债务移转的第三人达成移转义务的协议。因为债务由何人承担，对于债权人有直接的利害关系，因此，债务人转移债务的，应经债权人同意，未经债权人同意的，转移义务的协议对于债权人无效。在债务人与第三人达成转移义务协议的情形下，该协议只有经债权人同意，才能为转移合同义务的有效合意。未经债权人同意，债务人与第三人之间的转移合同义务的协议，对债权人不发生效力，债权人仍得要求债务人履行债务。债务人或者第三人可以催告债权人在合理期限内予以同意，但债权人未作表示的，视为不同意。

　　二是债权人与第三人达成由第三人承担合同义务的协议。依此种协议转移合同义务的，当然已经债权人同意，不会发生因未经债权人同意而不能对债权人发生效力的问题。但债权人与第三人订立的由第三人承担债务的协议是否应经债务人同意呢？对此有两种不同观点。一种观点认为，债权人与第三人订立由第三人承担义务的协议无须经债务人同意，因为第三人承担债务而债务人不再承担债务时，对于债务人并无不利，一般情形下，债务人也不会不同意。即使债务人不同意，第三人履行债务而债权人又接受的，也没有必要认定未经债务人同意的合同义务转移协议无效。另一种观点认为，不论是债权人与第三人达成转移合同义务的协议，还是债务人与第三人达成义务转移协议，都应经合同对方当事人同意。债务人与第三人达成转移义务的协议，应经债权人同意；债权人与第三人达成转让义务协议的，也应经债务人同意。依法律规定，转移合同义务给第三人的，应经债权人同意。因此，前一种观点更符合立法本意。但是，在债权人与第三人达成移转义务的协议的情形下，为保护债务人的利益，应及时通知债务人才能对债务人发生效力。并且，如通知债务人后债务人明确表示反对的，该债务承担协议也应无效。当事人未及时通知债务人的，债务人向债权人履行债务的，为有效履行，债权人应当受领。

（三）合同义务转移的效力

第五百五十三条　债务人转移债务的，新债务人可以主张原债务人对债权人的抗辩；原债务人对债权人享有债权的，新债务人不得向债权人主张抵销。

第五百五十四条　债务人转移债务的，新债务人应当承担与主债务有关的从债务，但是该从债务专属于原债务人自身的除外。

上两条规定了合同义务转移的效力。

合同义务转移协议生效后发生以下效力：

其一，承受移转的合同义务的第三人代替转移义务的债务人的法律地位而成为新债务人，就其承受的合同义务负担履行责任。新债务人不履行合同义务或者履行义务不当的，应向债权人承担违约责任，债权人也只能就该新债务人不履行或不适当履行所承受的义务，请求其承担违约责任。

其二，合同义务转移后，新债务人取得原债务人对债权人所享有的抗辩权，新债务人可以主张原债务人对债权人的抗辩。债务人对债权人的抗辩包括合同不成立、合同无效、合同可撤销的抗辩，也包括同时履行抗辩以及诉讼时效的抗辩。但应注意，原债务人享有的合同撤销权和合同解除权，不属于对债权人的抗辩权。不经原合同当事人的同意，新债务人不能取得。新债务人也不享有原债务人享有的抵销权。

其三，债务转移后，新债务人应当承担与原主债务有关的从债务。但是该从债务专属于债务人自身的除外。专属于债务人自身的从债务，是指只能由债务人承担的具有人身性质的债务，不能随主债务的转移而转移。例如，保证债务为从债务，但不能随主债务的转移而当然转移。

（四）债务加入

第五百五十二条　第三人与债务人约定加入债务并通知债权人，或者第三人向债权人表示愿意加入债务，债权人未在合理期限内拒绝的，债权人可以请求第三人在其愿意承担的债务范围内和债务人承担连带债务。

本条规定了债务加入。

债务加入又称为并存的债务承担，是指第三人加入合同债权债务关系，与原债务人一并共同连带承担债务。原合同法中未规定债务加入，但实务中存在这一现象。因此，民法典正式作了规定。

债务加入尽管也是第三人承受合同债务，但与合同义务转移不同。合同法中规定的合同义务转移属于免责的债务承担。第三人承受移转的债务后，原债务人在第三人承受的债务范围内免除责任，不再为债务人。而第三人加入债务承担的，原债务人并不能免责，原债务人仍应就其债务负担履行责任。因为债务由何人承担，对于债权人有重大利害关系，因此，免责的债务承担须经债权人同意。而债务加入，由于第三人成为债务人后，原债务人的责任并未免除，第三人与债务人共同承担履行责任。可以说，债务加入增强了合同债务人的清偿能力，使债权人的利益更有保障，因此，债务加入不必经债权人同意。只要债权人没有拒绝，就可以要求债务加入人与债务人就其加入的债务承担连带债务。

四、合同权利义务的概括转让

（一）约定的概括转让

第五百五十五条　当事人一方经对方同意，可以将自己在合同中的权利义务一并转让给第三人。

第五百五十六条　合同的权利和义务一并转让的，适用债权转让、债务转移的有关规定。

上两条规定了约定的合同权利义务概括转让。

约定的合同权利义务概括转让，是指合同的一方当事人与第三人协议将其权利义务一并全部转让给第三人。

约定的合同权利义务概括转让应具备以下条件：

其一，转让的合同为有效存在的双方均有权利义务的合同。只有合同有效存在，才会发生合同权利义务的转让。又因为合同权利义务的概括转让，是一方将其全部权利义务转让给第三人，因此，只有双方当事人都享有权利并负有义务时，才会发生任何一方都能将其权利义务概括转让给第三人的法律现象。

其二，合同当事人一方与第三人达成权利义务概括转让的协议。权利义务概括转让协议是双方民事法律行为，适用合同订立的程序和合同有效要件的规定。

其三，须经合同对方当事人同意。因为权利义务概括转让包括义务的转移，而义务转移应经债权人同意。因此，一方与第三人协议将合同权利义务概括转让的，须经对方同意。未经对方当事人同意的，合同权利义务不能转让。

实务中有的当事人将网络店铺转让。对于网络店铺转让的标的、性质及效力如何认定，有不同的观点。在《王兵诉汪帆、周洁、上海舞泡网络科技有限公司网络店铺转让合同纠纷案》，法院认定：网络店铺转让合同，实际上是将其与淘宝平台间合同关系项下的权利义务一并转让，当事人未征得淘宝平台同意私自转让店铺，该转让行为不发生效力。[①]这一实例表明，法院认定网络店铺转让属于合同权利义务概括转让。

合同权利义务概括转让的，适用关于权利转让和义务转移的规定。因此，合同权利义务转让的效力发生权利转让和义务转移的效力。

[①]　该案的基本案情：2014 年 4 月 9 日，受让方王兵与出让方周洁、居间方上海舞泡网络科技有限公司（以下简称舞泡公司）签订《网络店铺转让合同》，约定周洁将支付宝认证名称为汪帆的"至诚开拓"淘宝店转让给王兵等内容。王兵通过舞泡公司支付转让费 20000 元，舞泡公司扣除 2000 元佣金后实际转交周洁 18000 元。"至诚开拓"淘宝店的账户名为 2912361468@qq.com，经实证认证的经营者为汪帆，周洁为代管人。2015 年 12 月 3 日，汪帆找回了系争店铺的密码，系争店铺处于汪帆控制之下。2016 年 7 月，王兵诉至法院。请求判令汪帆、周洁支付违约金 6000 元；退回保证金 11830 元；双倍返还已收转让费 40000 元；支付赔偿金 10000 元；共同承担本案诉讼费。二审理中，周洁、舞泡公司均认可舞泡公司从王兵支付的 20000 元中扣除了 2000 元，系周洁向舞泡公司支付的佣金。同时汪帆表示其因自身经营的需要，欲从周洁处取回系争店铺，但是周洁不愿交返，故汪帆自己找回了系争网络店铺。

裁判结果：上海市闵行区人民法院 2017 年 4 月 28 日作出（2016）沪 0112 民初 20679 号民事判决：一、周洁于判决生效之日起 10 日内支付王兵 20000 元；二、周洁、汪帆于判决生效之日起 10 日内支付王兵 3970 元；三、驳回王兵的其余诉讼请求。宣判后，王兵、汪帆、周洁向上海市第一中级人民法院提出上诉，二审法院驳回上诉，维持原判。参见《人民法院报》2018 年 8 月 17 日第 3 版。

（二）法定的概括转让

合同的权利义务可基于当事人的协议发生一并概括转移，也可以基于法律的直接规定而发生一并概括转移。基于法律规定，因某一事实的出现，原合同当事人一方的权利义务就概括移转给第三人的，就属于法定的合同权利义务概括转让。

法定的合同权利义务概括转让的原因主要是法人或非法人组织的合并、分立。合同当事人为法人或非法人组织的，在订立合同后发生合并的，其所享有的合同权利和负担的合同义务一并转移给合并后的法人或非法人组织。作为合同当事人的法人或非法人组织于订立合同后分立的，其享有的合同权利与合同义务的承担，依债权人与债务人的约定；债权人与债务人没有约定或者约定不明确的，分立后的法人或非法人组织连带享有债权，连带承担债务。

第七章　合同的权利义务终止

一、合同权利义务终止的含义与原因

第五百五十七条　有下列情形之一的，合同的权利义务终止：

（一）债务已经履行；

（二）债务相互抵销；

（三）债务人依法将标的物提存；

（四）债权人免除债务；

（五）债权债务同归于一人；

（六）法律规定或者当事人约定终止的其他情形。

合同解除的，该合同的权利义务关系终止。

本条规定了合同的权利义务终止的原因。

合同权利义务终止又简称合同终止、合同消灭，是指合同当事人之间的合同关系结束，合同所设立的债权债务不再存在。

合同终止是合同设立的当事人权利义务不复存在，因而它不同于合同的中止。合同中止仅是合同履行的暂时停止，当事人的权利义务仍存在，在中止事由消除后，当事人仍应履行合同债务。

合同终止是合同权利义务关系客观上不再存在，因而它不同于合同的变更和转让。合同变更是合同内容的改变，当事人间的合同权利义务关系仍然存在；合同权利义务的转让仅是合同权利义务主体的变动，合同权利义务关系的内容并不变动，而仍然存在。

合同终止是合同关系发展的当然结果。任何合同关系都不可能是固定不变的，必会经过一个从产生至消灭的过程。如同合同关系的发生须有有效合同这一法律事实一样，合同关系的终止也须有一定的法律原因。

合同消灭的原因也就是引起合同的权利义务关系终止的法律事实，包括：债务已经履行即清偿、合同解除、债务抵销、提存、债务免除、混同，等等。概括起来，合同终止的原因有四种情形：一是因合同目的达到；二是因合同目的不能达到；三是当事人的意思；四是法律的直接规定。

二、合同的权利义务终止的效力

第五百五十八条　债权债务终止后，当事人应当遵循诚实信用原则，根据交易习惯履行通知、协助、保密、旧物回收等义务。

第五百五十九条　债权债务终止时，债权的从权利同时消灭，但是法律另有规定或者当事人另有约定的除外。

第五百六十七条　合同的权利义务终止，不影响合同中结算和清理条款的效力。

上三条规定了合同的权利义务终止的效力。

合同终止为合同权利义务的消灭，除法律另有规定外，合同终止并无溯及效力，仅仅是向未来发生效力，即未履行的权利义务消灭。

自合同终止时起，当事人不再享有合同设立的权利，也不负担合同设定的义务。同时，从属于合同权利义务的从权利义务也随之消灭，除非法律另有规定或当事人另有约定。

合同终止后，有负债字据的合同关系全部消灭的，债务人得请求返还或者涂销负债的字据。负债字据上记载有债权人其他权利的，债务人可以请求将合同消灭的事由记入负债字据上。债权人主张不能返还或者不能记入负债字据的，债务人可以请求债权人出具合同消灭的证明文书。

合同终止后会在当事人之间产生合同后义务。合同终止后，虽然当事人基于合同设立的权利义务终止，但基于诚实信用原则，当事人间会附随合同终止而产生通知、协助、保密、旧物回收等义务。例如，合同终止后需要回复原状的，当事人应协助恢复原状；当事人知悉对方秘密的，在合同终止后应保守秘密，而不得泄露或不正当使用。这些义务不是基于当事人的约定，而是由法律直接规定的基于诚信原则确定的，被称之为合同后义务。虽然合同终止，当事人也应根据交易习惯履行合同后义务，当事人未履行此项义务给对方造成损失的，对方有权要求赔偿。

合同终止的，合同中有关结算和清理条款仍具有效力。因为合同终止仅是合同的实体权利义务消灭，而有关结算和清理条款并不是规定权利义务的，属于程序性条款。合同中的程序条款的效力不受合同实体权利义务关系的影响。

三、债务清偿

（一）债务清偿的含义

债务清偿，是指债务人按照合同的约定或者法律的规定向债权人履行义务、实现合同目的的行为。合同法未在合同终止的原因中使用清偿的概念，而是规定"债务已经按照约定履行"为合同的权利义务终止的原因。债务已经按照约定履行也就是债务已清偿。

合同法上在不同的场合会分别使用清偿、履行、给付这三个概念。关于三者的关系有不同的观点，实际上它们之间并无实质上的区别。债务人履行义务的行为，从合同的效力上讲为履行；从合同终止或消灭上讲为清偿；而从债务人所为的行为上说就是给付。

关于债务清偿的性质，主要有法律行为说、非法律行为说与折衷说等不同的观点。一般认为，清偿是发生私法效果的合法行为，但不属于民事法律行为。因此，对于清偿，不适用关于民事法律行为的法律规定。

清偿须符合要求才能达到清偿的效果。因为清偿与履行的含义实质相同，仅是考察角度不同而已。因此，清偿规则适用履行规则。清偿主体也就是履行主体，清偿的标的、时间、地点、方式等也就是履行的标的、时间、地点、方式等。只有符合规定的正确履行，才为正确的清偿。

清偿是最基本的最正常的合同终止的原因。因为清偿使合同债务得以履行、合同权利得以实现，从而也就实现了当事人的订约目的。

（二）代物清偿

代物清偿，是指以他种给付以代替原定给付，债权人受领该给付从而使合同的权利义务终止的法律现象。

代物清偿为多国法律规定的制度。如《德国民法典》第 364

条规定：债权人受领原定给付之外他种给付以代清偿者，债之关系消灭。债务人为清偿债权人而对债务人负担新债务者，有疑义时，不得认为债务人负担债务为代物清偿。[①] 我国合同法中虽未规定代物清偿，但实务中认可代物清偿。

关于代物清偿的性质，有不同的观点。有的认为，代物清偿为清偿的一种；有的认为，代物清偿属于双务合同中的买卖或者互易；有的认为，代物清偿为即时履行的更改；有的认为，代物清偿为一种独立的要物有偿合同；也有的认为，代物清偿仅是履行原有债务的一种手段。各种观点虽然都有一定的道理，但也都有"瞎子摸象"之嫌。从代物清偿成立的条件上看，代物清偿须经债权人同意且须经债权人受领，因为从清偿的要求上说，当事人应按照合同中原订的给付清偿，不经对方同意，不能以他种标的给付以代清偿。因此，可以说代物清偿为当事人间的合同关系。而从代物清偿的后果上看，当事人履行代物清偿协议，即发生合同关系终止的效力，从这方面说，代物清偿与清偿具有同等效力。

代物清偿须具备以下条件：（1）须有有效债权债务存在，无债权债务即无清偿问题；（2）须以他种给付替代了原定给付。若为原给付，则为通常清偿；（3）须经双方当事人协商一致。未经对方同意，债务人不得以他种给付代替原约定的给付；（4）须债权人受领债务人的他种给付。债权人不受领债务人的他种给付的，不发生代物清偿的效力。

---

① 台湾大学法律学院、台大法学基金会编译：《德国民法典》，北京大学出版社 2017 年版，第 346 页。

代物清偿不以原定给付与实际的他种给付之间的价值相同为要件，如他种给付与原定给付价值不同，当事人可以就价值的差额做出约定。

（三）清偿的抵充

第五百六十条　债务人对同一债权人负担的数项债务种类相同，债务人的给付不足以清偿全部债务的，除当事人另有约定外，由债务人在清偿时指定其履行的债务。

债务人未作指定的，应当优先履行已经到期的债务；数项债务均到期的，优先履行对债权人缺乏担保或者担保最少的债务；均无担保或者担保相等的，优先履行债务人负担较重的债务；负担相同的，按照债务到期的先后顺序履行；到期时间相同的，按照债务比例履行。

第五百六十一条　债务人在履行主债务外还应当支付利息和实现债权的有关费用，其给付不足以清偿全部债务的，除当事人另有约定外，应当按照下列顺序履行：

（一）实现债权的有关费用；

（二）利息；

（三）主债务。

上两条规定了债务清偿的抵充。

债务清偿的抵充，是指债务人对同一债权人负有数宗同种类债务，而债务人所提出的给付不足以清偿全部债务时，决定该清偿抵充何宗债务的现象。

清偿抵充的构成，须具备以下三个条件：

其一，债务人对同一债权人负担数宗债务。若债务人对债权人仅负一宗债务，即使其清偿不足以清偿全部债务，也仅发生债务的部分不履行，而不发生其清偿抵充何宗债务问题。至于债务人对同一债权人负担的数宗债务的发生原因，则在所不问。

其二，债务人负担的数宗债务种类相同。只有债务种类相同，债务人清偿债务的给付才相同，也才会发生债务人所提出的给付是清偿何宗债务问题。

其三，债务人的给付不能清偿全部债务。例如，债务人欠债权人数笔借款共 100 万元，现债务人给付 50 万元，并不能清偿全部借款，这就应确定这 50 万元所偿还的是哪一笔借款。若债务人向债权人给付 100 万元，其债务全部清偿，当然无所谓债务的清偿抵充问题。

关于债务清偿的抵充，合同法中未明确规定，但司法实务中认可清偿抵充规则。民法典吸收了司法实践经验规定：债务人的给付不足以清偿其对同一债权人所负的数笔相同种类的全部债务，应当优先抵充已到期的债务；几项债务均到期的，优先抵充对债权人缺乏担保或者担保数额最少的债务；担保数额相同的，优先抵充债务负担较重的债务；负担相同的，按照债务到期的先后顺序抵充；到期时间相同的，按比例抵充。但是，债权人与债务人对清偿的债务或者清偿抵充顺序有约定的除外。依该条规定，债务清偿的抵充首先依债权人与债务人之间的约定进行。在债权人与债务人未就清偿的债务或清偿抵充顺序作出约定时，先抵充已届清偿期的债务；债务均到期的，先抵充无担保或者担保数额最少的债务；担保数额相同的，先抵充债务人获得清偿利益最大的债务；债务人的清偿利益相同的，先抵充先到期的债务；债务的到期期限相同的，则按比例抵充。

债务人除主债务之外还应当支付利息和费用，当其给付不足以清偿全部债务时，并且当事人没有另外约定的，应当按照下列顺序抵充：（1）实现债权的有关费用；（2）利息；（3）主债务。

四、合同解除

（一）合同解除的含义和特征

合同解除有广义与狭义之分。广义的合同解除，是指在合同生效后尚未全部履行前，因当事人双方意思表示一致或者一方行使解除权而使合同权利义务终止的制度。狭义的合同解除不包括合同的合意解除，仅指一方行使解除权而使合同权利义务消灭。

总的来说，合同解除有以下特征：

其一，合同解除是以当事人之间存在有效合同为前提的。当事人之间不存在合同关系，或者当事人之间的合同为无效的或者可撤销合同，不发生合同解除。合同订立时合同效力不能确定的合同，也不能解除。

其二，合同解除须具备一定的条件。合同依法成立后即具有法律效力，任何一方不得擅自变更和解除合同。因此，只有在具备一定条件的情形下，当事人一方才可以解除合同。合同解除的条件，可以是由当事人约定的，也可以是由法律直接规定的。

其三，合同解除是消灭合同权利义务关系的法律行为。在具备解除条件时，当事人可以解除合同。当事人解除合同必须实施解除行为。合同解除行为属于民事法律行为，应具备民事法律行为的有效要件。

（二）合同的协议解除

第五百六十二条第一款　当事人协商一致，可以解除合同。

本条款规定了合同的协议解除。

合同的协议解除又称为合同的合意解除，是指合同依法成立后尚未全部履行前，当事人双方通过协商而解除合同。当事人可以通过协商订立合同，也可以通过协商解除合同。这是合同自由的体现。合同的协议解除实际上是当事人通过订立一个解除合同的新合同而解除原来的合同。因此，合同协议解除适用合同订立的程序，解除合同的协议应符合合同的有效条件，否则，合同不能解除。

（三）合同的约定解除

第五百六十二条第二款　当事人可以约定一方解除合同的事由。解除合同的事由发生时，解除权人可以解除合同。

本条款规定了合同的约定解除。

合同的约定解除，是指合同依法成立后尚未全部履行前，因发生当事人约定的解除合同的事由，一方当事人行使解除权而解除合同。

合同的约定解除是基于双方当事人约定的事由而解除合同的，因而称之为约定解除。约定解除与协议解除都是合同当事人意志的体现，都是由当事人决定的。但约定解除不同于协议解除，约定解除是当事人事先约定解除的事由，于解除合同事由时一方享有解除权，经解除权人行使解除权而解除合同。可见，约定解除属于单方解除，当事人双方不是合意解除合同而仅是存在关于解除权的发生事由的合意。当事人约定解除合同事由的合同，不同于附解除条件的合同。附解除条件的合同，于条件成就时，合同关系就解除，合同效力终止；而约定解除合同事由的，于该事由发生时仅是一方取得解除权，只有解除权人行使解除权才能解除合同。

（四）合同的法定解除

第五百六十三条　有下列情形之一的，当事人可以解除合同：

（一）因不可抗力致使不能实现合同目的；

（二）在履行期限届满之前，当事人一方明确表示或者以自己的行为表明不履行主要债务；

（三）当事人一方迟延履行主要债务，经催告后在合理期限内仍未履行；

（四）当事人一方迟延履行债务或者有其他违约行为致使不能实现合同目的；

（五）法律规定的其他情形。

以持续履行的债务为内容的不定期合同，当事人可以随时解除合同，但是应当在合理期限之前通知对方。

本条规定了合同的法定解除。

所谓合同的法定解除，是相对于合同的约定解除而言的，指的是在合同依法成立后尚未全部履行前，当事人基于法律规定的事由行使解除权而解除合同。合同的法定解除与约定解除同样是经解除权人行使解除权而解除合同，但法定解除的解除权的产生事由是由法律规定的，而约定解除的解除权的发生事由是由当事人事先约定的。

合同法定解除的解除权发生的事由亦即法定解除权发生的条件或者原因，包括以下五项：

1. 因不可抗力不能实现合同目的

不可抗力是不能预见、不能避免并不能克服的客观现象。因不可抗力造成合同不能履行的，当事人双方都不承担违约责任。如果因不可抗力造成合同全部不能履行，致使合同目的不能实现，当事人可以解除合同。于此情形下，任何一方当事人都有解除权。但是如果因不可抗力造成合同部分不能履行而非全部不能履行的，能够履行的其余部分履行对相对人又是有利益的，那么，当事人只能变更合同而不能解除合同；能够履行部分的履行对相对人无利益的，当事人可以解除合同。

2. 在履行期限届满之前，当事人一方明确表示或者以自己的行为表明不履行主要合同债务

在履行期限届满之前，当事人一方表示自己不履行主要合同义务的，称为预期违约。预期违约包括明示预期违约和默示预期违约。前者是指一方当事人明确表示自己不履行主要合同义务；后者是指一方当事人以自己的行为表明自己不履行合同的主要义务。例如，债务人丧失了履约能力，虽未明确表示不履行合同，但其行为表明其不可能履行合同。在合同履行期限届满前，当事人是否履行合同并不能确定，只有在履行期限届满后，当事人未履行合同时，才能确定当事人违约，相对人才可以追究违约方的违约责任。但是，在合同履行期限届满之前，当事人一方表示不履行合同主要义务的，则合同的目的已经确定地将不能实现，合同确定不会履行。于此情形下，若守约方

只能等到履行期限届满后才可以主张对方承担违约责任，则可能会造成不必要的损失。因此，在预期违约的情形下，守约方可以解除合同，以便趁早采取补救措施。当然，守约方也可以不解除合同，而等到履行期限届满后追究违约方的违约责任。

3. 一方迟延履行主要债务，经催告后在合理期限内仍未履行

迟延履行是指在履行期限届满时债务人未履行债务。债务人于履行期限届满时未履行合同主要债务的，构成迟延履行。于此情形下，债务人是否履行并不能确定，债权人可以催告债务人履行。如果经催告债务人在合理期限内仍未履行的，则表明债务人根本就不准备履行或者根本就不可能履行债务，于此情形下，守约方可以解除合同。应注意的是，此项解除权的发生条件须符合以下两项要求：(1) 一方迟延履行主要债务。主要债务是决定合同目的的主给付义务。若迟延履行的不是主给付义务，而是附随义务，则不能解除合同；(2) 经催告后在合理期限内债务人仍未履行。若经催告债务人在合理期限内履行了债务，则不能解除合同。所谓合理期限，应根据合同债务的性质、种类、数额以及履行一般需要准备的时间而定。

4. 当事人一方迟延履行债务或者有其他违约行为致使不能实现合同目的

当事人一方违约致使不能实现合同目的的，属于根本违约。一方根本违约，合同目的已不能实现，合同对于另一方已经失去意义，另一方可以解除合同。常见的根本违约是迟延履行造成合同目的不能实现。当然，也只有在履行期限决定合同目的能否实现的情形下，迟延履行才会构成根本违约。因为于此情形，在履行期限届满后债务人的履行对于另一方当事人已经失

去利益，根本不能实现合同目的。如果履行期限并不能直接影响合同目的的实现，则迟延履行不构成根本违约。于此情形下当事人可否解除合同，应适用"当事人迟延履行主要债务，经催告后在合理期限内仍未履行"的规定。除迟延履行外，其他违约行为包括拒绝履行、瑕疵履行、部分履行等，只要使合同目的不能实现，一方就可以解除合同。但若债务人的违约行为构不成根本违约，不影响合同目的的实现，则债权人不能解除合同。可见，当事人的违约行为是否导致合同目的不能实现，是决定守约方可否解除合同的根本条件。而何为合同目的呢？对此有不同的观点。实际上，合同目的有抽象目的或一般目的与具体目的之分。合同的一般目的是由主给付义务决定的合同目的，例如，买卖合同中买受人取得出卖物即为买受人的合同目的。合同的具体目的是由当事人订立合同的具体目的决定的。例如，买卖服装的合同，买受人取得该服装是为送给某人做生日礼物。取得服装为合同的一般目的，而取得该服装作为生日礼物则为该买卖合同的具体目的。违约行为导致的合同目的不能实现包括各种合同目的。

5. 法律规定的其他情形

除上述情形外，发生法律规定的可解除合同的情形时，当事人也可以解除合同。例如，当事人行使不安抗辩权后对方在合理期限内未恢复履行能力并且未提供适当担保的，行使不安抗辩权的当事人可以解除合同。再如，发生情势变更致使不能实现合同目的的，当事人可以解除合同。对于具体合同，法律也具体规定了可以解除的情形，在发生法律规定的可解除合同的情形时，当事人就可以解除合同。例如，承租合同的承租人擅自转租的，出租人可以解除租赁合同。

继续性合同为不定期的，当事人也可以随时解除合同，但是应当在合理期限内提前通知对方。

（五）合同解除权的行使

第五百六十四条　法律规定或者当事人约定解除权行使期限，期限届满当事人不行使的，该权利消灭。

法律没有规定或者当事人没有约定解除权行使期限，自解除权人知道或者应当知道解除事由之日起一年内不行使，或者经对方催告后在合理期限内不行使的，该权利消灭。

第五百六十五条　当事人一方依法主张解除合同的，应当通知对方。合同自通知到达对方时解除；通知载明债务人在一定期限内不履行债务则合同自动解除，债务人在该期限内未履行债务的，合同自通知载明的期限届满时解除。对方对解除合同有异议的，任何一方当事人均可以请求人民法院或者仲裁机构确认解除行为的效力。

当事人一方未通知对方，直接以提起诉讼或者仲裁方式依法主张解除合同，人民法院或者仲裁机构确认该主张的，合同自起诉副本或者仲裁申请书送达对方时解除。

上两条规定了解除权的行使。

解除权的行使，是解除权人以自己的意思解除合同的单方行为。无论是约定解除的解除权还是法定解除的解除权，解除权的行使均遵循以下规则：

其一，解除权应在有效期限内行使。解除权是权利人以自己单方意思就可解除合同的权利，属于形成权。形成权是有存续期限的。形成权的存续期间为除斥期间，除斥期间为不变期间，不发生中止、中断、延长。解除权人应于其权利有效期限内行使解除权。解除权的期限依法律规定或者当事人的约定而定。法律没有规定或者当事人没有约定的，解除权的有效期限为解除权人自知道解除事由之日起一年或者对方催告后的合理期限。解除权人未在解除权有效期限内行使解除权的，其解除权就消灭。

其二，解除权的行使应采取通知方式。解除权人行使解除权以解除合同的，应当将其解除合同的意思以通知的方式告知对方。至于通知的形式是口头还是书面，则在所不问。不过，为避免发生争议，通知应采用书面形式。解除权人解除合同的通知到达对方时即发生效力，合同从此时起即解除。解除通知载明债务人在一定期限内不履行债务合同就自动解除的，债务人未在该期限履行债务的，自该期限届满，合同解除。对方收到解除通知后有异议的，当事人任何一方均可以请求人民法院或者仲裁机构确认解除合同的效力。在当事人就解除合同提出异议请求法院确认效力时，法院或仲裁机构应依法确认解除通知的效力，但法院或者仲裁机构无权决定合同是否解除。最高人民法院对《崂山国土局与南太置业公司国有土地使用权出让合同纠纷案》所做出判决中的裁判要旨指出：解除权在实体方面属于形成权，在程序方面则表现为形成之诉。在没有当事人提出该诉讼请求的情况下，人民法院不能依职权径行裁判。[①] 当

---

① 最高人民法院民事判决书（2004）民一终字第106号。见《最高人民法院公报》2007年第3期。

然，当事人也可以不以通知的方式行使解除权解除合同，而通过诉讼程序或者仲裁程序向人民法院提起诉讼或向仲裁机构申请仲裁，请求解除合同。如果当事人一方诉请人民法院解除合同，也就是当事人提起形成之诉时，法院则可以也应当作出是否解除合同的判决。

当事人直接请求法院或仲裁机构确认合同解除，法院或仲裁机构确认当事人解除合同主张的，合同自诉状副本或者仲裁申请书副本送达对方时解除。

其三，解除权的行使不可分。合同当事人一方或双方为数人的，解除权的行使应由享有解除权的一方的全体当事人向对方的全体当事人为之。解除权就当事人之一人消灭时，对其他当事人亦消灭。解除权行使的不可分规则，在许多国家的法律中都有规定。例如，《德国民法典》第 351 条规定，契约之一方或他方有数人者，解除权之行使，应由其全体向其全体为之。解除权人中之一人解除权消灭者，其他人之解除权亦归消灭。我国法对此虽未明确规定，但也应作同样的解释。

（六）合同解除的效力

第五百六十六条　合同解除后，尚未履行的，终止履行；已经履行的，根据履行情况和合同性质，当事人可以要求恢复原状或者采取其他补救措施，并有权要求赔偿损失。

合同因违约解除的，解除权人可以请求违约方承担违约责任，但是当事人另有约定的除外。

主合同解除后，担保人对债务人应当承担的民事责任仍应当承担担保责任，但是担保合同另有约定的除外。

　　本条规定了合同解除的效力。

　　合同解除的效力，指的是合同解除所发生的法律后果。

　　合同解除的直接效力是合同权利义务关系消灭，合同不再履行。同时，合同解除也就带来两个问题：一是合同已经履行的，应如何处理？二是当事人因合同不再履行受到损失的，应如何救济？前者涉及合同解除的溯及力问题，后者为合同解除与损害赔偿的关系问题。

　　1. 关于合同解除的溯及效力

　　关于合同解除的效力是否溯及到合同成立时，有两种不同的观点。一种观点认为，合同解除具有溯及效力，对于已经履行的部分，双方当事人应当恢复原状，其主要理由是合同解除是一方违约后的救济措施。另一种观点认为，合同解除没有溯及效力，合同解除只是对未来发生效力，也就是说合同解除后仅是未履行的部分不再履行，对于已经履行的部分无须恢复原状。合同法并没有完全接受其中的任何一种观点。依合同法规定，合同解除是否溯及已经履行的部分决定于以下两个方面：

　　其一，合同履行的情况和合同性质。根据合同的履行情况和合同性质能够恢复原状的，合同解除后当事人可以恢复原状，合同解除具有溯及力。一般来说，继续性合同（如供用水、电、气合同）、以物的使用收益为目的合同（如租赁合同）、提供劳务类的合同（如委托合同、居间合同、运输合同等），因为已经履行的一般无法恢复原状，合同解除原则上不具有溯及力。而非继续性合同，因为已经履行的一般也可以恢复原状，原则上具有溯及力。

　　其二，当事人的请求。对于合同解除后可以恢复原状的合同，合同解除后当事人可以要求恢复原状。因此，是否要求恢复原状为当事人的权利。当事人请求恢复原状的，应当恢复原状，合同的解除也就具有溯及力。而当事人不要求恢复原状的，则不必恢复原状，合同的解除也就不具有溯及力。

2. 合同解除与损害赔偿的关系

在合同解除与损害赔偿的关系上，主要有三种不同的观点。其一是合同解除与债务不履行的损害赔偿不能并存。此种观点主张，合同解除具有溯及效力，合同解除视为合同自始不存在，因而也就不会发生违约的损害赔偿。因此，在发生债务不履行时，当事人只能就解除合同或者请求损害赔偿选择一种救济措施。其二是合同解除与债务不履行的损害赔偿可以并存。此种观点主张，合同当事人一方不履行合同时，债权人可以同时要求解除合同和损害赔偿。其理由是债务不履行的损害赔偿于合同解除前就已产生，不能因合同解除而消灭。其三是合同解除与合同消灭的损害赔偿并存。此种观点与前一观点的不同之处在于，合同解除的当事人可以要求的是合同消灭的损害赔偿，而不是合同不履行的损害赔偿，因为合同既然已经解除也就不存在基于合同不履行的损害赔偿。

我国合同法规定，合同解除的，当事人有权要求赔偿损失。这实际采取了合同解除与损害赔偿并存的观点。但这里的赔偿损失，是赔偿合同不履行的损失还是恢复原状的损失呢？对此，也有不同的观点。一般认为，这里的损失应是指合同不履行的损失。如果合同的解除是因一方违约造成的，违约方本来应当承担合同不履行的损失，解除权人行使解除权时也就可以要求违约方赔偿其因对方不履行合同造成的损失；如果合同的解除是因不可抗力造成的，因为双方均不承担合同不履行的责任，合同解除也就不发生赔偿损失问题；如果合同是因双方的约定或者双方协商解除的，是否赔偿损失以及赔偿何种损失，当事人有约定的，应当依其约定。

主合同解除的，担保人应对债务人承担的民事责任负担保责任，除非担保合同另有约定。

五、债务的抵销

（一）债务的法定抵销

第五百六十八条　当事人互负债务，该债务的标的物种类、品质相同的，任何一方可以将自己的债务与对方的到期债务抵销，但是根据债务性质、按照当事人约定或者依照法律规定不得抵销的除外。

当事人主张抵销的，应当通知对方。通知自到达对方时生效。抵销不得附条件或者附期限。

本条规定了债务的法定抵销。

1. 抵销的含义与种类

债务的抵销是指当事人双方相互负有债务，将两项债务相互冲抵，使双方的债务在等额内消灭的制度。双方债务抵销的，双方的债权也就抵销。正是从这一意义上说，债务相互抵销为合同的权利义务终止的原因。在抵销中，主张抵销的债务人的债权，称为主动债权、动方债权；被抵销的债权即债权人的债权称为被动债权、受方债权、反对债权。

抵销有民法上的抵销与破产法上抵销之分。破产法上的抵销是指破产债权人对破产企业负有债务时，于破产清算时所进行的抵销。破产法上的抵销，不受债务清偿期是否届满的限制。

民法上的抵销又分为合意抵销与法定抵销。合意抵销是依当事人双方的合意进行的抵销；而法定抵销则是在具备法定条件时，依当事人一方的意思而进行的抵销。当事人一方享有的以当事人一方的意思表示使双方债权债务在同等数额内消灭的权利，称为抵销权。

抵销在民法上的法律意义主要有二：其一，抵销有利于节省合同履行费用。双方互负债务时，双方都须向对方履行自己的债务，而经过抵销则双方都不必再向对方履行，从而也就节省了双方履行债务的履行费用。其二，抵销有利于确保债权的实现。在双方互负债务时，若一方履行了债务，而另一方因资力恶化，则履行债务一方的债权就不能实现。而通过抵销，无论对方履约能力如何，其债权都可在抵销的范围内得到保障。正是从这一意义上说，抵销具有担保功能。

2. 法定抵销的条件

法定抵销是在具备法律所规定的条件时当事人所实施的抵销。因此，法定抵销必须具备法律规定的条件。法定抵销的条件包括以下四个：

（1）当事人双方相互负有债务、享有债权。双方互负债务、互享债权，是抵销的前提条件。仅是一方对另一方负有债务，当然也就不会发生抵销。在抵销中，供作抵销的债权须为债权人享有的具有完全效力的债权。无效的债权不能用于抵销；效力不完全的债权（如诉讼时效期间届满后的债权）也不得用于抵销。但是，抵销中的被动债权可以是效力不完全的债权，如诉讼时效期间届满后的债权可以被抵销。债权人供作抵销的债权只能是自己享有的债权，而不能以第三人的债权用于抵销。连带之债的连带债务人中一人对于债权人享有债权的，该债务人可以以其债权向债权人主张抵销，以消灭连带债务。其他连带债务人可否以该债务人享有的债权主张抵销呢？对此有不同的立法例。例如，德国法持否定立场。《德国民法典》第 422 条规定：连带债务人中一人之清偿，对他债务人亦生效力。其为代物清偿、提存及抵销者，亦同。就连带债务人中一人之债权，他债务人不得主张抵销。[①] 意大利法则持肯定立场。《意大利民法典》第 1302 条规定：任何连带债务人均可以在共同债务人的债务分担范围内，向债务人的债权人主张抵销。对连带债权人中一个债权人应当履行的债务，债务人可以向连带债权人中的另一个债权人主张抵销，但是抵销仅限于该债务范围内。[②] 为保护债务人的利益，我国法也采取肯定的立场。民法典第 520 条中规定连带债务人有抵销债务的，其他债务人对债权人的债务在相应范围内消灭。

（2）当事人双方互负的债务须为同一种类的给付。当事人双方互负的债务为同一种类给付，也就是债务人用以履行债务的标的物种类、品质相同。例如，双方互负的债务都为给付同种货币、同品质的同种类物。这样，通过抵销也就可以满足双方的利益需求。如果当事人互负的债务并非是同一种类给付，

---

① 台湾大学法律学院、台大法学基金会编译：《德国民法典》，北京大学出版社 2017 年版，第 372 页。

② 费安玲等译：《意大利民法典》（2004 年），中国政法大学出版社 2004 年版，第 317 页。

当事人以抵销而不履行自己的债务，则对方的利益需要可能难以得到满足。因此，法定抵销的条件之一要求双方债务人给付的标的物、品质相同。通常可抵销的债务为金钱债务。抵销的债务须为同种类给付，但不以其给付标的的价值相等为条件。

（3）双方的债务已届清偿期。抵销具有清偿的效力，而只有已届清偿期的债务，债务人才有清偿责任。债务未到期的，债权人不能要求债务人履行。因此，当事人双方的债务已到清偿期为抵销的条件。合同中约定债务清偿期的，双方债务均到清偿期，当然可以抵销；一方的债务清偿期已到，而另一方未到期的，未到期一方债务人主张抵销或者同意抵销的，也可以抵销，于此情形下视为未到期的一方债务人放弃自己的期限利益；但债务未到清偿期的一方不同意抵销的，不能抵销。双方的债务都没有规定清偿期的，因为债权人都可以随时请求债务人履行，所以于此情形下当事人可以主张抵销。

（4）双方的债务须为可以抵销的债务。当事人约定不得抵销的，不得抵销。依法律规定或者债务性质不得抵销的债务不能抵销。一般说来，双方相互提供劳务的债务、与人身有关的债务、禁止强制执行的债务、约定由第三人给付的债务以及违约金债务、损害赔偿债务等，不得抵销。当事人约定不得抵销的债务，也不得抵销。

3. 法定抵销的方法和效力

法定抵销应采取何种方法以及发生何种效力，与对抵销的性质认识有关。关于抵销的性质，有不同的观点。对于抵销权的行使，有的认为属于事件，有的认为属于单方行为。对于抵销的效力，有的采清偿说，认为抵销为清偿；有的采拟制清偿

说，认为抵销是与清偿产生同一结果；有的采自己清偿说，认
为抵销是债权人将自己对于债务人的债务用于清偿自己的债权；
有的采代物清偿说，认为抵销是以免除债权人的债务为代替给
付的给付；有的采留置权说，认为抵销应与留置权为同一制度，
是为防止一方不履行其债务而又行使请求权的；有的采质权说，
认为抵销是抵销人对于相对人的债权取得质权；有的采满足说，
认为抵销是法律上所许可债权人的自助或自己满足的方法。我
国通说认为，抵销权为形成权，依当事人一方的意思表示即可
发生效力；行使抵销权的行为属于单方民事法律行为；抵销具
有与清偿同样的消灭合同权利义务的效力。在符合法定抵销条
件时，抵销权人为抵销的，应适用法律关于单方民事法律行为
的规定。当事人主张抵销的，应将其抵销的意思表示以通知的
方式告知对方。抵销的意思表示自通知到达对方时生效。为稳
定当事人之间的关系，抵销不得附条件和附期限。

　　因为抵销具有与清偿相同的效力，因此，抵销生效后，双
方当事人的债权债务于抵销的同等数额内消灭。不论当事人何
时主张抵销，抵销生效后双方的债权债务溯及于可抵销之时消
灭。双方债务可以抵销的时间为抵销发生之时。抵销发生的时
间，双方债务清偿期相同的，为债务清偿到期之日；双方债务
清偿期不同的，以主张抵销一方发生抵销权的时间为可抵销的
时间。由于抵销的效力溯及于可抵销之时，因此，自可为抵销
之时起，利息债务消灭，不再发生当事人的迟延履行责任，债
务人所发生的支付违约金以及损害赔偿责任也消灭。

　　依《合同法解释（二）》第24条规定，在司法实务中，抵
销当事人通知对方抵销，对方当事人对抵销债务有异议的，应

当在约定的异议期限届满前提出异议并向人民法院起诉，在约定的异议期限届满后才提出异议并向人民法院起诉的，人民法院不予支持；当事人没有约定异议期间，在债务抵销通知到达之日起三个月以后才向人民法院起诉的，人民法院不予支持。

（二）债务的合意抵销

第五百六十九条 当事人互负债务，标的物种类、品质不相同的，经双方协商一致，也可以抵销。

本条规定了债务的合意抵销。

债务的合意抵销又称意定抵销，是指经双方当事人达成抵销协议而为的债务抵销。

合意抵销与法定抵销的不同就在于：法定抵销是依法律规定的条件发生的，而合意抵销是依双方的抵销协议发生的。抵销协议亦即抵销的合意。因此，合意抵销，须经双方协商一致。当事人双方达成的抵销协议称为抵销合同。关于抵销合同的性质，有不同的观点，主要有以下学说：（1）清偿说。该说认为，抵销合同为简略清偿或为拟制的清偿；（2）他物清偿说。该说认为，当事人依抵销合同双方抛弃其债权，即当事人一方为代替原来给付抛弃对于相对人之债权，因此相对人亦抛弃其债权；（3）两个互无关系的无因免除合同说。该说认为，抵销合同为成立两个互无关系的无因的免除合同，从而一方的免除合同无效，不使他方的合同无效，只可以基于不当得利请求返还；（4）双方免除合同说。该说认为，各当事人有以自己方面债务之免除，而同时免除他方对于自己债务的意思。双方的免除，系交换的为之，因此两个免除有债务的关联。一方之免除为无效的，当然也使他方的免除无效;(5)独立种类合同说,该说认为,抵销合同为一种独立的合同,即当事人双方合意使双方债权消灭的合同。以上诸说,以独立合同说为当。抵销合同是一独立类型的合同,抵销合同的订立适用合同的订立程序,抵销合同也须具备合同的有效要件才能发生效力。

合意抵销不受双方债务的给付必须种类同一的限制,也不受双方债务已届清偿期的限制。即使双方互负的债务不为同种类给付,即使双方的债务未届清偿期,抵销合同生效后当事人双方的债权债务也依照抵销合同的约定在同等数额内消灭。抵销合同可以附条件或附期限。抵销合同中附条件或者附期限的,至条件成就时或者期限到来时,抵销合同生效,双方债务债权发生抵销的效果。

当然,合意抵销不得损害第三人的利益。如果因合意抵销致使第三人的利益受损害,则第三人可以撤销该抵销。例如,在双方债务价值不等时双方合意抵销全部债权债务,一方本应增加的财产而不能增加,致使第三人对该当事人的债权无法实现,第三人可以主张撤销该合意抵销。[①]

六、提存

(一)提存的原因和条件

第五百七十条　有下列情形之一,难以履行债务的,债务人可

---

① 参见郭明瑞、房绍坤主编:《合同法学》(第三版),复旦大学出版社 2016 年版,第 154 页。

以将标的物提存：

（一）债权人无正当理由拒绝受领；

（二）债权人下落不明；

（三）债权人死亡未确定继承人、遗产管理人，或者丧失民事行为能力未确定监护人；

（四）法律规定的其他情形。

标的物不适于提存或者提存费用过高的，债务人依法可以拍卖或者变卖标的物，提存所得的价款。

第五百七十一条　债务人将标的物或者将标的物依法拍卖、变卖所得价款交付提存部门时，提存成立。

提存成立的，视为债务人在其提存范围内已经交付标的物。

上两条规定了提存的原因和成立条件。

提存，是指债务人于债务已届清偿期时，依法将无法给付的标的物提交给提存部门，以消灭合同的权利义务的制度。提存涉及债务人、债权人及提存部门三方当事人。债务人为提存人，债权人为提存受领人，提存部门为接受债务人提存的部门，债务人提交给提存部门的标的物为其应给付给债权人的标的物，称为提存物。

在民商法上提存有多种，有以担保债权为目的的提存，有以保管为目的的提存，也有以终止合同权利义务为目的的提存。这里所说的提存是指以终止合同的权利义务为目的的提存。

提存须有合法的原因。因为合同的履行虽为债务人的行为，但也须有债权人的协助。债务人履行债务的，只有债权人受领，债务人的履行才能达到清偿的目的。如果债务人的履行无法得到债权人的受领，债务人的履行也就不能发生债务清偿的效力。

于此情形下，尽管债权人会承担受领迟延的责任，但债务人仍然继续承担清偿责任，这对于债务人来说是不公平的。为避免这种不公平现象的发生，法律规定了提存制度，债务人可以通过提存将其无法给付的标的物交给提存部门，以代替向债权人的给付，从而免除其清偿责任。提存可以达到与债务履行同等的效力。因此，凡因债权人方面的原因致使债务人难以履行的情形，都为提存的合法原因。

提存的合法原因包括：

（1）债权人无正当理由拒绝受领标的物。构成债权人无正当理由拒绝受领标的物的，应具备两个条件：其一，须债务人提出适当的给付。只有债务人的履行为适当的，债权人才没有理由不受领。如果债务人提出的履行是不适当的，债权人有权拒绝受领。其二，债权人拒绝受领标的物。只有债权人明确表示不接受债务人给付的标的物，债务人才可以提存。如非债权人拒绝受领而仅是迟延受领，则债务人还不能为提存。

（2）债权人下落不明。债权人下落不明，是指债务人无法确定债权人的住所，又不能确定债权人的财产代管人。于此情形下，债务人也就难以向债权人履行，因此可发生提存。

（3）债权人死亡未确定继承人、遗产管理人或者丧失民事行为能力未确定监护人。债权人死亡的，债务人应向债权人的继承人、遗产管理人履行合同债务。如果债权人死亡未确定继承人、遗产管理人，则债务人无法向债权人履行债务。债权人丧失民事行为能力的，监护人为其法定代理人，债务人应向丧失民事行为能力的债权人的法定代理人履行合同债务。但如果债权人丧失民事行为能力又未确定监护人，则债务人也无法向债权人履行。于此情形下，债务人可以通过提存以代履行。

（4）法律规定的其他情形。除上述情形外，凡发生法律规定可以提存的情形，债务人均可以进行提存。

提存须在债务履行期限届至后进行。在债务履行期限届至前，债务人无清偿责任，债务人无须向债权人履行。只有在履行期限届至后，债务人才应履行债务。而在履行期限内债务未履行债务的，应承担债务不履行的责任。因此，在履行期限到来后，因发生提存的原因，为使债务人脱离债权债务关系的约束，避免其承受不履行债务的风险，法律许可债务人将标的物提存，以消灭合同权利义务。

提存不仅须有合法的原因，而且提存的客体、提存的主体以及提存程序等都应符合法律要求。

提存人提存的标的物为提存的客体，是提存人提交给提存部门保管的物。提存客体原则上应为合同中约定的债务人应向债权人给付的标的物。提存的客体应为适于提存的物。适于提存的物包括：货币、有价证券、票据、权利证书、贵重物品等。不动产不适于提存。动产中的鲜活物品及易燃易爆物品不适于提存。债务人应给付的标的物为不适于提存之物或者提存费用过高之物的，债务人可以依法拍卖或者变卖标的物，将所得的价款提存。

提存人为债务人，但不限于债务人。凡可为债务清偿人者都可为提存人。尽管关于提存的性质有不同的观点，但提存是发生私法上效果的行为，这是没有疑问的。提存既然是以发生私法效果为目的的行为，就应为民事法律行为，所以提存人应具有民事行为能力，且其提存的意思应无瑕疵。不具有民事行为能力的人提存或者提存人的意思表示不真实的，不能发生提存的效力。提存受领人为债权人但也不限于债权人，凡可以受领债务人清偿的人，均可为提存受领人。提存部门是法律规定的有权接受提存物并为之保管的单位。公证提存的，公证处为提存部门。法院、银行等也可为提存部门。

提存应由提存人向合同履行地的提存部门提出申请并提交有关资料，提存部门收到提存人的申请后经审查受理的，应在规定期间内作出是否同意提存的决定。提存部门同意提存，债务人实施提存的，应向提存部门提交提存标的物。提存部门对提存人交付的标的物进行验收并予以保管。债务人将合同标的物或者标的物拍卖、变卖所得价款交付提存部门时，提存成立，视为债务人已交付相应的标的物。

（二）提存的效力

第五百七十二条　标的物提存后，债务人应当及时通知债权人或者债权人的继承人、遗产管理人、监护人、财产代管人。

第五百七十三条　标的物提存后，毁损、灭失的风险由债权人承担。提存期间，标的物的孳息归债权人所有。提存费用由债权人负担。

第五百七十四条　债权人可以随时领取提存物，但是，债权人对债务人负有到期债务的，在债权人未履行债务或者提供担保之前，提存部门根据债务人的要求应当拒绝其领取提存物。债权人领取提存物的权利，自提存之日起五年内不行使而消灭，提存物扣除提存费用后归国家所有。但是，债权人未履行对债务人的到期债务，或者债权人向提存部门书面表示放弃领取提存物权利的，债务人负担提存费用后有权取回提存物。

上三条规定了提存的效力。

提存成立后，除债权人下落不明外，提存人应当将提存的事实通知债权人。提存人不能通知的，提存部门应当通知债权人或者将提存事实予以公告。提存成立后，在债务人、债权人以及提存部门三方发生效力。

1. 提存对债务人的效力

提存一经成立，在提存的范围内债务人的债务消灭，债务人不再负清偿责任，债务人也不再承担应给付的标的物意外灭失的风险。债务人提存的标的物的权利和其意外灭失的风险转移给债权人。债权人对债务人负有对待给付义务的，应向债务人为对待给付；债务人可以要求提存部门在债权人为对待给付或者提供相应担保之后，才能向债权人给付提存物。

债务人提存后可否撤回提存而取回提存物呢？对此，各国立法例不同。德国立法采取以债务人可随意取回为原则的做法。《德国民法典》第 376 条规定："债务人有取回提存物之权利。有下列情形之一者，不得取回：1. 债务人向提存所表示抛弃其取回权。2. 债权人向提存所为受领表示者。3. 提示债权人与债务人间合法提存之确定判决于提存所有者。"日本立法采取的是以限制取回为原则的做法。《日本民法典》第 496 条中规定，"债权人对提存不承诺，或在宣告提存有效的判决未确定期间，清偿人可以将提存物取回。对此，视为未做提存。"[1] 我国原合同法对此未作规定。但依《提存公证规则》的规定，债务人可以凭人民法院的判决、裁定或者提存之债已经清偿的公证证明，取

---

[1]　渠涛编译：《最新日本民法》，法律出版社 2006 年版，第 110 页。

回提存物；提存受领人以书面形式向提存机关表示抛弃提存受领权的，债务人可以取回提存物。我国实务上也是以限制债务人取回为原则的。民法典规定，债权人不领取提存物的，如果债权人对债务人负有到期债务而未履行，或者债权人书面放弃领取提存物的权利，那么，债务人可以取回提存物债务人取回提存物的，视为未提存，债务人应承担由此所发生的费用。

2. 提存对债权人的效力

提存成立后，在提存范围内债权人对债务人的债权消灭，债权人取得领取提存物的权利。债权人可以随时要求提存部门交付提存物，但债权人对债务人负有对待给付义务的，且已到履行期，债权人没有履行其义务或者提供相应的担保之前，提存部门应债务人的要求可以拒绝债权人领取提存物的请求。债权人领取提存物的权利应于自提存之日起 5 年内行使，于此期间届满债权人未领取提存物的，债权人领取提存物的权利消灭。

自提存成立后，提存物意外毁损、灭失的风险转由债权人承担，提存物的孳息归债权人所有，提存费用由债权人负担。但是，债权人丧失领取提存物权利的，债权人也不能取得提存物的孳息，也不负担提存费用。

3. 对提存部门的效力

提存成立后，提存部门对提存物负有保管义务。提存部门应妥善保管提存物，因其过错致使提存物毁损、灭失的，提存部门应负赔偿责任。债权人可以随时领取提存物。债权人领取提存物时，提存部门应审查其是否符合领取的要求，例如，债权人与债务人是否负对待给付义务，债权人是否履行了对待给付义务或者提供相应担保等。经审查认为符合要求的，提存部门应将提存物交付债权人。应债务人要求提存部门在债权人应履行到期债务或者提供相应担保后才能给付提存物给债权人，提存部门未履行对债务人的允诺将提存物交付给债权人的，对债务人由此发生的损失，应负赔偿责任。债权人领取提存物而不交付提存费用的，提存部门得留置提存物。

自提存之日起 5 年内债权人未领取提存物的，提存物归国家所有，提存部门应依法办理有关移交手续。

七、债务免除和混同

（一）债务免除

第五百七十五条　债权人免除债务人部分或者全部债务的，债权债务部分或者全部终止，但是债务人在合理期限内拒绝的除外。

本条规定了债权人免除债务人债务的效力。

1. 债务免除的含义和性质

债权人免除债务人的债务也称为债权人抛弃债权，是指债权人免除债务人的债务而使债权债务于免除范围内消灭的法律现象。因债务免除，相应的债权也就不存在，在免除的范围内双方的权利义务终止。因此，债务免除也为合同的权利义务终止的原因。

关于债务免除的性质，有单方法律行为说与双方法律行为说两种不同的观点。单方法律行为说认为，债权人免除债务人的债务为单方法律行为，只要有债权人一方免除的意思表示就可以成立。因为债务免除对债权人而言就是抛弃债权，不能限制债权人抛弃其权利，债权人抛弃权利不会损害债务人的利益，也就不必征得债务人的同意。日本法即采单方法律行为说。《日本民法典》第 519 条规定："债权人对债务人表示免除债务的意思时，其债务消灭。"双方法律行为说认为，债权债务关系是债权人与债务人间特定的法律关系，不应忽视债务人的意思；债务免除虽是债权人对债务人的恩赐，但恩赐也不能强施；债权人免除债务人债务定有一定的动机和目的，未必不会损害债务人的利益，因此，为维护债务人的利益，债务免除应以契约的方式为之。德国法即采双方法律行为说。《德国民法典》第397 条规定：债权人以契约对债务人免除债务者，债之关系消灭。债权人与债务人以契约承认债务人之债之关系不存在者，亦同。

我国法没有规定债务的免除应依合同方式为之，或者应征得债务人的同意。因此，我国法上对于债务免除是采单方法律行为说的。但是，债务人在合理期限内拒绝免除的，债权免除的意思表示不能发生效力。当然，当事人双方也可以协商免除债务人的债务，此为合意免除。合意免除当然为双方法律行为，但不属于本条规定的免除。

债务免除属于无因行为，只要债权人免除债务的意思真实即可生效，至于免除的原因为何，并不影响免除的效力。

2. 债务免除的条件

债务免除应具备以下条件：

（1）债权人须有处分能力。债权人免除债务人的债务也就是放弃自己的债权，而任何权利的放弃者对其放弃的权利都应有处分能力，债权的放弃也不例外。债权人对其债权没有处分权的，法律禁止债权人放弃的，债权人不能免除债务人的债务。

（2）债权人应向债务人为免除债务的意思表示。债权人免除债务为单方法律行为，仅有债权人一方免除的意思表示即可成立，但只有债权人将该免除的意思表示告知债务人，且债务人未拒绝债务的免除才能发生效力。债权人免除债务的告知应采取通知的方式，自免除债务的通知到达债务人时起，免除的意思表示生效。

（3）债务免除不得损害第三人利益。债务免除虽为债权人的权利，但任何权利的行使都不得损害第三人的利益，因此，债权人免除债务人债务的，也不得损害第三人的利益，否则，其免除意思表示不能发生效力。例如，债权人的债权已经出质的，债权人免除债务人的债务会损害质权人的利益，质权人可以主张债权人的免除无效。

3. 债务免除的效力

债务免除的效力是使合同的权利义务终止。自免除的意思表示生效时起，债务全部免除的，合同的权利义务全部终止；债务部分免除的，合同的权利义务在免除的范围内终止。合同主权利义务终止的，从权利义务也终止。但合同的从权利义务终止的，主权利义务并不随之终止。

债权人免除连带债务人中一个债务人债务的，其他债务人的债务是否也免除呢？对此有不同的观点。一种观点认为，债权人仅免除部分连带债务人债务的，除被免除的连带债务人所承担的债务份额外，其他债务人的其债务份额不消灭，在免除为双方法律行为时免除须由其他债务人允诺，否则不发生免除的效力。另一种观点认为，如果债权人免除了连带债务人中的一人或几人的全部债务，因各连带债务人都负有清偿全部债务的义务，就应视为债权人免除了全部连带债务人的债务，也就是说，债权人对一连带债务人的债务的全部免除对其他连带债务人也发生免除的效力。但是如果债权人明确表示仅免除连带债务人中的某一债务人应承担的债务份额的，那么，其他连带债务人的债务份额不能免除，其他连带债务人仅就债权人免除的债务部分不再负清偿义务。我国法采取后一种观点。

（二）债权债务混同

第五百七十六条　债权和债务同归于一人的，债权债务终止，但是损害第三人利益的除外。

本条规定了债权债务的混同。

民法上的混同有广义与狭义之分。广义的混同包括权利与权利的混同、义务与义务的混同、权利与义务的混同。狭义的混同仅指权利与义务的混同，即权利与义务同归于一人。作为合同的权利义务终止原因的混同是指狭义的混同。

关于混同可否终止合同，有不同的观点。一种观点认为混同不发生债权债务消灭的效力，仅发生履行不能，因为权利与义务同归于一人，债务人不能自己向自己履行。另一种观点认为，混同发生债权债务消灭的效力。我国法采取第二种观点，明确规定债权与债务混同为合同的权利义务终止的原因。

混同的成立条件为合同权利义务同归于一人。导致混同的原因有以下两种情形：

其一，合同权利义务的概括承受。合同权利义务的概括承受是指合同的一方当事人承受另一方当事人的权利义务。在企业合并时，即发生合同的概括承受。如甲企业与乙企业之间有合同权利义务，现在甲企业与乙企业合并为一个企业，合并后的企业概括承受甲乙间的合同权利义务，甲乙间的原合同权利义务同归于一人。

其二，合同权利义务的特定承受。合同权利义务的特定承受是指因合同权利转让或者合同债务的转移致使合同权利义务为同一人承受。例如，甲乙间有合同权利义务关系，现在甲将其权利转让给债务人乙，或者乙将其义务转移给债权人甲，无论是债权人承受债务人的义务还是债务人受让债权人的权利，合同权利义务都同归于一人。

混同与人的意志无关，因此，混同为事件，不属于行为。

混同的效力是使合同权利义务终止。因此，自混同成立时起，当事人间的合同权利义务也就消灭。但是，涉及第三人利益时，合同的权利义务不因混同而终止。例如，合同债权出质的，债权不因混同而消灭；作成有价证券的合同权利也不因混同而消灭。

连带债务人之一人与债权人混同或者连带债权人之一人与债务人混同的，合同权利义务是否终止呢？原合同法未规定。《日本民法典》第438条规定，连带债务人的一人与债权人之间已发生混同时，视为该债务人已经清偿。依民法典第520条的规定，连带债务人的债务与债权人的债权同归于一人的，在扣除该债务人应承担的份额后，债权人对其他债务人的债权继续存在。也就是说，在连带债务或者连带债权中一人与对方发生混同时，债权债务仅在该当事人应负担或者享有的份额内终止。

第八章 违约责任

一、违约责任的含义与构成

（一）违约责任的含义与特征

第五百七十七条 当事人一方不履行合同义务或者履行合同义务不符合约定的，应当承担继续履行、采取补救措施或者赔偿损失等违约责任。

本条规定了违约责任的概念。

违约责任是指当事人一方不履行合同义务或者履行合同义务不符合约定即违约而应承担的民事责任。违约责任因为是当事人一方违反合同义务应承担的责任，所以又称为违反合同的责任。在日常生活中人们还使用合同责任这一概念。违约责任与合同责任是否等同呢？对此有不同的观点。一种观点认为，违约责任与合同责任是完全不同的两个概念：合同责任是指合同法上的民事责任，包括变更和解除合同的民事责任、无效合同的民事责任、合同担保的民事责任、合同代理的民事责任、缔约过失责任以及违反合同的责任；而违约责任仅是合同责任中的违反合同的民事责任。另一种观点认为，合同责任与违约责任概念等同，合同责任指的就是违反合同的民事责任，其他责任都不属于合同责任。还有一种观点认为，合同责任有广义与狭义两种不同的理解：广义的合同责任包括合同法上的各种责任，而狭义的合同责任就是指违约责任。合同责任并不是法律上使用的术语，从责任与义务关系上看，合同责任不同于合同法上的责任，合同法上的责任是指违反合同法上的义务所发生的民事责任，而合同责任应是违反合同义务所发生的民事责任。而违反合同义务所发生的责任也就是违约责任。

关于违约责任的特征，学者中有不同的表述。从与其他民事责任比较上看，违约责任具有以下特征：

1. 违约责任是以合同债务为基础的。违约责任为民事责任的一种，民事责任是违反民事义务的法律后果，违约责任当然也是违反民事义务的法律后果。与其他民事责任所不同的是，违约责任是违反合同义务的责任，违约责任以合同债务的存在为前提。当事人之间的合同不成立、无效或者被撤销的，因为不存在合同债务，也就不会发生违约责任，而只能发生缔约过失责任及侵权责任等。

2. 违约责任具有财产性，为财产责任。从法制史上看，古代法上的违约责任，既有财产责任又有人身责任，以"人身抵债"并非是罕见现象。但在现代法上，尽管违约责任的承担方式多样，但违约责任都已经只具有单纯的财产性而不具有人身性，违约责任都仅是由违约当事人以财产来承担责任，而不能以人身抵债。违约责任的财产性是由合同的目的所决定的。因为合同关系是一种财产关系，合同的权利义务一般是具有经济内容的，一方违约的后果是会给另一方当事人带来经济上的不利益，因此，违约责任作为违约后的救济措施，也就必然具有财产性。

3. 违约责任具有补偿性。违约责任是通过由违约当事人承受违约的不利后果，对守约当事人予以救济，即通过对违约后果的矫正，从而实现合同正义。因此，违约责任具有补偿性。

违约责任是否可具有惩罚性即对违约赔偿可否适用惩罚性赔偿呢？也就是说违约责任中是否适用惩罚性赔偿呢？对此，理论上有否定说与肯定说两种不同观点。

否定说认为，违约责任不能适用惩罚性赔偿，主要理由有三：（1）惩罚性损害赔偿违背了契约损害救济的填补损失原则，其主要目的是威慑而非填补损失，应适用于侵权责任而非合同责任；（2）惩罚性赔偿违背了效率违约理论。按照效率违约理论，如果违约带来的收益要高于依约履行所得的利益，那么违约就是有效率的，也就应当故意违约，从而实现帕累托最优。如果以此课以惩罚性赔偿，则阻碍了经济效率；（3）惩罚性赔偿具有不确定性，不利于交易的正常进行。由于合同纠纷中的高额赔偿往往缺乏直接证据，很难作出公正的估算，因此赔偿的确定会遇到很大的不确定性，不利于当事人在商业活动中确定自己的责任，因而将会抑制商业活动的发展。

肯定说认为，违约责任也应适用惩罚性赔偿，其主要理由也为三：（1）惩罚性赔偿符合矫正正义要求救济方式能反映过错的要求。由于惩罚性赔偿要求违约人主观上故意时才能适用，因此其尤能揭示责任与道德过错的对应关系；（2）效率违约与惩罚性赔偿并无排他关系。法律不应当鼓励违约。在所谓效率违约下，违约方很少能准确预测对方的损失，而且很可能以有利于自己的方式解决所有问题，夸大自己可能获得的收益，而低估对方可能遭受的损失，导致"无效率"违约，应当让当事人明白，要求履行合同的法律规范需要的是遵守而不是个人的成本效益分析。初期的效率违约理论考虑的只是双方当事人的收益和损失，而忽略了共同体价值和违约行为带来的大量社会成本。后期的效率违约理论承认，当具备违约的社会成本超过社会效益，以及违约方因违约而获得的收益将会超出他预期的补偿性责任这两个条件时，就需要以超额损害赔偿责任的方式制止违约行为；（3）惩罚性赔偿具有道德教育功能和威慑功能，这些功能可以起到督促履行合同义务、促进公共道德标准形成等作用，这些作用较之惩罚性赔偿的不确定性等方面的缺陷微不足道。

一般来说，违约责任是不具有惩罚性的，但为实现实质正义和实质平等，法律对于某些违约行为也可以规定惩罚性赔偿。在法律规定可适用惩罚性赔偿的情形下，违约责任也就具有惩罚性。也只有在法律明确规定惩罚性赔偿的场合，违约责任才具有惩罚性。

从我国现行法的规定看，《消费者权益保护法》第55条规定的赔偿显然属于惩罚性赔偿。除此以外，其他法律中也规定有惩罚性赔偿。例如，2009年的《中华人民共和国食品安全法》第96条规定："违反本法规定，造成人身、财产或者其他损害的，依法承担赔偿责任。生产不符合食品安全标准的食品或者销售不符合食品安全标准的食品，消费者除要求赔偿损失外，还可以向生产者或者销售者要求支付价款十倍的赔偿金。""十倍赔偿金"是赔偿损失外的赔偿，这显然也属于惩罚性赔偿。2013年4月通过的《中华人民共和国旅游法》第70条中规定，旅行社不履行旅游合同义务或者履行合同义务不符合合同约定的，应当依法承担继续履行、采取补救措施或者赔偿损失等违约责任；造成旅游者人身损害、财产损失的，应当依法承担赔偿责任。旅行社具备履行合同条件，经旅游者要求仍拒绝履行合同，造成旅游者人身损害、滞留等严重后果的，旅游者还可以要求旅行社支付旅游费用一倍以上三倍以下的赔偿金。这里规定的赔偿显然也是惩罚性的。

最高人民法院《关于审理商品房买卖合同纠纷案件适用法律若干问题的解释》（法释〔2003〕7号）也规定了惩罚性赔偿。该解释第8条规定："具有下列情形之一，导致商品房买卖合同目的不能实现的，无法取得房屋的买受人可以请求解除合同，返还已付购房款及利息、赔偿损失，并可以请求出卖人承担不超过已付购房款一倍的赔偿责任：（一）商品房买卖合同订立后，出卖人未告知买受人又将该房屋抵押给第三人；（二）商品房买卖合同订立后，出卖人又将该房屋出卖给第三人。"第9条规定："出卖人订立商品房买卖合同时，具有下列情形之一，导致合同无效或者被撤销、解除的，买受人可以请求返还已付购房款及利息，赔偿损失，并可以请求出卖人承担不超过已付购房款一倍的赔偿责任：（一）故意隐瞒没有取得预售许可证明的事实或者提供虚假商品房预售许可证明；（二）故意隐瞒所售房屋已经抵押的事实；（三）故意隐瞒所售房屋已经出卖给第三人或者为拆迁补偿安置房屋的事实。"另外，该解释中第14条延续了《商品房销售管理办法》第20条关于面积误差绝对值超出3%部分的房价实行双倍返还的做法，规定"房屋实际面积小于合同约定的面积的，面积误差比在3%以内（含3%）部分的房价款及利息由出卖人返还买受人，面积误差比超过3%部分的房价款由出卖人双倍返还买受人。"双倍返还也具有惩罚性赔偿性质。

4. 违约责任具有相对性。合同关系即合同债权债务关系是相对法律关系，具有相对性、特定性。由于合同债务是特定的债务人向特定的债权人负担的义务，因此，违约责任只能是违约的合同债务人向合同债权人承担的责任。即使债务人因第三人的原因造成违约，也只能由债务人向债权人承担责任，而不是由第三人向债权人承担责任。正是从这一意义上说，违约责任也具有相对性。违约的债务人仅向合同的债权人承担违约责任，合同债权人也只能向合同债务人主张违约责任。非合同权利人不能主张违约责任，非合同债务人也不承担违约责任。如果债务人向第三人承担责任或者第三人向债权人承担责任，则该责任不属于违约责任。

5. 违约责任可以由当事人约定。合同当事人可以事先于合同中约定违约责任。当事人既可以约定承担违约责任的条件或者不承担违约责任的条件，也可以约定违约责任方式，还可以约定违约赔偿的数额或者计算方法等。正是从这一意义上说，违约责任具有约定性。但是，合同中关于违约责任的约定不能违反法律的强制性规定，不能损害消费者的合法权益。合同中规定的免责条款不得免除造成人身伤害的责任，也不得免除故意或者重大过失造成对方财产损失的责任。合同中有此免除责任条款的，该免责条款无效，债务人仍应依法承担相应的民事责任。

（二）违约责任的构成

违约责任的构成要件，是指违约当事人在具备何种条件时应承担违约责任。

　　违约责任为民事责任的一种，只有具备一定条件才能构成。违约责任的构成要件可以从两方面看：一方面是违约责任构成的积极要件，另一方面是违约责任构成的消极要件。违约责任构成的积极要件也就是通常所称的违约责任的构成要件，而违约责任构成的消极要件，则是指可以不承担违约责任的条件即违约责任的免除要件。

　　由于违约责任具有约定性，当事人可以约定承担违约责任的条件。只要当事人约定的违约责任条件不违反法律规定，就应当按照当事人约定的违约责任的条件确定违约当事人是否应承担违约责任。只有在当事人没有约定或者约定无效的情形下，才按照法律规定的违约责任构成条件确定当事人应否承担违约责任。这里所说的违约责任构成条件，仅指法定的违约责任构成条件。

　　违约责任的构成条件，首先决定于违约责任的归责原则。归责原则是确定民事责任归属的根据。民事责任从归责原则上看有过错责任与无过错责任之分。过错责任是以行为人的过错为归责原则的，过错是责任构成的基本要件；而无过错责任不以行为人的过错为归责原则，过错并不是责任构成的要件。我国合同法第 107 条的规定中并未明确规定以过错为承担违约责任的条件，由此可见，我国法在违约责任上采取的是以无过错责任为原则，以过错责任为例外的立法原则。[①] 也就是说，在一

---

　　① 在原合同法立法过程中，对于违约责任归责原则曾有不同的争议。一种观点主张采取严格责任原则；另一种观点主张采取过错责任原则；第三种观点主张采取过错责任原则与严格责任原则双轨体系。在合同法通过后，对于违约责任的归责原则仍有不同的解释：有的认为违约责任为无过错责任；也有的认为违约责任应以过错责任原则为主，以无过错责任为辅；还有的认为，违约责任应以无过错责任原则为主，以过错责任原则为辅。

般情形下，过错并不是违约责任的构成要件，违约当事人不能以自己没有过错为由而主张不承担违约责任；只有在法律另有规定的情形下，过错才是违约责任的构成要件。

其次决定于违约责任的形式。承担违约责任的方式多种多样，不同的违约责任形式所要求的构成要件也是不同的。例如，承担赔偿损失的违约责任，以债权人受有因债务人违约造成的损失为构成要件，若债权人未因债务人违约受到损失，债务人也就不会承担赔偿损失的违约责任。

总的来说，违约责任的构成要件可分为特别要件与一般要件。特别要件是指法律规定的在具体的情形下违约行为人承担违约责任应具备的特别条件，一般要件则是指法律规定的任何情形下承担违约责任都应具备的条件。从合同法第107条规定看，违约责任的一般构成要件也就是违约行为。

违约行为即债务人不履行合同义务或者履行合同义务不符合约定的行为。违约行为可分为不履行合同义务和履行合同义务不符合约定两大类。

1. 不履行合同义务。不履行合同义务是指当事人根本就没有实施履行合同义务的行为。不履行合同义务包括拒不履行和履行不能两种情形。

合同的拒不履行是指在合同履行期限到来后当事人能够履行合同义务却无正当理由地拒绝履行合同。构成拒不履行行为的条件为：（1）债务履行期限届至。债务未到履行期限的，不发生拒不履行；（2）当事人以明示或默示方式表示不履行合同义务；（3）当事人有条件履行合同；（4）当事人不履行合同并无正当理由。

合同的履行不能是指合同当事人一方已经不可能履行合同。履行不能与拒不履行的区别在于：履行不能是客观上失去履行合同的条件，即使当事人想履行也无法履行；而拒不履行是主观上的履行不能，债务人虽然有履行合同的条件但主观上不想履行。

2. 履行合同义务不符合约定。履行合同义务不符合约定又称为不适当履行、不正确履行，是指当事人有履行合同的行为但其履行是不适当或不正确的。常见的不适当履行主要有：

（1）迟延履行。迟延履行是指当事人在履行期限届满后仍未履行，但当事人能够履行也未表示不履行。

（2）部分履行。部分履行是指当事人已为履行但未按照合同约定的给付为全部履行，主要表现为其给付数量不足。

（3）瑕疵履行。瑕疵履行是指当事人有履行行为，但其所为的给付在质量上低于约定的或者法定的标准。

（4）加害履行。所谓加害履行是指当事人履行的标的不符合质量要求而给债权人造成人身或者财产损害。加害履行为瑕疵履行中的一种特殊情形。

除上述情形外，其他履行行为不符合要求的，如交付地点不合要求；履行方式不合要求等，都属于履行合同不符合约定的违约行为。

二、预期违约的违约责任

第五百七十八条　当事人一方明确表示或者以自己的行为表明不履行合同义务的，对方可以在履行期限届满之前请求其承

担违约责任。

本条规定了预期违约的违约责任。

预期违约又称为先期违约、期前违约、先期毁约等，指的是合同当事人一方在合同履行期限届满前没有正当理由地表示不履行合同义务。

预期违约是相对于实际违约而言的。合同当事人是否违约应以其在履行期限内是否履行合同义务以及履行合同义务是否符合约定为标准。因为在合同期限到来之前，债务人本就没有履行的责任，其不履行合同是当然的、正常的。而在履行期限届满前，债务人是否履行合同也是不能确定的。只有在履行期限届满后，才能确定债务人是否履行了合同义务以及履行合同义务是否符合约定。但是，如果在履行期限届满前债务人就表示不履行合同，债权人也就可以确定债务人到期不会履行合同，即债务人在履行期限届满前就毁约，因为此毁约发生在履行期限届满前，所以称之为预期违约。

预期违约虽然是当事人拒绝履行合同的行为，但预期违约不同于实际违约中的拒不履行。预期违约发生在履行期限到来之前，而拒不履行只能发生在履行期限到来之后。预期违约侵害的是债权人的期待利益，而拒不履行侵害的是债权人的现实利益或履行利益。

预期违约的情形有以下两种：

（1）明示毁约。明示毁约，指的是当事人明确向对方表示自己不履行合同。构成明示毁约的条件有三：其一，当事人以口头或者书面形式明确地向对方表示自己不履行合同主要义务。如果当事人仅向对方表示不履行附随义务，则不构成毁约；其二，当事人是在合同履行期到来前作出不履行的表示。若在合同履行期到来后当事人表示不履行，则为拒不履行；其三，当事人无正当理由。若当事人有正当理由表示不履行，则不构成明示毁约。例如，因发生不可抗力致使标的物毁损、灭失而不可能履行合同时，当事人表示不履行合同的，就不构成明示毁约。

（2）默示毁约。默示毁约是指当事人以自己的行为表明其在合同履行期限到来后将不履行合同。与明示毁约不同的是：默示毁约并非当事人以口头或者书面形式明确表示不履行合同，而是当事人以自己的行为表明不履行合同。例如，在合同履行期限到来之前，当事人将特定的标的物出卖并交付给其他人；在对方有足够证据证明其不会履行合同时要求其提供相应的履约担保而不提供。从当事人的类似行为就可以推定出其不会履行合同。

在预期违约的情形下，债权人可以等到履行期限届满后，按照债务人实际违约而要求债务人承担违约责任。于此情形下，债权人可以要求债务人赔偿其履行利益的损失。但是，为保护债权人的利益，以使债权人能及时得到救济，在发生预期违约时，债权人也可以不待合同履行期限届满就要求债务人承担违约责任，解除合同并请求赔偿。但于此情形下，债务人赔偿的债权人损失为期待利益损失，而不是履行利益损失。

三、违约责任的形态与承担

（一）继续履行责任的承担

第五百七十九条　当事人一方未支付价款、报酬、租金、利息，

或者不履行其他金钱债务的，对方可以请求其支付。

第五百八十条 当事人一方不履行非金钱债务或者履行非金钱债务不符合约定的，对方可以请求履行，但是有下列情形之一的除外：

（一）法律上或者事实上不能履行；

（二）债务的标的不适于强制履行或者履行费用过高；

（三）债权人在合理期限内未要求履行。

有前款的除外情形之一，致使不能实现合同目的的，人民法院或者仲裁机构可以根据当事人的请求终止合同权利义务关系，但是不影响违约责任的承担。

第五百八十一条 当事人一方不履行债务或者履行不符合约定，根据债务的性质不得强制履行的，对方可以请求其负担由第三人替代履行的费用。

上三条规定了继续履行责任的承担。

继续履行责任，是指当事人一方违约后，应当承担的继续履行其合同义务的违约责任。

由于承担继续履行责任的当事人是要按照合同约定的标的履行，因此有的称之为实际履行。但是继续履行与实际履行是不同的。实际履行是指当事人应当按照约定的标的履行，既包括当事人按照合同的标的履行了合同，也包括在当事人违约情形下应当继续按照约定的标的履行。而继续履行仅是指在当事人违约时由法院强制其按照约定的标的继续履行合同债务，而不包括当事人自行按照约定的标的履行合同。实际履行是受法律鼓励的自愿行为，也是实现合同目的所需要的合同履行的正常现象。而继续履行是在一方当事人违约的情形下应相对人的要求当事人被强制继续履行原来的合同债务，是一方当事人违约后债权人采取的救济措施。

对违约行为是否适用继续履行的违约责任，依债务人承担的是金钱债务还是非金钱债务而有所不同。

金钱债务是以给付金钱为标的的债务。因为金钱属于可替代物，不存在不能履行的可能。因此，凡一方不履行支付价款报酬等金钱债务的，对方就可以要求违约行为人继续履行债务，违约行为人就应当承担继续履行的违约责任，继续向对方支付价款、报酬、租金、利息等。

非金钱债务是指不以给付金钱为标的的债务。负担非金钱债务的债务人须向债权人以交付物或者提供劳务来履行合同。对于非金钱债务，适用继续履行违约责任须具备以下条件：

1. 违约当事人的违约行为属于不履行或者部分履行。继续履行的责任人履行的仍是合同中原来约定的债务，因此只有在违约行为人不履行债务或者部分履行债务时，才可以适用继续履行的违约责任。

2. 债权人在合理期限内请求继续履行。继续履行是对债权人的一种救济措施。债务人一方不履行合同债务或者部分履行合同债务的，债权人可以有多种救济措施，债权人既可以解除合同并要求赔偿损失，也可以要求继续履行合同。因此，要求债务人继续履行合同是债权人的权利，债权人的此项权利被称为继续履行请求权。债权人不行使继续履行请求权的，违约债务人不承担继续履行的违约责任。为稳定当事人之间的权利义务关系，在债务人不履行或者部分履行合同后，债权人应在合理的期限内行使继续履行请求权；债权人未在合理期限内行使继续履行请求权的，视为其放弃该项权利，违约债务人不承担继续履行的违约责任。

3. 不存在不可以要求继续履行的情形。债务人不履行或者部分履行合同的，债权人可以要求违约债务人继续履行，但存在以下情形之一的，债权人不能要求债务人继续履行，违约债务人不能承担继续履行的违约责任：

（1）法律上或者事实上不能。继续履行是以合同能够履行为前提的，如果合同已经不能履行，自不能要求违约债务人承担继续履行的责任。合同不能履行包括法律上的不能和事实上的不能。法律上不能，是指虽然事实上能够履行债务但依法律规定不能履行该债务。例如，标的物为法律禁止流通的物，即为法律上履行不能。事实不能是指事实上合同债务已经不能履行，例如，以给付特定物为标的的，该特定物已经毁损、灭失或者为第三人依法取得，于此情形下就发生事实上合同不能履行。

（2）债务的标的不适于强制履行或者履行费用过高。债务人的债务标的不适于强制履行的，不能适用继续履行的违约责任，因为继续履行是要强制执行的。债务的标的是否不可强制执行决定于债务的性质。一般来说，具有人身性质的债务都是不可强制执行的。例如，以提供劳务为标的的债务，就不能强制执行。虽然债务的标的适于强制执行但履行费用过高的债务，也不能适用继续履行的违约责任。因为履行费用过高时仍要继续履行，违反了经济合理原则，增加了债务人的额外负担，也会对社会财富造成浪费。而继续履行只是违约的救济措施，而不是对违约债务人的惩罚措施。

（3）债权人在合理期限内未要求履行。何为合理期限？法律不可能做出具体规定，而只能依照具体个案具体确定。法律要求债权人在"合理期限内"提出继续履行请求的目的，是为了能够尽快地确定违约当事人承担的违约责任。因此，在确定债权人是否在合理期限内提出继续履行请求，应从两方面考虑：一方面，债权人是否能够更早地提出继续履行的请求；另一方面，债权人在该期限内提出继续履行请求，债务人继续履行的是否会增加债务人的不利益。

在因债务人违约致使合同目的不能实现的，违约方可否请求解除合同，以终止双方的合同关系呢？对此，有两种不同的观点。赞同者认为，不能因违约就不允许以解除合同来终止双方的关系；反对者认为，违约方不享有解除权。民法典最终规定，因可不继续履行合同的情形致使不能实现合同目的的，当事人可以请求终止合同权利义务关系，但是违约方可以请求终止合同，并不能影响其承担违约责任。

一方违约后，根据债务性质不能强制债务人履行的，债权人可以请第三人替代履行，由违约方负担替代履行的费用。

（二）瑕疵履行的违约责任

第五百八十二条　履行不符合约定的，应当按照当事人的约定承担违约责任。对违约责任没有约定或者约定不明确的，依据本法第五百一十条的规定仍不能确定的，受损害方根据标的的性质以及损失的大小，可以合理选择请求对方承担修理、更换、重作、退货、减少价款或者报酬等违约责任。

本条规定了瑕疵履行的违约责任。

瑕疵履行有广义与狭义之分。广义的瑕疵履行包括加害履行。加害履行又称加害给付，是指债务人交付的标的物有缺陷而造成债权人的人身或缺陷产品以外的财产损害。狭义的瑕疵履行不包括加害履行，指的是债务人交付的标的物或者提供的服务不符合质量标准。瑕疵履行的债务人实施了履行债务的行为而不是不履行债务，但是债务人履行债务的质量不符合约定。

当事人履行债务的质量不符合约定，应当按照约定承担违约责任。当事人对违约责任没有明确约定的，当事人应按照达成的补充协议承担责任，不能达成协议的可以根据合同的有关条款或者交易习惯确定，如果仍不能确定的，受损害的债权人根据标的的性质及损失大小，可以合理选择要求对方承担以下违约责任：

（1）修理。修理是指将标的物的瑕疵消除以使标的物达到正常的质量要求。一般来说，若标的物的瑕疵能够修复，则应适用修理的违约责任。也只有在能够修复的前提下才可适用修理的责任。

（2）更换、重作。更换是指重新换一件同类标的物。重作是指重新制作新的标的物。更换主要适用于买卖合同，而重作主要适用于承揽合同。一般来说，若当事人一方制作的标的物质量瑕疵不能修复，就应当重作。例如，定作的服装不能通过整修达到要求，定作人可以要求对方重作。

（3）退货。退货是指将受领的标的物退还给债务人。一般来说，债务人交付的标的物质量不符合要求且无法实现合同目的，债权人可以要求退货。退货实际上也就是解除合同。

（4）减少价款或者报酬。债务人的履行标的质量不符合约定，但债权人又可以使用或者需要时，债权人可以要求减少价款或者报酬。这实际上是对债务人的履行标的作降价处理。

（三）继续履行、补救措施与赔偿责任的并用

第五百八十三条　当事人一方不履行合同义务或者履行合同义务不符合约定的，在履行义务或者采取补救措施后，对方还有其他损失的，应当赔偿损失。

本条规定了继续履行或者其他补救措施责任与赔偿损失责任的并用。

补救措施有广义与狭义之分。广义的补救措施是指当事人一方违约后当事人应当采取的救济措施。广义的补救措施是从债权人一方而言的，从违约债务人方面说，补救措施也就是其应承担的违约责任方式。狭义的补救措施是广义补救措施中的一种，是指继续履行、赔偿损失等以外的一些救济措施。本条规定的补救措施即为狭义的补救措施。这是一种适用于合同不正确履行的违约责任方式。

适用补救措施的条件，是当事人一方有履行合同义务的行为但其履行是不正确或不适当的，且其履行不属于数量上的不适当。如果当事人一方不履行合同或者部分履行合同，则当事人应当承担继续履行的违约责任。当事人一方除不履行或者部分履行以外的履行不符合要求的，即应采取适当的补救措施，以使其履行符合要求。例如，当事人履行地点不正确的，应改为在正确的地点履行；当事人履行合同方式不符合约定的，应改为按约定方式履行，等等。债务人因瑕疵履行债务承担的修理、重作、更换、退货、减少价款或者报酬等违约责任，都属

于狭义的补救措施。

当事人一方不履行合同义务或者履行合同义务不符合约定的，应当承担违约责任。如果债务人的违约行为属于不履行或者部分履行债务即给付的数量不符合约定，则债权人可以要求债务人继续履行，债务人应当继续履行；如果债务人的违约行为属于其他的履行合同义务不符合约定，则债权人可以根据情形要求债务人采取其他补救措施，债务人应当承担修理、更换等的违约责任。违约当事人履行义务或者采取补救措施后，债权人还有其他损失的，违约当事人还应当承担赔偿损失的责任。可见，赔偿损失可以与继续履行、补救措施违约责任合并适用，但继续履行与补救措施不能合并适用。

（四）赔偿损失的违约责任

第五百八十四条　当事人一方不履行合同义务或者履行合同义务不符合约定，给对方造成损失的，损失赔偿额应当相当于违约所造成的损失，包括合同履行后可以获得的利益，但是，不得超过违反合同一方订立合同时预见到或者应当预见到的因违约可能造成的损失。

本条规定了赔偿损失违约责任的范围。

1.赔偿损失的含义与特点

赔偿损失违约责任是指违约当事人一方应承担的赔偿对方损失的违约责任。有的称赔偿损失为损害赔偿。但严格说来，赔偿损失与损害赔偿含义并不完全相同。违约损害赔偿是指违约当事人一方对对方因其违约所受损害的各种补救措施的总称。某种意义上可以说，除继续履行外的各种违约责任都属于违约损害赔偿的范畴。

赔偿损失较之其他违约责任具有适用的普遍性、并用性的特点。所谓普遍性，指的是赔偿损失的违约责任方式可以适用于各种违约的场合。因为赔偿损失是由违约当事人以给付金钱的方式补偿对方因其违约造成的损害的，而金钱具有普遍等价物的性质。因此，一方当事人违约的，只要不能适用其他违约责任方式，或者适用其他违约责任方式仍不足以补偿对方所受损害的，就可以适用赔偿损失的违约责任。所谓并用性，指的是赔偿损失的违约责任方式不仅可以单独适用，而且也可以与继续履行、其他补救措施等违约责任方式合并适用。但赔偿损失与支付违约金不能并用。

赔偿损失责任的范围具有任意性和法定性。赔偿损失责任范围的任意性，是指当事人可以事先约定赔偿损失的范围。当事人的约定有效时，就可以依照当事人的约定确定赔偿损失责任的范围。赔偿损失的责任范围的法定性，是指在当事人没有明确确定时按照法律规定的赔偿范围确定违约行为人的赔偿责任。这里所讲的赔偿损失责任的范围就是指法定的赔偿损失的责任范围。

2. 适用赔偿损失责任的条件

赔偿损失违约责任的适用条件，除具有违约责任的一般构成要件外，即除当事人一方不履行合同义务或者履行合同义务不符合约定外，还应具备以下条件：

（1）违约当事人的对方受有损失。赔偿损失责任的适用以债权人有损失为前提，无损失即无赔偿。何为损失？损失与损害是否有所不同？对此有不同的观点。从合同法将赔偿损失作为独立的一种违约责任看，损失与损害的含义并不完全相同。损害应是指一方当事人违约给对方造成的各种不利益，而损失则仅指以金钱计算出来的损害。若因一方违约，另一方所受的损害不能或者无法以金钱计算，则不能适用赔偿损失的违约责任，而只能适用其他违约责任方式。

（2）对方受有的损失与违约当事人的违约行为之间有因果关系。赔偿损失是违约方赔偿对方因其违约所受的损失，因此，只有一方所受损失是因违约行为造成的，违约当事人才对该损失负赔偿责任。如果一方所受损失与另一方的违约行为之间不存在因果关系，则违约当事人对此损失也就不负赔偿责任。

3.违约赔偿损失范围的确定

违约当事人承担赔偿损失责任时，其赔偿的损失额应当相当于因违约所造成的损失。也就是说，当事人违约所造成的损失范围也就是违约当事人应赔偿的范围。在确定赔偿损失范围上，应当适用以下规则：

（1）完全赔偿规则。完全赔偿规则，是指凡因违约所造成的损失都应予以赔偿。违约造成的损失包括实际损失和可得利益损失。所谓实际损失，有的称为直接损失、积极损失、固有利益损失，是指债权人一方因债务人的违约行为所遭受的现有财产的损失，如现有财产的毁损、灭失、减少，费用的支出等。所谓可得利益损失，有的称为间接损失、消极损失，是指债权人一方因债务人违约而造成的可以得到的利益而未能得到的损失。可得利益必须是在合同履行后就可以得到的利益。也就是说，只要没有违约行为就一定会得到的利益才属于可得利益。如果即使债务人不违约，债权人也可能得不到的利益，不属于可得利益。可得利益损失实际上也就是履行利益损失。

（2）合理预见规则。合理预见规则又称为应当预见规则、可预见规则，是指违约的当事人承担赔偿损失责任的赔偿范围以当事人于订立合同时能够预见到的因违约可能造成的损失为限。违约债务人承担赔偿损失责任既应赔偿债权人所受到的实际损失，也应赔偿债权人所受到的可得利益损失，但其赔偿的损失不能超过其于订约时所预见到或者应当预见到的违约会造成的损失。合理预见规则，实际上是以合理预见作为确定违约行为与损失之间法律上因果关系的标准。依照合理预见规则，只有损失是违约当事人于订约时预见或者应当预见到的，损失与违约行为之间才有法律上的因果关系，违约当事人应赔偿该损失；否则，损失与违约之间不存在法律上的因果关系，违约当事人也就不负赔偿该损失的责任。

如何确定债权人所受损失是违约当事人于订约时能够预见或应当预见到的呢？对此，主要有主观说、客观说与主客观结合说三种不同的观点。主观说认为，在损失是否为可预见上，应当以违约当事人的主观预见能力为标准：如果违约当事人在订约时实际能够预见到，则属于可预见的损失；如果违约当事人于订约时未能预见到，则属于不应预见到的损失。客观说认为，确定损失是否为可预见到的损失，应当以社会一般人的认识能力为标准：只要该损失为社会一般人于订约时能够预见到的，就为应当预见到的损失，而不论违约当事人于订约时是否实际预见到。主客观结合说认为，确定损失是否为可预见到，一方面要考虑社会一般人的预见能力，另一方面也要考虑违约人的预见能力。可预见能力的确定应以订约时的状况为准。如果损失是一般人在订约时就可预见到的，应视为违约当事人对于该损失是应当预见到的；违约当事人主张在订立合同时是不可能预见到该损失的，那么违约当事人应负举证责任，提出证据予以证明。

（3）减损规则。减损规则即减轻损失规则，也可称为扩大损失规则，指的是因债权人一方的原因扩大的损失，违约方不承担赔偿损失的责任。也就是说，当事人违约后因债权人的原因扩大的损失，应从债权人的损失中减去。适用减损规则的条件是：①债务人一方违约；②债权人应采取适当措施避免损失扩大；③债权人能够采取而未采取减损措施；④因债权人未采取减损措施而扩大了损失。只有债权人扩大的损失是因其能采取而未采取措施造成的，该损失才不在违约当事人的赔偿范围内。如果扩大的损失与债权人是否采取减损措施无关，则不能适用减损规则，该损失仍在赔偿范围内。

（4）与有过失规则。与有过失规则有的称为过失相抵规则、混合过错规则，是指债权人对于违约损失的发生有过错的，可以减轻或者免除违约当事人的赔偿责任。与有过失规则的适用条件为：①债务人违约造成损失。没有债务人违约造成损失的事实，谈不上确定赔偿损失的范围，也就无适用与有过失规则的余地；②债权人的行为造成损失的发生或扩大。这是指债权人的行为也是损失的原因，也就是说债权人的行为与债务人的违约行为共同造成损失，因此才有必要适用与有过失规则，以确定违约债务人应承担赔偿责任的损失范围；③债权人有过错。债权人的过错包括债权人的代理人、履行辅助人以及由其指定的履行合同的第三人的过错。与有过失规则实际上是按照债权人与债务人对于损失的过错程度和原因力的大小来确定违约债务人应负的赔偿责任范围。适用过错责任原则的,在确定赔偿范围时当然应当适用与有过失规则,因为只有在过错责任领域才谈得上双方的过错。但在无过错责任领域,过错并非是承担责任的要件,也就难以确定双方的过错。因我国合同法对于违约责任采取的是以无过错为原则、过错为例外的立法例,因此,只有在法律规定违约当事人承担过错责任或者说违约当事人的过错为承担责任条件的场合,才有与有过失规则的适用。

这里所说的债权人过错是否包括故意呢?一种观点认为,债权人的过错既包括故意也包括过失。另一种观点认为,债权人的过错不包括故意。因为在任何情形下,如果损失是债权人故意造成的,则违约债务人对该损失不负赔偿责任,完全应由债权人自行承担损失。所以,与有过失规则中所指的债权人过错只能是过失,而不包括故意。

(5)损益相抵规则。损益相抵规则又称为损益同销规则,指的是债权人基于发生损失的同一违约行为而受有利益的,应将其由此所受利益从损失中扣除以确定赔偿损失范围的规则。也就是说,依损益相抵规则,违约当事人承担赔偿损失的范围应以从债权人所受损失中减去其因此违约所受的利益的差额为准。

适用损益相抵规则的目的,仍然是使违约当事人赔偿的损失额相当于因违约所造成的债权人的损失。适用损益相抵规则,要求从债权人因债务人违约所发生的损失中扣除其因债务人违约所得到的利益。因此,适用损益相抵规则时,应相抵的债权人取得的利益须具备以下条件:①该利益的取得与违约行为有因果关系。例如,因债务人延期交货的违约导致债权人获得货物价格上涨所得利益或者债权人因节省相关费用所得到的利益。如果债权人所获得的利益与债务人的违约行为并无因果关系，则该利益不能从损失中扣除；②债权人所获得的该利益与所损失的利益不是同种类利益。如果债权人因债务人的违约并未得到与所受损失不同种类的利益，则不发生损益相抵。例如，出卖人延期交付货物，而在迟延期间买受人处发生地震，若债务人按期交货，债权人得到该货物将因地震而损毁，现因债务人的违约致使债权人得到的货物未被毁坏，债权人由此所得到的利益与因债务人违约所受损失并非同一种类的利益，因此也就不能适用损益相抵规则。

4. 赔偿数额的计算

适用赔偿损失责任在确定损失范围后，就会发生赔偿数额的确定。在赔偿数额计算上，当事人双方约定计算方法的，则应按照约定的计算方法计算赔偿数额。在当事人双方没有约定计算方法时，国际上赔偿数额的计算有具体计算法与抽象计算法两种方法。具体计算法又称主观计算法，是根据受害人具体遭受的损失、支出的费用来计算赔偿数额。如《国际商事通则》第7.4.5条规定："在受损害方当事人已终止合同并在合理时间内以合理方式进行了替代交易的情况下，该方当事人可对原合同价格与替代之交易价格之间差额以及任何进一步的损害要求赔偿。"抽象法计算法又称为客观计算法，是指按照当时社会一般情况而确定的赔偿数额来计算赔偿数额。《国际商事合同通则》第7.4.6条规定："在受损害方当事人已经终止合同但未进行替代交易的情况下，如果对于合同约定的履行存在时价，则该当事人可对合同的价格与合同终止之时的时价之间的差额以及任何进一步的损害要求赔偿。时价是指在合同应当履行的地点，对应交付之货物或就提供之服务在可比情况下通常所收取的价格，或者如果该地无时价，时价为可合理参照的另一地的时价。"主观的计算方法旨在恢复债权人实际遭受的全部损失，它着眼于具体的特定损失，也就是以合同未违反情况下债权人所应得到的全部利益为其损害额。客观的计算方法并不注重债权人的特定损失，但却要给他一种合理的赔偿。①

我国法律未规定如何具体适用赔偿损失额的计算方法，学者中有不同意见。有的认为，在计算方法上应以客观方法为主，以主观方法为辅；有的认为，除了法律规范已明确规定以实际支出的费用为确定损失赔偿额外，只要存在市场价格或国家规定的价格，就都可以采用"抽象的方法"计算赔偿损失额。还有的认为，法律明确规定了在何种情形下以何种方法计算赔偿额的，应依照法律规定；法律没有明确规定计算方法时，应由受害的债权人一方自主选择以何种方法计算赔偿数额，也就是由请求赔偿的债权人任选一种计算方法来确定赔偿数额，违约债务人不同意受害债权人对损失的计算方法的，可以提出自己的理由，最终由法院根据具体情况决定以何种方法计算赔偿数额。后一种观点更具合理性。

计算赔偿数额时应以何时的损失为标准，各国立法不一，学者中有不同观点。一般认为，当事人对损失的计算时间有约定的，应以约定的时间为准；当事人没有约定但法律有规定的，应依法律规定的损失计算时间计算损失；法律也没有规定的，可

---

① 崔建远：《合同法》（第三版），北京大学出版社 2016 年版，第 386 页。

由受害的债权人依自己的选择决定以何时间为损失计算的时点，但当事人请求的赔偿数额至多以提起诉讼时所受的损失为准。

（五）支付违约金

第五百八十五条　当事人可以约定一方违约时应当根据违约情况向对方支付一定数额的违约金，也可以约定因违约产生的损失赔偿额的计算方法。

约定的违约金低于造成的损失的，人民法院或者仲裁机构可以根据当事人的请求予以增加；约定的违约金过分高于造成的损失的，人民法院或者仲裁机构可以根据当事人的请求予以适当减少。

当事人就迟延履行约定违约金的，违约方支付违约金后，还应当履行债务。

本条规定了支付违约金的违约责任。

1.违约金的含义与特点

违约金有法定违约金与约定违约金之分。民法典规定的违约金，是指当事人约定的在一方当事人违约时应向对方当事人支付的一定数额的款项。[1]违约的一方依照约定向对方支付违约金，也就是承担违约责任。

违约金具有以下特点：

（1）违约金是由当事人事先在合同中约定的。当事人关于在何种情形下支付违约金以及支付多少违约金的约定，属于当

---

[1]　通常认为，违约金是由当事人约定的或者法律直接规定的一方违约时应向另一方支付的一定数额的金钱或者其他给付。但我国现行法未规定法律直接规定的法定违约金。

事人关于违约责任的约定。违约金条款构成合同的条款，因此，违约金条款只有符合法律关于责任条款的规定，才能有效。当事人没有在合同中事先约定违约金的，除法律另有规定外，则不发生支付违约金责任。

（2）违约金是违约当事人于违约后向对方支付的款项。违约金的这一特点既区别于定金，也区别于预付款。定金和预付款都是当事人一方于订立合同后即向对方支付的款项。只不过定金是担保合同履行的，而预付款是为对方履行合同提供资金帮助的。

（3）违约金是违约一方向对方支付的一定数额的款项。在有的国家和地区的立法上许可当事人约定一方违约时向另一方给付物或权利或劳务，违约方依约定向他方的其他给付，有的称为"准违约金"。我国合同法规定的违约金只是金钱。如果违约当事人向对方给付的不是金钱，而是其他，则应认为当事人是以其他给付替代金钱给付，属于违约金债务的代物清偿。

（4）支付违约金是一种违约责任。关于违约金的性质，曾有不同的观点。在罗马法上，违约金是一种债的担保方式，属于担保主债务的从债务，其目的主要在于担保债务的履行。近现代各国立法上，有的也规定违约金是一种担保方式。如《俄罗斯民法典》第329条就规定，"债务的履行可以用违约金、抵押、债务人财产质押、保证、银行保证、定金以及法律或者合同规定的其他方式担保。"[1] 我国也有学者认为，违约金是一种

---

① 黄道秀、李永军、鄢一美译：《俄罗斯民法典》，中国大百科全书出版社1999年版，第149页。

合同的担保方式，主要作用是担保合同的履行。也有学者认为，违约金既是一种违约责任形式，也是一种独特的担保方式。还有学者认为，违约金只是一种违约责任形式，并不是合同的担保方式。从法律规定看，立法上采取的是最后一种观点。我国法上并未规定违约金是一种担保方式，而仅是在违约责任中规定了违约金。应当说，违约金具有一定的担保作用，因为违约金是当事人双方事先约定的，当事人为避免支付违约金，就应按照约定履行合同，也就是说违约金有促进当事人履行合同的积极作用。但是违约金的这种担保功效是各种违约责任都具有的，违约金的担保效力实质上是违约责任的担保效力。而这只能属于一般担保的范围，而通常所说的担保方式是指特殊担保方式，而不是指一般担保。

2. 支付违约金的条件

支付违约金是一种违约责任，违约当事人承担支付违约金责任，须具备以下条件：

（1）合同中有关于违约金的约定。支付违约金是以合同中的事先约定为前提的，如果当事人在合同中没有约定违约金，除法律另有规定外，则必无支付违约金责任的适用。

（2）当事人关于违约金的约定有效。合同中关于违约金的约定为合同的内容，只有关于违约金责任的条款有效，才能发生违约金的支付。如果合同中的违约金条款无效，也就不能依据该条款发生违约金的支付。支付违约金责任也是以不履行主债务为条件的，因此，主债务无效的，因主债务无履行效力，也就不会发生支付违约金的责任。但是主合同债务因合同解除而终止的，违约当事人支付违约金的责任不能免除。当事人约定迟延履行违约金的，债务人迟延履行的，也应依照约定支付违约金。

（3）违约当事人实施的违约行为属于应支付违约金的违约行为。当事人约定违约金时，必约定于何种情形下支付多少违约金，只有当事人的违约行为属于约定的应支付违约金的情形，违约当事人才会承担支付违约金的责任。如果当事人的违约行为不属于应支付违约金的行为，则违约当事人也就不承担支付违约金的违约责任。例如，当事人约定延期交付一日应支付违约金若干。如果当事人迟延履行，则应按约定支付违约金。但是如果当事人交付的标的物质量不符合要求，则违约当事人不承担支付违约金的违约责任。

3. 违约金的性质

关于违约金的性质，有不同的观点。主要争议在于违约金是否具有惩罚性。一种观点认为，违约金具有预定赔偿金的性质，违约金是可以抵销赔偿金的，违约当事人支付违约金后，不再承担赔偿损失的违约责任，违约金不具有惩罚性。因此，当事人约定的违约金过低，不足以抵偿受害人的实际损失的，受害人可以请求增加违约金；当事人约定的违约金过分高于造成损失的，违约债务人可以请求减少违约金。另一种观点认为，违约金是当事人事先约定的违约责任，对于当事人的约定，只要不损害社会利益和他人利益，法院或者仲裁机构不应干预。如果当事人约定的违约金高于受害人的实际损失，也是有效的，于此情形下违约金实际具有惩罚性。我国法原则上采取了第一种观点。依民法典第585条规定，违约金性质上属于预定赔偿金，约定的违约金过分低于造成损失的，当事人可以请求人民法院或者仲裁机构予以增加；约定的违约金过分高于造成的损失的，当事人可以请求予以减少。依《合同法解释（二）》第28条规定，在司法实务中，当事人请求人民法院增加违约金的，增加后的违约金数额以不超过实际损失额为限。增加违约金后，当事人又请求对方赔偿损失的，人民法院不予支持。约定的违约金过分高于造成的损失的，当事人可以请求人民法院或者仲裁机构予以适当减少。当事人主张约定的违约金过高请求予以适当减少的，人民法院应当以实际损失为基础，兼顾合同的履行情况、当事人的过错程度以及预期利益等综合因素，根据公平原则予以衡量，并作出裁决。当事人约定的违约金超过造成损失的30%的，一般可以认定为"过分高于造成的损失"。

需要注意有是，支付违约金责任不能与赔偿损失责任并用。但是，迟延履行的违约金与继续履行不冲突，支付迟延履行违约金后，违约方还应当继续履行债务。

（六）定金罚则

第五百八十六条　当事人可以约定一方向对方给付定金作为债权的担保。定金合同自实际交付定金时成立。

定金的数额由当事人约定；但是，不得超过主合同标的额的百分之二十，超过部分不产生定金的效力。实际交付的定金数额多于或者少于约定数额的，视为变更约定的定金数额。

第五百八十七条　债务人履行债务的，定金应当抵作价款或者收回。给付定金的一方不履行债务或者履行债务不符合约定，致使不能实现合同目的的，无权请求返还定金；收受定金的一方不履行债务或者履行债务不符合约定，致使不能实现合

同目的的，应当双倍返还定金。

上两条规定了定金罚则。

定金罚则也是一种违约责任方式，是指双方当事人有定金担保时，交付定金方不履行约定的债务的，丧失定金；收受定金方不履行约定债务的，应双倍返还定金。

定金罚则实际上是定金的效力。适用定金罚则须具备以下条件：

1. 当事人双方设定有定金担保

定金是当事人为了保证债务的履行，依照法律规定或者当事人双方的约定，由一方当事人在债务履行前按照标的额的比例预先给付另一方当事人的金钱或其他替代物。定金虽为一方向另一方预先交付的款项，但一方向另一方预先交付的款项并非全为定金。只有当事人就交付的款项的效力明确约定了定金罚则时，该款项才为定金。如果当事人没有就一方当事人向另一方给付的款项的效力约定适用定金罚则，又没有明确约定该款项为"定金"，而是为"订金"的，则该款项不为定金，只能属于履约保证金或押金或预付款。正因为定金为当事人一方预先向另一方交付的款项，所以交付定金的当事人履行债务的，定金应当抵作价款或者收回。

依我国现行法规定，定金有违约定金、立约定金、成约定金、解约定金。违约定金是指交付定金的当事人不履行债务的，收受定金的当事人可以予以没收的定金。立约定金又称为订约定金，是指为担保合同订立而设立的定金，给付定金的一方拒绝订立合同的，无权要求返还定金；而收受定金一方拒绝订立合同的，应当双倍返还定金。成约定金，是指作为合同成立或生效要件的定金，成约定金未交付的，合同不成立或者不生效；但是，虽给付定金的一方未交付定金，但主合同已经履行或者已经履行主要部分的，不影响合同的成立或生效。解约定金，是指用以作为保留合同解除权的代价的定金，交付定金一方当事人可以以放弃定金为代价而解除合同；收受定金的一方当事人也可以以双倍返还定金为代价而解除合同。当事人约定的定金为何种定金，应依当事人的约定。如果当事人没有明确约定，则当事人交付的定金为违约定金。

除法律另有规定外，定金须由当事人双方约定，当事人关于定金约定的条款，为主合同的从合同。从合同的效力决定于主合同。因此，只有主合同债务有效成立，定金合同才能有效。定金不仅须由当事人约定，而且定金的成立以交付为要件。也就是说，只有一方将约定的定金数额交付给另一方时，定金担保才成立。如果一方未按约定交付定金，则定金担保不成立；如果一方向对方交付的定金数额与约定的数额不一致，则应依交付的实际数额确定定金数额。当事人约定的定金不得超过法律规定的限额。我国现行法规定，定金数额不得超过主合同标的额的 20%。当事人交付的定金数额超过法律规定最高限额的，超过部分不属于定金，对于该部分款项不能适用定金罚则。

2. 当事人不履行合同

定金担保的重要特点是担保双方债权的，因此任何一方不履行债务的，都会受定金罚则的处罚。当然，各种定金担保的债权性质不同，其效力也就会有所不同。就违约定金来说，交付定金的一方不履行约定的债务或者履行不符合约定，致使合同目的不能实现的，无权要求返还定金；收受定金的一方不履行债务或者履行不符合约定，致使合同目的不能实现的，应当双倍返还定金。

（七）违约金与定金的关系

第五百八十八条　当事人既约定违约金，又约定定金的，一方违约时，对方可以选择适用违约金或者定金条款。

定金不足以弥补一方违约造成的损失的，对方可以请求赔偿超过定金数额的损失。

本条规定了违约金与定金的关系。

定金与违约金的关系是指支付违约金与定金罚则可否并用。定金与违约金都是由当事人双方约定的一方应向另一方给付的款项，只不过定金是预先交付的，而违约金是违约方违约后交付的。当事人约定的违约金条款有效时，违约债务人应依照约定承担支付违约金的责任。当事人约定的定金有效成立的，不履行合同的当事人一方会受定金罚则的处罚。定金罚则也就成为违约当事人承担的违约责任，而支付违约金也是一种违约责任。由于违约金与定金的标的相同，支付违约金与定金罚则不宜同时适用。因此，当事人既约定违约金又约定定金的，一方违约时，对方可以选择适用违约金或者定金条款，即或要求违约方承担支付违约金责任，或要求适用定金罚则，而不能要求并用定金罚则与支付违约金。但定金罚则可以与赔偿损失并用。定金不足以弥补损失的，对方可以请求赔偿超过定金数额的损失。

（八）债权人拒收或迟延的责任

第五百八十九条　债务人按照约定履行债务，债权人无正当理

由拒绝受领的，债务人可以请求债权人赔偿增加的费用。

在债权人受领迟延期间，债务人无须支付利息。

本条规定了债权人的违约责任。

债务人履行债务，债权人应予协助、配合。债权人负有按期受领债务人给付的义务。债务人按约定履行债务，债权人无正当理由拒绝受领的，构成对其受领义务的违反，应当承担赔偿债务人增加的履行费用。债权人受领迟延的，承担标的物意外灭失的风险。金钱之债的债权人无权请求债务人支付受领迟延期间的利息。

四、违约责任的免责事由

第五百九十条 当事人一方因不可抗力不能履行合同的，根据不可抗力的影响，部分或者全部免除责任，但是法律另有规定的除外。因不可抗力不能履行合同的，应当及时通知对方，以减轻可能给对方造成的损失，并应当在合理期限内提供证明。

当事人迟延后发生不可抗力的，不免除其违约责任。

本条规定了不可抗力为违约责任的免责事由。

违约责任的免责事由也称为违约责任的免责条件，是指法律规定的或者当事人约定的免除违约当事人违约责任的情况。违约责任的免责事由与违约责任的构成条件是一个问题的两个方面。违约责任的构成条件讨论的是在何种情况下，当事人应当承担违约责任；而违约责任的免责事由讨论的是在何种情形下，当事人可以不承担违约责任。因此，有的称违约责任的构成条件为违约责任成立的积极条件，而违约责任的免责条件为违约责任成立的消极条件。

由于违约责任具有约定性，当事人不仅可以约定在何种情形下应承担何种违约责任，也可以约定在何种情形下违约当事人可以不承担违约责任。因此，违约责任的免责事由也就可以分为法定的免责事由和约定的免责事由。约定的免责事由是指由当事人约定的不承担违约责任的情形。当事人在合同中约定免除或者限制当事人违约责任的条款为免责条款。只要免责条款有效，违约当事人就可以根据免责条款的约定不承担违约责任或者减轻违约责任。法定免责条件是指法律直接规定的而不是由当事人约定的免除当事人违约责任的情况。由于合同的多样性，法律对于不同的合同的具体违约情形规定有不同的免责事由。但任何情形下，不可抗力都为违约责任的免责事由。因此，可以说，不可抗力是法律直接规定的违约责任的一般免责事由。

不可抗力是不能预见、不能避免并不能克服的客观情况。不可抗力既包括自然现象，如地震，也包括社会现象，如动乱。不可抗力为客观现象，但客观现象并非即为不可抗力。只有当事人不能预见、不能避免并不能克服的客观现象，才属于不可抗力。所谓不能预见，是指当事人不可能预见到其发生的时间、地点和后果。判断当事人是否能够预见，既应以一般人的预见能力为标准，也应以当事人特殊的专业能力为标准。也就说，尽管一般人是不能预见到的，但若依当事人的专业水平是可以预见到的，就不应认定为不能预见。所谓不可避免并不能克服，是指当事人即使尽最大的努力也不能避免该现象的发生，当事人是不能克服该现象造成损害后果的。有的当事人双方为避免对发生的客观现象是否为不可抗力发生歧义，在合同中约定了属于不可抗力的情况。因为违约责任本来就可以约定，因此，当事人有此约定时，发生当事人约定为不可抗力情况的，应认定约定有效，按照该约定依不可抗力规则免除当事人的违约责任。

因不可抗力免除违约责任的条件，必须是该不可抗力发生在合同履行期限内。如果不可抗力发生在合同履行期限届满后，而债务人迟延履行的，则不能免除债务人的违约责任。因为于此情形下债务人的不能履行是因其迟延履行造成的，而不是因不可抗力造成的。

不可抗力作为免责事由，依其造成的后果不同而免责情形也不同。因不可抗力造成合同全部不能履行的，可以免除债务人全部的履行责任；因不可抗力造成合同部分不能履行的，则只能免除债务人部分履行的责任，债务人对于能够履行的部分仍负有履行责任，如果债务人不履行能够履行的债务部分，则其应就该部分不履行承担违约责任。

当事人一方因不可抗力不能履行合同的，虽可以依法免除责任，但该责任的免除也是以其履行以下两项义务为条件的：

（1）通知义务。因不可抗力不能履行合同的，当事人应当及时将因不可抗力的发生而导致不能履行合同的情况通知对方，以使对方及时采取措施减少损失。当事人能够通知而未及时通知的，致使对方因未收到通知未能采取措施而避免的损失，应负赔偿责任。

（2）提供证明义务。因不可抗力不能履行合同的当事人应在合理期限内提供其因不可抗力不能履行合同的证明。当事人未能在合理期限内提供因不可抗力不能履行合同的证明的，不能免除其不履行合同的违约责任。

五、债权人防止损失扩大的义务

第五百九十一条　当事人一方违约后对方应当采取适当的措施防止损失的扩大；没有采取适当措施致使损失扩大的，不得就扩大的损失要求赔偿。

当事人因防止损失扩大而支出的合理费用，由违约方承担。

本条规定了债权人在债务人违约后防止损失扩大的义务。

债务人违约后，基于诚实信用原则，债权人应当采取适当措施以防止损失的扩大。有学者称债权人的这一义务为减损义务。因债权人未采取适当措施致使损失扩大的，债务人对该损失扩大的部分不负赔偿责任。从债务人赔偿损失责任上说，这属于确定赔偿范围中的减轻损失规则。因为这一部分损失是因债权人造成的，不应由债务人赔偿。从免责事由上说，因为这部分损失是由于债权人过错造成的，应由债权人承担责任，从而也就应免除违约债务人对债权人该部分损失的责任。由于债权人未采取适当措施防止损失扩大的，只是不能要求违约债务人赔偿扩大的损失，而由其自行承担该损失。而一般说来，违反义务的当事人应承担赔偿对方损失的责任，而债权人违反防止损失扩大的义务并不发生赔偿对方损失的责任，而只是不能要求对方赔偿。因此，债权人的这一防止损失扩大的义务，被称为不真正义务。

违约债务人对于因债权人扩大的损失不承担赔偿责任，应具备以下条件：

（1）债务人一方已经违约。也就是说，已因债务人一方的原因发生了违反合同，债权人的行为并非是违约的原因。

（2）债权人负有及时采取适当措施的义务。债务人违约后，债权人应当采取适当措施，也就是负有采取适当措施的义务。债权人的该项义务为附随义务，是基于诚信原则产生的。债务人违约后，债权人是否产生该项义务，需要根据法律规定、交易习惯、商业道德以及交易观念等确定。例如，债务人交付的标的物质量不符合约定，为债务人违约，于此情形下债权人接收后应采取适当措施防止损失扩大。例如，债权人应及时通知债务人予以处理。再如，债务人提供劳务的，债务人违约不能提供相应劳务时，债权人应及时另找他人提供相应劳务，以免受更大损失。

（3）债权人能够及时采取适当措施而未采取。正因为债权人能够采取适当措施而未采取措施，债权人主观上也就有过错，因而按照后果自负规则，债权人应自行承担由此发生的后果。如果债权人客观上不能够采取适当措施，则其未采取适当措施是无过错的，也就不能对此后果承担责任。

（4）债权人损失的扩大与债权人违反及时采取适当措施的义务之间有因果关系。也就是说，只有在债权人损失扩大的部分是因债权人未及时采取适当措施造成的，债权人才无权就扩大的损失要求赔偿。如果扩大的债权人损失与债权人是否采取适当措施无关，则债权人可以就该损失要求违约债务人赔偿。

债权人因防止损失扩大采取适当措施而支出的合理费用，

因为是为避免债务人违约造成的损失扩大所支出的，所以该项合理费用应由违约债务人承担。

六、双方违约和因第三人原因造成违约的违约责任

（一）双方违约的违约责任

第五百九十二条 当事人都违反合同的，应当各自承担相应的责任。

当事人一方违约造成对方损失，对方对损失的发生有过错的，可以减少相应的损失赔偿额。

本条规定了双方违约的违约责任。

双方违约，是指双方当事人都违反了合同，也就是双方当事人都没有履行合同义务或者履行合同义务不符合要求。

双方违约因是当事人双方都违反了自己承担的义务，因此，只有在双方都负有义务的情形下才会发生双方违约。在单务合同，因为只有一方负有义务，当然不会发生双方违约。只有在双务合同，因双方都负有义务，才会发生双方违约。例如，出租人对租赁物未能及时维修，承租人未按照约定交付租金，双方都违约。但是，如果一方违约而另一方行使抗辩权，则不属于双方违约。例如，买卖合同的出卖人表明不交付货物，买受人行使抗辩权而不支付价款，即使于约定的支付价款期限届满买受人仍不支付的，也不构成双方违约。双方违约须有当事人双方各自的两个独立违约行为。如果一方违约，另一方仅是在该方违约行为的发生或者损害后果扩大上有过错，则不为双方违约。于此情形下，仅可减少违约方相应的损失赔偿额。这属

于与有过失规则。

当事人双方违约的，应当各自承担相应的责任。这里的所谓相应责任，是指各方所承担的违约责任与其违约行为相应。换言之，双方违约时每一方都应对自己的违约行为所造成的损害后果承担违约责任。于此场合，因当事人双方各自对其违约行为负违约责任，实际上发生两个违约责任的混合。

（二）因第三人的原因造成违约的违约责任

第五百九十三条　当事人一方因第三人的原因造成违约的，应当向对方承担违约责任。当事人一方和第三人之间的纠纷，依照法律规定或者按照约定处理。

本条规定了因第三人的原因造成违约的违约责任。

因第三人的原因造成违约，是指债务人违约非因自己的原因而是因第三人的原因，也就是说，第三人的行为是造成债务人违约的直接原因。第三人的原因造成债务人违约的情形主要有两种：其一是因第三人的侵权行为造成债务人违约。例如，因第三人侵害出卖人应交付的特定物，致使出卖人不能交付该特定物。其二是因第三人的违约行为造成债务人违约。例如，第三人与出卖人之间有买卖合同，因第三人未能按期交付标的物致使出卖人不能按约定向买受人交付出卖物。

因第三人的原因造成违约的，基于合同的相对性原则，债权人不能向第三人主张权利，也就不能向第三人追究违约责任。因此，因第三人的原因造成违约时，违约债务人仍应向债权人承担违约责任。又因为违约责任一般不以过错为归责原则，因此，债务人对于第三人的行为造成违约是否有过错，不影响违约债务人一方向债权人承担违约责任。

当然，因第三人的原因造成违约的，违约当事人应承担违约责任，这不等于说第三人没有责任。只不过是第三人不对违约行为直接向债权人承担责任，而发生第三人与债务人即违约当事人之间的责任关系。在违约当事人与第三人之间，违约当事人可以依照法律规定要求第三人承担侵权责任，也可以按照其与第三人之间的约定要求第三人承担违约责任。违约当事人向第三人主张责任时，可以将其应向债权人承担违约责任的损失计入第三人给自己造成的损失范围内。但是，违约当事人向第三人主张责任是其权利，其是否决定要求第三人承担责任，是其自由。不过，无论违约当事人是否要求第三人承担责任，都不影响其应向债权人承担的违约责任。

七、合同争议的诉讼时效

第五百九十四条　因国际货物买卖合同和技术进出口合同争议提起诉讼或者申请仲裁的时效期间为四年。

本条规定了合同争议的诉讼时效。

合同争议的诉讼时效期间是发生合同争议的当事人请求人民法院保护其合同权利的法定期间。合同争议的诉讼时效分为两种：

一是特别诉讼时效。按照民法典的规定，因国际货物买卖合同和进出口技术合同争议的诉讼时效期间为 4 年，自当事人知道或者应当知道其权利受侵害之日起，当事人未起诉或者申请仲裁的，对方当事人有权以诉讼时效期间届满为由提出抗辩而不承担违约责任。

二是一般诉讼时效。除国际货物买卖合同和进出口技术合同外，其他合同争议的诉讼时效适用法律关于诉讼时效的一般规定。

八、违约责任与侵权责任的竞合

责任竞合有广义与狭义之分。广义的责任竞合，是指同一法律事实的出现产生两种以上法律责任的现象。狭义的责任竞合，是指同一法律事实的出现会产生两种以上相互冲突的同一性质的法律责任的现象。例如，同一不法行为既产生民事责任又产生行政责任和刑事责任，发生广义的责任竞合。于此情形下，由于各种法律责任不冲突，可以同时并存。《民法典》第187条规定，"民事主体因同一行为应当承担民事责任、行政责任和刑事责任的，承担行政责任或者刑事责任不影响承担民事责任；民事主体的财产不足以支付的，优先用于承担民事责任。"狭义的责任竞合实际上是因同一行为违反了同一法律领域的不同性质的义务而会发生数种法律责任，而这数种责任因其属于同一领域的责任，二者不能并存。违约责任与侵权责任的竞合即属于狭义的责任竞合。

违约责任与侵权责任的竞合，是由于合同当事人一方实施的行为既违反合同义务又构成侵权行为。因为当事人的行为违反合同的，应当依照合同法的规定承担违约责任，而当事人的行为构成侵权行为的，应当依照侵权责任法的规定承担侵权责任，所以，当事人的同一行为会引发违约责任与侵权责任两种责任竞合。发生违约责任与侵权责任竞合的情况主要有以下几种：（1）合同当事人的违约行为同时违反了法律规定的强行性义务。例如，合同当事人交付的标的物不符合约定，同时违反法律规定的保护人身和财产安全的义务。瑕疵履行就可归入此种情形；（2）当事人一方的侵权行为直接为违约的原因。例如，保管人非法使用保管的财物致使保管物毁损；（3）当事人一方的违约行为直接造成对方的人身财产权益损害。例如，供电人违约中止供电造成用电人的财产或人身权益损害；（4）合同当事人一方故意实施侵害对方权益的侵权行为。如承租人故意损害承租的租赁物。

在违约责任与侵权责任竞合的处理上，主要有法条竞合说、请求权竞合说和请求权规范竞合说三种基本理论。

法条竞合说认为，债务不履行行为是侵权行为的特殊形态，侵权行为是违反权利不可侵犯的一般义务，债务不履行行为是违反基于合同产生的特别义务。因此，同一事实具备违约行为和侵权行为的构成要件时，按照特别法优于普通法的规则，只能适用债务不履行的规定，因而仅产生违约责任的请求权，权利人不能主张侵权行为责任。

请求权竞合说认为，一个具体事实具备债务不履行和侵权行为的构成要件时，产生两个请求权。至于这两个请求权的关系，则又有请求权自由竞合说与请求权相互影响说两种观点。请求权自由竞合说认为，债务不履行请求权与侵权行为请求权各自独立存在，债权人可以择一行使：如果其中一项请求权的行使已经达到目的而消灭，则另一个请求权也因此而消灭；如果其中一个请求权因已达目的以外的原因而消灭时，则另一个请求权仍然存在。按照请求权自由竞合说，由于两个请求权独立存在，因此债权人可以将其两个请求权分别让与不同的人，或者自己保留一个请求权而将另一个请求权让与他人。请求权相互影响说认为，债务不履行请求权与侵权行为请求权可以相互作用，合同法上的规定可适用于侵权行为请求权，反之亦然。这一理论的根本思想是要克服债务不履行请求权与侵权行为请求权两个独立请求权之间发生的不协调或冲突。

请求权规范竞合说认为，一个具体的法律事实符合债务不履行和侵权行为的双重构成要件时，并不能产生两项独立的请求权，而只能产生一项请求权。但该项请求权的法律基础有两个：一是合同关系；一是侵权关系。这一学说主张，权利人的请求权基础为两个，权利人可以依据对其有利的基础关系行使其请求权。①

各国立法基于不同的理论主张，对违约责任与侵权责任竞合，主要采取禁止竞合、允许竞合和有限制的选择诉讼三种立法模式。禁止竞合的立法不承认违约责任与侵权责任的竞合，只有在没有合同关系存在时才发生侵权责任，当事人原则上不得在违约责任和侵权责任之间进行选择。允许竞合的立法承认违约责任与侵权责任的竞合并允许当事人选择请求权的行使。有限制的选择诉讼的立法认为责任竞合问题仅是诉讼制度，主要涉及诉讼形式的选择权，而不涉及实体请求权的竞合问题。

我国法在违约责任与侵权责任的竞合上采取的是允许竞合

---

① 关于责任竞合的理论，可参见叶名怡：《〈合同法〉第122条（责任竞合）评注》，载《法学家》2019年第2期，第178—179页。

的立法模式。依我国法规定，违约行为与侵权行为是两种不同的民事不法行为，因此，当事人的行为符合违约行为要件的，构成违约行为，权利人可以请求违约行为人承担违约责任；当事人的行为同时构成侵权行为的，权利人可以请求侵权行为人承担侵权责任。但是，因为违约责任与侵权责任都为民事责任，所以二者不能一并存在，权利人可以根据自己的具体情况或选择请求对方承担违约责任，或选择请求对方承担侵权责任，而不能双重请求。依《合同法解释（一）》第30条规定，实务中认为债权人向人民法院起诉时作出选择后，在一审开庭以前又变更诉讼请求权的，人民法院应当准许。对方当事人提出管辖权异议，经审查异议成立的，人民法院应当驳回起诉。但是，如果法律明确规定某特定情形下，行为人仅承担违约责任或者仅承担侵权责任的，则排除违约责任与侵权责任的竞合，不发生当事人选择行使何种请求权问题。

第二分编　典型合同

第九章　买卖合同

一、买卖合同的概念和特征

第五百九十五条　买卖合同是出卖人转移标的物的所有权于买受人，买受人支付价款的合同。

本条规定了买卖合同的概念。

买卖合同有广义与狭义之分。

广义的买卖合同包括一方以支付价款为代价而取得另一方让与的财产权利的各种合同。广义的买卖合同中买卖的财产权利包括物权、知识产权、债权，以及股权，等等。而狭义的买卖合同则仅指双方买卖有体物即以所有权为买卖的财产权的合同。合同法中规定的买卖合同为狭义的买卖合同，指一方转移标的物所有权于另一方，另一方支付价款的合同。应移转标的物所有权的一方为出卖人，应支付价款的一方为买受人。

合同法规定的买卖合同具有以下特征：

1. 买卖合同是一方应转移所有权的合同。买卖合同中的买受人的订约目的就是要取得买卖的标的物的所有权。因此，买卖合同中出卖人一方应将标的物所有权转移给买受人。出卖人负担转移标的物所有权给买受人的义务，是买卖合同区别于其他一方当事人应将标的物交付给对方的合同的一个重要特征。

例如，租赁合同等合同的一方当事人也与出卖人一样负有将标的物交付给对方当事人的义务，但租赁合同等合同的一方交付标的物给对方并不负担转移标的物所有权的义务。

2. 买卖合同是一方应支付价款的合同。买卖合同中的出卖人的订约目的是取得价款，也就是说出卖人是以物换钱的，因此，买卖合同的买受人一方须支付价款才能取得标的物的所有权。买受人支付价款是出卖人转移所有权的对待给付。买受人负担向出卖人支付价款的义务，是买卖合同区别于其他转移标的物所有权合同的一个重要特征。例如，赠与合同的赠与人也负转移标的物所有权给受赠人的义务，但受赠人却不负担支付价款给赠与人的义务。

3. 买卖合同为诺成性合同、双务合同、有偿合同、不要式合同、要因合同、有名合同。买卖合同自双方意思表示一致时即可成立生效，出卖人交付标的物为履行合同义务而非合同的成立生效要件，因此，买卖合同为诺成性合同而非实践性合同。买卖合同的出卖人负有转移标的物所有权的义务，买受人负有支付价款的义务，双方的义务互为对价，因此买卖合同为双务合同而非单务合同。买卖合同的任何一方从对方取得利益，都须支付相应的代价，因此，买卖合同为有偿合同而非无偿合同。买卖合同不需要以特定方式作成，当事人可以任意决定合同的形式，因此买卖合同不是法定的要式合同，而为不要式合同。最高人民法院《关于审理买卖合同纠纷案件适用法律问题的解释》（法释〔2012〕8号）（以下简称《买卖合同的解释》）第1条规定，当事人之间没有书面合同，一方以送货单、收货单、结算单、发票等主张存在买卖合同关系的，人民法院应当结合当事人之间的交易方式、交易习惯以及其他相关证据，对买卖合同是否成立作出认定。对账确认函、债权确认书等函件、凭证没有记载债权人名称，合同当事人一方以此证明存在买卖合同关系的，人民法院应予支持，但有相反证据足以推翻的除外。买卖合同以一方取得标的物的所有权，另一方取得价款为原因，若无此原因，买卖合同也就不能存在，因此，买卖合同为要因合同，而非无因合同。

二、买卖合同的内容

第五百九十六条　买卖合同的内容一般包括标的物的名称、数量、质量、价款、履行期限、履行地点和方式、包装方式、检验标准和方法、结算方式、合同使用的文字及其效力等条款。

　　本条规定了买卖合同的内容。

　　买卖合同的内容由当事人约定。买卖合同一般不仅包括当事人的名称或者姓名和住所、标的、数量、质量、价款或者报酬、履行期限、地点和方式、违约责任、解决争议的方法，而且还应包括以下内容。因为买卖合同中有关以下内容的条款虽然不是买卖合同的必要条款，但却也是其重要条款，当事人应进行约定。

　　1. 包装方式

　　包装方式条款是关于标的物的包装采用何种材料以及如何包装标的物的条款。标的物的包装不仅对标的物有保护作用，而且还能体现出标的物的质量状况。因此，买卖合同的当事人有必要就包装做出约定。合同中应明确包装的方式，包装材料、标准以及包装的费用负担等。国家对标的物的包装有标准的，当事人应执行国家的标准；没有国家标准而有行业标准的，应执行行业标准。标的物需要运输的，标的物的包装应符合承运人的要求。一般来说，除法律另有规定外，当事人没有特别约定的，包装费用由出卖人负担。当事人还应当就包装物的回收作出约定。

2. 检验标准和方法

检验标准和方法条款是有关双方就买受人接受的出卖人交付的标的物的数量、质量进行验收的标准和方法的条款。例如，对标的物是抽样检验还是逐一检验，是凭单检验还是凭现状检验，依据何种标准检验，应在何期限内检验，都应当作出明确的约定。关于标的物数量的验收，当事人应就合理的磅差、尾差作出约定。

3. 结算方式

结算方式条款是关于买受人支付价款等款项的内容。合同中应就买受人如何支付价款等款项作出约定。当事人关于结算方式的约定应遵守中国人民银行结算办法的规定，除法律或者行政法规另有规定外，当事人须以人民币结算和支付。除国家允许使用现金交易外，当事人应通过银行转账或者票据结算，当事人应就结算方式作出明确的约定。当事人在合同中还应注明双方的开户银行、账户名称、账号及结算单位，以便于结算。

4. 合同使用的文字及其效力。在合同以不同语言文字拟定时，当事人双方应就合同所使用的文字作出约定并应当明确所使用的文字的效力。

三、买卖合同的标的物

（一）买卖合同的标的物

第五百九十七条 因出卖人未取得处分权致使标的物所有权不能转移的，买受人可以解除合同并请求出卖人承担违约责任。法律、行政法规禁止或者限制转让的标的物，依照其规定。

本条规定了买卖合同的标的物。

买卖合同的当事人为出卖人与买受人。出卖人是给付标的物的人，买受人为接受标的物的人。出卖人给付与买受人接受的标的物为买卖合同的标的物，也就是出卖的标的物。关于买卖合同的标的物，由于各国立法上所采取的买卖合同的含义不同，买卖合同的标的物也就有所不同。我国合同法上采用狭义的买卖合同概念，因此，买卖合同的标的物仅限于有体物，亦即实物。

买卖合同的标的物可以是现存的物，也可以是将来生产或者取得的物；可以是特定物，也可以是种类物。但买卖合同的标的物须为出卖人有权处分的物。通常情形下，出卖物归所有权人，所有权人为出卖人。但是，一方面，所有权人并非就对其物有处分权；另一方面非所有权人对出卖物也可以有处分权。例如，所有权人的物被扣押、查封或监管的，所有权人的处分权就受到限制。在其处分权受限制期间，所有权人对其物的处分也为无权处分。除所有权人外，财产代管人、担保物权人、行纪人等，依照法律规定也会对标的物享有处分权。

出卖人对出卖标的物有处分权的，买受人可以取得标的物所有权；出卖人对出卖的标的物无处分权的，买受人除依善意取得规则可以取得标的物所有权的情形外，不能取得标的物的所有权。但是，买受人是否能够取得出卖物的所有权，并不影响买卖合同的效力。在司法实务中，当事人一方以出卖人在缔约时对标的物没有所有权或者处分权为由主张合同无效的，人民法院不予支持。出卖人因未取得所有权或者处分权致使标的物所有权不能转移，买受人要求出卖人承担违约责任并可以要求解除合同。因此，即使出卖人对出卖物没有处分权，买卖合同也可有效；出卖人因无处分权不能移转标的物所有权的，应承担合同履行不能的违约责任。

在商品房买卖中，出卖人订立出卖房屋的买卖合同时，应取得商品房预售许可证明。最高人民法院《关于审理商品房买卖合同纠纷案件适用法律若干问题的解释》（法释〔2003〕7号）第2条规定，出卖人未取得商品房预售许可证明，与买受人订立商品房预售合同，应当认定无效。但是在起诉前取得商品房预售许可证明的，可以认定有效。

买卖合同的标的物须为法律允许流通的物。法律、行政法规规定禁止流通的物，不得为买卖合同的标的物；以禁止流通物为买卖合同标的物的，买卖合同无效。对于法律、行政法规规定限制流通的物，只有在法律、行政法规规定的范围内才可以成为买卖合同的标的物。如果出卖人不具有取得合同标的物的经营资格，则买卖合同不能发生效力；只有在出卖人取得相应的经营资格后，买卖合同才能生效。如果买受人为不具有取得属于限制流通物的标的物的资格的，则买卖合同也不能生效；只有在买受人取得相应的资格后，买卖合同才能生效。

（二）买卖标的物所有权的转移时间

取得买卖标的物的所有权，是买受人订立合同的根本目的，因此，买卖标的物所有权于何时转移，对于当事人有重要的意义。

买卖标的物的所有权自标的物交付时起从出卖人转移给买受人，这是一般规则。但有以下两种情形例外：

一是法律另有规定。法律规定标的物所有权不从交付时起转移的，标的物所有权的转移时间依法律规定。例如，依物权法规定，当事人买卖不动产的，不动产所有权自办理不动产所有权转移登记时起转移，法律另有规定除外。

二是当事人另有约定。当事人可以依法约定标的物所有权的转移时间，当事人既可依法约定自合同订立时起标的物所有权转移，也可以约定在标的物交付后所有权仍不转移。当事人对标的物所有权转移时间另有约定的，只要该约定不违反法律的强制性规定，标的物的所有权就依当事人约定的时间转移。

四、买卖合同的效力

（一）出卖人的义务

1. 出卖人的主给付义务

第五百九十八条　出卖人应当履行向买受人交付标的物或者交付提取标的物的单证，并转移标的物所有权的义务。

本条规定了出卖人的主给付义务。

出卖人的主给付义务有两项：一是交付标的物；一是转移

标的物的所有权。

出卖人交付标的物是指将标的物的占有移转给买受人。因为买受人订约的目的是取得出卖物的所有权，而取得标的物的所有权是为了对物为占有、使用和收益。因此，不论所有权的取得是否以占有为要件，出卖人都应按约定将标的物交付给买受人。出卖的标的物有从物的，除当事人另有约定外，出卖人应一并交付从物。

标的物的交付有各种形式，包括现实交付和拟制交付。出卖人将标的物直接交付给买受人为现实交付；出卖人将提取标的物的单证，如仓单、提单，交付给买受人以代标的物的直接交付的，为拟制交付。除此以外，交付的形式还有简易交付、指示交付以及占有改定。简易交付是指标的物已经为买受人占有的，出卖人将自主占有的意思授予买受人，使买受人的占有变为自主占有，以代替现实交付。指示交付是指标的物为第三人占有时，出卖人将对第三人的返还原物请求权让与买受人，由买受人对第三人行使返还原物请求权，以代替现实交付。占有改定是指双方约定的由出卖人继续占有标的物，买受人取得对标的物的间接占有。《买卖合同的解释》第 5 条规定，标的物为无需以有形载体交付的电子信息产品，当事人对交付方式约定不明确，且依照其他方式仍不能确定的，买受人收到约定的电子信息产品或者权利凭证即为交付。

出卖人的交付义务，一般应由自己亲自履行，但也可以由第三人代出卖人履行交付义务。

转移标的物所有权是指将标的物所有权移转给买受人。因为除法律另有规定或者当事人另有约定外，标的物所有权自标的物交付时起转移，因此，除法律另有规定或者当事人另有约定外，出卖人交付标的物，标的物的所有权也就转移给买受人。但是，对于不动产（房屋）买卖，因不动产所有权自登记时起才发生转移，因此房屋买卖的出卖人仅将房屋交付给买受人并不发生房屋所有权转移，出卖人还应当协助买受人办理所有权变更登记，以使房屋所有权登记到买受人名下。当事人对动产所有权转移另有约定的，标的物所有权依当事人的约定发生转移。

在出卖人将同一动产出卖给多人即多重买卖的情形下，标的物所有权应归何人取得呢？对此，学者中有不同的观点。依《买卖合同的解释》第9条规定，出卖人就同一普通动产订立多重买卖合同，在买卖合同均有效的情况下，买受人均要求实际履行合同的，应按以下情形分别处理：（1）先行受领交付的买受人请求确认所有权已经转移的，人民法院应予支持；（2）均未受领交付，先行支付价款的买受人请求出卖人履行交付标的物等合同义务的，人民法院应予支持；（3）均未交付，也未支付价款，依法成立在先合同的买受人请求出卖人履行交付标的物等合同义务的，人民法院应予支持。依该解释第10条规定，出卖人就同一船舶、航空器、机动车等特殊动产订立多重买卖合同，在买卖合同均有效的情况下，买受人均要求实际履行合同的，应当按照以下情形分别处理：（1）先行受领交付的买受人请求出卖人履行办理所有权转移登记手续等合同义务的，人民法院应予支持；（2）均未受领，先行办理所有权转移登记手续的买受人请求出卖人履行交付标的物等合同义务的，人民法院应予支持；（3）均未受领交付，也未办理所有权转移登记手续的，依法成立在先合同的买受人请求出卖人履行交付标的物和办理所有权转移登记手续等合同义务的，人民法院应予支持；（4）出卖人将标物交付给买受人之一，又为其他买受人办理所有权转移登记，已受领交付的买受人请求将标的物所有权登记在自己名下的，人民法院应予支持。

　　2. 出卖人的从给付义务

第五百九十九条　　出卖人应当按照约定或者交易习惯向买受人交付提取标的物单证以外的有关单证和资料。

　　本条规定了出卖人的从给付义务。

　　出卖人的从给付义务，是出卖人负担的不决定买卖合同的性质和目的，但对于满足买受人的利益需要和实现合同目的有重要的补充功能的给付义务。出卖人不履行从给付义务的，买受人有权请求其履行。出卖人应当交付标的物或者交付提取标的物的单证，是出卖人的主给付义务。出卖人应当按照约定或者交易习惯向买受人交付提取标的物单证以外的有关单证和资料，即是出卖人负担的从给付义务。出卖人应保证单证和资料的完整性并符合买卖合同的规定。[①]

　　依《买卖合同的解释》第7条规定，提取标的物以外的有关单证和资料，主要应当包括保险单、保修单、普通发票、增值税专用发票、产品合格证、质量保证书、质量鉴定书、品质检验证书、产品进出口检疫书、原产地证明书、使用说明书、装箱单等。

　　依《买卖合同的解释》第25条规定，出卖人不履行或者不

---

　　①　石静遐：《买卖合同》，中国法制出版社1999年版，第87页。

适当履行从给付义务的，致使不能实现合同目的，买受人主张解除合同的，人民法院应予支持。

3. 买卖标的物的知识产权的归属

第六百条　出卖具有知识产权的标的物的，除法律另有规定或者当事人另有约定的以外，该标的物的知识产权不属于买受人。

本条规定了买卖标的物的知识产权的归属。

出卖人出卖的标的物是具有知识产权的，虽然标的物的所有权基于标的物的交付而转移归买受人，但是标的物的知识产权并不随标的物的所有权的转移而转移，除法律另有规定或者当事人另有约定外，该标的物的知识产权不属于买受人。这也就是说，只有在法律另有规定或者当事人另有约定时，标的物的知识产权才能转归买受人享有，否则该知识产权仍归原权利人享有。

4. 标的物的交付时间

第六百零一条　出卖人应当按照约定的期限交付标的物。约定交付期间的，出卖人可以在该期间内的任何时间交付。

第六百零二条　当事人没有约定标的物的交付期限或者约定不明确的，适用本法第五百一十条、第五百一十一条第四项的规定。

以上两条规定了出卖人交付标的物的时间。

交付标的物是出卖人的主给付义务，出卖人是否在适当的时间交付标的物不仅关系到其履行义务是否延期，也涉及买受人取得标的物的所有权或占有权的时间。因此，交付时间在买卖合同的履行中有重要意义。

　　出卖人应当按照约定的期限交付标的物。期限分为期日与期间。当事人约定的交付期限为期日的，出卖人应当于约定的日期交付标的物；当事人约定的交付期限为期间的，出卖人可以在约定期间内的任何时间交付标的物。合同中未约定交付期限或者约定交付期限不明的，出卖人应按照双方达成的补充协议中约定的期限交付；当事人不能达成补充协议的，出卖人应按照合同有关条款或者交易习惯确定的时间交付；按照合同有关条款或者交易习惯也不能确定交付时间的，出卖人可以随时交付，在买受人要求其交付时，出卖人应于买受人所给予的必要准备时间届满前交付。标的物于合同订立时已经由买受人占有的，依简易交付，自买卖合同生效时间起标的物即为交付。

　　5. 标的物的交付地点

第六百零三条　　出卖人应当按照约定的地点交付标的物。

　　当事人没有约定交付地点或者约定不明确的，依据本法第五百一十条的规定仍不能确定的，适用下列规定：

　　（一）标的物需要运输的，出卖人应当将标的物交付给第一承运人以运交给买受人；

　　（二）标的物不需要运输，出卖人和买受人订立合同时知道标的物在某一地点的，出卖人应当在该地点交付标的物；不知道标的物在某一地点的，应当在出卖人订立合同时的营业地交付标的物。

　　本条规定了出卖人交付标的物的地点。

　　出卖人交付标的物的地点也就是出卖人履行给付标的物的义务的地点。出卖人应当按照合同约定的交付地点交付标的物。对于标的物的交付地点，当事人在合同中没有约定或者约定不明确的，可以按照当事人达成的补充协议确定履行地点；当事人不能达成补充协议的，出卖人应当在依照合同的有关条款或者交易习惯确定的履行地点交付标的物；依照合同有关条款或者交易习惯也不能确定交付地点的，出卖人交付标的物地点的确定区分以下两种不同情况：

（1）标的物需要运输。标的物需要运输的，出卖人应当将标的物交付给第一承运人以运交给买受人。依《买卖合同的解释》第 11 条规定，"标的物需要运输的"，是指标的物由出卖人负责办理托运，承运人系独立于买卖合同当事人之外的运输业者的情形。因此，标的物需由出卖人以自己的运力运送给买受人或者由买受人以自己的运力运回标的物的，不属于"标的物需要运输的"情形。可见，标的物是否需要运输决定于该标的物是否需要独立的承运人运送。标的物需要运输的，出卖人将标的物交付给第一承运人的地点即为标的物交付地点。

（2）标的物不需要运输的。标的物不需要运输的，如果出卖人和买受人订立合同时知道标的物在某一地点的，该地点即为标的物的交付地点，出卖人应在该地点交付标的物。如果在订立合同时当事人不知道标的物在某一地点的，出卖人的营业地为合同履行地，出卖人应当在订立合同时的营业地交付标的物。

6. 标的物的风险负担转移时间

第六百零四条　标的物毁损、灭失的风险，在标的物交付之前由出卖人承担，交付之后由买受人承担，但是法律另有规定或者当事人另有约定的除外。

第六百零五条　因买受人的原因致使标的物未按照约定的期限

交付的，买受人自违反约定之日起承担标的物毁损、灭失的风险。

第六百零六条　出卖人出卖交由承运人运输的在途标的物，除当事人另有约定的以外，毁损、灭失的风险自合同成立时起由买受人承担。

第六百零七条　出卖人将标的物按照约定将标的物运送至买受人指定地点并交付给承运后，标的物毁损、灭失的风险由买受人承担。

当事人没有约定交付地点或者约定不明确，依据本法第六百零三条第二款第一项的规定标的物需要运输的，出卖人将标的物交付给第一承运人后，标的物毁损、灭失的风险由买受人承担。

第六百零八条　出卖人按照约定或者本法第六百零三条第二款第二项的规定将标的物置于交付地点，买受人违反约定没有收取的，标的物毁损、灭失的风险自违反约定之日起由买受人承担。

第六百零九条　出卖人按照约定未交付有关标的物的单证和资料的，不影响标的物毁损、灭失风险的转移。

第六百一十条　因标的物质量不符合质量要求，致使不能实现合同目的的，买受人可以拒绝接受标的物或者解除合同。买受人拒绝接受标的物或者解除合同的，标的物毁损、灭失的风险由出卖人承担。

第六百一十一条　标的物毁损、灭失的风险由买受人承担的，不影响因出卖人履行债务不符合约定，买受人要求其承担违约责任的权利。

以上八条规定了标的物的风险负担。

标的物的风险负担，是指合同约定的出卖的标的物因意外毁损、灭失的损失由何方承担。买卖标的物的毁损、灭失，如果是因可归责于当事人的原因造成的，当然应由该当事人承担其造成的标的物毁损、灭失的损失。只有在因不可归责于当事人任何一方的原因造成标的物毁损、灭失的情况下，才发生应由何方承担该损失的风险负担问题。若标的物毁损、灭失的风险由出卖人负担，则出卖人无权要求买受人支付价款；若标的物毁损、灭失的风险由买受人负担，则买受人虽不能取得标的物也仍须向出卖人支付价款。

关于标的物的风险负担，各国立法有不同的规则，主要有以下三种做法。其一为合同成立原则。此种立法例规定，标的物的风险负担原则上以合同成立时间为准，自合同成立之日起标的物的风险即转由买受人负担。其二为所有权原则。此种立法例规定，标的物的风险原则上由所有权人负担，因此标的物的风险随标的物所有权的转移而转移。其三为交付原则。此种立法例规定，标的物的风险以标的物的实际交付时间为转移时间，即在交付前由出卖人负担，于交付后由买受人负担。我国合同法原则上是采取了交付原则。

依我国法规定，交付为标的物毁损、灭失风险的转移界限。也就是说，在标的物交付之前，出卖人承担标的物毁损、灭失的风险，标的物意外毁损、灭失的，出卖人不得向买受人收取价款（已经收取的，应予返还）；在标的物交付之后，买受人承担标的物毁损、灭失的风险，标的物意外毁损、灭失的，买受人仍应向出卖人支付价款。依《买卖合同的解释》第14条规定，当事人对风险负担没有约定，标的物为种类物，出卖人未以装运单据、加盖标记、通知买受人等可识别的方式清楚地将标的物特定于买卖合同，买受人主张不负担标的物毁损、灭失的风险的，人民法院应予支持。标的物毁损、灭失的风险自交付起转移，仅是原则，以下两种情形例外：

其一，当事人另有约定的，依照当事人的约定确定标的物毁损、灭失的风险负担。因为标的物毁损、灭失的风险由何方承担，仅关系当事人双方的利益，因此，完全可由当事人自行约定。当事人约定标的物的风险负担的，自应按照当事人的约定确定风险负担。当事人的约定可以有两种情形：一是约定风险于标的物交付前就由买受人负担。这种情形发生在特定物买卖中。在特定物买卖，买受人为能取得标的物所有权，防止出卖人将该特定物被再次出卖，可以主张自合同成立之时起标的物所有权即转移给买受人。于此情形下，当事人会按照风险与所有权一致的规则，约定标的物的风险也于合同成立时转移给买受人。二是约定于标的物交付后标的物的风险不转移，仍由出卖人承担。

其二，法律有另外规定的，标的物的风险负担依照法律的规定确定。民法典合同编规定了标的物的风险转移的以下特别情形：

（1）因买受人的原因致使出卖人迟延交付标的物的，在迟延交付期间发生的标的物毁损、灭失的风险由买受人承担；

（2）出卖人出卖交由承运人运输的在途标的物的，除当事人另有约定外，标的物毁损、灭失的风险由买受人承担。依《买卖合同的解释》第13条规定，出卖人出卖交由承运人运输的在途标的物，在合同成立时知道或者应当知道标的物已经毁损、灭失却未告知买受人，买受人主张出卖人负担标的物毁损、灭失的风险的，人民法院应予支持；

（3）当事人按照规定确定由出卖人负责办理托运的，自出卖人将标的物交付给第一承运人起，标的物的毁损、灭失的风险由买受人承担。《买卖合同的解释》第12条规定，出卖人根据合同约定将标的物运送至买受人指定地点并交付给承运人后，标的物毁损、灭失的风险由买受人负担，但当事人另有约定的除外；

（4）出卖人按照规定或者约定将标的物置于交付地点，买受人违反约定没有收取的，标的物毁损、灭失的风险自违反约定之日起由买受人承担；

（5）因出卖人交付的标的物质量不符合质量要求致使不能实现合同目的，买受人拒绝接受标的物或者解除合同的，在买受人拒绝接受或者解除合同期间，标的物毁损、灭失的风险由出卖人承担。

出卖人未履行从给付义务，按照约定未交付有关的标的物的单证和资料的，不影响标的物毁损、灭失风险的转移。标的物的风险转移也与出卖人履行义务是否符合要求无关。出卖人履行债务不符合约定的，即使标的物毁损、灭失的风险由买受人承担，买受人也仍有权要求出卖人承担违约责任。

买卖标的物为动产的，除法律另有规定或当事人另有约定外，因交付即发生标的物的所有权转移，标的物的风险转移与所有权转移具有一致性，出卖人履行了交付义务也就履行了所有权转移义务，所以，在买受人负担标的物毁损、灭失的风险时，一般不发生出卖人应否履行所有权转移义务问题。但是，买卖标的物为不动产的，因标的物的交付虽发生标的物毁损、灭失的风险负担的转移，但不发生所有权转移。在不动产交付后标的物意外毁损、灭失的风险由买受人承担，买受人仍应向出卖人给付价款，那么，于此情形下，买受人可否请求出卖人履行转移标的物的所有权的给付义务？换句话说，出卖人是否还负担转移标的物的所有权的义务？有的认为，于此情形下，因标的物已经毁损、灭失，再办理所有权转移已经没有意义，因此，出卖人不再负担转移所有权的给付义务。另一种观点则认为，出卖人转移标的物所有权的主给付义务不因标的物毁损、灭失而消灭，只要合同没有解除，出卖人就负有转移标的物所有权的给付义务。

7. 出卖人的权利瑕疵担保义务

第六百一十二条　出卖人就交付的标的物，负有保证第三人对该标的不享有任何权利的义务，但是法律另有规定的除外。

第六百一十三条　买受人订立合同时知道或者应当知道第三人对买卖的标的物享有权利的，出卖人不承担前条规定的义务。

第六百一十四条　买受人有确切证据证明第三人对标的物享有权利的，可以中止支付相应的价款，但是出卖人提供适当担保的除外。

以上三条规定了出卖人的权利瑕疵担保义务。

（1）出卖人权利瑕疵担保义务的含义

出卖人的瑕疵担保义务，是指出卖人应保证其出卖的标的物没有权利瑕疵，标的物的所有权将会完全转移给买受人。标的物的权利瑕疵是指第三人对出卖人出卖的标的物享有权利，且该项权利具有追及效力，即使标的物交付给买受人，第三人也可对之行使权利，致使买受人不能取得标的物的完整的所有权。因为买受人订约的目的就是取得标的物的所有权，出卖人必须保证买受人能够取得标的物的所有权，因此，出卖人的瑕疵担保义务是由买卖合同性质决定的由法律直接规定的义务，无需当事人约定。出卖人违反权利瑕疵担保义务的，应承担相应的法律责任。

（2）违反权利瑕疵担保义务的构成要件

出卖人的权利瑕疵担保义务的违反，须具备以下条件方能构成：

其一，出卖的标的物上存在权利瑕疵。标的物上存在的权利瑕疵是指会影响买受人取得标的物的完整所有权的权利瑕疵，而非指标的物上存在第三人的任何权利。例如，标的物上存在第三人的使用权（如借用人的使用权），而该使用权的存在不会影响买受人取得所有权，此种情形不属于标的物存在权利瑕疵。标的物上的权利瑕疵主要有以下情况：一是第三人对标的物享有所有权，如出卖不动产的出卖人并非该不动产的所有权人而登记为所有权人，出卖动产的出卖人并非该动产的所有权人而是该动产的占有人等；二是第三人对标的物享有担保物权，如第三人对标的物享有抵押权、质权、留置权、优先权；三是第三人对标的物享有用益物权，如第三人对出卖的房屋享有居住权等；四是第三人对标的物享有具有物权性质的使用权（如租赁权）。租赁权虽不影响买受人取得所有权，但因"买卖不破租赁"规则，买受人取得的所有权会受租赁权的制约；五是第三人对标的物享有优先购买权；六是标的物侵犯了他人的知识产权，如标的物为他人的专利产品、使用了他人的商标等。标的物侵犯他人知识产权的，知识产权人行使侵权请求权时，该标的物会被查封、扣押；七是标的物上存在其他影响买受人取得完整所有权的情形，如标的物为监管物。

其二，权利瑕疵于订立合同时已经存在。如果标的物的权利瑕疵发生于合同订立之后，致使买受人不能取得标的物所有权的，出卖人应负债务不履行的违约责任，而不构成违反权利瑕疵担保义务的责任。

其三，买受人于订约时不知道或不应知道权利瑕疵的存在。如果买受人知道或者应当知道标的物上存在权利瑕疵而仍与出卖人订立买卖合同，则买受人自愿承担了不能取得标的物的完整所有权的风险，不构成出卖人违反权利瑕疵担保义务，出卖人不负权利瑕疵担保责任。出卖人故意隐瞒标的物上存在权利瑕疵的真实情况，而买受人客观上也有条件知道这一情形的，在如此情形下是否构成买受人的"应当知道"呢？对此有不同的观点。一种观点认为，于此情形下，出卖人为故意，而买受人的信赖至多也仅是过失，因此，应保护买受人的利益，不应认定构成买受人的"应当知道"。

其四，须于标的物交付时权利瑕疵仍未消除。标的物上虽存在权利瑕疵，但于标的物交付时瑕疵已经消除的，因为并不会影响买受人权利的取得，因此，只有权利瑕疵于标的物交付时仍未消除的，才构成标的物权利瑕疵担保义务的违反。

（3）违反权利瑕疵担保义务的责任

出卖人违反标的物的权利瑕疵担保义务的，依不同的情况应当承担以下民事责任：

其一，解除合同并要求赔偿损失。买受人有确切证据证明第三人可能就标的物主张权利的，除出卖人提供适当担保外，可以中止支付相应的价款；在因第三人主张权利，而买受人不能取得所有权的情形下，买受人可以解除合同并要求赔偿损失。

其二，减少价款或部分返还定金。标的物的权利瑕疵不影响买受人取得所有权但买受人须承受一定的物上负担，或者买受人不能取得完全所有权而可取得标的物部分所有权的，买受人可以要求出卖人减少价款或者返还部分定金。

8. 出卖人的物的瑕疵担保义务

第六百一十五条　出卖人应当按照约定的质量要求交付标的物。出卖人提供有关标的物质量说明的，交付的标的物应当符合该说明的质量要求。

第六百一十六条　当事人对标的物质量要求没有约定或者约定不明确，依据本法第五百一十条的规定仍不能确定的，适用本法第五百一十一条第一项的规定。

第六百一十七条　出卖人交付标的物不符合质量要求的，买受人可以依据本法第五百八十二条至五百八十四条的规定请求承担违约责任。

第六百一十八条　当事人约定减轻或者免除出卖人对标的物瑕疵承担的责任，因出卖人故意或者重大过失不告知买受人标的物瑕疵的，出卖人无权主张减轻或者免除责任。

以上四条规定了出卖人对标的物的物的瑕疵担保义务。

（1）出卖人的物的瑕疵担保义务的含义

出卖人的物的瑕疵担保义务，是指出卖人应担保交付的标的物质量不存在瑕疵。所谓标的物的质量瑕疵，是指标的物的质量不符合要求。标的物的质量应当符合当事人的约定。出卖人提供有关标的物质量说明的，标的物的质量应当符合该说明的质量要求。当事人对标的物的质量没有约定或者约定不明确的，标的物的质量应当符合补充协议约定的标准；当事人不能达成补充协议的，标的物的质量应符合按照合同有关条款或者交易习惯确定的质量标准；按照合同有关条款或交易习惯也不能确定质量标准的，标的物的质量应符合国家标准；没有国家标准的，应符合行业标准的；没有行业标准的，标的物的质量应符合通常标准或者符合合同目的的特定标准。出卖人交付的标的物的质量不符合质量要求的，即为标的物存在物的瑕疵。

（2）出卖人违反物的瑕疵担保义务的构成

构成出卖人违反标的物的物的瑕疵担保义务的，须具备以下条件：

其一，标的物的瑕疵于交付时存在。标的物的质量原不符合要求，但于交付时物的瑕疵已经除去的，因为买受人取得的标的物仍然符合质量要求，因此，不会构成出卖人的物的瑕疵担保义务的违反。

其二，买受人于订立合同时不知标的物的瑕疵。买受人于订立合同时知道标的物的瑕疵的，因买受人自愿承担了标的物瑕疵的风险，也就不能构成出卖人物的瑕疵担保义务的违反。《买卖合同的解释》第33条规定，买受人在缔约时知道或者应当知道标的物的质量存在瑕疵，主张出卖人承担瑕疵担保责任的，人民法院不予支持，但买受人于缔约时不知道该瑕疵会导致标的物的基本效用显著降低的除外。但是，出卖人于订立合同时明确保证标的物无瑕疵或者出卖人故意隐瞒标的物的瑕疵，除买受人故意购买该瑕疵标的物外，出卖人仍可构成物的瑕疵担保义务的违反。

其三，买受人于规定的期间内就标的物的瑕疵通知了出卖人。买受人应当在规定的期间内就标的物的瑕疵通知出卖人。买受人于规定的期间内未通知出卖人标的物有瑕疵的，则视为出卖人交付的标的物的质量符合要求，也就不会构成出卖人对物的瑕疵担保义务的违反。

（3）出卖人违反物的瑕疵担保义务的责任

出卖人违反物的瑕疵担保义务的，应依法承担违约责任。当事人对此违约责任有约定的，按照其约定承担责任。当事人约定减轻或者免除出卖人对标的物的瑕疵担保责任，但出卖人故意或者因重大过失不告知买受人标的物的瑕疵，出卖人无权主张依约减轻或者免除瑕疵担保责任的。当事人对质量瑕疵担保责任没有约定或者约定不明确的，买受人可以根据情况要求出卖人减少价款，或者要求修理、更换；因标的物质量不符合要求致使不能实现合同目的的，买受人有权解除合同并赔偿损失。标的物质量不符合要求致使不能实现合同目的，构成根本违约的，买受人可以解除合同；如果标的物质量虽不符合要求但不构成根本违约，则买受人不能解除合同而只能采取其他补救措施。

依《买卖合同的解释》第 21 条规定，买受人依约保留部分价款作为质量保证金的，出卖人在质量保证期间未及时解决质量问题而影响标的物的价值或者使用效果，出卖人主张支付该部分价款的，人民法院不予支持。

依《买卖合同的解释》第 22 条规定，买受人在检验期间、质量保证期间、合理期间内提出质量异议，出卖人未按要求予以修理或者因情况紧急，买受人自行或者通过第三人修理标的物后，主张出卖人负担因此所发生的合理费用的，人民法院应予支持。

依《买卖合同的解释》第 23 条规定，买受人要求减少价款的，人民法院应予支持。当事人主张以符合约定的标的物和实际交付的标的物按交付时的市场价值计算差价的，人民法院应予支持。价款已经支付，买受人主张返还减价后多出部分价款的，人民法院应予支持。

依法释〔2003〕7 号第 12、13 条规定，因房屋主体结构质量不合格不能交付使用或者交付使用后，房屋主体结构质量经核验确属不合格，买受人请求解除合同和赔偿损失的，应予支持。因房屋质量问题严重影响正常居住使用的，买受人请求解除合同和赔偿损失的，应予支持。交付使用的房屋存在质量问题，在保修期内，出卖人应当承担修复责任；拒绝修复或者在合理期间拖延修复的，买受人可以自行或者委托他人修复。修复费用及修复期间造成的其他损失由出卖人承担。

最高人民法院发布的指导案例 107 号的裁决要点中指出，在国际货物买卖中，卖方交付的货物虽然存在缺陷，但只要买方经过努力就能使用货物或者转售货物，不应视为构成《联合国国际货物销售合同公约》规定的根本违约的情形。①

9. 出卖人的标的物的包装义务

第六百一十九条　出卖人应当按照约定的包装方式交付标的物。

---

① 参见《最高人民法院报》2019 年 2 月 26 日第 2 版。

对包装方式没有约定或者约定不明确，依据本法第五百一十条的规定仍不能确定的，应当按照通用的方式包装，没有通用方式的，应当采取足以保护标的物且有利于节约资源、保护生态环境的包装方式。

本条规定了出卖人的标的物包装义务。

出卖人交付的标的物的包装应当符合约定的包装方式。合同中没有约定包装方式或者约定不明确的，标的物的包装应符合当事人达成的补充协议的要求；没有达成补充协议的，应当按照合同有关条款或者交易习惯确定的包装方式包装。如果依合同有关条款或者交易习惯仍不能确定包装方式的，出卖人应当按照通用的方式包装交付的标的物；没有通用方式的，应当采取足以保护标的物并且有利于节约资源、保护生态环境的包装方式包装标的物。

（二）买受人的义务

1. 买受人的受领并验收标的物的义务

第六百二十条　买受人收到标的物时应当在约定的检验期间内检验。没有约定检验期间的，应当及时检验。

第六百二十一条　当事人约定检验期间的，买受人应当在检验期间内将标的物的数量或者质量不符合约定的情形通知出卖人，买受人怠于通知的，视为标的物的数量或者质量符合约定。

当事人没有约定检验期间的，买受人应当在发现或者应当发现标的物的数量或者质量不符合约定的合理期间内通知出卖人。买受人在合理期间内未通知或者自收到标的物之日起二年内未通知出卖人的，视为标的物的数量或者质量符合约定；但是对标的物有质量保证期的，适用质量保证期，不适用该二年的规定。

出卖人知道或者应当知道提供的标的物不符合约定的，买受人不受前两款规定的通知时间的限制。

第六百二十二条　当事人约定的检验期限过短，根据标的的性质和交易习惯，买受人在检验期限内难以完成全面检验的，该期限仅视为买受人对标的物的外观瑕疵提出异议的期限。约定的检验期限或者质量保证期短于法律、行政法规规定的，应当以法律、行政法规规定的期限为准。

第六百二十三条　当事人对检验期限未作约定，买受人签收的送货单、确认单等载明标的物数量、型号、规格的，推定买受人已经对数量和外观瑕疵进行检验，但是有相关证据足以推翻的除外。

第六百二十四条　出卖人依照指示向第三人交付标的物，出卖人和买受人约定的检验标准与买受人和第三人约定的检验标准不一致的，以出卖人和买受人约定的检验标准为准。

上五条规定了买受人受领标的物并及时检验的义务。

买受人对于出卖人于规定的期间内交付的标的物应当及时受领，这是合同履行的协作原则所要求的。因为没有买受人的受领，出卖人也就不能履行交付义务。在因买受人的原因致使出卖人不能交付标的物的情形下，出卖人可以以提存方式履行合同。

买受人收到标的物时应当在约定的期间内检验。没有约定检验期间的，买受人应当及时检验。买受人检验收到的标的物的目的，在于确定出卖人交付的标的物的数量和质量是否符合要求。

当事人约定检验期间的，买受人应当在检验期间内将标的物的数量或者质量不符合约定的情形通知出卖人，买受人没有在该期间内通知出卖人的，视为出卖人交付的标的物的数量和质量符合约定。依《买卖合同的解释》第 18 条规定，当事人约定的检验期间过短，依照标的物的性质和交易习惯，买受人在检验期间内难以完成全面检验的，人民法院应当认定该期间为买受人对外观瑕疵提出异议的期间，应综合各种因素，确定买受人对隐蔽瑕疵提出异议的合理期间。约定的检验期间或者质量保证期间短于法律、行政法规规定的检验期间或者质量保证期间的，人民法院应当以法律、行政法规规定的检验期间或者质量保证期间为准。民法典吸收了这一司法实践经验。

当事人没有约定检验期间的，买受人应当在发现或者应当发现标的物的数量或质量不符合约定的合理期间内通知出卖人。依《买卖合同的解释》第 17 条规定，认定"合理期间"，应当综合当事人之间交易性质、交易目的、交易方式、交易习惯、标的物的种类、数量、性质、安装和使用情况、瑕疵的性质、买受人应尽的合理注意义务、检验方法和难易程度、买受人或者检验人所处的具体环境、自身技能以及其他合理因素，依据诚实信用原则进行判断。

当事人对标的物的检验期间未作约定，买受人签收的送货单、确认单等载明标的物数量、型号、规格的，人民法院应当认定买受人已对数量和外观瑕疵进行了检验，但有相反证据足以推翻的除外。

买受人在合理期间内或者自收到标的物之日起两年内未通知出卖人的，视为标的物的数量或质量符合约定。但对标的物的质量有保证期的，适用质量保证期，而不适用该两年的规定。该两年为不变期间，不适用诉讼时效中止、中断和延长的规定。

出卖人知道或者应当知道提供的标的物不符合约定的，买受人要求出卖人承担违约责任的，不受合理期间和两年的通知时间限制。

买受人对标的物的检验应当依照双方约定的标准进行。出卖人依照买受人的指示向第三人交付标的物，第三人应履行买受人的检验义务。出卖人依照买受人的指示向第三人交付标的物，出卖人和买受人之间约定的检验标准与买受人和第三人之间约定的检验标准不一致的，以出卖人和买受人之间约定的检验标准为检验标准。

依《买卖合同的解释》第20条规定，在约定的检验期间、合理期间、两年期间经过后，买受人主张标的物的数量或者质量不符合约定的，人民法院不予支持。出卖人自愿承担违约责任后，又以上述期间经过为由翻悔的，人民法院不予支持。

2. 标的物使用期满后的回收

第六百二十五条　依照法律、行政法规的规定或者按照当事人的约定，标的物在有效使用年限届满后应予回收的，出卖人负有自行或者委托第三人对标的物予以回收的义务。

本条规定了标的物的回收。

买卖标的物一般是有使用年限的。法律、行政法规规定或者当事人约定，对使用期满的标的物应予回收的，当事人应在标的使用期限届满后回收。出卖人负有回收的义务，买受人也应及时将有效使用期限届满的标的物交回给出卖人或者出卖人委托回收的第三人。

3. 买受人支付价款的义务

第六百二十六条 买受人应当按照约定的数额支付价款。对价款没有约定或者约定不明确的，适用本法第五百一十条、第五百一十一条第二项和第五项的规定。

第六百二十七条 买受人应当按照约定的地点支付价款。对支付地点没有约定或者约定不明确，依据本法第五百一十条的规定仍不能确定的，买受人应当在出卖人的营业地支付；但是，约定支付价款以交付标的物或者交付提取标的物单证为条件的，在交付标的物或者交付提取标的物单证的所在地支付。

第六百二十八条 买受人应当按照约定的时间支付价款。对支付时间没有约定或者约定不明确，依据本法第五百一十条仍不能确定的，买受人应当在收到标的物或者提取标的物单证的同时支付。

上三条规定了买受人支付价款的义务。

出卖人订立合同的目的就是取得价款，因此支付价款也就为买受人的主给付义务。

买受人应按照约定的数额支付价款。买卖合同的价格条款是重要条款，当事人一般会在价格条款中明确约定买受人应支付的价款数额。但是，价款条款并不要求买卖合同中必须明确价款的具体数额。买卖合同中未明确约定价款数额的，不影响合同的成立和效力。合同中没有明确约定价款数额的，当事人可以以补充协议确定价款数额；达不成补充协议的，可以根据合同的有关条款或者交易习惯确定价款数额；如果仍不能确定的，则根据合同订立时履行地的价格确定价款数额。依法应当执行政府定价或者政府指导价的，依政府定价或者政府指导价确定价款额；订立合同后至交付期限届至时政府定价或者指导价变动的，依交付时的价格确定价款额；出卖人逾期交付标的物的，遇价格上涨时按原价格执行，遇价格下降时，按新价格执行；买受人逾期提取标的物的，遇价格上涨时，按新价格执行，遇价格下降时，按原价格执行。

买受人应当按照约定的地点支付价款。当事人对支付价款的地点没有约定或者约定不明确的，按照补充协议约定的地点支付；没有达成补充协议的，按照合同的有关条款或者交易习惯可确定的支付地点支付；按照合同有关条款或者交易习惯也不能确定支付地点的，买受人应在出卖人的营业地支付价款，但约定支付价款以交付标的物或者提取标的物单证为条件的，则应在交付标的物或者提取标的物单证的所在地支付价款。

买受人应当按照约定的时间支付价款。合同中对支付价款的时间没有约定或者约定不明确的，依当事人达成的补充协议确定支付时间，没有补充协议的，按照合同的有关条款或者交易习惯确定支付时间；按照合同的有关条款或者交易习惯也不能确定支付时间的，买受人应当在收到标的物或者提取标的物单证的同时支付价款。这是双务合同同时履行规则的要求。

依《买卖合同的解释》第 24 条规定，买卖合同对付款期限作出的变更，不影响当事人关于逾期付款违约金的约定，但该违约金的起算点应随之变更。买卖合同约定逾期付款违约金，买受人以出卖人接受价款时未主张逾期付款违约金为由拒绝支付该违约金的，人民法院不予支持。买卖合同约定逾期付款违约金，但对账单、还款协议等未涉及逾期付款责任，出卖人根据对账单、还款协议等主张欠款时请求买受人依约支付逾期付款违约金的，人民法院予以支持，但对账单、还款协议等明确载有本金及逾期付款利息数额等或者已经变更买卖合同中关于本金、利息等约定内容的除外。买卖合同没有约定逾期付款违约金的计算方法，出卖人以买受人违约为由主张赔偿逾期付款损失的，人民法院可以以中国人民银行同期同类人民币贷款基准利率为基础，参照逾期罚息的利率标准计算。

4. 买受人接受或拒收多交的标的物时的义务

第六百二十九条　出卖人多交标的物的，买受人可以接受或者拒收多交的部分。买受人接受多交部分的，按照约定的价格支付价款；买受人拒绝接受多交部分的，应当及时通知出卖人。

本条规定了买受人在出卖人多交标的物时的权利和义务。

按照合同约定的数量交付标的物是出卖人的义务。出卖人交付的标的物数量不足的，买受人有权要求出卖人继续履行，交足约定的标的物数量。出卖人多交付标的物的，买受人有权接受或者拒绝接受。

买受人在接受或者拒绝接受多交的标的物时，也负担一定义务：

（1）买受人接受多交部分标的物的，应当按照约定的价格支付价款。买受人若不支付该部分标的物价款的，同样构成违约，应负违约责任。

（2）买受人拒绝接受多交部分标的物的，应当及时通知出卖人，以使出卖人采取措施避免造成标的物损失。因买受人未及时通知出卖人致使买受人拒收的标的物造成损失的，买受人应负赔偿责任。

（三）买卖合同的利益承受

第六百三十条　标的物在交付之前产生的孳息，归出卖人所有；交付之后产生的孳息，归买受人所有。但是，当事人另有约定的除外。

本条规定了买卖合同的利益承受。

买卖合同的利益承受，是指买卖合同成立后标的物所生孳息的归属。这里的所谓利益也就是标的物所生的孳息，包括天然孳息和法定孳息。

买卖合同的利益承受与风险负担是两个相对应的概念。利益承受解决的是合同订立后标的物所生利益如何合理分配问题，而风险负担解决的是合同订立后标的物意外毁损、灭失的损失如何合理分配问题。因此，在各国立法上一般规定，利益承受规则与风险负担规则相一致，即承担风险负担的一方也承受利益。依我国法规定，标的物的风险负担以交付为转移界限，标的物的利益承受也以交付为转移界限。除当事人另有约定外，在标的物交付前产生的孳息归出卖人所有，交付后产生的孳息归买受人所有。

（四）因物之瑕疵解除合同的效力

第六百三十一条　因标的物的主物不符合约定而解除合同的，解除合同的效力及于从物。因标的物的从物不符合约定被解

除的，解除的效力不及于主物。

第六百三十二条 标的物为数物，其中一物不符合约定的，买受人可以就该物解除。但是，该物与他物分离使标的物的价值显受损害的，当事人可以就数物解除合同。

上两条规定了因标的物瑕疵而解除合同的效力。

出卖人交付的标的物的质量不符合约定致使不能实现合同目的，买受人有权解除合同。解除合同也就是退货。因解除合同是交易的失败，为减少解除合同的不利后果，出卖人交付的标的物包括主物和从物的，因主物不符合约定而解除合同的，解除合同的效力及于从物，即买受人可将从物一并退掉；而因从物不符合约定被解除的，解除的效力不能及于主物，买受人不能将主物与从物一并退货，因为从物不符合约定的，不影响合同目的的实现。

出卖的标的物为数物的，出卖人交付的标的物中一物不符合约定的，买受人可以就该物解除合同即退货，而不能就他物也解除合同即不能将数物全部退货。但是，不符合约定的一物与他物相关联，该物与他物分离会使标的物的价值显受损害的，当事人可以就数物一并解除合同，即买受人可以将数物全部退给出卖人。

五、特种买卖

（一）分批交付的买卖

第六百三十三条 出卖人分批交付标的物的，出卖人对其中一批标的物不交付或者交付不符合约定，致使该批标的物不能实现合同目的的，买受人可以就该批标的物解除合同。

出卖人不交付其中一批标的物或者交付不符合约定，致使之后其他各批标的物的交付不能实现合同目的的，买受人可以就该批以及之后其他各批标的物解除。

买受人如果就其中一批标的物解除，该批标的物与其他各批标的物相互依存的，可以就已经交付或者未交付的各批标的物解除。

本条规定了分批交付的买卖合同的特殊效力。

分批交付的买卖合同是指出卖人应当按照约定的批次分期交付标的物给买受人的买卖合同。实务中出卖人分期交货的情形有两种：一是出卖人分期交付的各批次标的物各自相互独立，并无任何关联，买受人就出卖人交付的每一批次标的物单独结算价款。此种分期交货的买卖实际上是若干个单独买卖的结合，并无特殊性。这种分期交付的买卖属于一般买卖，而不属于分批交付的特殊买卖。二是出卖人分期交付的各批次标的物不具有独立性而是相互关联的，或者各批次的标的物虽各自独立但买受人是一次性支付价款的。这后一种分期交付标的物的买卖因或是各批次标的物间有关联，或是各批次标的物的价款支付有关联，不同于一般买卖。分批交付的买卖合同就是指这种特殊的买卖合同。

分批交付买卖合同的出卖人不交付的标的物或者交付的标的物不符合约定的，买受人可根据情形部分或全部解除合同：

其一，出卖人对某一批次标的物不交付或者交付不符合约定，致使该批次标的物不能实现合同目的的，买受人可以在该批次标的物范围内部分解除合同。

其二，出卖人不交付某一批次标的物或者交付不符合约定，致使之后其他各批次标的物的交付不能实现合同目的的，买受人可以在该批次标的物以及之后其他各批次的标的物的范围内部分解除合同。

其三，出卖人交付的各批次的标的物之间相互依存的，出卖人就其中一批次不交付或者交付的标的物不符合约定致使合同目的全部不能实现的，买受人可以就已经交付和未交付的其他各批次标的物全部解除合同。

买受人解除合同的，可以就因出卖人违约造成的损失请求赔偿。买受人部分解除合同的，只能就解除范围内出卖人不交付或者交付不符合约定的损失请求赔偿；买受人全部解除合同的，可以请求出卖人就全部标的物不交付或交付不符合约定的损失承担赔偿责任。

（二）分期付款的买卖

第六百三十四条　分期付款的买受人未支付到期价款的数额达到全部价款的五分之一，经催告后在合理期限内仍未支付到期价款的，出卖人可以要求买受人支付全部价款或者解除合同。出卖人解除合同的，可以向买受人要求支付该标的物的使用费。

本条规定了分期付款的买卖合同的特殊效力。

分期付款买卖是指买受人应按照一定期限分批次向出卖人支付价款的买卖。实务中认为，"分期付款"，系指买受人将应付的总价款在一定期间内至少分三次向出卖人支付。

分期付款买卖是一种特殊的买卖。分期付款买卖的特殊性表现在买受人不是一次性的而是至少分三次向出卖人支付价款。由于买受人于受领标的物后分多次付款，出卖人也就会有不能收取买受人应支付的全部价款的风险。出卖人为担保自己能够收到全部价款，往往会采取保留所有权的方式，即在合同中特别约定所有权保留。此外，出卖人为避免不能收到全部价款的风险也会要求在合同中约定特别有利于自己而不利于买受人的条款。而买受人通常属于经济上的弱者，又会不得不接受出卖人提出的不利于自己的条款。因此，法律为保护买受人的利益，对于分期付款买卖合同予以一定限制。

法律对分期付款买卖合同条款的限制主要有以下两项：

其一，限制买受人丧失期限利益。分期付款的出卖人为防止不能收到全部价款，采取的主要措施就是约定在买受人不按期支付价款时可以要求买受人支付全部价款或者解除合同。这种条款也就是使买受人丧失期限利益的条款。因为分期付款中的分期付款的利益属于买受人的期限利益。为防止当事人在合同中关于买受人不按期付款而丧失期限利益的特别约定过于苛刻，法律对因买受人不按期付款而丧失期限利益的约定加以限制，以使出卖人不得在一旦买受人有不按期付款的行为时就可以要求买受人支付全部价款或者解除合同。

依我国法规定，分期付款的买受人未支付到期价款的金额达到全部价款的五分之一的，出卖人可催告买受人支付，经催告买受人在合理期限内仍未支付到期价款的出卖人可以要求买受人支付全部价款或者解除合同。也就是说，只有买受人未按期支付的价款达到全部价款五分之一具经催告仍未支付价款的，买受人的期限利益才可以丧失，出卖人才可以要求买受人支付全部价款或者解除合同。如果当事人在合同中关于买受人丧失期限利益的约定不符合法律规定的买受人丧失期限利益的条件，则该约定无效。如果当事人的约定虽然不符合民法典第 634 条第 1 款的规定，但是有利于买受人的，则该约定有效。例如，如当事人约定"买受人未支付到期价款的金额达到全部价款五分之二的，出卖人可以请求支付全部价款或者解除合同"，则该约定有效。

其二，限制解除合同的损害赔偿金额。当事人解除合同时，当事人双方应将从对方取得的财产返还给对方，有过错的一方并应赔偿对方的损失。分期付款买卖合同的出卖人因买受人的原因而解除合同时，出卖人有权要求买受人赔偿损失。因标的物已经交付给买受人，买受人对标的物的占有利益也就是出卖人的损失，因此，出卖人为维护其利益，就会在买卖合同中特别约定出卖人解除合同时得扣留买受人支付的价款或者请求买受人支付一定的金额。学者称这种特约条款为解约扣款条款或失权条款。因为这种条款导致买受人失去应享有的权利，所以为防止失权条款过于苛刻而不利于买受人，各国立法普遍对这种条款予以限制。

我国民法典规定，出卖人解除合同的，可以向买受人要求支付该标的物的使用费。也就是说，出卖人解除合同的，要求买受人赔偿的损失不能超过标的物的使用费。如果出卖人已经收取的价款超过标的物的使用费的，出卖人只能从收取的价款中扣除该费用而将余额返还给买受人。当然，如果标的物受有损害，出卖人还可就该损失要求赔偿。但当事人双方在合同中约定出卖人解除合同时得扣除收到的全部价款的，该约定无效。

在司法实务中，分期付款买卖合同约定出卖人在解除合同时可以扣留已受领价金，出卖人扣留的金额超过标的物使用费以及标的物受损赔偿额，买受人请求返还超过部分的，人民法院予以支持。当事人对标的物的使用费没有约定的，人民法院可以参照当地同类标的物的租金标准确定。

（三）凭样品买卖

第六百三十五条　凭样品买卖的当事人应当封存样品，并可以对样品质量予以说明。出卖人交付的标的物应当与样品及其说明的质量相同。

第六百三十六条　凭样品买卖的买受人不知道样品有隐蔽瑕疵的，即使交付的标的物与样品相同，出卖人交付的标的物的质量仍然应当符合同种物的通常标准。

上两条规定了凭样品买卖的买卖合同的特殊效力。

凭样品买卖又称货样买卖、样品买卖，是指出卖人交付的标的物须与当事人保留的样品具有同一品质的买卖。

凭样品买卖为一种特别买卖，其特殊性就在于以样品来确定标的物的质量。所谓样品，又称货样，是当事人双方商定的用以决定标的物品质的标的物。凭样品买卖合同的出卖人交付的标的物的品质须与样品的品质相同。凭样品买卖的买卖合同，既不是以出卖人交付的标的物与样品的质量相同为生效条件，也不以是出卖人交付的标的物与样品的质量不符为解除条件。凭样品买卖的买卖合同仅是以当事人就标的物的质量与样品质量相同做出特约，并不以标的物的质量是否与样品质量相同为决定买卖合同效力的条件。

凭样品买卖既是以样品的质量决定标的物质量的，于订立合同时样品就须存在。并且，只有当事人在买卖合同中订明"以样品确定标的物的质量"或者"按样品买卖"等字样的合同，才属于凭样品买卖的买卖合同。如果仅是出卖人于订立合同前向买受人出示样品而后双方订立合同，而合同中并未标明凭样品买卖的，则双方的买卖合同仅为一般买卖合同，而不属于凭样品买卖的买卖合同。当事人在订立合同后履行合同前由出卖人向买受人提供样品的买卖，也不属于凭样品买卖。

凭样品买卖中的样品是否必须是从现货中选出的呢？对此有不同的观点。一种观点认为，凭样品买卖中的样品只能是从现货中选出的，而不能是特意制造的。依此观点，凭样品买卖只能是现货买卖。但合同法并未对样品买卖作此限制。依法律规定，凭样品买卖中的样品只能是订立买卖合同时就存在的，至于出卖人交付的标的物是否是在合同订立后制作的，并不影响凭样品买卖的效力。当事人就双方的买卖是否为凭样品买卖发生争议时，应由何方举证证明为凭样品买卖呢？对此有不同的观点。一种观点认为，应由买受人负举证责任，因为样品买卖为特别买卖；另一种观点认为，在买受人认为出卖人交付的标的物不符合样品时，出卖人应证明不存在凭样品买卖；还有一种观点认为，买受人主张为凭样品买卖的，应由买受人举证证明；出卖人主张不为凭样品买卖的，应由出卖人举证证明。

凭样品买卖不同于一般买卖，当事人约定凭样品买卖，也就意味着出卖人担保交付的标的物质量与样品的质量相同。出卖人交付的标的物是否与样品的质量相同，也就决定着当事人双方的权利义务和责任。因此，为判定出卖人交付的标的物的质量与样品是否相同，当事人应当对样品予以封存，并可以就样品的质量予以说明。出卖人交付的标的物与样品及其说明的质量相同的，出卖人交付的标的物就符合合同约定的质量；出卖人交付的标的物的质量与样品及其说明不同的，出卖人交付的标的物即为不符合约定的质量，出卖人应负质量瑕疵担保责任。当事人双方就出卖人交付的标的物是否符合质量要求发生争议时，应由何方负举证责任呢？一般说来，买受人以出卖人交付的标的物与样品质量不同而拒绝受领标的物的，应由出卖人证明标的物的质量与样品质量相同；买受人受领标的物后以标的物的质量与样品不同而要求出卖人承担违约责任的，应由买受人证明标的物的质量与样品的质量不同。依《买卖合同的解释》第40条规定，在实务中，合同约定的样品质量与文字说明不一致且发生纠纷时当事人不能达成合意，样品封存后外观和内在品质没有发生变化的，人民法院应当以样品为准；外观和内在品质发生变化，或者当事人对是否发生变化有争议而又无法查明的，人民法院应以文字说明为准。

凭样品买卖的出卖人交付的标的物与样品质量相同的，视为交付的标的物质量符合要求。但是，由于订立合同时买受人往往只能看清样品的外观有无瑕疵，而对样品是否有隐蔽瑕疵难以了解。因此，为了避免因买受人不清楚样品隐蔽瑕疵而受到损害，法律特别规定，凭样品买卖的买受人不知道样品有隐蔽瑕疵的，即使出卖人交付的标的物与样品相同，出卖人交付的标的物仍然应当符合同种物的通常标准。也就是说，买受人不知道样品有隐蔽瑕疵的，出卖人交付的标的物也应当符合国家标准、行业标准；没有国家标准、行业标准的，应当符合通常标准或者符合合同目的标准。否则，出卖人交付的标的物即使与样品相同，也为标的物的质量不符合要求，出卖人仍应当承担物的瑕疵担保责任。

（四）试用买卖

第六百三十七条　试用买卖的当事人可以约定标的物的试用期间。对试用期间没有约定或者约定不明确，依据本法第五百一十条的规定仍不能确定的，由出卖人确定。

第六百三十八条　试用买卖的买受人在试用期内可以购买标的物，也可以拒绝购买。试用期限届满，买受人对是否购买标的物未作表示的，视为购买。

试用人在试用期内支付部分价款或者对标的物实施出卖、出租、设立担保物权等行为的，视为同意购买。

第六百三十九条　试用买卖的当事人对标的物使用费没有约定或者约定不明确的，出卖人无权请求买受人支付。

第六百四十条　标的物在试用期内毁损、灭失的风险由出卖人承担。

上四条规定了试用买卖的买卖合同的特殊效力。

试用买卖又称为试验买卖，是指当事人双方约定以买受人经试用而认可标的物为买卖合同生效条件的合同。试用买卖为一种特殊买卖。与一般买卖相比，试用买卖有以下两项特殊性：

其一，试用买卖合同约定由买受人试用标的物。在试用买卖，出卖人负有将标的物交付买受人试用的义务，而这在一般买卖合同中是不存在的。买受人的试用是指由买受人通过一定期间的使用或者试验以确定标的物是否符合其购买要求。将标的物交付给买受人试用，是试用买卖合同的出卖人的一项独立义务。出卖人不履行该义务的，买受人可以要求出卖人交付标的物由其试用，也可以解除合同。

其二，试用买卖合同是以买受人认可标的物为合同生效条件的买卖。试用买卖合同虽经当事人双方意思表示一致即可成立，但只有在买受人经试用认可标的物时买卖合同才生效。如果买受人经试用不认可标的物，则买卖合同不发生效力。可见，买受人认可标的物，是试用买卖合同生效的条件。买受人不认可标的物的，为生效条件不成就，买卖合同则失去效力。出卖人虽交付标的物给买受受人试用，但标的物的所有权并不移转。买受人是否认可标的物完全决定于自己的意愿，而不受其他条件的限制。凡不符合这一要求的买卖，不属于试用买卖。依《买卖合同的解释》第42条规定，实务中认为，买卖合同存在下列约定内容之一的，不属于试用买卖。买受人主张属于试用买卖的，人民法院不予支持：（1）约定标的物经试用或者检验符合一定要求时，买受人应当购买标的物；（2）约定第三人经试验对标的物认可时，买受人应当购买标的物；（3）约定买受人在一定期间内可以调换标的物；（4）约定买受人在一定期间内可以退还标的物。

试用买卖以买受人认可标的物为合同的生效条件。因此，买受人认可标的物的意思表示应在规定期间内及时向出卖人作出。买受人认可标的物的意思表示可以采用书面形式，也可采用口头形式。为稳定当事人之间的关系，买受人应及时做出是否认可的意思表示。出卖人将标的物交付买受人试用时，当事人双方对试用期间有约定的，双方约定的试用期间为试用期间。

当事人对试用期间没有约定或者约定不明确的，又不能依补充协议、合同有关条款和交易习惯确定的，试用期间由出卖人决定。买受人应当在试用期间内作出是否认可的意思表示。依合同法规定，买受人在试用期间内未作出是否认可标的物的意思表示的，视为购买。这也就是说，买受人不认可标的物的，应在规定的试用期间内作出明确的意思表示。

买受人认可标的物的意思表示也可以通过自己的行为作出。因为试用买卖于买受人认可标的物时才能发生买卖的效力，买受人在认可标的物后才负有支付价款的义务，买受人在试用期间虽未表示认可还是拒绝，但其无保留地已经支付部分或者全部价款，就可以认为买受人是以支付价款的方式来表达认可标的物的意思，所以也就视为买受人同意购买。当然，如果买受人支付价款是有保留条件的，其是基于特定条件才付款的，则不能认定其支付价款是以行为表达认可标的物的意思。买受人虽未支付价款，但在试用期间对标的物为出卖、出租、设定担保物权等行为的，也为买受人以行为作出认可标的物的意思表示。因为对标的物为出卖、出租、设定担保物权等行为并非试用行为，买受人实施这些行为是将标的物已经视为自己的物，所以应认定买受人同意购买。《买卖合同的解释》第41条规定："试用买卖的买受人在试用期间内已经支付一部分价款的，人民法院可以认定买受人同意购买，但合同另有约定的除外。""在试用期间，买受人对标的物实施了出卖、出租、设定担保物权等非试用行为的，人民法院应当认定买受人同意购买。"民法典吸收了这一解释规定，确认买受人无保留地支付部分价款或者对标的物实施试用以外的行为，是通过行为作出同意购买的意思表示。

　　试用买卖的买受人试用标的物原则上是无偿的，除当事人另有约定外，买受人对于试用期间因试用而造成的标的物的损耗，不承担任何责任。试用买卖的当事人没有约定使用费或者约定不明确，出卖人无权请求买受人支付使用费。标的物在试用期间毁损、灭失的风险，由出卖人承担。

（五）所有权保留买卖

第六百四十一条　当事人可以在买卖合同中约定买受人未履行支付价款或者其他义务的，标的物的所有权属于出卖人。

　　出卖人对标的物保留的所有权，未经登记，不得对抗善意第三人。

第六百四十二条　当事人约定出卖保留标的物的所有权，在标的物所有权转移前，买受人有下列情形之一，造成出卖人损害的，除当事人另有约定外，出卖人有权取回标的物：

　　（一）未按照约定支付价款，经催告在合理期限内仍未支付；

　　（二）未按照约定完成特定条件；

　　（三）将标的物出卖、出质或者作出其他不当处分。

　　出卖人可以与买受人协商取回标的物；协商不成的，可以参照担保物权的实现程序。

第六百四十三条　出卖人依据前条第一款的规定取回标的物后，买受人在双方约定或者出卖人指定的合理回赎期限内，消除出卖人取回标的物的事由的，可以请求回赎标的物。

　　买受人在回赎期限内没有回赎标的物，出卖人可以以合理价格将标的物出卖给第三人，出卖所得价款扣除买受人未支付

的价款以及必要费用后仍有剩余的，应当返还买受人；不足部分由买受人清偿。

以上三条规定了保留所有权的买卖合同。

在一般情形下，买卖合同的标的物所有权自交付时起属于买受人，但是当事人也可以约定自标的物交付时所有权不转移。有此约定的买卖合同属于保留所有权的买卖合同。

依《买卖合同的解释》第34条规定，所有权保留的买卖不适用于不动产。买卖合同当事人主张不动产买卖所有权保留的，人民法院不予支持。因此，因为不动产所有权不是自交付时起转移。保留所有权买卖只能适用于动产买卖。

在保留所有权买卖的合同，当事人特别约定在买受人未履行支付价款或者其他义务时，标的物虽交付给买受人，标的物所有权也仍属于出卖人，而不为买受人取得。只有在买受人按约定履行了支付价款或者其他义务时，标的物的所有权才属于买受人。保留所有权实际上是出卖人采取的保障其取得价款的担保措施。正是从这一意义上，所有权保留被视为一种担保方式。保留所有权买卖出卖人交付标的物后虽保留所有权，但出卖人占有标的物，享有标的物的使用收益权。而占有是动产物权的公示方式，因此，出卖人保留的所有权，未经登记，不具有对抗善意第三人的效力。

当事人约定所有权保留，在标的物所有权转移前，买受人有下列情形之一，对出卖人造成损失的，除当事人另有约定外，出卖人有权取回标的物：（1）未按约定支付价款的；（2）未按约定完成特定条件的；（3）将标的物出卖、出质或者作出其他不当处分的。取回标的物的价值显著减少，出卖人可以要求赔偿损失。但是，实务中认为买受人已经支付标的物总价款 75% 以上，出卖人主张取回标的物的，人民法院不予支持；买受人将标的物作不当处分而第三人依物权法规定的善意取得规则取得权利的，人民法院也不支持出卖人取回标的物的主张。

保留所有权的买卖合同的出卖人取回标的物后，买受人在双方约定或者出卖人指定的回赎期间内，消除出卖人取回标的物的事由，可以请求回赎标的物的。买受人在回赎期间内没有回赎标的物的，出卖人可以另行出卖标的物。出卖人另行出卖标的物的，出卖所得价款依次扣除取回和保管费用、再交易费用、利息、未清偿的价金后仍有剩余的，应返还原买受人；如有不足，出卖人要求原买受人清偿的，人民法院应予支持，但原买受人有证据证明出卖人另行出卖的价格明显低于市场价格的除外。

（六）招标投标买卖

第六百四十四条　招标投标买卖的当事人的权利和义务以及招标投标程序等，依照有关法律、行政法规的规定。

本条规定了招标投标买卖的法律适用。

招标投标买卖是指以招标投标的方式订立买卖合同以购买或者出卖标的物。通过招标投标方式购买标的物的称为标买，通过招标投标方式出卖标的物的称为标卖。

招标投标买卖与一般买卖的合同订立程序不同。招标投标买卖合同的订立要经过招标、投标、定标等阶段。招标是由买受人或者出卖人发出招标公告，提出购买标的物或者出卖标的物的条件。招标分为公开招标和邀请招标。公开招标是指招标人以招标公告的方式邀请不特定人的人投标；邀请招标是指招标人以招标公告方式邀请不少于三人的特定的人投标。不论是公开招标还是邀请招标，招标公告不为要约而为要约邀请。投标是指由参加竞争的投标人提出自己的出卖或者购买的条件。投标具有要约的性质。投标人一经投标，不得更改标书内容。定标是指招标人经开标、评标后从各投标人中选出最优者为中标人。中标人即为与招标人按投标内容订立买卖合同的另一方当事人。

招标投标买卖的根本特征在于通过竞争的方式选定合同当事人订立买卖合同，并且各参与竞争的投标人所报出的条件是相互保密的，每个投标人也只有一次报价的机会。

招标投标买卖是订立程序特殊的买卖合同。《中华人民共和国招标投标法》以及《中华人民共和国招标投标法实施细则》等对招标投标的程序及参与订立合同的当事人的权利义务和责任，都有特别的规定。所以，招标投标买卖的当事人的权利义务以及招标投标程序等，应当适用有关法律、行政法规的规定。

（七）拍卖

第六百四十五条　拍卖的当事人的权利和义务以及拍卖程序等，依照有关法律、行政法规的规定。

本条规定了拍卖的法律适用。

拍卖是指以公开竞价的方式将标的物出卖给应价人的买卖。

拍卖依不同的标准可有不同的分类。常见的拍卖分类主要有以下几种：

1. 根据拍卖发生的原因，拍卖分为法定拍卖与意定拍卖。

法定拍卖是指基于法律的规定而进行的拍卖。提存标的物的拍卖即为法定拍卖。意定拍卖是指基于出卖人自己的意思而进行的拍卖。出卖人自行决定拍卖自己物品的，就为任意拍卖。

2. 根据拍卖人与出卖人之间的关系，拍卖可分为委托拍卖与自行拍卖。委托拍卖是指由出卖人委托他人进行的拍卖。在委托拍卖中拍卖人是出卖人的受委托人，而不是拍卖标的物的权利人，拍卖人只能是依法设立的具有从事拍卖活动的企业法人。自行拍卖是指由出卖人自己拍卖自己的物品，在自行拍卖中出卖人与拍卖人为同一人。

3. 强制拍卖与任意拍卖。根据拍卖的性质，拍卖可分为强制拍卖与任意拍卖。强制拍卖有的称为公的拍卖，是指由国家机关依强制执行法规定的程序进行的拍卖。任意拍卖有的称为私的拍卖，是指由当事人自己决定的拍卖。

拍卖是一种程序特殊的买卖。拍卖一般也须经过拍卖的表示、应买的表示和买定的表示三个阶段。首先由拍卖人发出拍卖的意思表示，该意思表示的性质一般为要约邀请；其次由应买人发生应买的意思表示，该意思表示的性质一般为要约；最后由拍卖人发出买定的意思表示即拍定成交，该意思表示为承诺。

拍卖与招标投标买卖一样也是以竞争方式订立合同的。拍卖与招标投标买卖所不同的是，拍卖中的应买人的报价是公开的，各应买人可以随时修改自己的报价。

关于拍卖的程序以及拍卖当事人的权利义务和责任，《中华人民共和国拍卖法》以及相关的行政法规有特别规定，因此有关拍卖的当事人的权利义务以及拍卖程序等，应适用有关法律和行政法规的规定。

六、有偿合同的法律适用

第六百四十六条 法律对其他有偿合同有规定的，依照其规定；没有规定的，参照买卖合同的有关规定。

本条规定了有偿合同的法律适用。

买卖合同是典型的有偿合同。因此，对于其他有偿合同，法律有规定的，依照其规定；法律没有规定的，就参照买卖合同的有关规定。

七、易货交易的法律适用

第六百四十七条 当事人约定易货交易，转移标的物所有权的，参照买卖合同的有关规定。

本条规定了以货易货交易的法律适用。

易货交易转移标的物所有权的合同称为互易合同、以物换物合同、易货贸易合同，是当事人双方约定以货币以外的财物进行交易的合同。

互易合同当事人双方订约的目的，是从对方取得自己所需要的标的物的所有权，任何一方从对方取得标的物的所有权都须转移自己的标的物的所有权给对方。因为，除当事人不是以支付货币为代价取得标的物的所有权外，互易合同具备买卖合同的各种特征。所以，合同法并未单独规定互易合同，而是在买卖合同一章中规定，互易合同参照买卖合同的有关规定。

互易合同是物物交换的法律形式，是最原始的商品交换合同。自从货币出现后，互易合同逐渐为买卖合同所取代。但是，直至现在，互易合同也仍有适用的余地。因为，互易合同在许多情形下可以节省交易成本，并解决当事人资金短缺的困难。

互易合同可分为单纯的互易合同和价值互易合同。单纯互易合同是指当事人双方并不考虑给付对方的标的物的价值，直接以自己之物换取对方之物。价值互易合同是指当事人双方以其标的物的价值为标准互换标的物，双方互换的标的物如价值不等，一方还应向另一方支付标的物的差价。

在罗马法上互易合同为要物合同，以标的物的交付为合同的成立要件。而现代法上的互易合同为诺成性合同，自当事人双方意思表示一致时即可成立。

互易合同生效后，任何一方都应按照合同的约定向对方交付标的物并转移标的物的所有权，任何一方都对其标的物的权利和质量负瑕疵担保责任。在价值互易合同，负有支付差价义务的一方还应当按照约定补足价款。

互易合同的标的物意外毁损、灭失的风险和利益承受，按照买卖合同的规定，也应自标的物交付时起发生转移。

第十章　供用电、水、气、热力合同

一、供用电、水、气、热力合同的概念和特征

供用电、水、气、热力合同，是指供方向用方供电、水、气、热力，用方为此支付价款的合同，包括供水合同、供电合同、供气合同、供热力合同。在市场经济条件下，电、水、气、热力等都可为商品，因此，供用电、水、气、热力合同也是一方供应商品，另一方支付价款的合同。也正因为如此，供用电、水、气、热力合同被看作是特殊的买卖合同。但供用电、水、气、热力合同又不同于买卖合同，所以，我国合同法上是将其作为不同于买卖合同的独立一类合同加以规定的。

供用电、水、气、热力合同虽与买卖合同一样为诺成性合同、双务合同、有偿合同，但还具有以下与买卖合同不同的特征：

其一，合同的标的物为特殊的商品。供用电、水、气、热力合同的标的物为电、水、气、热力，这类商品既是国民经济中的重要能源，又是人们日常生活和生产中的必需品，具有公用性。因此，供用电、水、气、热力合同在生活、生产中有特别的不可替代的作用。为保障人们生产和生活的需要，法律须对其予以特别规制，赋予供方强制缔约义务，供方不得拒绝用

方合理的订约要求。

其二，合同主体的特殊性。供用电、水、气、热力合同的供方是依法具有经营资格的企业。供应电、水、气、热力不是一般的营利性事业，而是一项具有公益性的事业。因此合同的供方主体是从事公益性活动的企业。而合同的用方为电、水、气、热力这类特殊商品的消费者，既可以为法人，也可以为非法人组织和自然人。主体的这一特殊性也决定了合同的目的具有公益性。也正因为合同的公益性，供方所供的标的物的价格一般是由政府统一定价的，价格的变动须经法定程序，供方不能随意提价。

其三，合同履行具有连续性。供用电、水、气、热力合同是继续性合同，而非一时性合同。由于作为合同标的物的电、水、气、热力的供应和使用是连续性的，而不是一次性的，因此，合同的履行也就具有连续性。供方持续不断地向用方供电、水、气、热力，用方则持续使用电、水、气、热力并按期付费。合同履行的这种连续性一方面决定了双方一般建立长期供用关系，一般不能解除合同；另一方面也决定了双方一旦解除合同，合同的解除不具有溯及力，只能对将来发生效力，而不能发生标的物的返还。

其四，合同用方安全义务的特殊性。由于电、水、气、热力供应系统具有网络性，任何一个用户的违规使用，都有可能会影响其他用户甚至整个系统的正常运行。因此，供用电、水、气、热力合同须对用方的安全、合理使用标的物作出特别的约定，强化对用方的安全义务的要求。

二、供用电合同的概念

第六百四十八条 供用电合同是供电人向用电人供电，用电人支付电费的合同。

向社会公众供电的供电人，不得拒绝用电人合理的订立合同要求。

本条规定了供用电合同的概念。

供用电合同是由供电方与用电方签订的由供电方供电，用电方支付电费的供用合同。供用电合同是能源供用中适用最普遍、最典型的合同。因此，供用电合同具有供用合同的各种特征。供用电合同为诺成性合同、双务合同、有偿合同、继续性合同。向公众供电的供电负有强制缔约义务，不得拒绝用电人合理的订约要求。

三、供用电合同的内容

第六百四十九条 供用电合同的内容一般包括供电的方式、质量、时间、用电容量、地址、性质、计量方式、电价、电费的结算方式、供用电设施的维护责任等条款。

本条规定了供用电合同的内容。

供用电合同由供电方与用电方协商订立，但供用电合同一般采用格式条款。供用电合同的内容包括但不限于以下条款：

1. 供电的方式。供电的方式是指供电人以何种方式进行供电，包括主供电源、备用电源、保安电源的供电方式以及委托转供电等内容。

2. 供电质量。供电质量是指供电频率、供电额定电压和供电可靠性。

3. 供电时间。供电时间是指用电人有权用电的起止时间。

4. 用电容量。用电容量是指用电人受电设备的总容量。双方应根据用电性质、电网负荷约定单位时间内用电方的最大用电量。

5. 用电地址。用电地址是指电人使用电力的地址。用电地址既是确定供电方式、供电时间的重要依据，也是确定双方纠纷诉讼管辖的依据。

6. 供电性质。供电性质是指用电人的用电目的，即用电人用电的行业和类别。如，用电人的用电是属于工业用电还是农业用电，是生活用电还是生产用电等。用电性质与用电容量、时间、质量以及电价密切关联。

7. 计量方式。计量方式是指如何计算用电人的用电量，一般是以"度"即千瓦时为单位计量的。

8. 电价、电费的结算方式。电价是指供电人向用电人供电的价格。国家对电力实行统一定价。合同应执行国家的定价。电费是用电人交付给供电人的用电代价。支付电费是用电人的主要义务，收取电费是供电人的主要权利。双方应在合同中约定电费的结算方式。例如，是由银行代缴代收还是到营业地点交付，是预付还是后付，是按月还是按季度或按年结算等。

9. 供用电设施的维护责任。一般来说，公用供电设施属于供电人，由供电人负责维护管理；受电设施和用电计量装置属于用电人，由用电人负责维护管理。因此，在合同中应明确供电设施运行管理的分界点。电源一侧的供电设施的维护责任属于供电方，而负荷一侧的供电设施的维护责任属于用电方。

四、供用电合同的履行地点

第六百五十条 供用电合同的履行地点，按照当事人约定；当事人没有约定或者约定不明确的，供电设施的产权分界处为履行地点。

本条规定了供用电合同的履行地点。

供用电合同的履行地点是供电人供应的电力转移给用电人的地点。由于电力的生产、供应与使用是联在一起的，供电人与用电人之间是通过网络联结的，合同的履行地点是确定何时供方的电力归用电方所有的依据。因此，合同履行地点不仅是确定供电人是否供电、用电人是否用电和计算用电量的重要根据，而且对于确定当事人双方的责任也有重要意义。合同的履行地点由当事人双方约定；双方没有约定或者约定不明确的，则以供电设施产权的分界处为合同履行地点。

五、供用电合同的效力

（一）供电人的主要义务

1. 按标准和约定安全供电义务

第六百五十一条 供电人应当按照国家规定的供电质量标准和约定安全供电。供电人未按照国家规定的供电质量标准和约定安全供电，造成用电人损失的，应当承担赔偿责任。

本条规定了供电人按标准和约定安全向用电人供电的义务。

按照国家规定的质量标准和约定的方式、时间、地址和电量等安全向用电人供电，是供电人的基本义务，也是实现合同目的的根本途径。国家规定的供电质量标准包括供电的电压和频率。当事人对供电质量标准也可以特别约定，但不应低于国家规定的质量标准。

供电人违反按照供电的质量标准和约定安全供电义务，造成用电人损失的，供电人应承担赔偿损失的责任。

2. 因故中断供电的通知义务

第六百五十二条　供电人因供电设施计划检修、临时检修、依法限电或者用电人违法用电等原因，需要中断供电时，应当按照国家有关规定事先通知用电人。未事先通知用电人中断供电，造成用电人损失的，应当承担赔偿责任。

本条规定了供电人因故中断供电的通知义务。

供电合同的履行是连续性的，供电人只有不断地持续供电才能满足用电人持续的用电需求。但是，供电人的供电设施也不可能永久性地不停地运行，也需要定时定期地进行检修，这时可能会需要中断供电。在电量不足需依法限电或者因用电人的违法用电等原因，供电人也需中断向用电人供电。可见，供电人因故中断供电是没有过错的，是不得已而为之的。但是，因中断供电会导致用电人不能按预期用电，为避免因中断供电导致用电人的损失或者损失的扩大，因此，供电人因故需要中断供电时就应按照国家有关规定事先通知用电人，以使用电人及早做出安排。供电人在因故中断供电时未按照国家有关规定事先通知用电人，因中断供电造成用电人损失的，供电人负赔偿损失的责任。

3. 因自然灾害等原因断电的抢修义务

第六百五十三条　因自然灾害等原因断电，供电人应当按照国家有关规定及时抢修。未及时抢修，造成用电人损失的，应当承担赔偿责任。

本条规定了供电人因自然灾害等断电的抢修义务。

自然灾害属于不可抗力。因自然灾害等意外事故造成断电，是供电人无法预见的，因此也就不可能事先通知用电人断电。但是，在发生自然灾害等意外事故时，供电人应当及时采取积极措施，以最大限度地减少因事故断电给用电人造成的损失。因此，法律赋予供电人于此情况下的及时抢修义务。供电人是否为及时抢修，应当依国家有关规定来确定。因供电人未及时抢修造成用电人损失的，供电人应对此损失负赔偿责任。当然，这里的损失并非用电人因断电造成的全部损失，而是指如供电人及时抢修就不会发生或扩大的损失。

（二）用电人的主要义务

1. 支付电费的义务

第六百五十四条　用电人应当按照国家有关规定和当事人的约定及时交付电费。用电人逾期不交付电费的，应当按照约定支付违约金。经催告用电人在合理期限内仍不交付电费和违约金的，供电人可以按照国家规定的程序中止供电。

供电人依据前款规定中止供电的，应当事先通知用电人。

本条规定了用电人支付电费的义务。

电费是用电人用电的代价，取得电费也是供电人订立合同的目的，因此，支付电费是用电人的基本义务。用电人应当按照约定的时间根据用电量支付电费。用电人逾期不交付电费的，应当按照约定交付违约金。用电人逾期不交付电费和违约金的，供电人催告用电人交付，给予用电人一定的交付电费的合理的宽限期。用电人在催告给予的合理期限内仍不交付电费和违约金的，供电人可以按照国家规定的程序中止供电。当然，供电人因此中止供电的，应事先通知用电人。

在用电人交付电费和逾期违约金后，供电人应恢复供电。

2. 安全用电的义务

第六百五十五条　用电人应当按照国家有关规定和当事人的约定安全、节约和计划用电。用电人未按照国家有关规定和当事人的约定用电，造成供电人损失的，应当承担赔偿责任。

本条规定了用电人安全用电的义务。

用电人应按照国家有关规定和合同的约定安全用电，这既是用电人对供电人负担的合同义务，也是用电人向社会承担的安全义务。因为电网的系统性，用电人的安全用电关系到电网的安全，用电人是否安全用电既会影响其他用电人的正常用电，也关系到整个社会的用电安全。供电人不按照国家有关规定和当事人的约定安全用电的行为主要表现为：（1）擅自改变用电类别；（2）擅自超过合同约定的容量用电；（3）擅自超分配的电量用电；（4）擅自使用已经被供电人办理暂停使用的电力设备或者擅自启动被供电人查封的电力设备；（5）擅自迁移、更动或者擅自操作供电人的用电计量装置、电力负荷控制装置、供电设施以及约定由供电人调度使用的用电人的受电设备；（6）未经供电人同意，擅自引入引出电源或者将自备电源擅自并网等。用电人不按照国家有关规定和当事人的约定安全用电，造成供电人损失的，应当赔偿供电人的损失。

六、供用水、供用气、供用热力合同的法律适用

第六百五十六条　供用水、供用气、供用热力合同，参照供用电合同的有关规定。

本条规定了供用水、供用气、供用热力合同的法律适用。

由于供用水、供用气、供用热力合同与供用电合同属于同一类合同，具有相同的性质和特点，因此，法律对供用水、供用气、供用热力合同没有必要再作规定，而仅规定其参照适用供用电合同的有关规定。

第十一章　赠与合同

一、赠与合同的概念与特征

第六百五十七条　赠与合同是赠与人将自己的财产无偿给予受赠人，受赠人表示接受赠与的合同。

本条规定了赠与合同的概念。

赠与合同是当事人一方将其财产无偿给予另一方，而另一方同意接受该财产的双方法律行为。

赠与合同具有以下特征：

1. 赠与合同是以转移财产所有权为目的的合同

赠与是无偿地给予。无偿给予可以是一方无偿地向另一方提供劳务，也可以是一方无偿地给予另一方财产权利和其他服务。而赠与合同仅为一方将财产所有权给予另一方的合同，给予财产所有权的一方为赠与人，同意接受财产所有权的一方为受赠人，因此，赠与合同是以转移财产所有权为目的的合同。如果一方无偿给予另一方其他财产权利或者提供其他服务，而另一方同意接受的，则双方之间的合意不属于赠与合同。赠与合同以转移所有权为目的，赠与的结果发生标的物所有权的转移，因此，赠与合同属于转移财产所有权的合同。赠与合同的这一特征是其与买卖合同、互易合同的相同之处，也是其与借用合同的重要区别。借用合同是出借人无偿地将标的物的使用权转移给借用人的合同。

2. 赠与合同为单务合同、无偿合同

赠与合同是赠与人无偿地向受赠人转移财产所有权的合同，受赠人取得财产所有权不需要支付任何代价，因此，赠与合同为无偿合同。赠与合同中只有赠与人负有将其财产所有权移转给受赠人的给付义务，而受赠人并不负担任何义务。即使在附义务的赠与中，受赠人所负担的义务也不是向赠与人为给付的义务，因此，赠与合同为单务合同。赠与合同的无偿性是赠与合同与同为转移所有权的买卖合同、互易合同的根本区别。赠与合同的单务性决定了在赠与合同中不发生双务合同当事人所享有的同时履行抗辩权。因为赠与合同为无偿的单务合同，受赠人接受赠与是纯属获利益的，因此，限制民事行为能力人接受赠与的，赠与人不能以受赠人是无完全民事行为能力人为由而主张赠与无效。

3. 赠与合同为诺成性合同

关于赠与合同是实践性合同还是诺成性合同，各国立法有不同的立法例。我国学者中也有不同的观点。在原合同法施行前，实务中对于自然人之间的赠与合同是采取认定为实践性合同的观点的。[①] 认定赠与合同为实践性合同，考虑的是赠与人到期不赠与的后果，认为如强制赠与人给予受赠人财产，对赠与

---

① 例如，最高人民法院《关于贯彻执行〈中华人民共和国民法通则〉若干问题的意见（试行）》第128条规定："公民之间赠与关系的成立，以赠与物的交付为准。赠与房屋，如根据书面合同办理了过户手续的，应当认定赠与关系成立；未办理过户手续，但赠与人根据书面赠与合同已将产权证书交与受赠人，受赠人根据赠与合同已占有、使用该房屋的，可以认定赠与有效，但应令其补办过户手续。"

人不公平。这种观点有一定道理。但是，合同法未将赠与人交付财产给受赠人作为赠与合同成立生效的条件，民法典沿用原合同法的规定。因此，赠与合同不为实践性合同，而为诺成性合同。赠与合同自双方达成合意时即成立。当然考虑到赠与人在作出赠与的意思表示后又不愿意赠与的特别原因，合同法规定了赠与人撤销赠与的条件，以平衡和保护赠与当事人双方的利益。

二、赠与的任意撤销

第六百五十八条　赠与人在赠与财产的权利转移之前可以撤销赠与。

经过公证的赠与合同或者依法不得撤销的具有救灾、扶贫、助残等公益、道德义务性质的赠与合同，不适用前款规定。

本条规定了赠与合同赠与人对赠与的任意撤销。

赠与人对赠与的任意撤销是指于赠与合同成立后赠与人根据自己的意思无条件地撤销赠与合同。赠与合同一经撤销也就等于赠与合同未成立。赠与人撤销赠与的意思表示可以采取明示方式，也可采取默示方式。赠与人于赠与合同成立后，不交付赠与物的，即是以默示方式撤销赠与。

赠与人任意撤销赠与合同是受法律限制的。在以下情形下，赠与人不得任意撤销赠与合同：

1. 赠与财产的权利已经转移给受赠人。赠与可分为现实赠与和非现实赠与。现实赠与为即时赠与，是指在合同成立之时赠与人就将财产的权利移转给受赠人的赠与。也可以说，现实赠与合同的成立与赠与标的物的权利的转移是同时完成的。非现实赠与是指于合同成立后赠与人有履行给付的义务，应将赠与的财产权利转移给受赠人。由于现实赠与在合同成立后标的物的权利已经转移给受赠人，因此，赠与人不能撤销现实赠与。而非现实赠与在合同成立后财产的权利并未当即转移给受赠人，在赠与标的物的权利转移之前，赠与人可以撤销赠与而不负给付义务。

2. 履行社会公益、道德义务的赠与。根据赠与的目的，赠与可分为履行社会公益、道德义务的赠与和非履行社会公益、道德义务的赠与。履行社会公益、道德义务的赠与是指赠与人赠与财产是以履行社会公益、道德义务为目的的。由于履行社会公益、道德义务的赠与如果撤销，赠与人也就不再履行其社会公益、道德义务，而这是违反公序良俗原则的。因此，对于履行社会公益、道德义务的赠与合同，赠与人不得任意撤销。为救灾、扶贫以及助残而为赠与的赠与合同是典型的具有社会公益、道德义务性质的赠与合同。

3. 公证的赠与合同。根据赠与合同是否经过公证，赠与合同可分为公证的赠与合同和未公证的赠与合同。因为公证的赠与合同是经过公证机构公证的合同，而经过公证时赠与人已经对其赠与经过深思熟虑，公证文书本身具有强制执行效力，因此，对于经过公证的赠与合同，赠与人也不得任意撤销。

三、赠与财产的权利转移

第六百五十九条　赠与的财产依法需要办理登记或者其他手续

的，应当办理有关手续。

本条规定了赠与财产的权利转移程序。

赠与人赠与的财产权利的移转有两种情形：一是不需要办理登记或其他手续的，自交付时起财产权利就转移给受赠人；一是需要办理登记或其他手续，自办理有关手续后财产权利才转移给受赠人。按照现行法规定，动产权利自交付时起转移，不动产权利自变更登记时转移。因此，为使受赠人能够取得受赠财产的权利，赠与的财产依法需要办理登记等手续的，当事人应当办理有关手续。

四、赠与人的给付义务和责任

第六百六十条　经过公证的赠与合同或者依法不得撤销的具有救灾、扶贫、助残等公益、道德义务性质的赠与合同，赠与人不交付赠与财产的，受赠人可以请求交付。

依据前款规定应当交付的财产因赠与人故意或者重大过失致使毁损、灭失的，赠与人应当承担赔偿责任。

本条规定了赠与人的给付义务和责任。

一般赠与合同，订立合同后，赠与人不交付赠与物的，是以其消极行为撤销赠与合同。因赠与合同被撤销，赠与人也就不负担交付赠与物的义务。但是，具有救灾、扶贫、助残等社会公益、道德义务性质的赠与合同、经过公证的赠与合同，赠与人是不得任意撤销的，因此，于赠与合同成立后，赠与人负有按照合同约定的期限、地点、方式、数额交付赠与物给受赠人的义务。赠与人不履行给付义务的，受赠人有权要求赠与人交付。赠与人拒不交付的，受赠人可以要求法院强制赠与人实际履行。

因为赠与合同为无偿合同，只有赠与人单方负有义务，因此，赠与人履行给付义务是以能够履行为条件的，如果赠与人不能履行，当然，受赠人不能要求赠与人履行交付赠与财产的义务，赠与人也不能承担如同双务合同当事人不履行合同所承担的违约责任。各国法一般规定，赠与人仅就其故意或重大过失不能履行负责。我国法也明确规定，对于不可任意撤销的赠与合同，因赠与人故意或者重大过失致使赠与财产毁损、灭失的，赠与人应当承担赔偿责任。这也就是说，如果不是因赠与人的故意或者重大过失致使赠与物毁损、灭失，赠与人因此而不能履行给付义务的，赠与人不承担赔偿责任。

五、附义务的赠与合同

第六百六十一条　赠与可以附义务。

赠与附义务的，受赠人应当按照约定履行义务。

本条规定了附义务的赠与合同。

附义务赠与，是指给受赠人附加一定义务的赠与。附义务赠与也就是附负担赠与，因为义务就是义务人的一项负担。

附义务赠与是相对于纯粹赠与而言的。纯粹赠与为一般赠与，受赠人仅享有权利而不负担任何义务。而附义务赠与为特殊赠与，受赠人也附带负一定义务。附义务赠与中受赠人的负担构成赠与合同的内容，是附加于赠与的，而非独立的另一合同的内容。附义务赠与中所附的义务作为合同内容的一部分，当然也须具有合法性，如果所附的义务违反法律的规定或者违背公序良俗，则该约定无效。

附义务赠与的负担为受赠人应履行的义务，但是受赠人履行其应履行的义务并不是受赠人接受赠与的对价，因此，附义务赠与的受赠人虽负一定义务但不影响赠与合同的无偿性。附义务赠与中所附的负担使受赠人应为一定的给付，受赠人的给付不以作为为限，也可以是不作为。附义务赠与的受赠人履行给付义务的相对人，可以是赠与人，也可以是第三人；可以是特定的人，也可以是不特定的人即社会公众。

附义务赠与也不同于目的赠与和附条件或附期限的赠与。目的赠与是指赠与人与受赠人为达到一定目的、达到一定结果而实施的赠与。例如，双方当事人为结婚的目的一方赠与另一方财物。目的赠与并不使受赠人负担给付义务，因此赠与人不得请求赠与目的或赠与结果的实现。但在赠与目的或结果不能达到时，赠与人得请求受赠人返还不当得利。附条件或附期限赠与是以条件或期限决定赠与合同效力的赠与合同，例如，附延缓条件的赠与于条件成就时赠与发生效力。而附义务赠与所附负担并不具有延缓或者解除与赠与合同效力的作用。

附义务赠与的受赠人应当履行其负担的义务。赠与人向受赠人给付赠与物后，受赠人如果不履行其义务，赠与人有权请求受赠人履行，受赠人能够履行而拒不履行的，赠与人有权撤销赠与，要求受赠人返还赠与物。附义务赠与合同中约定的受赠人履行义务的受益人为第三人的，在受赠人不履行义务时，该受益第三人有权要求受赠人履行义务；如果约定的受益人为一般公众而不是特定的第三人，则有关部门有权请求受赠人履行其义务。

附义务赠与的受赠人履行其义务，仅以赠与物的价值为限度。因为赠与本是由受赠人纯获利益的，如果受赠人的负担超过赠与物的价值，受赠人也就无任何利益可得，这与赠与的本旨不符。赠与所附的负担超过赠与物价值的，受赠人对超过赠与物价值部分的负担不承担履行责任。

六、赠与人的瑕疵担保责任

第六百六十二条　赠与的财产有瑕疵的，赠与人不承担责任。

附义务的赠与，赠与的财产有瑕疵的，赠与人在附义务的限度内承担与出卖人相同的责任。

赠与人故意不告知瑕疵或者保证无瑕疵，造成受赠人损失的，应当承担赔偿责任。

本条规定了赠与人的瑕疵担保责任。

赠与人的瑕疵担保责任是指因赠与物有瑕疵致使受赠人受损害时赠与人应承担的责任。

因为赠与合同为无偿合同，无偿合同当事人的责任不同于有偿合同当事人的责任。赠与人无偿将财物赠与受赠人是以物的现状为标准的，并无特别的质量要求，因此，赠与人对赠与物的瑕疵通常不负担保责任。但是，如果赠与人知道赠与物有瑕疵而故意不告知受赠人，则赠与人应对受赠人因该赠与物瑕疵造成的损失负赔偿责任。因为于此情形下，赠与人是有恶意的，任何人对其恶意行为造成的后果都应承担责任。如果赠与人赠与时保证赠与物无瑕疵，则因赠与人作出其赠与物无瑕疵的担保，因此，于此情形下赠与人也应对赠与物的瑕疵负担保责任，对于受赠人因赠与物瑕疵受到的损失承担赔偿责任。

附义务的赠与因受赠人应履行赠与所附的一定义务，虽然受赠人受有利益但也须履行义务，就受赠人履行义务方面看，受赠人有如同买受人一样的地位。因此，附义务赠与的赠与人在受赠人负担的义务限度内负有如同出卖人相同的瑕疵担保责任。

七、赠与的法定撤销

第六百六十三条　受赠人有下列情形之一的，赠与人可以撤销赠与：

（一）严重侵害赠与人或者赠与人近亲属的合法权益；

（二）对赠与人有扶养义务而不履行；

（三）不履行赠与合同约定的义务。

赠与人的撤销权，自知道或者应当知道撤销原因之日起一年内行使。

第六百六十四条　因受赠人的违法行为致使赠与人死亡或者丧失民事行为能力的，赠与人的继承人或者法定代理人可以撤销赠与。

赠与人的继承人或者法定代理人的撤销权，自知道或者应当知道撤销原因之日起六个月内行使。

第六百六十五条　撤销权人撤销赠与的，可以向受赠人要求返还赠与的财产。

上三条规定了赠与的法定撤销。

赠与的法定撤销，是指在具备法律规定的撤销原因时有撤销权的人可以撤销赠与。赠与的法定撤销与赠与的任意撤销是赠与撤销的两种情形。赠与的任意撤销不须具备法定事由，但受赠与目的、赠与性质、赠与合同形式以及赠与物是否交付的限制；而赠与的法定撤销不受赠与合同形式、赠与目的、赠与性质以及赠与物是否交付的限制，但须具备法定事由。

在具备法定事由时有权撤销赠与的人包括赠与人和赠与人的继承人或法定代理人。

1. 赠与人有权撤销赠与的事由

有下列情形之一时，赠与人可以撤销赠与：

其一，受赠人严重侵害赠与人或者赠与人的近亲属的合法权益。构成这一事由须具备以下两个条件：（1）受赠人侵害赠与人或者赠与人的近亲属合法权益。如果受赠人侵害的并非赠与人或者赠与人的近亲属的合法权益，则不发生赠与人的撤销权。所谓近亲属，依现行法规定是指配偶、子女、父母、祖父母、外祖父母、孙子女、外孙子女、兄弟姐妹。（2）受赠人的侵害行为是严重的。只有受赠人严重侵害赠与人或者赠与人的近亲属合法权益时，赠与人才有撤销权。如果受赠人的侵害行为并不严重，则赠与人不能撤销赠与。何为严重侵害？对此有不同的观点。我国台湾地区"民法"第416条规定为"有故意侵害之行为，依刑法之明文者"，赠与人可撤销。依此规定，严重侵害要求：一是主观上是故意的；二是客观上构成犯罪行为。合同法上未规定严重侵害的构成，但也应从两方面考虑：一是受赠人主观上有故意或重大过失；二是客观上造成受害人的伤害后果严重。后果是否严重，可以依照构成犯罪的标准确定。至于受赠人是否因此而被追究刑事责任，则不影响赠与人撤销权的行使。

其二，受赠人对赠与人有扶养义务而不履行。构成这一事由须具备以下三个条件：（1）受赠人对赠与人有扶养义务。受赠人与赠与人之间是否有扶养义务应依法律规定和当事人的约定而定。法律规定赠与人与受赠人之间有扶养义务的，受赠人对赠与人当然有扶养义务。法律没有规定但赠与人与受赠人之间有扶养义务约定的，受赠人对赠与人也有扶养义务。例如，赠与人与受赠人订有遗赠扶养协议的，受赠人对赠与人就负有扶养义务。（2）受赠人不按照法律规定或当事人约定对赠与人履行扶养义务。（3）受赠人有能力履行扶养义务。如果受赠人没有扶养能力，则为客观上不能履行扶养义务，赠与人不能因此而撤销赠与。

其三，受赠人不履行赠与合同约定的义务。在附义务赠与，受赠人应当履行约定的义务。赠与人给付财产后，受赠人不履行合同约定的义务，赠与人可以撤销赠与。

2. 赠与人的继承人或法定代理人有权撤销赠与的法定事由

赠与人的继承人或者法定代理人撤销赠与的法定事由，是因受赠人的违法行为致使赠与人死亡或者丧失民事行为能力。受赠人实施违法行为侵害赠与人的，赠与人本有权撤销赠与。但因受赠人的违法行为致使赠与人死亡或者丧失民事行为能力，赠与人不能或无法行使撤销权，因此，于此情形下，赠与人的继承人或者法定代理人有权撤销赠与。

3. 撤销权人撤销权的行使

赠与的撤销权为形成权，撤销权人以一方的意思表示就可以行使。但是为稳定当事人间的关系，撤销权人应在规定的行使期间内行使撤销权。赠与人撤销权的行使期间为 1 年，赠与人的继承人或者法定代理人撤销权的行使期间为 6 个月。撤销权行使期间自撤销权人知道或者应当知道撤销原因之日起算。撤销权行使期间为除斥期间，不存在中止、中断和延长。

4. 撤销权行使的后果

撤销权人行使撤销权的，赠与合同即被撤销。合同的撤销有溯及力，赠与合同一经撤销也就视为自始不成立，赠与人已为给付的，撤销权人撤销赠与的，可以要求受赠人返还受领的赠与财产。

八、赠与人不再履行赠与义务的抗辩权

第六百六十六条　赠与人的经济状况显著恶化，严重影响其生产经营或者家庭生活的，可以不再履行赠与义务。

本条规定了赠与人不再履行赠与义务的抗辩权。

关于本条规定的性质，有不同的观点。一种观点认为，本条规定了赠与合同的法定解除。这里所谓不再履行赠与义务是指赠与人有权解除合同。该合同解除不发生溯及效力，赠与人就原已经履行的赠与，无权要求受赠人返还。[①] 另一种观点认

---

① 王利明、房绍坤、王轶：《合同法》（第三版），中国人民大学出版社 2009 年版，第 316 页。

为，本条规定了赠与人不再履行赠与义务的权利。不再履行赠与义务的权利，属于抗辩权，只有在赠与人主张时才发生效力，法院不得依职权援用。[①] 也有的认为本条规定的是赠与人赠与义务的免除。还有的认为本条规定的也是赠与人的法定撤销事由。从适用结果看，各种观点并无差异，但其理论基础不同。应当说，上述观点都有一定道理，相比较而言，第二种观点更合理。

按照法定解除说，在发生法律规定的事由时，赠与人得解除赠与合同。赠与合同一经解除，赠与人也就不再负给付义务，受赠人也就无权要求赠与人给付。但是，这与合同解除的一般规定不同。从比较法上看，民法典第 666 条规定与他国法的规定不同。《德国民法典》第 528 条第 1 款中规定：赠与人于赠与后，如不能维持与其身份相当之生计，且不能履行其对血亲、配偶、同性伴侣或前配偶所负之法定扶养者，得于此限度内，依关于不当得利返还之规定，请求受赠人返还赠与物。受赠人得支付维持生计之必需金额以避免返还。这里所规定的后果与解除类同。但与我国合同法规定的条件不同。我国法规定的条件是，合同订立后赠与人履行给付义务前，赠与人的经济状况显著恶化，严重影响其生产经营或者家庭生活。我国台湾地区"民法"第 418 条规定，赠与人于赠与约定后，其经济状况显有变更，如因赠与致其生计有重大之影响，或妨碍其扶养义务之履行者，得拒绝赠与之履行。这一规定的条件与民法典的规定基本相同，但这里明确规定于此情形下赠与人"得拒绝赠与之履行"。拒绝履行仅为一种抗辩权，作为抗辩权在抗辩事由消除

---

① 崔建远：《合同法》（第三版），北京大学出版社 2016 年版，第 489 页。

后即消灭。因此，赠与人的赠与义务不能最终消灭。可见，我国法的规定既不同于德国法的规定，也不同于台湾地区"民法"的规定。依民法典规定，赠与人经济状况显著恶化，严重影响其生产经营或者家庭生活，可以不履行赠与义务。赠与人可以不履行赠与义务意味着赠与人赠与义务的消灭。根据这一规定，赠与人可以不再履行赠与义务的条件为：其一，赠与合同订立后，赠与人的经济状况显著恶化；其二，赠与人经济状况的恶化到如履行赠与义务严重影响其生产经营或者家庭生活；其三，赠与人经济状况恶化发生在赠与义务履行之前。如果赠与人已经履行赠与义务，也就不发生不再履行赠与义务的问题。

第十二章　借款合同

一、借款合同的概念

第六百六十七条　借款合同是借款人向贷款人借款，到期返还借款并支付利息的合同。

本条规定了借款合同的概念。

借款合同是以金钱即货币为标的物的合同，借款合同的履行发生标的物所有权的转移，因此，借款合同属于转移财产所有权的合同。但借款合同又不同于其他转移财产所有权的合同，贷款人向借款人给付借款虽发生货币所有权的转移，但借款人到期还须返还同样数额的同类货币。

借款合同属于传统民法上的借贷合同。在借贷合同的立法上有两种不同的立法例。一种立法例是借贷包括使用借贷与消费借贷，使用借贷是供使用而不毁损物的借贷，后者为因使用而消费物的借贷。另一种立法例是将使用借贷与消费借贷分别规定为两类独立的合同。使用借贷是指出借人将物无偿借给借用人使用，借用人使用后应按期将借用的物返还给出借人。这实际上是指通常所称的借用合同。消费借贷是指出借人将消费物出借给借用人，借用人应按期返还同类同质同量的物。可见，我国合同法规定的借款合同仅为消费借贷中以金钱为标的物的消费借贷合同。

二、借款合同的形式和内容

第六百六十八条　借款合同采用书面形式，但自然人之间的借款另有约定的除外。

借款合同的内容一般包括借款种类、币种、用途、数额、利率、期限和还款方式等条款。

本条规定了借款合同的形式和内容。

借款合同根据贷款主体即出借人的不同可以分为金融机构的借款合同和非金融机构的借款合同。金融机构的借款合同的贷款人为金融机构，非金融机构的借款合同的贷款人不是金融机构。非金融机构的借款合同通常称为民间借贷。[①] 非金融机构的借款合同又可分为自然人之间的借款合同和非自然人之间的借款合同。自然人之间的借款合同是指合同双方当事人均为自然人，如借款合同双方其中有一方不是自然人，就不属于自然人之间的借款合同。

金融机构订立借款合同采用书面形式，自然人之间的借款合同可以约定采用口头形式。依《民间借贷的规定》第 2 条规定，出借人向人民法院起诉时，应当提供借据、收据、欠条等债权凭证以及其他能够证明借贷法律关系存在的证据。当事人持有的借据、收据、欠条等债权凭证没有载明债权人，持有债

---

① 最高人民法院《关于审理民间借贷案件适用法律若干问题的规定》（以下简称《民间借贷的规定》）第 1 条第 1 款规定："本规定所称的民间借贷，是指自然人、法人、其他组织之间及其相互之间进行资金融通的行为。"

权凭证的当事人提起民间借贷诉讼的，人民法院应予受理。被告对原告的债权人资格提出有事实依据的抗辩，人民法院经审理认为原告不具有债权人资格的裁定驳回起诉。这一规定表明，民间借贷的当事人可以用书面借款合同以外的其他证据证明借贷关系的存在。

借款合同的具体内容由双方当事人约定，借款合同的内容包括但不限于以下条款：

1. 借款种类。从不同的角度，借款可分为不同的种类。例如，金融机构发放的贷款，从用途上可分为工业贷款、农业贷款、基建贷款、外汇贷款等；同一类贷款又可分为不同种，例如，同为工业贷款又分为流动资金贷款、大修资金贷款、技术改造贷款、结算贷款等。从借款期限上分，贷款可分为长期贷款与短期贷款。长期贷款为借款期限一年以上的贷款。当事人在合同中应明确合同项下的借款属于何种类型的借款。因为工业贷款、农业贷款、基建贷款、科研贷款、外汇贷款、消费贷款等不同种类的贷款条件以及利率、期限、还款方式等会有所不同。

2. 借款币种。借款币种指借款为人民币还是外币；借款为外币的，为何种外币。

3. 借款的用途。借款用途是指借款人借款的目的，例如，借款是为购买设备还是购买原材料。银行贷款实行专款专用原则，因此金融机构贷款时在合同中应明确借款用途，以便于银行监督借款人对贷款的使用。

4. 借款数额。借款数额包括借款总金额和每次借款的具体数额和时间。订立最高额借款合同的，每次借款的数额应在合同中约定的最高限额以内。

5. 借款利率。借款利率是计算利息的根据，而利息是使用借款的代价。借款合同是否约定利率，是区分借款合同是否为有偿合同的标准。金融机构的借款合同为有偿合同，均须约定利率；而自然人之间的借款合同可以为无偿合同，只有合同中约定支付利息的，借款合同才为有偿合同。

6. 借款期限。借款期限是借款人使用借款和偿还借款的期限。期限届满时，借款人即应偿还借款。

7. 还款方式。还款方式是借款人偿还借款的方式。当事人应约定是一次偿还还是分期偿还，是本息分别偿还还是本息一同偿还，以及以何种方式偿还。

三、订立借款合同当事人的权利义务

第六百六十九条　订立借款合同，借款人应当按照贷款人的要求提供与借款有关的业务活动和财务状况的真实情况。

本条规定了当事人订立借款合同时的权利义务。

订立借款合同时，贷款人为保障其贷出的款项能够按期收回，为保障借款安全，贷款人有权要求借款人提供担保，有权要求借款人提供与借款有关的业务活动和财务状况的真实情况；相应地，借款人有义务提供担保和有关的真实情况。

贷款人要求借款人提供担保的，借款人应当提供担保。按照贷款人的要求，借款人所提供的借款担保，既可以是人的担保，也可以是物的担保。借款人提供人的担保的，由保证人与贷款人签订保证合同，也可由保证人在借款合同的保证人一栏中签字盖章；提供物的担保的，既可以是设定抵押权，也可以是设定质权。担保物可以是借款人有权处分的物，也可以是第三人有权处分的物。以第三人的物供为担保的，须由第三人与贷款人订立担保合同。借款人不提供贷款人所接受的担保的，贷款人会不与借款人订立借款合同。[①] 民间借贷的借款合同当事人设立的担保也可以是非典型担保。[②]

借款人应当按照贷款人的要求，提供与借款有关的业务活动和财务状况的真实情况。借款人未按照要求提供真实情况的，贷款人会以受欺诈为理由撤销借款合同。当然，如果贷款人不要求借款人提供有关情况，借款人也就没有提供有关情况的义务。

四、借款合同的效力

（一）借款本金数额的确定

第六百七十条 借款的利息不得预先在本金中扣除。利息预先在本金中扣除的，应当按照实际借款数额返还借款并计算利息。

---

① 《中华人民共和国商业银行法》第 36 条规定，商业银行贷款，借款人应当提供担保。商业银行应当对保证人的偿还能力，抵押物、质物的权属和价值以及实现抵押权、质权的可行性进行严格审查。经商业银行审查、评估，确认借款人资信良好，确能偿还贷款的，可以不提供担保。

② 《民间借贷的规定》第 24 条规定，当事人签订买卖合同作为民间借贷合同的担保，借款到期后借款人不能还款，出借人请求履行买卖合同的，人民法院应当按照民间借贷法律关系审理，并向当事人释明变更诉讼请求。当事人拒绝变更的，人民法院裁定驳回起诉。按照民间借贷法律关系审理作出的判决生效后，借款人不履行生效判决确定的金钱债务，出借人可以申请拍卖买卖合同的标的物，以偿还债务。就拍卖所得的价款与应偿还借款本息之间的差额，借款人或者出借人有权主张返还或补偿。这一规定表明，实务中对于民间借贷也认可非典型担保。

本条规定了借款本金的确定。

借款本金是贷款人发放给借款人的借款额，是计算利息的基数。为避免贷款人事先从本金中扣除利息，变相提高利率，法律规定，借款的本金以贷款人实际给付借款人的借款数额为准，并以此数额作为计算利息的基数。

（二）当事人提供借款与收取借款的义务和责任

第六百七十一条　贷款人未按照约定的日期、数额提供借款，造成借款人损失的，应当赔偿损失。

借款人未按照约定的日期、数额收取借款的，应当按照约定的日期、数额支付利息。

本条规定了当事人提供借款和收取借款的义务和责任。

按照合同的约定向借款人提供借款，是贷款人的根本义务。因此，贷款人应当按照约定的期限和数额向借款人提供借款，以使借款人能够按照预期计划使用借款，取得相应的利益。贷款人未按照约定的日期、数额提供借款，致使借款人不能按计划使用借款，由此而造成借款人损失的，贷款人应承担赔偿该损失的责任。

贷款人发放贷款的收益就是取得利息。贷款利息是从贷款人给予借款人借款之日起算的。因此，贷款人按照约定的日期和数额提供借款时，借款人应按照约定的日期和数额收取借款。借款人不得为了少付利息而不按约定的日期和数额收取借款。借款人未按约定的日期和数额收取借款的，借款人仍应按照约定的日期、数额计算应付的利息，向贷款人支付利息。

（三）贷款人对借款使用的检查、监督权

第六百七十二条　贷款人按照约定可以检查、监督借款的使用情况。借款人应当按照约定向贷款人定期提供有关财务会计报表或者其他资料。

本条规定了贷款人对借款使用的检查、监督权。

因为借款人的经营状况和财务状况是在不断变化的，借款人对于借款的使用情况会直接影响到借款人能否按期还款。所以，为保障贷出的资金的安全，确保自己能够按期收回贷款，贷款人一般会在合同中约定其对借款的使用有权进行检查和监督。贷款人有权按照合同的约定检查、监督借款的使用情况，借款人应当按照约定接受贷款人依约定所进行的检查、监督，应当按照约定向贷款人定期提供有关财务会计报表或者其他资料。

（四）借款人按照用途使用借款的义务和责任

第六百七十三条　借款人未按照约定的用途使用借款的，贷款人可以停止发放借款、提前收回借款或者解除合同。

本条规定了借款人按约定使用借款的义务和责任。

因为借款的用途既与借款人能否按期还款有关，也与金融机构根据国家的宏观调控政策、信贷政策、产业政策发放贷款有关，借款人擅自改变借款用途使用借款不仅会导致不能按期还款，还会造成信贷资金的使用违反国家政策。因此，按照合同约定的借款用途使用借款，是借款人的一项基本义务。如上所述，贷款人有权按照约定检查、监督借款人借款的使用情况，

借款人未按照约定的用途使用借款，擅自将借款挪作他用的，贷款人有权停止发放借款、提前收回借款或者解除合同。

（五）借款人支付利息的义务

第六百七十四条　借款人应当按照约定的期限支付利息。对支付利息的期限没有约定或者约定不明确，依据本法第五百一十条的规定仍不能确定的，借款期限不满一年的，应当在返还借款时一并支付；借款期限一年以上的，应当在每届满一年时支付，剩余期间不满一年的，应当在返还借款时一并支付。

本条规定了借款人支付借款利息的义务。

金融机构借款合同都为有偿合同。自然人之间的借款合同约定利息的，也为有偿合同。借款利息是有偿借款合同的借款人使用借款的代价，是贷款人发放贷款的收益。因此，支付利息是借款人的基本义务。借款人应当按照约定的期限支付利息，合同中没有约定或者约定不明确又不能依其他方法确定支付利息的期限的，借款期间不满一年的，借款人应于返还借款时一并支付利息；借款期间超过一年的，借款人应于每届满一年时支付利息，剩余期间不足一年的，应于返还借款时一并支付。借款人未按约定或者规定支付利息的，应当承担违约责任。

（六）借款人返还借款的义务

第六百七十五条　借款人应当按照约定的期限返还借款。对借款期限没有约定或者约定不明确的，依据本法第五百一十条的规定仍不能确定的，借款人可以随时返还；贷款人可以催

告借款人在合理期限内返还。

第六百七十六条 借款人未按照约定的期限返还借款的，应当按照约定或者国家有关规定支付逾期利息。

第六百七十七条 借款人提前返还借款的，除当事人另有约定的以外，应当按照实际借款的期间计算利息。

以上三条规定了借款人返还借款的义务。

返还借款是借款人的基本义务。借款人应当按照合同约定的期限和方式返还借款。合同中没有约定返还借款期限或者约定不明确的，依照其他办法又不能确定的，借款人可以随时返还借款，贷款人也可以随时催告借款人还款。但是，贷款人催告借款人偿还借款的，应当给借款人一个合理的返还借款的准备期间。贷款人确定的还款期限是否合理，应当依借款的用途、数额等具体情况决定，以借款人在该期限内一般能够筹集到返还的借款款项为合理。

借款人未按照约定的期限返还借款的，有两种情况：一是延迟还款；一是提前还款。借款人在约定的返还借款的期限届满时未返还借款的，构成延迟还款。借款人迟延还款的，应当按照约定或者国家有关规定支付逾期还款的利息。于此情形下，贷款人有权行使担保权，以保障自己能够收回借款和相关利息。

借款人在还款期限到来之前可否返还借款即可否提前还款呢？对此有不同的观点。一种观点认为，借款人应当严格按照合同约定的期限偿还借款，提前还款的，应当取得贷款人的同意。因为借款人提前返还借款会打乱贷款人的贷款计划和减少利息收入，特别是在利率下调的情形下，会使借款人利用提前还款来避开按合同约定的利率付息。另一种观点认为，在金融机构为贷款人的借款中，借款人可以提前返还借款，因为这既不损害借款人的利益，又有利于资金的流通，并且借款合同中的期限利益一般是为借款人而设的，借款人提前还款仅是放弃自己的期限利益，只要不损害社会公共利益和他人利益，无不予许可的理由。合同法采纳了上述两种观点：一方面规定当事人有明确约定时，借款人不得违反约定提前还款，提前还款仍应按原定期限支付利息；另一方面规定在当事人没有另外约定时，借款人可以提前还款，借款人提前还款时按照实际借款的期限计付利息。

五、借款合同的展期

第六百七十八条 借款人可以在还款期限届满之前向贷款人申请展期。贷款人同意的，可以展期。

本条规定了借款合同的展期。

借款合同展期，是指当事人双方同意延长借款合同中约定的借款期限，以使借款人继续使用借款。

借款合同的展期的程序是：首先，由借款人在还款期限届满之前向贷款人提出申请。如果在借款期限届满后，借款人才提出申请，则不属于展期申请；其次，由贷款人审查借款人的申请，决定是否同意展期。贷款人同意借款人展期申请的，借款合同展期。贷款人不同意展期申请的，合同不展期，借款人仍应于原定期限内偿还借款。贷款人决定同意展期申请的，应取得担保人继续担保的同意；贷款展期未取得担保人同意继续为该借款担保的，担保人对展期后的借款可以不再负担保责任。

六、自然人之间借款合同的实践性和无偿性

（一）自然人之间借款合同的成立时间

第六百七十九条 自然人之间的借款合同，自贷款人提供借款时生效。

本条规定了自然人之间的借款合同为实践性合同。

借款合同原则上为诺成性合同，自当事人双方达成合意时即成立生效。但是，自然人之间的借款合同具有实践性，属于实践性合同。《民间借贷的规定》第10条规定，除自然人之间的借款合同外，当事人主张民间借贷合同自合同成立时生效的，人民法院应予支持，但当事人另有约定或者法律、行政法规另有规定的除外。也就是说，自然人之间的借款合同也只有自然人之间的借款合同，仅有当事人之间同意借款的合意，还不能生效；只有贷款人将借款给付给借款人，借款合同才发生效力。在贷款人未将借款提供给借款人之前，借款合同不生效，借款人无权要求贷款人按约定提供借款。

如何认定自然人之间的借款合同的贷款人提供了借款的合同生效时间呢？《民间借贷的规定》第10条规定，有下列情形之一的，可视为具备借款合同的生效要件：（1）以现金支付的，自借款人收到借款时；（2）以银行转账、网上电子汇款或者通过网络贷款平台等形式支付的，自资金到达借款人账户时；（3）以票据支付的，自借款人依法取得票据权利时；（4）出借人将特定资金账户支配权授权给借款人的，自借款人取得对该账户实际支配权时；（5）出借人与借款人约定的其他方式提供借款并实际履行完成时。

（二）借款的利息

第六百八十条　禁止高利放贷，借款的利率不得违反国家有关规定。

借款合同对支付利息没有约定的，视为没有利息。

借款合同对支付利息约定不明确，当事人不能达成补充协议的，按照当地或当事人的交易方式、交易习惯、市场利率等因素确定利息，自然人之间借款的，视为没有利息。

本条规定了借款的利息。

借款合同原则上为有偿合同，借款人使用借款应支付利息。但是自然人之间的借款往往具有互助性，原则上为无偿的。因此，自然人之间的借款合同对支付利息没有约定或者约定不明确的，视为不支付利息。《民间借贷的规定》第 25 条中规定，借贷双方没有约定利息或者约定不明的，出借人主张支付借期内利息的，人民法院不予支持。除自然人之间借贷外，借贷双方对借贷利息约定不明，出借人主张利息的，人民法院应当结合民间借贷合同内容，并根据当地或者当事人的交易方式、交易习惯、市场利率等因素确定利息。

自然人之间的借款也可以约定利息。在当事人之间约定支付利息时，借款合同也就是有偿合同。当事人之间的借款利率不得违反国家有关限制借款利率的规定。这为各国限制高利贷之通例。依《民间借贷的规定》第 26 条规定，借贷双方约定的利率未超过年利率 24%，出借人请求借款人按照约定的利率支付利息的，人民法院应予以支持。借贷双方约定的利率超过年利率 36%，超过部分无效。借款人请求出借人返还已支付的超过年利率 36% 部分的利息的，人民法院应予支持。依此规定，民间借贷的借款利率最大不得超过年利率 36%。[①]《民间借贷的规定》第 31 条规定，"没有约定利息但借款人自愿支付，或者超过约定的利率自愿支付利息或违约金，且没有损害国家、集体和第三人利益，借款人又以不当得利要求出借人返还的，人民法院不予支持，但借款人要求返还超过年利率 36% 部分的利息除外。"

---

① 《民间借贷的规定》第 28 条规定：借贷双方对前期借款本息结算后将利息计入后期借款本金并重新出具债权凭证，如果前项利率没有超过年利率 24%，重新出具的债权凭证载明的金额可认定为后期借款本金；超过部分的利息不能计入后期借款本金。约定的利率超过年利率 24%，当事人主张超过部分的利息不能计入后期借款本金的，人民法院应予支持。按前款计算，借款人在借款期间届满后应当支付的利息之和，不能超过最初借款本金与以最初借款本金为基数，以年利率 24% 计算的整个借款期间的利息之和。第 29 条规定：借贷双方对逾期利率有约定的，从其约定，但以不超过年利率 24% 为限。未约定逾期利率或者约定不明的，人民法院可以区分不同情况处理：（一）未约定借期内的利率，也未约定逾期利率，出借人主张借款人自逾期之日起按照年利率 6% 支付资金占有期间利息的，人民法院应予支持；（二）约定了借期内的利率但未约定逾期利率，出借人主张借款人自逾期还款之日起按照借期内的利率支付资金占有期间利息的，人民法院应予支持。

第十三章　保证合同

第一节　一般规定

一、保证合同的概念和特征

（一）保证合同的概念

第六百八十一条　保证合同是为保障债权的实现，保证人和债权人约定，当债务人不履行到期债务或者发生当事人约定的情形时，保证人履行债务或者承担责任的合同。

本条规定了保证合同的概念。

保证合同，是为保障债权的实现，保证人和债权人约定，当债务人不履行债务或者发生当事人约定的情形，由保证人履行债务或者承担责任的合同。保证合同有三方面的含义：

其一，保证合同是双方民事法律行为，须有保证人和债权人双方的意思表示一致才能成立，仅有单方意思表示就可以成立的保证不属于保证合同。例如票据法上的保证，只要有保证人自己的意思表示就成立。这种保证不属于保证合同。

其二，保证是担保债务人履行债务的法律行为。保证人只能是债务人以外的第三人。

其三，保证合同是保障债权实现的法律行为。保证人以自己的信用担保债务人履行债务，在债务人不履行债务或者发生当事人约定的情形时，保证人将履行债务或者承担责任。因此，保证合同的保证人应具有偿债能力。

（二）保证合同的特征

第六百八十二条　保证合同是主债权债务合同的从合同。主债权债务合同无效的，保证合同无效，但是法律另有规定的除外。

保证合同被确认无效后，债务人、保证人、债权人有过错的，应当根据其过错各自承担相应的民事责任。

第六百八十三条　机关法人不得为保证人，但是，经国务院批准为使用外国政府或者国际经济组织贷款进行转贷的除外。

以公益为目的非营利法人、非法人组织不得为保证人。

上两条规定了保证合同的特征。

保证合同具有以下法律特征：

1. 保证合同具有从属性

保证合同与主债权债务合同形成主从关系。主债权债务合同为主合同，保证合同是主债权债务合同的从合同。保证合同的从属性主要表现在以下方面：

其一，保证合同以主债权债务合同有效存在为前提，主债权债务合同不存在或者无效的，保证合同也不能存在或有效。但是，法律规定的独立保证具有独立效力，独立保证的保证合同的效力不受主债权债务合同的影响。

其二，当事人约定保证人的保证债务的范围和强度从属于主债务。保证债务不能大于或者强于主债务。

其三，因保证合同发生的保证债务随之主债务的消灭而消灭。

因保证合同为从合同，保证合同的无效不影响主债权债务合同的效力。保证合同被确认无效后，债务人、保证人、债权人有过错的，应当根据其过错各自承担相应的民事责任。

2. 保证合同主体具有限定性

保证合同是保证人向债权人提供债权担保的合同，因此，保证合同的债权人只能是主债权债务关系中的债权人，而不能是其他人。又因为在债务人不履行到期债务或者发生其他情形时，保证人履行债务或者承担责任，所以，保证人须具有担保能力。除经国务院批准使用外国政府或者国际经济组织贷款进行转贷的以外，机关法人不得为保证人。以公益为目的非营利法人、非法人组织因承担保证责任，会影响其公益目的的实现，也不得为保证人。

3. 保证合同具有诺成性、单务性、无偿性。

保证合同自债权人与保证人达成协议时起即可成立生效，因此，保证合同为诺成性合同。保证合同当事人双方仅有保证人负担义务，而债权人仅享有权利而不负义务，因此，保证合同为单务合同。保证合同的债权人请求保证人履行保证债务无须支付任何代价，保证人履行保证债务也不能从债权人得到利益，因此，保证合同为无偿合同。

二、保证合同的内容和形式

（一）保证合同的内容

第六百八十四条　保证合同的内容一般包括被保证的主债权的

种类、数额，债务人履行债务的期限，保证的方式、范围和期间等条款。

本条规定了保证合同的内容。

保证合同的内容一般包括但不限于以下条款：

1. 被担保的主债权的种类、数额。被担保的主债权种类与保证人承担的保证债务性质有关。被担保的主债权为非金钱债权的，保证人可以按约定承担履行责任，即在主债务人不履行债务时，债权人可按约定要求保证人履行，保证人不履行的，应承担责任。此时保证人承担的是债务不履行的赔偿责任。

被担保的债权应是在订立保证合同时已经存在的债权。但是保证合同所担保的债权也可以是将来发生的债权。

2. 债务人履行债务的期限。因为保证人一般只在债务人到期不履行债务时才承担保证责任，债权人履行债务的期限决定保证人保证债务生效的期限，因此当事人应约定债务人履行债务的期限。

3. 保证的方式。保证方式是保证人承担保证责任的方式。保证方式包括一般保证和连带责任保证。一般保证是指当事人约定，债务人不能履行债务时，由保证人承担保证责任的保证方式。连带责任保证是指当事人约定，债务人不履行债务时，由保证人与债务人承担连带责任的保证方式。

4. 保证范围。保证范围是保证人承担保证责任的范围。合同中约定保证范围的，保证人仅在约定的范围内负有限担保责任。

5. 保证期间。保证期间是保证人承担保证责任的期间，债权人未在保证期间内按要求请求保证人承担保证责任的，保证期间届满后，保证人可不承担保证责任。

（二）保证合同的形式

第六百八十五条　保证合同可以是单独订立的书面形式，也可以是主债权债务合同中的保证条款。

第三人单方以书面形式作出保证，债权人接受且未提出异议的，保证合同成立。

本条规定了保证合同的形式。

保证合同应当采用书面形式。保证合同可以是单独订立的书面合同，也可以是主债权债务书面合同中的保证条款。保证人只要在主债权债务合同中的保证人条款签字确认，保证合同就成立。第三人单方以书面形式向债权人作出保证的，债权人接受且未提出异议的，保证合同成立。但是，保证人单方作出保证，必须承诺在债务人不履行债务时承担保证责任。如果第三人仅向债权人作出担保债务人有能力偿债，即便债权人接受，也不成立保证合同。

三、保证方式

（一）保证方式的确定

第六百八十六条　保证的方式包括一般保证和连带责任保证。

当事人在保证合同中对保证方式没有约定或者约定不明确的，按照一般保证承担保证责任。

本条规定了保证方式的确定。

保证方式包括一般保证和连带责任保证。保证方式也是保证合同的内容。当事人在合同中明确约定了保证方式的，即应按约定的保证方式承担保证责任。当事人在合同中没有约定或者约定不明确的，保证人应按何种方式承担保证责任呢？对此有不同的观点，原《担保法》规定，没有约定或者约定不明的，承担连带责任保证。这一规定虽有利于债权人，但损害保证人利益，因此，学者多有批判。因为连带责任为加重责任，在当事人没有明确表示的情形下，不应加重当事人的责任。民法典修正了原担保法的规定，明确规定：当事人在保证合同中对保证方式没有约定或者约定不明确的，按照一般保证承揽保证责任。

（二）一般保证的效力

第六百八十七条　当事人在保证合同中约定，债务人不能履行债务时，由保证人承担保证责任的，为一般保证。

一般保证的保证人在主合同纠纷未经审判或者仲裁，并就债务人财产依法强制执行仍不能履行债务前，有权拒绝向债权人承担保证责任，但是有下列情形之一的除外：

（一）债务人下落不明，且无财产可供执行；

（二）人民法院已经受理债务人破产案件；

（三）债权人有证据证明债务人的财产不足以履行全部债务或者丧失履行债务能力；

（四）保证人书面表示放弃本款规定的权利。

本条规定了一般保证的效力。

一般保证的保证人仅在债务人不能履行债务时，才承担保证责任。因此，一般保证的保证人享有先诉抗辩权。

先诉抗辩权又称为检索抗辩权，是一般保证人享有的对抗债权人的一项抗辩权，指的是保证人在债权人未就债务人的财产强制执行无效果前，可以拒绝承担保证责任的权利。因一般保证的保证人享有先诉抗辩权，因此，债权人要求保证人承担保证责任不仅须证明债务人不履行债务，而且须证明债务人已经不能履行债务。但是，有下列情形之一的，保证人的先诉抗辩权丧失，不得再行使：

1. 债务人下落不明，且无财产可供执行。如果债务人虽然下落不明，但其财产可供执行的，保证人的先诉抗辩权不丧失，保证人在债权人未对债务人财产强制执行前，仍可拒绝承担责任。

2. 人民法院受理债务人破产案件。法院受理债务人破产案件后，对债务人财产的其他民事执行程序也就中止，表明主债务人丧失对自己财产的处分权。因此，因保证人的先诉抗辩权的行使前提不再存在，也就丧失。

3. 债权人有证据证明债务人的财产不足以履行全部债务或者丧失履行债务能力。债权人有证据证明债务人的财产不足以履行全部债务或者丧失履行债务能力，也就不可能经强制执行以债务人的财产履行债务，保证也就应承担保证责任，不能行使先诉抗辩权。

4. 保证人书面放弃先诉抗辩的权利。先诉抗辩权为保证人的权利，只要不损害他人利益，保证人当然可以放弃。但是，保证人放弃先诉抗辩权的意思表示须用书面形式，仅口头放弃不发生放弃的效力。并且，保证人放弃先诉抗辩权的意思表示必须明确，否则也不能发生放弃先诉抗辩权的效果。

（三）连带责任保证的效力

第六百八十八条　当事人在保证合同中约定保证人和债务人对债务承担连带责任的，为连带责任保证。

连带责任保证的债务人不履行到期债务或者发生当事人约定的情形时，债权人可以请求债务人履行债务，也可以请求保证人在其保证范围内承担保证责任。

本条规定了连带责任保证的效力。

连带责任保证是指当事人约定保证人和债务人承担连带责任的保证方式。连带责任保证必须在合同中明确约定。连带责任的保证人不享有先诉抗辩权，只要债务人不履行到期债务或者发生当事人约定的情形时，债权人就可以请求债务人履行债务，也可以请求保证人在其保证范围内承担保证责任。因此，债权人请求保证人承担保证责任时，只要证明债务人未履行到期债务或者发生当事人约定的情形即可，而不必先对主债务人提起诉讼或者仲裁。

四、反担保

第六百八十九条　保证人可以要求债务人提供反担保。

本条规定了反担保。

反担保是指债务人或者第三人为确保担保人承担担保责任后实现对主债务人的追偿权而设定的担保。保证人要求债务人提供反担保的，债务人应当提供反担保。反担保可以是第三人向保证人提供的保证，也可以是债务人或者第三人为保证人提供的物的担保即设定抵押权、质权。反担保中的担保人是提供担保的债务人或者第三人，担保权人是担保主债务履行的保证人，反担保担保的对象就是保证人履行保证债务后对主债务人的追偿权。

五、最高额保证

第六百九十条　保证人与债权人可以协商订立最高额保证的合同，约定在最高债权额限度内就一定期间连续发生的债权提供担保。

最高额保证除适用本章规定外，参照适用本法第二编最高额抵押权的有关规定。

本条规定了最高额保证。

最高额保证是保证人对债权人和债务人在一定期间内连续发生的不特定债权，在最高额限度内承担保证责任的特殊保证。

最高额保证的特殊性主要有以下表现：

其一，最高额保证所担保的债权是未来的不特定债权。保证一般仅是对已经存在的债权提供担保，而最高额保证却是为未来债权提供担保。最高额保证具有相对独立性，在保证合同订立时，主债权并未发生且将来是否发生也是不确定的。因此最高额保证不具有成立上的从属性。最高额保证成立后，已经存在的债权，经当事人同意，可以转入最高额保证担保的债权范围，但未经当事人同意的，不在最高额保证的担保范围之内。

其二，最高额保证所担保的债权是连续发生的。最高额保证所担保的债权不是一个合同发生的债权，而是几个合同发生的几个合同债权。如果当事人是就一个合同发生的债权订立的保证合同，即便该合同债权是分批受偿的，该保证合同也不是最高额保证合同。

其三，最高额保证所担保的债权受一定期间和最高额限制。最高额保证所担保的债权虽是不特定的，但是也具有特定性。其特定性是依据两方面确定：一是确定期间；二是最高限额。在确定保证人的保证责任时，只能以决算期间内发生的债权和最高限额为准：实际存在的债权在最高额限度内的，保证人担保全部债务的履行；实际债权额高于最高额限度的，保证人对于超过最高额限度的债务部分不承担保证责任。

第二节　保证责任

一、保证责任的范围和期间

（一）保证的范围

第六百九十一条　保证的范围包括主债权及其利息、违约金、损害赔偿金和实现债权的费用。当事人另有约定的，按照其约定。

本条规定了保证责任的范围。

保证责任是保证人依保证合同的约定向债权人承担的保证债务。保证责任的内容依当事人约定可以是履行保证人应履行的债务，也可以是债务人不履行债务的赔偿责任。只要保证合同中未明确约定在债务人不履行债务时保证人应承担实际履行的责任，保证人就仅就债务人不履行债务的赔偿责任负保证担保责任。

保证人保证担保的范围，可由当事人约定。当事人仅就债务人的部分债务负担保责任的，保证人的保证为有限保证，依照当事人的约定，保证人仅对此范围的债务负担保责任。当事人在保证合同中没有明确约定保证范围的，保证人承担的保证责任为无限保证，保证人保证的范围为债务人应清偿的全部债务，包括主债权及其利息、违约金、损害赔偿金和实现债权的费用。

（二）保证期间

第六百九十二条 保证期间是确定保证人承担保证责任的期间，不发生中止、中断和延长。

债权人与保证人可以约定保证期间，但是约定的保证期间早于主债务履行期间或者与主债务履行期限时届满的，视为没有约定；没有约定或者约定不明确的，保证期间为主债务履行期限届满之日起六个月。

第六百九十三条 一般保证人的债权人未在保证期间对债务人提起诉讼或者申请仲裁的，保证人不再承担保证责任。

连带责任的债权人未在保证期间请求保证人承担保证责任的，保证人不再承担保证责任。

上两条规定了保证期间。

保证期间是保证人承担保证责任的期间。债权人只能在保证期间内请求保证人承担保证责任，否则，保证人不再承担保证责任。保证责任期间为除斥期间，不发生中止、中断和延长。

保证期间由当事人在合同中约定。当事人约定保证期间的保证为有期保证；当事人没有约定保证期间的保证为无期保证。但由于保证责任具有补充性，是以债务人不履行债务为前提条件的，因此，当事人约定的保证期间不能早于或者等于债务履行期间。当事人约定的履行期间早于或者等于债务履行期间的，视为当事人没有约定保证期间。无期保证并不意味着保证人无限期承担保证责任，只是保证期间为法定的期间而已。我国法规定，当事人没有约定或者约定不明确的，保证期间为主债务履行期限届满后 6 个月。

保证期间是保证人请求保证人承担保证责任的期间，债权人未在保证期间内请求保证人承担保证责任的，保证责任消除。因为保证责任的效力发生是以债权人的请求为条件的。因此，在保证人享有先诉抗辩权的一般保证，保证期间届满前，而债权人未对债务人提起诉讼或者申请仲裁的，保证人不再承担保证责任；连带责任保证的债权人在保证期间届满前未请求保证人承担保证责任的，保证人不再承担保证责任。

二、保证债务的诉讼时效

第六百九十四条　一般保证的债权人在保证期间届满前对债务人提起诉讼或者申请仲裁的，从保证人拒绝承担保证责任的权利消灭之日起计算保证债务的诉讼时效。

连带责任保证的债权人在保证期间届满前请求保证人承担保

证责任的，从债权人请求保证人承担保证责任之日起，开始
计算保证债务的诉讼时效。

本条规定了保证债务的诉讼时效。

债权人未在保证期间请求保证人承担保证责任的，保证责
任消灭，保证债务不发生。债权人在保证期间内请求保证人承
担保证责任的，保证债务发生效力，保证人不履行保证债务的，
保证债务的诉讼时效期间开始。保证债务诉讼期间届满的，保
证人可不承担保证责任。保证债务的诉讼时效自债权人在保证
期间内向保证人请求保证人承担保证责任，保证人拒绝承担保
证责任的权利消灭之日起开始计算。

三、合同变更和转让对保证责任的效力

（一）合同变更对保证责任的效力

第六百九十五条　债权人和债务人未经保证人书面同意，协商
变更主债权债务合同内容，减轻债务的，保证人仍对变更后
的债务承担保证责任；加重债务的，保证人对加重的部分不
承担保证责任。

债权人和债务人变更主债权债务合同的履行期限，未经保证
人同意的，保证期间不受影响。

本条规定了未经保证人同意合同变更对保证责任的效力。

保证责任具有相对的独立性，保证人的保证责任可以弱于
债务人的责任，但不能强于债务人的责任。债权人与债务人未
经保证人同意变更合同的，不得加重保证人的保证责任。因此，
债权人和债务人未经保证人书面同意，协商变更主债权债务合

同内容，减轻债务的，保证人仍对变更后的债务承担保证责任；加重债务人，保证人对加重的部分不承担保证责任。债权人与债务人对主债权债务合同履行期限作了变更，未经保证人书面同意，保证期间不受影响。但是，未经保证人同意，债权人和债务人更新合同的，因原合同债权债务被更新后的合同债权债务替代，保证人未担保新债务，因而保证人对债权人也就不再承担保证责任。

（二）债权转让对保证责任的效力

第六百九十六条　债权人转让全部或者部分债权，未通知保证人的，该转让对保证人不发生效力。

保证人与债权人约定禁止债权转让，债权人未经保证人书面同意转让债权的，保证人对受让人不再承担保证责任。

本条规定了债权转让对保证责任的效力。

保证责任具有从属性，随所担保的债权转移而转移，因此，债权人转让全部或者部分债权的，保证责任也会发生相应的转移。但是，债权人转让债权未通知保证人的，对保证人不能发生效力。也就是说，债权人只有通知保证人债权转让的，保证人才对受让人受让的相应债权承担相应的保证责任。

但是，保证人与债务人约定禁止债权转让的，债权人转让债权的，只有经保证人的书面同意，保证人才会承担保证责任；未经书面同意而转让债权的，保证人的保证责任消灭。

（三）债务转移对保证责任的效力

第六百九十七条　债权人未经保证人书面同意，允许债务人转

移全部或者部分债务，保证人对未经其同意转移的债务不承担保证责任，但是债权人和保证人另有约定的除外。

第三人加入债务的，保证人的保证责任不受影响。

本条规定了债务转移对保证责任的效力。

因为保证是基于特定债务人的信用而提供担保的，主债务由第三人承担时，第三人的信用与原债务人的信用并不相同，因此，未经保证人同意，随债务人的债务转移给第三人，原债务人不再承担债务，保证人也就不再承担保证责任。依法律规定，债务人转移债务应经债权人同意。债权人在决定是否允许债务人转移债务前，应征得保证人的同意；未经保证人同意而允许债务人转移债务的，除债权人与保证人另有约定外，保证人对未经其同意转移的债务部分是不承担保证责任的。

因为第三人加入债务，原债务人并不退出债权债务关系，第三人与债务人连带地向债权人负清偿责任，这有利于保证人，因此，第三人加入债务的，保证人的保证责任不受影响。

四、一般保证的债权人放弃或者怠于行使权利对保证责任的效力

第六百九十八条　一般保证的保证人在主债务履行期限届满后，向债权人提供债务人可供执行财产的真实情况，债权人放弃或者怠于行使权利致使该财产不能被执行的，保证人在其提供可供执行财产的价值范围内不再承担保证责任。

本条规定了一般保证的债权人放弃或者怠于行使权利对保证责任的效力。

因为一般保证人仅对债务人不能履行的部分承担保证责任，保证人向债权人提供了债务人可供执行的财产的真实情况，债权人应先就债务人可执行的财产请求法院予以执行，债权人放弃该权利，或者怠于行使执行权利，由此致使可得到清偿不能得到造成的损失，自应由自己承担。因保证人仅就对债务人的财产予以强制执行不能清偿的部分承担保证责任，所以于此情形下，保证人在其提供可供执行财产的价值范围内不再承担保证责任。

五、共同保证人的保证责任

第六百九十九条　同一债务有两个以上保证人的，保证人应当按照保证合同约定的保证份额，承担保证责任；没有约定保证份额的，债权人可以请求任何一个保证人在其保证范围内承担保证责任。

本条规定了共同保证人的保证责任。

共同保证是指两个以上的保证人为同一债务的履行所提供的保证。因共同保证的保证人为两人以上，且各保证人担保的是同一债务的履行，这就发生各保证人应如何分担保证责任。共同保证人的各保证人承担的份额，在保证合同中约定。保证合同中明确约定了各保证人承担的份额的，该共同保证为按份共同保证，各保证人仅就自己的份额承担保证责任。如果保证合同中对保证份额没有约定或者约定不明确，则该共同保证为连带共同保证，各保证人就保证责任负连带责任，债权人可以请求任何一个保证人在其担保范围内承担担保责任。连带共同保证的保证人向债权人承担保证责任后，可以向主债务人追偿，也可以请求其他保证人清偿其应当承担的份额。

六、保证人的追偿权

第七百条　保证人承担保证责任后，除当事人另有约定外，有权在其承担保证责任的范围内向债务人追偿，享有债权人对债务人的权利，但不得损害债权人利益。

本条规定了保证人的追偿权。

保证人的追偿权，又称为求偿权，是指保证人享有的在履行保证债务后向主债务人请求偿还的权利。

保证人的追偿权，是保证合同的对外效力，是保证人与债务人之间的关系。保证人向债权人履行保证债务是保证人与债权人之间的关系。从保证债务的发生原因上说，保证人是为债务人提供担保才承担保证责任的。保证人履行保证债务实际上是替债务人履行债务，因此，为保证保证人的利益，法律赋予保证人追偿权，以使履行保证债务人保证人能够从债务人得到补偿。

保证人追偿权是以保证人为债务人履行了保证债务为停止条件的权利。一般来说，保证人的追偿权应具备以下条件才能成立。

其一，保证人向债权人履行了保证债务。没有向债权人履行保证债务，也就不能享有追偿权；

其二，因保证人履行保证债务而使债务人免责。所谓使债务人免责，是指债务人对债权人的债务消灭，债务人不必再向债权人履行债务。债务人的免责可以是全部的，也可以是部分的。保证人履行了保证债务，使债务人免责，不论是全部还是部分免责，均可发生保证人的追偿权。但是保证人履行债务并没有使债务人免责的，则不发生保证人的追偿权。如债务人已经履行债务，保证人又向债权人履行保证债务的，保证人不享有对债务人的追偿权，而只能依不当得利的规定要求债权人返还。

其三，保证人履行保证债务无过错。保证人履行保证债务上有过错的，如保证人享有抗辩权而未行使的，保证人履行保证债务后而未及时通知债务人导致债务人重复履行的，保证人也不能享有追偿权。

保证人追偿权的范围，依保证人提供保证的原因不同而又所不同。保证人受债务人委托提供保证人，除当事人另有约定外，保证人追偿的范围包括：保证人履行保证债务的全部本金及其利息、保证人履行保证债务的全部费用以及保证人在履行债务中因不可归责于自己的事由遭受的损失。保证人未受债务人委托而提供保证的，保证人履行保证债务，可构成无因管理。保证人的追偿权以无因管理人享有的追偿权为限。

为保障保证人追偿权的实现，法律赋予保证人代位权。保证人代位权是指保证人得代债权人之地位向债务人追偿。保证人代位权是保证人履行保证债务的限度为限。保证人代位权成立后，债权人的原债权及其他从权利转移于保证人。但是，保证人享有债权人对债务人的权利，不得损害债权人的利益

七、保证人的抗辩权

第七百零一条　保证人可以主张债务人对债权人的抗辩。债务人放弃抗辩权的，保证人仍有权向债权人主张抗辩。

第七百零二条　债务人对债权人享有抵销权或者撤销权的，保证人可以在相应范围内拒绝承担保证责任。

上两条规定了保证人的抗辩权。

保证人的抗辩权是保证人对抗债权人请求其承担保证责任的权利。保证人作为合同债务人，当然享有保证合同的抗辩权，如可以主张保证合同的无效、保证合同可撤销、保证债务时效期间届满等。除此之外，保证人还享有债务人对债权人享有的抗辩权，即便债务人放弃对债权人的抗辩权，保证人也可以行使。保证人可以行使的债务人的抗辩权主要包括：债权未发生的抗辩、债权已消灭的抗辩、拒绝给付的抗辩、债务人债务的诉讼时效届满的抗辩等。债务人对债权人享有撤销权或者抵销权的，保证人可以行使对债权人的抗辩，在相应的范围内拒绝承担保证责任。

第十四章　租赁合同

一、租赁合同的概念和特征

第七百零三条　租赁合同是出租人将租赁物交付承租人使用、收益，承租人支付租金的合同。

本条规定了租赁合同的概念。

租赁合同是当事人约定一方将物交付另一方使用、收益，另一方为此支付租金并于使用完毕后向对方归还原物的合同。提供物给对方使用的一方为出租人，使用物并向对方支付租金的一方为承租人。出租人交付承租人使用的物为租赁物。因为出租人应将租赁物交付承租人使用，因此出租人对租赁物应享有将其交由他人使用的权利。但是，出租人是否享有将物出租的权利，一般不影响租赁合同的效力，不过出租人会因此而承担违约责任。因为承租人是对物为使用且支付租金的人，因此，承租人应具有相应的民事行为能力。

租赁合同具有以下法律特征：

1. 租赁合同是转移财产使用权的合同

租赁合同是以承租人取得租赁物的使用、收益为目的的，因此租赁合同仅发生标的物使用、收益权的转移，而不发生标的物的所有权的转移。这是租赁合同与买卖合同等转移财产所有权的合同的根本区别。

由于租赁合同仅是转移财产的使用、收益权，因此承租人虽有权对租赁物为使用、收益，但无权处分租赁物。这是租赁合同与消费借贷合同（借款合同）的主要区别。在消费借贷合同，借与人可以处分所贷的标的物。

自租赁合同的承租人取得对租赁物的使用权时，出租人就不能再对该租赁物为使用收益，因此，租赁合同的标的物只能是有体物。对于无体物使用权的取得，不适用租赁合同。例如，取得专利使用权的合同就不属于租赁合同。

租赁合同以承租人取得租赁物的使用、收益为目的。承租人一般重在取得对租赁物的使用。所谓使用，是指不改变物的形体和性质而对物加以利用。有的承租人不仅重视物的使用，而且重视物的收益，甚至有的承租人租赁的直接目的就是为了取得收益。因此，在没有特别约定的情况下，承租人承租权的内容包括对物的使用和收益两方面。

租赁合同既以物的使用收益为目的，而对物的使用、收益是以对物的直接占有为前提条件的，因此，为实现合同的目的，出租人必负有将租赁物交付承租人的义务。如果承租人不能将租赁物交付承租人使用，出租人应承担债务不履行的违约责任；如果出租人将租赁物交付给承租人使用，即使出租人并不享有转让租赁物使用权的权利，承租人也仍应向出租人支付租金，而租赁物的真正权利人不能要求承租人支付租金。因为租赁物的真正权利人与承租人相互间并不存在租赁关系。租赁物的真正权利人只能向出租人要求返还不当得利或者承担侵权赔偿责任。

由于租赁合同是转移标的物使用收益权的合同，因此，只有承租人自己独立使用租赁物，当事人之间的关系才可为租赁关系。如果承租人不能独立自己使用租赁物，出租人仍对标的物为占有使用的，则当事人间不构成租赁关系。例如，平日所说的乘出租车，乘出租车并不构成租赁关系，而形成运送关系。但在出租人的占有使用与承租人的占有使用并不冲突的情形下，出租人仍占有使用其物的，也可以成立租赁关系。例如，房屋所有人将其房屋的外墙出租给他人张贴广告，双方就可成立租赁关系。

2. 租赁合同是承租人须支付租金的合同

租赁合同的承租人取得对租赁物的使用、收益，是以支付租金为代价的。出租人订立租赁合同的目的就是取得租金。当事人一方取得标的物的使用权是否须支付租金，这是租赁合同与使用借贷合同的根本区别。使用借贷合同也就是借用合同。借用合同是一方将物出借给另一方使用，借用人一方于使用后应将标的物返还给出借人的合同。借用合同也转移标的物的使用权，但借用合同为无偿合同，借用人取得标的物的使用无须偿付任何代价。

3. 租赁合同具有临时性

租赁合同的出租人只是临时将其不动产或动产的使用、收益权转让给承租人，承租人不能对租赁物为永久性使用收益。因此，租赁合同具有临时性，租赁合同期限受法律限制。

4. 租赁合同终止后承租人须返还原物

因为租赁合同具有临时性，承租人只能取得租赁物的使用收益权，而不能取得租赁物的处分权，因此，于租赁合同终止后承租人须将租赁物原物返还给出租人。租赁合同的这一特征也是租赁合同与消费借贷合同的重要区别。

5. 租赁合同为诺成性合同、双务合同、有偿合同、继续性合同

租赁合同自双方当事人达成协议时即可成立生效，而不以标的物的实际交付为合同的成立生效要件，因此，租赁合同为诺成性合同。租赁合同当事人双方都负有义务和享有权利，且双方的权利义务具有对应性、对价性，因此，租赁合同为双务合同。租赁合同的任何一方当事人从对方取得利益都须支付一定的代价：出租人以转移标的物的使用收益权为代价而取得租金，承租人以支付租金为代价而取得对租赁物为使用收益的权利，因此，租赁合同为有偿合同。租赁合同的承租人在租赁期限内不间断地持续对物为使用收益，出租人不间断地持续履行义务，双方的权利义务并非一次性就可实现，因此，租赁合同为继续性合同。

二、租赁合同的内容

第七百零四条　租赁合同的内容一般包括租赁物的名称、数量、用途、租赁期限、租金及其支付期限和方式、租赁物维修等条款。

本条规定了租赁合同的内容。

租赁合同的内容包括但不限于以下条款：

1. 租赁物条款

租赁物是租赁合同的标的物，是出租人于合同生效后应交

付给承租人使用收益的物。因为租赁合同是以转移租赁物的使用收益权为目的的，没有租赁物，就不能实现合同的目的，因此，租赁物条款是租赁合同的主要条款，当事人不能就租赁物条款达成协议的，租赁合同也就不能成立。租赁合同中不仅应明确租赁物的名称，还应明确租赁物的数量、用途。

租赁物可以是特定物或者特定化的种类物，但因于合同终止后承租人须返还原物，因此，租赁物应为不可替代的非消耗物。以可替代的消耗物为租赁合同标的物的，承租人只能将标的物用于特定的非消耗目的，例如，承租人将承租的消耗物用于展出。如果当事人约定可以将消耗物用于消费性使用，则当事人之间不成立租赁关系。租赁合同的标的物应为可流通物而非禁止流通的物。法律禁止流通的物不能成为租赁物，以法律禁止流通之物为标的物的租赁合同为无效合同。租赁物一般为出租人现有之物，但出租人以将来可取得之物出租的，租赁合同可以有效。以将来可取得之物为租赁物的合同，出租人于合同生效后不能取得约定的标的物交付给承租人使用的，出租人会承担合同履行不能的违约责任。

租赁合同的标的物可否为物的一部分呢？对此，有不同的观点。一般认为，租赁合同的标的物可以是物的整体，也可以是物的部分。但是，以物的一部分出租的，当事人应明确使用的范围，并且可以出租的物的部分也仅以该部分可以单独使用者为限。例如，出租人可将房屋的外墙壁出租给他人作广告，也可以将房屋的一间出租给他人，但不能将不能由他人单独使用的房屋某一部分出租。

2. 租赁期限条款

租赁期限是承租人可以使用租赁物的期限。租赁期限直接关系到租赁物的使用和返还期限以及租金的收取期限。因此，租赁期限是租赁合同的重要条款，当事人应于合同中予以明确。但租赁期限条款不是租赁合同的主要条款，合同中未约定租赁期限的，租赁合同仍可成立有效。

3. 租金条款

租金条款也是租赁合同的主要条款，因为出租人出租租赁物的目的就是取得租金，租金是承租人有偿使用租赁物的法律形式。当事人不能就租金条款达成协议的，租赁合同不能成立。如果当事人就标的物的使用达成协议，但合同中没有租金条款，则当事人之间可成立其他（如借用）合同，而不能成立租赁合同。租赁合同的当事人不仅应明确承租人应支付租金，还应当明确租金的数额、支付期限、支付方式。但当事人明确承租人应支付租金，而未明确租金数额等的，不影响租赁合同的成立。

4. 租赁物维修条款

因为租赁合同为继续性合同，承租人在租赁期限内可对租赁物为继续性使用收益，租赁物的维修是使租赁物保持正常状态以使承租人对租赁物为使用收益的必要措施，因此，租赁物的维修条款也是租赁合同的重要条款。当事人在合同中明确租赁物维修的义务及相关事项，有利于明确当事人双方的责任，避免发生争议。但是，租赁物维修条款不是租赁合同的主要条款。当事人就维修条款未达成协议的，不影响租赁合同的成立生效。

三、租赁合同的期限和形式

（一）租赁合同的期限

第七百零五条　租赁期限不得超过二十年。超过二十年的，超过部分无效。

租赁期间届满，当事人可以续订租赁合同；但是，约定的租赁期限自续订之日起不得超过二十年。

本条规定了租赁合同的最长期限。

租赁期限是租赁合同的重要条款。因为租赁合同具有临时性，因此，虽然租赁期限可由当事人自由约定，但当事人约定的租赁期限不得超过 20 年。也就是说，20 年为租赁合同的法定最长期限。当事人约定的租赁期限超过 20 年的，该合同的租赁期限应缩减为法定的最长期限 20 年。

在租赁期限届满后，当事人可以续订合同。这里的所谓续订合同，并非是继续另订一租赁合同，而是指延长租赁合同约定的期限，租赁合同的其他内容不变。有学者称此为期限更新。租赁合同的这一期限更新不同于一般合同履行期限的变更。一般合同的履行期限变更，仅是改变履行的期限。而租赁合同的期限更新，是在维持租赁关系同一性的情形下，成立新的租赁关系。也就是说，租赁合同期限更新的前后存在两个租赁合同。租赁合同的期限更新只能发生在租赁合同期限届满时。如果租赁合同的当事人不是在租赁期限届满而是在租赁期限之内协议改变租赁期限，则属于租赁合同的期限变更，而不属于租赁合同的期限更新。

租赁合同当事人于租赁期限届满时续订租赁合同有两种方式：一是约定期限更新；一是法定期限更新。约定期限更新，是指当事人续订租赁合同，约定了延长的租赁合同的期限。当事人约定的续订的租赁合同的期限不得超过法律规定的最长的20年期限。法定期限更新，是指于租赁合同期限届满后当事人以自己的行为表示继续维持双方的租赁关系，于此情形下双方续订的合同期限是不定期的，任何一方都可以随时终止租赁合同。

（二）租赁合同的形式

第七百零六条　当事人未依照法律、行政法规规定办理租赁合同登记备案手续的，不影响合同的效力。

第七百零七条　租赁期限六个月以上的，应当采用书面形式。当事人未采用书面形式的，视为不定期租赁。

上两条规定了租赁合同的形式。

租赁合同根据其是否约定租赁期限，可分为定期租赁合同和不定期租赁合同。定期租赁合同是指合同中约定了租赁期限的合同，不定期租赁是指合同中未约定租赁期限的合同。不定期租赁合同的当事人双方都可以随时终止租赁关系。定期租赁的租赁期限为6个月以上的，合同应当采用书面形式。当事人未采用书面形式订立的租赁合同，视为不定期租赁合同。

租赁合同根据出租的标的物为动产还是不动产，可分为动产租赁合同和不动产租赁合同。不动产租赁合同不仅在租赁期限6个月以上时应采用书面形式，而且还应依法律、行政法规的规定办理登记或备案等手续。但租赁合同的登记备案并不是合同生效的形式要件，因此，租赁合同未办理登记备案手续的，租赁合同的效力不受影响。

四、租赁合同的效力

（一）出租人交付租赁物并维持租赁物符合用途的义务

第七百零八条　出租人应当按照约定将租赁物交付承租人，并在租赁期限内保持租赁物符合约定的用途。

本条规定了出租人交付租赁物并维持租赁物符合约定的用途的义务。

承租人订立租赁合同的目的在于取得对租赁物为使用收益，而对物为使用收益又是以占有物为前提条件的，因此，依合同约定将租赁物交付承租人并在租赁期间维持租赁物符合约定的使用收益的状态，是出租人的基本义务。出租人的这一基本义务包括以下两方面：

1. 出租人应依合同约定交付租赁物

所谓交付租赁物，是指移转租赁物归承租人占有。出租人应按照合同约定的租赁物的数量于约定的时间、地点和方式交付约定的租赁物，以使承租人能够对租赁物为使用收益。租赁物于合同成立时已经为承租人直接占有的，则于合同成立时起即为交付租赁物。租赁物有从物的，出租人应一并交付从物。

出租人不仅应按约定的时间、地点、方式交付租赁物，并且交付的租赁物应符合约定的用途。这是因为承租人是根据约定的用途使用租赁物的，只有交付的租赁物符合约定的用途，才能实现承租人的合同目的。例如，出租墙壁用作发布广告的，出租人应交付墙壁并作成适于张贴广告的状态；出租房屋居住的，出租人交付的房屋应适于日常居住。

出租人不能按照约定交付租赁物的，应承担违约责任；同时，承租人可以主张同时履行抗辩权，拒绝支付租金。《最高人民法院关于审理城镇房屋租赁合同纠纷案件具体应用法律若干问题的解释》（法释〔2009〕11号）（以下简称《房屋租赁合同的解释》第6条规定，出租人就同一房屋订立数份租赁合同。在合同均有效的情况下，承租人均主张履行合同的，人民法院按照下列顺序确定合同的承租人：（1）已经合法占有租赁房屋的；（2）已经办理登记备案手续的；（3）合同成立在先的。不能取得租赁房屋的承租人请求解除合同、赔偿损失的，依照合同法的有关规定处理。

2. 保持租赁物符合约定的用途

保持租赁物符合约定的用途，也就是维持租赁物适于约定的使用收益状态。承租人在租赁期间是不间断地对物为使用收益的，因此出租人交付的标的物不仅于交付时应适于承租人使用收益的状态，而且在整个租赁期间内租赁物都应处于符合约定用途的状态。在租赁期间，不仅出租人不得妨害承租人对租赁物的使用收益，而且出租人还应排除第三人对承租人为使用收益的妨害。在租赁物因受侵害而不适于约定的使用收益状态时，出租人应当采取措施予以恢复。

（二）承租人正当使用租赁物的义务

第七百零九条　承租人应当按照约定的方法使用租赁物。对租赁物的使用方法没有约定或者约定不明确，依据本法第五百一十条的规定仍不能确定的，应当按照租赁物的性质使用。

第七百一十条　承租人按照约定的方法或者根据租赁物的性质使用租赁物，致使租赁物受到损耗的，不承担赔偿责任。

第七百一十一条 承租人未按照约定的方法或者未根据租赁物的性质使用租赁物，致使租赁物受到损失的，出租人可以解除合同并请求赔偿损失。

上三条规定了承租人正当使用租赁物的义务。

取得对租赁物的使用收益权，是承租人订立租赁合同的目的，因此，在租赁期间承租人有权按照约定使用租赁物。虽然使用租赁物必会使租赁物有所损耗，但因为按照约定使用租赁物是承租人的权利，因此，承租人按照约定使用租赁物致使租赁物受到损耗的，承租人也不承担赔偿责任。

承租人有权按照约定使用租赁物，也有义务按照约定的方法使用租赁物。承租人对租赁物只能为正当的使用，而不得为不正当的使用。所谓正当使用，就是指按照约定或者规定的方法使用。对租赁物的使用方法合同中没有明确约定或者约定不明确，又不能依其他方式确定使用方法的，承租人应根据租赁物的性质使用租赁物，而不能依不符合租赁物性质的方法使用租赁物。例如，租赁物为居住用房的，承租人应依住房的性质使用承租的房屋。如果承租人依营业用房的使用方法使用该房屋，就不属于根据租赁物的性质使用租赁物。

以不同的使用方法使用租赁物，对租赁物的损耗是不同的。承租人不按照约定的方法或者未根据租赁物的性质使用租赁物为不正当使用，是一种违约行为，由此违约行为造成的租赁物损失，不属于合理损耗，承租人应承担赔偿责任。

依《房屋租赁合同的解释》第 7 条规定，承租人擅自变动房屋建筑主体和承重结构或者扩建，在出租人要求的合理期限内仍不予恢复原状，出租人请求解除合同并要求赔偿损失的，人民法院予以支持。这一规定表明，实务上将承租人擅自改变租赁物的状态认定为不正当使用租赁物。

（三）租赁物的维修义务

第七百一十二条　出租人应当履行租赁物的维修义务，但是当事人另有约定的除外。

第七百一十三条　承租人在租赁物需要维修时可以请求出租人在合理期限内维修。出租人未履行维修义务的，承租人可以自行维修，维修费用由出租人负担。因维修租赁物影响承租人使用的，应当相应减少租金或者延长租期。

因承租人的过错致使租赁物需要维修的，出租人不承担前款规定的维修义务。

上两条规定了租赁物的维修义务。

对租赁物进行维修，是使租赁物处于符合用途状态的重要措施。租赁物由何方负责维修，由当事人在合同中约定。合同中没有约定租赁物维修义务的，出租人负担维修租赁物的义务，因为出租人应当保持租赁物处于适用使用收益的状态。所谓维修，也就是指在租赁物不符合约定的用途状态时对租赁物进行修理维护，以使承租人能够按照约定对租赁物为正常的使用收益。

出租人维修租赁物的义务构成须具备以下条件：

1. 租赁物有维修的必要

所谓租赁物有维修的必要，是指租赁物只有经过维修才能继续满足承租人对租赁物为使用收益的需求。如果租赁物虽有损坏但并不妨碍承租人依约定为使用收益，没有对租赁物进行维修的必要，就不发生出租人维修租赁物的义务。

在租赁物因可归责于出租人或者其他不可归责于承租人的原因致使租赁物有维修必要时，出租人应负维修的义务，此为当然。但是，在因可归责于承租人的原因损毁租赁物，致使承租人不能对租赁物为使用收益时，出租人是否也应负维修义务呢？对此有不同的观点。一般认为，在因承租人的过错致使租赁物损毁的，应由承租人负责维修，这是承租人应承担的责任。如果由出租人维修，则承租人应承担维修费用。否则，因承租人的原因造成承租物损毁反而让出租人承担不利后果，是违反诚实信用和公平原则的。民法典明确规定，因承租人过错致使租赁物需要维修的，出租人不承担维修义务。

2. 租赁物有维修的可能

所谓租赁物有维修的可能，是指租赁物经维修后事实上能恢复到损坏前的状态，并且在经济上是合理的。如果损坏的租赁物已不可能修复，或者虽可修复但花费太大，在经济上是不合算的，则为租赁物无维修的可能。在租赁物无维修可能时，出租人不负维修租赁物的义务，但因租赁物已损毁不能继续使用，承租人可以要求减少租金。

3. 承租人已经为维修的通知

因为在租赁期间租赁物是在承租人的控制下使用的，租赁物是否有损坏需要维修，只有承租人最清楚。因此，在租赁物需要维修时，承租人可以要求出租人维修。承租人要求出租人维修的，以通知的方式告知出租人。出租人只有收到承租人要求出租人维修的通知，才有维修的义务。承租人应对出租人为维修通知而未通知的，出租人不负维修租赁物的义务。

4. 当事人无另外的约定

出租人的维修义务并非法律的强制性规定，因此当事人完全可以以特约予以排除。在当事人就租赁物的维修有特别约定时，租赁物的维修依当事人的约定。法律另有规定或者依交易习惯租赁物应由承租人维修的，出租人不负维修义务。

出租人负维修义务而不履行维修义务的，承租人可以自行维修，维修费用由出租人承担。出租人经催告无正当理由在合理期限内仍不进行维修的，承租人可以解除合同并要求赔偿损失。因租赁物的维修而影响承租人使用收益的，承租人可以要求减少租金或者延长租赁期限。

需要强调的是，维修租赁物不仅仅可能是出租人的义务，也还是出租人的权利。在出租人得知租赁物损坏时，出租人可以主动对租赁物进行维修。对于出租人为使租赁物处于符合用途的状态的维修，承租人不得拒绝。《日本民法典》第606条第2款规定，出租人要对租赁物实施保存上必要的行为时，承租人不能拒绝。我国法对此虽未作规定，但也应作此解释。

（四）租赁物的保管义务

第七百一十四条　承租人应当妥善保管租赁物，因保管不善造成租赁物损毁、灭失的，应当承担赔偿责任。

本条规定了承租人保管租赁物的义务。

由于在出租人将租赁物交付承租人后，租赁物就处在承租人的占有中，且在租赁期间承租人有权对租赁物为使用收益，而租赁物的所有权并不属于承租人，承租人的占有是对他人之物的占有，因此，承租人对租赁物应负保管义务。承租人对租赁物的保管应尽善良管理人的注意义务。合同中约定保管方法的，承租人应依约定的方法保管；合同中未约定保管方法的，承租人应依租赁物的性质所要求的方法保管。承租人对租赁物的保管，既包括对租赁物的保存，也包括对租赁物的正常维护。租赁物有生产能力的，承租人应维持租赁物的生产能力。

承租人违反保管义务致使租赁物毁损、灭失的，应负赔偿责任。因房屋承租人的同居人的行为以及因第三人的原因造成租赁物毁损的，承租人同样应承担赔偿责任。

（五）租赁物的改善或增设他物的后果

第七百一十五条　承租人经出租人同意，可以对租赁物进行改善或者增设他物。

承租人未经出租人同意，对租赁物进行改善或者增设他物的，出租人可以请求承租人恢复原状或者赔偿损失。

本条规定了承租人对租赁物进行改善或者增设他物的后果。

承租人对租赁物进行改善或者增设他物，有两种情形：一是经出租人同意；二是未经出租人同意。

1.承租人经出租人同意对租赁物进行改善或者增设他物

承租人对租赁物进行改善或者增设他物，经承租人同意的，在承租人返还租赁物时，出租人应偿还承租人对租赁物进行改善或者增设他物而支出的使租赁物价值增加的有益费用。因为，承租人对租赁物进行改善或者增设他物是经出租人同意的，而承租人为此支出的费用使租赁物的价值增加，而承租人将租赁物返还给出租人时，出租人取得该利益，但出租人取得该利益并没有法律上的根据，因此，除当事人另有约定外，出租人应依不当得利的规定向承租人返还该利益。出租人返还的利益仅以租赁合同终止时租赁物增加的价值额为准，而不能以承租人对租赁物进行改善或者增设他物所支出的数额为准。当然，如果承租人所增设的他物能够拆除，承租人也可以拆除，而不要求出租人偿还有益费用。承租人拆除增设的他物的，应恢复租赁物的原状。①

2. 承租人未经出租人同意而对租赁物进行改善或者增设他物

承租人对租赁物进行改善或者增设他物，未经出租人同意的，出租人可以要求承租人恢复原状或者赔偿损失。承租人应依出租人的要求恢复原状或者赔偿损失。②出租人接受承租人对

---

① 《房屋租赁合同的解释》第9条规定："承租人经出租人同意装饰装修，租赁合同无效时，未形成附合的装饰装修物，出租人同意利用的，可折价归出租人所有；不同意利用的，可由承租人拆除。因拆除造成房屋毁损的，承租人应当恢复原状。""已形成附合的装饰装修物，出租人同意利用的，可折价归出租人所有；不同意利用的，由双方各自按导致合同无效的过错分担现值损失。"第10条："承租人经出租人同意装饰装修，租赁期间届满或者合同解除的，除当事人另有约定外，未形成附合的装饰装修物，可由承租人拆除。因拆除造成房屋毁损的，承租人应当恢复原状。"第11条："承租人经出租人同意装饰装修，合同解除时，双方对已经形成附合的装饰装修物的处理没有约定的，人民法院按照下列情形分别处理：（一）因出租人违约导致合同解除，承租人请求出租人赔偿剩余租赁期内装饰装修残值损失的，应予支持；（二）因承租人违约导致合同解除，承租人请求出租人赔偿剩余租赁期内装饰装修残值损失的，不予支持。但出租人同意利用的，应在利用价值范围内予以适当补偿；（三）因双方违约导致合同解除，剩余租赁期内的装饰装修残值损失，由双方根据各自的过错承担相应的责任；（四）因不可归责于双方的事由导致合同解除的，租赁期内的装饰装修残值损失，由双方按照公平原则分担。法律另有规定的，适用其规定。"第14条："承租人经出租人同意扩建，但双方对扩建费用的处理没有约定的，人民法院按照以下情形分别处理：（一）办理合法建设手续的，扩建造价费用由出租人负担；（二）未办理合法建设手续的，扩建造价费用由双方按照过错分担。"

② 《房屋租赁合同的解释》第13条规定："承租人未经出租人同意装饰装修或者扩建发生的费用，由承租人负担。出租人请求承租人恢复原状或者赔偿损失的，人民法院应予支持。"

租赁物的改善或者增设的他物的，视为出租人同意承租人对租赁物进行改善或者增设他物。

（六）租赁物的转租

第七百一十六条　承租人经出租人同意，可以将租赁物转租给第三人。承租人转租的，承租人与出租人之间的租赁合同继续有效，第三人对租赁物造成损失的，承租人应当赔偿损失。

承租人未经出租人同意转租的，出租人可以解除合同。

第七百一十七条　承租人经出租人同意将租赁物转租给第三人，转租期限超过承租人剩余租赁期限的，超过部分的约定对出租人不具有法律约束力，但是出租人与承租人另有约定的除外。

第七百一十八条　出租人知道或者应当知道承租人转租，但是在六个月内未提出异议的，视为出租人同意转租。

第七百一十九条　承租人拖欠租金的，次承租人可以代承租人支付其欠付的租金和违约金，但是转租合同对出租人不具有法律约束力的除外。

次承租人代为支付的租金和违约金，可以充抵次承租人应当向承租人支付的租金；超出其应付的租金数额的，可以向承租人追偿。

以上四条规定了转租。

转租是指承租人不退出租赁关系，而将租赁物出租给第三人使用收益。这里的第三人称为次承租人。

转租不同于租赁权的转让。租赁权的转让是指承租人将租赁权转让给第三人享有。租赁权转让生效后，受让第三人为承租人而原承租人退出租赁关系。关于租赁权是否可以转让，我国法上未明确规定，学者中有肯定说与否定说两种不同的观点。否定说认为，租赁关系是以人格的信用为前提的，承租人为何人对于出租人有重大利害关系，因此，除当事人有特别约定外，租赁权不得自由转让。肯定说认为，从租赁权的性质上看，租赁权并不是不可转让，因此，除租赁权转让会对出租人造成不利的情形外，只要当事人没有特别约定，承租人就可以自由转让租赁权。应当说，两种观点都有道理。因为租赁权的转让并非仅仅是权利转让，租赁权转让实际是承租人的法律地位的转让，包括义务的转让。而权利义务的概括转让须经对方同意。因此，当事人双方有可以转让的特定约定或者经出租人同意，承租人也可以转让租赁权。承租人依照特约或者经出租人同意转让租赁权的，为合法转让。租赁权转让生效后，受让人成为租赁合同的承租人，承受出让人原承担的权利义务。承租人未经出租人同意转让租赁权的，为不合法转让。租赁权不合法转让的，不能发生权利转让的效力，受让人不能取得租赁权，受让人因不能取得受让的权利可以要求出让人即承租人承担责任。因为承租人未经同意的转让行为构成重大违约，所以出租人可以解除合同并请求赔偿损失。出租人解除合同的，不论租赁物在何处，出租人均有权要求返还，占有人不得拒绝。

承租人将租赁物转租给第三人的，有两种情形：一是合法转租；一是不合法转租。

1. 合法转租

合法转租，是指承租人经出租人同意或者依法律规定将租赁物出租给次承租人使用收益。出租人的同意可为明示的，也可为默示的。出租人知道或者应当知道承租人转租，但在 6 个月内未提出异议，视为其同意承租人转租，于此情形下，出租人以默示方式作出同意转租的意思表示。承租人的转租为合法转租。承租人合法转租的，发生以下法律后果：

其一，出租人与承租人之间的租赁关系不因转租而受影响，承租人仍应向出租人履行租赁合同约定的义务。对于因为次承租人的原因所造成的出租人的损失，承租人也应负责赔偿出租人的损失。

其二，承租人与次承租人为转租合同的当事人，承租人为转租合同的出租人即转租人，次承租人为转租合同中的承租人，相对于租赁合同的出租人为第三人。转租人与次承租人之间的租赁关系与一般租赁合同的租赁关系并无区别。

其三，转租合同是以承租人存在租赁权为前提的，在承租人的租赁权因合同终止等原因消灭时，次承租人不能向出租人主张租赁权。因此，转租合同的期限不应超过租赁合同的剩余期限。承租人经出租人同意将租赁物转租给第三人时，转租期限超过承租人剩余租赁期限的，超过部分的约定对出租人无效，但出租人与承租人另有约定的除外。次承租人因承租人不享有租赁权而不能取得租赁权的，只能请求承租人赔偿由此而造成的损失。

其四，出租人与次承租人之间不存在直接的法律关系，但次承租人可以直接向出租人履行承租人应当履行的义务，出租人也可以直接向次承租人行使转租人对次承租人得以行使的权利。例如，次承租人可直接向出租人交付承租人应付的租金和违约金，出租人也可以直接向次承租人要求支付租金。在这些情况下发生合同的第三人履行。次承租人向出租人交付的租金和违金超过其应向承租人交付的租金部分可以向承租人追偿。

2. 不合法转租

不合法转租是指承租人未经出租人同意而擅自将租赁物出租给第三人。承租人未经出租人同意而转租属于重大违约行为，出租人有权解除合同并请求赔偿损失[1]。因此，承租人不合法转租的，会发生以下法律后果：

其一，就转租人与第三人即次承租人之间的关系来说，双方之间的租赁合同可以有效。转租人负有使次承租人取得对租赁物为使用、收益的义务。转租人不能履行该义务的，应向次承租人承担债务不履行责任。

其二，就出租人与承租人之间的关系来说，出租人有权解除合同并要求赔偿损失。出租人解除合同的，当事人之间的租赁关系也就终止；出租人不行使解除权解除合同的，当事人之间的租赁关系继续有效存在。

其三，就出租人与次承租人之间的关系来说，次承租人基于转租取得的权利不能对抗出租人。即使次承租人从转租人取得租赁物的占有，出租人解除合同时，出租人也可以直接要求次承租人返还租赁物。出租人不行使解除权解除租赁合同时，出租人可否要求次承租人返还租赁物呢？对此，有不同的观点。一种观点认为，出租人不解除租赁合同的，也可以以所有权为理由，对于次承租人为妨害排除的请求。另一种观点认为，出租人不解除合同的，承租人的租赁权仍有效，次承租人

---

[1] 也有一种观点认为，只有不法转租构成根本违约的，出租人才可解除合同。但民法典未作此限制性规定。

基于承租人的租赁权而对租赁物占有、使用收益是有合法根据的，出租人不能直接请求次承租人返还租赁物。后一种观点更合理。

（七）租赁物的收益归属

第七百二十条　在租赁期限内因占有、使用租赁物获得的收益，归承租人所有，但是当事人另有约定的除外。

本条规定了租赁物的收益归属。

在一般情形下，承租人是以取得租赁物的使用、收益为目的的，因此，在租赁期间承租人对租赁物的收益有取得权，因占有、使用而获得的租赁物的收益也就归承租人所有。但是，收益权归承租人并非强制性规定，当事人可以特约排除。如果当事人在合同中约定租赁期间租赁物所生的收益归出租人，则应依其约定。

（八）承租人支付租金的义务

第七百二十一条　承租人应当按照约定的期限支付租金。对支付租金期限没有约定或者约定不明确的，依据本法第五百一十条的规定仍不能确定，租赁期限不满一年的，应当在租赁期限届满时支付；租赁期间一年以上的，应当在每届满一年时支付，剩余期间不满一年的，应当在租赁期间届满时支付。

第七百二十二条　承租人无正当理由未支付或者迟延支付租金的，出租人可以请求承租人在合理期限内支付；承租人逾期不支付的，出租人可以解除合同。

上两条规定了承租人的租金支付义务。

租金是承租人使用租赁物的代价，取得租金是出租人订立租赁合同的目的。因此，支付租金是承租人的基本义务。使用租赁物是否须支付租金，也是租赁合同与借用合同的根本区别。

租金由当事人在租赁合同中约定。通常租金是以金钱计算的，但当事人也可约定以租赁物的孳息或者其他物充当租金。但是当事人不得约定以承租人的劳务代替租金。当事人约定以一方付出一定劳务为代价而对物为使用收益的，当事人之间的关系不为纯粹租赁关系。

承租人支付租金应依约定的或者法定的数额支付。租金虽为使用租赁物的代价，若承租人未对租赁物为使用收益，则承租人不支付租金，但是，如果因为承租人的原因而未对租赁物全部或部分为使用收益的，则承租人仍应按照所约定的数额支付租金。只有在因不可归责于承租人的原因而使承租人不能对租赁物全部或部分为使用收益时，承租人才可以请求免交租金或者减少租金。

承租人应按照约定的期限支付租金。合同中对支付租金的期限没有约定或者约定不明确而又不能依其他方法确定租金支付期限的，租赁期限不满一年的，承租人应于租赁期限届满时支付全部租金；租赁期限为一年以上的，承租人应于每届满一年时支付应付的租金，剩余期限不满一年的，应于剩余期限届满时支付全部租金。

承租人未按期按数支付租金的，属于违约行为，应承担债务不履行的违约责任。承租人无正当理由未支付或者迟延支付租金的，出租人可以要求承租人在合理期限内支付。这里的合理期限是出租人给予承租人支付租金的宽限期。合理期限届满后，承租人仍不支付租金的，出租人可以解除合同。

（九）出租人的权利瑕疵担保责任

第七百二十三条　因第三人主张权利，致使承租人不能对租赁物为使用、收益的，承租人可以请求减少租金或者不支付租金。

第三人主张权利的，承租人应当及时通知出租人。

本条规定了出租人对租赁物的权利瑕疵担保责任。

出租人对租赁物的权利瑕疵担保责任，是指出租人应担保租赁物上不存在第三人的权利，如果第三人对租赁物主张权利而使承租人事实上不能对租赁物为使用、收益，出租人应当承担责任，承租人可以要求减少租金或者不支付租金。

出租人的权利瑕疵担保责任的构成须具备以下条件：

其一，须第三人向承租人主张权利。如果没有第三人向承租人主张权利，即使租赁物上存在第三人的权利，也不发生出租人的权利瑕疵担保责任。

其二，须第三人主张的权利妨害了承租人对租赁物为使用、收益。如果第三人所主张的权利并不妨碍承租人对租赁物为使用收益，则也不构成出租人的权利瑕疵担保责任。例如，第三人对租赁物主张所有权或者用益物权，由于第三人主张的权利是对租赁物使用价值支配的实体权利，如第三人的权利得到实现，承租人就不能对租赁物为使用收益，于此情形下，可构成出租人的权利瑕疵担保责任。但如果第三人主张租赁物上设立有其抵押权，则因为抵押权为价值权，抵押权人的权利存在并不妨碍承租人对租赁物为使用收益，此时不成立出租人的权利瑕疵担保责任。而如果第三人主张实现抵押权，则因抵押权的实现涉及对标的物的处置，就会妨碍承租人对租赁物为使用收益，于此情形下，则可构成出租人的权利瑕疵担保责任。

其三，须第三人主张的权利发生于租赁物交付前。如果第三人的权利发生于租赁物交付后，则因承租人取得的租赁权具有对抗第三人的效力，即使第三人主张权利，也不能实现第三人的请求，承租人仍得对租赁物为使用收益，也就不存在权利瑕疵问题。例如，出租人以已出租的租赁物用于设立抵押权的，抵押权人的权利不能对抗承租人的租赁权，即使抵押权人主张实现抵押权，承租人取得的租赁权也不存在权利瑕疵。

其四，须承租人于订立合同时不知租赁物上有第三人权利的存在。如果承租人于订立合同时知道租赁物上有第三人权利的存在，承租人也就自愿承担了权利瑕疵的风险，出租人就不承担权利瑕疵担保责任。但是，于此情况下，出租人不承担权利瑕疵担保责任，仅是指承租人不能以此为理由而主张出租人承担赔偿责任。因为即使承租人于订立合同时知道第三人权利的存在，因第三人主张权利，承租人不能取得对租赁物使用收益的，也会发生合同履行不能，承租人可以主张解除合同而不再支付租金。

其四，须承租人为通知后出租人未能及时消除权利瑕疵。因为，在租赁期间租赁物为承租人控制，第三人是否主张权利，承租人最清楚，所以，在第三人主张权利时，承租人负有及时通知出租人的义务。承租人的通知义务，以有必要为限。如果出租人知道第三人主张权利，则承租人也就无通知的必要。承租人通知的目的，是让出租人及时采取必要措施。如果承租人通知后，出租人未能及时消除存在的权利瑕疵，则出租人承担瑕疵担保责任。如果第三人主张权利，承租人有必要通知而未通知出租人，致使出租人能采取相应措施而未采取的，出租人对承租人由此造成的损失不承担赔偿责任。

（十）承租人的法定解除权

第七百二十四条　有下列情形之一，非因承租人原因致使租赁物无法使用的，承租人可以解除合同：

（一）租赁物被司法机关或者行政机关依法查封、扣押；

（二）租赁物权属有争议；

（三）租赁物具有违反法律、行政法规关于使用条件的强制性规定情形。

本条规定了承租人法定解除合同的情形。

因承租人订立租赁合同的目的就是取得对租赁物的使用。如果承租人不是因自己的原因无法使用租赁物，租赁合同对其也就失去意义。因此，法律规定，在下列情形下，因承租人以外的原因致使承租人无法使用租赁物的，承租人可以解除合同：①租赁物被依法查封、扣押；②租赁物权属有争议；③租赁物具有法律、行政法规关于使用条件的强制性规定，承租人使用违反该规定。承租人以上述事由解除合同的，为法定解除，而不属于约定解除。

（十一）租赁物的所有权变动后的合同效力

第七百二十五条　租赁物在承租人按照租赁合同占有期限内发生所有权变动的，不影响租赁合同的效力。

本条规定了租赁物的所有权变动后租赁合同的效力。

租赁合同仅是转移租赁物的使用收益权的合同，而不发生租赁物所有权的转移。因此，在租赁期间，租赁物的所有权人完全有权转让其所有权，使租赁物的所有权发生变动。按照一般的合同相对性原则，租赁物的所有权变动后，因出租人已经不是租赁物的所有权人，租赁合同的效力会受影响。但是，现代各国法普遍规定，租赁期间租赁物的所有权发生变动的，不影响租赁合同的效力。也就是说，租赁物的所有权变动后，租赁合同对租赁物的新所有权人仍然有效，承租人的租赁权可以对抗租赁物所有权人的权利，租赁物的新所有权人不得解除租赁合同。这也就是通常所说的"买卖不破租赁"规则[①]。这一规则突破了合同相对性原则，使承租人的租赁权具有了一定的对抗第三人效力。租赁权性质的这一变化被称为"租赁权的物权化"。

所谓租赁权的物权化，主要表现为在以下两个方面：一是租赁权的对抗效力。租赁权本为债权，而债权具有相对性，但是为保护承租人的利益，现代法赋予租赁权一定的对抗效力。租赁期间即使第三人取得租赁物所有权或者其他物权，承租人仍可主张自己的租赁权；二是在第三人侵害租赁权时，承租人得基于租赁权而请求排除妨害和损害赔偿。

买卖不破租赁规则的适用主要应具有以下几个要件：

1. 租赁合同有效存在

如果租赁合同无效、被撤销，承租人根本无法取得租赁合

[①] 对于"买卖不破租赁"规则，学者中多有批评。有学者指出，对于不动产，实行"买卖不破租赁"规则还有一定道理，而对于动产则不应实现这一规则。买卖不破租赁规则适用于动产，将影响交易效率，影响交易安全。相关论述可参见王利明：《论"买卖不破租赁"》，载《中州学刊》2013年第9期，第48—55页。

同上的权利义务，租赁关系也不能有效移转于受让人，因此根本不会存在买卖不破租赁的问题。判断租赁合同有效与否的准据时点为租赁物所有权让与时。①

2. 出租人已经将租赁物交付承租人

出租人须在租赁物转让前已将租赁物交付承租人。之所以要求这一要件，是因为承租人的占有产生公示作用，可以使第三人容易得知其所受让的标的物上存在租赁关系。在租赁物转让前出租人未交付租赁物给承租人，受让人也就无法从承租人的占有事实上得知有租赁关系存在。为平衡对承租人及对受让人的保护，维护交易安全，在出租人未交付租赁物给承租人占有的情况下，应优先保护受让人的利益。

3. 出租人将租赁物转让给第三人

这一要件要求：（1）出租人须同时为租赁物的所有人权及租赁物转让的让与人。适用"买卖不破租赁"规则的条件之一，必须让与人、所有权人、出租人具有同一性，即必须是出租人将其所有的租赁物让与给第三人。出租人如是出租他人之物的，出租人与所有权人不具同一性，且出租人出租并未得到所有权人的同意，如果所有权人将所有物让与第三人时，租赁合同的承租人既不能对所有权人主张租赁权，自亦不得对受让人主张租赁权，因此租赁合同对受让人不能继续存在。（2）须租赁物所有权的转让有效。出租人转让所有权，是指出租人实施民事法律行为转让所有权，因此，在第三人原始取得租赁物的场合

---

① 王泽鉴：《买卖不破租赁：民法第 425 条规定之适用、准用及类推适用》，载王泽鉴：《民法学说与判例研究》（六），中国政法大学出版社 1997 年版，第 188 页。

不适用买卖不破租赁规则。买卖不破租赁规则中的"买卖"意指所有权变动，因此不限于因买卖而让与所有权的情形，还应包括因赠与、互易、公司或合伙的出资、遗赠等发生的所有权变动。如果出租人转让所有权的合同无效、被撤销、被解除的，则因为租赁物所有权不发生变动，也就不存在是否影响租赁合同效力的问题。（3）须出租人将所有权让与第三人。如果出租人将所有权让与承租人，则租赁权与所有权发生混同，在这种情况下应适用混同规则，租赁合同会因混同而终止。

按照买卖不破租赁规则，在租赁期间租赁物的所有权发生变动的，可发生以下法律效果：（1）租赁关系继续存在。出租人于租赁物交付后，将其所有权让与第三人的，其订立的租赁合同，对于受让人仍继续存在。租赁合同继续存在的意思，是指在承租人与受让人间，无须另成立租赁合同，于受让人受让该租赁物的所有权时就与承租人产生了租赁合同关系，受让人成为新的出租人。租赁合同的主体虽变更，但租赁合同的内容不变。租赁关系的继续存在，是基于法律的规定，当事人是否知悉，在所不问。也就是说，自租赁物所有权移转时起受让人就当然地承受了出租人的地位，而与承租人继续发生租赁关系。（2）原出租人退出租赁关系。自租赁物所有权有效让与时起，原出租人退出租赁关系，原出租人的权利义务移转于受让人，受让人承受出租人的地位。所有权的让与人不得再以出租人的名义向承租人请求返还租赁物，也不得行使租赁物所有权让与前所发生的合同终止权。

"买卖不破租赁"也不是绝对的，可有例外。《房屋租赁合同的解释》第20条就规定，租赁房屋在租赁期间发生所有权变动，承租人请求房屋受让人继续履行原租赁合同的，人民法院应予支持。但租赁房屋具有下列情形或者当事人另有约定的除外：（1）房屋在出租前已设立抵押权，因抵押权人实现抵押权发生所有权变动的；（2）房屋在出租前已被人民法院查封的。

（十二）承租人的优先购买权

第七百二十六条 出租人出卖租赁房屋的，应当在出卖之前的合理期限内通知承租人，承租人享有以同等条件优先购买的权利；但是房屋按份共有人行使优先购买权或者出租人将房屋出卖给近亲属的除外。

出租人履行通知义务后，承租人在十五日内未明确表示购买的，视为承租人放弃优先购买权。

第七百二十七条 出租人委托拍卖人拍卖租赁房屋的，应当在拍卖五日前通知承租人。承租人未参加拍卖的，视为放弃优先购买权。

第七百二十八条 出租人未通知承租人或者有其他妨害承租人行使优先购买权情形的，承租人可以请求出租人承担赔偿责任。但是，出租人与第三人订立的房屋买卖合同的效力不受影响。

以上三条规定了房屋承租人的优先购买权。

不仅房屋承租人享有优先购买权，其他承租人一般也享有优先购买权。赋予承租人优先购买权的目的，是保障租赁物所有权人与使用收益权人的一致，以避免或减少权利冲突。

房屋承租人的优先购买权是指房屋出租人出卖出租房屋时，承租人享有的优先购买的权利。

承租人优先购买权是一项法定权利，须具有以下条件才能成立：

（1）须出租人出卖出租的房屋。如果出租人不是出卖房屋，而是依其他方式转让出租房屋的（例如赠与），则不发生承租人的优先购买权；

（2）须承租人以同等条件购买。如果承租人没有购买的意愿，或者不愿意以与其他意欲购买的人的同等条件购买，也不成立承租人的优先购买权。关于同等条件的断定标准，历来有绝对同等说与相对同等说两种观点。绝对同等说认为，承租人提出的购买条件应与其他购买人提的条件绝对相同；相对同等说认为，承租人提出的购买条件与其他人提出的条件大致相同即为同等条件。实际上，所谓的同等条件主要是指购买价格、付款方式、付款期限等方面的条件相同；

（3）不存在其他人的更优先的权利。具有下列情形之一，承租人的优先购买权不具有优先的效力：其一，房屋共有人行使优先购买权的；其二，出租人将房屋出卖给近亲属，包括配偶、父母、子女、兄弟姐妹、祖父母、外祖父母、孙子女、外孙子女的；其三，第三人善意购买租赁房屋并办理登记手续的。在上述情形下，其他人的权利都优于承租人的权利，因此承租人不能行使优先购买权。实际上共有人的优先购买权与承租人的优先购买权的标的是不同的。共有人优先购买权的标的是其他共有人的租赁物共有份额；而承租人优先购买权的标的是租赁物。

承租人优先购买权的行使应于规定的期间内行使。在出租人出卖出租的房屋时，出租人负有通知义务，应当在合理期间内通知承租人，以使承租人行使优先购买权。实务中，一般认为，出租人出卖房屋的，应提前3个月通知承租人。自收到出租人的通知后承租人应在一定期间内作出是否行使优先购买权以购买租赁房屋的意思表示。该期间属于除斥期间，于期间届满后，承租人未作出行使优先购买权意思表示的，视为其权利丧失，不能再行使优先购买权。依民法典规定，出租人履行通知义务后，承租人在15日未明确表示购买的，视为承租人放弃优先购买权。出租人与抵押权人协议折价、变卖房屋偿还债务，应当在合同期限内通知承租人。承租人请求以同等条件优先购买房屋的，人民法院应予支持。出租人委托拍卖人拍卖房屋的，应当在拍卖5日前通知承租人，承租人未参加拍卖的，视为定承租人放弃优先购买权。

关于承租人优先购买权的性质，有请求权说、债权效力说、物权取得权说等不同观点。请求权说认为，优先购买权是承租人主张订立买卖合同的权利；债权效力说认为，优先购买权性质上为请求权，仅具有债权效力；物权取得权说认为，优先购买权为物权，具有排他性效力，有取得物权的效力。通说认为，承租人的优先购买权属于形成权，亦即认为优先购买权为形成权，权利人可依自己的意思与出租人形成买卖关系，而不必再有出租人同意将租赁物出卖给承租人的意思表示。承租人优先购买权的这一形成权不具有对抗第三人的效力，优先购买权的行使并不能使承租人取得租赁物的物权。依我国法规定，出租人出卖租赁房屋未在合理期限内通知承租人或者存在其他侵害承租人优先购买权情形，承租人可以请求出租人承担赔偿责任。但是，出租人与第三人订立的房屋买卖合同的效力不受影响，承租人请求确认出租人与第三人签订的房屋买卖合同无效的，人民法院不予支持。

（十三）租赁物毁损、灭失的负担

第七百二十九条　因不可归责于承租人的事由，致使租赁物部分或者全部毁损、灭失的，承租人可以请求减少租金或者不支付租金；因租赁物部分或者全部毁损、灭失，致使不能实现合同目的的，承租人可以解除合同。

本条规定了租赁合同的租赁物毁损、灭失的负担。

租赁物的毁损、灭失有两种情形，一是因可归责于承租人的事由造成租赁物毁损、灭失，于此情形下，应由有过错的当事人一方承担由此造成的损失。二是因不可归责于承租人的事由造成租赁物的毁损灭失，于此情形下发生租赁物毁损、灭失的风险负担。

因不可归责于承租人的事由致使租赁物毁损、灭失的风险由出租人承担。因此，如果租赁物部分毁损、灭失的，承租人仍可对剩余部分为使用收益的，承租人有权要求减少租金；如果承租人对租赁物的全部不能为使用收益的，承租人有权不支付租金。因租赁物部分或者全部毁损、灭失致使承租人不能实现对租赁物为使用收益的合同目的的，承租人有权解除合同。

（十四）不定期租赁合同的解除

第七百三十条　当事人对租赁期限没有约定或者约定不明确的，依据本法第五百一十条的规定仍不能确定的，视为不定期租赁；当事人可以随时解除合同，但是应当在合理期限之前通知对方。

本条规定了不定期租赁合同的解除。

不定期租赁合同是指租赁期限不确定的租赁合同。不定期租赁合同有两种情形：一是未采用书面形式订立的租赁合同；二是合同的租赁期限不能确定的租赁合同。依本条规定，当事人对租赁期限没有约定或者约定不明确，又不能依其他方法确定租赁期限的，视为不定期租赁。不定期租赁合同的当事人双方都可以随时解除合同。当事人解除合同应以通知的方式。自解除的通知到达对方时合同解除；但是无论承租人还是出租人解除合同的，都应当在合理期限之前通知对方，以使对方做好准备，自该合理期限届满之时，租赁合同才解除。

（十五）出租人的租赁物的瑕疵担保责任

第七百三十一条　租赁物危及承租人的安全或者健康的，即使承租人订立合同时明知该租赁物质量不合格，承租人仍然可以随时解除合同。

本条规定了出租人的租赁物的瑕疵担保责任。

出租人的租赁物的瑕疵担保责任，是指出租人应担保所交付的租赁物能够为承租人依约定为正常使用收益。如果租赁物有不能使承租人为正常使用收益的瑕疵，承租人有权解除合同或者减少租金。

出租人的租赁物的瑕疵担保责任的成立，不仅须租赁物存在使承租人不能为正常使用的瑕疵，而且还须承租人于订立合同时不知道租赁物有瑕疵，也不存在可免除出租人瑕疵担保责任的情形。尽管出租人交付的租赁物存在瑕疵，但如果承租人在订立合同时知道租赁物的瑕疵存在或者双方有免除出租人瑕疵担保责任的特约，则不构成出租人对租赁物的瑕疵担保责任。

但是，为保证承租人一方的生命健康安全，合同法明确规定，租赁物有危及承租人的安全或者健康的瑕疵的，即使承租人订立合同明知该租赁物质量不合格，出租人的担保责任也不能免除，承租人仍然可以随时解除合同。对于租赁物危及承租人的安全和健康的瑕疵担保责任，当事人也不能以特约排除。即使当事人有排除出租人瑕疵担保责任的特别约定，该约定也为无效，只要租赁物有危及承租人的安全和健康的瑕疵，承租人就仍可以解除合同。

（十六）共同居住人的继续租赁权

第七百三十二条　承租人在房屋租赁期间死亡的，与其生前共同居住的人或者共同经营人可以按照原租赁合同租赁该房屋。

本条规定了房屋承租人的共同居住人的继续租赁权。

在房屋租赁中，与承租人共同居住的人享有在承租人租赁的房屋中居住的权利，该居住权应受法律的保护。租赁权是与承租人的人身有关的专属性权利，在承租人死亡时，承租人生前享有的租赁权是不能继承的。但是，与承租人共同居住的人又需要继续居住在承租人租赁的房屋内，因此，为保护与承租人共同居住的人的居住利益，法律许可在承租人死亡后与承租人生前共同居住的人可以按照原租赁合同租赁该房屋。出租人不得拒绝与承租人生前共同居住的人的租赁请求。按照原租赁合同租赁该房屋，也就是与承租人生前共同居住的人与出租人按照原承租人签订的租赁合同的内容订立租赁合同。

原《合同法》仅规定共同居住人享有继续租赁权。《民法典》

规定共同经营人也享有继续租赁权。承租人租赁房屋用于以个体工商户或者个人合伙方式从事经营活动，承租人在租赁期间死亡、宣告失踪或者宣告死亡，其共同经营人或者其他合伙人可以按照原租赁合同租赁该房屋。

五、租赁期间届满的法律后果

第七百三十三条　租赁期限届满，承租人应当返还租赁物。返还的租赁物应当符合按照约定或者根据租赁物的性质使用后的状态。

第七百三十四条　租赁期限届满，承租人继续使用租赁物，出租人没有提出异议的，原租赁合同继续有效，但是租赁期限为不定期。

租赁期限届满，房屋承租人享有以同等条件优先承租的权利。

上两条规定了租赁期间届满的法律后果。

租赁期间届满后会有三种情形：

1. 租赁合同终止

租赁期间届满，承租人不续租的，租赁合同也就终止。租赁合同终止的，承租人应向出租人返还租赁物。承租人返还的租赁物应符合原状，但承租人依约定的方法或者根据租赁物的性质使用致使租赁物发生改变或损耗的除外。承租人不返还租赁物的，应当承担违约责任。

承租人应出租人要求返还租赁物的，出租人应接受承租人返还的符合要求的租赁物，租赁时设有押金或其他担保物的，出租人应向承租人返还之。

承租人向出租人返还租赁物时，可以要求出租人返还其在租赁期间支出的必要费用和有益费用。所谓必要费用，是指为维护租赁物不可缺少的费用，包括维持租赁物的能力所支出的费用和为维持租赁物使用收益状态所支出的费用。前者如动物的饲养费用、机械设备的养护费用；后者如房屋的维修费用、机械设备更换零部件的费用。

2. 租赁合同继续有效

租赁期限届满时，承租人继续使用租赁物，而出租人又不表示反对的，双方是以行为的方式续订租赁合同。于此情形下，原租赁合同继续有效。不过，以此种方式订立的租赁合同只能为不定期租赁合同。

3. 房屋承租人行使优先承租权

租赁期限届满，房屋承租人享有优先承租权。房屋出租人继续出租房屋的，原承租人有权以同等条件优先承租。房屋承租人行使优先承租权的，房屋出租人应与该承租人继续订立房屋租赁合同。

第十五章　融资租赁合同

一、融资租赁合同的概念和特征

（一）融资租赁合同的概念

第七百三十五条　融资租赁合同是出租人根据承租人对出卖人、租赁物的选择，向出卖人购买租赁物，提供给承租人使用，承租人支付租金的合同。

本条规定了融资租赁合同的概念。

融资租赁合同是出租人根据承租人对出卖人、租赁物的选择，向出卖人购买租赁物，提供给承租人使用，承租人为此支付租金的合同。

融资租赁合同具有以下三方面的含义：

其一，融资租赁合同是出租人须按照承租人的要求出资购买租赁物的合同。这是融资租赁合同不同于租赁合同的一个重要特征。租赁合同的出租人是以自己现有之物出租，或者是按照自己的意愿购买物品出租。而融资租赁合同的出租人是按照承租人对出卖人、对租赁物的选择出资购买出租的财物。也就是说，出租人是依承租人的要求先购买租赁物而后再出租的。出租人依承租人的要求购买租赁物，得以使承租人不必付出租赁物的价值就可取得对租赁物的使用收益，从而可以达到融资的效果。正是在这一意义上，融资租赁合同被冠以"融资"称号。

其二，融资租赁合同是出租人须将购买的租赁物交付承租人使用收益的合同。在融资租赁合同关系中，出租人虽然须向第三人购买租赁物，但其购买物的目的是为了交付给承租人为使用收益，而不是为了自己使用。因此，融资租赁合同虽涉及买卖，但出租人购买的目的是为了出租。这是融资租赁合同中出租人的买卖行为不同于买卖合同之处。

其三，融资租赁合同的承租人须向出租人支付租金。租金是承租人使用租赁物的代价。融资租赁合同的承租人对出租人购买的租赁物为使用收益，因此融资租赁合同的承租人应向出租人支付租金。这也正是融资租赁合同被冠以"租赁"之称的原因。

融资租赁合同是现代市场经济条件下出现的一种新型合同。由于融资租赁合同既涉及"买卖"，又涉及"租赁"；既"融资"，又"融物"。因此，关于融资租赁合同的性质就有不同的学说。概括起来主要有以下学说：

其一，分期付款买卖合同说。该说认为，融资租赁的性质实质上是一种分期付款的买卖，在这种关系中，出租人对于租赁物仅限于担保利益，承租人支付租金相当于购买租赁物的价金，并且当支付完最后一笔租金后，只要支付名义价格就可以取得标的物的所有权，符合分期付款买卖的特征。反对此说者提出以下理由：第一，买卖中的买受人是支付价金取得标的物的所有权，而融资租赁中承租人是以支付租金取得标的物的使用权。在融资租赁中承租人并不能取得租赁物的所有权，而只是取得租赁物的使用权；第二，在分期付款买卖中买受人享有取得标的物所有权的期待权，而在融资租赁的整个租赁期间承租人也并无取得标的物所有权的期待权；第三，在保留所有权的分期付款买卖，于买受人支付完最后一笔价金后，标的物的所有权当然地自动转移给买受人，而融资租赁于承租人支付完最后一笔租金后，承租人并不能当然地取得标的物所有权，而是享有退租、续租或购买三种选择权，只有在租赁合同终止后双方另订买卖合同时，租赁物才会转归承租人所有；第四，从经济的观点观察融资租赁交易的实态，租赁公司与用户之间的关系虽形式上为物件的租赁，实质上是为支付物件买卖的价金提供信用，也就是一种融资。将融资租赁合同解为保留所有权买卖，显然违背融资交易之实态；第五，对融资租赁各方利益进行衡量和价值判断，可以断言，解为分期付款买卖关系，对于租赁公司极为不利。

其二，租赁合同说。租赁合同说又分为典型租赁合同说与特殊租赁合同说。典型租赁合同说认为，融资租赁是以物的使用为目的，而不是以物本身为目的，租金是物的使用的对价，而非物的对价，因此融资租赁应解为通常的租赁。特殊租赁说强调融资租赁的融资机能，重视合同内容中的特约，认为融资租赁并非纯粹的租赁。租赁合同说注重当事人之间关系的外观及当事人所使用的文字，所以又称为客观说。反对此说者认为，该说忽视了融资租赁与传统租赁的实质区别，与融资租赁的实质以及法律行为解释原则不合：第一，租赁为一种物的有偿使用关系，出租人于租赁物交付时及整个租赁期间应对租赁物负有瑕疵担保责任及维修义务，并负担租赁物因意外事故毁损、灭失的风险及税捐等，承租人不继续使用租赁物时得解除租赁合同。而在融资租赁合同却有禁止中途解约、免除出租人瑕疵担保责任、由承租人负担标的物意外毁损、灭失的风险及维修义务等约款；第二，传统租赁仅有融物的性质，而融资租赁不仅有融物的性质，还有融资的一面，出租人出租标的物只是为了追求融资利益，承租人支付租金的目的也并不仅仅是追求对标的物的一定期间的使用权，其支付的租金而更接近于分期付款买卖的价格。第三，租赁合同为继续性合同，承租人不能继续使用标的物时，得拒绝给付租金。而融资租赁合同不具有继续性合同的特征，一旦出租人已经履行自己所负担的购买义务，就有权从承租人以租金形式收回全部成本和利润，而不论承租人是否继续使用租赁物。

其三，借贷合同和金钱消费借贷说。借贷合同说认为，在融资租赁中，出租人将标的物借贷给承租人，承租人到期以货币的形式返还本金。金钱消费借贷说认为，融资租赁中承租人支付的租金并非使用租赁物的对价，而是偿还租赁公司购买租赁物所支出的原本及利息。融资租赁合同虽然确是以利用的供与为目的，但却不仅仅是以物的利用可能为中介，更重要的是一种融资的给付；出租人所承受的不是贩卖危险，而是信用危险；出租人的义务是通过租赁物件的融资。这种学说特别强调融资租赁之"融资"的经济功能，而忽视法律概念与当事人之间的关系，将合同背后的经济作用与为达成该经济作用的法律形式混为一谈。反对者的反对理由主要有：第一，就消费借贷而言，标的物一旦交付借用人，所有权就发生转移，借用人到期应返还同种类的物。而在融资租赁，租赁物的所有权在租赁期间并不转移给承租人，承租人交付的租金与出租的物也并非同种类的物。第二，就金钱消费借贷而言，出借人应将一定数额的金钱的所有权转移于借款人，借款人到期应返还同量的金钱并支付利息。金钱消费借贷不涉及物件的使用关系。而在融资租赁，租赁公司是将金钱的所有权转移于租赁标的物的供应商，而不是转移于承租人，承租人所支付的租金也并非偿还本金及附加利息。

其四，动产担保交易说。该说认为，在美国法制上，融资租赁的法律性质为动产担保交易。融资租赁具有与动产担保交易相同的融资功能、担保功能和使用功能等三项功能。动产担保交易说可以包容金钱消费借贷说、无名合同说及特殊租赁说之长，且能克服各说之短。批评此说者认为，第一，美国法上视为动产担保交易的租赁并非现今所说的融资租赁。第二，融资租赁虽有与动产担保交易相同的融资功能、担保功能及使用功能，但融资租赁还具有动产担保交易所不具有的加速折旧和节税功能。第三，融资租赁与动产担保交易在法律形式上有重大差异。融资性租赁交易，是由租赁公司与用户之间的租赁合同与租赁公司与供应商之间的买卖合同两个合同构成，而动产担保交易是由三个合同构成。第四，动产担保交易说的核心在于"以融资所筹措之动产本身，作为融资之担保"。若依动产担保交易说，则其担保权的构成无论采何种形式，其所担保的债权获得清偿后，所有权即当然归承租人。但融资租赁的实际情形正与此相反。

上述各种学说都有一定道理，都从某一方面说明融资租赁合同与其他合同不同的性质。上述学说的不足也说明难以用其他合同的性质来解释融资租赁合同。融资租赁合同是不同于传统典型合同中的任何一种的合同，且在现实中有广泛应用，因此，融资租赁合同也就成为一种新型合同。也正因为如此，我国合同法将融资租赁合同规定为独立的一种典型合同。

（二）融资租赁合同的特征

关于融资租赁合同的特征，学者中有不同的表述。有的认为，融资租赁合同的法律特征主要有：租赁合同与购买合同相联系；租赁物件所有权与使用权相分离；融资与融物相结合。有的认为，融资租赁合同的法律特征包括：两个合同三方面当事人，租赁和贸易密不可分；融资与融物相结合，但以融资为核心；租赁设备所有权与使用权相分离。有的认为，融资租赁合同的法律特征包括：承租人从制造商或销售商选择设备；出租方在出租设备期间保留设备所有权；承租方在按照约定交付租金并履行租赁其他条件的情况下，在租赁的全部期间对使用设备享有独占的权利；租赁的设备是否合用以及其他条件的责任全在承租方；设备的陈旧负担及维修、保养和保险完全由承租方承担。

总的来说，融资租赁合同具有以下特征：

其一，租赁标的物是由出租人依照承租人的要求购买的。这是融资租赁合同不同于传统租赁合同的重要特征，也是融资租赁合同与买卖合同、借款合同等的一个重要区别。在租赁合同，出租人出租的租赁物并不是出于承租人的需要和依承租人的要求购买的，出租人购置租赁物与出租租赁物无关。而在融资租赁合同，出租人必须按照承租人的要求购买租赁物，出租人购置租赁物的行为与出租租赁物的行为是联系在一起的，共同构成融资租赁合同的内容。在买卖合同，买受人是按照自己的意愿购买物品，购买的目的是取得标的物的所有权，以满足自己生产或生活的需要；而在融资租赁合同，出租人虽然购买物件，但是其购买是为了满足承租人的需求，而不是为了满足自己的需求。融资租赁合同的承租人通过出租人购买租赁物达到融资的目的，以解决自己一次性购买标的物所需资金不足的困难。从这一点说，融资租赁的承租人等于向出租人借款。但是承租人并不是从出租人取得租赁物或者金钱的所有权，而是通过租赁的形式取得租赁物的使用权。尽管出租人为购买租赁物，也需要筹措资金，也会向第三者特别是银行借款，出租人会以承租人交付的租金来偿还第三者的贷款，但是，出租人购买租赁物是否借款，与融资租赁合同无关；出租人与第三者之间的借款关系并不是融资租赁合同的内容或组成部分。

其二，出租人须将为承租人购买的物件交付承租人使用收益，但不丧失对该物件的所有权。在融资租赁中，出租人虽然须购买租赁物，但其购买是为了让承租人使用，出租人将购买的租赁物交付给承租人使用收益，而自己保留租赁物的所有权。在整个融资租赁期间，承租人对出租人依其要求购买并交付其使用的租赁物仅享有使用收益权。即使在租赁关系终止时，承租人也须经双方协商，依其选择才可以取得租赁物的所有权。

其三，出租人对租赁物不负瑕疵担保责任。在租赁合同中，出租人负有与买卖中的出卖人一样的瑕疵担保责任。而在融资租赁合同，因为出租人是依承租人的指示和要求购买租赁物的，所以出租人对租赁物不负瑕疵担保责任。

其四，承租人须向出租人支付的租金并非为使用租赁物的代价。在租赁合同，承租人须向出租人支付租金，该租金为承租人对租赁物为使用收益的代价。而在融资租赁合同，承租人虽也须向出租人支付租金，但该租金并非是使用租赁物的代价，而是融资的代价。融资租赁的承租人支付的租金实际上是承租人对出租人购买租赁物的本息和其所获取的利润等的偿还。所以融资租赁合同租金标准的确定与租赁合同中租金标准的确定是不同的，融资租赁的租金高于传统租赁的租金，也高于银行借贷的利息。

其五，出租人为专营融资租赁业务的租赁公司，而不能是一般的自然人、法人或非法人组织。这是融资租赁合同主体上的特征。融资租赁的出租人之所以仅限定于具有相应资格的法人，是因为融资租赁合同具有融资性。

其六，承租人于租赁关系终止时享有选择权。租赁合同终止后，承租人须将租赁物返还给出租人。而在融资租赁，租赁关系终止后，承租人有选择权，或是将租赁物返还给出租人，或是以预定的租金继续租赁使用租赁物，或是以支付租赁物的残余价值购买租赁物。

其七，融资租赁合同为诺成性合同、双务合同、有偿合同。融资租赁合同自双方达成合意时即可成立生效，而不以标的物的交付为合同的成立生效要件。融资租赁合同的当事人都负有一定的义务、享有一定权利，双方的义务具有对价性。融资租赁合同的任何一方从对方取得利益都须支付相应的代价，而不能无偿地从对方取得利益。

二、融资租赁合同的内容和形式

第七百三十六条　融资租赁合同的内容一般包括租赁物名称、数量、规格、技术性能、检验方法、租赁期限、租金构成及其支付期限和方式、币种，租赁期限届满租赁物的归属等条款。

融资租赁合同应当采用书面形式。

本条规定了融资租赁合同的内容和形式。

融资租赁合同的内容即融资租赁合同的条款。融资租赁合同包括但不限于以下条款：

1. 有关租赁物的条款。租赁物是出租人应承租人的要求购买而交付承租人使用收益的物。租赁物是融资租赁合同的标的物，没有租赁物条款，融资租赁合同就不能成立。因此，租赁物条款是融资租赁合同的主要条款。融资租赁合同的租赁物条款应当具体明确。当事人不仅应明确租赁物的名称、数量、规格、型号，技术性能，还应明确租赁物的出卖人及制造商以及租赁物的交付及检验方法等。

2. 租赁期限条款。租赁期限是承租人使用租赁物的期限。因为在融资租赁合同，任何一方不得随意地单方解除合同，因此，融资租赁合同中必须明确租赁期限。融资租赁合同不存在定期与不定期租赁的区别。

3. 租金条款。租金条款是融资租赁合同的主要条款，没有租金条款也就不能成立融资租赁合同。融资租赁合同中不仅应明确支付租金的数额，还应明确租金的构成及其支付期限，明确租金的支付地点、支付方式以及租金的币种等。

4. 租赁期限届满租赁物归属的条款。因为融资租赁合同租赁期限届满后，承租人有选择权，承租人也可以留购租赁物，也就是说租赁物并不是一定须归还出租人。因此，当事人应在合同中约定租赁期限届满后租赁物的归属。

除上述内容外，当事人还应在合同中明确租赁物的瑕疵担保责任及追索、租赁物的保险、租赁物的使用以及发生纠纷时的争议解决方式等。

融资租赁合同应采用书面形式。因为融资租赁合同不仅存续期限较长，而且涉及三方当事人，关系复杂，为明确当事人间的权利义务，避免发生纠纷，也为当事人之间一旦发生争议时有据可查，法律规定融资租赁合同应采书面形式。也正因为如此，学者称融资租赁合同为要式合同。

三、融资租赁合同的标的物

第七百三十七条　当事人以虚构租赁物方式订立的融资租赁合同无效。

第七百三十八条　依照法律、行政法规的规定，对于租赁物的经营使用应当取得行政许可的，出租人未取得行政许可的，不影响融资租赁合同的效力。

上两条规定了融资租赁合同的标的物。

融资租赁合同的标的物为租赁物，是出租人购买交承租人使用的物。租赁物须为能为承租人使用的物，当事人以虚构租赁物方式订立的融资租赁合同，因无交付承租人使用的物，也就无合同标的，因此，该合同无效。

法律、行政法规规定租赁物的经营使用应当取得行政许可的，当事人经营使用该租赁物应取得行政许可方可。但是，出租人未取得行政许可不影响融资租赁合同的效力。

四、融资租赁合同的效力

（一）出租人购买租赁物的义务

第七百三十九条　出租人根据承租人对出卖人、租赁物的选择订立的买卖合同，出卖人应当按照约定向承租人交付标的物，承租人享有与受领标的物有关的买受人的权利。

本条规定了出租人购买租赁物的义务。

按照承租人的要求，根据承租人对出卖人、租赁物的选择订立买卖合同，以购买租赁物，是出租人的基本义务。因为只有出租人根据承租人的要求购买租赁物并交付给承租人使用收益，才能实现承租人订立融资租赁合同的目的。出租人不依承租人的要求订立买卖合同购买租赁物的，应当向承租人承担违约赔偿责任。

出租人虽与出卖人订立买卖合同，但其是依承租人对出卖人、租赁物的选择订立合同的，出卖人是由承租人确定的，而不是由出租人确定的。出租人订立买卖合同的目的是为了让承租人取得租赁物的使用，因此，出租人订立的买卖合同中的出卖人不是将标的物交付给买卖合同的另一方即融资租赁合同的出租人，而是应依约定将标的物直接交付给承租人。承租人虽然不是买卖合同的当事人，但是其享有与受领标的物有关的买受人的权利。承租人应按照约定受领出卖人交付的标的物，并按照合同的约定验收标的物。出卖人不交付标的物的，承租人可以要求其交付，承租人无正当理由不接受出卖人按约定交付的标的物，也应承担迟延履行的违约责任。

承租人受领出卖人交付的标的物后，应通知出租人。自承租人通知出租人收到租赁物之时起，承租人就应当按照约定向出租人计付租金。

（二）承租人的拒绝受领权和索赔权利的行使

第七百四十条　出卖人违反向承租人交付标的物的义务，有下列情形之一的，承租人可以拒绝受领出卖人向其交付的标的物：

（一）标的物严重不符合约定；

（二）未按照约定交付标的物，经承租人或者出租人催告后在合理期限内仍未不交付。

承租人拒绝受领标的物的，应当及时通知出租人。

第七百四十一条　出租人、出卖人、承租人可以约定，出卖人不履行合同义务的，由承租人行使索赔的权利。承租人行使索赔权利的，出租人应当协助。

第七百四十二条　承租人对出卖人行使索赔权利，不影响其履行支付租金的义务。但是，承租人依赖出租人的技能确定租赁物或者出租人干预选择租赁物的，承租人可以请求减免相应租金。

第七百四十三条　出租人有下列情形之一，致使承租人对出卖人行使索赔权利失败的，承租人有权请求出租人承担相应的责任：

（一）明知租赁物有质量瑕疵而不告知承租人；

（二）承租人行使索赔权利时，未及时提供必要协助。

出租人怠于行使只能由其对出卖人行使的索赔权利，造成承

租人损失的，承租人有权请求出租人承担赔偿责任。

以上四条规定了承租人拒绝受领权和索赔权利的行使。

承租人的拒绝受领权，是指承租人享有的拒绝受领出卖人交付的标的物的权利。因为融资租赁的出租人与出卖人订立买卖合同后，是由出卖人向承租人直接交付标的物的，而承租人接受标的物又是租金计算的准据时。因此，承租人在出卖人交付的标的物严重不符合约定，或者出卖人未按照约定交付标的物，经催告后在合理期限内仍未交付的情形下，承租人有权拒绝受领标的物。承租人拒绝受领标的物的，应当及时通知出租人，以使出租人了解事实真相，以便向出卖人追究违约责任。

承租人的索赔权，是指承租人对出卖人不履行买卖合同的索赔权利。

不履行买卖合同的索赔权利的行使。

按照买卖合同的一般原理，买卖合同的出卖人不履行合同义务的，自应由出卖人的相对人即买受人行使索赔的权利。在融资租赁合同，出租人与出卖人订立买卖合同，出租人为买卖合同的买受人，出卖人不履行合同义务的，本也就应由出租人行使索赔的权利。但是，因为融资租赁的出租人是依承租人的指示订立买卖合同的，出租人对租赁物的技术性质和品质要求并不必清楚，出卖人也不是向出租人交付标的物而是按约定向承租人交付标的物的，承租人享有与受领标的物有关的买受人的权利，因此，为了便于向出卖人索赔，融资租赁合同的出租人、承租人、租赁物的出卖人可以约定由承租人向出卖人行使出卖人不履行合同义务时索赔的权利。当事人有此约定的，在出卖人不履行买卖合同义务时，承租人有权向出卖人直接索赔。

承租人按约定向出卖人行使索赔权利时，出租人应予以协助。出租人、出卖人、承租人没有约定由承租人向出卖人行使索赔权利的，出卖人不履行买卖合同义务时，出租人有权向出卖人索赔，承租人不能直接行使索赔的权利。

承租人只要接受了标的物，其对出卖人行使索赔的权利，不影响其履行支付租金的义务。但是，承租人依赖出租人的技能确定租赁物或者出租人干预选择租赁物的，承租人可以请求减免相应租金。

因出租人在承租人行使索赔权利时未及时提供必要协助或者出租人明知租赁物有质量瑕疵而未告知承租人导致承租人行使索赔权利失败的，承租人可以请求承租人承担相应的责任。

因当事人没有约定由承租人索赔，应由出租人向出卖人索赔的，出租人怠于行使对出卖人索赔的权利而造成承租人损失的，承租人可以请求出租人赔偿。

（三）出租人不得随意变更买卖合同内容的义务

第七百四十四条　出租人根据承租人对出卖人、租赁物的选择订立的买卖合同，未经承租人同意，出租人不得变更与承租人有关的合同内容。

本条规定了出租人不得随意变更买卖合同内容的义务。

按照买卖合同的一般原理，买卖双方当事人可以依其意愿变更合同的内容。但是，因为融资租赁合同的出租人是根据承租人对出卖人、租赁物的选择订立合同的，订立买卖合同的目的又是为承租人取得租赁物以供承租人使用收益的，因此，出租人未经承租人同意，不得随意变更与承租人有关的买卖合同内容。也就是说，即使出卖人同意，只要未经承租人同意，出租人变更与承租人有关的合同内容也是无效的。

一般说来，与承租人有关的买卖合同的内容包括主体、标的物以及标的物的交付等事项。买卖合同的主体为出租人和出卖人。因为出卖人是由承租人选定的，承租人是根据出卖人信誉等各方面条件而选定出卖人的，出卖人为何人，对于承租人有重大利害关系，因此，未经承租人同意，出租人不能变更出卖人。买卖合同的标的物也就是融资租赁中的租赁物，是承租人根据其融资租赁的目的选择的，标的物为何物直接关系到承租人能否实现融资租赁的目的，因此，出租人不得变更租赁物，不能改变承租人对租赁物的任何要求。融资租赁中出卖人是将标的物按约定直接交付给承租人的，承租人享有与受领标的物有关的买受人的权利，标的物的交付直接关系到起租的时间以及承租人的使用收益，因此，未经承租人同意，出租人不得变更标的物交付的内容。

融资租赁合同的出租人未经承租人同意，变更买卖合同中与承租人有关的内容的，构成违约，应向承租人承担违约责任，承租人可以根据情况解除合同并要求赔偿损失。

（四）租赁物的所有权权属

第七百四十五条　出租人对租赁物享有的所有权，未经登记，不得对抗善意第三人。

本条规定了融资租赁合同的租赁物的所有权权属。

融资租赁合同的租赁物的所有权权属是指由出租人购买、承租人使用收益的租赁物所有权归属何方。融资租赁的租赁物虽然是出租人受承租人委托购买的，也是由出卖人直接交付给承租人由承租人使用收益的，但出租人享有租赁物的所有权，承租人未取得租赁物的所有权。

由于租赁物归出租人所有，因此，出租人可以将租赁物转让，也可以将租赁物抵押。但是，由于承租人对租赁物享有的使用收益权具有对抗第三人的效力，因此，出租人将租赁物转让的，融资租赁合同对新所有权人继续有效；出租人将租赁物抵押的，抵押权人的抵押权不能对抗承租人的租赁权，抵押权人行使抵押权也不得影响承租人的利益。

由于出租人享有租赁物的所有权，因此，承租人破产的，租赁物不属于破产财产。在承租人破产时，出租人可以解除融资租赁合同，出租人对租赁物享有取回的权利。相反，在出租人破产时，租赁物属于破产财产。实际上，融资租赁的出租人享有租赁物所有权，也是担保其收回购买租赁物代价的一种方式。但是，出租人享有的租赁物所有权，未经登记，不能对抗善意第三人。

（五）融资租赁合同的租金确定根据

第七百四十六条　融资租赁合同的租金，除当事人另有约定外，应当根据购买租赁物的大部分或者全部成本以及出租人的合理利润确定。

本条规定了融资租赁合同的租金确定根据。

融资租赁合同的租金是承租人取得租赁物使用收益的代价，收取租金是出租人订立融资租赁合同的目的。但是，融资租赁合同的租金不同于租赁合同的租金，它不是出租人提供租赁物使用的对价，而是出租人向承租人提供资金购买租赁物的代价。出租人是通过收取租金的形式收回向出卖人购买租赁物所支付的价款。因此，融资租赁合同的租金除当事人另有约定的以外，不能按照租赁合同租金的确定根据来确定。融资租赁合同的租金确定根据应包括两部分：一是购买租赁物的大部分或者全部成本；一是出租人的合理利润。

（六）租赁物的瑕疵担保责任

第七百四十七条　租赁物不符合约定或者不符合使用目的的，出租人不承担责任。但是，承租人依赖出租人的技能确定租赁物或者出租人干预选择租赁物的除外。

本条规定了融资租赁合同的出租人对租赁物的瑕疵担保责任。

在租赁合同，出租人对租赁物的瑕疵承担担保责任。而在融资租赁合同，出租人对租赁物不负瑕疵担保责任，也就是说，即便租赁物不符合约定或者不符合使用目的，出租人也不承担责任。这是因为融资租赁合同的租赁物是根据承租人的选择，依照承租人的要求购买的。就出租人订立的买卖合同来说，除了出租人应向出卖人支付货款并取得购买的标的物的所有权外，有关买卖合同的其他权利义务基本上由承租人承受。出租人按照承租人的要求购买租赁物，出租人既不验收租赁物也不实际占有、使用租赁物，且缺乏关于租赁物是否存在瑕疵的知识和识别能力，因此，出租人难以对租赁物的瑕疵承担责任。实务中，融资租赁合同内容中一般有对出租人"瑕疵担保免责特约"的条款。《国际融资租赁合同公约》第8条中规定，出租人不应对承租人承担设备的任何责任，除非承租人由于依赖出租人的技能和判断以及出租人干预选择供应商或设备规格而受到损失。

融资租赁合同的出租人对租赁物的瑕疵不承担担保责任仅是原则，也有例外。在以下情形下，因承租人依赖出租人的技能确定租赁物或者出租人干预承租人选择租赁物，出租人须对租赁物的瑕疵承担担保责任，即使合同中有免除出租人瑕疵担保责任的特约，该特约也是无效的：

（1）出租人选择决定租赁物的种类、规格、型号、商标、出卖人等。但出租人仅向承租人介绍、推荐出卖人和租赁物，而由承租人自己作出选择决定的，不在此情形内，当事人的免责特约有效；

（2）出租人干预选择租赁物。例如，出租人迫使承租人选择出卖人、租赁物；出租人擅自变更买卖的标的物等；

（3）出租人明知租赁物有瑕疵而不告知承租人或者因重大过失而不知租赁物有瑕疵的。于此情形下出租人的免责特约因违反诚实信用原则而无效，因为任何当事人免除故意或重大过失的违约责任都是无效的；

（4）出租人与出卖人之间有密不可分的关系。如，出租人与出卖人为母子公司关系；

（5）因当事人之间的约定使承租人不能或者无法直接向出卖人行使索赔的权利。

（七）出租人保证承租人占有和使用租赁物的义务

第七百四十八条　出租人应当保证承租人对租赁物的占有和使用。

出租人有下列情形之一的，承租人有权请求其赔偿损失：

（一）无正当理由收回租赁物；

（二）无正当理由妨碍、干扰承租人对租赁物的占有和使用；

（三）因出租人的原因致使第三人对租赁物主张权利；

（四）不当影响承租人对租赁物占有和使用的其他情形。

本条规定了出租人保证承租人占有和使用租赁物的义务。

取得对租赁物的使用收益，是承租人订立融资租赁合同的目的，而对租赁物的使用是以占有为前提的，因此，融资租赁合同的出租人应当保证承租人对租赁物的占有和使用。为保证承租人对租赁物的占有和使用，融资租赁合同的出租人应当按照约定向出卖人购买租赁物，并负担保证承租人能够收到租赁物的义务。因为在融资租赁合同，出租人对租赁物的交付是采取观念交付，不是由出租人现实交付租赁物给承租人，而是由出卖人将租赁物直接交付给承租人。因此，出租人应保证使出卖人按照约定将租赁物交付承租人。为使出卖人能够将租赁物按约定交付承租人，出租人就应当按约定向出卖人履行支付货款等义务。出卖人不能按约定将租赁物交付承租人，承租人不能按照约定受领租赁物的，也就是出租人未履行让承租人取得对租赁物占有和使用的义务，承租人也就可以不支付租金。因出租人的过错致使承租人不能取得对租赁物的占有和使用的，承租人有权请求出租人采取补救措施；出租人未能采取措施让承租人按约定取得租赁物的占有和使用的，承租人可以解除合同，并请求赔偿损失。出租人无正当理由妨碍干扰承租人对标的物的占有使用的，承租人可以请求其赔偿损失。

（八）租赁期间租赁物致害的责任

第七百四十九条　承租人占有租赁物期间，租赁物造成第三人的人身伤害或者财产损害的，出租人不承担责任。

本条规定了承租人占有租赁物期间租赁物致害的责任。

融资租赁合同的租赁物属于出租人所有。按照侵权责任的一般理论，物件致人损害的，物件的所有权人应当承担赔偿责任。但是，因融资租赁合同的出租人对租赁物原则上不负瑕疵担保责任，租赁物由出卖人交付给承租人后，承租人有独占使用的权利，出租人并不能控制租赁物致人损害的风险，而只有承租人才能控制该风险。因此，租赁物在承租人占有期间造成第三人人身伤害或者财产损害的，出租人不承担责任，而应由承租人承担责任。如果租赁物造成第三人人身伤害或者财产损害，是因其质量瑕疵造成的，则发生产品质量责任。因产品瑕疵造成损害的，产品销售商和制造商应承担责任。受害的第三人可以向租赁物的销售商或制造商要求赔偿，承租人也可以在向第三人承担责任后向租赁物的销售商或制造商追偿。

（九）承租人对租赁物妥善保管、使用和维修的义务及风险负担

第七百五十条　承租人应当妥善保管、使用租赁物。

承租人应当履行占有租赁物期间的维修义务。

第七百五十一条　承租人占有租赁物期间，租赁物毁损、灭失的，出租人有权请求承租人继续支付租金，但是法律另有规定或者当事人另有约定的除外。

上两条规定了承租人对租赁物妥善保管、使用和维修的义务以及风险负担。

融资租赁合同的承租人在租赁期间对租赁物有独占使用的权利。承租人对租赁物的使用收益权，不仅可以对抗出租人的所有权，而且也可以对抗对租赁物享有他物权的人的其他物权。同时，承租人对租赁物也负有妥善保管、使用的义务。因为租赁物归出租人所有，承租人不按照约定妥善保管、使用租赁物，就会损害出租人的权益。承租人在租赁期间只能自己对租赁物为使用收益，而不得擅自将租赁物转租，更不能处分租赁物。承租人不按约定妥善保管、使用租赁物，擅自转租和处分租赁物，构成根本违约的，出租人可以解除合同；因承租人擅自处分租赁物而由第三人善意取得租赁物时，出租人可以要求承租人赔偿损失。承租人应当妥善保管租赁物，使之处于正常使用状态之下而不受损坏。

融资租赁合同的出租人对租赁物不负瑕疵担保责任，因此，出租人对租赁物不负维修义务。但由于出租人享有于租赁期间届满后收回租赁物加以利用或处分的期待利益，因此，承租人负有在占有租赁物期间对租赁物进行维修的义务。

承租人承担占有租赁物期间租赁物毁损、灭失的风险，负有对租赁物为妥善保管、使用和维修义务，租赁物毁损灭失的，出租人仍应支付租金，除非法律另有规定或当事人另有约定。因此，为保障出租人于租赁期间届满后得到应得到的期待利益，除合同另有约定外，出租人应将租赁物投保，而保险费用由承租人负担。

（十）承租人支付租金的义务

第七百五十二条　承租人应当按照约定支付租金。承租人经催告后在合理期限内仍不支付租金的，出租人可以请求支付全部租金；也可以解除合同，收回租赁物。

本条规定了承租人支付租金的义务。

收取租金是融资租赁合同出租人订立合同的目的，因此，按照约定支付租金，是承租人的基本义务。

融资租赁合同的租金不是承租人使用租赁物的对价，而是出租人向承租人提供购买租赁物的资金即承租人"融资"的代价。出租人正是通过收取租金而收回其向出卖人购买租赁物所支付的价款。因此，承租人支付租金的义务，以承租人通知出租人收到租赁物的通知为生效条件，而不以承租人实际使用租赁物为条件。由于承租人支付的租金并不是融物的代价，而是融资的代价，因此，融资租赁合同的承租人支付租金的义务不同于租赁合同的承租人支付租金义务，具有以下特点：

（1）在租赁物存在瑕疵时，承租人不得拒付租金。因为在一般情形下，出租人不负租赁物的瑕疵担保责任，在租赁物存有瑕疵时，承租人可以请求出卖人承担瑕疵担保责任。但即使因租赁物有瑕疵致使承租人不能为使用收益，也不影响承租人支付租金义务的履行，承租人仍应按照约定支付租金。

（2）因为在租赁期间承租人承担租赁物毁损、灭失的风险，因此，在租赁期间，租赁物因不可归责于任何一方的事由发生毁损、灭失时，承租人仍应支付租金，而不能免交租金或减少租金。

（3）因承租人违约而由出租人收回租赁物时，承租人仍应支付租金，而不能以租赁物被收回而拒绝履行支付租金的义务。

承租人不按照约定支付租金时，出租人可以确定一个合理期限要求承租人支付。经出租人催告，承租人在出租人给予的合理期限内仍不支付租金的，出租人可以采取以下两种救济措施：

其一，请求承租人支付到期和未到期的全部租金。承租人是按期交付租金的，在通常情形下，出租人只有权要求承租人支付到期的租金，而不能要求承租人支付未到期的租金。因为这是承租人享有的一种期限利益。但是，在承租人不按照约定支付租金，且经出租人催告后在合理期限内仍不支付时，承租人的期限利益也就应丧失，出租人不仅可以要求承租人支付已到期的租金，而且可以要求承租人支付未到期的租金。

其二，解除合同，收回租赁物。出租人不选择要求承租人支付全部租金的，可以解除合同，并收回租赁物。因为出租人对租赁物享有所有权，出租人对租赁物的所有权本来就具有担保其债权的功能。因此，在因承租人根本违约出租人解除合同时，出租人有权收回租赁物。

四、融资租赁合同的解除

（一）融资租赁合同解除事由

第七百五十三条　承租人未经出租人同意，将租赁物转让、抵押、质押、投资入股或者以其他方式处分的，出租人可以解除融资租赁合同。

第七百五十四条　有下列情形之一的，出租人或者承租人可以解除融资租赁合同：

（一）出租人与出卖人订立的买卖合同解除、被确认无效或者被撤销，且未能重新订立买卖合同；

（二）租赁物因不可归责于当事人的原因毁损、灭失，且不能修复或者确定替代物；

（三）因出卖人的原因致使融资租赁合同的目的不能实现。

上两条规定了当事人可以融资合同解除的事由。

租赁合同的解除是指依当事人一方的意愿就可以终止双方的融资租赁合同关系。融资租赁合同解除的事由分为出租人一方可解除合同的事由和双方均可解除合同的事由。

出租人单方享有的解除合同事由是承租人擅自处分租赁物。因为租赁物虽为承租人占有使用和使用，但租赁物所有权归出租人。承租人未经出租人同意擅自处分标的物的，会导致出租人所有权的丧失。因此，承租人未经出租人同意，将租赁物转让、抵押、质押、投资入股或者以其他方式处分的，出租人可以解除融资租赁合同。

依法律规定，在下列情形下，由于非因当事人的原因致使实现融资租赁合同的目的，出租人或者承租人都可以解除融资租赁合同：其一，出租人与出卖人订立的买卖合同无效或者被撤销，且未能重新订立买卖合同；其二，租赁物因不可归责于当事人的原因毁损、灭失，且不能修复或者确定替代物；其三，因出卖人的原因致使融资租赁合同的目的不能实现。

（二）承租人对融资租赁合同解除的赔偿责任

第七百五十五条　融资租赁合同因买卖合同解除、被确认无效或者被撤销而解除，出卖人、租赁物由承租人选择的，出租

人有权请求承租人赔偿相应损失；但是，因出租人的原因致
使买卖合同解除、被确认无效或者被撤销的除外。

出租人的损失已经在买卖合同解除、被确认无效或者被撤销
时获得赔偿的，承租人不再承担相应的赔偿责任。

本条规定了因买卖合同解除、被确认无效或者被撤销而解
除融资租赁合同时承租人的赔偿责任。

出租人与出卖人订立的买卖合同解除、被确认无效或者被
撤销的，因不能取得融资租赁合同的标的物，无法实现融资租
赁目的，当事人可以解除租赁合同。因为出租人是依承租人的
指示订立买卖合同，出卖人、租赁物是由承租人选择的，因此，
除因出租人原因致使买卖合同解除的，出租人可以就因买卖合
同解除、被确认无效或者被撤销所受到的损失，请求承租人赔
偿。但是，出租人的损失因买卖合同解除、被确认无效或者被撤
销时已经获得赔偿的，承租人不再承担相应的赔偿责任。

（三）合同因标的物毁损、灭失而解除时的补偿

**第七百五十六条　融资租赁合同因租赁物交付承租人后意外、
灭失等不可归责于当事人的原因解除的，出租人可以请求承
租人按照租赁折旧情况给予补偿。**

本条规定了因标的物毁损、灭失等原因解除融资租赁合同
时出租人的补偿请求。

租赁物在承租人占有期间，承租人承担毁损、灭失的风险。
租赁物毁损、灭失的，承租人虽不能使用租赁物，也仍应支付
租金。但是，租赁物意外毁损、灭失的，致使合同目的不能实
现，当事人可以解除租赁合同。解除租赁合同后，承租人不再

负支付租金义务。为保障出租人的利益，于此情形下，出租人可以请求承租人按照租赁物折旧情况给予补偿。

五、租赁期间届满后租赁物的归属

第七百五十七条　出租人和承租人可以约定租赁期限届满租赁物的归属。对租赁物的归属没有约定或者约定不明确，依据本法第五百一十条的规定仍不能确定的，租赁物的所有权归出租人。

第七百五十八条　当事人约定租赁期限届满租赁物归承租人所有，承租人已经支付大部分租金，但是无力支付剩余租金，出租人因此解除合同收回租赁物，收回的租赁物的价值超过承租人欠付的租金以及其他费用的，承租人可以请求相应返还。

当事人约定租赁期限届满租赁物归出租人所有，因租赁物毁损、灭失或者附合、混合于他物致使承租人不能返还的，出租人有权请求承租人给予合理补偿。

第七百五十九条　当事人约定租赁期限届满，承租人仅需向出租人支付象征性价款的，视为约定的租金义务履行完毕后租赁物的所有权归承租人。

上三条规定了融资租赁合同期限届满租赁物的归属。

融资租赁合同的出租人购买租赁物的根本目的不在于取得租赁物的所有权，在租赁期间租赁物的所有权之所以要归出租人，是为了担保出租人能收回投资本息。在融资租赁合同期限届满后承租人有选择权，承租人可以选择继续租赁，也可以选择退租即不再租赁，还可以选择留购租赁物即支付一定的代价而取得租赁物的所有权。因此，融资租赁合同的租赁期间届满后，租赁物并不是就一定仍归出租人所有。融资租赁合同的当事人可以约定租赁期限届满后租赁物的归属。当事人在合同中约定租赁期限届满租赁物归属的，应依其约定。当事人在融资租赁合同中对租赁期限届满租赁物的归属没有约定或者约定不明确的，依其他方法也不能确定租赁物归属的，则租赁物归出租人所有。租赁期限届满租赁物归出租人所有的，承租人应将租赁物返还给出租人。当事人约定，租赁期限届满，承租人仅需支付象征性价款的，则推定承租人履行完毕租金支付义务后，租赁物的所有权归承租人。

融资租赁合同的当事人可以约定租赁期间届满租赁物归承租人所有。当事人有此约定时，在租赁期间届满时租赁物也就归属于承租人，承租人享有于租赁期间届满后取得租赁物所有权的期待利益。在当事人有此约定时，融资租赁的租金一般是根据购买租赁物的全部成本来确定的，出租人的全部利益也就是收取全部租金，而不包括租赁期间届满后的租赁物的剩余价值。换言之，租赁期间届满后租赁物的剩余价值是归承租人的。因此，在出租人解除合同而收回租赁物时，如果出租人已经收取的租金加上租赁物的现有价值可能会超过出租人本应取得的利益，而使承租人应得到的租赁物的残余价值的利益完全丧失，这就违反了公平原则。所以，民法典规定，出租人因承租人欠付租金而解除合同收回租赁物时，如果出租人收回的租赁物的价值超过承租人欠付的租金以及其他费用的，承租人就享有价值返还请求权，可以要求出租人返还租赁物的价值与承租人欠付的租金以及其他费用之间的差额。

　　融资租赁合同当事人约定租赁期限届满租赁物归出租人的，因租赁物毁损、灭失或者添附致使承租人不能返还租赁物，出租人可以请求承租人给予合理补偿，补偿标准不能超过租赁物的剩余价值。

六、合同无效时租赁物的归属

第七百六十条　融资租赁合同无效，当事人就该情形下租赁物的归属有约定的，按照其约定；没有约定或者约定不明确的，租赁物应当返还出租人。但是，因承租人原因致使合同无效，出租人不请求返还或者返还后会显著降低租赁物效用的，租赁物的所有权归承租人，由承租人给予出租人合理补偿。

　　本条规定了融资租赁合同无效时租赁物的归属。

　　融资租赁合同无效的，租赁物的归属依以下规则处理：

　　其一，当事人有明确约定的，按照其约定确定租赁物归属。

　　其二，当事人没有明确约定，租赁物归出租人所有。

　　其三，因承租人导致合同无效，出租人不请求返还租赁物或者租赁物价值返还会显著降低的，租赁物归承租人所有，由承租人给予出租人合理补偿。

第十六章　保理合同

一、保理合同的概念和特征

第七百六十一条　保理合同是应收账款债权人将现有的或者将有的应收账款转让给保理人，保理人提供资金融通、应收账款管理或者催收、应收账款债务人付款担保等服务的合同。

本条规定了保证合同。

保理合同是应收账款债权人将应收账款债权转让给保理人，保理人提供相应的保理服务的合同。

保理合同具有以下特征：

其一，保理合同包含应收账款债权转让和保理服务两方面内容，涉及三方当事人

保理合同有一方将应收账款债权转让给另一方，另一方提供保理服务两方面内容。保理一方提供的保理服务包括提供资金融通、应收账款管理或者催收、应收账款债务人付款担保等。应收账款债务人与债权人关系构成保理合同的基础关系，因此，保理合同涉及债权人、保理人及应收账款债务人三方当事人，应收账款债务人为利害关系人。

其二，保理合同的主体具有限定性

保理合同中的债权人只能是应收账款即金钱债权的债权人，

非金钱债权不能成为保理合同转让的标的。保理合同中的债权受让人即保理人只能是经办理保理业务的法人。保理人须提供支付价款、应收账款管理、催收、债务人付款保证等中至少两项服务。

其三，保理合同为诺成性、双务、有偿、要式合同

保理合同为诺成性合同，自双方达成协议时成立，并不以办理特殊手续为成立生效要件，登记仅具有对抗效力，而不具有生效效力。保理合同为双务有偿合同，当事人双方均负有义务；任何一方从另一方取得利益都须偿付一定代价。保理合同为要式合同，应当采用书面形式。

二、保理合同的内容和形式

第七百六十二条　保理合同的内容一般包括业务类型、服务范围、服务期限、基础交易合同情形、应收账款信息、保理融资款或者服务报酬及其支付方式等条款。

保理合同应当采用书面形式。

本条规定了保理合同的内容和形式。

保理合同的内容是确定当事人双方权利义务和责任的条款，一般包括但不限于以下条款：

其一，关于保理业务类型的条款。合同中应明确保理人提供何种保理服务。

其二，关于服务范围和期限的条款。

其三，基础交易合同情况。基础交易合同是发生应收账款的合同。

其四，应收账款的信息。如应收账款是现有的还是将来的，

是否设立有其他担保等。

其五，保理融资款或者服务报酬及其支付方式等条款。保理融资款，是应收账款债权人转让债权人的代价，服务报酬是保理人提供保理服务的代价。

三、保理合同对应收账款债务人的效力

第七百六十三条　**应收账款债权人与债务人虚构应收账款作为转让标的，与保理人订立保理合同的，应收账款债务人不得以应收账款不存在为由对抗保理人，但是保理人明知虚构的除外。**

第七百六十四条　**保理人向应收账款债务人发出应收账款转让通知的，应当表明保理人身份并附有必要凭证。**

第七百六十五条　**应收账款债务人接到应收账款转让通知后，应收账款债权人与债务人无正当理由协商变更或者终止基础交易合同，对保理人产生不利影响的，对保理人不发生效力。**

以上三条条规定了保理合同对应收账款债务人的效力。

应收账款债务人是负有到期向债权人付款的基础交易合同的当事人。因我国法上债权转让对债务人的效力以通知为要件，因此，保理合同对应收账款债务人的效力分为两种情形：

其一，应收账款债权人、债务人与保理人共同订立保理合同。于此情形下，因债务人已知债权转让，则无须通知，保理合同的应收账款转让即对债务人发生效力。应收账款债权人与债务人虚构应收账款作为转让标的，与保理人订立保理合同的，应收账款债务人不得以应收账款不存在为由对抗保理人，但是

保理人明知虚构的除外。也就是说，除了保理人知道应收账款为虚构者外，债务人仍应向保理人负担合同转让的应收账款债权。

其二，应收账款债权人与保理人订立保理合同。于此情形下，须通知债务人，应收账款债权转让才对债务人发生效力。保理人向应收账款债务人发出应收账款转让通知的，应当表明保理人身份并附必要凭证。转让通知一经送达债务人，保理合同的债权转让即对债务人发生效力，债务人不得擅自再向债权人清偿。应收账款债务人接到应收账款转让通知后，应收账款债权人和债务人无正当理由协商变更或者终止基础交易合同，对保理人产生不利影响的，对保理人不发生效力。

四、保理合同当事人的权利义务

（一）保理人的权利义务

第七百六十六条　当事人约定有追索权保理的，保理人可以向应收账款债权人主张返还保理融资款本息或者回购应收账款，也可以向应收账款债务人主张应收账款债权。保理人向应收账款债务人主张应收账款债权，在扣除保理融资款本息和相关费用后有剩余的，剩余部分应当返还给应收账款债权人。

第七百六十七条　当事人约定无追索权保理的，保理人应当向应收账款债务人主张应收账款债权，保理人取得超过保理融资款本息和相关费用的部分，无需向应收账款债权人返还。

上两条规定了保理人的权利义务。

保理人的权利是依照合同约定获得受让的应收账款债权及收益。保理人的义务是按照约定提供保理服务。当事人约定有追索权保理的，保理人可以向应收账款债权人主张返还保理融资款本息或者应收账款债权，也可以向应收账款债务人主张应收账款债权。保理人向应收账款债务人主张应收账款债权，在扣除保理融资本息和相关费用后有剩余的，剩余部分应当返还给应收账款债权人。当事人约定无追索权保理的，保理人应当向应收账款债务人主张应收账款债权，保理人取得超过保理融资款本息和相关费用的部分，无需向应收账款债权人返还。所谓有追索权的保理，是指保理人担保取得应收账款，债权人可以按照约定回购应收账款。

（二）应收账款债权人的权利义务

应收账款债权人的主要权利是取得转让应收账款债权的价款并在有约定时按照约定回购应收账款。应收账款债权人的主要义务是有效转让债权。应收账款债权人应按照合同约定将现有或将有的应收账款债权转让给保理人，保证其转让的债权是真实有效合法的。除当事人另有约定外，应收账款债权人对应收账款债务人的付款能力不承担责任。

五、多重保理的效力

第七百六十八条　应收账款债权人就同一应收账款订立多个保理合同，致使多个保理人主张权利的，已经登记的先于未登记的取得应收账款；均已经登记的，按照登记时间的先后顺序取得应收账款；均未登记的，由最先到达应收账款债务人的转让通知中载明的保理人取得应收账款；既未登记也未通知的，按照保理融资款或者服务报酬的比例取得应收账款。

本条规定了多重保理的效力。

应收账款债权人将同一应收账款订立多个保理合同发生多重保理。在多重保理即债权人多次转让的应收账款的情形下，致使多个保理人主张权利的，应收账款到期时按照以下顺序清偿：①已登记的先于未登记的受偿；②均已登记的，按照登记的先后顺序受偿；③均未登记的，由最先到达应收账款债务人的转让通知中载明的保理人受偿；④既未登记也未通知的，按照应收账款比例清偿。

六、债权转让规定的适用

第七百六十九条，本章没有规定的，适用本编第六章债权转让的有关规定。

本条规定了债权转让规定对保理合同的适用。

因为保理合同也是由应收账款债权人将应收账款转让给保理人的，因此，法律对于保理合同没有规定的，适用法律关于债权转让的有关规定。

第十七章　承揽合同

一、承揽合同的概念和种类

第七百七十条　承揽合同是承揽人按照定作人的要求完成工作，交付工作成果，定作人支付报酬的合同。

承揽包括加工、定作、修理、复制、测试、检验等工作。

本条规定了承揽合同的概念和种类。

（一）承揽合同的含义和特征

承揽合同是当事人双方关于一方按照另一方的要求完成一定工作并交付工作成果，另一方接受该工作成果并给付一定报酬的合同。完成工作并交付工作成果的一方为承揽人，接受工作成果并支付报酬的一方为定作人。承揽人完成的工作成果称为定作物。

承揽合同是当事人一方应完成一定工作并交付工作成果的合同，但完成工作并交付工作成果的合同并非都为承揽合同。承揽合同具有以下法律特征：

1. 承揽合同以完成一定工作为目的。承揽合同的承揽人须依照定作人的要求完成一定工作。定作人订立承揽合同的目的就是为了取得承揽人完成的工作成果。从承揽人完成一定工作上看，由于承揽人完成工作须提供劳务，因此，承揽合同也就属于提供劳务类的合同。但是，在承揽合同，定作人所需要的并不是承揽人完成工作的过程，而是承揽人完成的工作成果。也就是说，承揽合同的定作人需要的不是承揽人单纯的劳务，而是由承揽人提供的劳务所结的成果。承揽人的劳务必须有物化的结果，承揽人完成工作的劳务只有体现在其完成的工作成果上，只有与工作成果相结合，才能满足定作人的需求。

2. 承揽合同的标的具有特定性。承揽合同的标的指的是承揽人完成并交付的工作成果亦即定作物。承揽合同的标的可以是体力劳动的成果，也可以是脑力劳动的成果；可以是物，也可以是其他财产。承揽合同的标的不论为何种成果都必须具有特定性。这里所谓的特定性，是指该成果是承揽人按照定作人的要求为满足定作人的特殊需要而完成的。承揽合同的标的只能是由承揽人按照定作人的要求通过自己的与他人不同的技能等完成的，是不能从市场上买到的。如果定作人所需要的标的物可以从市场上任意买到，定作人也就没有必要通过订立承揽合同来实现自己的需求，其通过订立买卖合同就可实现自己的目的。

3. 承揽合同的承揽人是以自己的风险独立完成工作的。承揽合同的定作人需要的是具有特定性的标的物。这种特定的标的物只能通过承揽人完成工作取得。因此，定作人是根据承揽人的特定条件认定承揽人能够完成工作来选择承揽人的。定作人在选择承揽人上重视的是承揽人特定的工作条件和技能，而不是一般人的工作条件和技能。在承揽人完成工作中，尽管承揽人应接受定作人的必要的监督和检查，承揽人却须以自己的人力、设备和技术力量等条件独立地完成工作。而由于定作人最终需要的是承揽人完成的工作成果，因此，承揽人不能完成工作成果，也就不可能取得相应的报酬。可见，承揽人承担着完成工作并取得成果的风险，对工作成果的完成和取得承担着全部责任。

4.承揽合同是诺成性合同、双务合同、有偿合同。承揽合同自当事人双方意思表示一致即可成立生效，而不以一方对标的物的实际交付为成立生效要件，因此，承揽合同为诺成性合同。承揽合同一经成立生效，当事人双方均负有一定义务并享有一定权利，双方的义务具有对应性，一方的义务也就是对方的权利，所以承揽合同为双务合同。承揽合同的定作人须为工作成果的取得支付一定报酬，承揽人取得报酬须完成并交付工作成果，任何一方从对方取得利益都须支付一定对价。因此，承揽合同为有偿合同。如果当事人一方为另一方完成一定工作，另一方接受工作成果但不需要给付报酬，则当事人之间的关系因具有无偿性而不为承揽关系。

（二）承揽合同的种类

承揽合同是有着久远历史的一种合同，在罗马法上承揽为劳力的租赁，规定为承揽赁借贷。现代各国民法普遍将承揽合同规定为不同于租赁、借贷、雇用及委托等合同的一种独立合同类型。承揽合同在现实生活中有着广泛的适用，主要包括以下几种：

1.加工合同。加工合同是承揽人以自己的力量用定作人提供的原材料，为定作人加工成成品，定作人接受该加工的成品并支付报酬的合同。例如，以定作人提供的衣料加工成服装；以定作人提供的木料加工成家具；以定作人提供的材料加工成特定设备；以定作人提供的半成品加工成成品；为定作人装裱字画等。在对外经贸活动中，来料加工是一种重要的外贸形式。来料加工合同就是一种承揽合同。

2. 定作合同。定作合同是指承揽人用自己的原材料和技术按照定作人的要求为定作人制作成品，定作人接受该特别定作的成品并支付报酬的合同。如定制服装、定制家具、定制设备等都是采用定作合同。定作合同与加工合同的根本不同之处就在于：在定作合同，原材料是承揽人自备的；而在加工合同，原材料是由定作人提供的。

3. 修理合同。修理合同是指承揽人为定作人修复损坏的物品，定作人为此支付报酬的合同。例如，修理汽车、修理电视机、修理自行车等。修理合同中承揽人所修复的仅限于动产，而不包括不动产。

4. 房屋等不动产修缮、改建合同。房屋等不动产修缮、改建合同是指承揽人为定作人修缮、改建房屋等不动产，定作人为此支付报酬的合同。例如，修复倒塌的围墙，修复漏雨的房屋，整修桥梁涵洞以及改建房屋等，就成立房屋等不动产修缮、改建合同。但是，对于构成基本建设工程的不动产改建、装修，不适用房屋等不动产修缮、改建合同，而应适用建设工程承包合同。

5. 改造、改制合同。改造、改制合同是指承揽人按照定作人的要求，将定作人提供的物品改制成另一新的物品，定作人接受该新物品并支付报酬的合同。改造、改制合同与加工合同的区别主要在于定作人提供的不是原材料或半成品而是一件成品。改造、改制合同与修理合同的区别主要在于定作人所提供的物品并未损坏，定作人不是需要修复原物，而是需要制作成另一件新物品。

6. 印刷合同。印刷合同是指承揽人按照定作人的要求，将定作人交付的文稿打印、印制成定作人所需要的形式，定作人接受该成果并支付报酬的合同。例如，印刷厂为出版社印刷书稿，打印社为客户打印论文等，就是适用印刷合同。

7. 复制合同。复制合同是指承揽人按照定作人的要求，根据定作人提供的样品为定作人重新制作类似成品，定作人接受该复制品并支付报酬的合同。

8. 测绘合同。测绘合同是指承揽人按照定作人的要求以自己的仪器、设备和技术为定作人完成某特定项目的测绘任务，定作人接受承揽人完成的测绘成果并支付报酬的合同。但为完成基本建设工程的测绘工作而订立的合同不属于承揽合同。

9. 设计合同。设计合同是指承揽人按照定作人的要求为定作人的某一项目进行设计，定作人接受设计成果并支付报酬的合同。但是为基本建设工程进行设计的合同不属于承揽合同，而属于建设工程承包合同。

10. 检验、鉴定合同。检验、鉴定合同是指承揽人以自己的技术和仪器、设备等为定作人提出的特定事物的性能、问题等进行检验、鉴定，定作人接受承揽人的检验、鉴定成果并支付报酬的合同。

除上述承揽合同外，其他诸如为完成翻译、医疗护理等工作也可成立承揽合同。

二、承揽合同与类似合同的区别

承揽合同因承揽人须提供一定劳务并交付工作成果，因此，承揽合同与买卖、雇用、委托等合同类似，但又不同。

1. 承揽合同与买卖合同的区别

买卖合同的出卖人须将标的物交付给买受人并转移标的物所有权。买卖合同的这一特点与承揽合同的承揽人须将完成的工作成果交付给定作人相似。承揽合同与买卖合同的区别主要有以下几点：

（1）承揽合同的承揽人移转标的物所有权并不是其主要义务，而是完成工作成果后的一种附随义务；而买卖合同的出卖人转移标的物所有权是出卖人的主要义务。

（2）承揽合同的标的物只能是承揽人按照定作人的要求而特别完成的工作成果，而买卖合同的标的物仅是双方约定的出卖人应交付的物。承揽合同双方注重的是完成工作成果的条件，是承揽人的"创作"；而买卖合同双方注重的是出卖人的"给与"，至于出卖人交付的标的物是如何制作的，由何人制作的，并不具有法律意义。

（3）承揽合同的定作人可以对承揽人的工作情形按照约定进行监督、检查，在承揽人未能按约定的条件和期限进行工作、显然不能按时按质完成工作时，定作人可以解除合同并请求赔偿损失；而买卖合同的买受人只能要求出卖人按约定交付符合约定的标的物，而无权过问出卖人的生产经营情况或标的物的取得情况。

（4）承揽合同的标的具有特定性，承揽合同的标的物只能是特定物；而买卖合同的标的物可以是种类物，也可以是特定物。

（5）承揽合同的承揽人在工作成果完成前自己承担标的意外毁损、灭失的风险；而买卖合同的当事人可以约定自合同成立时起由买受人承担标的物意外毁损、灭失的风险。

2. 承揽合同与雇用合同的区别

雇用合同是指当事人双方约定一方为他方提供劳务，他方给付报酬的合同。给付报酬的一方为雇用人，提供劳务的一方为受雇人。雇用合同也是有久远历史的合同，虽然我国合同法未将其规定为典型合同，但是在现实生活中有广泛适用。由于承揽合同中的承揽人完成工作也就是为定作人提供劳务。因此，承揽合同与雇用合同相似，但二者主要有以下区别：

（1）承揽合同生效后，当事人双方之间不存在组织领导关系，承揽人在完成工作中具有独立性；而雇用合同生效后，当事人双方之间有组织领导关系，受雇人在完成工作中应听众雇用人的安排、指挥。

（2）承揽合同的标的是承揽人完成的工作成果，定作人所需要的并不是承揽人完成工作的劳动过程；而雇用合同的标的是受雇人提供的劳务本身，雇用人所需要的就是受雇人提供的劳务。

（3）承揽合同的承揽人只有在交付工作成果后才能取得报酬，承揽人尽管付出劳动，但只要不交付工作成果，就不能要求定作人支付报酬；而雇用合同的雇用人是按照受雇人的劳动质量支付报酬的，受雇人只要付出劳动，雇用人就须支付报酬。

（4）承揽合同的承揽人在完成工作中致人损害的，由承揽人自己承担责任，与定作人无关，除非定作人的指示错误；而雇用合同的受雇人在完成工作中致人损害的，雇用人应依法承担相应的民事责任。

3. 承揽合同与委托合同的区别

承揽合同的承揽人是按照定作人的要求完成一定工作的，这与委托合同的受托人按照委托人的要求处理一定事务相似。但承揽合同与委托合同不同。二者主要有以下区别：

（1）承揽合同的承揽人是以自己的名义和费用按照定作人的要求完成一定工作的，承揽人独立承担完成工作的风险；而委托合同的受托人是以委托人的名义和委托人的费用按照委托人的要求完成一定工作的，受托人并不承担完成工作任务的风险。

（2）承揽合同的承揽人在完成定作人交付的工作过程中，一般不涉及第三人；而委托合同的受托人在完成委托人交办的事务中，一般会涉及第三人。

（3）承揽合同为有偿合同，不能是无偿的；而委托合同可以是有偿合同，也可以是无偿合同。

三、承揽合同的内容

第七百七十一条　承揽合同的内容一般包括承揽的标的、数量、质量、报酬，承揽方式，材料的提供，履行期限，验收标准和方法等条款。

本条规定了承揽合同的内容。

承揽合同的内容包括但不限于以下条款：

1. 承揽的标的、数量、质量

承揽的标的是承揽人应完成的定作人所需要的工作成果。承揽标的是承揽合同当事人双方权利义务共同指向的对象，是承揽合同的主要条款。当事人未约定承揽标的或者约定不明确的，承揽合同也就不能成立。数量、质量是确定承揽标的的具体条件，也是同一类承揽标的的相互区别的标志。例如，同为定制服装，此定制服装合同的标的与彼定制服装合同的标的的区别就在于数量、质量。特别是标的的质量，是决定着同类标的的具体特征，因此，在承揽合同中应明确承揽标的的质量要求。

2. 报酬

报酬是定作人接受承揽人交付的工作成果而应向承揽人支付的代价。取得报酬是承揽人订立承揽合同的目的。因此，承揽合同的报酬条款为合同的主要条款。没有报酬条款，承揽合同也不能成立。当事人可以在合同中约定报酬的具体数额，也可以约定报酬的计算方法以及支付方式等。

3. 材料的提供

材料是指承揽人完成工作所需要的原料。承揽合同的材料可以是定作人提供的，也可以是由承揽人提供的。承揽合同中应约定材料由何方提供，并且还应明确材料的数量、质量以及提供的时间、地点、方式。合同中没有约定材料提供的，则推定由承揽人提供材料。

4. 履行期限

履行期限是指双方当事人履行义务的时间。承揽人的履行期限是指完成工作成果并交付工作成果的时间，定作人的履行期限主要是指支付报酬的时间。承揽合同中还应明确定作人向承揽人支付材料费及其他费用的时间。如果合同中未明确约定，则推定定作人应于支付报酬时一并支付材料费及其他费用。

5. 验收标准和方法

验收标准和方法是指检验材料、定作物质量的标准和方法。合同中明确约定验收标准和方法，有利于确定材料提供人提供的材料和承揽人完成的工作成果是否符合要求，避免双方就材料及工作成果的质量发生纠纷。

四、承揽合同的效力

（一）承揽人独立完成承揽的工作的义务

第七百七十二条　承揽人应当以自己的设备、技术和劳力，完成主要工作，但是当事人另有约定的除外。

承揽人将其承揽的主要工作交由第三人完成的，应当就该第三人完成的工作成果向定作人负责；未经定作人同意的，定作人也可以解除合同。

第七百七十三条　承揽人可以将其承揽的辅助工作交由第三人完成。承揽人将其承揽的辅助工作交由第三人完成的，应当就该第三人完成的工作成果向定作人负责。

上两条规定了承揽人独立完成承揽的工作的义务。

承揽合同的定作人是基于对承揽人的能力和条件而选择与承揽人订立承揽合同的。因此，承揽人应当亲自完成自己所承揽的工作。所谓亲自完成工作，是指以自己的设备、技术和劳力完成工作。承揽人如何做才算亲自完成工作呢？对此，有不同的观点和要求：一种观点认为，承揽人只有亲自完成全部工作，才为亲自完成工作，第三人不能参与承揽人的工作。另一种观点认为，承揽人须参与完成全部工作，但第三人也可参与。第三种观点认为，承揽人亲自完成工作只要求承揽人亲自完成承揽工作的主要部分，其他部分也可以交由第三人完成。我国合同法采取的是第三种观点。依合同法规定，除当事人另有约定外，承揽人须以自己的设备、技术和劳力完成主要工作。所谓"主要工作"，也就是指完成工作的主要部分。主要工作对承揽标的的完成起决定性作用。在当事人没有另外约定的情形下，没有经过定作人同意，承揽人将其承揽的主要工作交由第三人完成的，构成根本违约，定作人可以解除合同。经定作人同意，承揽人将其承揽的工作交由第三人完成的，承揽人与第三人之间成立次承揽关系，第三人应就其工作的完成向承揽人负责，而承揽人仍应就第三人完成的工作成果向定作人负责。因为相对于定作人来说，第三人仅为承揽合同的履行主体。

承揽人可以将其承揽的辅助工作交由第三人完成。所谓的辅助工作，也就是承揽人承揽的工作的次要部分。辅助工作对承揽工作成果不起决定性作用。承揽人将其承揽的辅助工作交由第三人完成时，承揽人与定作人之间的承揽关系不改变，第三人也仅为履行主体，承揽人应当就第三人完成的工作成果向定作人承担责任。一般来说，承揽人与完成辅助工作的第三人之间形成次承揽关系，正因为如此，有的称承揽人交由第三人完成工作为"次承揽"。但是，承揽人与第三人之间的关系的性质为何、是否有效，并不影响承揽人对定作人负担的义务。承揽人与定作人之间的承揽合同的效力对于承揽人与第三人之间的合同效力也无影响。

（二）承揽人的材料提供和验收等义务

第七百七十四条　承揽人提供材料的，承揽人应当按照约定选用材料，并接受定作人检验。

第七百七十五条　定作人提供材料的，应当按照约定提供材料。

承揽人对定作人提供的材料，应当及时检验，发现不符合约定时，应当及时通知定作人更换、补齐或者采取其他补救措施。

承揽人不得擅自更换定作人提供的材料，不得更换不需要修理的零部件。

上两条规定了承揽人提供材料和材料验收等义务。

完成承揽工作所需要的材料可以由承揽人提供，也可以由定作人提供。依承揽合同中约定的材料提供方不同，承揽人所负担的义务也有所不同。

承揽合同中约定由承揽人提供材料的，承揽人应当按照合同的约定提供材料，并接受定作人的检验。承揽人提供的材料应符合约定的质量标准，合同中未约定材料的质量标准或者约定不明确的，承揽人提供的材料应当符合取得的工作成果的使用目的所需要的质量。承揽人提供材料不能以次充好。定作人检验承揽人提供的材料就其质量提出异议的，承揽人应调换符合要求的材料。定作人就承揽人提供的材料未及时检验的，则视为其同意。由于承揽人隐瞒所提供的材料的缺陷或者使用不符合要求的材料而造成定作物的质量不合要求的，承揽人应当承担责任，定作人有权要求重作、修理、减少价款或者解除合同。

承揽合同中约定由定作人提供材料的，定作人当然应当按照约定提供材料。于此情形下，承揽人应当及时接受定作人交付的材料，并负责妥善保管。承揽人在收到定作人交付的材料时，应当及时进行验收，发现其不符合合同约定时，应当及时通知定作人更换、补齐或者采取其他补救措施。

承揽人对定作人提供的材料不得擅自更换，对定作人提供的承揽工作物的基础（称为工作基底）不得更换应修理部分以外的零部件。例如，定作人将损坏的汽车交承揽人修理，承揽人对定作人送来修理的汽车的零部件，只可更换应修理的部分，而对于不需要修理的部分，不得更换。

承揽人对于定作人交付的材料负有妥善保管义务，因其保管不善造成材料损毁、灭失的，承揽人应承担责任。承揽人使用定作人的材料，应符合合同中约定的损耗量，由于承揽人的原因造成材料浪费的，承揽人应予以赔偿。

（三）承揽人的通知义务

第七百七十六条　承揽人发现定作人提供的图纸或者技术要求不合理的，应当及时通知定作人。因定作人怠于答复等原因造成承揽人损失的，应当赔偿损失。

本条规定了承揽人发现定作人提供的图纸或者技术要求不合理的通知义务。

承揽人是按照定作人的要求进行工作，是按照定作人提供的图纸制作定作物的。但是，承揽人对定作人提供的图纸和提出的技术要求不能不加审查的一律照办，而应当予以审查。承揽人发现定作人提供的图纸或者技术要求不合理的，应当及时通知定作人，由定作人予以纠正。定作人接到承揽人的通知后，应及时答复并采取相应的措施。因定作人怠于答复等原因造成承揽人损失的，比如，因此造成承揽人停工等，定作人应当负责赔偿。如果承揽人发现定作人提供的图纸或者技术要求不合理而不通知定作人，由此造成的损失，承揽人应承担责任。

（四）定作人不得中途变更工作要求的义务

第七百七十七条　定作人中途变更承揽工作的要求，造成承揽人损失的，应当赔偿损失。

本条规定了定作人不得中途变更工作要求的义务。

承揽人是按照定作人对承揽工作的要求完成工作的。在承揽人开始工作后，如果定作人变更承揽工作的要求，承揽人就需要重新安排工作。因此，为保护承揽人的利益，定作人在承揽人开始完成工作后不能中途变更工作要求。定作人中途变更承揽工作要求的，对由此造成的承揽人的损失应负赔偿责任。

（五）定作人的协助义务

第七百七十八条　承揽工作需要定作人协助的，定作人有协助的义务。

定作人不履行协助义务致使承揽工作不能完成的，承揽人可以催告在合理期限内履行义务，并可以顺延履行期限；定作人逾期不履行的，承揽人可以解除合同。

本条规定了定作人的协助义务。

定作人的协助义务，是以承揽工作需要定作人协助为发生条件的。如果承揽工作不需要定作人的协助，当然也就不发生定作人的协助义务。

承揽工作是否需要定作人的协助，决定于合同的约定和承揽工作的性质以及各方义务的履行情况。例如，承揽的工作性质或者合同约定应由定作人提供原材料的，定作人应按照约定提供原材料，定作人提供的材料不合要求的，定作人接到承揽人的通知后即应予更换。按照承揽工作性质或者合同约定，应由定作人向承揽人提供工作场所和承揽所需的生活条件、工作环境的，定作人应按照要求提供。依承揽工作需要，应由定作人提供图纸、技术资料或样品等的，定作人应及时提供。定作人接到承揽人关于图纸或技术要求不合理的通知的，即应及时采取措施。

依承揽工作需要，定作人有协助义务而不履行协助义务致使承揽工作不能完成的，承揽人可以确定一合理期限催告定作人于该期限内履行义务，并可以顺延合同的履行期限。因定作人不履行协助义务，致使承揽工作不能完成的，承揽人可以解除合同。如果因定作人不履行协助义务并未造成工作任务不能完成，而仅是导致不能按期完成的，则定作人应负迟延履行的责任，承揽人不承担由此造成的工期迟延的责任。

（六）承揽人接受定作人的必要监督检验的义务

第七百七十九条　承揽人在工作期间，应当接受定作人必要的监督检验。定作人不得因监督检验妨碍承揽人的正常工作。

本条规定了承揽人接受定作人必要的监督检验义务。

因为承揽人是按照定作人的要求进行工作并须将工作成果交付给定作人，而取得工作成果是定作人订立合同的根本目的。因此，为保证承揽人完成的工作成果符合定作人的要求，除合同另有约定以外，承揽人在工作期间，应当接受定作人必要的监督检验。承揽人应如实地向定作人反映工作情况，不得隐瞒工作中存在的问题。对于定作人提出的合理的改进工作的指示、要求，应当及时办理。当然，定作人在对承揽工作进行监督检验时，也不得妨碍承揽人的正常工作。定作人进行监督检验妨碍承揽人正常工作的，对由此造成的损失应负赔偿责任。

（七）承揽工作成果的交付和验收义务

第七百八十条　承揽人完成工作的，应当向定作人交付工作成果，并提交必要的技术资料和有关质量证明。定作人应当验收该工作成果。

本条规定了承揽工作成果的交付。

取得承揽人完成的工作成果，是定作人订立承揽合同的目的，因此，承揽人完成工作，将工作成果交付给定作人，是承揽人的基本义务。

承揽人交付工作成果应当按照合同约定的地点和方式交付。交付可以由承揽人送交，也可以由定作人自提，还可以是由第三人代运送。由承揽人送交的，交付地点为定作人指定的地点，定作人实际接受的日期即为实际交付的日期；由定作人自提的，应以承揽人完成工作的地点或者承揽人指定的地点为交付地点，承揽人通知定作人提取的日期为交付日期；由第三人运送的，一般应以合同中约定的运送人收取工作成果的地点为交付地点，运送人接受工作成果的日期为实际交付日期。按照合同约定的承揽工作的性质，工作成果无须特别交付的，则于承揽人完成工作之日即为交付。例如，承揽房屋维修的，于维修完成之日即为工作成果交付。

定作人定作的目的是取得工作成果的所有权。承揽人交付工作成果并应将工作成果的所有权转移给定作人。一般来说，工作成果交付也就转移成果的所有权。但是，工作成果的所有权并非均自承揽人交付时起就转移给定作人，具体还可分为以下情况：

（1）定作人提供材料由承揽人加工、定作，定作物为动产的。于此情形下关于所有权的转移，有两种观点：一种观点认为，材料的所有权归定作人，但经承揽人的工作所完成的工作成果所有权为承揽人取得，经承揽人交付，工作成果的所有权转移给定作人。另一种观点认为，于此情形下，承揽人负有完成工作的义务，其为履行义务所取得的工作成果所有权应归属材料的供与人。

（2）由承揽人提供材料，定作物为动产的。于此情形下，因材料也为承揽人所有，承揽人所完成的工作成果的所有权也归承揽人，只有经承揽人将工作成果交付给定作人，工作成果的所有权才转移给定作人。如果承揽人使用自己的材料制作物不过为定作人实施新方法而已，其新方法形成工作物的主要部分，定作人依材料的加工而辅助其新物的作成，那么，加工物应归定作人所有。例如，发明人定制其发明物品，由承揽人提供材料，承揽人制作的物品是以定作人的方法完成的，其所有权归定作人。

（3）由双方提供材料，定作物为动产。由双方提供材料时，应依何方提供的材料为主要部分而确定定作物的权属：如果定作人提供的材料为定作物的主要部分，定作物的所有权归定作人，不须交付，定作人就取得所有权；如果承揽人提供的材料为定作物的主要部分，则定作物的所有权归承揽人，定作物的所有权经承揽人交付才转移给定作人。

（4）定作物为不动产。定作物为不动产的，不论材料由何方提供，定作物的所有权均由定作人取得，而不能由承揽人取得，也不必经承揽人的交付发生所有权转移。

工作成果有所有权凭证的，承揽人在交付工作成果时还应交付所有权凭证。为使定作人实现定作的目的，承揽人交付工作成果时应一并提交必要的技术资料和有关质量证明。

承揽人按照约定交付工作成果的，定作人应按约定进行验收，接受承揽人交付的符合要求的工作成果。定作人无正当理由而不验收工作成果的，应承担违约责任。

（八）承揽人对工作成果的瑕疵担保责任

第七百八十一条　承揽人交付的工作成果不符合质量要求的，定作人可以合理选择请求承揽人承担修理、重作、减少报酬、赔偿损失等违约责任。

本条规定了承揽人对工作成果的瑕疵担保责任。

承揽人对工作成果的瑕疵担保责任，是指承揽人应担保其交付的工作成果符合约定的质量标准和要求，工作成果不符合质量要求的，承揽人应承担相应的违约责任。承揽人交付的工作成果不合质量要求而有瑕疵的，定作人同意利用的，定作人可以要求减少报酬；定作人不同意利用的，定作人有权要求承揽人修理、重作。承揽人拒绝修理、重作或者经修理或重作仍不符合质量要求的，定作人可以解除合同并请求赔偿损失。

承揽人承揽瑕疵担保责任，须具备以下条件：

其一，承揽人交付的工作成果不符合质量要求。承揽合同中约定了工作成果的质量和要求的，承揽人交付的工作成果自应符合合同的约定。合同中未明确约定质量标准和要求的，依其他方法也不能确定的，承揽人交付的工作成果应符合其通常的使用效用的质量标准。承揽人完成的工作成果虽不符合要求，但于交付时瑕疵已经不存在的，也就不会发生承揽人的瑕疵担保责任。

其二，定作人接受工作成果后在合理期限内提出质量异议。为确定承揽人交付的工作成果是否有瑕疵，定作人应当按照约定对承揽人交付的工作成果进行验收。定作人验收后发现工作成果有瑕疵的，应及时向承揽人提出。定作人与承揽人约定质量异议期限的，定作人应于约定的期限内提出质量异议。当事人双方未约定质量异议期限或者约定不明确的，如果工作成果的瑕疵属于明显的表面瑕疵，定作人应于验收的当时提出；如果工作成果的瑕疵属于隐蔽瑕疵，定作人应在工作成果交付之日起法定的质量保证期限内或者合理期限内提出。定作人未对工作成果进行验收或者验收后未在规定期限内向承揽人提出质量异议的，则视为承揽人交付的工作成果符合质量要求，承揽人不承担瑕疵担保责任。

（九）定作人支付报酬和其他费用的义务

第七百八十二条　定作人应当按照约定的期限支付报酬。对支付报酬的期限没有约定或者约定不明确，依据本法第五百一十条的规定仍不能确定的，定作人应当在承揽人交付工作成果时支付；工作成果部分交付的，定作人应当相应支付。

第七百八十三条　定作人未向承揽人支付报酬或者材料费等价款

的，承揽人对完成的工作成果享有留置权或者有权拒绝交付，但是当事人另有约定的除外。

上两条规定了定作人支付报酬及其他费用的义务。

承揽人取得报酬是其订立承揽合同的目的。因此，支付报酬是定作人的基本义务。定作人不仅负有支付报酬的义务，同时也负有支付材料等费用的义务。这也是承揽合同有偿性的要求和表现。

定作人支付义务于何时发生呢？对此，有不同的观点。一种观点认为，定作人支付报酬的义务于承揽人完成工作成果时产生，而不是于承揽合同成立时产生，因为定作人支付报酬的义务与承揽人的工作成果交付义务有同时履行的关系，承揽人承揽工作的完成与定作人的报酬支付并没有同时履行的关系。承揽人工作的完成为先给付的义务，从而定作人以承揽人工作不能如期完成为理由而解除合同时，不以提出支付报酬为必要。另一种观点认为，定作人报酬的支付虽在工作成果完成之后，但报酬债权的发生却是在工作完成之前，亦即于承揽合同成立时即产生。因此在工作完成前，该债权亦可为让与。而第三人（承揽人的债权人）也可以就之请求扣押或者命令转移。以上二说，以后说为通说。

定作人应当按照合同约定的期限支付报酬。合同中未约定支付期限或者约定不明确的，定作人应于接受承揽人交付工作成果的同时支付报酬。完成的工作成果可以部分交付的，承揽人部分交付工作成果时，定作人应当支付相应的报酬。承揽人完成的工作成果无须交付的，例如承揽人为定作人装修，定作人应于工作成果完成之时支付报酬。定作人延期支付报酬的，应当承担支付逾期的利息。

定作人须按照约定的标准支付报酬和材料等费用。合同中未约定报酬标准和材料等费用标准的，定作人应按通常标准支付。所谓通常标准，应为工作成果交付时的当地当时的同类工作成果的一般标准，当地当时的材料费用标准。

定作人支付的报酬一般应为货币。但当事人约定以一定实物作为报酬的，也无不可。

定作人未向承揽人支付报酬或者材料费等价款的，承揽人对完成的工作成果享有留置权或者有权拒绝交付。承揽人的留置权是保证承揽人实现其报酬或者其他费用请求权的法定担保物权。但是，在当事人特别约定承揽人不得留置时，或者留置工作成果有悖于社会公德或者社会公共利益的，不成立承揽人的留置权。

（十）承揽合同中的风险负担

第七百八十四条　承揽人应当妥善保管定作人提供的材料以及完成的工作成果，因保管不善造成毁损、灭失的，应当承担赔偿责任。

本条规定了承揽人的保管义务，实际涉及的是承揽合同的风险负担。

承揽合同中的风险负担，是指在承揽工作中工作成果以及原材料因不可归责于当事人任何一方的事由而毁损、灭失时，应由何方负担损失问题。风险若由承揽人负担，则承揽人不能向定作人请求支付报酬或者其他费用；风险若由定作人负担，则定作人虽不能得到工作成果，也应向承揽人支付报酬以及其他费用。承揽合同中的风险负担包括定作人提供材料的风险和工作成果的风险：

其一，由定作人提供的材料毁损、灭失的风险。由定作人提供材料时，承揽人对定作人提供的材料有妥善保管的义务。因保管不善而造成材料毁损、灭失的，承揽人应承担赔偿损失的责任。定作人提供的材料非因承揽人保管不善而因意外毁损、灭失的，该损失由何人承担呢？一种观点认为，只要定作人提供的材料是在承揽人的占有下毁损、灭失的，就应由承揽人承揽损失。另一种观点认为，如果定作人提供的材料的所有权已经归承揽人，则承揽人应承担损失；如果材料所有权并未转归承揽人，则承揽人仅在保管不善时才承担损失。这是其保管义务未履行的结果。从合同法的规定看，法律规定了承揽人因保管不善造成材料毁损、灭失的，应承担损害赔偿责任。这也就是说，如果定作人提供的材料是因不可归责于承揽人的事由造成毁损、灭失的，则承揽人不承担责任，该损失应由材料的所有权人自行承担。也就是说，如果当事人约定定作人提供材料、承揽人给付价款或者费用的，则该损失由承揽人负担，因为材料的所有权已经转归承揽人；如果当事人未约定承揽人就定作人提供的材料给付价款或者费用的，则该损失由定作人负担，因为定作人仍为材料的所有权人。

其二，工作成果毁损灭失的风险。承揽人对完成的工作成果负有妥善保管的义务，因保管不善造成工作成果毁损、灭失的，承揽人应承担损害赔偿责任。工作成果非因承揽人保管不善造成毁损、灭失的，应由何人承担损失呢？对此应分两种情形分析：

（1）工作成果必须实际交付的。承揽人必须实际交付工作成果的，工作成果在交付前发生毁损、灭失的风险，由承揽人负担；交付后发生的风险则由定作人负担。但工作成果的毁损、灭失发生于定作人受领迟延期间的，则应由定作人承担该风险。

（2）工作成果无须实际交付的。承揽人对完成的工作成果无须实际交付的，在工作成果完成前发生的风险由承揽人负担；在工作完成后发生的风险由定作人负担。例如，承揽人承揽的工作为房屋装修的，装修工作完成前发生的风险由承揽人负担；装修工作完成后的风险即由定作人负担。

（十一）承揽人的保密义务

第七百八十五条　承揽人应当按照定作人的要求保守秘密，未经定作人许可，不得留存复制品或者技术资料。

本条规定了承揽人的保密义务。

定作人要求承揽人保密的，承揽人应按定作人的要求对其所完成的工作负保密义务。承揽人在完成工作后，应将复制品以及技术资料一并返还给定作人，未经定作人许可，不得留存复制品或者技术资料。承揽人违反保密义务，泄露定作人秘密的，应当对定作人由此造成的损失承担赔偿责任。

五、共同承揽人的责任

第七百八十六条　共同承揽人对定作人承担连带责任，但是当事人另有约定的除外。

本条规定了共同承揽人的责任。

共同承揽是指二人以上共同承揽同一项工作。共同承揽的承揽人即为共同承揽人。由于共同承揽的承揽人并非为一人，因此，合同中应明确各个承揽人应承担的义务、责任。如果合同中对各承揽人的义务、责任未约定或者约定不明确，则共同承揽人对定作人承担连带责任。

六、定作人的任意解除权

第七百八十七条　定作人在承揽人完成工作前可以随时解除合同，造成承揽人损失的，应当赔偿损失。

本条规定了定作人的任意解除权。

承揽合同可因当事人之间的协议而解除，也可因当事人一方严重违约而解除。除此之外，承揽合同的定作人还可以随时解除合同。也就是说，承揽合同的定作人有任意解除权，自承揽合同成立后，定作人不论何原因都可随时解除合同。这是因为承揽合同生效后，如果定作人因某种原因不再需要承揽人完成的工作成果，承揽人继续完成工作，就会对定作人造成不利，也会造成资产的浪费，因此，于此情形下应许可定作人解除合同，以使承揽人不再完成定作人已经不需要的工作。当然，定作人解除合同也不能不付任何代价，不能因定作人任意解除合同而给承揽人造成利益损失。所以，为平衡双方的利益关系，合同法规定定作人解除合同给承揽人造成损失的，应当赔偿损失。定作人解除合同也只能于承揽人工作成果完成前提出，承揽人已经完成工作的，则定作人不能再解除合同，而应受领承揽人交付的工作成果。

第十八章　建设工程合同

一、建设工程合同的概念和种类

第七百八十八条　建设工程合同是承包人进行工程建设，发包人支付价款的合同。

建设工程合同包括工程勘察、设计、施工合同。

本条规定了建设工程合同的概念和种类。

建设工程合同又称为基本建设工程合同，是指建设工程的发包人将工程建设任务发包给承包人，承包人进行工程建设，发包人支付价款的合同。

建设工程合同具有承揽合同的一般特征，并具有承揽合同不具有的以下特性：

（1）标的的特定性。建设工程合同的标的仅限于基本建设工程。也就是说，只有承包基本建设工程建设，才能订立建设工程合同。如果不是进行基本建设工程，例如，个人为建造住房而订立的合同不属于建设工程合同，而只属于承揽合同。所谓基本建设工程，是指土木建设工程和建筑业范围内的线路、管道、设备安装工程的新建、扩建、改建及大型的建筑装饰活动，主要包括房屋、铁路、公路、机场、港口、桥梁、矿井、水库、电站、通讯线路等。

（2）主体的限定性。建设工程合同的标的，具有投资大、周期长、技术要求高等特点，这就决定了合同主体的限定性。建设工程合同中的发包人只能是建设工程的建设单位。建设单位一般是由投资人所设立的项目法人。建设工程合同的承包人只能是具有相应资质条件的法人，而不能是自然人或非法人组织。

（3）合同管理的特殊性。由于基本建设工程在国民经济中具有重要意义，因此，国家对建设工程合同实行严格的监管制度。从合同的订立至合同的履行，国家对建设工程合同都有特别的要求。

（4）建设工程合同的订立具有程序性。建设工程合同包括工程勘察、设计、施工等合同，各种合同的订立均须遵行一定的程序。例如，未经立项，没有计划任务书，不能订立勘察、设计合同；没有进行勘察设计的，也不能订立施工合同。

（5）合同的要式性。建设工程合同只能采用书面形式，而不能采用口头形式。

建设工程合同包括工程勘察合同、设计合同和施工合同。

勘察合同是委托人委托勘察人完成并交付勘察工作成果，委托人受领勘察人交付的工作成果并支付报酬的合同。

设计合同是委托人委托设计人完成并交付设计成果，委托人受领设计人的该设计成果并支付报酬的合同。

施工合同是指发包人与承包人之间订立的，由施工人完成工程的建筑、安装工作，发包人接受该工程并支付价款的合同。

二、建设工程合同的形式和订立程序

第七百八十九条　建设工程合同应当采用书面形式。

第七百九十条　建设工程的招投标活动，应当依照有关法律的规定公开、公平、公正进行。

上两条分别规定了建设工程合同的形式和订立程序。

由于建设工程合同的标的物为基本建设工程，基本建设工程建设周期长，质量要求高，事关国家和社会公共利益，为明确当事人各方的权利、义务和责任，避免建设过程中发生不必要的纠纷，促使各方在工程建设过程中密切配合，建设工程合同为要式合同，即应当采用书面形式。当事人不得以其他形式订立建设工程合同。

为保证建设工程质量，减少工程造价，提高投资效益，建设工程合同应通过招投标程序订立。以招标投标方式订立建设工程合同的，要经过招标、投标、决标等阶段。招标可以采取公开招标、邀请招标和议标等方式。公开招标时，由招标人通过媒体或者以其他方式发布招标公告；邀请招标时，招标人不发布招标公告，而是有目标地向至少3个以上有资格的人直接发出招标邀请；议标，是在不宜公开招标时经有关部门批准直接与不少于两家单位商谈签订合同事宜。不论经何种方式招标，招标人都必须编制标底，招标人发出的招标的意思表示均不具有要约的效力。投标人按照招标公告或者招标邀请书的要求进行的投标具有要约的效力。投标人的标书一经发出，不得更改。招标人在规定的期限须在有关部门的参与下当众开标，进行评标、定标。招标人的定标具有承诺的性质。

建设工程的招投标活动，应当公开、公平、公正地进行。所谓公开，是指招标信息应公开，招标人要对各投标人公开招标事项和具体投标要求、一视同仁，凡符合要求的人都可以投标，招标人不得私下确定投标人。所谓公平，是指各投标人应正当竞争，参与招投标的各方不得采取不正当的竞争手段，不得采用围标方式限制他人中标，不得弄虚作假。所谓公正，是指在招标过程中严格按照公开的招标文件和程序进行，严格按照既定的标准进行评标、定标，参与评标人不受与评标标准无关的其他因素的影响。

招标人在决定中标人后，应在规定期限内与中标人正式签订建设工程合同，合同的内容应与中标标书的内容相一致。当事人双方不得订立与定标的内容不一致的"阴阳合同""黑白合同"。根据最高人民法院《关于审理建设工程施工合同纠纷案件适用法律问题的解释（二）》（法释〔2018〕20号）（以下简称《建设工程合同的解释二》）第1条的规定，招标人和中标人另行签订的建设工程施工合同约定的工程范围、建设工期、工程质量、工程价款等实质性内容，与中标合同不一致的，一方当事人请求按照中标合同确定权利义务的，人民法院应予支持。招标人和中标人在中标合同之外就明显高于市场价格购买承建房产、无偿建设住房配套设施、让利、向建设单位捐赠财物等另行签订合同，变相降低工程价款，一方当事人以该合同背离中标合同实质内容为由请求确认无效的，人民法院应予支持。

三、建设工程合同联系的结构

第七百九十一条　发包人可以与总承包人订立建设工程合同，也可以分别与勘察人、设计人、施工人订立勘察、设计、施工承包合同。发包人不得将应当由一个承包人完成的建设工程肢解成若干部分发包给几个承包人。

总承包人或者勘察、设计、施工承包人经发包人同意，可以将自己承包的部分工作交由第三人完成。第三人就其完成的工作成果与总承包人或者勘察、设计、施工承包人向发包人承担连带责任。承包人不得将其承包的全部建设工程转包给第三人或者将其承包的全部建设工程肢解以后以分包的名义分别转包给第三人。

禁止承包人将工程分包给不具备相应资质条件的单位。禁止分包单位将其承包的工程再分包。建设工程主体结构的施工必须由承包人自行完成。

本条规定了建设工程合同联系的结构。

建设工程合同联系的结构是指建设工程合同当事人通过合同联系的方式。由于基本建设工程是一项高度社会化的生产活动，生产过程具有连续性，生产的新产品具有整体单一性，生产周期长，质量要求高，参与单位多。因此，各方须通过一定的合同形式联系到一起，明确分工，密切配合。建设工程合同联系的结构可有以下两种方式：

其一，总承包合同与分承包合同

这种合同联系结构适用于发包人将建设工程任务总体承包给一个总承包人的场合。总承包俗称"交钥匙承包"，是由发包人将建设工程的勘察、设计、施工等工程建设的全部任务一并发包给一个具有相应资质条件的承包人。总承包合同即是由发包人与总承包人签订的由总承包人负责全部的工程建设任务的合同。分承包合同是由总承包人就工程的勘察、设计、施工安装任务分别与勘察人、设计人、施工人订立的勘察、设计、施工合同。

在这种总承包与分承包的合同联系结构中，发包人只是直接与总承包人订立建设工程合同。发包人应按照合同约定向总承包人提供必要的技术资料、文件和其他工作条件，总承包人应按照合同约定按期保质保量地完成工程建设工作。总承包人分别与勘察人、设计人、施工人签订分包合同。总承包人就工程建设的全过程向发包人负责。总承包人经发包人同意可以分别与勘察人、设计人、施工人订立分承包合同，由勘察人、设计人、施工人分别完成勘察、设计、施工任务。分承包合同的勘察人、设计人、施工人就其完成的工作成果向总承包人负责，同时与总承包人一起向发包人承担连带责任。

其二，承包合同与分包合同

这种合同联系结构适用于发包人将建设工程任务分别发包的场合。承包合同又称为单项任务承包合同，是指发包人将建设工程的勘察、设计、施工安装等不同的工作任务分别发包给勘察人、设计人、施工人，并与其签订相应的勘察合同、设计合同、施工合同。发包人不得将应由一个承包人完成的建设工程肢解为若干部分发包给几个承包人。分包合同指的是由勘察、设计、施工任务的承包人就其承包的工程建设任务部分的完成与第三人签订的合同，该第三人即为分承包人。

在承包合同与分包合同的联系结构中，各个承包勘察、设计、施工工作的承包合同是完全独立的，各个承包人之间不发生联系。而承包合同与分包合同，虽是独立合同，且合同的当事人也不完全一致，但二者却是相互关联的，即分包合同的标的是承包合同标的的一部分，因此，承包人订立分包合同时，应经发包人同意。发包人与承包人、分承包人之间形成一个复杂的联系体系，分承包人就其完成的工作不仅应向勘察、设计、施工任务的承包人负责，而且还与承包人一同向发包人负连带责任。

无论是采用总承包合同与分承包合同的合同联系结构，还是采用承包合同与分包合同的合同联系结构，都存在分承包合同，或是由总承包人与第三人订立分承包合同，或是由承包人与第三人订立分承包合同。订立分承包合同应符合以下条件：（1）承包人只能将部分工程分包给具有相应资质条件的分包人，不具有相应资质条件者不能成为分包人；（2）承包人分包应经发包人同意。未经发包人同意的，不能订立分包合同；（3）分包的标的不能是建设工程主体结构的施工工作，建设工程主体结构的施工，必须由承包人自行完成，而不得由分承包人完成。

在建设工程合同履行中还存在转包的情形。转包是指承包人于承包工程建设工作后又将其承包的工作任务转让给第三人，第三人成为建设工程合同的新承包人。转包时，转让人退出承包关系，受让人成为承包合同的另一方当事人，转让人对受让人的承包合同履行行为不承担责任。实务中，转包往往成为一些不具有相应资质的单位或个人取得建设工程任务的一种手段。这不仅破坏了建设市场秩序，也为建设工程质量低下留下隐患。因此，为保障工程质量，维护建设市场秩序，合同法中明确规定，禁止承包人将工程分包给不具有相应资质条件的单位，禁止分包单位将其承包的工程再分包。

依最高人民法院《关于审理建设工程合同纠纷案件适用法律问题的解释》（法释〔2004〕14 号，以下简称《建设工程合同的解释》）第 1 条的规定，建设工程施工合同具有下列情形之一的，应构成违反法律、行政法规的强制性规定，认定无效：（1）承包人未取得建设施工企业资质或者超越资质等级的；（2）没有资质的实际施工人借用有资质的建设施工企业名义的；（3）建设工程必须进行招标而未招标或者中标无效的。

承包人非法转包、非法分包建设工程或者没有资质的实际施工人借用有资质的建筑施工企业名义与他人签订建设工程施工合同的行为无效。人民法院可以收缴当事人已经取得的非法所得。承包人超越资质等级许可的业务范围签订建设工程施工合同，在建设工程竣工前取得相应资质等级的，合同可有效。缺乏资质的单位或者个人借用有资质的建筑施工企业名义签订建设工程施工合同，发包人请求出借方与借用方对建设工程质量不合格等因出借资质造成的损失承担连带责任的，人民法院应予支持。

四、国家重大建设工程合同订立的特殊性

第七百九十二条　国家重大建设工程合同，应当按照国家规定的程序和国家批准的投资计划、可行性研究报告等文件订立。

本条规定了国家重大建设工程项目承包合同订立的特殊性。

国家重大建设工程是由国家投资的对于国民经济的发展具有重大影响的基本建设工程。为保证国家投资计划的严肃性和

工程进度的计划性，国家重大建设工程合同须按照国家规定的程序和批准的投资计划、可行性报告等文件订立。没有批准的投资计划，没有经批准的可行性研究报告，不能订立建设工程承包合同。

五、建设工程施工合同无效的处理

第七百九十三条　建设工程施工合同无效，但是建设工程经验收合格的，可以参照合同关于工程价款的约定折价补偿承包人。

建设工程施工合同无效，且建设工程经验收不合格的，按照以下情形处理：

（一）修复后的建设工程经验收合格的，发包人可以请求承包人承担修复费用；

（二）修复后的建设工程经验收不合格的，承包人无权请求参照合同关于工程价款的约定折价补偿。

发包人对因建设工程不合格造成的损失有过错的，应当承担相应的责任。

本条规定了建设工程施工合同无效的处理。

建设工程施工合同无效的，自不能发生合同有效的法律后果，但是施工合同无效的承包人毕竟进行了工程建设，付出了相应的劳务，因此，对于承包人应给予一定的补偿。这一补偿应从不当得利的角度考虑，也就是以发包人因承包人的工作所得到的利益为标准，发包人未得到利益的不补偿；受有损失的，还可以请求承包人赔偿。关于施工合同无效的处理，民法典采用了实务中的做法。依民法典规定，建设工程施工合同无效，建设工程经验收合格的，可以参照合同关于工程价款的约定折价补偿承包人，如果是经修复验收合格的，承包人应当承担修复费用；建设工程经验收不合格的，承包人无权请求参照工程价款的约定折价补偿，因为于此情形下，发包人并未得到相应的利益。

发包人对因建设工程合同不合格造成的损失有过错的，应当承担相应的责任。实务中认为，确定发包人与承包人应当承担的损失，可以结合双方的过错程度、过错与损失之间的因果关系等因素作出判断。

六、勘察、设计合同的内容

第七百九十四条　勘察、设计合同的内容一般包括提交有关基础资料和概预算等文件的期限、质量要求、费用以及其他协作条件等条款。

本条规定了勘察、设计合同的内容。

勘察、设计合同是发包人与勘察人、设计人为完成勘察、设计工作而订立的关于双方权利义务的协议。勘察人、设计人只能是具有"勘察许可证"、"设计许可证"，可以从事相应工程的勘察、设计工作的人。所谓勘察是指对工程的地理状况进行调查确定，包括对工程进行测量，对工程建设地址的地质、水文地质进行调查等；设计包括对工程结构进行设计和对工程造价进行概预算。

勘察、设计合同的内容包括但不限于以下条款：（1）工程项目的名称、规模、地点等；（2）发包人向勘察人、设计人提交勘察、设计的基础资料的内容、要求及期限;(3)勘察人、设计人向发包人提交勘察、设计成果的期限和勘察、设计成果的质量要求;(4)勘察、设计收费的依据、收费标准以及支付方式、期限;(5)双方协作的其他条件。

勘察、设计人应依合同约定完成勘察、设计工作并提交勘察、设计成果,发包人应依合同约定支付勘察、设计费用。

七、施工合同的内容

第七百九十五条　施工合同的内容一般包括工程范围、建设工期、中间交工工程的开工和竣工时间、工程质量、工程造价、技术资料交付时间、材料和设备供应责任、拨款和结算、竣工验收、质量保修范围和质量保证期、相互协作等条款。

本条规定了施工合同的内容。

施工合同是发包人与承包人订立的关于工程的建筑与安装的承包合同。施工人应按照合同的约定完成建设工程的建筑、安装工作,发包人应依合同约定接受该项工程并支付价款。

施工合同的内容包括但不限于以下条款:(1)工程名称、地点、范围;(2)建设工期及开工、竣工的时间;(3)中间交工工程的开工、竣工时间;(4)工程质量;(5)工程造价;(6)技术资料的交付时间;(7)材料及设备的供应责任;(8)拨款和结算;(9)竣工验收办法;(10)质量保修范围和质量保证期;(11)双方相互协作的其他事项。

八、监理合同

第七百九十六条　建设工程实行监理的，发包人应当与监理人采用书面形式订立委托监理合同。发包人与监理人的权利和义务以及法律责任，应当依照本编委托合同以及其他有关法律、行政法规的规定。

　　本条规定了建设工程的监理合同。

　　建设工程的监理是指监理单位受发包人的委托，根据法律、行政法规、建设工程技术标准和建设工程承包合同，对建设工程的质量进行监督的活动。监理合同就是由建设工程的发包人与监理人订立的，监理人接受发包人委托对工程质量进行全面监督，发包人为此支付报酬的合同。发包人与监理人订立的监理合同，应采书面形式；未采用书面形式的，监理合同不能成立生效。

　　监理合同从性质上说属于委托合同。

　　监理合同生效后，监理人在委托人委托的范围内，主要有以下权利义务：（1）选择工程总承包人的建议权、选择工程分包人的认可权；（2）对建设工程规模、设计标准、规划设计、生产工艺设计和使用功能要求等，可以向委托人提出建议；（3）对工程设计中的技术问题，向设计人提出建议；（4）审批施工组织设计和技术方案，向承包人提出建议，并向委托人提出书面报告；（5）主持工程建设有关协作单位之间的组织协调，重要协调事项应事先向委托人报告；（6）事先向委托人报告，经委托人同意，发布开工令、停工令、复工令；（7）检验建设工程使用的材料和施工质量，对于不符合设计要求和合同约定及国家标准的材料、构配件、设备，有权通知发包人停止使用；对于不符合规范和质量标准的工序、分部分项工程和不安全施工，有权通知承包人停工整改、返工；（8）检查、监督工程的进度，对工程实际竣工日期提前或超过工程施工合同规定的竣工期限的签认；（9）在合同约定的工程价款范围内，对工程款支付的审核和签认，以及对工程结算的复核确认与否决；（10）按合同约定派出监理机构及监理人员，向委托人报送总监理工程师以及监理机构主要成员名单、监理规划；（11）完成合同约定的监理工程范围内的监理业务，按约定定期向委托人报告监理工作；（12）为委托人提供与其水平相适应的咨询意见，维护各方合法权益；（13）在监理工作完成或中止时，应将委托人提供的设施及剩余物品按约定移交给委托人；（14）保密义务。未征得有关方同意，不得泄露与监理的工程、监理合同业务有关的保密资料。

监理合同的委托人主要有以下权利义务：（1）对工程规模、设计标准、生产工艺设计和使用功能要求的认定权，对工程设计变更的审批权；（2）对监理人调换总监理师的同意权；（3）有权要求监理人提交监理报告、监理工作月报；（4）有权要求监理人更换不履行监理职责或者与承包人串通给委托人或工程造成损失的监理人员；（5）按照约定负责协调各方关系，为监理工作提供外部工作条件；（6）按照约定向监理人提供有关工程资料；（7）在合同约定的期限内就监理人提交并要求作出决定的事项作出书面决定；（8）派出工地常驻代表，负责与监理人联系；（9）及时书面通知承包人其所授予监理人的监理权利以及监理人主要成员的职能分工、监理权限；（10）按约定向监理人提供办公用房、通讯设施等工作环境和工作条件;(11)按照合同约定,向监理人支付报酬。

九、发包人的监督权和隐蔽工程的检查义务

(一)发包人的监督权

第七百九十七条 发包人在不妨碍承包人正常作业的情况下,可以随时对作业进度、质量进行检查。

本条规定了发包人对承包人工作的监督权。

发包人的监督权,是指发包人对承包人的施工进度、质量可以随时进行检查的权利,以保证承包人能够按期按质地完成工程建设任务。发包人的监督权的行使以不妨碍承包人正常作业为原则。如果发包人对承包人的工作进行检查妨碍了承包人的正常作业,则构成权利滥用。从承包人的角度说,因为发包人有权对其施工进度、质量随时进行必要的检查,承包人也就有接受发包人必要监督的义务,对于发包人进行的不妨碍其正常作业的监督、检查应予以支持和协助,不得拒绝。为便于发包人的监督、检查,承包人应按照合同约定及时向发包人提交开工通知书、施工进度报告表、施工平面布置图等;按照约定向发包人提供有关作业计划、施工统计报表、工程事故报告等。

(二)发包人的隐蔽工程检查义务

第七百九十八条 隐蔽工程在隐蔽以前,承包人应当通知发包人检查。发包人没有及时检查的,承包人可以顺延工程日期,并有权请求赔偿停工、窝工等损失。

本条规定了发包人对隐蔽工程的检查义务。

隐蔽工程，是指在建成以后须隐蔽于地下的工程。隐蔽工程一经被隐蔽，则不再易于检查其质量状况。因此，对于隐蔽工程应于隐蔽前进行验收检查。为使发包人及时对隐蔽工程进行验收，在隐蔽工程隐蔽前，承包人应当通知发包人检查。承包人未通知发包人检查验收而隐蔽工程的，由此造成的一切损失由承包人承担。在收到承包人的验收检查通知后，发包人应当及时组织验收检查。因为在发包人未验收前，承包人不能对隐蔽工程进行隐蔽，从而也就无法进行下一步的作业，因此，发包人没有及时对隐蔽工程进行检查的，承包人可以顺延工期，并可以要求发包人赔偿由此造成的停工、窝工等损失。

十、建设工程的竣工验收和价款支付

第七百九十九条　建设工程竣工后，发包人应当根据施工图纸及说明书、国家颁发的施工验收规范和质量检验标准及时进行验收。验收合格的，发包人应当按照约定支付价款，并接受该建设工程。

建设工程竣工验收合格后，方可交付使用；未经验收或者验收不合格的，不得交付使用。

本条规定了建设工程的竣工验收和价款支付。

建设工程的竣工验收，是指在建设工程竣工后对建成的工程进行验收。验收的目的是确认建成的工程是否符合合同约定和国家规定的标准。建设工程竣工验收既是发包人接受工程的前提，也是双方进行工程结算的条件。承包人于建设工程竣工后，应按照合同的约定和有关规定，提交竣工验收技术资料，通知发包人验收工程并办理工程竣工结算和参加竣工验收。发包人收到承包人的验收通知后，应组织竣工验收。发包人验收的根据是施工图纸、国家颁发的施工验收规范和验收标准。验收合格的，发包人应接受该建设工程，并按照约定向承包人支付价款。

发包人接受验收合格的竣工工程即应按照合同约定的期限和方式进行工程决算，向承包人支付价款。依《建设工程合同的解释》第16条的规定，当事人对建设工程的计价标准或者计价方法有约定的，按照约定结算工程价款。因设计变更导致建设工程量或者质量标准发生变化，当事人对该部分工程价款不能协商一致的，可以参照签订建设工程施工合同时当地建设行政主管部门发布的计价方法或者计价标准结算。依该解释第21条规定，当事人就同一建设工程另行订立的建设工程施工合同与经过备案的中标合同实质内容不一致的，应当以备案的中标合同作为结算工程价款的根据。依《建设工程合同的解释二》第9、10、11条规定，发包人将依法不属于必须招标的建设工程进行招标后，与承包人另行订立的建设工程施工合同背离中标合同的实质性内容，当事人请求以中标合同作为结算工程价款依据的，人民法院应予支持，但发包人与承包人因客观情况发生了在招标投标时难以预见的变化而另行订立建设工程施工合同的除外。当事人签订的建设工程施工合同与招标文件、投标文件、中标通知书载明的工程范围、建设工期、工程质量、工程价款不一致，一方当事人请求将招标文件、投标文件、中标通知书作为结算工程价款的依据的，人民法院应予支持。当事人就同一建设工程订立数份建设工程施工合同均无效，但建设工程质量合格，一方当事人请求参照实际履行的合同结算建设工程价款的，人民法院应予支持。实际履行的合同难以确定，当事人请求参照最后签订的合同结算建设工程价款的，人民法院应予支持。

发包人不按期支付价款的，应承担延期付款的利息。《建设工程合同的解释》第17条规定，当事人对欠付工程价款利息计付标准有约定的，按照约定处理；没有约定的，按照中国人民银行发布的同期同类贷款利率计息。依该解释第18条规定，利息从应付工程价款之日计付。当事人对付款时间没有约定或者约定不明的，下列时间为应付款时间：（1）建设工程已实际交付的，为交付之日；（2）建设工程没有交付的，为提交竣工结算文件之日；（3）建设工程未交付，工程价款也未结算的，为当事人起诉之日。

建设工程竣工后只有经验收合格的，才可以交付使用。建设工程竣工后未经验收或者验收不合格的，承包人不得交付发包人使用，发包人也不得接受该工程。建设工程未经验收，发包人擅自使用的，视为使用部分的质量合格。依《建设工程合同的解释》第13条规定，建设工程未经验收，发包人擅自使用后，又以使用部分质量不符合约定为由主张权利的，不予支持；但是承包人应当在建设工程的合理使用寿命内对地基基础工程和主体结构质量承担民事责任。所谓合理使用寿命，是指工程合理使用期限，亦即设计使用期限。按现行规定，普通建筑物结构的使用年限为50年。

十一、勘察人、设计人的违约责任

第八百条　勘察、设计的质量不符合要求或者未按照期限提交勘察、设计文件拖延工期，造成发包人损失的，勘察人、设计人应当继续完善勘察、设计，减收或者免收勘察、设计费并赔偿损失。

本条规定了勘察人、设计人的违约责任。

勘察、设计合同的委托人订立合同的目的就是要取得勘察人、设计人所完成的勘察、设计成果。因此，按期完成并向委托人提交勘察、设计成果，是勘察人、设计人的基本义务。勘察人、设计人对勘察、设计成果负瑕疵担保责任，应当保证所交付的勘察、设计成果符合法律、行政法规的规定，符合建设工程质量、安全标准，符合勘察、设计的技术规范，符合合同的约定。勘察、设计成果不符合质量要求的，即为有瑕疵，勘察人、设计人应承担违约责任。只要勘察人、设计人的勘察、设计的质量不符合要求或者未按期提交勘察、设计文件拖延工期，造成发包人损失的，勘察人、设计人就应当继续完善勘察、设计，减收或者免收勘察、设计费并赔偿损失。

十二、施工人完成工程建设义务和工程质量安全担保责任

（一）施工人按期按质完成工程建设的义务

第八百零一条　因施工人的原因致使工程质量不符合约定的，发包人有权请求施工人在合理期限内无偿修理或者返工、改建。经过修理或者返工、改建后，造成逾期交付的，施工人

应当承担违约责任。

本条规定了施工人按期按质完成工程建设任务的义务。

发包人订立建设工程承包合同的目的，是按期取得符合质量要求的工程。因此，按期完成工程建设任务并交付符合质量要求的工程，是建设工程承包人的基本义务。因施工人的原因致使建设工程质量不符合约定的，发包人有权要求施工人在合理期限内无偿修理或者返工、改建，经过修理或者返工、改建后，造成逾期交付的，承包人应承担逾期交付的违约责任。依《建设工程合同的解释》第11条规定，因承包人过错造成建设工程质量不符合约定，承包人拒绝修理、返工或者改建，发包人请求减少支付工程价款的，应予支持。

当然，因发包人的原因而非因承包人的原因造成建设工程质量不符合要求的，承包人不承担责任。而应由发包人承担责任。依《建设工程合同的解释》第12条规定，发包人有下列情形之一，造成建设工程质量缺陷，应当承担过错责任：（1）提供的设计有缺陷；（2）提供或者指定购买的建筑材料、建筑构配件、设备不符合强制性标准；（3）直接指定分包人分包专业工程。承包人有过错的，也应当承担相应的过错责任。

承包人完成建设工程的期限以合同中约定的竣工期限为准。当事人在合同中约定建设工期的，建设工期自开工日开始计算至竣工日为止。

依《建设工程合同的解释二》第5条、第6条规定，当事人对建设工程开工日期有争议的，人民法院应当分别按照以下情形予以认定：（1）开工日期为发包人或者监理人发出的开工通知载明的开工日期；开工通知发出后，尚不具备开工条件的，以开工条件具备的时间为开工日期；因承包人的原因导致开工时间推迟的，以开工通知载明的时间为开工日期。（2）承包人经发包人同意实际进场施工的，以实际进场施工时间为开工日期。（3）发包人或者监理人未发出开工通知，亦无相关证据证明实际开工日期的，应当综合考虑开工报告、合同、施工许可证、竣工验收报告或者竣工备案表等的时间，并结合是否具备开工条件的事实，认定开工日期。当事人约定顺延工期应当经发包人或者监理人签证等方式确认，承包人虽未取得工期顺延的确认，但能够证明在合同约定的期限内向发包人或者监理人申请过工期顺延且顺延事由符合合同约定，承包人以此为由主张工期顺延的，人民法院应予支持。当事人约定承包人未在约定期限内提出工程顺延申请视为工期不顺延的，按照约定处理，但发包人在约定期限后同意工期顺延或者承包人提出合理抗辩的除外。

依《建设工程合同的解释》第14条、第15条规定，当事人对建设工程实际竣工日期有争议的，按照以下情形分别处理：（1）建设工程经竣工验收合格的，以竣工验收合格之日为竣工日期；（2）承包人已经提交竣工验收报告，发包人拖延验收的，以承包人提交验收报告之日为竣工日期；（3）建设工程未经竣工验收，发包人擅自使用的，以移转占有建设工程之日为竣工日期。建设工程竣工前，当事人对工程质量发生争议，工程质量经鉴定合格的，鉴定期间为顺延工程期间。

（二）承包人的工程质量安全担保责任

第八百零二条　因承包人的原因致使建设工程在合理使用期限

内造成人身损害和财产损失的，承包人应当承担赔偿责任。

本条规定了承包人对建设工程合理使用期限内的质量安全担保责任。

承包人对建设工程质量负有瑕疵担保责任。承包人不仅应保证于交付时建设工程质量符合要求，并且要保证在工程质量担保期限内不发生瑕疵。在建设工程质量保证期内，工程所有人或者使用人发现工程瑕疵的，有权直接请求承包人修理或者返工、改建。至于质量保证期限①，则当事人可以在合同中约定，也可以单独另行约定。质量保证期限应当与工程的性质相适应，对于质量保证期限有关规范有规定的，当事人约定的期限不能短于有关规范规定的期限。保证期限应自发包人在最终验收记录上签字之日起算。依《建设工程合同的解释》第 27 条规定，因保修人未及时履行保修义务，导致建筑物毁损或者造成人身、财产损害的，保修人应当承担赔偿责任。保修人与建筑物所有人或者发包人对建筑物毁损均有过错的，各自承担相应的责任。

为担保承包人履行保修义务，发包人在支付价款时可以按约定扣留下工程质量保证金。依《建设工程合同的解释二》第 8 条规定，有下列情形之一，承包人请求发包人返还质量保证金的，人民法院予以支持：（1）当事人约定的工程质量保证金返还期限届满；（2）当事人未约定工程质量保证金返还期限的，自建设工程通过竣工验收之日起满两年；（3）因发包人原因建设工程

---

① 　关于质量保证期限与质量保修期限是否为同一概念，有不同的观点。有的认为，质量保证期限与质量保修期限并非同一概念。质量保修期限是施工人对建设工程质量缺陷承担保修义务的期间。在该期间内，若质量缺陷即便不是施工人造成的，则其也有保修义务，但费用应由责任人承担。质量保证期限是指建设工程各部分的合理使用期限。按照这一观点，这里的质量保证期限应为质量保修期限。

未按约定期限进行竣工验收的，自承包人提交工程竣工验收报告 90 日后起当事人约定的工程质量保证金返还期限届满；当事人未约定工程质量保证金返还期限的，自承包人提交工程竣工验收报告 90 日后起满两年。发包人返还质量保证金后，不影响承包人根据合同约定或者法律规定履行工程维修义务。

　　承包人不仅对工程质量保证期内的工程质量瑕疵负担保义务，而且对建设工程合理使用期限内的工程质量安全负担保责任。承包人应担保建设工程在其合理使用期限内不会发生损害人身、财产的安全事故，在建设工程合理使用期限内因承包人的原因致使建设工程造成人身、财产损害的，承包人应当承担赔偿责任。《中华人民共和国侵权责任法》第 86 条规定，建筑物、构筑物或者其他设施倒塌造成他人损害的，由建设单位与施工单位承担连带责任。建设单位、施工单位赔偿后，有其他责任人的，有权向其他责任人追偿。因其他原因，建筑物、构筑物或者其他设施倒塌造成他人损害的，由其他责任人承担侵权责任。

十三、发包人不履行协助义务的责任

第八百零三条　发包人未按照约定的时间和要求提供原材料、设备、场地、资金、技术资料的，承包人可以顺延工程日期，并有权请求赔偿停工、窝工等损失。

第八百零四条　因发包人的原因致使工程中途停建、缓建的，发包人应当采取措施弥补或者减少损失，赔偿承包人因此造成的停工、窝工、倒运、机械设备调迁、材料和构件积压等损失和实际费用。

第八百零五条　因发包人变更计划，提供的资料不准确，或者未按照期限提供必需的勘察、设计工作条件而造成勘察、设计的返工、停工或者修改设计，发包人应当按照勘察人、设计人实际消耗的工作量增付费用。

上三条规定了发包人不履行协助义务的责任。

（一）施工合同发包人不履行协助义务的责任

建设工程施工合同的承包人须有发包人的配合和协助，才能完成其所承包的工程建设任务。发包人的协助义务主要包括以下方面：

其一，施工前的准备工作。施工合同发包人做好施工前的准备工作，是使施工人能够按期进场施工的前提条件，也是保证工程质量的一个重要环节。发包人应当按照约定做好施工前的准备工作，包括：（1）于施工前办妥正式工程和临时设施范围内的土地征用、租用；（2）申请施工许可证和占道、爆破及临时铁道专用线接岔许可证；（3）确定建筑物（构筑物）、道路、线路、上下水道的定位标桩、水准点和坐标控制点；（4）开工前，接通现场水源、电源和运输道路，依约定清除施工现场障碍物；（5）组织有关单位对施工图纸等技术资料进行审定，并按约定时间和份数提交给承包人。

其二，按照合同的约定提供材料、设备、资金、技术资料、场地等。

其三，为承包人提供必要的工作条件。施工合同的发包人在工程建设期间应当为承包人提供必要的工作条件，履行各项协助义务，以保证工程建设顺利进行。例如，发包人应按约定派驻工地代表，办理中间交工工程的验收，解决发包人应解决的问题。

因发包人未按约定做好施工前的准备工作，未按照约定和时间和要求提供原材料、设备、场地、资金、技术资料的，承包人可以顺延工程日期，并有权要求赔偿停工、窝工等损失。

因发包人的原因致使工程中途停建、缓建的，发包人应当采取措施弥补或者减少损失，赔偿承包人因此造成的停工、窝工、倒运、机械设备调迁、材料和构件积压等损失和实际费用。

（二）勘察、设计合同发包人不履行协助义务的责任

勘察、设计合同的发包人应当按合同约定为勘察人、设计人提供开展勘察、设计工作所需要的基础资料、技术要求，并对提供的时间、进度和资料的可靠性负责，按照合同的约定提供必要的协作条件。

勘察合同的发包人，在勘察工作开展前应当提供勘察工作所需要的勘察基础资料、勘察技术要求及附图。设计合同的发包人应当按照合同的约定提供设计的基础资料、设计的技术要求。在初步设计前，发包人应当提供经批准的计划任务书、选址报告，以及原料（或经过批准的资源报告）、燃料、水、电、运输等方面的协议文件和能够满足设计要求的勘察资料、需要经过科研取得的技术资料；在施工图设计前，发包人应当提供经批准的初步设计文件和能满足施工图设计要求的勘察资料、施工条件以及有关设备的技术资料等。

在勘察设计人员入场工作时，发包人应当为勘察设计人员

提供必要的工作条件和生活条件，以保证其能够正常开展工作。

发包人不履行合同约定的协助义务，因其变更计划、提供的资料不准确，或者未按照期限提供必需的勘察设计工作条件而造成勘察、设计的返工、停工或者修改设计的，发包人应承担违约责任。发包人应当按照勘察人、设计人实际消耗的工作量增付勘察、设计费用。

十四、建设工程合同的解除

第八百零六条　承包人将建设工程转包、违法分包的，发包人可以解除合同。

发包人提供的主要建筑材料、建筑构配件和设备不符合强制性标准或者不履行协助义务，致使承包人无法施工，经催告后在合理期限内仍未履行相应义务的，承包人可以解除合同。

合同解除后，已经完成的建设工程质量合格的，发包人应当按照约定支付相应的工程价款；已经完成的建设工程质量不合格的，参照本法第七百九十三条的规定处理。

本条规定了建设工程合同的解除。

建设工程合同的解除，是指建设工程合同的当事人在发生法定事由时行使解除权而解除合同。

依民法典规定，发包人解除合同的事由是承包人将建设工程合同转包、违法分包。司法实务中认为，承包人有以下行为的，发包人也可以解除合同：（1）明确表示或者以行为表明不履行合同主要义务；（2）合同约定的期限内没有完工，且在发包人催告的合理期限内仍未完工；（3）已经完成的建设工程质量不合格，并拒绝修复。于此情形下，发包人之所以可以解除合同，是因为承包人的上述行为构成根本违约。

依民法典规定，承包人解除合同的事由是发包人不履行协助义务或者提供的主要建筑材料、建筑构件和设备不符合强制性标准，致使承包人无法施工，经催告后在合理期限内仍未履行相应义务。如果发包人不履行义务，承包人仍可以施工的，或者致使承包人无法施工，但经催告后在合理期限内履行了相应的义务，则承包人不得解除合同。

建设工程合同解除后，已经完成的建设工程质量合格的，发包人应当按照约定支付相应的工程价款；已经完成的建设工程质量不合格的，承包人应以自己的费用修复。因一方违约导致建设工程合同解除的，违约方应当赔偿对方由此受到的损失。

十五、承包人工程价款的优先受偿权

第八百零七条　发包人未按照约定支付价款的，承包人可以催告发包人在合理期限内支付价款。发包人逾期不支付的，除根据建设工程的性质不宜折价、拍卖外，承包人可以与发包人协议将该工程折价，也可以请求人民法院将该工程依法拍卖。建设工程的价款就该工程折价或者拍卖的价款优先受偿。

本条规定了承包人工程价款的优先受偿权。

承包人工程价款的优先权，是指承包人可以依法就建设工程的变价优先受偿其建设工程价款的权利。承包人工程价款优先受偿权的成立条件主要有二：

其一，发包人未按照约定支付价款且经承包人催告在合理的期限内仍未支付价款。承包人未催告发包人在合理期限内支付价款的，不能行使优先受偿权。

其二，承包人承建的工程是可以折价、拍卖的。如果承包人承建的工程不能折价、拍卖，即不能变价，则承包人也不能行使优先受偿权。

最高人民法院《关于建设工程价款优先受偿权问题的批复》（法释〔2002〕16号）中规定，承包人的优先受偿权优先于抵押权和其他债权，但如消费者交付购买商品房的全部或者大部分款项后，承包人就该商品房享有的工程价款优先受偿权不得对抗买受人。承包人可优先受偿的建设工程价款包括为建设工程应当支付的工作人员报酬、材料款等实际支出的费用，不包括承包人因发包人违约所造成的损失。

依《建设工程合同的解释二》第19条至第23条规定，建设工程质量合格，承包人请求其承建工程的价款就工程折价或者拍卖所得的价款优先受偿的，人民法院应予支持。未竣工的建设工程质量合格，承包人请求其承建工程的价款就其承建工程部分折价或者拍卖的价款优先受偿的，人民法院应予支持。承包人就建设工程价款优先受偿的范围依照国务院有关行政主管部门关于建设工程价款范围的规定确定。承包人就逾期支付建设工程价款的利息、违约金、损害赔偿金等主张优先受偿的，人民法院不予支持。承包人行使建设工程价款优先受偿权的期限为6个月，自发包人应当给付建设工程价款之日起算。发包人与承包人约定放弃或者限制建设工程价款优先受偿权，损害建筑工人利益，发包人根据该约定主张承包人不享有建设工程优先受偿权的，人民法院不予支持。这是因为工程价款优先受偿权本来主要是为保证建筑工人利益设定的法定担保权,所以承包人对该项权利的放弃不能损害建筑工人利益。

现实中存在实际施工人与施工合同中的承包人不一致的现象,依《建设工程合同的解释二》第25、26条规定,实际施工人以发包人为被告主张权利的,人民法院应当追加转包或者违法分包人为本案第三人,在查明发包人欠付转包人或者违法分包人建设工程价款的数额后,判决发包人在欠付建设工程价款范围内对实际施工人承担责任。实际施工人以转包人或者违法分包人怠于向发包人行使到期债权,对其造成损害为由,提起代位权诉讼的,人民法院应予支持。

十六、承揽合同规定的适用

第八百零八条　本章没有规定的,适用承揽合同的有关规定。

本条规定了承揽合同有关规定的法律适用。

建设工程合同是承揽合同的变种。建设工程合同之所以不同于承揽合同,是因为建设工程合同的标的为基本建设工程。但建设工程合同与承揽合同都是一方按照另一方的要求完成一定工作并交付工作成果,另一方支付报酬或价款的合同。建设工程合同是在承揽合同基础上发展而来的新合同类型。所以,对于建设工程合同中法律没有规定的事项,适用承揽合同的有关规定。

第十九章　运输合同

第一节　一般规定

一、运输合同的概念和特征

第八百零九条　运输合同是承运人将旅客或者货物从起运地点运输到约定地点，旅客、托运人或者收货人支付票款或者运输费用的合同。

本条规定了运输合同的概念。

运输合同是承运人将旅客或者货物从起运地点运送到约定的地点，旅客、托运人或者收货人支付票款或者运输费用的合同。

运输合同具有以下特征：

1. 运输合同为双务合同、有偿合同。运输合同的当事人双方均负有义务，承运人应将旅客或者货物从一地运送到另一地，旅客或者托运人、收货人应支付运费和有关费用，双方的义务具有对价性。因此，运输合同为双务合同。运输合同的承运人是以承运旅客或货物为营业的，是以收取运输费用为营利手段的，任何一方从对方取得相应的利益均须支付一定的代价。因此，运输合同为有偿合同。有学者认为，在特殊情况下，运输合同可以是无偿的，在免费运输、旅客免费乘交通工具的场合，运输合同就是无偿的。从表面上看，在这些场合承运人不收取运输费用，合同呈现出无偿性。但是，在这些场合，承运人不收取运输费用或者是有人另行缴费（如市内交通的老年人免费，是由政府买单的），或者是承运人放弃了收费的权利。因此，于这些场合，运输合同仍为有偿合同。承运人仍应按有偿合同承担责任，而不能因此认定运输合同为无偿合同而减轻承运人的责任。

2. 运输合同原则上为诺成性合同。关于运输合同是诺成性合同还是实践性合同，有不同的观点。一种观点认为，运输合同为实践性合同：货物运输合同因托运人交运货物、承运人验收货物后，运输合同才成立；旅客运送合同，以旅客购票或者承运人允许旅客上车（船）为合同成立，而购票以付款为成立要件，旅客先上车的，则以上车行为的实施为合同成立要件。另一种观点认为，运输合同是诺成性合同还是实践性合同，应区分不同情形确定：根据指令性计划签订的运输合同，合同于签订时即成立，为诺成性合同；旅客运输合同自旅客取得客票时成立，也为诺成性合同；不受指令性计划约束的货物运输合同和旅客行李包裹运输合同则为实践性合同。第三种观点认为，运输合同原则上为诺成性合同：旅客运输合同，自旅客购买客票时合同即成立，当然为诺成性合同；货物运输合同原则上也为诺成性合同，除非当事人双方明确约定以托运人办理完托运手续，领取托运单为合同的成立要件。上述后一种观点更符合现代运输的要求。关于运输合同是否为诺成性合同，主要争议是在货物运输合同性质上。如果认定货物运输合同为实践性合同，以托运人交付货物为合同成立要件，那么，如当事人达成运送货物的协议，但托运人取消托运或者承运人拒绝承运，仅仅是运输合同不成立，则当事人仅负缔约过失责任，而不是负违约责任。这显然是不利于保护诚信的当事人利益的。因此，除当事人另有约定或者法律另有规定外，货物运输合同也属于诺成性合同。

3. 运输合同一般为格式合同。格式合同是利用格式条款订立的合同，又称为标准合同、附合合同。运输合同中的承运人多为专门从事运输营业的人，为便于订立合同、简化手续、便于管理，承运人往往根据有关法律、行政法规的规定事先制定出合同条款并重复使用。作为合同表现形式的客票、货运单、提单等也是统一印制的，票价和运费也是统一规定的。在运输合同订立中，实际上旅客、托运人仅有订立合同还是不订立合同的自由，而没有就承运人提供的合同条款进行协商的自由。当然，在个别的运输场合，特别是在个体运输中，也存在当事人具体协商合同条款的情况。因此，运输合同一般为格式合同，也不排除存在非格式的商议运输合同。

4. 运输合同的标的是运送行为。运输合同的承运人以将旅客或者货物运送到约定地点为订约目的，旅客或者货物为承运人运送的对象，而不是运输合同的标的。运输合同的标的是承运人运送旅客或者货物的运送行为。运送行为是承运人提供劳务的表现形式，因此，运输合同属于提供劳务类的合同。在运输合同属于何种提供劳务类的合同上，有不同的观点。一种观点认为，运输合同是委托他人办理运送事务的，应为委托合同；另一种观点认为，承运人不仅应执行运送事务，还应将运送的对象运送到目的地，并负有将货物交付收货人的义务，因此，承运人承担的是运送工作完成的任务，应属于承揽合同。还有一种观点认为，运输合同是委托合同与承揽合同的混合。上述观点虽不能说完全没有道理，但都是以将提供劳务类的合同仅限于委托合同和承揽合同为前提的。实际上，运输合同是一种独立的提供劳务类的合同，既不同于委托合同，也不同于承揽合同。运输合同与委托合同的主要区别在于：运输合同的标的是运送行为，而委托合同的标的是处理事务；运输合同的承运人是以自己的名义和费用独立完成运送工作，而委托合同的受托人以是委托人的名义和费用完成工作的；在运输合同只有货物运输中的托运人与收货人不一致的情形下才会涉及到第三人，而委托合同必涉及第三人；运输合同为有偿合同，而委托合同也可为无偿合同。运输合同与承揽合同的区别主要在于：运输合同的标的是运送行为，不涉及物化的工作成果，而承揽合同的标的是承揽人完成并交付工作成果，涉及物化的工作成果；运输合同运送的对象是旅客或货物，而承揽合同的标的物为承揽人应交付的工作物，该工作物在订立合同时是不存在的；运输合同中无论是运送的货物还是旅客的行李包裹都不发生所有权的转移，而承揽合同会发生工作成果的所有权移转；运输合同中货物运输中的意外毁损、灭失的风险由托运人承担；而承揽合同的工作成果完成前，由承揽人承担工作物意外毁损、灭失的风险，定作人不承担。

运输合同在现代社会中具有十分重要的意义。无论是物流还是人流都须通过运输实现，而运输合同正是调整各种运输关系的法律形式。运输合同适用范围广泛，种类甚多，依不同的标准可有不同的分类：以运送的对象为标准，运输合同可分为客运合同与货运合同；以运输工具为标准，运输合同可分为铁路运输合同、公路运输合同、航空运输合同、水上运输合同、海上运输合同、管道运输合同等；以运输方式为标准，运输合同可以为分单一运输合同和联合运输合同。单一运输是指以一种运输工具进行的同一运输；联合运输则是指以两种以上的运输工具进行的同一运送活动。

二、公共运输合同的强制缔约性

第八百一十条　从事公共运输的承运人不得拒绝旅客、托运人通常、合理的运输要求。

本条规定了公共运输合同的强制缔约性。

运输合同中的承运人一般属于公用企业，承运人提供的服务具有一定的行业垄断性，在许多情形下，旅客、托运人只能接受承运人提出的条件和选择承运人提供的服务。为保护旅客、托运人的合法利益及运输的正常需求和正当要求，法律规定从事公共运输的承运人必须接受旅客、托运人通常合理的运输要求，不得拒绝与旅客、托运人订立运输合同。也正是在这一意义上，人们说"运输合同具有强制缔约性"。运输合同的强制缔结须具备以下两个条件：

其一，承运人从事的运输须为公共运输。所谓"公共运输"是指对社会公众开放的，为社会公众提供服务的运输。如出租车运输、公交运输、班轮运输、航空运输、铁路运输等都属于公共运输。公共运输的承运人是专业性的承运人，公共运输的路线、价格及运输时间等都是确定的、公开的。

其二，旅客、托运人的运输要求须为通常的、合理的。只有旅客、托运人提出通常的合理的运输要求，承运人才不得拒绝其要求，必须与之订立运输合同。对于旅客、托运人提出的非通常的不合理的运输要求，承运人有权加以拒绝。至于旅客、托运人提出的运输要求是否为通常、合理的要求，则应从旅客、托运人的要求与承运人的运输范围、运输路线、运输时间、运输价格等是否相符合等客观情况予以认定。例如，旅客、托运人提出的运输要求与承运人公告的运输路线不符，就不能认定旅客、托运人的要求是通常、合理的要求。

三、运输合同的基本效力

（一）承运人的基本义务

第八百一十一条　承运人应当在约定期限或者合理期限内将旅客、货物安全运输到约定的地点。

第八百一十二条　承运人应当按照约定的或者通常的运输路线将旅客、货物运输到约定地点。

上两条规定了运输合同承运人的基本义务。

旅客、托运人订立运输合同的目的就是让承运人将旅客、货物安全运送到约定的地点。因此，将旅客、货物按照约定运送到约定的地点是承运人的基本义务。

承运人这一基本义务的内容包括两个方面：一方面承运人应将旅客、货物在约定的期限或者合理期限内将旅客、货物安全运送到约定地点。承运人未在规定期限内送达的，应负迟延责任；因承运人的原因而使旅客、货物受损害的，承运人应负赔偿责任。另一方面承运人应按约定的或者通常的运输路线将旅客、货物运送到约定地点。承运人未按约定或者通常的运输路线运送的，由此增加的费用应自行承担，给旅客、托运人造成损失的，应负责赔偿损失。

（二）旅客、托运人一方的基本义务

第八百一十三条　旅客、托运人或者收货人应当支付票款或者运输费用。承运人未按照约定路线或者通常路线运输增加票款或者运输费用的，旅客、托运人或者收货人可以拒绝支付增加的票款或者运输费用。

本条规定了运输合同的旅客、托运人或收货人的基本义务。

承运人承接运输任务的目的就是取得票款或者运输费用，因此，向承运人支付票款或者运输费用是旅客、托运人或收货人的基本任务。旅客、托运人或者收货人应按照约定向承运人付费。对于承运人违约而改变运输路线所增加的费用，旅客、托运人或者收货人有权拒绝支付。

第二节　客运合同

一、客运合同的概念和特征

客运合同即旅客运输合同的简称，是指承运人将旅客及其行李包裹从起运地点运送到约定地点，旅客支付票款的合同。

客运合同是与货物运输合同即货运合同相对应的一类运输

合同。作为运输合同的一类，客运合同当然具有运输合同的具体特征。同时，作为与货运合同相对应的一类合同，客运合同又具有不同于货运合同的以下特征：

1. 客运合同运送的对象是旅客，旅客同时又是客运合同的主体。客运合同的标的是承运人运送旅客的运送行为。旅客既是承运人运送的对象，又是客运合同的主体。旅客只能是自然人，而不能是法人或者非法人组织。一个组织是不可能被运送的。在现实中存在购票人与旅客不一致的现象，例如，在非采用实名制购票的场合，有的组织出面为其成员统一购票，于此情形下，旅客仍为合同的主体和运送的对象，购票人只能属于代旅客付费的人。现实中也存在成年人可以携带一名儿童免费乘运的情况，但此时免费携带的儿童只能是运送的对象而不是合同的主体。

2. 客运合同以客票为运输凭证。客运合同为格式合同，客票既为运送凭证又为合同的表现形式。客票虽不是客运合同，但确是初步证明存在客运合同的证据。客票可以是记名的，也可以是不记名的。对于记名客票，客票上记载的人就是旅客，就是客运合同的一方主体；对于不记名客票，持有客票的人即为旅客，为客运合同的一方主体。

3. 客运合同包括运送旅客行李的内容。客运合同不仅包括运送旅客的内容，还包括运送旅客行李的内容。承运人承运旅客的行李并不构成独立于客运合同的另一合同。当然，在各种旅客运输中，旅客都不能携带超过规定限量的行李。但对于超过规定限量的行李，旅客也只是按规定办理托运。旅客办理行李托运的，须凭客票办理。这说明即使于此情形下，行李的托运也属于客运合同的内容。

4. 客运合同的旅客可以自行解除合同。客运合同的旅客在客运合同成立后可以任意解除合同，而不必征得承运人的同意。这是因为在任何情形下任何人不能强制旅客接受承运人的运送，旅客的出行自由不能受承运人的限制。当然，旅客解除客运合同的，应在承运人规定的期间内进行，并且应按照规定支付一定的手续费用。

二、客运合同的成立时间

第八百一十四条　客运合同自承运人向旅客出具客票时成立，但是当事人另有约定或者另有交易习惯的除外。

本条规定了客运合同的成立时间。

客运合同的成立时间分为两种情形：一是自承运人出具客票时成立；二是根据当事人约定或者交易习惯确定的时间成立。

客运合同自承运人向旅客出具客票成立，这是客运合同成立的一般规则。一般来说，客运合同的订立是先由购票人向承运人提出购票请求并支付票款，而后由承运人向旅客交付客票。旅客请求购票和支付票款的意思表示为要约，而承运人向旅客发放客票的意思表示为承诺。因此，客运合同自承运人向旅客交付客票时成立。有一种观点认为，在采用取票预订制的场合，预订行为为预约合同，旅客要求取票为要约，交付客票为承诺，合同自交付客票时成立；而在采用送票制预订场合，预订行为系预约合同，承运人送票为要约，旅客签收为承诺，客运合同自售票机构将客票送达旅客所在单位或居所并由接受人签收时成立。这种观点虽有一定道理，但不符合法律规定。实际上，旅客预订票的行为只能是一种预约，预约合同并非客运合同，除当事人另有约定或者另有交易习惯外，客运合同只能从承运人交付客票时成立。

在当事人另有约定或者另有交易习惯时，客运合同不是自交付客票时成立。在当事人有约定时，客运合同自当事人约定的时间成立。在另有交易习惯时，应依交易习惯确认的合同成立时间为客运合同的成立时间。例如，在出租车运输中，按照交易习惯，客运合同从旅客登上出租车时即成立，而在将旅客送达到目的地时承运人才向旅客交付客票。现实中有旅客先上车（船）后买票的交易习惯，于此情形下，客运合同自何时成立呢？对此有不同的观点。一种观点认为，先上车后买票的，客运合同从旅客上车时起成立；另一种观点认为，先上车后买票的，客运合同应当从旅客办理补票时成立。实际上，现实中先上车后买票的情况并非相同，大体可分为三种情况：其一是根据交易习惯旅客先上车后买票，如旅客乘坐出租车或者城市公交车，于此情形下，客运合同应当从旅客上车时成立。其二是经承运人同意旅客先上车后买票，于此情形下应视为当事人双方约定从旅客上车时客运合同成立，因为旅客提出乘车请求为要约，承运人同意其上车为承诺。其三是旅客未经承运人同意而无票上车。于此情形下，客运合同应当从旅客办理补票时成立。因为只有在旅客办理补票时，双方当事人的意思表示才一致，在未办理补票前承运人有权拒绝运输。承运人之所以可以拒绝运输，是因为双方之间不存在客运合同关系。

客运合同成立后是否当即生效呢？对此有不同的观点。一种观点认为，客运合同自合同成立时起生效。另一种观点认为，客运合同自承运人检票时起生效。两种观点分歧的原因在于对于合同生效的含义理解不同。前一种观点认为，合同生效就是当事人双方产生权利义务，客运合同自成立时起双方的权利义务产生，也就生效。而后一种观点认为，合同生效是指当事人双方的权利义务发生效力，在一般情形下，客运合同自交付客票成立，双方的权利义务产生，但不能发生效力。因为在检票以前，旅客并没有要求承运人当即提供运输服务的权利；承运人也不对旅客负担提供安全运输服务的义务和责任。只有在检票以后双方的权利义务才发生效力。

三、客运合同的效力

（一）旅客的义务

1. 支付票款，持票乘运

第八百一十五条 旅客应当按照有效客票记载的时间、班次和座位号乘坐。旅客无票乘坐、超程乘坐、超级乘坐或者持不符合减价条件的优惠客票乘坐的，应当补交票款，承运人可以按照规定加收票款；旅客不支付票款的，承运人可以拒绝运输。

实名制客运合同的旅客丢失客票的，可以请求承运人挂失补办，承运人不得再次收取票款和其他不合理费用。

本条规定了旅客支付票款，持票乘运的义务。

承运人运送旅客是以收取票款为代价的，因此，支付票款是旅客的一项基本义务。但因为在一般情况下，客运合同自承运人交付客票时成立，旅客支付票款的义务于合同成立时就已履行完毕。客票是客运合同的表现形式，旅客持有效客运乘运，是其基本义务。旅客应当按照客票载明的车（班）次、座次乘运。旅客无票乘坐、超程乘坐、越级乘坐或者持不符合减价条件的优惠客票乘坐的，表明旅客没有履行或者没有完全履行支付票款的义务。对于此类旅客，承运人有权要求其补交票款即履行支付票款义务，并可以按照规定加收票款。所谓加收票款，是指在应收的票款数额基础上额外收取一定费用。加收票款可以说是对旅客违约行为的一种处置，应当以公开的具体规定为根据。承运人未提前公开告知的，不能加收票款。旅客不按规定支付票款的，承运人可以拒绝运输。承运人拒绝运输实际上是行使履行运送义务的抗辩权。

实名制客运合同的旅客丢失客票，请求承运人挂失补办的，承运人应当补办，并不得再次收取票款和其他不合理费用。

2. 按照规定及时办理解除或变更合同手续

第八百一十六条 旅客因自己的原因不能按照客票记载的时间乘坐的，应当在约定的时间内办理退票或者变更手续。逾期办理的，承运人可以不退票款，并不再承担运输义务。

本条规定了旅客应按规定及时办理解除或变更合同的手续。

旅客于客运合同成立后可随时解除或者变更合同。解除合同也就是退票。因为于合同成立后，承运人就需要按照订立的合同安排工作，旅客解除或者变更合同会影响承运人的运力安排。因此，旅客因自己的原因不能按照客票记载时间乘坐的，应当在约定的时间内办理退票或者变更手续。旅客在规定期间内办理退票或者变更手续的，承运人应按规定退还票款。旅客未在规定期间内办理退票或变更手续的，承运人可以不退票款，并不再承担运输义务。

　　3. 按照规定携带行李的义务

第八百一十七条　旅客随身携带行李应当符合约定的限量和品类要求；超过限量或者品类要求携带行李的，应当办理托运手续。

　　本条规定了旅客应按规定携带行李的义务。

　　旅客在运输中可以携带行李，以满足出行中生活的需要，这是其权利。但是，旅客随身携带的行李应符合承运人规定的限量和品类要求。按照规定携带行李是旅客的一项义务。旅客携带的行李超过规定限量或者违反品类要求的，应当凭客票办理托运手续。

　　旅客除可以携带限量行李外，还可以按规定携带一名符合免费条件的儿童一同乘坐客票载明的班次。旅客携带不符合免费条件儿童的，应按照规定另外购买客票。

　　4. 不携带危险物品和违禁物品的义务

第八百一十八条　旅客不得随身携带或者在行李中夹带易燃、易爆、有毒、有腐蚀性、有放射性以及可能危及运输工具上人身和财产安全的危险物品或者其他违禁物品。

旅客违反前款规定的，承运人可以将危险物品或者违禁物品卸下、销毁或者送交有关部门。旅客坚持携带或者夹带危险物品或者违禁物品的，承运人应当拒绝运输。

　　本条规定了旅客不携带危险物品和违禁物品的义务。

　　危险物品是指易燃、易爆、有毒、有腐蚀性、有放射性以及有可能危害运输工具上人身和财产安全的物品；违禁物品是指法律、法规规定禁止携带、持有、流通的物品。为避免损害事故的发生，维护交通运输工具上的人身和财产安全，维护社会公共安全，旅客不得随身携带和在行李中夹带危险物品和其他违禁物品。承运人有权按照规定，对旅客携带的物品和行李进行安全检查，旅客应当协助检查。承运人在安全检查中发现旅客随身携带或者在行李中夹带危险物品或其他违禁物品的，承运人可以将该物品卸下、销毁或者送交有关部门。旅客无论在何种情形下，携带或者夹带危险、违禁物品而不同意由承运人处置的，承运人有权拒绝运输，也应当拒绝运输。因为这也是承运人对社会承担的安全保障义务。因旅客违反规定携带或夹带物品给承运人或第三人造成损害的，旅客应当承担损害赔偿责任。

为维护运输安全，旅客在运输中应当服从承运人的指挥，遵守安全运输应注意的相关事项，爱护承运人的运输设施。因旅客过错造成承运人运输设施损坏的，旅客应负赔偿责任。

（二）承运人的义务

1. 重要事项的告知义务

第八百一十九条　承运人应当严格履行安全运输义务，及时告知旅客安全运输应当注意的事项。旅客对承运人为安全运输所作的合理安排应当积极协助和配合。

本条规定了承运人重要事项的告知义务。

所谓重要事项，是指有关能否正常运输的事由和有关运输安全的事项。因为承运人是负责运输旅客的，承运人应严格履行安全运输义务，承运人最清楚运输能否按照合同的约定正常进行，也最清楚在运输过程中为保障安全旅客应注意哪些事项。因此，为保证旅客及时知道能否正常出行的信息，以便其作出相应的安排，承运人应当向旅客及时告知有关不能正常运输的重要事由；为保障旅客安全，防止或者避免旅客因无知而实施有危及安全的行为或者采取不适当的救助措施，承运人应及时向旅客告知安全运输应当注意的事项。旅客也要对承运人作出的合理安排予以积极协助和配合。如果因承运人未履行及时告知义务而造成旅客损失，则承运人应负赔偿责任。

2. 按照约定运送旅客的义务

第八百二十条　承运人应当按照有效客票记载的时间、班次和座位号运输旅客。承运人迟延运输或者有其他不能正常运输情形的，应当及时告知和提醒旅客，采取必要的安置措施，并根据旅客的要求安排改乘其他班次或者退票；由此造成旅客损失的，承运人应当承担赔偿责任，但是不可归责于承运人的除外。

第八百二十一条　承运人擅自降低服务标准的，应当根据旅客的请求退票或者减收票款；提高服务标准的，不得加收票款。

上两条规定了承运人按照约定运送旅客的义务。

旅客订立客运合同的目的就是为了在约定的期间内安全到达目的地。因此，按照约定运送旅客是承运人的基本义务。

首先，承运人应当按照约定的或者通常的运输路线，按照客票载明的班次、座位号将旅客运送到约定的地点。承运人改变运输路线而增加票款的，旅客有权拒付。承运人不能按照客票的时间和班次运送而迟延运送旅客或者有其他不能正常运输情形的，应当及时告知和提醒旅客，应当根据旅客的要求安排改乘其他班次。旅客不同意改乘而要求退票的，承运人应予以退票且不得收取手续费。由此给旅客造成损失的，承运人应当承担赔偿责任，除非证明不可归责于自己。

其次，承运人应当按照约定的运输工具运输，按照约定的服务标准提供运输服务。承运人没有按照约定的运输工具运输而是改用其他运输工具提供运输服务的，承运人由此而降低了服务标准，旅客不愿意接受这种服务的，可以解除合同、要求承运人退还全部票款；旅客同意接受承运人提供的低于约定标准的运输服务的，旅客有权要求承运人减收票款，承运人应按照变更后的服务标准收费，而将多收的票款退还给旅客。承运人变更运输工具而提高了服务标准的，承运人不得加收票款。因为这是由于承运人违约造成的，承运人应自行负担损失。

3. 救助旅客的义务

第八百二十二条　承运人在运输过程中，应当尽力救助患有急病、分娩、遇险的旅客。

本条规定了承运人在运输过程中的救助义务。

承运人在运输过程中对患有急病、分娩和遇险的旅客负有救助义务。也就是说，在旅客突发急病、分娩或者遇险时，承运人应当充分利用所能提供的各种服务和设施，采取各种有效手段进行救助。承运人的救助义务，是强制性的法定义务，当事人不得以协议免除。承运人履行尽力救助义务的对象，也仅限于患急病、分娩和遇险的旅客，而不包括全部旅客。

4. 保证旅客人身安全的义务

第八百二十三条　承运人应当对运输过程中的旅客的伤亡承担

赔偿责任；但是，伤亡是旅客自身健康原因造成的或者承运
人证明伤亡是旅客故意、重大过失造成的除外。

前款规定适用于按照规定免票、持优待票或者经承运人许可
搭乘的无票旅客。

本条规定了承运人保证旅客人身安全的义务。

承运人的基本义务是将旅客按期安全送达目的地，因此，
承运人在运输过程中当然应当保证旅客的人身安全。承运人对
于旅客在运输过程中发生的伤亡承担无过错赔偿责任，即承运
人不能以自己对于旅客的伤亡没有过错为由而主张不承担责任。
但是，承运人对于旅客在运输过程中的伤亡也不是承担绝对的
赔偿责任。如果旅客的伤亡是旅客自身健康原因造成的或者承
运人能够证明旅客的伤亡是旅客故意或者重大过失造成的，则
承运人对旅客的伤亡不承担赔偿责任。这里所说的旅客指的是
所有与承运人有运输关系的人，包括按规定免票、持有优待票
或者经承运人同意搭乘的无票旅客。

5. 妥善保管和安全运送行李的义务

**第八百二十四条　在运输过程中旅客随身携带物品毁损、灭失，
承运人有过错的，应当承担赔偿责任。**

旅客托运的行李毁损、灭失的，适用货物运输的有关规定。

本条规定了承运人妥善保管和安全运送行李的义务。

承运人不仅应将旅客安全运送到约定的地点，而且应当将
旅客携带和托运的行李安全运送到约定的地点。因此，承运人
应当妥善保管和安全运送旅客行李。对于旅客随身携带的行李
在运输过程中毁损、灭失的，承运人有过错的，应当承担赔偿
责任。这里的承运人过错是指在保管旅客行李上未尽到妥善保

管的义务。至于承运人对行李的毁损、灭失是否有过错，则应由旅客证明，因为于此情形下，旅客的行李是处于旅客的直接看管之下的。对于旅客托运的行李在运输过程中毁损、灭失的，承运人应按照货运合同的规定承担无过错责任，因为托运行李在运输过程中是完全受承运人直接管理和控制的。

第三节　货运合同

一、货运合同的概念和特点

货运合同即货物运输合同，是指承运人按照约定将托运人托运的货物从起运地点运送到约定的地点并交付给收货人的运输合同。

货运合同为运输合同中与客运合同相对应的一种合同。货运合同除具有运输合同的一般特征外，还具有以下与客运合同不同的特征：

1. 货运合同的标的是运输货物的行为。货运合同以将货物从起运地点运送到约定地点并交付给收货人为目的，因此，货运合同运输的对象是货物，而不是人。这是货运合同与客运合同在运送对象上的区别。

2. 货运合同往往涉及第三人。货运合同由承运人与托运人订立，合同的当事人是承运人和托运人。但是，托运人既可以是为自己的利益订立货运合同，也可以是为第三人利益订立货运合同。托运人为第三人托运货物的，托运人就是为第三人利益订立货运合同的，于此情形下，托运人与收货人不一致，货运合同就涉及第三人即收货人。收货人虽不是货运合同的当事人，但却是货运合同的利害关系人，收货人享受一定的合同权利并为此承担相应的义务。而客运合同不涉及第三人。

3. 货运合同以承运人将货物交付给收货人为履行终点。货运合同的承运人履行合同义务不仅应将货物安全运送到约定地点，而且还应将货物交付收货人。承运人只有将货物交付给收货人，承运人的义务才算履行终结。而在客运合同，承运人只要将旅客安全运送到约定的地点，承运人的义务就为履行完毕。

二、货运合同的订立和生效

除法律另有规定或者另有交易习惯外，货运合同为诺成性合同，自双方达成运输货物的协议时成立。

一般来说，托运人向承运人提出运送货物的意思表示为要约，承运人同意托运人运送要求的意思表示为承诺。只不过如前所述，从事公共运输的承运人，对于托运人通常、合理的运输要求不得拒绝。

在货物运输中，托运人托运货物要办理托运手续。在办理托运手续时，承运人要求填写托运单的，托运人应当填写托运单。托运单应当包括以下内容：（1）收货人的名称或者姓名，或者凭指示的收货人。记载收货人名称或者姓名的托运单为记名托运单，记载收货人凭指示收货的托运单为指示托运单；

（2）货物的有关情况，包括货物的名称、性质、重量、数量等；（3）运送的目的地和收货人的地点；（4）其他有关运输的必要情况；（5）填写地点和日期；（6）托运人的名称或者姓名、住所。

关于托运单的性质，有不同的观点。一种观点认为，托运单为托运人的要约，经过承运人签发后，合同即成立。另一种观点认为，托运单为货物运送合同。还有一种观点认为，托运单为货运合同的组成部分。从实务上看，托运单是证明运输货物的一种凭证。但托运单并非是证明货物运输的唯一的证据。托运单只是作为证明货物运输的初步证据，具有推定效力。托运人可以凭借托运单证明来推定运输合同的成立和内容，且货物已经由承运人接受承运，而承运人可以以其他证据推翻由托运单推定的事项。因此，除当事人另有约定或者法律另有规定外，托运人办理货物托运手续只是履行合同的必要阶段，而不是合同的成立条件。

托运人办理托运手续后，可以要求承运人签发提单或者其他提货凭证。提单除应记载托运单上记载的事项，还应记载以下事项：（1）运费及其支付人；（2）提单填发地点及日期；（3）承运人签章。提单是具有物权性质的有价证券，代表着货物所有权。提单的转让适用有价证券转让的相关规定。提单也为运输合同的一个组成部分。在提单填发后，提单持有人与承运人之间关于运输的相关事项，均以提单上的记载为准。有关运输的变更、中止以及运输货物的领取或处置，均应依提单进行。提单上记载的事项即使与事实不符，当事人也不能否认；提单上未记载的事项，即使事实上存在，当事人也不能主张。

三、货运合同的效力

（一）托运人的义务

1. 如实申报义务

第八百二十五条　托运人办理货物运输，应当向承运人准确表明收货人的姓名、名称或者凭指示的收货人，货物的名称、性质、重量、数量、收货地点等有关货物运输的必要情况。

因托运人申报不实或者遗漏重要情况，造成承运人损失的，托运人应当承担赔偿责任。

本条规定了托运人如实申报义务。

托运人应按照约定及时将货物交由承运人托运。托运人在办理托运手续时，应按要求如实申报有关事项，如实填写托运单。凡托运单上记载的事项，承运人要求托运人告知的事项以及基于托运货物的特性有可能影响正常运输的事项，托运人都应如实告知承运人。因托运人申报不实或者遗漏重要情况，造成承运人损失的，托运人应承担赔偿损失的责任。

2. 办理相关手续的义务

第八百二十六条　货物运输需要办理审批、检验等手续的，托运人应当将办理完有关手续的文件提交承运人。

本条规定了托运人办理审批、检验等手续并提交相关文件的义务。

托运人托运的货物，需要办理审批、检验等手续的，托运人应按照规定办理审批、检验等手续，并将取得的批准和检验的相关文件提交给承运人，以便承运人及时运输。因为对于需要办理审批、检验等手续的货物，如不办理相关手续，则不能运输，因此，对于需要办理审批、检验等手续的货物，托运人不及时办理相关手续并将相关文件提交承运人或者托运人提交的有关文件不完备、不正确的，应对承运人因此所受到的损失承担赔偿责任。

3. 按约定包装的义务

第八百二十七条　托运人应当按照约定的方法包装货物，对包装方式没有约定或者约定不明确的，适用本法第六百一十九条的规定。

托运人违反前款规定的，承运人可以拒绝运输。

本条规定了托运人按照约定包装货物的义务。

货物包装是保障货物安全运输的必要措施。为保障货物运输的安全，托运人应按照约定的包装方式包装托运的货物。当事人对货物包装没有约定或者约定不明确，又不能达成补充协议的，托运人应当按照通常的包装方式包装货物。所谓通常方式，是指在运输同类货物通常采用的方式。如果不能确定货物的通常包装方式，则托运人应采用足以保护货物在运输过程中不因包装而造成损失的方式包装。托运人未按要求对托运的货物进行包装的，承运人可以拒绝运输。

4. 托运危险物品的包装和警示义务

第八百二十八条　托运人托运易燃、易爆、有毒、有腐蚀性、有放射性等危险物品的，应当按照国家有关危险物品运输的规定对危险物品妥善包装，作出危险物标志和标签，并将有关危险物品的名称、性质和防范措施的书面材料提交承运人。

托运人违反前款规定的，承运人可以拒绝运输，也可以采取相应措施以避免损失的发生，因此产生的费用由托运人

承担。

本条规定了托运人托运危险物品的包装和警示义务。

由于危险物品有特别的危险性，为保证货物和运输工具的安全，托运人托运危险物品的，应当按照国家有关危险物品运输的规定对危险物品妥善包装，并作出危险物标志和标签，以警示他人注意。托运人还应将有关危险物品的名称、性质和防范措施的书面材料提交给承运人，以使承运人采取相应的措施，避免损害事故的发生。托运人违反托运危险物品的包装和警示义务的，承运人可以拒绝运输，由托运人按规定自行处理后再进行运输；承运人也可以直接采取相应的措施以避免损失的发生，因此产生的费用由托运人承担。

5. 因处置在运货物造成损失的赔偿义务

第八百二十九条　在承运人将货物交付收货人之前，托运人可以要求承运人中止运输、返还货物、变更到达地点或者将货物交给其他收货人，但是应当赔偿承运人因此受到的损失。

本条规定了托运人赔偿因处置在运货物造成承运人损失的义务。

在运货物即在运输途中的货物，是指托运人已经交由承运人签收开始运输，但承运人尚未交付给收货人的货物。对于在运货物，托运人有按照其意愿予以处置的权利，包括：（1）可以要求承运人中止履行合同，暂时停止运输；（2）可以要求变更合同。托运人可以变更货物到达地点，也可以变更收货人；（3）解除合同。托运人可以解除运输合同，要求承运人将运输的货物返还。但托运人不能要求将货物运回某地点返还。托运人提出将货物运回某地返还的，则属于要求与托运人另订立一运输合同。

托运人处置在运货物是其权利，因为任何人不能强迫托运人必须将货物运输到某地交给某人。但是，托运人因处置货物而中止、变更、解除运输合同的，应当对承运人由此受到的损失负赔偿责任。

最高人民法院发布的指导案例108号《浙江隆达不锈钢有限公司诉A.P.穆勒—马士基有限公司海上货物运输合同纠纷案》的裁判要点指出：在海上货物运输合同中，依据合同法第308条的规定，承运人将货物交付收货人之前，托运人享有要求变更运输合同的权利，但双方当事人仍要遵循合同法第5条规定的公平原则确定各方的权利和义务。托运人行使此项权利时，承运人也可相应行使一定的抗辩权。如果变更海上货物运输合同难以实现或者将严重影响承运人正常营运，承运人可以拒绝托运人改港或者退运的请求，但应当及时通知托运人不能变更的原因。[①]

（二）承运人的义务

1. 按约定将货物送达并通知收货人提货

第八百三十条　货物运输到达后，承运人知道收货人的，应当及时通知收货人，收货人应当及时提货。收货人逾期提货的，应当向承运人支付保管费等费用。

本条规定了承运人按照约定将货物运达目的地并通知收货人提货的义务。

[①]　参见《人民法院报》2019年2月26日第2版。

承运人的基本义务是将货物运送到约定的地点。承运人将货物运输到目的地后，负有及时通知收货人提货的义务。承运人未及时通知收货人提货的，由此而导致收货人未能及时提货而产生的保管费等费用应由承运人自行承担。承运人的此项通知义务以其知道收货人且能够通知为限。如果承运人不知道收货人或者虽知道收货人却不能够通知的，则承运人不负通知收货人提货的义务。

承运人义务的履行以将货物交付给收货人为终结。因此，在收货人提货时，承运人只有将货物交付给收货人，承运人的运输义务才为履行完毕。在收货人未能及时提货时，承运人应对货物予以保管，当然承运人也有权向收货人收取逾期提货的保管费用。

2. 货物安全的担保责任

第八百三十二条　承运人对运输过程中货物的毁损、灭失承担赔偿责任。但是，承运人证明货物的毁损、灭失是因不可抗力、货物本身的自然性质或者合理损耗以及托运人、收货人的过错造成的，不承担赔偿责任。

第八百三十三条　货物的毁损、灭失的赔偿额，当事人有约定的，按照其约定；没有约定或者约定不明确的，依据本法第五百一十条的规定仍不能确定的，按照交付或者应当交付时货物到达地的市场价格计算。法律、行政法规对赔偿额的计算方法和赔偿额另有规定的，依照其规定。

上两条规定了承运人担保货物安全的义务。

承运人应当按照合同的约定将货物安全运达目的地并交付给收货人，因此，承运人对运输货物的安全负有担保义务。货物在运输过程中发生毁损、灭失的，不论承运人有无过错，承运人都应负损害赔偿责任。承运人只有能够证明货物是因以下原因毁损、灭失的，才可以不承担损害赔偿责任：（1）货物是因不可抗力造成毁损、灭失的；（2）货物的毁损、灭失是因其本身的自然性质或者合理损耗造成的。货物的自然性质是指货物本身发生的物理或者化学变化，例如，因货物本身发生化学变化导致自燃，因货物自身性质导致货物生锈、变质。合理损耗是指货物的减损未超过有关部门公布的自然减量标准或者规定范围内的尾差、磅差；（3）货物的毁损、灭失是由托运人、收货人一方的过错造成的。例如，按照约定托运人应派人押运，而托运人未派人押运或者押运人员未尽押运职责，从而导致货物毁损、灭失。

承运人对货物毁损、灭失的赔偿数额，法律、行政法规有特别规定的，依照特别规定赔偿；法律、行政法规没有规定，当事人在货运合同对赔偿数额或者计算方法有约定的，按照约定赔偿；法律、行政法规没有规定，当事人在合同中也没有约定或者约定不明确的，按照达成的补充协议或者根据合同有关条款或者交易习惯确定的数额赔偿，如依补充协议、合同有关条款或交易习惯也不能确定，则按照交付或者应当交付时的市场价格计算赔偿数额。

一般来说，货物毁损、灭失的赔偿责任范围因货物是否办理保价运输而有所不同：（1）未保价或者未声明金额的货物受损的，承运人在国务院主管部门规定的限额内按货物实际损失的价值赔偿，并不能超过主管部门规定的责任限额，但承运人对货损有故意或者重大过失的，不受最高限额的限制，承运人应赔偿全部的实际损失。（2）保价货物或者托运人托运时声明了金额并交付了附加费的货物受损的，承运人应赔偿托运人的实际损失，但以保价金额或者托运人声明的金额为限。最高人民法院《关于审理铁路运输损害赔偿案件若干问题的解释》中指出，关于保价货物损失的赔偿，铁路法规定的"按照实际损失赔偿，但最高不超过保价额"，是指保价运输的货物、包裹、行李在运输中发生损失，无论托运人在办理保价运输时，保价额是否与货物、包裹、行李的实际价值相符，均应在保价额内按照损失部分的实际价值赔偿，实际损失超过保价额的部分不予赔偿。但是货损是由于承运人的故意或者重大过失造成的，不受保价额的限制，承运人应按照实际损失赔偿。最高法院之所以如此规定，是因为在任何情况下，行为人都应对自己故意或重大过失造成的损害承担全部赔偿责任。

（三）收货人的义务

第八百三十一条　收货人提货时应当按照约定的期限检验货物。对检验货物的期限没有约定或者约定不明确的，依据本法第五百一十条的规定仍不能确定的，应当在合理期限内检验货物。收货人在约定的期限或者合理期限内对货物的数量、毁损等未提出异议的，视为承运人已经按照运输单证的记载交付的初步证据。

本条规定了收货人提货时的验货义务。

收货人在收到提货通知后，应当及时提取货物。托运人未支付运输费用的，收货人于提货时，应当支付运输费用。收货人提货时，除须提示有效的提货凭证外，应当按照合同约定的期限对货物进行验收。合同中对验收期限没有约定或者约定不明确的，收货人应当在当事人协商的期限内验货；当事人协商不成的，收货人应在依照合同的有关条款或者交易习惯确定的期限内验货；依合同有关条款或者交易习惯也不能确定验收期限的，收货人应在合理的期限内验收货物。所谓的合理期限，是指依承运人的运输方式、货物性质在通常情形下收货人检验货物所需要的期限。收货人对货物进行检验后，有异议的，应在规定的期限内提出。收货人在规定的检验期限内未就货物的数量、毁损提出异议的，视为承运人已经按照运输单证记载交付货物的初步证据。此后，在诉讼时效内收货人就货物的毁损请求承运人赔偿的，必须举证证明货物的毁损是因承运人的原因造成的。

四、相继运输中承运人的责任

第八百三十四条　两个以上承运人以同一运输方式联运的，与托运人订立合同的承运人应当对全程运输承担责任；损失发生在某一运输区段的，与托运人订立合同的承运人和该区段的承运人承担连带责任。

本条规定了相继运输中承运人的责任。

相继运输又称为单式联运，是指两个以上的承运人以同一种运输方式进行的同一运输。相继运输合同是一个承运人与托运人订立的，而由两个以上的承运人承担运输任务，以履行合同义务的运输合同。在相继运输中，虽然合同仅由第一个托运人订立，实行"一票到底"，但各个承运人须分别对各自区段的运输负责，订立合同的承运人应对货物全程的安全运输负责。货物在某一承运人负责的区段发生毁损、灭失的，承担该区段运输任务的承运人应当承担赔偿责任；同时，由于订立合同的承运人对全程运输的安全负责，因此，订立合同的承运人与发生货损区段的承运人对货损承担连带责任。

五、货物运输中的风险负担

第八百三十五条　货物在运输过程中因不可抗力灭失，未收取运费的，承运人不得请求支付运费；已收取运费的，托运人可以请求返还。法律另有规定的，依照其规定。

本条规定了货物运输中的风险负担。

货物运输中的风险负担是指在运输中货物因不可抗力灭失的，由何方负责运输费用。如果风险由托运人承担，虽然收货人不能收到货物，托运人也仍应负担运输费用；如果风险由承运人负担的，则承运人不能收取运输费用。

因为将货物运送到目的地并交付给收货人，是承运人收取运输费用的对价。因此，除法律另有规定外，在运输中货物因不可抗力造成灭失的，承运人因未能将货物运交付给收货人，也就不能收取运输费用。于此情形下，承运人已经收取运费的，托运人可以要求返还。

六、承运人的留置权和提存权

（一）承运人的留置权

第八百三十六条　托运人或者收货人不支付运费、保管费用或者其他费用的，承运人对相应的运输货物享有留置权，但是

当事人另有约定的除外。

本条规定了承运人的留置权。

承运人的留置权是指托运人不支付应支付的运费、保管费用以及其他运输费用时，承运人为保障其费用收取权的实现，可以对运输的货物予以留置而不交付给收货人的权利。

承运人订立货物运输合同的目的就是收取运费。运费是托运人运送货物的代价，因此，支付运费也就是托运人的基本义务。托运人应当按照约定的时间、地点、方式和数额向承运人支付运输费用。托运人可以自己支付运输费用，也可以约定由收货人支付运输费用。由收货人支付运输费用的，除当事人另有约定外，收货人应于提取货物时支付运输费用。承运人收取运输费用，是以其将货物运送到约定地点为条件的。如果货物在运输过程中因不可抗力灭失，因承运人未将货物运送到约定地点，承运人未收取运输费用的，不得要求托运人支付运输费用；承运人已经收取运输费用的，托运人可以要求承运人返还运输费用。

因此，承运人留置权的成立条件为：（1）托运人或者收货人应支付运费、保管费用以及其他运输费用而不支付；（2）承运人已经将货物运输到约定的地点；（3）当事人没有不得留置的约定；（4）运输的货物为可分物的，承运人留置的货物的价值与与其收取的费用相当。

（二）承运人的提存权

第八百三十七条 收货人不明或者收货人无正当理由拒绝受领货物的，承运人依法可以提存货物。

本条规定了承运人的提存权。

承运人的提存权，是指承运人在无法将货物交付给收货人时依法将货物交付给提存机关，以代其交付义务的履行。因为承运人的义务履行是以将货物交付给收货人才终结的，承运人未将货物交付给收货人，其义务就为未履行完毕。而承运人交付货物义务的履行是以收货人受领为条件的。因此，如果收货人不明或者收货人无正当理由拒收货物，承运人的交付义务也就无法履行完毕。因此，为使承运人能够从合同约束中解脱，法律赋予了承运人以提存权。承运人行使提存权，将货物提存的前提条件，是收货人不明或者收货人没有正当理由拒收货物。如果不存在提存的前提条件，而承运人却将货物交有关部门提存，则构成违约。

第四节　多式联运合同

一、多式联运合同的概念和特点

多式联运合同，是指由多式联运人与托运人或者旅客订立的由多式联运经营人以两种以上的不同运输方式将货物或者旅客从起运地点运输到约定地点，托运人或者旅客支付运输费用的合同。多式联运合同实际上就是多式联运中订立的运输合同。多式联运是与单式联运相对应的，指的是承运人以两种以上的不同运输方式进行的同一货物或旅客的运输。多式联运合同具有以下特殊性：

1. 多式联运合同的主体为多式联运经营人与托运人或者旅客

多式联运合同的一方主体为托运人或者旅客，此与其他运输合同并无不同。多式联运合同主体上的特殊性在于：与托运人或者旅客相对应的另一方合同主体为多式联运的经营人而非一般的承运人。多式联运合同是由多式联运的经营人与托运人或者旅客订立的。多式联运的经营人是自己或者委托他人以自己的名义与托运人或者旅客订立多式联运合同的当事人。多式联运合同的经营人只为一人，而承担具体运输任务的承运人则不是一个人。多式联运的经营人既是订立多式联运合同的当事人，又是负责履行合同、组织履行合同的当事人。多式联运的经营人可以自己直接参与运输，负责履行合同；也可以自己并不直接参与运输而仅是组织履行合同。多式联运的经营人自己不直接参与运输而仅负责组织运输的，其实际上可以说就是运输承揽人。当事人之间订立的运输合同也就是承揽运输合同。

2. 多式联运合同的承运人以相互衔接的两种以上的不同运输方式承运

多式联运合同虽是由经营人一人与托运人或者旅客订立的，但须由两个以上的承运人以相互衔接的不同运输方式承运。多式联运中的联运就是指由两个以上的承运人联合运输，多式联运中的多式就是指以两种以上的不同运输方式运输。两个以上承运人以同一运输方式的联运，为单式联运，也就是相继运输或者连续运输。只有以两种以上的不同运输方式实施的联运才为多式联运。多式联运的承运人不仅须以不同的运输方式运输，而且各种不同的运输方式必须相互衔接，各不同的运输方式连接为一个整体，每一种运输方式都是全程运输中不可或缺的组成部分。

3. 多式联运合同的托运人或者旅客一次交费并使用同一运输凭证

多式联运合同的实际承运人虽为两人以上，但托运人或者旅客仅是与联运经营人一人订立合同。托运人或者旅客与多式联运人订立合同仅需一次交费，经营人也只需出具一份运输凭证。多式联运合同是一份合同，而并非数份合同的组合。在运输过程中，货物从一承运人转由另一承运人承运，旅客从一种运输工具换乘另一种运输工具，都不需要另行交费，也不需要另行办理转运手续。

多式联运合同以运输对象为标准可分为货物多式联运合同和旅客多式联运合同。合同法中规定的多式联运合同是指货物多式联运合同。当然，这不意味着多式联运仅限于货物多式联运。

二、多式联运经营人的地位

第八百三十八条　多式联运经营人负责履行或者组织履行多式联运合同，对全程运输享有承运人的权利，承担承运人的义务。

本条规定了多式联运经营人的地位。

多式联运的经营人是订立多式联运合同的当事人。就其合同履行来说，联运经营人有两种不同的地位：一是负责履行；

二是组织履行。

在联运经营人负责履行的情况下，经营人直接参与运输合同，其不但是合同的缔约人，而且还是履行合同的一个实际承运人。在联运经营人也为承运人的场合，联运经营人为第一承运人，其是代表其他承运人订立合同的。

在联运经营人组织履行多式联运合同的情况下，经营人并不直接参与运输，并不是履行合同的实际承运人，而仅仅是联运合同的缔约人。于此场合，多式联运的经营人实际是运输承揽人，于订立合同后，经营人负责组织各实际承运人履行合同。

但因为多式联运合同的经营人为多式联运合同的一方当事人，因此无论经营人是负责履行合同还是组织履行合同的，多式联运的经营人在运输全程享有承运人的全部权利，承担承运人的全部义务。

三、多式联运经营人与各区段承运人责任约定的效力

第八百三十九条　多式联运经营人可以与参加多式联运的各区段承运人就多式联运合同的各区段运输约定相互之间的责任，但是，该约定不影响多式联运经营人对全程运输承担的义务。

本条规定了多式联运经营人与参加联运的各承运人之间责任约定的效力。

多式联运合同虽是由联运经营人订立的，但参加运输的承运人却为二人以上，因此，多式联运经营人会与参加运输的各区段的承运人订立合同，约定相互间的责任。多式联运经营人

与各区段承运人就各区段运输约定相互间的责任，是其自由。多式联运经营人与各区段的承运人之间有此约定时，在确定其相互责任时应依其约定。但是，多式经营人与各区段承运人之间责任的约定对托运人不发生效力。我国在多式联运合同上是采取统一责任制，而非采取分散责任制，多式联运经营人对全程运输承担义务，这一法定义务是不能以多式联运人与各区段承运人之间的约定予以改变的。

四、多式联运单据

第八百四十条　多式联运经营人收到托运人交付的货物时，应当签发多式联运单据。按照托运人的要求，多式联运单据可以是可转让单据，也可以是不可转让的单据。

本条规定了多式联运单据。

多式联运单据是证明多式联运合同以及证明多式联运经营人接受货物并负责按照合同约定交付货物的单据。多式联运单据既是多式联运合同的凭证，又是确定多式联运经营人权利义务的重要依据，也是在运输过程中指示各区段承运人运输的根据。

多式联运合同的托运人向多式联运经营人交付货物后，应按要求填写多式联运单据，多式联运经营人收货后应就托运人填写的多式联运单据予以审核签发。多式联运单据的内容主要包括：货物品类、标志、包装及件数、货物的毛重、外表现状、多式联运经营人的名称和主要营业所、托运人的名称和住所、多式联运经营人接受货物的地点和日期、交货日期、多式联运单据的签发地点和日期、运费、多式联运经营人或经其授权的人的签字等。

　　多式联运单据分为可转让单据和不可转让单据。可转让单据是可以转让的。在可转让单据上应记明是"按指示"交付，还是向持票人交付。可转让单据中记明按指示交付的，单据转让时须经背书；未记明按指示交付而是向持票人交付的可转让单据，无须背书即可转让。多式联运经营人应依照托运人的要求签发可转让单据或不可转让单据。应托运人要求签发不可转让单据的，单据中应指明记名的收货人。

五、托运人的赔偿责任

第八百四十一条　因托运人托运货物时的过错造成多式联运经营人损失的，即使托运人已经转让多式联运单据，托运人仍然应当承担赔偿责任。

　　本条规定了托运人的赔偿责任。

　　多式联运合同的托运人为合同当事人一方，负有与一般货运合同托运人同样的义务。因此，多式联运的托运人因托运货物时的过错造成多式联运经营人损失的，托运人应向多式联运经营人承担损害赔偿责任。托运人的这一责任不受多式联运单据是否转让的影响，即使多式联运单据已经转让，托运人也仍应承担赔偿责任。因为托运人是多式联运合同的订约人，是多式联运经营人的相对人。

六、多式联运中发生货损的赔偿责任确定

第八百四十二条　货物的毁损、灭失发生于多式联运的某一运输区段的，多式联运经营人的赔偿责任和责任限额，适用调整该区段运输方式的有关法律规定；货物毁损、灭失发生的运输区段不能确定的，依照本章规定承担赔偿责任。

本条规定了多式联运中发生货损的赔偿责任确定。

多式联运中发生货损时，多式联运经营人应承担损害赔偿责任。但因多式联运是由两种以上的不同运输方式进行的联合运输，而法律对于不同运输方式发生货损的赔偿责任和责任限额是有不同规定的，因此，这就发生多式联运经营人的赔偿责任如何确定问题。本条明确规定，多式联运中货物在某一区段发生货损的，多式联运经营人的赔偿责任和责任限额适用调整该区段运输方式的有关法律规定；发生货损的区段不能确定的，多式联运经营人按照合同法中关于货运合同货损的赔偿责任规定承担损害赔偿责任。

第二十章　技术合同

第一节　一般规定

一、技术合同的概念和特征

第八百四十三条　技术合同是当事人就技术开发、转让、许可、咨询或者服务订立的确立相互之间权利和义务的合同。

本条规定了技术合同的概念。

技术合同是指当事人之间就技术开发、技术转让、技术使用许可、技术咨询或服务订立的确立相互之间权利和义务的合同。

技术合同包括技术开发合同、技术转让合同和技术许可合同、技术咨询或服务合同等。不同的技术合同有不同的特点。总的来说，技术合同一般具有以下特征：

1. 技术合同的标的是技术成果

关于技术合同的标的，学者中有不同的观点。有的认为，技术合同的标的是提供技术的行为；有的认为技术合同的标的是技术成果；也有的认为，技术合同的标的既包括技术成果，也包括与技术有关的行为。通说认为，技术合同的标的是技术成果。最高人民法院《关于审理技术合同纠纷案件适用法律若干问题的解释》（法释〔2004〕20号，以下简称《技术合同的解释》）第1条中规定，技术成果，是指利用科学技术知识、信息和经验作出的涉及产品、工艺、材料及其改进等的技术方案，包括专利、专利申请、技术秘密、计算机软件、集成电路布图设计、植物新品种等。技术合同之所以成为独立的一类合同，就是因为其标的为技术成果。技术成果在社会主义市场经济条件下也是一种商品，但它是特殊的技术商品。无论是技术开发合同还是技术转让、许可合同，也无论是技术咨询合同还是技术服务合同，当事人双方的权利和义务都是指向技术成果。如果当事人双方的权利义务指向的不是技术成果，该合同也就不为技术合同。因此，技术合同标的是技术成果，这是技术合同不同于其他合同的根本特征。

2. 技术合同受多重法律调整

技术合同是技术成果的研发、交换和使用关系的法律表现，因此，技术合同是一类重要的合同，当然也就受合同法调整。同时由于作为技术合同标的的技术成果是特殊的商品，是创造性的智力活动的成果，因此，技术合同还受其他法律的调整。例如，在技术成果的归属方面，受知识产权法的调整；在技术成果的利用方面，受反不正当竞争法的调整。

3. 技术合同的主体具有特定性

因为技术成果的标的为技术成果，技术合同的当事人至少有一方是能够以自己的技术力量从事技术开发、技术转让、技术咨询或技术服务的人，而并非任何主体都具有取得和利用技术成果的能力。因此，技术合同的主体实际上具有特定性。

4. 技术合同是诺成性合同、双务合同、有偿合同

技术合同自双方达成协议时即成立，不以交付标的物为成立要件，因此，技术合同为诺成性合同。技术合同有效成立后，当事人双方都负有义务和享受权利，双方的权利义务具有对应性，因此，技术合同为双务合同。技术合同的任何一方从对方取得利益，都须支付相应的对价，因此，技术合同为有偿合同。

二、订立技术合同的原则

第八百四十四条　订立技术合同，应当有利于科学技术的进步，加速科学技术成果的转化、应用和推广。

本条规定了订立技术合同的原则。

订立技术合同当然应遵循合同法的基本原则。同时，由于技术合同的特殊性，订立技术合同还应遵循"有利于科学技术的进步，加速科学技术成果的转化、应用和推广"的原则。因为科学技术是第一生产力，是创新发展的根本，体现和反映了核心竞争力，而技术合同是技术成果的研发、转让、利用的法律形式。因此，订立技术合同，应当是为促进科学技术进步，加速科技成果的转化、应用和推广提供法律保障，而不应也不能让技术合同成为科学技术发展、科技成果转化、应用和推广的障碍。

三、技术合同的内容

第八百四十五条　技术合同的内容一般包括项目的名称，标的

的内容、范围和要求，履行的计划、地点和方式，技术信息和资料的保密，技术成果的归属和收益的分配办法，验收标准和方法，名词和术语的解释等条款。

与履行合同有关的技术背景资料、可行性论证和技术评价报告、项目任务书和计划书、技术标准、技术规范、原始设计和工艺文件，以及其他技术文档，按照当事人的约定可以作为合同的组成部分。

技术合同涉及专利的，应当注明发明创造的名称、专利申请人和专利权人、申请日期、申请号、专利号以及专利权的有效期限。

本条规定了技术合同的内容。

技术合同的内容也就是技术合同的条款。技术合同的内容由当事人约定，一般包括但不限于以下内容：

1. 项目名称。项目名称是技术合同标的所涉及的项目名称，项目名称是区分不同技术合同的标志。

2. 标的的内容、范围和要求。标的的内容、范围和要求是确定当事人权利、义务的依据，因而是技术合同的核心条款。不同的技术合同标的，其技术规范、技术标准、技术指标要求等各不相同。技术开发合同的标的是研究开发的技术成果，应载明所属技术领域和项目内容、技术构成、科技水平和经济效益目标以及提交技术开发成果的方式。技术转让合同的标的是合同约定转让的现有技术成果，应载明技术成果所属领域和内容、实质性特征和实施效果，工业化开发程度以及知识产权的权属关系。技术咨询合同的标的条款应载明咨询项目的内容、咨询报告和意见的要求。技术服务合同的标的条款则应载明技术服务项目的内容、工作成果和技术要求。

3. 履行的计划、进度、期限、地点、地域和方式。履行的计划、进度是履行技术合同的具体安排。履行期限是当事人履行技术合同义务的时间。履行地点是履行技术合同的处所。履行地域是履行技术合同所涉及的地区范围。履行方式是当事人履行技术合同的具体方法。

4. 技术信息和资料的保密。技术合同内容涉及国家安全和重大利益需要保密的，应载明国家秘密事项的范围、保密等级、保密期限以及各方违反保密义务的责任。

5. 风险责任的承担。风险责任的责任承担条款应载明开发风险的范围、归责和负担办法。当事人约定双方分担风险的，应载明各方负担的份额或者比例。

6. 技术成果的归属和收益的分成办法。技术成果的归属和收益分成，是指在履行技术合同中产生的技术成果归属何方和双方如何分配收益。

7. 验收标准和方法。验收标准和方法应载明验收的项目，验收的方式，验收的技术经济指标，验收所采取的评价、鉴定和其他考核办法。

8. 价款、报酬或者使用费及其支付方式。因技术合同为有偿合同，当事人应在合同中明确价款、报酬或者使用费的数额及其支付方式。《技术合同的解释》第14条规定，对技术合同的价款、报酬和使用费，当事人没有约定或者约定不明确的，人民法院可以依照以下原则处理：（1）对于技术开发和技术转让合同，根据有关技术成果的研究开发成本、先进性、实施转化和应用的程度，当事人享有的权益和承担的责任，以及技术成果的经济效益等合理确定；（2）对于技术咨询和技术服务合同，根据有关咨询服务工作的技术含量、质量和数量，以及用户已经产生和预期产生的经济效益等合理确定。技术合同价款、报酬、使用费中包含非技术性款项的，应当分项计算。

9. 违约金或者损失赔偿的计算方法。当事人约定违约金的，应明确支付违约金的条件和标准；当事人未约定违约金的，可以约定违约损失赔偿的计算方法。

10. 解决争议的方法。合同争议的解决途径有多种，当事人可以在合同中约定争议的解决方法。当事人选择通过仲裁解决争议的，应载明仲裁机构。

11. 名词和术语的解释。因技术合同专业性强，技术合同中的名词和术语有特定的含义，为避免产生歧义，应在合同中对使用的名词和术语作出解释。

按照当事人的约定，与履行合同有关的技术背景资料、可行性论证和技术评价报告、项目任务书和计划书、技术标准、技术规范、原始设计和工艺文件，以及其他技术文档，可以作为合同的组成部分。但在当事人没有明确约定的情况下，上述文件不能作为合同的组成部分。

技术合同涉及专利的，合同中应当注明发明创造的名称、专利申请人和专利权人、申请日期、申请号、专利号以及专利权的有效期限。

四、技术合同价款、报酬或使用费的支付方式

第八百四十六条　技术合同价款、报酬或者使用费的支付方式

由当事人约定，可以采取一次总算、一次总付或者一次总算、分期支付，也可以采取提成支付或者提成支付附加预付入门费的方式。

约定提成支付的，可以按照产品价格、实施专利和使用技术秘密后新增的产值、利润或者产品销售额的一定比例提成，也可以按照约定的其他方式计算。提成支付的比例可以采取固定比例、逐年递增比例或者逐年递减比例。

约定提成支付的，当事人应当在合同中约定查阅有关会计账目的办法。

本条规定了技术合同价款、报酬或使用费的支付方式。

技术合同价款、报酬或者使用费的支付方式，由当事人自由约定。当事人约定的支付方式可以是定额支付和提成支付两种。

1. 定额支付

定额支付是指价款、报酬或使用费采取一次总算的支付方式，即在合同中明确规定总的金额。当事人须支付合同中约定的固定的金额。定额支付的价款、报酬或者使用费总额虽是固定的，但当事人既可以约定一次性支付，也可以约定分期支付。

2. 提成支付

提成支付，是指将技术实施后产生的经济效益按照一定比例和期限支付价款、报酬或者使用费。提成支付又有单纯提成支付和提成附加预付入门费两种。单纯提成支付是指转让人应收取的提成费全部都在受让人实施受让技术后新增产值、利润或者产品销售后按约定的比例收取，在此之前受让人不向转让人支付任何费用。提成附加预付入门费又称为"入门费加提成"，是指受让人应先支付一定固定数额的费用即"入门费"，其后受让人根据实施技术的产品销售情况按照约定的比例提成。当事人约定采用提成支付方式支付技术合同价款、报酬或使用费的，其提成的具体数额可以按照实施技术新增加产值、利润或者产品销售额的一定比例提成，也可以约定按照其他方式提成。当事人可以约定提成的比例固定，也可以约定提成比例逐年递增或逐年递减。

在采取提成支付方式时，因转让人取得的价款、报酬或使用费决定于受让人实施技术后的产品生产状况，为避免受让人以不正当手段损害转让人的利益，双方应在合同中约定查阅有关会计账目的办法。

五、职务技术成果的权属

第八百四十七条　职务技术成果的使用权、转让权属于法人或者非法人组织的，法人或者非法人组织可以就该项职务技术成果订立技术合同。法人或者非法人组织订立技术合同转让职务技术成果时，职务成果的完成人享有以同等条件优先受让的权利。

职务技术成果是执行法人或者非法人组织的工作任务，或者主要是利用法人或者非法人组织的物质技术条件所完成的技术成果。

本条规定了职务技术成果的权属。

技术成果有职务技术成果与非职务技术成果的区分，其权属是不同的。

职务技术成果包括以下两类：其一，执行法人或者非法人组织的工作任务所完成的技术成果。依最高人民法院《技术合同的解释》第2条规定，实务中认为执行法人或者非法人组织的工作任务，包括：（1）履行法人或者非法人组织的岗位职责或者承担其交付的其他技术任务；（2）离职后一年内继续从事与其原所在法人或者非法人组织的岗位职责或者交付的任务有关的技术开发工作，但法律、行政法规另有规定的除外。法人或者非法人组织与其职工就职工在职期间或者离职以后所完成的技术成果的权益有约定的，从其约定。因此，法人或者非法人组织与其职工约定职工在职期间或者离职以后所完成的技术成果的权利归属完成人享有的，该技术成果也就不属于职务技术成果。其二，主要利用法人或者非法人组织的物质技术条件完成的技术成果。依《技术合同的解释》第3条规定，这里所称"物质技术条件"，包括资金、设备、器材、原材料、未公开的技术信息和资料等。依《技术合同的解释》第4条规定，"主要利用法人或者非法人组织的物质技术条件"，包括职工在技术成果的研究开发过程中，全部或者大部分利用了法人或者其他组织的资金、设备、器材或者原材料等物质条件，并且这些物质条件对形成该技术成果具有实质性的影响；还包括该技术成果实质性内容是在法人或者其他组织尚未公开的技术成果、阶段性成果基础上完成的情形。但下列情况除外：（1）对利用法人或者其他组织提供的物质技术条件，约定返还资金或者交纳使用费的；（2）在技术成果完成后利用法人或者其他组织的物质技术条件对技术方案进行验证、测试的。

职务技术成果的使用权、转让权属于法人或者非法人组织。因此，享有职务技术成果使用权、转让权的法人或者非法人组织有权就该项职务技术成果订立技术合同。依《技术合同的解释》第5条规定，个人完成的技术成果，属于执行原所在法人或者其他组织的工作任务，又主要利用了现所在法人或者其他组织的物质技术条件的，应当按照该自然人原所在和现所在法人或者其他组织达成的协议确认权益。不能达成协议的，根据对完成该项技术成果的贡献大小由双方合理分享。

职务技术成果的使用权、转让权虽属于法人或非法人组织，但完成职务技术成果的完成人也享有以下两项权利：一是得到奖励或取得报酬的权利。法人或者非法人组织应当从使用和转让职务技术成果所取得的收益中提取一定比例，对该项职务技术成果的完成人给予奖励或者报酬。二是优先受让权。法人或者非法人组织订立技术合同转让职务技术成果时，该项职务技术成果的完成人享有以同等条件优先受让的权利。

六、非职务技术成果的权属

第八百四十八条　非职务技术成果的使用权、转让权属于完成技术成果的个人，完成技术成果的个人可以就该项非职务技术成果订立技术合同。

本条规定了非职务技术成果的权属。

非职务技术成果是指职务技术成果以外的技术成果。非职务技术成果是自然人个人利用自己的条件完成的技术成果，完全是个人对科学技术进步所作出的贡献。因此，非职务技术成果的使用权、转让权属于完成技术成果的个人。享有非职务技术成果的使用权、转让权的个人有权就该项技术成果订立技术合同。

依最高人民法院《技术合同的解释》第6条规定，所称完成技术成果的"个人"，包括对技术成果单独或者共同作出创造性贡献的人，也即技术成果的发明人或者设计人。人民法院在对创造性贡献进行认定时，应当分解所涉及技术成果的实质性技术构成。提出实质性技术构成并由此实现技术方案的人，是作出创造性贡献的人。提供资金、设备、材料、试验条件，进行组织管理，绘制图纸、整理资料、翻译文献等人员，不属于完成技术成果的人。

七、技术成果完成人的个人权利

第八百四十九条　完成技术成果的个人享有在有关技术成果文件上写明自己是技术成果完成者的权利和取得荣誉证书、奖励的权利。

本条规定了完成技术成果的个人享有的精神权利。

精神权利又称为非财产权利，是不能以金钱计价的人身权。职务技术成果的完成人虽也享有一定的财产权利，但技术成果的财产权利主要归技术成果完成人所在单位享有，只有非职务技术成果的财产权利才全部归技术成果完成人享有。但无论是职务技术成果还是非职务技术成果，技术成果的完成人都享有人身权，包括在有关技术成果文件上写明自己是技术成果完成者的权利和取得荣誉证书、奖励的权利。法律确认和保护技术成果完成者的人身权利，目的在于从精神上奖赏技术成果的完成人，鼓励自然人创新。

八、技术合同无效的特别规定

第八百五十条　非法垄断技术、妨碍技术进步或者侵害他人技术成果的技术合同无效。

本条是对技术合同无效的特别规定。

技术合同也为合同，因此，凡具有合同法总则中规定的合同无效情形的技术合同，均属无效。同时，基于技术合同的特点，为防止当事人滥用订立技术合同的权利来达到非法垄断技术和妨碍技术进步或者侵害他人技术成果的目的，合同法又特别规定，非法垄断技术、妨碍技术进步或者侵害他人技术成果的合同无效。依最高人民法院《技术合同的解释》第10条规定，下列情形，属于所称的"非法垄断技术、妨碍技术进步"：（1）限制当事人一方在合同标的技术基础上进行新的研究开发或者限制其使用所改进的技术，或者双方交换改进技术的条件不对等，包括要求一方将其自行改进的技术无偿提供给对方、非互惠性转让给对方、无偿独占或者共享该技术的知识产权；（2）限制当事人一方从其他来源获得与技术提供方类似技术或者与其竞争的技术；（3）阻碍当事人一方根据市场需求，按照合理方式充分实施合同标的技术，包括明显不合理地限制技术接受方实施合同标的技术生产产品或者提供服务的数量、品种、价格、销售渠道和出口市场；（4）要求技术接受方接受并非实施技术必不可少的附带条件，包括购买非必需的技术、原材料、产品、设备、服务以及接受非必需的人员等；（5）不合理地限制技术接受方购买原材料、零部件、产品或者设备等的渠道或者来源；（6）禁止技术接受方对合同标的技术知识产权的有效性提出异议或者对提出异议附加条件。

因为任何人都不得滥用权利侵害他人的权利，因此订立技术合同侵害他人技术成果的，当事人所订立的技术合同也应无效。

依最高人民法院《技术合同的解释》第 11 条规定，技术合同无效或者被撤销后，技术开发合同研究开发人、技术转让合同让与人、技术咨询合同和技术服务合同的受托人已经履行或者部分履行了约定的义务，并且造成合同无效或者被撤销的过错在对方的，对其已经履行部分应当收取的研究开发经费、技术使用费、提供咨询服务的报酬，人民法院可以认定为因对方原因导致合同无效或者被撤销给其造成的损失。技术合同无效或者被撤销后，因履行合同所完成的技术成果或者在他人技术成果基础上完成后续改进技术成果的权利归属和利益分享，当事人不能重新协议确定的，人民法院可以判决由完成技术成果的一方享有。依该司法解释第 12 条规定，侵害他人技术秘密的技术合同被确认无效后，除法律、行政法规另有规定的以外，善意取得该技术秘密的一方当事人可以在其取得时的范围内继续使用该技术秘密，但应当向权利人支付合理的使用费并承担保密义务。当事人双方恶意串通或者一方知道或者应当知道另一方侵权仍与其订立或者履行合同的，属于共同侵权，人民法院应当判令侵权人承担连带赔偿责任和保密义务，因此取得技术秘密的当事人不得继续使用该技术秘密。

第二节　技术开发合同

一、技术开发合同的概念、种类和形式

第八百五十一条　技术开发合同是指当事人之间就新技术、新产品、新工艺或者新材料及其系统的研究开发所订立的合同。

技术开发合同包括委托开发合同和合作开发合同。

技术开发合同应当采用书面形式。

当事人之间就具有产业应用价值的科技成果实施转化订立的合同，参照技术开发合同的规定。

本条规定了技术开发合同的概念、种类和形式。

（一）技术开发合同的概念和特征

技术开发合同是指当事人之间就新技术、新产品、新工艺或者新材料及其系统的研究开发所订立的合同。技术开发合同除具有技术合同的一般特征外，还具有以下两个显著特征：

其一，技术开发合同的标的是创造性技术成果。技术开发合同的标的不是一般的技术成果，而是新的具有创造性的技术成果，即新技术、新产品、新工艺、新材料及其系统。依《技术合同的解释》第17条规定，所称"新技术、新产品、新工艺、新材料及其系统"包括当事人在订立合同时尚未掌握的产品、工艺、材料及其系统等技术方案，但对技术上没有创新的现有产品的改型、工艺变更、材料配方调整以及技术成果的检

验、测试和使用除外。

其二，技术开发合同的当事人共担风险。技术开发合同的标的技术成果是在合同订立时不存在的，只有经过研究开发人员的创造性科研活动才能取得。而技术开发合同的标的技术成果又不是只要经过努力就一定可以取得的，因为这种技术成果的取得是具有相当的难度的，即使科研人员尽最大的努力，也会因遇到尚无法克服的技术难关而导致研发失败，不能取得预期的技术成果。因此，技术开发合同存在研发失败的风险。技术合同当事人应就研发失败的风险负担作出规定，如果当事人没有约定或者约定不明确，则应由双方共担技术开发合同的风险。

现实中存在当事人之间就具有产业应用价值的科技成果实施转化订立的合同。这种合同不是以研发新技术成果为目的的，而是以实施科技成果转化为目的。因此，严格地说，实施科技成果转化的合同不属于技术开发合同。但二者具有相似性。因此，合同法规定：当事人就具有产业应用价值的科技成果实施转化订立的合同，参照技术开发合同。依《技术合同的解释》第18条规定，"当事人之间就具有应用价值的科技成果实施转化订立的"技术转化合同，是指当事人之间就具有实用价值但尚未实现工业化应用的科技成果包括阶段性技术成果，以实现该科技成果工业化应用为目标，约定后续试验、开发和应用等内容的合同。

（二）技术开发合同的种类

技术开发合同包括委托开发合同和合作开发合同两种。

委托开发合同是指当事人一方即委托人委托另一方即研发

人进行研究开发技术成果所订立的合同。委托开发合同与承揽合同相似，二者都是为完成并取得一定工作成果为目的的。但技术开发合同不同于承揽合同。技术开发合同的标的为新技术成果，技术开发合同标的成果的取得具有或然性，从而技术开发合同存在当事人共担风险责任问题。委托开发合同也不同于委托合同。委托开发合同的受托人即研发人是以自己的名义进行工作的，研发人虽也是为委托人的利益从事研发活动，但一般不涉及第三人，委托开发合同的委托人也不能当然地对研发人取得的技术成果享有权利。

合作开发合同是指当事人各方就共同进行技术成果研究开发所订立的合同。合作开发合同与合伙合同相类似，因为二者都具有共同投资、共同经营、共担风险、共享利益的特点。但是，合作开发合同不同于合伙合同。合作开发合同的目的是取得新的技术成果，而不在于营利；合作开发合同的当事人仅按照约定进行研究开发工作，而非进行其他活动；合伙合同成立后当事人间一般具有团体性，而合作开发合同成立后当事人间并不会具有团体性。

（三）技术开发合同的形式

因为技术开发是一项长期的繁杂的工作，因此，为明确当事人间的权利义务，避免发生纠纷，以便在发生争议时有据可查，技术开发合同应当采用书面形式。由于法律要求技术开发合同应当采用书面形式，技术开发合同也就属于要式合同。

当事人订立技术开发合同未采取书面形式的，该技术开发合同是不成立还是无效呢？对此有两种不同的观点。一种观点认为，当事人未采用书面形式订立的技术开发合同无效。另一种观点则认为，当事人未采用书面形式订立的技术开发合同并非无效，而是合同不成立。因为法律、行政法规规定或者当事人约定采用书面形式订立合同，当事人未采用书面形式但一方已经履行主要义务，对方接受的，该合同成立。因此，技术开发合同当事人未采用书面形式订立合同的，合同不成立。但是如果一方已经履行主要义务，对方接受的，该合同成立。

二、委托开发合同的效力

（一）委托人的义务

第八百五十二条　委托开发合同的委托人应当按照约定支付研究开发经费和报酬，提供技术资料，提出研究开发要求，完成协作事项，接受研究开发成果。

本条规定了委托开发合同委托人的义务。

委托开发合同委托人的义务主要有以下几项：

1. 按照合同的约定支付研究开发费用和报酬。研究开发费用是指完成研究开发工作所必需的成本。除合同另有约定外，委托人应提供全部研究开发费用。委托人按照合同约定可以于合同订立后开发工作开始前支付研究开发费用，也可以根据情况在研发过程中分期支付研发费用。当事人约定按照实际需要支付研究开发费用的，委托人支付的研究开发费用不足时，应当补充支付；研究开发费用剩余时，研究开发人应如数返还。合同中约定研究开发费用包干使用或者未约定结算办法的，研究开发费用不足的，委托人可不予补充；研究开发经费有剩余的，委托人也无权要求返还。研究开发报酬则指研究开发成果的使用费和研究开发人员的科研补贴。委托人应按照合同约定按照支付报酬。

2. 提出研究开发要求，按照约定提供技术资料，完成协作事项。委托人应当提出研究开发要求，应依合同的约定向研究开发人提供研究开发所需要的技术资料、原始数据，并完成协作事项。在研究开发过程中，委托人应研究开发人的要求，应当补充必要的背景材料和数据。

3. 接受研究开发成果。委托人应当按期接受研究开发人完成的研究开发成果。

（二）研究开发人的义务

第八百五十三条　委托开发合同的研究开发人应当按照约定制定和实施研究开发计划，合理使用研究开发经费，按期完成研究开发工作，交付研究开发成果，提供有关的技术资料和必要的技术指导，帮助委托人掌握研究开发成果。

本条规定了委托开发合同研究开发人的义务。

委托开发合同的研究开发人的义务主要有以下几项：

1. 按照约定亲自制定和实施研究开发计划。因为研究开发计划，是进行研究开发工作的前提，因此，研究开发人于合同订立后应按照约定尽快制定研究开发计划。因为委托开发合同的目的是研究开发出新的有创造性的技术成果，委托人也正是基于相信研究开发人具有取得该成果的能力而订立合同的，这就决定了研究开发人的特定性。因此，研究开发人应当亲自制定和实施研究开发计划。研究开发人未经委托人同意不得将研究开发工作的全部或者主要部分交由第三人完成。研究开发人不亲自完成研究开发工作,擅自将研究开发工作的全部或主要部分转给第三人的,委托人有权解除合同并请求返还研究开发经费,请求赔偿损失。当然,在研究开发过程中研究开发人可以将研究开发工作的辅助部分转由第三人完成,但研究开发人应对第三人完成的工作负责。

2. 合理使用研究开发经费。研究开发人应当按照合同约定合理使用研究开发经费。研究开发人将研究开发经费用于履行合同义务以外的目的的,委托人有权制止并要求其退还以用于研究开发工作。

3. 按期完成研究开发工作并交付研发成果。研究开发人应当按照合同的约定按期完成研究开发工作,及时组织验收并将研究开发成果交付委托人。研究开发人完成的工作成果应符合合同约定的标的技术成果的要求。

4. 完成工作的后续义务。研究开发人完成研究开发工作并交付工作成果的,还应当提供有关的技术资料,并对委托人给予必要的技术指导,对委托人的人员进行技术培训,帮助委托人掌握该项技术成果。除当事人另有约定或者法律另有规定外,研究开发人不得向第三人泄露研究开发技术成果的技术秘密,不得向第三人提供该项技术成果。

(三)委托开发合同当事人的违约责任

第八百五十四条 委托开发合同的当事人违反约定造成研究开发工作停滞、延误或者失败的,应当承担违约责任。

本条规定了委托开发合同当事人的违约责任。

委托人未按照合同约定支付研究开发经费,造成研发工作停滞、延迟的，研究开发人不承担迟延责任。委托人逾期支付研究开发经费经催告在合理期限内仍不支付研究开发费用和报酬的，研究开发人有权解除合同，要求委托人返还技术资料、补交应付的报酬，赔偿由此造成的损失。

委托人不按照合同约定及时提供技术资料、原始数据和完成协作事项或者所提供的技术资料、原始数据或协作事项有重大缺陷，导致研究开发工作停滞、延误、失败的，委托人应当承担违约责任；委托人逾期经催告在合理期限内仍不提供技术资料、原始数据和完成协作事项的，研究开发人有权解除合同，并要求赔偿损失。

委托人不及时接受研究开发人交付的已经完成的研发成果的，应承担违约责任并支付保管费用。委托人逾期经催告在合理期限内仍拒绝接受研发成果的，研究开发人有权处分该研究开发成果，并从所得收益中扣除约定的报酬、违约金和保管费用；所得收益不足以抵偿上述款项的，研究开发人有权要求赔偿损失。

因研究开发人未及时制定和实施研究开发计划、将经费挪用而造成研究开发工作停滞、延误或者失败的，研究开发人应承担赔偿损失的违约责任；经委托人催告在合理期限内，研究开发人仍不退还挪用的经费用于研究开发工作的，委托人有权解除合同并要求赔偿损失。

因研究开发人的过错，致使研究开发成果不符合合同约定的条件的，研究开发人应当赔偿损失；因研究开发人的过错致使研究开发工作失败的，研究开发人应当返还部分或全部研究开发费用并赔偿损失。

三、合作开发合同的效力

（一）合作开发合同当事人的义务

第八百五十五条　合作开发合同的当事人应当按照约定进行投资，包括以技术进行投资，分工参与研究开发工作，协作配合研究开发工作。

本条规定了合作开发合同当事人的义务。

合作开发合同当事人的义务有以下几项：

1. 应按照约定投资。合作开发合同的当事人应当按照约定投资。按照合同的约定，当事人的投资，可以是资金、设备、材料、场地、试验条件、技术情报资料，也可以是专利权、非专利权等。当事人以资金以外的其他形式投资的，应当折算成相应的金额，以明确各方在投资中所占的比例。

2. 应按照约定的分工参与研究开发工作并相互协作配合。合作开发合同的当事人各方需共同进行研究开发工作。合作开发合同的当事人可以共同组成领导机构，对研究开发工作中的重大问题进行决策、协调和组织研究开发工作。合作开发合同当事人各方都应按照约定参与研究开发工作，并相互协作、配合，保守技术情报、技术资料和技术成果的秘密。

依《技术合同的解释》第19条规定，所称"分工参与研究开发工作"，包括当事人按照约定的计划和分工，共同或者分别承担设计、工艺、试验、试制等工作。技术开发合同的当事人一方仅提供资金、设备、材料等物质条件或者承担辅助协作事项，另一方进行研究开发工作的，属于委托开发合同，而不属于合作开发合同。

（二）合作开发合同当事人的责任

第八百五十六条　合作开发合同的当事人违反约定造成研究开发工作停滞、延误或者失败的，应当承担违约责任。

合作开发合同的当事人不按照合同约定进行投资，不按照合同约定的分工参与研究开发工作，不按照合同约定完成协作配合任务，由此而造成研究开发工作停滞、延误或者失败的，应当承担违约责任。合作开发合同当事人在约定期限不履行义务的，他方有权解除合同并请求赔偿损失。

四、技术开发合同解除的特别事由

第八百五十七条　作为技术开发合同标的的技术已经由他人公开，致使技术开发合同的履行没有意义的，当事人可以解除合同。

本条规定了技术开发合同解除的特别事由。

技术开发合同的标的技术是具有创造性的新的技术成果。如果在技术开发合同履行中，技术开发合同的标的技术已经由他人公开，技术开发合同的履行也就失去意义。于此情形下，当事人可以解除合同。因为在此种情形下合同的解除并非因当事人一方过错而造成的，因此，当事人各方都不承担违约责任。

五、技术开发合同的风险负担

第八百五十八条　技术开发合同履行过程中，因出现无法克服的技术困难，致使研究开发失败或者部分失败的，该风险由当事人约定；没有约定或者约定不明确，依据本法第五百一十条的规定仍不能确定的，风险由当事人合理分担。

当事人一方发现前款规定的可能致使研究开发失败或者部分失败的情形时，应当及时通知另一方并采取适当措施减少损失；没有及时通知并采取适当措施，致使损失扩大的，应当就扩大的损失承担责任。

本条规定了技术开发合同的风险负担。

技术开发合同的风险，是指在合同履行过程中出现无法克服的技术困难，致使研究开发失败或者部分失败。因该风险造成的损失由何方负担，即是风险负担问题。

技术开发合同的风险负担，由当事人约定。当事人没有约定或者约定不明确的，可由当事人达成补充协议；当事人不能达成补充协议的，应按照合同有关条款或交易习惯确定；根据合同有关条款或交易习惯也不能确定的，应由当事人各方合理分担。

当事人在合同履行过程中发现无法克服的技术困难可能导致研究开发失败或者部分失败的，应当及时通知对方并采取适当措施减少损失。所谓无法克服的技术困难，是指在现有技术水平下具有足够的难度，研究开发人员尽最大主观努力也不能解决，且该领域专家也认为是不能克服的。当事人一方没有及时通知并采取适当措施致使损失扩大的，应当对扩大的损失承担责任。因为这部分损失是因当事人过错造成的，不属于风险的范畴。

六、技术开发合同技术成果的归属

第八百五十九条　委托开发完成的发明创造，除法律另有规定或者当事人另有约定外，申请专利的权利属于研究开发人。研究开发人取得专利权的，委托人可以免费实施该专利。

研究开发人转让专利申请权的，委托人享有以同等条件优先受让的权利。

第八百六十条　合作开发完成的发明创造，申请专利的权利属于合作开发的当事人共有；当事人一方转让其共有的专利申请权的，其他各方享有以同等条件优先受让的权利。但是，当事人另有约定的除外。

合作开发的当事人一方声明放弃其共有的专利申请权的，除当事人另有约定外，可以由另一方单独申请或者由其他各方共同申请。申请人取得专利权的，放弃专利申请权的一方可以免费实施该专利。

合作开发的当事人一方不同意申请专利的，另一方或者其他各方不得申请专利。

第八百六十一条　委托开发或者合作开发完成的技术秘密成果的使用权、转让权以及收益的分配办法，由当事人约定；没有约定或者约定不明确，依据本法第五百一十条的规定仍不能确定的，在没有相同技术方案被授予专利权前，当事人均有使用和转让的权利。但是，委托开发合同的研究开发人不得在向委托人交付研究开发成果之前，将研究开发成果转让给第三人。

上三条规定了技术开发合同的技术成果的归属。

技术开发合同的技术成果归属，是指履行技术开发合同所取得的技术成果的权利由何人享有。技术开发合同的技术成果有可申请专利的发明创造和技术秘密两种。相应地，技术开发合同的技术成果的归属分为以下三种情况：

1. 委托开发合同完成的发明创造，除当事人另有约定外，申请专利的权利属于研究开发人。研究开发人取得专利权的，委托人可以免费实施该专利。研究开发人转让专利申请权的，委托人享有以同等条件优先受让的权利。

2. 合作开发合同完成的发明创造，除当事人另有约定外，申请专利的权利属于合作研究开发的当事人共有。当事人一方转让其共有的专利申请权的，其他方享有以同等条件优先受让的权利；合同开发的当事人一方放弃其共有的专利申请权的，可由另一方单独申请专利或者由其他各方共同申请专利。申请人取得专利权的，放弃专利申请权的一方可以免费实施该专利。合作开发的当事人一方不同意申请专利的，他方则不得申请专利。

3. 委托开发或者合作开发取得技术秘密成果的，技术秘密成果的使用权、转让权以及利益的分配办法，由当事人约定。当事人没有约定或者约定不明确的，可以协商达成补充协议，协商不成的，依据合同的有关条款确定；依合同有关条款仍不能确定的，当事人各方都有使用和转让的权利。但是，委托开发的研究开发人在向委托人交付研究开发成果之前，不得将研究开发成果转让给第三人。依《技术合同的解释》第 20 条规定，所谓"当事人均有使用和转让的权利"，包括当事人均有不经对方同意而自己使用或者以普通使用许可的方式许可他人使用技术秘密，并独占由此获得利益的权利。当事人一方将技术秘密的转让权让与他人，或者以独占或者排他使用许可的方式许可他人使用技术秘密，未经对方当事人同意或者追认的，应当认定该让与或者许可行为无效。

依《技术合同的解释》第 21 条规定，技术开发合同当事人依照法律规定或者约定自行实施专利或使用技术秘密，因其不具备独立实施专利或者使用技术秘密的条件，以一个普通许可方式许可他人实施或者使用的，可以准许。

第三节　技术转让合同和技术许可合同

一、技术转让合同和技术许可合同的概念和形式

第八百六十二条　技术转让合同是合法拥有技术的权利人，将现有特定的专利、专利申请、技术秘密的相关权利让与他人所订立的合同。

技术许可合同是合法拥有技术的权利人，将现有特定的专利、技术秘密的相关权利许可他人实施、使用所订立的合同。

技术转让合同和技术许可合同中关于实施技术的专用设备、原材料或者提供有关的技术咨询、技术服务的约定，属于合同的组成部分。

第八百六十三条　技术转让合同包括专利权转让、专利申请权转让、技术秘密转让等合同。

技术许可合同包括专利实施许可、技术秘密使用许可等合同。

技术转让合同和技术许可合同应当采用书面形式。

以上两条规定技术转让合同和技术许可合同的概念和形式。

技术转让合同是合法拥有技术的权利人，将现有特定的专利、专利申请、技术秘密的相关权利让与他人所订立的合同。技术转让合同包括：（1）专利权转让合同。指的是专利权人作为转让人将其发明创造的专利的所有权或者持有权转让给受让人，受让人为此支付价款的合同。（2）专利申请权转让合同。指的是转让人将其就特定的发明创造申请专利的权利转让给受让人，受让人为此支付价款的合同。（3）技术秘密转让合同，是指转让人将其拥有的非专利的技术秘密成果转让给受让人，受让人为此支付使用费的合同。

技术许可合同是合法拥有技术的权利人，将现有特定的专利、技术秘密的相关权利许可他人实施、使用所订立的合同。技术许可合同包括：（1）专利实施许可合同。指的是专利权人或者其授权的人作为转让人作为许可人许可受让人即被许可人在约定的范围内实施专利，受让人为此支付约定的使用费的合同。（2）技术秘密使用许可合同。指的是技术秘密的权利人许可他人在约定范围内实施其技术秘密，被许可人支付使用费的合同。

技术转让合同和技术许可合同具有以下特征：

其一，合同交易的对象是特定的现有的技术成果。以技术转让、技术许可合同进行交易的技术成果必须是现有的，能够为某人独占的或者不具有公开性，能够在生产经营中使用并产生经济效益的技术。尚未研究开发出的技术成果，或者不涉及专利、专利申请或者技术秘密成果权属的知识、技术、经验和信息，不能成为技术转让合同交易的对象。

其二，合同所转移的是技术成果的使用权技术转让合同、技术许可合同的目的是受让人取得受让技术的使用权。技术转让合同转让技术后，让与人对转让的技术成果不再享有任何权利，受让人享有处分的权利。技术许可合同的权利人许可他人实施技术后，权利人并不失去对技术成果享有的权利，被许可人仅是取得在一定范围内技术成果的使用权。

其三，当事人的权利义务具有延续性。技术转让合同、技术许可合同当事人的权利义务关系不仅于合同生效时起即产生，而且延续到合同的整个有效期间以及合同终止后的一定期间。这是由技术成果的无形性、可复制性所决定的。

技术转让合同应采用书面形式。法律规定需办理特定手续的，应依法办理特定手续。例如，依专利法规定，转让专利申请权或者专利权的，当事人应当订立书面合同，并向国务院专利行政部门登记，由国务院专利行政部门予以公告。专利申请权或者专利权的转让自登记之日起生效。

二、技术转让合同和技术许可合同中的
"使用范围"的规制

第八百六十四条　技术转让合同和技术许可合同可以约定实施专利或者使用技术秘密的范围，但是不得限制技术竞争和技术发展。

本条规定了技术转让合同技术许可合同中"使用范围"条款的规制。

由于技术转让合同、技术许可合同转让的可以是标的技术的使用权，而转让人转让使用权，当事人双方就需要对双方的技术使用范围作出约定。当事人对"使用范围"的约定，实际

上也就是受让方和转让方对标的技术的使用范围的限制。这种限制包括使用期间的限制、使用地区的限制、使用方式的限制以及接触技术秘密人员的限制。当事人就标的技术的使用范围进行约定，这是其权利。但是，任何权利都不得滥用。当事人对标的技术使用范围的约定，不得限制技术竞争和技术发展。当事人对标的技术使用范围的约定，如果限制技术竞争和技术发展，则是无效的。依《技术合同的解释》第28条规定，所称"实施专利或者使用技术秘密的范围"，包括实施专利或者使用技术秘密的期限、地域、方式以及接触技术秘密的人员等。当事人对实施专利或者使用技术秘密的期限没有约定或者约定不明确的，受让人实施专利或者使用技术秘密不受期限限制。

三、专利实施许可合同

（一）专利实施许可合同的限制

第八百六十五条　专利实施许可合同仅在该专利权的存续期间内有效。专利权有效期间届满或者专利权被宣布无效的，专利权人不得就该专利与他人订立专利实施许可合同。

本条规定了专利实施许可合同的限制。

专利实施许可合同是专利权人许可他人使用其专利的合同，因此，只有专利权人才可与他人订立专利实施许可合同。已经订立的专利权实施许可合同也只能在该专利权的存续期间内有效。专利权有效期间届满或者专利权被宣布无效的，专利权人不得就该专利与他人订立实施专利实施许可合同，当事人就无效专利或者已经超过专利有效期的专利订立的专利实施许可合同无效。

（二）专利实施许可合同许可人的义务

第八百六十六条　专利实施许可合同的许可人应当按照约定许可被许可人实施专利，交付实施专利有关的技术资料，提供必要的技术指导。

本条规定了专利实施许可合同让与人的义务。

专利实施许可合同的让与人也就是专利实施的许可人，让与人的义务主要有以下几项：

（1）保证许可实施的专利合法有效。因专利实施许可合同只在该专利有效期间内有效，因此，专利实施许可合同的让与人应保证其许可他人实施的专利合法有效。最高人民法院《技术合同的解释》第27条规定，专利实施许可合同让与人负有在合同有效期内维持专利权有效的义务，包括依法缴纳专利年费和积极应对他人提出宣告专利无效的请求，但当事人另有约定的除外。

（2）许可受让人在合同约定的范围内实施专利。依《技术合同的解释》第25条规定，专利实施许可包括以下方式：①独占实施许可，是指让与人在约定许可范围内，将该专利权仅许可一个受让人实施，让与人也不得实施该专利；②排他实施许可，是指让与人在约定许可实施专利的范围内，将该专利仅许可一个受让人实施，但让与人依约定可以自行实施该专利；③普通实施许可，是指让与人在约定许可实施专利的范围内许可他人实施该专利，并且可以自行实施该专利。当事人对专利实施许可方式没有约定或者约定不明确的，认定为普通实施许可，但当事人另有约定的除外。无论专利许可采取何种方式，让与人都须许可和保障受让人可以在约定的范围内实施该专利。

（3）交付与实施专利有关的技术资料，提供必要的技术指导。为使受让人能够顺利地实施专利，让与人应当按照约定将实施专利有关的技术资料，如情报、图纸、设计文件等交付受让人，对受让人提供必要的技术指导，帮助受让人解决实施专利中遇到的相关问题，如帮助受让人培训人员，帮助安装、调试设备等。

（三）专利实施许可合同被许可人的义务

第八百六十七条　专利实施许可合同的被许可人应当按照约定实施专利，不得许可约定以外的第三人实施专利，并按照约定支付使用费。

本条规定了专利实施许可合同的受让人的义务。

专利实施许可合同的受让人也就是被许可实施专利的被许可人，其义务主要有以下几项：

（1）按照约定实施专利。无论专利许可采取何种方式，受让人都应当在约定的范围内实施该专利，不得超出约定范围实施该专利，不得许可约定以外的第三人实施该专利。受让人超范围实施专利或者擅自许可第三人实施专利的，应停止违约行为并承担违约责任。

（2）按照约定支付使用费。使用费为受让人实施专利的对价。受让人应当按照合同约定的时间、地点、方式和数额交付使用费。

四、技术秘密转让合同和许可使用合同

（一）技术秘密转让合同和许可使用合同
让与人、许可人的义务

第八百六十八条　技术秘密转让合同的让与人和技术秘密使用许可合同的许可人应当按照约定提供技术资料，进行技术指导，保证技术的实用性、可靠性，承担保密义务。

本条规定了技术秘密转让合同让与人和技术秘密使用许可合同的许可人的义务。

技术秘密转让合同和技术秘密使用许可合同是技术秘密的权利人许可他人使用其技术秘密的合同。技术秘密转让合同的让与人也就是许可他人使用其技术秘密的权利人，其义务主要有以下几项：

（1）许可受让人使用转让的技术秘密。技术秘密的许可方式可以是独占实施许可，也可以是排他实施许可。不论当事人之间约定的许可方式为何种方式，让与人都有义务让受让人在约定的范围内实施让与的技术秘密。

（2）按照约定提供技术资料，进行技术指导。技术秘密是指不为公众所知悉的由权利人独占的技术，包括未申请专利的技术、未授予专利权的技术以及不受专利法保护的技术。技术秘密的性质决定了转让技术秘密的让与人、许可人必须按照合同约定向受让人提供相关的技术资料，并对受让人、被许可人进行必要的技术指导，以使受让人掌握受让的技术秘密和使用该技术秘密。

（3）保证技术的实用性、可靠性、合法性。让与人和许可

人应保证自己是所转让的技术秘密的权利人，保证所转让的技术秘密具有实用性、可靠性。

（4）保密义务。因为技术秘密是通过保密措施予以保护的，因此，让与人和许可人对转让的技术秘密仍负有保密义务。依《技术合同的解释》第29条规定，技术秘密转让合同让与人承担的"保密义务"，不限制其申请专利，但当事人约定让与人不得申请专利的除外。

（二）技术秘密转让合同受让人和技术秘密使用许可合同被许可人的义务

第八百六十九条　技术秘密转让合同的受让人和技术秘密使用合同的被许可人应当按照约定使用技术，支付转让费、使用费，承担保密义务。

本条规定了技术秘密转让合同受让人和技术秘密使用许可合同的被许可人的义务。

技术秘密转让合同的受让人也就是被许可使用技术秘密的被许可人，其义务主要有以下几项：

（1）按照约定使用技术。受让人应当按照约定的范围使用受让的技术秘密，不得超过约定的范围使用受让的技术秘密，不得擅自将受让的技术秘密许可第三人使用。

（2）支付使用费。使用费是受让人受让技术秘密的代价，取得使用费是让与人订立技术秘密转让合同的目的，因此，受让人应当按照合同的约定向让与人支付使用费。

（3）保密义务。受让人对受让的技术秘密负有保密义务，因为技术秘密正是通过保密进行保护的，当事人如果违反保密义务，泄露技术秘密，该技术秘密也就失去价值。

五、技术转让、许可合同的基本效力

（一）让与人的基本义务

第八百七十条　技术转让合同的让与人和技术许可合同的许可人应当保证自己是所提供的技术的合法拥有者，并保证所提供的技术完整、无误、有效，能够达到约定的目标。

本条规定了技术转让合同让与人的基本义务。

技术转让合同的让与人是依合同转让技术成果专有权或者使用权的人。不论是专利申请权转让合同或专利权转让合同，还是专利实施许可合同或技术秘密转让合同，让与人都负有以下两项基本义务：

1. 标的技术的权利担保义务。技术转让合同的让与人对标的技术的权利负有担保义务，应保证自己是所提供的标的技术的合法拥有者，即是标的技术的合法权利人。

2. 标的技术的瑕疵担保义务。技术转让合同的让与人应当保证所提供的技术完整、无误、有效，能够达到约定的目标。因为技术转让合同的受让人订立合同的目的是取得受让的技术，因此，让与人不仅应当按照约定转让技术，还应当担保所提供的技术无质量瑕疵，能够达到约定的目标，这样才能实现受让人的订约目的。

（二）受让人的基本义务

第八百七十一条　技术转让合同的受让人和技术许可合同的被

许可人应当按照约定的范围和期限，对让与人、许可人提供的技术中尚未公开的秘密部分，承担保密义务。

本条规定了技术转让合同受让人的基本义务。

技术转让合同受让人是依技术转让合同受让技术成果专有权或使用权的人，因为让与人订立合同的目的就是为取得转让费或使用费，因此，技术合同的受让人的基本义务当然是支付使用费。除此以外，无论何种技术转让合同，受让人都负有以下两项基本义务：

1. 按照约定利用受让的技术。受让专利申请权的受让人可以申请专利，经批准后可取得专利权。受让专利权的受让人取得受让专利权后，享有该专利权，为专利权人。受让专利权使用权或者技术秘密使用权的受让人，应当按照约定的范围、期限等实施专利或使用技术秘密，不得擅自超越约定范围使用，不得许可他人使用。

2. 保密义务。受让人应当按照约定的范围和期限，对让与人提供的技术中尚未公开的秘密部分保密。

（三）技术许可人和让与人的违约责任

第八百七十二条　许可人未按照约定许可技术的，应当返还部分或者全部使用费，并应当承担违约责任；实施专利或者使用技术秘密超越约定的范围的，违反约定擅自许可第三人实施该项专利或者使用该项技术秘密的，应当停止违约行为，承担违约责任；违反约定的保密义务的，应当承担违约责任。

让与人承担违约责任，参照适用前款规定。

本条规定了技术许可人和让与人的违约责任。

让与人应按照约定转让技术。让与人未按照约定转让技术的，应当返还部分或者全部使用费，并承担违约责任。

专利实施许可合同或技术秘密转让合同的让与人应按照约定实施专利或者使用技术秘密。让与人未按照约定实施专利或者使用技术秘密，违反约定擅自许可第三人实施该项专利或者使用项技术秘密的，应当停止违约行为，并承担违约责任。依《技术合同的解释》第24条规定，订立专利权转让合同或者专利权申请权转让合同前，让与人自己已经实施发明创造，在合同生效后，受让人要求让与人停止实施的，人民法院应予以支持，但当事人另有约定的除外。

技术转让合同的让与人应当履行保密义务。让与人违反约定的保密义务的，应当承担违约责任。

（四）被许可人和受让人的违约责任

第八百七十三条　被许可人未按照约定支付使用费的，应当补交使用费并按照约定支付违约金；不补交使用费或者支付违约金的，应当停止实施专利或者使用技术秘密，交还技术资料，承担违约责任；实施专利或者使用技术秘密超越约定范围的，未经让与人同意擅自许可第三人实施该专利或者使用该技术秘密的，应当停止违约行为，承担违约责任；违反约定的保密义务的，应当承担违约责任。

受让人承担违约责任，参照适用前款规定。

被许可人应按约定支付使用费，这是其基本义务。被许可人未按照约定支付使用费的，应当补交使用费，并按照约定支付违约金；不补交使用费或者支付违约金的，取得标的技术使用权的人应当停止实施专利或者技术秘密，交还技术资料，承担违约责任。

被许可人、受让人应按约定使用受让技术。其使用专利或技术秘密超越约定范围，未经让与人同意擅自许可第三人实施专利或者使用技术秘密的，应当停止违约行为，承担违约责任。

被许可人、受让人应按约定保守秘密。其违反约定的保密义务的，应当承担违约责任。

（五）受让人、被许可人按照约定使用受让技术侵害他人权益的责任承担

第八百七十四条　受让人或者被许可人按照约定实施专利、使用技术秘密侵害他人合法权益的，由让与人或者许可人承担责任，但是当事人另有约定的除外。

本条规定了技术转让合同的受让人、技术使用许可合同的被许可人按照约定使用受让技术而侵害他人合法权益的责任承担。

因为技术转让合同的让与人和技术使用许可合同的许可人对转让、许可使用的技术负有权利瑕疵担保责任，应担保其是转让的权利的合法拥有者，受让人、被许可人按照约定使用受让技术不会侵害他人的合法权益，因此，除当事人另有约定外，受让人、被许可人按照约定实施专利、使用技术秘密而侵害他人合法权益的，让与人、许可人应当承担责任。

六、后续改进的技术成果的归属

第八百七十五条　当事人可以按照互利的原则，在合同中约定

实施专利、使用技术秘密后续改进的技术成果的分享办法；没有约定或者约定不明确的，依据本法第五百一十条的规定仍不能确定的，一方后续改进的技术成果，其他各方无权分享。

本条规定技术转让合同后续改进的技术成果的归属。

技术转让合同后续改进的技术成果，是指在技术转让合同的有效期限内，一方或者双方对合同标的技术所作出的革新和改良而取得的新技术成果。因为技术转让合同的履行，不仅实现现有技术的转让、推广和应用，而且也为当事人进行技术革新和改良创造了条件，使当事人可以在实施专利或者使用技术秘密中取得新的技术成果。新的技术成果既是在原有技术成果基础上作出的，又是作出成果的一方工作的结果。所以，在技术转让合同中就会涉及后续改进的技术成果归属何方问题。对于后续改进成果的归属，当事人可以在合同中约定后续改进成果的分享办法。当事人明确约定分享办法的，当事人各方依约定的办法分享后续改进的技术成果。当事人没有约定或者约定不明确的，又不能依补充协议、合同有关条款或者交易习惯确定的，后续改进的技术成果归后续改进的一方享有，其他各方无权分享该技术成果。

七、技术转让合同和技术许可合同规定的适用

第八百七十六条　集成电路布图设计专有权、植物新品种权、计算机软件著作权等其他知识产权的转让和许可，参照适用本节的规定。

第八百七十七条　法律、行政法规对技术进出口合同或者专利、专利申请合同另有规定的，依照其规定。

上两条规定了技术转让合同和技术许可合同规定的法律适用。

除专利申请权、专利权、技术秘密转让和专利、技术秘密等使用许可外，集成电路布图设计专有权、植物新品种权、计算机软件著作权等知识产权的转让和许可，应参照适用技术转让合同和技术许可合同的规定。

因为技术进出口合同亦即技术进口合同和技术出口合同，是技术对外贸易的法律形式，涉及国家对外经济技术贸易的管理，专利、专利申请合同也会涉及同样问题。因此，法律、行政法规对技术进出口合同以及专利、专利申请合同有特别的规定。对于此类技术转让合同，法律、行政法规有特别规定的，应优先适用其特别规定，而不适用技术转让合同和技术许可合同的法律规定。

第四节　技术咨询和技术服务合同

一、技术咨询合同和技术服务合同的概念

第八百七十八条　技术咨询合同是当事人一方以技术知识为对方就特定技术项目提供可行性论证、技术预测、专题技术调

查、分析评价报告等所订立的合同。

技术服务合同是当事人一方以技术知识为对方解决特定技术问题所订立的合同，不包括承揽合同和建设工程合同。

本条规定了技术咨询合同和技术服务合同的概念。

（一）技术咨询合同的概念和特征

技术咨询合同是指当事人就特定技术项目提供可行性论证报告、技术预测、专题技术调查分析评估报告所订立的合同。依《技术合同的解释》第30条规定，所称"特定技术项目"，包括有关科学技术与经济社会协调发展的软科学研究项目，促进科技进步和管理现代化、提高经济效益和社会效益等运用科学知识和技术手段进行调查、分析、论证、评价、预测的专业性技术项目。技术咨询合同除具有技术合同的一般特征外，还具有以下特征：

1. 技术咨询合同的标的是技术性劳务成果。技术咨询合同的委托人订立技术咨询合同的目的是通过受托人以自己的技术知识为其特定的技术项目进行分析、论证、评估、预测和调查等，受托人按照委托人的要求提供咨询报告，为委托人解答特定技术问题，提供技术决策的参考意见。技术咨询合同的委托人不是委托受托人提出解决特定技术问题的实施方案，也不是委托受托人进行技术指导。

2. 技术咨询合同为不要式合同。原《技术合同法》中曾规定，技术咨询合同应当采取书面形式，而原合同法对技术开发合同、技术转让合同规定应当采取书面形式，而对技术咨询合同的合同形式未作规定，民法典也未作规定。据此，可以说，技术咨询合同为不要式合同，当事人可以任意决定采取合同的形式。

（二）技术服务合同的概念和特征

技术服务合同是当事人一方以技术知识为另一方解决特定技术问题所订立的合同，包括为另一方进行技术中介的技术中介合同，进行技术指导和专业培训的技术培训合同。技术中介合同是当事人一方以自己的技术知识、经验信息为另一方与第三人订立技术合同进行联系、介绍、组织工业化开发并对履行合同提供服务的合同。技术培训合同是一方委托另一方对指定的专业技术人员进行特定项目的技术指导和专业训练所订立的合同。但是技术服务合同不包括建设工程合同和承揽合同。

技术服务合同除具有技术合同的一般特征外，还具有以下特征：

1. 技术服务合同是以解决特定的技术问题而订立的合同。依《技术合同的解释》第33条规定，所称"特定技术问题"，包括需要运用专业技术知识、经验和信息解决的有关改进产品结构、改良工艺流程、提高产品质量、降低产品成本、节约资源能耗、保护资源环境、实现安全操作、提高经济效益和社会效益等专业技术问题。如果当事人订立合同的目的不是解决特定技术问题，则该合同不属于技术服务合同。

2. 技术服务合同为不要式合同。原《技术合同法》规定，技术服务合同应当采取书面形式。但原合同法和民法典未作此规定。因为法律对技术服务合同的形式如同对技术咨询合同的形式一样，未作特别规定。因此，技术服务合同也为不要式合

同。当事人是否以书面形式订立合同不影响技术服务合同的
成立。

二、技术咨询合同的效力

（一）技术咨询合同委托人的义务

第八百七十九条　技术咨询合同的委托人应当按照约定阐明咨询的问题，提供技术背景资料以及有关技术资料，接受受托人的工作成果，支付报酬。

　　本条规定了技术咨询合同委托人的基本义务。

　　技术咨询合同委托人的义务主要有以下几项：

　　1. 阐明咨询的问题，提供技术背景资料和有关技术资料。委托人咨询的问题，是受托人研究、分析的对象，咨询问题的有关背景资料、数据是受托人解决咨询问题的依据。因此，为使受托人能够按期完成受托的工作任务，委托人应当按照合同的约定向受托人阐明咨询的问题，提供技术背景资料、数据等。委托人提供的技术资料和数据等有明显错误或者缺陷的，委托人应依受托人的通知在合理期限内进行补正。依《技术合同的解释》第32条规定，技术咨询合同受托人发现委托人提供的资料、数据等有明显错误或者缺陷，未在合理期限内通知委托人的，视为其对委托人提供的技术资料、数据等予以认可。委托人在接到受托人的补正通知后未在合理期限内答复并予以补正的，发生的损失由委托人承担。

　　2. 按期接收受托人的工作成果，支付报酬。委托人应当按照合同约定的期限及时接受受托人完成的工作成果，不得迟延

接受或者拒绝接受受托人完成的符合约定的工作成果。委托人应当按照合同约定的时间、地点、方式和数额支付报酬。

3. 对受托人提出的咨询报告和意见保密。委托人对受托人提出的咨询报告和意见，负有在合同约定的范围和期限内保密的义务。依《技术合同的解释》第 31 条第 2 款规定，当事人对受托人提出的咨询报告和意见未约定保密义务，委托人引用、发表或者向第三人提供的，不认定为违约行为，但侵害对方当事人对此享有的合法权益的，应当依法承担民事责任。

（二）技术咨询合同受托人的义务

第八百八十条　技术咨询合同的受托人应当按照约定的期限完成咨询报告或者解答问题，提出的咨询报告应当达到约定的要求。

本条规定了技术咨询合同受托人的义务。

技术咨询合同受托人的义务主要有以下几项：

1. 按照合同约定如期完成咨询报告或者解答问题。受托人就委托人咨询的问题提出咨询报告或者作出答复，是其完成的工作成果，也是委托人订立合同的目的。因此，按照合同的约定如期完成咨询的报告和解答问题，是受托人的基本义务。受托人应当利用自己的技术知识，对委托人咨询的问题进行全面地认真论证、预测、调查分析，按期完成工作任务。依《技术合同的解释》第 31 条第 1 款规定，当事人对技术咨询合同受托人进行调查研究、分析论证、试验测定等所需费用的负担没有约定或者约定不明确的，由受托人承担。

2. 提出的咨询报告和意见达到合同约定的要求。受托人提交给委托人的咨询报告和意见，是其受托完成的工作成果，应当符合合同约定的要求。

3. 对委托人提供的技术资料和数据保密。受托人对委托人提供的技术资料和数据，有义务按照合同的约定予以保密。依《技术合同的解释》第 31 条第 2 款规定，当事人对技术咨询合同委托人提供的技术资料和数据未约定保密义务的，受托人使用、发表或者向第三人提供的不认定为违约行为。受托人未按期提出咨询报告或者提出的咨询报告不符合约定的，应当承担减收或者免收等违约责任。

（三）技术咨询合同当事人的责任

第八百八十一条　技术咨询合同的委托人未按照约定提供必要的资料，影响工作进度和质量，不接受或者逾期接受工作成果的，支付的报酬不得追回，未支付的报酬应当支付。

技术咨询合同的受托人未按期提出咨询报告或者提出的咨询报告不符合约定的，应当承担减收或者免收报酬等违约责任。

技术咨询合同的委托人按照受托人符合约定要求的咨询报告和意见作出决策所造成的损失，由委托人承担，但是当事人另有约定的除外。

本条规定了技术咨询合同当事人的责任。

技术咨询合同的委托人的违约行为主要表现为未按照约定提供必要的资料，以及不接受或者逾期接受工作成果。委托人未按照约定提供必要的资料影响受托人的工作进度和质量，不接受或者逾期接受受托人交付的工作成果的，委托人仍应向受托人支付报酬，已支付的报酬不能追回，未交付的应当交付。

技术咨询合同的受托人的违约行为主要表现为未按期提出咨询报告或者提出的咨询报告不符合约定的要求。技术咨询合同的受托人未履行其义务的，应当承担减收或者免收报酬等违约责任。

技术咨询合同的受托人仅对提出的咨询报告的质量负担保责任，而不对其提出的符合合同约定要求的咨询报告和意见的实施效果负责。因此，除当事人另有约定外，委托人按照受托人符合要求的咨询报告和意见作出决策所造成的损失，由委托人自行承担。

三、技术服务合同的效力

（一）技术服务合同委托人的义务

第八百八十二条　技术服务合同的委托人应当按照约定提供工作条件，完成配合事项，接受工作成果并支付报酬。

本条规定了技术服务合同委托人的义务。

技术服务合同委托人的义务主要有以下两项：

1. 按照约定提供服务条件，完成配合事项。委托人提供的服务条件，是受托人完成服务工作的客观条件。因此，委托人应当按照约定提供服务条件，如提供技术资料、数据、样品、材料、场地等。受托人发现委托人提供的服务条件不符合约定的，应及时通知委托人补正，委托人应在合理期限内予以补正。依《技术合同的解释》第35条第2款规定，技术服务合同受托人发现委托人提供的资料、数据、样品、材料、场地等工作条件不符合约定，未在合理期限内通知委托人的，视为其对委托人提供的工作条件予以认可。委托人在接到受托人的补正通知后未在合理期限内答复并予以补正的，发生的损失由委托人承担。为使受托人能够完成受托的服务工作，委托人还应当按照合同的约定，完成配合事项。

2. 按期接受受托人完成的工作成果并支付报酬。委托人接受受托人完成的工作成果时应当及时验收，发现工作成果不符合约定要求的，应当及时通知受托人改进。

（二）技术服务合同受托人的义务

第八百八十三条　技术服务合同的受托人应当按照约定完成服务项目，解决技术问题，保证工作质量，并传授解决技术问题的知识。

本条规定了技术服务合同受托人的义务。

技术服务合同受托人的义务主要有以下两项：

1. 按照约定完成服务项目，解决技术问题，保证工作质量，并传授解决技术问题的知识。依《技术合同的解释》第35条第1款规定，当事人对技术服务合同受托人提供服务所需费用的负担没有约定或者约定不明确的，由受托人承担。

2. 按照约定对委托人提供的资料、数据、样品等保密，妥善保管委托人提供的资料、数据、样品等。

（三）技术服务合同当事人的责任

第八百八十四条　技术服务合同的委托人不履行合同义务或者履行合同义务不符合约定，影响工作进度和质量，不接受或者逾期接受工作成果的，支付的报酬不得追回，未支付的报

酬应当支付。

技术服务合同的受托人未按照合同约定完成服务工作的，应当承担免收报酬的违约责任。

本条规定了技术服务合同当事人的责任。

技术服务合同双方当事人都应当履行自己的义务。委托人不履行合同义务或者履行合同义务不符合约定，影响受托人的工作进度和质量，不接受或者逾期接受受托人交付的工作成果的，支付的报酬不得追回，未支付的报酬还应如数支付。受托人未按照合同约定完成服务工作的，应当承担免收报酬等违约责任。

四、技术咨询合同和技术服务合同新技术成果的归属

第八百八十五条　技术咨询合同、技术服务合同履行过程中，受托人利用委托人提供的技术资料和工作条件完成的新的技术成果，属于受托人。委托人利用受托人的工作成果所完成的新的技术成果，属于委托人。当事人另有约定的，按照其约定。

本条规定了技术咨询合同和技术服务合同履行过程中取得新技术成果的归属。

基于技术咨询合同和技术服务合同履行所取得的新技术成果有两种情况：一是受托人在履行技术咨询合同和技术服务合同过程中，利用委托人提供的技术资料和工作成果取得新的技术成果；二是委托人利用受托人的工作成果而取得新的技术成果。技术咨询合同和技术服务合同新技术成果的归属，依当事人的约定确定。当事人没有约定或者约定不明确的，基于技术咨询合同和

技术服务合同取得的新技术成果归技术成果的完成人享有。

五、受托人完成工作的费用负担

第八百八十六条　技术咨询合同和技术服务合同对受托人正常
　　开展工作所需费用的负担没有约定或者约定不明确的，由受
　　托人负担。

　　本条规定了受托人完成工作的费用负担。

　　技术咨询合同和技术服务合同的受托人开展正常工作所需
的费用负担，合同中有明确约定的，依照其约定；合同中没有
约定或者约定不明确的，由受托人自行负担。

六、技术中介合同、技术培训合同的法律适用

第八百八十七条　法律、行政法规对技术中介合同、技术培训
　　合同另有规定的，依照其规定。

　　本条规定了技术中介合同、技术培训合同的法律适用。

　　技术中介合同是指双方当事人约定中介人为委托人与第三
人订立技术合同提供机会或者促成技术合同成立以及对履行合
同提供专门服务，委托人向受托人支付约定的报酬的合同。技
术中介合同涉及技术居间服务，国家对技术中介市场有特别规
定。技术培训合同是指当事人双方约定，受托人为委托人指定
的人员进行特定项目的专业技术指导和专业技术培训的合同。
技术培训合同中的培训，不包括职业培训、文化学习和按照行
业、法人或者非法人组织的计划进行的职工业余教育。技术培

训合同涉及技术指导和技术训练业务，国家也有特别规定。因技术中介合同和技术培训合同是两类特殊的技术服务合同，法律、行政法规另有规定的，应优先适用法律的特别规定。

依《技术合同的解释》第39条至第41条规定，技术中介合同当事人对中介人从事中介活动的费用负担没有约定或者约定不明确的，由中介人承担。当事人约定该费用由委托人承担但未约定具体数额或者计算方法的，由委托人支付中介人从事中介活动的支出的必要费用。中介人从事中介活动的费用，是指中介人和委托人订立技术合同前，进行联系、介绍活动所支出的通信、交通和必要的调查研究等费用。当事人对中介人的报酬数额没有约定或者约定不明确，应当根据中介人所进行的劳务合理确定，并由委托人承担。仅在委托人与第三人订立的技术合同中约定中介条款，但未约定给付中介人报酬或者约定不明确的，应当支付的报酬由委托人和第三人平均承担。所谓中介人的报酬，是指中介人为委托人与第三人订立技术合同以及对履行合同提供服务应当得到的收益。中介人未促成委托人与第三人之间的技术合同成立的，其要求支付报酬的请求，人民法院不予支持；其要求委托人支付其从事中介活动必要费用的请求，应当予以支持，但当事人另有约定的除外。中介人隐瞒与订立技术合同有关的重要事实或者提供虚假情况，侵害委托人利益的，应当根据情况免收报酬并承担赔偿责任。中介人对造成委托人与第三人之间的技术合同的无效或者被撤销没有过错，并且该技术合同的无效或者被撤销不影响有关中介条款或者技术中介合同继续有效，中介人要求按照约定或者本解释的有关规定给付从事中介活动的费用和报酬的，人民法院应当予以支持。中介人收取从事中介活动的费用和报酬不应当被视为委托人与第三人之间的技术合同纠纷中一方当事人的损失。

依《技术合同的解释》第37条规定，技术培训合同当事人对技术培训必要的场地、设施和试验条件等工作条件和管理责任没有约定或者约定不明确的，由委托人负责提供和管理。技术培训合同委托人派出的学员不符合约定条件，影响培训质量的，由委托人按照约定支付报酬。受托人配备的教员不符合约定条件，影响培训质量，或者受托人未按照计划和项目进行培训，导致不能实现约定培训目标的，应当减收或者免收报酬。受托人发现学员不符合约定条件或者委托人发现教员不符合约定条件，未在合理期间内通知对方，或者接到通知的一方未在合理期限内按约定改派的，应当由负有履行义务的当事人承担相应的民事责任。

第二十一章 保管合同

一、保管合同的概念和特征

第八百八十八条 保管合同是保管人保管寄存人交付的保管物，并返还该物的合同。

寄存人到保管人处从事购物、就餐、住宿等活动，将物品存放在指定场所的，视为保管，但是当事人另有约定或者另有交易习惯的除外。

第八百八十九条 寄存人应当按照约定向保管人支付保管费。

当事人对保管费没有约定或者约定不明确，依据本法第五百一十条的规定仍不能确定的，视为无偿保管。

第八百九十条 保管合同自保管物交付时成立，但是当事人另有约定的除外。

上三条规定了保管合同的概念和特征。

保管合同，又称寄托合同、寄存合同，是指当事人双方约定一方将物交付另一方保管的合同。保管物品的一方为保管人或称受寄托人，交付物品保管的一方为寄存人、寄托人，寄存人交付保管的物品为保管物。

保管合同具有以下法律特征：

1. 保管合同一般为无偿合同。保管合同是否有偿决定于保管人是否收取报酬。因保管合同是人们相互提供看管物品服务的一种法律形式，保管人一般是不收取报酬的，因此保管合同一般是无偿合同。但当事人约定寄存人应向保管人支付报酬的，保管合同为有偿合同。

2. 保管合同是实践性合同。除当事人另有约定外，保管合同自寄存人交付保管物时成立，因此，保管合同为实践性合同。也就是说，只有双方保管物品的意思表示一致，保管合同还不能成立，只有寄存人将保管物品交付给保管人，保管合同才成立。但是，当事人也可以约定保管合同自双方达成协议时成立。当事人有此特别约定时，保管合同就为诺成性合同。

3. 保管合同为双务合同。保管合同是双务合同还是单务合同，有不同的观点。一种观点认为，在有偿保管中，保管合同为双务合同；而在无偿保管中，保管合同为单务合同。实际上，即使在无偿保管，保管人也须负担保管人为保管物品所支出的必要费用。因此，可以说，保管合同双方都负有一定义务，不过保管合同当事人双方的义务不具有对应性。正是从这一意义上，学者称保管合同为准双务合同，而不属于典型双务合同。

4. 保管合同为不要式合同。法律对保管合同的形式未作特别规定，因此，保管合同为不要式合同，当事人采取何种合同形式，不影响保管合同的成立和效力。除当事人另有约定或者另有交易习惯外，寄存人到保管人处从事购物、就餐、住宿等活动，将物品存放到指定场所的，成立保管合同。

5. 保管合同的标的是保管行为。当事人订立保管合同的目的是由保管人为寄存人保管物品，因此，保管合同的标的是保管行为。保管人的保管行为所提供的是保管服务。保管服务也是一种劳务，因此，保管合同属于提供劳务类的合同。保管合同与其他提供劳务类合同在标的上的区别就在于保管合同的标的是保管行为。在租赁、承揽、运输等其他合同中也会发生保管行为，但其他合同不是以保管物品为目的的，合同的标的不是保管行为。

6. 保管合同移转保管物品的占有。保管合同以保管物品为目的，而保管人保管物须占有该物、能控制该物。因此，保管合同须移转保管物品的占有。但保管合同的保管人对保管物品的占有仅是为实施保存行为，而不是为其他目的。因此，除特殊的消费保管合同外，保管人不得擅自使用保管物。

二、保管合同的效力

（一）保管人的义务

1. 给付保管凭证的义务

第八百九十一条　寄存人向保管人交付保管物的，保管人应当出具保管凭证，但是另有交易习惯的除外。

本条规定了保管人给付保管凭证的义务。

除当事人另有约定外，寄存人向保管人交付保管物，保管合同才成立。寄存人向保管人交付保管物的，除另有交易习惯以外，保管人应当给付保管凭证。保管凭证是保管人向寄存人给付的表示已经收到保管物的一种凭证。保管凭证一方面具有证明保管人已收到保管物，证明保管合同存在的作用，但有无保管凭证并不影响合同的成立；另一方面具有证明保管物归属的作用。因为保管凭证就代表着保管物，因此寄存人应持保管凭证领取保管物，不持有保管凭证无权领取保管物，除非能够以其他证据证明保管合同的存在。

2. 妥善保管的义务

第八百九十二条　保管人应当妥善保管保管物。

当事人可以约定保管场所或者方法。除紧急情况或者为维护寄存人利益外，不得擅自改变保管场所或者方法。

本条规定了保管人妥善保管保管物的义务。

保管合同是以对物品进行保管为目的合同，因此，妥善保管保管物是保管人的基本义务。妥善保管，要求保管人应尽相当的注意义务进行保管。当事人在合同中约定了保管场所或者方法的，保管人应于约定场所或者以约定方法保管，除紧急情况或者为了维护寄存人的利益外，保管人不得擅自改变保管场所或者方法。否则，保管人的保管即为不妥善的。在紧急情况下或为了维护寄存人的利益，保管人不得不改变保管场所或方法时，保管人虽可不经寄存人同意而改变保管场所或者方法，但也应当将此情形及时通知寄存人。当事人对保管场所或方法没有明确约定的，保管人应与保管自己的物品一样地对保管物进行保管。

3. 亲自保管的义务

第八百九十四条　保管人不得将保管物转交第三人保管，但是当事人另有约定的除外。

保管人违反前款规定，将保管物转交第三人保管，造成保管物损失的，应当承担赔偿责任。

本条规定了保管人亲自保管的义务。

寄存人是基于对保管人的信任，才与保管人订立保管合同的。因此，保管人应当亲自保管保管物，除当事人另有约定外，不得将保管物转交第三人保管。所谓亲自保管，也就是要将保管物置于自己的控制之下，保存于自己的保管场所。保管人亲自保管并非指仅能由保管人自己保管，也包括保管人使用履行辅助人保管。保管人未经寄存人同意而将保管物转交第三人保管的，对保管物造成损失的，保管人应当承担损害赔偿责任，而不论其在选任第三人或者对第三人的指示上是否有过错。经寄存人同意，保管人将保管物转交第三人保管的，保管物的损失非因保管人对第三人的选任或者指示有过错造成的，保管人不承担损害赔偿责任。

4. 不得使用或许可第三人使用保管物的义务

第八百九十五条　保管人不得使用或者许可第三人使用保管物，但是当事人另有约定的除外。

本条规定了保管人不得使用或者许可第三人使用保管物的义务。

保管合同的标的是保管行为。保管人占有保管物是为保存保管物而不是为了使用保管物。当事人订立保管合同的目的根本就不是为了对保管物的使用。因此，保管人不得使用或者许可第三人使用保管物。保管人无权自己使用保管物，也无权许可第三人使用保管物，作为原则，在当事人另有约定的情况下，保管人也可以使用或者许可第三人使用保管物。另外，按照交易习惯，保管物的使用也是保管方法的组成部分时，即基于保管物性质为保管的必要须使用保管物时，保管人也可以使用保管物。保管人擅自使用或者许可第三人使用保管物的，应向寄存人支付相当于租金的报酬。

5. 危险通知义务

第八百九十六条　第三人对保管物主张权利的，除依法对保管物采取保全或者执行措施外，保管人应当履行向寄存人返还保管物的义务。

第三人对保管人提起诉讼或者对保管物申请扣押的，保管人应当及时通知寄存人。

本条规定了保管人的危险通知义务。

所谓保管人危险通知义务，是指在出现保管物因第三人或者自然原因会失去的危险情形时，保管人应当及时通知寄存人。

保管物因第三人的原因会失去的危险情形，是指第三人对保管人提起诉讼或者对保管物申请扣押，于此情形下保管人应及时通知寄存人，以便于寄存人行使权利，避免其失去保管物。在第三人对保管物主张权利时，除有关机关依法对保管物采取财产保全或者执行措施外，并不影响保管人返还保管物的义务。因此，第三人对保管物主张权利并不属于保管人应通知寄存人的危险。

保管物因自然原因会失去的危险，是指保管物受到意外的毁损、灭失或者有毁损、灭失的危险，于此情形下，保管人也应及时通知寄存人，以使寄存人采取必要的措施避免或者减少损失。

6. 保管物毁损时的赔偿责任

第八百九十七条　保管期间，因保管人保管不善造成保管物毁损、灭失的，保管人应当承担赔偿责任。但是，无偿保管人证明自己没有故意或者重大过失的，不承担赔偿责任。

本条规定了保管物毁损、灭失时保管人的赔偿责任。

因为保管人负有妥善保管保管物的基本义务，因此，因保管人未尽相应的注意义务而造成保管物毁损、灭失的，保管人应承担损害赔偿责任。因为保管人的注意义务的注意程度依保管是有偿还是无偿而有所不同，所以保管人对保管物毁损、灭失的赔偿责任也因保管的有偿还是无偿而有所不同。在保管是有偿时，保管人承担的赔偿责任为一般过错责任，只要保管物的毁损、灭失是因保管人的过错造成的，保管人就应承担赔偿责任；在保管是无偿时，保管人承担的赔偿责任为重大过失责任，只有保管物的毁损、灭失是因保管人故意或者重大过失造成的，保管人才承担赔偿责任，如果保管人能够证明自己没有故意或者重大过失，那么保管人就不承担赔偿责任。

在实务中当事人经常为超市等商业场所对顾客寄存的物品所发生的毁损、灭失是否应承担赔偿责任发生纠纷。关于商业场所对顾客寄存的物品的保管责任，合同法并没有特别规定。学者中也有不同的观点。通说认为，商业场所的保管即使是无偿的，但因其保管行为是附属于营业行为的，其保管行为的报酬已经包含在其营业的收费之中，因此，应将商业场所的无偿保管视为有偿保管。商业场所的保管责任应重于一般保管人的责任。顾客寄存在于商业场所的物品，在寄存期间发生毁损、灭失的，只要商业场所不能证明自己没有过错，就应当承担损害赔偿责任。

7. 返还保管物的义务

第八百九十九条 寄存人可以随时领取保管物。

当事人对保管期限没有约定或者约定不明确的，保管人可以随时要求寄存人领取保管物；约定保管期限的，保管人无特

别事由，不得要求寄存人提前领取保管物。

第九百条　保管期限届满或者寄存人提前领取保管物的，保管人应当将原物及其孳息归还寄存人。

上两条规定了保管人返还保管物的义务。

因为保管合同仅移转标的物的占有，而不转移标的物的所有权，保管并不改变保管人所保管的保管物为寄存人享有所有权这一事实。因此，寄存人有领取保管物的权利，保管人负有将保管物返还给寄存人的义务。

保管人履行返还保管物义务，也就是寄存人行使领取保管物的权利。作为所有权人的寄存人可以随时领取保管物。当事人对保管期间没有约定或者约定不明确的，保管人也可以随时要求寄存人领取保管物，以履行其返还保管物的义务；但保管合同约定保管期间的，除有特别事由外，在保管合同期限届满前，保管人不得要求寄存人提前领取寄存的保管物。

保管合同约定的保管期间届满或者寄存人提前领取保管物时，保管人应当将保管物返还给寄存人。但除当事人另有约定外，保管人可以于保管保管物的场所返还保管物，保管人并不负有将保管物送交给寄存人的义务，寄存人应自行前往保管场所领取保管物。

保管人返还保管物时，如保管物在保管期间有孳息，则保管人应将孳息一并返还给寄存人。

（二）寄存人的义务

1. 保管物的状况的告知义务

第八百九十三条　寄存人交付的保管物有瑕疵或者按照保管物

的性质需要采取特殊保管措施的，寄存人应当将有关情况告知保管人。寄存人未告知，致使保管物受损失的，保管人不承担赔偿责任；保管人因此受损失的，除保管人知道或者应当知道且未采取补救措施外，寄存人应当承担赔偿责任。

本条规定了寄存人告知保管物的状况的义务。

寄存人的告知义务包括以下两方面内容：

一是保管物瑕疵的告知义务。保管物的瑕疵是指保管物自身存在的破坏性缺陷。保管物有瑕疵的，寄存人应当将保管物的瑕疵告知保管人，以使保管人知道瑕疵的存在，采取必要的措施，防止或避免保管物损坏或保管人受到损失；

二是按照保管物的性质需要特殊的保管措施的告知义务。寄存人寄存的物品按照保管物的性质如属于易燃、易爆、有毒、放射性、腐蚀性等，需要特殊的保管措施的，寄存人应当告知保管人，以便保管人按照保管物的性质采取相应的特殊保管措施，以避免损害的发生。

寄存人没有履行告知义务，致使保管物受损失的，保管人不承担赔偿责任，由寄存人自行承担损失；保管人因此受有损失的，保管人不知道也不应知道保管物需要采取特殊措施的，寄存人应当承担损害赔偿责任。保管人知道或者应当知道并且未采取措施的，保管人应自行承担由此造成的损失。

2. 寄存贵重物品的声明义务

第八百九十八条　寄存人寄存货币、有价证券或者其他贵重物品的，应当向保管人声明，由保管人验收或者封存；寄存人未声明的，该物品毁损、灭失后，保管人可以按照一般物品予以赔偿。

本条规定了寄存人寄存贵重物品的声明义务。

货币、有价证券或者其他贵重物品，具有价值高，且在毁损、灭失后价值不易确定的特点。保管人对此类物品需要采取不同于一般物品的保管方法。因此，为避免当事人在保管物发生毁损、灭失后就赔偿数额发生争议，寄存人在寄存货币、有价证券或者其他贵重物品时，负有声明的义务。寄存人应当向保管人声明其寄存的物品为货币、有价证券或者其他贵重物品，由保管人验收或者封存。保管人验收或者封存的目的就在于确定寄存人交存的物品的数额、价值，并采取相应的保管措施。寄存人没有向保管人声明寄存的物品为货币、有价证券或者其他贵重物品的，该物品毁损、灭失的，保管人可以按照一般物品予以赔偿。

3. 支付保管费以及其他费用的义务

第九百零二条　有偿的保管合同，寄存人应当按照约定的期限向保管人支付保管费。

当事人对支付期限没有约定或者约定不明确，依据本法第五百一十条的规定仍不能确定的，应当在领取保管物的同时支付。

第九百零三条　寄存人未按照约定支付保管费以及其他费用的，保管人对保管物享有留置权，但是当事人另有约定的除外。

上两条规定了寄存人支付保管费及其他费用的义务。

有偿保管合同的寄存人应当按照合同的约定向保管人支付保管费。这里所谓的保管费是指寄存人应当向保管人支付的报酬。寄存人应按约定的期限支付保管费。合同中对支付保管费的期限没有约定或者约定不明确，依照其他方法也不能确定的，寄存人应于领取保管物的同时支付保管费。

　　无偿保管合同的寄存人不负支付保管费的义务。但是无论是有偿保管还是无偿保管，寄存人都应负担保管人为保管保管物所支出的必要费用。因此，无偿保管的寄存人也负有支付保管人为保管物所支出的必要费用的义务。例如，即使在无偿保管，保管人为维持保管物的原状而支出的包装、防腐等费用，也应由寄存人负担。

　　寄存人未按照约定支付保管费以及其他费用的，保管人对保管物享有留置权。但当事人约定不得留置的，保管人对保管物不享有留置权。

三、替代物保管合同保管物的返还

第九百零一条　保管人保管货币的，可以返还相同种类、数量的货币；保管其他可替代物的，可以按照约定返还相同种类、品质、数量的物品。

　　本条规定了保管人保管替代物的保管物的返还。

　　替代物是指可以同种类、品质、数量代替的物。货币和其他种类物都为替代物。保管货币或者其他种类物的保管合同，因为保管人可以不返还原物，而仅需返还同种类、品质、数量的物品，在保管期间保管人实际上可以处分保管物即消费保管的物品，因此，有的称此种保管合同为消费保管合同。

　　消费保管合同与一般保管合同相比较，主要有以下区别：（1）保管合同的保管物须为货币或者其他可替代物，而不是不可替代的特定物。（2）保管人可以处分保管的物品。关于消费保管合同是否发生保管物所有权的转移，有不同的观点。但因为保管人可以不返还原物，因此，在保管期间保管人可以对保管物予以处分，这是没有争议的。（3）保管人享有保管物的利益的同时也负担保管物毁损、灭失的风险。也就是说，无论在何情形下，保管人都负有返还义务。（4）在保管人破产时，寄存人对保管物无取回权。（5）合同终止时保管人仅需向寄存人返还同种类、同数量的货币或者其他同种类、品质、数量的可替代物。

消费保管合同保管人的主要义务就是到期返还同种类、品质、数量的保管物品。如果当事人约定保管人使用保管物品应支付利息的，则保管人还应依约定支付利息，于此情形下寄存人就保管物的瑕疵应负担保责任。

第二十二章　仓储合同

一、仓储合同的概念和特征

第九百零四条　仓储合同是保管人储存存货人交付的仓储物，存货人支付仓储费的合同。

本条规定了仓储合同的概念。

仓储合同即仓储保管合同，是指保管人储存存货人交付的仓储物，存货人支付仓储费的合同。仓储亦即以仓库储存，为仓库营业。仓库营业是专门为他人储存、保管货物的商业活动，是现代社会货物的生产、流通不可或缺的重要环节。依据仓库营业经营的目的，仓库可分为保管仓库和保税仓库。保管仓库是指仅以货物的储存和保管为目的的仓库；保税仓库是指存储进口手续尚未完成的货物的仓库。在保税仓库储存的货物不视为进口货物，其是否缴纳进口税依货物是否决定进口而定。

仓储合同具有以下法律特征：

1. 仓储合同的保管人是从事仓储保管业务的人。因为仓储是利用仓库为他人储藏、保管货物的营业活动，所以仓储合同的保管人只能是仓库营业人。这是仓储合同在主体上不同于保管合同的根本特征。仓库营业人因从事仓储保管业务，必须具有仓储设施和从事仓储业务的资格。所谓仓储设施，是指能够满足储藏和保管货物的条件和设备。所谓从事仓储业务的资格，是指保管人须取得专营或者兼营仓储保管业务的营业许可，办理了仓储营业登记。

2. 仓储合同保管的对象为动产。仓储合同的保管人是利用自己的仓库为存货人保管仓储物的，存货人应按合同约定将仓储物交付保管人。因此，仓储合同保管人保管的对象也就是仓储物只能是动产，而不能是不动产。

3. 仓储合同是诺成性合同。合同法明确规定，除当事人另有约定外，保管合同自保管物交付时成立。而法律对于仓储合同并未作此规定。而仓储合同的主体特征也决定了仓储物的交付不是合同的成立条件。因此，仓储合同为诺成性合同，自双方达成仓储货物的合意时起，合同就成立。这是仓储合同在成立条件上不同于保管合同之处。

4. 仓储合同为双务合同、有偿合同、不要式合同。仓储合同当事人双方都负有一定义务、享有一定权利，双方的义务具有对应性，因此，仓储合同为双务合同。仓储合同的保管人保管仓储物是其营业，收取仓储费是保管人的营业收入来源。因此，仓储合同只能是有偿的，而不能是无偿的。关于仓储合同是否为要式合同，有不同的观点。一种观点认为，仓储合同为要式合同，仓单是仓储合同的表现形式。但合同法并未对仓储合同作出形式上的特别要求，签发仓单也不是仓储合同的成立或生效要件。因此，仓储合同应属于不要式合同，当事人采取何种形式订立并不影响仓储合同的成立生效。

二、仓储合同的成立时间

第九百零五条　仓储合同自保管人和存货人意思表示一致时成立。

本条规定了仓储合同的成立时间。

仓储合同为诺成性合同，因此仓储合同自双方达成协议时成立。自成立时合同也就生效，而无须办理其他的特别手续。仓储合同生效也就是双方的权利义务发生效力。因此，自仓储合同成立时起，存货人就应按照合同的约定交付货物给保管人储存，否则，存货人应承担违约责任；保管人就应按照合同的约定接受存货人交付的仓储物并予以保管，否则，保管人应承担违约责任。

三、仓储合同的效力

（一）仓储物入库时双方的权利义务

1. 存货人的告知义务

第九百零六条　储存易燃、易爆、有毒、有腐蚀性、有放射性等危险物品或者易变质物品的，存货人应当说明该物品的性质，提供有关资料。

存货人违反前款规定的，保管人可以拒收仓储物，也可以采取相应措施以避免损失的发生，因此产生的费用由存货人承担。

保管人储存易燃、易爆、有毒、有腐蚀性、有放射性等危险物品的，应当具备相应的保管条件。

本条规定了仓储物入库时存货人的告知义务。

仓储物入库是指存货人将仓储物交付保管人验收后置于保

管人仓库之中。仓储物入库，保管人的保管义务也就开始发生效力。

在仓储物入库方面，存货人的义务是按约定交付仓储物，提供验收资料，报告货物有关情况。存货人应当按照合同约定的时间和数量交付货物给保管人储存。存货人交付的货物应按约定进行包装，因包装不符合约定而造成仓储物毁损的，由存货人自行承担。存货人交付仓储物时应提供验收资料，以便保管人验收货物。存货人交付货物时，应如实报告货物的有关情况。储存易燃、易爆、有毒、有腐蚀性、有放射性等危险物品或者易变质物品的，存货人应告知该物品的性质，提供有关资料。存货人不据实告知和提供有关资料的，保管人可以拒收仓储物，也可以采取相应措施以避免损失的发生，因此产生的费用由存货人承担。

保管人储存危险物品的，应当具备相应的保管条件。保管人不具备相应的保管条件而保管易燃、易爆、有毒、有腐蚀性、有放射性等危险物品的，对由此造成的损害应承担赔偿责任。

2. 保管人的验收义务

第九百零七条　保管人应当按照约定对入库仓储物进行验收。保管人验收时发现入库仓储物与约定不符合的，应当及时通知存货人。保管人验收后，发生仓储物的品种、数量、质量不符合约定的，保管人应当承担赔偿责任。

本条规定了仓储物入库时保管人的验收义务。

在仓储物入库时保管人的义务是接受和验收存货人交付的仓储物。保管人应按照约定接受存货人交付的仓储物并对其验收。保管人验收的项目主要包括：货物的品名、规格、数量、外包装状态以及无须开拆包装直观可辨的质量状况等。包装内的货物品名、规格、型号、数量，以外包装或货物上的标志为准；外包装或货物上无标志的，以存货人提供的验收资料为准。保管人验收时发现入库仓储物与约定不符合的，应当及时通知存货人。

保管人验收仓储物入库后，发生仓储物的品种、数量、质量不符合约定的，保管人应当承担赔偿责任。

（二）保管人给付仓单的义务

第九百零八条　存货人交付仓储物的，保管人应当出具仓单、入库单等凭证。

第九百零九条　保管人应当在仓单上签字或者盖章。仓单包括下列事项：

（一）存货人的姓名或者名称和住所；

（二）仓储物的品种、数量、质量、包装及其件数和标记；

（三）仓储物的损耗标准；

（四）储存场所；

（五）储存期间；

（六）仓储费；

（七）仓储物已经办理保险的，其保险金额、期间以及保险人的名称；

（八）填发人、填发地和填发日期。

上两条规定了保管人给付仓单等的义务。

保管人接受存货人交付的货物的，应当向存货人给付仓单、入库单等凭证。这是保管人的一项基本义务。

从各国的立法看，关于仓单主要有三种立法例。其一为以法国为代表的两单主义，又称为复单主义。采取这种立法例的立法规定，仓库营业人应同时填发两份仓单，一是提取仓单，用以提取仓储物并可转让；其一为出质仓单，可用于担保。其二为以德国法为代表的一单主义。采取此种立法例的立法规定，仓库营业人仅填发一仓单。该仓单既可用于转让，又可用于出质。其三为以日本法为代表的两单与一单并用主义。采取此种立法例的立法规定，仓库营业人应存货人的请求填发一单或者两单。从我国合同法的规定看，我国是采取一单主义的立法例的。保管人接受存货人交付仓储物的，应当填发一仓单，而不能填发两仓单。

仓单是保管人应存货人的请求签发的一种有价证券。仓单上应记载以下事项：（1）存货人的名称、姓名和住所；（2）仓储物的品种、数量、质量、包装及其件数和标记；（3）仓储物的损耗标准；（4）仓储物的储存场所；（5）仓储物的储存期间；（6）仓储费；（7）仓储物已办理保险的，其保险金额、期间以及保险人的名称；（8）仓单的填发人、填发地和填发日期。保管人应在仓单上签字或者盖章。

（三）　仓单的性质和效力

第九百一十条　仓单是提取仓储物的凭证。存货人或者仓单持有人在仓单上背书并经保管人签名或者盖章的，可以转让提取仓储物的权利。

本条规定了仓单的性质和效力。

仓单是有价证券，是提取仓储物的凭证。因为仓单是以给付一定物品为标的的有价证券，所以仓单为物品证券。由于转让仓单可以转让提取仓储物的权利，因此仓单为物权证券。仓单上的事项须依法律规定作成，所以仓单属于要式证券。仓单的记载事项决定当事人的权利义务，当事人须依仓单的记载主张权利，因此仓单为文义证券、不要因证券。又因为仓单是仓库营业人自己填发的，由自己负担给付义务的，所以仓单为自付证券。

仓单上所载明的权利与仓单是不可分离的。仓单具有以下两方面的效力：

其一，受领仓储物的效力。保管人一经填发仓单，仓单也就成为提取仓储物的有效凭证。仓单持有人受领仓储物时，不仅应提示仓单，而且还应于受领仓储物后缴回仓单。

其二，转让仓储物的效力。保管人填发仓单后，转让仓单也就发生仓储物所有权的转移。依我国法规定，仓单的转让不仅须由存货人或仓单持有人在仓单上背书，还须经保管人签字或者盖章。因此，仓单未经仓储物所有人背书并经保管人签字或者盖章的，不发生仓储物所有权转让的效力。

仓单的持有人可以要求保管人将保管的仓储物分割为数部分，并就各部分分别填发仓单，同时持有人须交还原仓单。学说上称此为仓单的分割。仓单分割的目的是为了便于存货人处分仓储物。分割仓单所支出的费用，应由存货人支付或者偿还。

仓单因损毁或遗失、被盗而灭失的，存货人或仓单持有人失去仓单的，可以依《民事诉讼法》的规定，通过公示催告程序以确认其权利。

（四）保管人的容忍义务

第九百一十一条　保管人根据存货人或者仓单持有人的要求，应当同意其检查仓储物或者提取样品。

本条规定了保管人的容忍义务。

保管人的容忍义务是指保管人应当容忍存货人或者仓单持有人检查仓储物或提取样品。存货人或者仓单持有人可以要求对仓储物进行检查或者提取样品。存货人或者仓单持有人要求检查仓储物或者提取样品的，保管人应当同意，不得发难。

（五）保管人的通知义务

第九百一十二条　保管人对发现入库仓储物有变质或者其他损坏的，应当及时通知存货人或者仓单持有人。

第九百一十三条　保管人发现入库仓储物有变质或者其他损坏，危及其他仓储物的安全和正常保管的，应当催告存货人或者仓单持有人作出必要的处置。因情况紧急，保管人可以作出必要的处置；但是，事后应当将该情况及时通知存货人或者仓单持有人。

上两条规定了保管人的通知义务。

保管人的通知义务，是指出现特定情况时应及时将该情况通知存货人或者仓单持有人。保管人通知义务主要包括以下两项：

其一是仓储物出现危险的情况通知。在仓储物出现危险情况时，保管人应当将该情况及时通知存货人或者仓单持有人，以使存货人或者仓单持有人及时采取措施，以避免或减少损失。这种危险情况主要包括：（1）入库仓储物有变质或者其他损坏，发生减少或者价值的减少;(2)仓储物临近失效期;(3)第三人对仓储物主张权利已经起诉或者仓储物被扣押。

其二是行使紧急处置权后的通知。保管人发现入库仓储物危及其他仓储物的安全和正常保管的,应当催告存货人或者仓单持有人作出必要的处置。在紧急情况下,来不及催告存货人或者仓单持有人处置的,保管人也可以作出必要的处置。保管人的此项权利为法定的紧急情况下的处置权。但是,保管人行使紧急处置权对仓储物作出必要处置后,应当将该情况及时通知存货人或者仓单持有人。

(六) 仓储物提取方面当事人的权利义务

第九百一十四条　当事人对储存期限没有约定或者约定不明确的,存货人或者仓单持有人可以随时提取仓储物,保管人也可以随时要求存货人或者仓单持有人提取仓储物,但是应当给予必要的准备时间。

第九百一十五条　储存期限届满,存货人或者仓单持有人应当凭仓单、入库单等提取仓储物。存货人或者仓单持有人逾期提取的,应当加收仓储费;提前提取的,不减收仓储费。

第九百一十六条　储存期限届满,存货人或者仓单持有人不提取仓储物的,保管人可以催告其在合理期限内提取,逾期不提取的,保管人可以提存仓储物。

上三条规定了当事人在仓储物提取上的权利义务。

1. 储存期限没有明确约定的仓储物提取

仓储合同没有约定储存期限或者约定不明确的,存货人或者仓单持有人可以随时提取仓储物,保管人也可以要求存货人或者仓单持有人提取仓储物。但是保管人要求存货人或者仓单持有人提取仓储物的，应当给予必要的准备时间。

2. 储存期限有明确约定的仓储物提取

仓储合同中明确规定了储存期限的，存货人或者仓单持有人应当按期凭仓单提取仓储物。存货人或者仓单持有人逾期提取的，应当加收仓储费。在储存期限届满前，保管人不能要求存货人或者仓单持有人提取仓储物，但存货人或者仓单持有人要求提前提取的，保管人应予许可，但不减收仓储费。

3. 存货人或仓单持有人逾期提货的后果

储存期限届满，存货人或者仓单持有人不提取仓储物的，保管人可以催告其在合理期间提取。存货人或者仓单持有人经催告在合理期限届满后仍不领取的，保管人可以提存仓储物。保管人提存仓储物后，其保管义务免除。

（七）仓储物毁损、灭失的赔偿责任

第九百一十七条　储存期内，因保管不善造成仓储物毁损、灭失的，保管人应当承担赔偿责任。因仓储物的自然性质、包装不符合约定或者超过有效储存期造成仓储物变质、损坏的，保管人不承担赔偿责任。

本条规定了保管人对仓储物毁损、灭失的损害赔偿责任。

仓储合同存货人订立合同的目的就是让仓库营业人保管仓储物，因此，妥善保管仓储物是保管人的基本义务。保管人应当按照合同约定的储存条件和要求，妥善保管仓储物。在储存期间因保管人保管不善造成仓储物毁灭损失的，保管人应当承担损害赔偿责任。保管人是否妥善保管，是以仓储物是否受损为标准的。只要仓储物在储存期间毁损、灭失，保管人就应承担赔偿责任，除非保管人能够证明仓储物的毁损、灭失是因仓储物的性质、包装不符合约定或者超过有效储存期间造成的。这也就是说，仓储合同保管人对仓储物毁损的赔偿责任，不能以证明自己没有过错而免责。

四、保管合同有关规定的适用

第九百一十八条　本章没有规定的，适用保管合同的有关规定。

本条规定了仓储合同对保管合同有关规定的适用。

仓储合同与保管合同都是以保管人的保管行为为标的的，二者极为相似。在采取民商分立立法例的国家，保管合同为民事合同，仓储合同为商事合同。在采取民商合一立法例的国家，仓储合同与保管合同为民法上两类独立的合同，不过，法律关于仓储合同的规定为特别规定，关于保管合同的规定为一般规定。我国合同法关于仓储合同的规定和保管合同的规定的关系，就属于特别规定与一般规定的关系。因此，对仓储合同没有规定的，适用保管合同的有关规定。

第二十三章　委托合同

一、委托合同的概念和特征

第九百一十九条　委托合同是委托人和受托人约定，由受托人处理委托人事务的合同。

本条规定了委托合同的概念。

委托合同是指当事人双方约定一方为另一方处理事务的合同。其中一方为委托人，处理事务的另一方为受托人。委托合同中的委托人可以是自然人，也可以是法人或非法人组织，不过委托人为自然人又不具有民事行为能力的，应由其法定代理人代理订立委托合同。至于委托合同的受托人是否仅限于自然人，则有不同的观点。一种观点认为，委托人只能是自然人，因为受托人不但须提供劳务，而且原则上须亲自处理事务，法人无法为之。另一种观点认为，法人也可以成为受托人，其理由主要有三：第一，法人也可以由于经营能力和经营业绩等因素而成为被信任的对象，并可以凭借自己的法定代表人及其他工作人员的活动去完成处理委托人事务的工作；第二，对于"受托人原则上应亲自处理事务"不应作狭义的理解，该语的意思并不是指必须由受托人亲力而为，而是强调须由被委托的人而非其他主体去处理受托的事务，从而维系委托人与受托人之间的信任关系。当法人被信任而成为委托合同关系中的受托人时，法定代表人及其他工作人员处理受托的事务自应归入"亲自处理"的范畴；第三，现代社会中，社会服务业地位日显重要，法人提供劳务已为常态，法人作为受托人更有其合理性和必要性。这对于规制法人提供劳务的活动，提高人民的生活质量大有益处。

委托合同具有以下特征：

1. 委托合同是以委托人与受托人的相互信任为基础的。委托人之所以选定受托人为自己处理事务，是以其对受托人的能力和信誉的了解、相信受托人能够处理好委托的事务为基础的。而受托人之所以接受委托，也是基于对委托人的了解和信任。因此，当事人双方的相互信任是委托合同订立的前提条件，委托合同正是以委托人与受托人的相互信任为基础的。即使在委托关系成立后，任何一方失去了对对方的信任，也都可以随时解除委托合同。

2. 委托合同的标的是处理受托事务。委托合同属于提供劳务类的合同，合同的标的为劳务。委托合同与其他提供劳务类合同的标的不同之处，就在于委托合同中提供的劳务体现为受托人为委托人处理受托的事务。关于委托人可以委托处理的事务的范围有不同的立法例。一种立法例是对委托事务不予限制，可以是法律行为也可以是事实行为；另一种立法例是对委托事务仅限于法律行为，而不包括事实行为，委托处理非法律行为的称为准委托。我国合同法对于委托合同委托事务的范围未作规定，应当认定为不受限制。但是委托人可委托受托人处理的事务必须是委托人可以实施的，并且不违反法律或公序良俗，同时依其性质也可以由他人代为实施的行为。

3. 委托合同为诺成性合同、不要式合同、双务合同。委托合同自双方意思表示一致时即可成立生效，并不以标的物的交付或当事人的实际履行为合同成立生效要件，因此，委托合同为诺成性合同而不是实践性合同。法律对委托合同的形式未作特别要求，当事人可以根据具体情形任意选择订立合同的形式，因此委托合同为不要式合同。但法律、行政法规对于某些委托合同规定应采取特定形式的，该委托合同则为要式合同。委托合同的委托人须负担受托人处理受托事务的费用，而受托人负有处理委托人事务的义务，因此委托合同双方都负有一定义务，委托合同也就属于双务合同，但委托合同不是典型的双务合同，当事人双方的权利义务不具有对应性。

4. 委托合同可以是无偿合同，也可以是有偿合同。在罗马法上，委托合同为无偿合同。现在各国立法大多规定，委托合同以无偿为原则，以有偿为例外。也就是说，如果当事人没有特别约定，委托合同就是无偿的。我国合同法规定委托合同可以是有偿的，也可以是无偿的。委托合同是否有偿决定于当事人的约定或者交易习惯。如果当事人约定委托人应给付报酬或者根据交易习惯委托人应给付报酬，委托合同就是有偿的；否则即为无偿的。

二、委托合同与相关概念的区别

（一）委托合同与委托代理的区别

《民法典》第 162 条规定，代理人在代理权限内，以被代理人名义实施的民事法律行为，对被代理人发生效力。第 163 条规定，代理包括委托代理和法定代理。委托代理人按照被代理人的委托行使代理权。法定代理人依照法律的规定行使代理权。可见，委托代理是基于被代理人的委托授权而发生的代理，而委托授权的基础主要就是委托合同。因此委托合同与委托代理有密切关系，但二者又有区别。委托合同与委托代理的区别主要在于：（1）委托合同委托人委托的事项可以是民事法律行为也可以是事实行为。而代理人的代理行为不包括事实行为；（2）委托合同存在于委托人与受托人之间，属于对内关系。而代理存在于本人与代理人以外的第三人之间，属于对外关系；（3）被代理人授予代理人代理权为单方法律行为，无须有对方的承诺。而委托合同是双方法律行为，委托合同的成立应有受托人的承诺，如果受托人不承诺，委托合同就不能成立。

（二）委托合同与雇佣合同的区别

我国现行合同法未将雇佣合同规定为典型合同，但现实生活中雇佣合同常见。由于雇佣合同的受雇人应为雇佣人提供劳务，委托合同的受托人应为委托人提供劳务。因此委托合同与雇佣合同相似。委托合同与雇佣合同的区别主要有以下几点：（1）委托合同订立的目的是由受托人为委托人处理一定事务，受托人提供劳务是实现这一目的的手段。而雇佣合同订立的目的就是由受雇人向雇佣人提供劳务；（2）委托合同中受托人虽然应依委托人的指示处理事务，但是在处理事务中也有一定独立裁量的权利。而雇佣合同受雇人依雇佣合同提供劳务，须服从雇佣人的指示；（3）委托合同可以有偿，也可以无偿。而雇佣合同只能是有偿的，不能是无偿的。

（三）委托合同与承揽合同的区别

委托合同与承揽合同也相似，但二者有以下区别：（1）委托合同不以受托人完成事务的一定成果为必要。而承揽合同以承揽人完成一定工作并取得工作成果为必要；（2）委托合同注重的是受托人处理事务的过程，受托人原则上不得将事务的处理转交他人。而承揽合同的承揽人可以将承揽的工作的次要部分交由第三人完成；（3）委托合同可为无偿的，而承揽合同只能是有偿的。

三、特别委托与概括委托

第九百二十条　委托人可以特别委托受托人处理一项或者数项事务，也可以概括委托受托人处理一切事务。

本条规定了特别委托和概括委托。

委托人对受托人的委托可以是特别委托也可以是概括委托。特别委托是指委托合同中约定委托人处理特定的一项或者数项事务的委托。特别委托的受托人只能依委托人的指示处理受托处理的特定事项，而对于委托人未予以委托处理的事项不得处理。概括委托是指委托合同中未特别规定委托的事项，而是规定委托人委托受托人处理相关的一切事项。

对于法律、法规规定须有特别授权的事项，委托人只能以特别委托的方式委托受托人处理，而不能以概括委托的方式委托受托人处理。因此，不能认为概括委托的委托范围广于特别委托的委托范围。

四、委托合同的效力

（一）委托人支付处理委托事务费用的义务

第九百二十一条　委托人应当预付处理委托事务的费用。受托人为处理委托事务垫付的必要费用，委托人应当偿还该费用及其利息。

本条规定了处理委托事务费用的支付。

委托合同有偿的，委托人负有支付报酬的义务；委托合同无偿的，委托人不负支付报酬的义务。但不论委托合同是否有偿，委托人都负有向受托人支付处理委托事务费用的义务，因为受托人是以委托人的费用为委托人处理委托的事务的。

委托人履行支付费用的义务有两种方式：一是预付；二是偿还受托人垫付的费用。

委托人应当按照合同的约定预付处理委托事务的费用。预付费用的使用是为委托人利益的，与委托事务的处理无对价关系。因此，预付费用与委托事务的处理两者间不存在适用同时抗辩权问题。但是，除当事人另有约定外，受托人并无垫付费用的义务，因此，因委托人未按约定预付处理委托事务的费用而受托人不处理受托事务的，受托人不负迟延履行或者拒绝履行的违约责任。也正因为预付费用是为委托人利益而使用的，受托人无要求法院强制委托人预付费用的权利。如果委托合同为有偿合同，因委托人拒绝预付费用而影响受托人基于该委托合同的收益或者给受托人造成损失的，受托人可以请求委托人赔偿损失。

受托人虽无垫付费用的义务，但是如果受托人垫付了费用，则受托人有权请求委托人偿还其垫付的费用及其利息，委托人也就负有偿还受托人垫付的费用的义务。委托人偿还的费用不仅包括受托人处理委托事务的必要费用，而且还包括该费用的利息。所谓必要费用，是指处理委托事务必不可少的费用，如交通费、手续费、保管费等等。受托人支出的费用是否为必要，应以事务处理时的客观需要为标准。在支出的当时为必要的，即使其后为无必要的，也属于必要费用。当事人就必要费用是否为必要发生争议时，应由委托人提供其认为不必要的证据。委托人偿还垫付的必要费用的利息，应自垫付之日起算，当事人对利率没有约定或者约定不明确的，应依法定的存款利率计算。

（二）受托人的义务

1. 依委托人指示处理委托事务的义务

第九百二十二条　受托人应当按照委托人的指示处理委托事务。需要变更委托人指示的，应当经委托人同意；因情况紧急，难以和委托人取得联系的，受托人应当妥善处理委托事务，但是事后应当将该情况及时报告委托人。

本条规定了受托人按照委托人指示处理委托事务的义务。

委托人订立委托合同的目的就是让受托人处理委托事务，因此处理委托事务是受托人的一项基本义务。受托人履行处理委托事务的义务，应当按照委托人的指示处理委托事务。委托人的指示可以是在订立合同时作出的，也可以是在合同订立后作出的。委托人的指示依其性质可分为三种：一是命令性指示。对于命令性指示，受托人只能执行，不得变更；二是指导性指示。对于指导性指示，受托人可有部分酌情裁量权；三是任意性指示。对于任意性指示，受托人有独立裁量的权利，可因具体情况自行决定事务的处理。

受托人处理委托事务不得超出委托人委托的权限范围，例如委托人特别委托的，受托人只能处理特别委托指定的事务。受托人处理委托事务不能违背委托人的指示，除有紧急情况外，不得变更委托人的指示。受托人认为需要变更委托人指示的，应经委托人同意。当然，委托人的指示如不合法或违反公序良俗，则受托人可以拒绝执行。

在处理事务中如遇紧急情况，无法征得委托人同意又需要变更委托人指示的，受托人可以变更委托人的指示，以妥善处理委托事务，但事后受托人应当将该情况及时报告给委托人。

2. 亲自处理委托事务的义务

第九百二十三条　受托人应当亲自处理委托事务。经委托人同意，受托人可以转委托。转委托经同意或者追认的，委托人可以就委托事务直接指示转委托的第三人，受托人仅就第三人的选任及其对第三人的指示承担责任。转委托未经同意或者追认的，受托人应当对转委托的第三人的行为承担责任；但是，在紧急情况下受托人为维护委托人的利益需要转委托第三人的除外。

本条规定了受托人亲自处理委托事务的义务。

因为委托人是基于对受托人的信任才委托受托人处理事务的，因此，受托人应当亲自处理委托事务，而不得擅自将受托处理的事务转交第三人处理。

受托人将自己受托的事务转由第三人处理，称为转委托。转委托经委托人同意或者追认的，受托人与第三人之间形成转委托关系，委托人可以直接就委托事务指示转委托的第三人，受托人就第三人的选任及其对第三人的指示承担责任，而不对第三人处理事务的结果承担责任。转委托未经委托人同意或者追认的，受托人应当对转委托的第三人行为承担责任，但在紧急情况下，受托人为了维护委托人的利益需要转委托的除外。也就是说，在紧急情况下，受托人来不及征得委托人的同意，而为了维护委托人的利益，受托人又须将委托事务转委托给第三人处理的，受托人也可以转委托。于此情形下，受托人就转委托承担如同经委托人同意转委托时同样的责任。

3. 报告义务

第九百二十四条　受托人应当按照委托人的要求，报告委托事务的处理情况。委托合同终止时，受托人应当报告委托事务的结果。

本条规定了受托人的报告义务。

受托人在处理委托事务中，应当按照委托人的要求，报告委托事务处理的情况。受托人在处理委托事务过程中报告的内容以委托人的要求或必要为限度。委托人不要求报告或者没有必要报告的，受托人可不予报告。委托合同终止时，受托人应当向委托人报告委托事务处理的结果，而不论委托人是否提出要求。

4. 将办理事务取得的财产转交委托人的义务

第九百二十七条　受托人处理委托事务取得的财产，应当转交

给委托人。

本条规定了受托人转交处理委托事务取得的财产的义务。

因为受托人是为委托人处理事务的，受托人处理委托事务取得的财产属于委托人的财产，因此，受托人应将处理委托事务取得的财产及时转交给委托人。受托人为自己的利益而使用应交给委托人的金钱或者使用应为委托人利益使用的金钱的，受托人应向委托人支付自使用时起的利息。委托人因此而受有损失的，受托人应当赔偿该损失。

（三）受托人以自己名义与第三人订立合同的效力

第九百二十五条　受托人以自己的名义，在委托人的授权范围内与第三人订立的合同，第三人在订立合同时知道受托人与委托人之间的代理关系的，该合同直接约束委托人和第三人；但是，有确切证据证明该合同只约束受托人和第三人的除外。

第九百二十六条　受托人以自己的名义与第三人订立合同时，第三人不知道受托人与委托人之间的代理关系的，受托人因第三人的原因对委托人不履行义务，受托人应当向委托人披露第三人，委托人因此可以行使受托人对第三人的权利。但是，第三人与受托人订立合同时如果知道该委托人就不会订立合同的除外。

受托人因委托人的原因对第三人不履行义务，受托人应当向第三人披露委托人，第三人因此可以选择受托人或者委托人作为相对人主张其权利，但是第三人不得变更选定的相对人。委托人行使受托人对第三人的权利的，第三人可以向委托人主张其对受托人的抗辩。第三人选定委托人作为其相对人的，

委托人可以向第三人主张其对受托人的抗辩以及受托人对第三人的抗辩。

上两条规定了受托人以自己名义与第三人订立合同的效力。

受托人通常是以委托人的名义处理委托事务的，受托人以委托人的名义与第三人订立合同的，该合同直接对委托人和第三人发生效力。受托人按照合同的约定也可以在委托人授权的范围内以自己的名义与第三人订立合同。受托人以自己名义与第三人订立合同的效力分为以下两种情况。

1. 受托人以自己的名义订立合同时第三人知道受托人与委托人之间的代理关系

受托人以自己的名义在委托人授权的范围内与第三人订立合同，第三人在订立合同时知道受托人与委托人之间的代理关系的，该合同直接约束委托人和第三人。也就是说，委托人和第三人为该合同的权利义务人。但是，如果有确切证据证明该合同只约束受托人和第三人的，则该合同的权利义务人为受托人和第三人，对委托人没有直接约束力。

2. 受托人以自己的名义与第三人订立合同时第三人不知道受托人与委托人之间的代理关系

受托人以自己名义与第三人订立合同时，第三人不知道受托人与委托人之间代理关系的，该合同发生以下效力：

（1）委托人享有介入权。委托人的介入权，是指受托人因第三人的原因对委托人不履行义务，在受托人向委托人披露第三人后，委托人因此可以行使受托人对第三人的权利。委托人介入权的成立条件有四：一是受托人以自己的名义与第三人订立合同；二是受托人未披露委托人，第三人不知道受托人与委托人之间的代理关系；三是受托人因第三人的原因对委托人未履行义务；四是受托人向委托人披露第三人。如果第三人于订立合同时知道受托人与委托人之间的关系就不会订立合同，或者有确切证据证明该合同仅约束受托人和第三人，则不发生委托人的介入权，委托人不能行使受托人对第三人的权利。

在具备委托人介入权的成立要件时，委托人可以行使介入权，介入到受托人与第三人的关系中行使受托人对第三人的权利，第三人可以向委托人主张其对受托人的抗辩。

（2）第三人享有选择权。第三人的选择权，是指受托人因委托人的原因对第三人不履行义务，在受托人向第三人披露委托人后，第三人可以选择委托人或者受托人作为相对人主张权利。第三人选择权的成立条件有四：一是受托人以自己的名义与第三人订立合同；二是第三人不知道受托人与委托人之间的代理关系；三是受托人因委托人的原因对第三人不履行义务；四是受托人向第三人披露了委托人。

在具备第三人选择权的成立要件后，第三人可以行使选择权，选定受托人或者委托人作为相对人主张权利。第三人于选择后，不得变更选定的相对人。第三人选定委托人作为其相对人行使权利的，委托人可以向第三人主张其对受托人的抗辩以及受托人对第三人的抗辩。

（3）受托人负有披露义务。无论是委托人介入权的成立还是第三人选择权的成立，都是以受托人履行披露义务为条件的。因此，为实现委托人的介入权和第三人的选择权，受托人因第三人的原因对委托人不履行义务时，受托人应当向委托人披露第三人；受托人因委托人的原因对第三人不履行义务时，受托人应当向第三人披露委托人。

（四）委托合同的报酬支付

第九百二十八条　受托人完成委托事务的，委托人应当向其支付报酬。

因不可归责于受托人的事由，委托合同解除或者委托事务不能完成的，委托人应当向受托人支付相应的报酬。当事人另有约定的，按照其约定。

本条规定了委托合同的报酬支付。

委托合同的委托人是否应向受托人支付报酬以及如何支付报酬等，自应由当事人自行约定。当事人没有约定支付报酬的，除交易习惯另有规定外，委托合同为无偿合同，委托人仅负担处理委托事务的费用，而不负支付报酬的义务。当事人在合同中约定报酬的支付条件和期限的，当事人应按照合同约定的条件和期限支付报酬。当事人未对报酬的支付条件和期限作出约定的，则报酬的支付采取"后付主义"，即在受托人完成受托事务后支付。受托人在没有完成受托事务之前，无权要求委托人支付报酬。受托人因委托合同解除或者委托事务不能完成而未完成委托事务的，可否请求报酬呢？这取决于委托合同解除或者委托事务不能完成的原因：如果因不可归责于受托人的事由致使合同解除或者委托事务不能完成的，受托人可以请求委托人支付相应的报酬，委托人应当向受托人支付相应的报酬。这里所谓的"相应"，应是指与受托人完成的事务处理部分相应。也就是说，委托人应当就受托人已完成委托事务处理部分支付报酬。

（五）委托合同履行中的损害赔偿

1. 受托人的赔偿责任

第九百二十九条　有偿的委托合同，因受托人的过错造成给委托人损失的，委托人可以请求赔偿损失。无偿的委托合同，因受托人的故意或者重大过失造成给委托人损失的，委托人可以请求赔偿损失。

受托人超越权限给委托人造成损失的，应当赔偿损失。

本条规定了受托人的损害赔偿责任。

受托人的损害赔偿责任，是指受托人处理委托事务，给委托人造成损失时应向委托人承担的赔偿损失的责任。受托人给委托人造成损失的，如果委托合同是有偿的，只要受托人有过错，就应承担赔偿责任；如果委托合同为无偿的，只有受托人有故意或者重大过失时，受托人才承担赔偿损失的责任，受托人仅有一般过错的，不承担赔偿责任。受托人应就其没有故意或者重大过失负举证责任。

受托人超越权限给委托人造成损失的，应当赔偿损失，而不论委托是否有偿。这是因为超越权限这一客观事实就表明受托人是有过错的且为故意或者重大过失。

2. 委托人的赔偿责任

第九百三十条　受托人处理委托事务时，因不可归责于自己的事由受到损失的，可以向委托人请求赔偿损失。

第九百三十一条　委托人经受托人同意，可以在受托人之外委托第三人处理事务。因此造成给受托人损失的，受托人可以向委托人请求赔偿损失。

上两条规定了委托合同委托人的损害赔偿责任。

委托人的损害赔偿责任包括两种情况：

一是受托人在处理委托事务时，因不可归责于自己的原因受到损失时，受托人可以向委托人要求赔偿损失，委托人应当承担赔偿损失的责任。因为受托人是为委托人处理事务的，委托人既然是事务处理的受益人，也就应当承担受托人在处理事务中受意外损害的风险。

二是经受托人同意委托人在受托人以外委托第三人处理委托事务，因此给受托人造成损失的，委托人应当承担赔偿责任。因为委托人一经委托受托人处理事务，就不宜将该事务再委托给第三人处理。只有经过受托人同意，委托人才可以委托受托人以外的第三人处理该事务，但由此给受托人造成损失的，受托人有权要求委托人赔偿。

五、共同受托人的责任

第九百三十二条　两个以上的受托人共同处理委托事务的，对委托人承担连带责任。

本条规定了共同受托人的责任。

共同受托人是指接受委托人的委托处理同一委托事务的两个以上的受托人。受托人为二人以上的，共同受托人应共同协商按照委托人的指示处理委托事务，共同受托人对委托事务的处理向委托人承担连带责任。

六、委托合同的终止

（一）因任意解除而终止

第九百三十三条　委托人或者受托人可以随时解除委托合同。因解除合同造成对方损失的，除不可归责于该当事人的事由外，无偿合同的解除方应当赔偿因解除时间不当造成的直接损失，有偿合同的解除方应当赔偿对方的直接损失和合同履行后可以获得的利益。

本条规定了委托合同当事人的任意解除权。

因为委托合同是以委托人与受托人之间的信任关系为前提的，只要有一方失去对另一方的信任，该方也就可以解除合同。而是否信任对方，完全是当事人的主观判断，并无客观标准。因此，委托合同的任何一方都可以以失去信任为理由而解除合同。一方行使任意解除权而解除合同时，委托合同也就终止。但是，因解除合同给对方造成损失的，除不可归责于自己的事由以外，解除合同的一方应当赔偿对方的损失。损失是否因不可归责于自己的事由造成的，应由解除合同的一方当事人举证证明。也就是说，只要解除合同的一方不能证明对方的损失不是因不可归责于自己的事由造成的，解除合同的一方就要赔偿给对方造成的损失。无偿合同解除方赔偿对方损失的范围为因解除时间不当造成的直接损失，有偿合同解除方赔偿对方损失的范围还包括合同履行后可获得的利益即履行利益。

（二）因当事人一方死亡、丧失民事行为能力或破产而终止

第九百三十四条　委托人死亡、终止或者受托人死亡、丧失民

事行为能力、终止的，委托合同终止；但是，当事人另有约定或者根据委托事务的性质不宜终止的除外。

第九百三十五条　因委托人死亡或者被宣告破产、解散，致使委托合同终止将损害委托人利益的，在委托人的继承人、遗产管理人或者清算人承受委托事务之前，受托人应当继续处理委托事务。

第九百三十六条　因受托人死亡、丧失民事行为能力或者被宣告破产、解散，致使委托合同终止的，受托人的继承人、遗产管理人、法定代理人或者清算人应当及时通知委托人。因委托合同终止将损害委托人利益的，在委托人作出善后处理之前，受托人的继承人、遗产管理人、法定代理人或者清算人应当采取必要措施。

以上三条规定了因当事人一方死亡、丧失民事行为能力或者破产的委托合同的终止。

委托合同可因合同终止的一般原因而终止，例如，委托合同当事人双方的义务履行完毕，委托合同履行不能，委托合同约定的合同存续期限届满，委托合同中约定的解除条件成就等，都为委托合同终止的一般原因。委托合同还可因特殊原因而终止。所谓特殊原因就是指委托合同特有的导致委托合同终止的原因。当事人一方任意解除合同以及当事人一方死亡、丧失民事行为能力或者终止，就是委托合同终止的特殊原因。

委托合同的委托人或者受托人死亡或者被宣告破产、解散的，因合同主体的一方不存在，委托合同当然终止。委托合同的委托人丧失民事行为能力的，因委托人的事务应归其法定代理人代理处理或者由其法定代理人另行或者重新委托，因此，原委托合同终止。委托合同的受托人丧失民事行为能力的，因其不具有处理他人事务的能力，委托合同当然也应终止。

委托合同的当事人一方死亡、丧失民事行为能力或者被宣告破产、解散的，委托合同终止。这只是一般原则。在例外的情况下，委托合同也可以不终止。在一方死亡、丧失民事行为能力或者被宣告破产、解散，委托合同并不终止的例外情况主要有二：一是委托合同另有约定。如果委托合同中约定了委托合同不终止的情况，则依其约定。二是委托事务的性质不宜终止。委托事务的性质决定不宜终止的，委托合同也不终止。

委托合同终止并不等于当事人双方不再负有任何义务，在以下情形下当事人仍负有一定义务：

其一，因委托人死亡、丧失民事行为能力或者被宣告破产、解散，合同终止将损害委托人利益的，在委托人的继承人、遗产管理人、法定代理人或者清算人承受委托事务之前，受托人仍有继续处理委托事务的义务，应当继续处理委托事务。受托人的这一义务称为后合同义务，也有的称为后续义务。

其二，因受托人死亡、丧失民事行为能力或者被宣告破产、解散，致使委托合同终止的，受托人的继承人、遗产管理人、法定代理人或者清算人应当及时通知委托人；合同终止将损害委托人利益的，在委托人作出善后处理之前，受托人的继承人、遗产管理人、法定代理人或者清算人应当采取包括对委托事务处理的必要措施，以免对委托人造成损失。

第二十四章　物业服务合同

一、物业服务合同的概念和特征

第九百三十七条　物业服务合同是物业服务人在物业服务区域内，为业主提供建筑物及其附属设施的维修养护、环境卫生和相关秩序的管理维护等物业服务，业主支付物业费的合同。物业服务人包括物业服务企业和其他管理人。

本条规定了物业服务合同的概念。

物业服务合同是由物业服务人为业主提供物业服务，业主为此支付物业费的合同。

物业服务人包括物业服务企业和其他物业管理人。

物业服务合同具有以下法律特征：

其一，物业服务合同是由物业服务人提供物业服务的合同

物业服务合同的标的为业主提供的物业服务，物业服务也属于劳务，因此，物业服务合同也属于提供劳务类的合同。但是，物业服务合同的标的劳务不同于其他劳务类合同的标的劳务，具有综合性。物业服务不仅包括对服务区域内的建筑物及其设施的维修养护，环境卫生的维护，还包括相关秩序的管理等。

其二，物业服务合同具有衔接性和履行的连续性、延续性

因为自建筑物交付起就会发生物业管理，建设单位与物业服务人订立的前期物业服务合同与业主与物业人订立的物业服务合同需相互衔接。物业服务人不仅在合同有效期限内应连续不间断地提供物业管理服务，而且在合同终止后新物业服务人接管前仍应延续履行服务义务。

其三，物业服务合同为诺成性合同、双务合同、有偿合同

物业服务合同自双方意思表示一致时即可成立，而不以交付或办理特定手续为成立要件。物业服务合同生效后，双方都负担义务，双方义务具有一定对待给付性。物业服务合同的任何一方从对方取得利益，均须支付一定代价，而不能无偿取得利益。

二、物业合同的内容和形式

第九百三十八条 物业服务合同的内容一般包括服务事项、服务质量、服务费用的标准和收取办法、维修资金的使用、服务用房的管理和使用、服务期限、服务交接等条款。

物业服务人公开作出的有利于业主的服务承诺，为物业服务合同的组成部分。

物业服务合同应当采用书面形式。

本条规定了物业服务合同的内容和形式。

物业服务合同的内容具有多元化、多样性特点，一般包括服务事项、服务质量、服务费用的标准和收取办法、维修资金的使用、服务用房的管理和使用、服务期限、服务交接等内容。物业服务人公开作出的服务承诺，只要有利于业主，也为物业服务合同的组成部分。

因为物业服务具有服务事项多、服务时间长等特点，所以物业服务合同为要式合同，应当采用书面形式。

三、前期物业服务合同的效力

第九百三十九条　建设单位依法与物业服务人订立的前期物业服务合同，以及业主委员会与业主大会依法选聘的物业服务人订立的物业服务合同，对业主具有法律约束力。

第九百四十条　建设单位依法与物业服务人订立的前期物业服务合同约定的服务期限届满前，业主委员会或者业主与新物业服务人订立的物业服务合同生效的，前期物业服务合同终止。

上两条规定了前期物业服务合同的效力。

前期物业服务合同是建筑物建成后建设单位依法与物业服务人订立的物业服务合同。前期物业服务合同的物业服务人虽不是由业主选聘的，但前期物业服务合同与业主委员会与业主大会依法选聘的物业服务人订立的物业服务合同一样对业主具有法律约束力。因为物业服务不能中断，因此前期物业服务合同的效力一直至业主与新物业服务人订立的物业服务合同生效时为止。也就是说，业主与新的物业服务人订立的物业服务合同生效，前期物业服务合同的效力也就终止。

四、物业服务合同的效力

（一）物业服务人的主要义务

第九百四十一条　物业服务人将物业服务区域内的部分专项服

务委托给专业性服务组织或者其他第三人的，应当就该部分专项服务事项向业主负责。

物业服务人不得将其应当提供的全部物业服务转委托给第三人，或者将全部物业服务支解后分别转委托给第三人。

第九百四十二条　物业服务人应当按照约定和物业的使用性质，妥善维修、养护、清洁、绿化和经营管理物业服务区域内的业主共有部分，维护物业服务区域内的基本秩序，采取合理措施保护业主的人身、财产安全。

对物业服务区域内违反有关治安、环保、消防等法律法规的行为，物业服务人应当采取合理措施制止、向有关行政主管部门报告并协助处理。

第九百四十三条　物业服务人应当定期将服务的事项、负责人员、质量要求、收费项目、收费标准、履行情况，以及维修资金使用情况、业主共有部分的经营与收益情况等以合理方式向业主公开并向业主大会、业主委员会报告。

以上三条规定了物业服务人的义务。

物业服务人的义务主要有以下几项：

1. 物业服务人应亲自提供物业服务

因为物业服务人是业主基于对其服务能力、条件的信用选定的，物业服务人应当亲自提供物业服务。物业服务人可以将物业服务区域内的部分专项服务事项委托给专业性服务组织或者其他人，于此情形下物业服务人应当就第三人对该部分专项服务事项的完成向业主承担责任。但是，物业服务人不得将其应当提供的全部物业服务转委托给第三人或者将全部物业服务支解后分别转委托给第三人。

2. 按照约定提供物业服务

物业服务人应当按照约定和物业的使用性质，妥善维修、养护、清洁、绿化和经营管理物业服务区域内的业主共有部分，维护物业服务区域内的基本秩序，采取合理措施保护业主的人身、财产安全。

3. 制止违法行为

对于物业服务区域内发生的违反有关治安、环保等法律法规的行为，物业服务人应当及时采取合理措施制止、向有关行政主管部门报告并协助处理。

4. 有关事项的公开及报告义务

物业服务人应当定期将服务的事项、负责人员、质量要求、收费项目、收费标准、履行情况，以及维修资金使用情况、业主共有部分的经营与收益情况等以合理方式向业主公开并向业主大会、业主委员会报告。

（二）业主的主要义务

第九百四十四条　业主应当按照约定向物业服务人支付物业费。

物业服务人已经按照约定和有关规定提供服务的，业主不得以未接受或者无需接受相关物业服务为由拒绝支付物业费。

业主违反约定逾期不支付物业服务费的，物业服务人可以催告其在合理期限内支付；合理期限届满仍不支付的，物业服务人可以提起诉讼或者申请仲裁。

物业服务人不得采取停止供电、供水、供热、供燃气等方式催交物业费。

第九百四十五条　业主装饰装修房屋的，应当事先告知物业服务人，遵守物业服务人提示的合理注意事项，并配合其进行必要的现场检查。

业主转让、出租物业专有部分、设立居住权或者依法改变共有部分用途的，应当及时将相关情况告知物业服务人。

以上两条规定了业主的义务。

业主的主要义务有以下几项：

1. 支付物业费

物业费是物业服务人提供物业服务的代价，支付物业费，是业主的基本义务。业主应当按照约定支付物业费。只要物业服务人已经按照约定和有关规定提供服务，业主就应付费，不得以未接受或者无需接受相关物业服务为由拒绝支付物业费。业主逾期不支付物业费的，物业服务人可以催告其在合理期限内支付；逾期仍不支付的，物业服务人可以提起诉讼或者申请仲裁，但不能以断电、断水、断气等措施催交。

2. 遵守物业管理的合理要求，按要求告知有关事项

业主应遵守物业服务人提出的物业管理的合理要求，并按照要求告知物业服务人有关事项。业主装饰装修房屋的，应当事先告知物业服务人，遵守物业服务人提示的合理注意事项，并配合其进行必要的现场检查。业主转让、出租物业专有部分、设立居住权或者依法改变共有部分用途的，应当及时将相关情况告知物业服务人。

五、物业服务合同的任意解除和续订

（一）物业服务合同的解除

第九百四十六条　业主依照法定程序共同决定解聘物业服务人的，可以解除物业服务合同。决定解聘的，应当提前六十日书面通知物业服务人，但是合同对通知期限另有约定的除外。

依据前款规定解除合同造成物业服务人损失的，除不可归责于业主的事由外，业主应当赔偿损失。

本条解除了物业服务合同的任意解除。

物业服务合同的任意解除，是指因业主决定解聘物业服务人而解除物业服务合同。物业服务合同的任意解除应符合以下条件：

其一，须业主依照法定程序共同决定解聘物业服务人，虽业主可任意解除物业服务合同，但须业主依法定程序共同决定解聘物业服务人，而不是任由个别或者某些业主的意愿解除合同。

其二，业主决定解聘的物业服务人的，除合同另有约定外，应提前 60 日书面通知物业服务人。

经业主解聘物业服务人而解除物业服务合同，造成物业服务人损失的，除不可归责于业主的事由外，业主应赔偿损失。

（二）物业服务合同的续订

第九百四十七条　物业服务期限届满前，业主依法共同决定续聘的，应当与原物业服务人在合同期限届满前续订物业服务合同。

物业服务期限届满前，物业服务人不同意续聘的，应当在合同期限届满前九十日书面通知业主或者业主委员会，但是合同对通知期限另有规定的除外。

第九百四十八条 物业服务期限届满后，业主没有依法作出续聘或者另聘物业服务人的决定，物业服务人继续提供物业服务的，原物业服务合同继续有效，但是服务期限为不定期。

当事人可以随时解除不定期物业服务合同，但是应当提前六十日通知对方。

上两条规定了物业服务合同的续订。

物业服务合同的续订，又称物业服务合同的更新，是指物业服务合同当事人双方在物业服务合同到期又继续订立物业服务合同。

物业服务期限届满前，业主依法共同决定续聘的，应当与物业服务人在合同期限届满前续订物业服务合同。物业服务期限届满前，物业服务人不同意续聘的，除合同对通知期限另有约定外，应当在合同期限届满前90日书面通知业主或者业主委员会。

物业服务期限届满后，业主没有依法作出续聘或者另聘物业服务人的决定，物业服务人也没有作出不同意续聘的表示而继续提供物业服务的，原物业服务合同继续有效，但是服务期限为不定期。

不定期物业服务合同，当事人可以随时解除。但是，不论何方解除不定期物业服务合同，都应当提前60日书面通知对方。

六、物业服务合同终止的善后处理义务

第九百四十九条　物业服务合同终止的，原物业服务人应当在约定期限或者合理期限内退出物业服务区域，将物业服务用房、相关设施、物业服务所必需的相关资料等交还给业主委员会、决定自行管理的业主或者其指定的人，配合新物业服务人做好交接工作，并如实告知物业的使用和管理状况。

原物业服务人违反上述要求的，不得请求业主支付物业服务合同终止后的物业费；造成业主损失的，应当赔偿损失。

第九百五十条　物业服务合同终止后，在业主或者业主大会选聘的新物业服务人或者自行管理的业主接管之前，原物业服务人应当继续处理物业服务事项，并可以请求业主支付该期间的物业费。

上两条规定了物业服务合同终止的物业服务人的善后处理义务。

物业服务合同终止的，物业服务人应当做好善后处理。为此，物业服务人有以下义务：其一，在约定期限或者合理期限内退出物业服务区域，交还物业服务使用的设施、资料等；其二，与新的物业服务人做好交接；其三，如实报告物业的使用和管理状况。

在新物业服务人接管物业服务之前，原物业服务人应当继续处理物业服务事项，并可以请求业主支付该期间的物业费。但是，原物业服务人未履行合同终止后义务的，不得请求业主支付物业费，并应对给业主造成的损失负赔偿责任。

第二十五章　行纪合同

一、行纪合同的概念和特征

第九百五十一条　行纪合同是行纪人以自己的名义为委托人从事贸易活动，委托人支付报酬的合同。

　　本条规定了行纪合同的概念。

　　行纪合同，是指一方受另一方的委托，以自己的名义为另一方从事贸易活动，并收取报酬的合同。受委托以自己的名义为委托人从事贸易活动的一方，为行纪人；委托行纪人为自己从事贸易活动并支付报酬的一方，为委托人。

　　行纪合同具有以下法律特征：

　　1. 行纪人主体资格的限定性。行纪合同的主体为行纪人和委托人。行纪合同的委托人可为法人、非法人组织，也可为自然人，法律并无限制。但行纪人的主体资格是受限制的。行纪人是从事行纪营业的人，行纪营业是行纪人以自己的名义为他人从事贸易活动的营业。由于行纪营业属于特殊行业，因此行纪人只能是经过批准或许可经营行纪营业的法人、非法人组织或者自然人。未经批准或者许可，任何人不得从事行纪营业。这就决定了行纪合同的行纪人主体资格具有限定性的特征。

　　2. 行纪合同的标的是行纪人为委托人实施民事法律行为。

行纪合同标的是行纪人为委托人处理事务。但是与委托合同中受托人处理的事务不同：委托合同的受托人处理的事务可以是民事法律行为，也可以是事实行为；而行纪合同的行纪人为委托人处理的事务就是进行贸易活动。而贸易活动只能通过民事法律行为进行，因此，行纪合同的标的只能是行纪人为委托人实施民事法律行为。这是行纪合同不同于其他合同的标的上的特征。

3. 行纪合同的行纪人以自己的名义和费用处理委托事务。行纪合同的行纪人在处理委托事务中只能以自己的名义，而不能以委托人的名义。行纪人与第三人实施民事法律行为的，行纪人自己为权利义务主体，委托人不能成为权利义务主体。第三人与行纪人实施民事法律行为时无须知道委托人。行纪人处理委托事务不仅须以自己的名义，而且须以自己的费用。行纪合同中不存在委托人预付费用问题。

4. 行纪合同的行纪人是为委托人利益实施民事法律行为的。行纪人须以自己的名义和费用与第三人实施民事法律行为并承受该民事法律行为的后果。但是，行纪人并不是为了自己的利益而是为了委托人的利益与第三人实施民事法律行为的。因此，行纪人在与第三人实施民事法律行为时，应充分考虑委托人的利益，并将行为的最终结果归属于委托人。

5. 行纪合同为诺成性合同、双务合同、有偿合同、不要式合同。行纪合同以双方的意思表示一致为成立要件，而不以标的物的交付为成立生效要件，因此，行纪合同为诺成性合同。行纪合同一经成立生效，当事人双方都负有义务，双方的义务具有对应性，因此，行纪合同为双务合同。行纪合同的行纪人是以行纪为营业的，其订立合同的目的就是收取报酬，因此，行纪合同只能是有偿合同，任何一方从对方取得利益都须支付对价。法律对行纪合同的形式并没有作特别规定，当事人可以自由选择合同的形式，因此，行纪合同为不要式合同。

行纪合同有的称为信托合同。但行纪合同或信托合同与信托制度完全不同。信托制度是为他人管理财产的制度。罗马法上的信托主要适用于遗产转移，被称为遗产信托。所谓遗产信托，是指遗嘱人以遗嘱将遗产的全部、一部或者特定物委托其继承人（受托人）在其死亡后移转于指定的第三人（受益人）。遗产信托的当事人包括遗嘱人、受托人和信托受益人。现代法上的信托制度源于中世纪英国的用益权制度，实质是一种管理财产的法律关系。所谓信托，是指委托人将其财产转移或为其他处分给受托人，委托受托人为受益人的利益或者为某一特定目的而管理和处分该财产。《中华人民共和国信托法》第2条规定，信托是指委托人基于对受托人的信任，将其财产权委托给受托人，由受托人按照委托人的意愿以自己的名义，为受益人的利益或者特定目的，进行管理或者处分的行为。

信托与行纪合同至少有以下不同：（1）信托是一种以财产为中心的财产管理关系，而行纪合同是一种合同关系；（2）信托是涉及三方当事人的法律关系，有委托人、受托人和受益人三方当事人，而行纪合同仅是有行纪人与委托人两方的双方法律关系；（3）信托是以信托财产交付给受托人为成立要件的，信托财产所生利益归受益人而非财产授予人，而行纪合同不以财产交付为成立要件，委托人的财产利益所得归委托人享有；（4）信托中的受托人实施信托事务不受委托人和受益人的指示限制，享有自由决定权，受托人原则上也没有介入权，不得为了自己的利益而买进信托财产或者以信托资金购买自己的财产。而行纪合同的行纪人应依委托人的指示处理委托事务，在不违背委托人指示的前提下，行纪人享有介入权。

二、行纪合同的效力

（一）行纪人的权利义务

1. 负担行纪费用的义务

第九百五十二条　行纪人处理委托事务支出的费用，由行纪人负担，但是当事人另有约定的除外。

本条规定了行纪人负担行纪费用的义务。

行纪费用是行纪人处理委托事务所支出的费用。由于行纪合同为有偿合同，而在当事人约定的报酬中一般包含了行纪人处理委托事务的费用，因此，除当事人另有约定之外，行纪费用由行纪人负担。但如果当事人另有约定，则应依其约定。例如，当事人约定报酬不包括行纪费用，行纪费用于报酬之外单独计算的，则行纪费用就依约定由委托人负担。

2. 妥善保管委托物的义务

第九百五十三条　行纪人占有委托物的，应当妥善保管委托物。

本条规定了行纪人妥善保管委托物的义务。

委托物是行纪人为委托人代购、代售的物品。行纪人占有委托物的，仅有占有的权利而不享有所有权。委托物的所有权属于委托人，因此，行纪人应当妥善保管委托物。由于行纪合同为有偿合同，因此行纪人对委托物的保管应尽善良管理人的注意，即应如同保管自己的物品一样保管委托物。行纪人未尽善良管理人的注意而导致委托物毁损、灭失的，行纪人应承担损害赔偿责任。除当事人另有约定外，行纪人对占有的委托物只有妥善管理的义务，而不负办理保险的义务。但是，如果委托人指示行纪人为保管的委托物办理保险，行纪人未办理保险的，则行纪人因违反委托人的指示，应对此种情形下委托物的毁损、灭失承担损害赔偿责任。

3. 委托物的处分权

第九百五十四条　委托物交付给行纪人时有瑕疵或者容易腐烂、变质的，经委托人同意，行纪人可以处分该物；不能与委托人及时取得联系的，行纪人可以合理处分。

本条规定了行纪人处分委托物的权利。

行纪人对委托物的处分权，是指在一定条件下，行纪人可以对委托物予以处分的权利。

行纪人行使委托物处分权的条件有二：第一，委托物交付给行纪人时有瑕疵或者容易腐烂、变质；第二，经委托人同意。如果不能及时与委托人取得联系，行纪人也可以合理处分委托物。可见，行纪人对委托物的处分完全是为了维护委托人利益的，行纪人应当如同处理自己的物品一样处分委托物。正是从这一意义上可以说，合理处分委托物，也是行纪人的一项义务。

4. 依委托人的指示处理委托事务的义务

第九百五十五条　行纪人低于委托人指定的价格卖出或者高于委托人指定的价格买入的，应当经委托人同意；未经委托人同意，行纪人补偿其差额的，该买卖对委托人发生效力。

行纪人高于委托人指定的价格卖出或者低于委托人指定的价

格买入的，可以按据约定增加报酬；没有约定或者约定不明确，依据本法第五百一十条的规定仍不能确定的，该利益属于委托人。

委托人对价格有特别指示的，行纪人不得违背该指示卖出或者买入。

本条规定了行纪人依委托人指示处理委托事务的义务。

行纪人是为委托人办理物品的卖出或买入事务的，因此行纪人应按照委托人的指示处理事务，选择对委托人最有利的条件交易。

行纪人以低于委托人指定的价格卖出或者高于委托人指定的价格买入的，应当经委托人同意。如未经委托人同意，因为此交易条件不利于委托人，行纪人只有补偿其差额，该买卖才对委托人发生效力。如果行纪人未补偿其差额，委托人可以不认可该买卖。

行纪人以高于委托人指定的价格卖出或者低于委托人指定的价格买入的，因为该交易的条件有利于委托人，因此，可以不经委托人同意。行纪人可以按照合同约定增加报酬。如果合同中没有约定或者约定不明确，依其他方法也不能确定增加报酬的，则该买卖所得的利益归委托人，行纪人不得主张。

委托人对卖出、买入的价格有特别指示的，行纪人只能按特别指示的价格卖出或买入，即使其改变委托人指示的价格有利于委托人，行纪人也不得违背委托人的特别指示卖出或买入。

5. 行纪人的介入权

第九百五十六条　行纪人卖出或者买入具有市场定价的商品，除委托人有相反的意思表示的以外，行纪人自己可以作为买

受人或者出卖人。

行纪人有前款规定情形的，仍然可以请求委托人支付报酬。

本条规定了行纪人的介入权。

行纪人的介入权又称行纪人的自约权，是指在行纪人接受委托卖出或者买入具有市场定价的商品时，行纪人可以以自己的名义充当买受人或者出卖人的权利。

行纪人的介入权虽然为各国立法规定，但是在行纪人介入权的性质上，理论上有不同的观点。有的认为，行纪人因介入，依委托人的委托为其计算与自己订立买卖合同，然而这是以自己的名义与自己订立合同的，在法律上是不能成立的。有的认为，行纪人为委托人的代理人与自己订立买卖合同，这种情形属于一方代理，与代理规则相忤。多数人认为因行纪人的介入，行纪人与委托人之间直接成立买卖合同。行纪人的介入是行纪人实行行纪的特别方法，行纪人介入的，行纪人也仍为行纪人，行纪人介入权的行使，在行纪人与委托人之间直接成立买卖合同。因介入权的行使为单方意思表示，基于这一单方意思表示就可在行纪人与委托人间形成买卖关系，因此，从性质上说，行纪人的介入权应属于形成权。

行纪人行使介入权，须具备以下三个条件：

其一，行纪人卖出或买入的商品是具有市场定价的商品。这是行纪人行使介入权的前提条件，也称为积极要件。所谓具有市场定价，是指交易的商品在市场上有公示的统一的交易价格。如挂牌交易的股票等就属于有市场定价的有价证券。交易物品的市场定价应以买卖实际发生的时间、地点为准。

其二，委托人没有禁止行纪人介入的意思表示。如果委托人有不许可行纪人介入的意思表示，则行纪人不能行使介入权。委托人不同意行纪人介入的意思表示应为明确的意思表示。也就是说，只要没有委托人明确的相反的意思表示，行纪人就可以行使介入权。

其三，行纪人尚未对委托事务作出处理。也就是说，行纪人尚未为委托人卖出或买入有市场定价的物品。如果行纪人已经为委托人卖出或买入，因交易的相对人已经确定，已经没有行纪人介入的余地，行纪人自不能行使介入权。

行纪人行使介入权，一方面在行纪人与委托人之间成立买卖合同关系，另一方面行纪人也履行了行纪合同的义务。因此，行纪人行使介入权不影响行纪人依行纪合同请求报酬的权利，行纪人仍可以要求委托人支付报酬。

（二）行纪人与第三人订立合同的效力

第九百五十八条　行纪人与第三人订立合同的，行纪人对该合同直接享有权利、承担义务。

第三人不履行义务致使委托人受到损害的，行纪人应当承担赔偿责任，但是行纪人与委托人另有约定的除外。

本条规定了行纪人与第三人订立合同的效力。

行纪人为委托人从事贸易活动，是以自己的名义与第三人订立买卖合同的。因此，行纪人与第三人实施的民事法律行为，并不能直接对委托人发生效力，行纪人自己直接承受该法律行为所产生的权利义务。行纪人作为与第三人之间的买卖合同关系的主体，对该合同直接享有权利和承担义务。所以，行纪人应当认真履行与第三人订立的买卖合同的义务，并就第三人义务的履行向委托人负责。因第三人不履行义务致使委托人受到损害的，行纪人应当承担损害赔偿责任，除非行纪人与委托人有另外的约定。

（三）委托人的义务

1. 受领或取回委托物的义务

第九百五十七条 行纪人按照约定买入委托物，委托人应当及时受领。经行纪人催告，委托人无正当理由拒绝受领的，行纪人依法可以提存委托物。

委托物不能卖出或者委托人撤回出卖，经行纪人催告，委托人不取回或者不处分该物的，行纪人依法可以提存委托物。

本条规定了委托人受领或者取回委托物的义务。

委托人受领委托物的义务，是指对于行纪人按照约定买入的委托物，委托人应当及时受领。因为行纪人是为委托人买入委托物的，行纪人将该委托物交付委托人时，委托人如不及时受领，行纪人就不能免去交付和妥善保管的义务。委托人未及时受领委托物，经行纪人催告，委托人无正当理由仍拒绝受领的，因委托人的原因导致行纪人不能履行交付委托物的义务，行纪人可以依法提存该委托物，以代交付义务的履行。

委托人取回委托物的义务，是指委托人委托行纪人出卖物品，在委托物不能卖出或者委托人撤回出卖的委托时，委托人应将委托物取回或者处分。因为委托物不能卖出或者因委托人撤回出卖的委托而不能出卖时，如果委托人不取回或者处分该委托物，行纪人就负有妥善保管该委托物的义务。因此，为免使行纪人负担不必要的义务，委托人应及时取回委托物或者将该委托物予以处分。经行纪人催告，委托人仍不取回或者处分委托行纪人出卖的委托物的，行纪人有权依法将不能出卖的委托物提存，以免除自己的义务。

2. 支付报酬的义务

第九百五十九条　行纪人完成或者部分完成委托事务的，委托人应当向其支付相应的报酬。委托人逾期不支付报酬的，行纪人对委托物享有留置权，但是当事人另有约定的除外。

本条规定了委托人支付报酬的义务。

行纪人订立行纪合同的目的就是取得报酬。委托人支付报酬，是行纪人为委托人从事贸易活动的代价。因此，支付报酬是委托人的基本义务。

委托人支付报酬的数额，依当事人约定。当事人没有约定或者约定不明确的，可依交易习惯确定。例如，在证券交易中，依交易习惯行纪人的报酬以其所为交易的价额依一定比率提取。

委托人支付报酬，以行纪人完成或者部分完成委托事务为前提。所谓完成委托事务，是指已经按照委托人的指示卖出或买入商品。行纪人仅与第三人订立了合同而并未履行，则不能认定为完成了委托事务。行纪人与第三人订立的合同被撤销的，等同于行纪人未履行行纪义务，行纪人自不能请求支付报酬。但是行纪人与第三人订立的合同有效，因第三人不履行义务而对行纪人赔偿或者以其他物代替履行时，行纪人将实施行纪行为的结果转交给委托人的，行纪人可以要求委托人支付报酬。行纪人完成全部委托事务的，委托人应支付全部报酬；行纪人完成部分委托事务的，委托人应支付与完成的部分事务相应的报酬。

行纪人完成全部或者部分委托事务，委托人不按照约定的期限支付报酬的，行纪人对委托物享有留置权。但是当事人约定不得留置的，行纪人不得留置。委托物为可分物的，行纪人留置的物品的价值只能与其应得到的报酬额相当。

三、委托合同有关规定的适用

第九百六十条　本章没有规定的，参照适用委托合同的有关规定。

本条规定了委托合同有关规定的适用。

行纪合同与委托合同有许多共同之处。行纪合同与委托合同都是提供服务的合同，都是以相互信任为基础的，合同中的委托人都是委托对方处理一定事务的。行纪合同与委托合同的共同之处，决定了法律对其规制有一定的共同性。因此，各国立法上多明确规定，行纪合同除另有规定外，适用委托合同的有关规定。我国合同法也明确规定，法律对行纪合同没有规定的，参照适用委托合同的有关规定。

第二十六章　中介合同

一、中介合同的概念和特征

第九百六十一条　中介合同是中介人向委托人报告订立合同的机会或者提供订立合同的媒介服务，委托人支付报酬的合同。

本条规定了中介合同的概念。

中介合同原合同法中称居间合同，是双方当事人约定一方为另一方报告订约机会或者提供订约的媒介服务，另一方为此支付报酬的合同。提供报告订约机会或提供订约媒介服务的一方为中介人，支付报酬的一方为委托人。中介人的中介行为包括指示中介和媒介中介。指示中介又称为报告中介，是中介人仅向委托人报告订约机会的中介。媒介中介是中介人为委托人提供订立合同媒介服务的中介。

中介合同具有以下法律特征：

1. 中介合同的标的是中介人提供的中介劳务

中介合同也属于提供劳务类的合同，中介人是为委托人提供服务的。与其他提供劳务类合同所不同的是，中介人提供的不是一般的劳务，而是中介劳务。中介人提供的中介服务既可以是为委托人寻觅及指示可与委托人订立合同的相对人（向委托人报告订约机会），也可以是介绍委托人与第三人订立合同

（提供订约媒介）。不论中介人中介的具体内容为何，都是为了使委托人与第三人订立合同。可见，中介合同就是以委托人与第三人订立合同为目的的，合同的标的也就是中介人提供的中介服务。

在国外的立法中有的规定有婚姻中介。我国现实中也存在婚姻媒介，还有专门以从事婚姻媒介为营业的婚姻介绍所。婚姻媒介服务实际上也就是婚姻中介服务。但婚姻中介不能适用合同法的规定，因为婚姻关系不属于合同法调整的关系，婚姻协议不属于合同法中的合同，为订立婚姻协议的婚姻媒介也就不能完全适用中介合同的规定。

2. 中介人须按委托人的指示和要求进行中介活动

中介人实施中介行为，既不是以自己的名义与第三人订立合同，也不是委托人的订约代理人。中介人只能按照委托人的要求为委托人提供订约机会，或者充当委托人与第三人之间订立合同的中介人。因此，中介人只能按照委托人的指示和要求从事中介活动。

3. 中介人须为从事中介业务的人

关于中介人是否有主体资格限制，有不同的观点。虽然合同法没有对中介人的主体资格作出特别规定，但是从实务上看，中介作为一种营业，中介人的资格应有一定限制。中介人虽可为自然人，也可为法人或非法人组织，但也只应是经批准从事中介营业的人。

4. 中介合同为诺成性合同、不要式合同、双务合同、有偿合同

中介合同自双方意思表示一致时即可成立生效，不以当事

人的现实交付为成立生效要件，因此，中介合同为诺成性合同而不是实践性合同。法律对于中介合同的形式未作特别要求，当事人可以采取任何形式订立中介合同，因此中介合同为不要式合同。中介合同的中介人负有为委托人报告订约机会或者提供订约媒介服务的义务，委托人负有支付报酬的义务，双方的义务互为对价，因此，中介合同为双务合同而非单务合同。中介合同的中介人以中介活动为营业，以取得报酬为订约目的，因此，中介合同为有偿合同而非无偿合同。

5. 中介合同的委托人的给付义务具有不确定性

中介合同的委托人负有给付报酬的义务，但委托人的给付义务的履行是以中介人的中介活动达到目的为条件的。只有通过中介人的中介活动，促成委托人与第三人之间合同的订立，委托人才履行给付报酬的义务。如果中介人的中介活动没有达到目的，没有促成委托人与第三人之间合同关系的成立，则委托人不必给付报酬。可见，委托人给付报酬义务的履行具有不确定性，实质是附加条件的。

二、中介合同的效力

（一）中介人的义务

第九百六十二条　中介人应当就有关订立合同的事项向委托人如实报告。

中介人故意隐瞒与订立合同有关的重要事实或者提供虚假情况，损害委托人利益的，不得请求支付报酬并应当承担赔偿责任。

本条规定了中介人的义务。

中介人的义务主要有以下两项：

其一，如实报告和尽力实现中介目的的义务。

中介人的义务内容是为委托人报告订约机会或者媒介委托人与第三人之间订约。中介人应尽力履行合同义务，促成委托人与第三人之间订立合同，以实现中介的目的，而不能消极地对待其接受的中介服务。中介人在从事中介活动中，应向委托人如实报告有关订立合同的事项，包括：（1）中介人应将所知悉的有关订约的情况和商业信息如实报告给委托人，不得故意隐瞒与订立合同有关的重要事实或者提供虚假情况；（2）不得对委托人与第三人之间订立合同施加不利影响，损害委托人和第三人的利益。

其二，保密和隐名义务。

中介人对在为委托人完成中介活动中获得的委托人的商业秘密以及委托人提供的各种信息、成交机会等应当按照约定保密。在中介合同中，当事人一方或双方指定中介人不得将其姓名、名称、商号告知对方的，中介人不得违反约定告知对方。

中介人违反义务，造成委托人损害的，不仅不得要求支付报酬，并应当承担损害赔偿责任。

（二）委托人的义务

第九百六十三条　中介人促成合同成立的，委托人应当按照约定支付报酬。对中介人的报酬没有约定或者约定不明确，依据本法第五百一十条的规定仍不能确定的，根据中介人的劳务合理确定。因中介人提供订立合同的媒介服务而促成合同成立的，由该合同的当事人平均负担中介人的报酬。

中介人促成合同成立的，中介活动的费用，由中介人负担。

第九百六十四条　中介人未促成合同成立的，不得请求支付报酬，但是，可以要求委托人支付从事中介活动支出的必要费用。

上两条规定了委托人的义务。

委托人的义务有以下两项：

1. 支付报酬

中介合同为有偿合同，取得报酬是中介人订约的目的，因此，向中介人支付报酬是委托人的基本义务。

委托人向中介人的支付的报酬数额，应依合同约定。合同中没有约定或者约定不明确的，可由当事人协商，当事人协商不成的，按照交易习惯确定。根据交易习惯也不能确定报酬数额的，则根据中介人的劳务合理确定报酬数额。委托人已经向中介人支付报酬，又以报酬数额过高要求返还的，应不予许可。

委托人支付报酬的义务履行以中介目的达到为条件。因此，只有中介人促成合同成立的，中介人才可以请求委托人支付报酬。中介人没有促成合同成立的，自不得请求委托人支付报酬。中介人的报酬包含中介人从事中介活动的费用，因此，中介人促成合同成立，因其已请求委托人支付报酬，中介活动的费用也就由中介人负担，中介人不能再向委托人请求给付中介活动的费用。

向中介人支付报酬的义务人不限于委托人，依中介合同的不同而有所不同。在指示中介合同，中介人仅为委托人报告订约机会，不与第三人发生关系，因此，中介人促成合同成立的，委托人应给付报酬，与委托人订约的第三人无支付报酬义务。但在媒介中介合同，由于交易双方都因中介人的媒介而受益。因此，媒介中介人促成合同成立的，应由该合同当事人双方平均负担中介人的报酬。

2. 偿付必要费用

中介合同的中介人促成委托人与第三人之间合同成立的，因其所得报酬包括从事中介活动支出的费用，自不发生委托人负担费用问题。但是，在中介人没有促成合同成立的情形下，因中介人不能请求委托人支付报酬，也就会发生中介人从事中介活动的费用是否仍由中介人负担问题。由于中介人从事中介活动毕竟是为委托人提供服务的，对于中介人从事中介活动的费用就应由委托人负担。因此，中介人未促成合同成立的，不得请求支付报酬，但可以要求委托人支付从事中介活动支出的必要费用。也就是说，中介人未促成合同成立的，委托人应偿付中介人从事中介活动支出的必要费用。至于支出的费用是否必要，应以中介人从事中介活动当时的情况而定。在中介活动当时为必要，即便其后为不必要的，也仍然属于必要费用。

（三）委托人"跳单"的责任

第九百六十五条　委托人在接受中介人的服务后，利用中介人提供的交易机会或者媒介服务，绕开中介人直接订立合同的，应当向中介人支付报酬。

本条规定了委托"跳单"的责任。

所谓委托人跳单，是指委托人在接受中介人服务后，绕开中间人直接与第三人订立合同。委托人跳单的目的是不向中介人支付报酬，是违反诚信原则的。因此，委托人只要利用中介人提供的交易机会或者媒介服务订立合同的，就应当向中介人支付报酬。

三、委托合同规定的适用

第九百六十六条　本章没有规定的，参照适用委托合同的有关规定。

本条规定了委托合同规定在中介合同中的适用。

因中介合同也是中介人处理委托人委托事务的，因此，中介合同没有规定的，参照适用委托合同的有关规定。

第二十七章　合伙合同

一、合伙合同的概念和特征

第九百六十七条　合伙合同是两个以上合伙人为了共同的事业目的，订立的共享利益、共担风险的协议。

本条规定了合伙合同的概念。

合伙合同是两个以上的民事主体为了共同事业目的订立的共享利益、共担风险的协议。订立合伙合同的当事人为合伙人。

合伙合同是与合伙相联系又不相同的概念：合伙合同是合伙成立的基础和前提，没有合伙合同不能成立合伙；合伙是合伙合同订立的结果，合伙属于非法人组织。但是合伙合同并不都是为设立合伙才订立的，有合伙合同未必就成立合伙。

合伙合同具有以下法律特征：

1. 合伙人具有共同的事业目的

合伙人是为了共同事业目的订立合伙合同的，因此合伙人所追求的目的是相同的。这是合伙合同与当事人追求的经济目的正相反的其他合同的重要区别。也因此称合伙合同为共同民事法律行为。

2. 合伙人的权利义务具有共同性

因为合伙人有共同的目的，共享利益、共担风险，因此，合伙合同当事人的权利义务也就具有共同性，在合伙事务处理上有相同的权利义务。

3. 合伙合同为诺成性合同、双务合同、有偿合同、不要式合同

合伙合同自当事人各方意思表示一致时即可成立，不以当事人实际交付出资为合同成立条件。合伙合同当事人各方都享有相应的权利、负担相应的义务。合伙合同当事人享有权利，以履行相应的义务为代价，各合伙人享受利益以出资义务互为对价关系。合伙合同一般采用书面形式，但是否采用书面形式并不是合伙合同成立生效的必要条件。

二、合伙合同当事人的权利义务

（一）出资义务

第九百六十八条　合伙人应当按照约定的出资方式、数额和缴付期限，履行出资义务。

本条规这了合伙人的出资义务。

合伙人的出资，既是合伙人按照合伙合同的约定从事相应事业的财产基础，又是合伙人对外承担民事责任保障。合伙人应履行出资义务，按照约定的数额、期限和方式出资。出资的方式可以是实物、货币，也可以是知识产权、土地使用权及其他财产权利，还可以是劳务。合伙人未按约定出资的，其他合伙人可以请求其缴付出资。

（二）维护合伙财产的义务

第九百六十九条 合伙人的出资、因合伙事务依法取得的收益和其他财产，属于合伙财产。

合伙合同终止前，合伙人不得请求分割合伙财产。

本条规定了合伙人维护合伙财产的义务。

合伙财产包括合伙人的出资、经营合伙事务取得的收益，以及合伙依法取得的其他财产。合伙财产为合伙人的共有财产，也是合伙人为实现事业目的进行民事活动的财产基础，合伙财产的共有并不是以分割为目的，因此，合伙人有义务维护合伙财产的统一。合伙合同终止前，合伙人不得请求分割合伙财产。

（三）合伙事务的执行权、决定权、监督权

第九百七十条 合伙人就合伙事务作出决定的，除合伙合同另有约定外，应当经全体合伙人一致同意。

合伙事务由全体合伙人共同执行。按照合伙合同的约定或者全体合伙人的决定，可以委托一个或者数个合伙人执行合伙事务；其他合伙人不再执行合伙事务，但是有权监督执行情况。

合伙人分别执行合伙事务的，执行合伙事务合伙人可以对其他合伙人执行的事务提出异议；提出异议后，其他合伙人应当暂停该项事务的报酬。

第九百七十一条 合伙人不得因执行合伙事务而请求支付报酬，但是合伙合同另有约定的除外。

上两条规定了合伙人的合伙事务执行、决定及监督权。

合伙人对合伙事务有执行的权利。

合伙事务由全体合伙人共同执行。合伙人就合伙事务作出决定的，除合伙合同另有约定外，应经全体合伙人一致同意。按照合同的约定或者全体合伙人的决定，可以委托一个或者数个合伙人执行合伙事务；其他合伙人不再执行合伙事务，但是有权监督执行情况。

合伙人可以分别执行合伙事务。合伙事务由合伙人分别执行的，执行合伙事务合伙人可以对其他合伙人执行的事务提出异议；提出异议后，其他合伙人应当暂停该事务的执行。

合伙人执行的合伙事务也是自己的事务。因此，除合伙合同另有约定外，合伙人不得因执行合伙事务而请求支付报酬。

（四）合伙收益的分配权和合伙亏损的负担义务

第九百七十二条　合伙的利润分配和亏损负担，按照合伙合同的约定办理；合伙合同没有约定或者约定不明确的，由合伙人协商确定；协商不成的，由合伙人按照实缴出资比例分配、分担；无法确定出资比例的，由合伙人平均分配、分担。

第九百七十三条　合伙人对合伙债务承担连带责任。清偿合伙债务超过自己应当承担份额的合伙人，有权向其他合伙人追偿。

本条规定了合伙人的收益分配权利和亏损负担义务。

合伙人对合伙事务的执行结果是共享利益、共担风险的，因此，合伙人有权分配合伙的收益，也有义务分担合伙的亏损。

合伙人对合伙利润分配和亏损的负担均按合同的约定办理。合伙合同中没有明确规定分配、分担比例，合伙人又协商不成的，则按实缴的出资比例确定；无法确定出资比例的，则推定合伙人的分配、分担比例相等。

合伙人按照比例分担亏损，这是就合伙人内部而言的。合伙亏损也就是合伙债务，就合伙人外部关系上说，合伙人对合伙债务承担连带责任。因此，合伙债权人可以请求任何合伙人清偿合伙债务，每个合伙人也都负有清偿合伙债务的责任。清偿合伙债务超过自己应当承担份额的合伙人，有权向其他合伙人追偿。

（五）合伙财产份额的转让权

第九百七十四条　除合伙合同另有约定外，合伙人向合伙人以外的人转让其全部或者部分财产份额的，须经其他合伙人一致同意。

本条规定了合伙人转让合伙财产份额的权利。

合伙人虽在合伙合同终止前不得要求分割合伙财产，但合伙人对合伙财产是按一定份额享有权利的，合伙人对合伙财产份额享有独立的权利，因此，除合伙合同另有约定外，合伙人可以向合伙人以外的人转让其全部或者部分财产份额。但因为合伙人之间以相互信任为条件，合伙人转让合伙财产份额，取得该份额的受让人就会成为新合伙人。因此，合伙人转让合伙财产份额须经其他合伙人一致同意。

三、合伙人的债权人的权利

第九百七十五条　合伙人的债权人不得代位行使合伙人依照本章规定和合伙合同享有的权利，但是合伙人享有的利益分配请求权除外。

本条规定了合伙人的债权人的权利。

合伙人的债权人有权请求合伙人清偿其债务。为保全其债权，债权人享有代位权和撤销权。但是，合伙人享有的合伙事务执行权、决定权、监督权等具有人身属性，不能成为代位权的标的，因此，债权人不得就合伙人的这些权利行使代位权，但是，合伙人的享有的利益分配权为财产权，合伙人的债权人可代位行使合伙人的合伙利益分配请求权。

四、不定期合伙

第九百七十六条　合伙人对合伙期限没有约定或者约定不明确，依据本法第五百一十条的规定仍不能确定的，视为不定期合伙。合伙期限届满，合伙人继续执行合伙事务，其他合伙人没有提出异议的，原合伙合同继续有效，但是合伙期限为不定期。合伙人可以随时解除不定期合伙合同，但是应当在合理期限之前通知其他合伙人。

本条规定了不定期合伙。

不定期合伙是与定期合伙相对而言的。定期合伙是指合伙合同有明确的期限规定的合伙；不定期合伙是指合伙合同没有明确规定期限的合伙。

不定期合伙主要有两种情形：一是合伙人对合伙期限没有明确的约定，又不能依其他方法确定合伙期限；二是合伙期间届满，合伙人继续执行合伙事务，其他合伙人没有提出异议，原合伙合同继续有效。

不定期合伙的合伙人可随时解除合伙合同，但应当在合理期限内提前通知其他合伙人。

五、合伙合同的终止

第九百七十七条 合伙人死亡、丧失民事行为能力或者终止的，合伙合同终止；但是，合伙合同另有约定或者根据合伙事务的性质不宜终止的除外。

第九百七十八条 合伙合同终止后，合伙财产在支付因终止而产生的费用以及清偿合伙债务后有剩余的，依据本法第九百七十二条的规定进行分配。

上两条规定了合伙合同的终止。

合伙合同的终止也就是合伙人的权利义务消灭。合伙合同终止的原因主要有三：

其一，合伙期限届满。合伙期限届满，合伙人未继续合伙事务的，合同也就终止。

其二，解除合同。合伙人在有约定的或者法律规定的事由时，可以解除合同。合伙人解除合伙合同，合伙合同即终止。

其三，合伙人失去主体资格。合伙人为自然人的，合伙人死亡、丧失民事行为能力的，因其失去主体资格，合伙终止；合伙人为法人、非法人组织的，该组织终止的，合伙合同也就终止。但是，对于合伙人主体资格丧失合同中另有约定或者根据合伙事务不宜终止合伙合同的，合伙合同不终止。

合伙合同终止后，应当对合伙财产进行清算。合伙财产在支付因终止而产生的费用以及清偿合伙债务后有剩余的，由合伙人按照合伙收益分配比例进行分配。

第三分编　准合同

第二十八章　无因管理

一、无因管理的概念和性质

无因管理，是指没有法定的或者约定的义务，为避免他人利益受损失而对他人进行事务的管理或者服务的事实行为。进行管理或者服务的当事人称为管理人，受事务管理或者服务的一方称为本人。因本人一般从管理人的管理或者服务中受益，所以又称为受益人。

无因管理可以引发当事人之间的债权债务关系，是债权的一种发生根据。作为引发债权发生的法律事实，无因管理属于合法的事实行为。首先，无因管理与人的意志有关，不属于事件，而属于行为。其次，因无因管理的管理人并不是以发生一定民事法律后果为目的而实施管理的，并不以行为人的意思表示为要素，因此，无因管理不属于民事法律行为，而只能属于事实行为。最后，无因管理是一种合法行为。事实行为有合法的，也有不合法的。无因管理属于合法的事实行为。

在社会生活中，对他人事务的管理，应有法律规定的或者与他人约定的义务，否则对他人的事务管理就会构成对他人事务的干涉，侵害他人的权利；但同时在社会生活中由于各种原因又要求人们能够主动地相互扶助，主动地保护他人的利益免受损失，而不能对他人事务一概漠不关心、不管不问。无因管理制度正是基于这两方面的考虑而设立的制度。法律确立无因管理制度的直接目的，是赋予无因管理行为以合法性，而对于不符合无因管理要件的对他人事务的干涉行为则不承认其合法性。所以，无因管理实质上是法律赋予没有根据地管理他人事务的某些行为以阻却违法性。

二、无因管理与相关制度的区别

（一）无因管理与合同、不当得利、侵权行为的区别

《民法典》将无因管理作为准合同予以规制，表明无因管理不同于合同。无因管理与合同的主要区别在于：无因管理属于事实行为；合同为民事法律行为。合同须有各方的意思表示的一致才能成立，并且当事人应有相应的民事行为能力。而无因管理是单方实施的事实行为，不以意思表示为要素，不要求当事人有相应的民事行为能力。由于合同当事人依据合同享有权利和义务，而无因管理以管理人无约定或者法定的管理义务为前提，若当事人依合同约定有管理他人事务的义务，其管理也就不会构成无因管理。所以，从法律适用上说，合同关系的存在排除无因管理的成立。

无因管理与不当得利的区别主要在于，无因管理属于行为，管理人的意志内容有意义，其是否有为他人利益管理的意思是能否成立无因管理的重要条件；而不当得利属于事件，不论当事人的意志内容如何，均不会影响不当得利的成立。由于不当得利是无法律根据地得到利益，而无因管理是本人得到利益的

法律根据，所以在法律适用上，无因管理排斥不当得利。就同一现象来说，应首先分析其是否为无因管理，若不成立无因管理，再分析其是否构成不当得利。

无因管理与侵权行为的区别主要在于，无因管理是合法的事实行为，而侵权行为属于不法的事实行为；无因管理阻却违法性，而侵权行为具有违法性。因此，在适用上，无因管理排斥侵权行为。对他人事务的某一"干涉"行为，若为无因管理，则不属于侵权行为。

（二）无因管理与代理、无权代理的区别

由于无因管理的管理人是为本人的利益管理本人事务的，因而无因管理与代理相类似，但二者的性质根本不同。代理中的代理人有管理被代理人事务的义务，并且代理人与第三人所为的行为为民事法律行为；而无因管理的管理人本无管理他人事务的义务，管理人的管理行为也不限于民事法律行为。因此，代理当然排斥无因管理的适用。

无因管理也不同于无权代理：第一，在无权代理，行为人是以本人的名义进行活动的，而在无因管理，管理人并不必以本人的名义实施管理行为。第二，无权代理行为属于民事法律行为，行为人须有相应的民事行为能力，而无因管理行为属于事实行为，不要求管理人有完全民事行为能力。第三，无权代理发生本人的追认，经本人追认的无权代理为有效代理，对本人发生法律效力，而未经本人追认的无权代理为无效代理，对本人不发生法律效力；而在无因管理，不发生本人的追认，本人是否接受无因管理的后果不影响无因管理的效力。第四，无

权代理中行为人与第三人发生关系，而在无因管理中管理人并不一定与第三人发生关系。第五，无权代理人实施行为的后果可能是有利于本人的，也可能是不利于本人的，行为人是否有为本人利益实施行为的意思并不是其成立要件；而在无因管理中，管理行为的后果从根本上说应是有利于本人的，管理人有为本人利益管理的意思是其成立条件。

三、无因管理的构成和效力

第九百七十九条　管理人没有法定的或者约定的义务，为避免他人利益受损失而管理他人事务的，可以请求受益人偿还因管理事务而支出的必要费用；管理人因管理事务受到损失的，可以请求受益人给予补偿。

管理事务不符合受益人的真实意思，管理人不享有前款规定的权利；但是，受益人的真实意思违反法律或者违背公序良俗的除外。

第九百八十条　管理人管理事务不属于前条规定的情形，但是受益人享有管理利益的，受益人应当在其获得的利益范围内向管理人承担前条第一款规定的义务。

上两条规定了无因管理的构成和效力。

（一）无因管理的构成

关于成立无因管理的条件，学者中表述不一。依民法典规定，无因管理的成立须具备以下三个条件。

其一，管理他人事务

管理他人事务，是无因管理成立的前提条件。没有对他人事务的管理，当然不会成立无因管理。管理他人事务既包括对他人的事务的管理行为，如对他人财物的保存、利用、改良、管领、处分等；也包括对他人提供服务，如为他人提供劳务帮助。无因管理的这一构成要件要求：

首先，管理人须管理事务。所谓事务，是指有关人们生活利益的一切事项，可以是有关财产的，也可以是非财产性的。管理事务可以是事实行为，如将危急病人送往医院；也可以是民事法律行为，如雇人修缮房屋。在实施民事法律行为时，管理人可以以自己的名义，也可以以本人的名义。但因无因管理在管理人与本人之间产生债权债务关系，对不能在当事人之间发生债权债务的事项的管理不能构成无因管理。所以，管理下列事务的，一般不发生无因管理：（1）违法的或者违背社会公德的行为，如为他人看管赃物；（2）不足以发生民事法律后果的纯粹道义上的、宗教上的或者其他一般性的生活事务，如接待他人的朋友；（3）单纯的不作为行为；（4）依照法律规定须由本人实施或者须经本人授权才能实施的行为，如放弃继承的事务。

其次，管理人所管理的事务须为他人的事务。管理人所管理的事务是否为他人的事务，应依事务的性质和管理人的证明来确定。就事务的性质从外部形式上即可断定为他人事务的，无须管理人证明。就事务的性质从外部不能断定为他人事务的，若管理人主张无因管理，则由管理人负证明该事务为他人的事务的举证责任；如管理人不能证明其所管理的事务为他人的事务，则应当推定该事务属于管理人自己的事务，其管理不能构成无因管理。但管理人是否明确所管理的事务为何人的事务，一般并不影响无因管理的成立。

其二，为避免他人利益受损失而为管理

管理人主观上须有为避免他人利益受损失管理的意思，亦即是为他人谋利益的。这是无因管理成立的主观要件，也是无因管理阻却违法性的根本原因。

管理人是否是为他人谋利益而为管理的，应由管理人负举证责任。管理人应从自己的主观愿望、事务的性质、管理的必要性以及管理的后果诸方面来证明自己的管理是为他人谋利益的。虽然无因管理的管理人须为避免他人利益受损失而为管理，但并不要求管理人须有为避免他人利益受损失的明确表示。只要管理人的管理在客观上确实避免了他人利益的损失，即使其未有明确的为他人利益管理的目的，而又不单纯是为自己利益管理事务的"利己"行为，就可以构成无因管理。管理人主观上同时既有为他人的目的又有为自己的动机，客观上自己也同时受益的，仍可成立无因管理。例如，为避免邻居的房屋倒塌而为之修缮，管理人同时有为避免自己遭受危险的动机，而且也使自己受有免受危险的利益，仍不影响无因管理的成立。但是，如果管理人纯粹为自己的利益而管理他人的事务，即使本人从其管理中受有利益，也不能构成无因管理。管理人将他人的事务作为自己的事务进行管理的，如符合不当得利的要件，可成立不当得利；如构成对他人事务的不法干涉和侵犯，则会构成侵权行为。

其三，无法律上的义务

无因管理的"无因"是指无法律上的原因，也就是无法律上的根据。在社会生活中，管理他人事务的法律根据，无非或是有权利管理，或是有义务管理。而管理他人事务的权利和义务是相一致的，没有法律上的义务也就没有法律上的权利。因此，管理人无法律上的义务或者无法律上的权利而为管理，是无因管理成立的又一要件。

法律上的义务包括法定的义务和约定的义务。所谓法定的义务，是指法律直接规定的义务。这里的法律不限于民法，也包括其他法律。例如，父母管理未成年子女的事务，失踪人的财产代管人管理失踪人的财产，是民法上直接规定的义务；消防队员抢救遭受火灾的他人财物，警察收留走失的儿童，是为行政法上直接规定的义务。所谓约定的义务，是指当事人双方约定的义务，也就是基于当事人双方的合同而产生的义务。如受托人管理委托人的事务即是基于双方的委托合同而产生的义务。

管理人有无法定的或者约定义务，应以管理人着手管理时的客观事实而定，而不能以管理人主观的判断为标准。管理人原无管理的义务，但于管理时有义务的，不能成立无因管理；反之，管理人原有管理的义务，但于管理时已没有义务的，则自没有义务之时起可成立无因管理。管理人事实上没有管理的义务，而管理人主观上认为有义务的，可以成立无因管理；管理人事实上有管理的义务，而其主观误认为无义务的，则不能成立无因管理。管理人于着手管理后，其基于无因管理产生管理的义务，这属于无因管理之债的内容，而不属于无因管理构成条件上所指的"义务"。

（二）无因管理的效力

无因管理的效力是指无因管理成立发生的法律后果。无因管理的效力是在无因管理人与受益人之间发生债权债务关系。管理人为债权人，享有请求受益人偿付因管理事务所支出的必要费用的权利。管理人的这一权利也称为求偿请求权。受益人为债务人，负有向管理人偿还管理人支出的必要费用的义务。

管理人有权请求受益人偿还的必要费用包括两部分：一是管理人在管理事务中直接支出的费用；二是管理人在事务管理中受到的实际损失。管理人在管理中所直接支出的费用，只有为管理所必要者，管理人才有权要求偿还。管理人所支出的费用是否为必要，应以管理活动当时的客观情况而定。如果依当时的情况，该项费用的支出是必要的，即使其后看是不必要的，也应为必要费用。反之，如依管理事务的当时情况，该项费用的支出是不必要的，即使其后为必要的，一般也不应视为必要的费用。管理人除享有必要费用偿还请求权外，还享有负债清偿请求权。即，管理人在事务管理中以自己的名义为管理事务负担债务时，有权要求受益人直接向债权人清偿。例如，甲以自己的名义雇请丙修缮乙的危险房屋，甲得请求乙直接向丙清偿因此所负的债务。受益人应当负责清偿的债务，也仅以为事务管理所必要者为限。对于管理人所设立的不必要债务，受益人不应当承担，而应由管理人自行负责清偿。

管理人在管理中受到的实际损失，并非全部应由受益人偿付。除管理人处于急迫危险的状况下以外，管理人对该损失的造成有过错时，应适当减轻受益人的责任。[①] 如果管理人对损失的发生也没有过错，而该损失又大于受益人因管理所受的利益，

---

① 　王家福主编：《中国民法学·民法债权》，法律出版社 1991 年版，第 598 页。

则应从公平原则出发，由双方分担责任。

管理人管理他人事务不符合受益人真实意思的，管理人不享求偿请求权，但是受益人享有管理利益的，受益人在其获得的利益范围内承担偿付管理人支出的必要费用和受到的损失的义务。

四、管理人的义务

管理人的义务，是指管理人着手管理后依法承担的义务。无因管理的管理人原本无管理的义务，但因无因管理的成立，管理人也就承担了一定的义务。

（一）适当管理义务

第九百八十一条　管理人管理他人事务，应当采取有利于受益人的方法。中断管理对受益人不利的，无正当理由不得中断。

本条规定了管理人适当管理的义务。

采取有利于受益人的方法为适当管理，是管理人的基本义务。采取有利于受益人的方法管理，首先要求管理符合受益人的真实意思。所谓符合受益人的真实意思，是指管理人的管理与受益人的意思或者真实利益不相悖。受益人的意思包括明示的或者可推知的意思。例如，受益明确表示过要修理自己的危房，则为有明示的意思；受益人于路途中发病，虽未明确表示要去医院治疗，但从受益人所处的情形可推知其有去医院治疗的意思。

受益人的意思与其根本利益不一致的，管理人则应依其根本利益而为管理。例如，管理人抢救自杀者，虽与本人的意思相反，但与其根本利益相一致。其次，管理人对事务管理的方式、管理的结果有利于受益人，而不损害受益人的利益。管理方法是否有利于受益人，应以管理人管理事务当时的具体情况确定，而不能以管理人的主观意识为标准。管理人虽主观上认为其管理方法有利于受益人，而客观上并不利于甚至反而使其利益受损失的，则管理人的管理是不适当的。反之，受益人主观上认为管理人的管理方式不利于自己，但从当时的情况看，管理人的管理是有利于受益人的，则管理人的管理是适当的。管理人所管理的事务如是受益人应尽的法定义务或者公益义务，则管理的结果虽不利于受益人，管理人的管理也是适当的。

管理人一经着手管理，如果中断管理不利于受益人，则无正当理由不得中断管理。管理人无正当理由中断管理的，为未采取有利于受益人的方法管理。

管理人未采取有利于受益人的方法管理的，应当依法承担相应的民事责任。若管理人能证明自己是没有过错的，则可不承担民事责任。为鼓励无因管理行为，对管理人的注意义务不能要求过高，应当要求管理人对所管理的事务给予如同管理自己事务一样的注意。因此，如果管理人对所管理的事务尽到了如同管理自己事务一样的注意，则其不为有过错，管理人不应当承担责任。管理人所管理的事务如处于紧迫状态，不迅速处理就会使受益人遭受损失时，除有恶意或者重大过失外，对于不适当管理的损害，管理人不应承担责任。一般说来，管理人对因不适当管理所承担的赔偿责任，应当限于管理人不管理就不会发生的损害，而不能包括其他损失。

（二）通知义务

第九百八十二条　管理人管理他人事务，能够通知受益人的，应当及时通知收益人。管理的事务不需要紧急处理的，应当等待受益人的指示。

本条规定了管理人的通知义务。

管理人的通知义务是指于着手管理他人事务后，管理人应将管理事务的情事告知受益人。管理人的通知义务以能够通知和有必要通知为限。如果管理人无法通知，例如，不知受益人的住址，则不负通知义务；受益人已知管理事实的，管理人则没有必要通知。管理人通知受益人后，管理的事务需要紧急处理，继续管理可避免受益人利益损失的，应当继续管理；否则，应当听候本人的处理。管理人未履行通知义务的，对因其不通知所造成的损失，应负赔偿责任。

（三）报告与交付义务

第九百八十三条　管理结束后，管理人应当向受益人报告管理事务的情况。管理人管理事务取得的财产，应当及时转交给受益人。

本条规定了管理人的报告和交付义务。

无因管理人是为受益人管理事务的，因此于开始管理后，管理人除应及时地通知受益人外，还应将管理的有关情况报告给本人，该报告义务也应以管理人能够报告为限。

管理结束后，管理人应向受益人报告管理事务的情况，并将管理事务所取得的财产及时转交给受益人。管理人为自己利益使用了受益人的财产的，应自使用之日起计付利息。

五、委托合同在无因管理中的适用

第九百八十四条　管理人管理事务经受益人事后追认的，从管理事务开始时起，适用委托合同的有关规定，但是管理人另有意思表示的除外。

本条规定了委托合同在无因管理中的适用。

委托合同是受托人为委托人办理事务的合同，从受托人为委托人管理事务上说，无因管理当事人间的关系，类似于委托合同当事人间的关系。但受托人管理他人事务是受委托人委托的，有法律上的原因，而无因管理人管理受益人事务是无法律上原因的。但管理人的管理如经受益人追认，也就成为受委托管理他人事务。因此，管理人管理事务经受益人事后追认的，从管理事务开始时起，在管理人与受益人之间的关系上适用委托合同的有关规定。但是管理人另有意思表示即不同意适用委托合同有关规定的，则对于管理人与受益人的关系不能适用委托合同的有关规定。

第二十九章　不当得利

一、不当得利的概念与性质

不当得利，是指没有法律根据取得利益而使他人受损失的事实。在这一事实中，取得利益的一方称为得利人或受益人，得利人取得的利益为不当利益，受到损失的一方称为受损失人或受害人。

不当得利的发生会在得利人与受损人之间产生债权债务关系。因此，不当得利也是引起债发生的法律事实。关于不当得利这一法律事实是属于行为还是事件，有两种不同的观点。一种观点认为，不当得利事实属于行为。因为尽管不当得利的原因很多，但其本身与人的意志有关，它属于一种不公正行为。从法律上确认不当得利为主体的行为，确认得利人的债务人性质，有助于规范民事主体的行为。另一种观点认为，不当得利属于事件，因为不当得利本质上是一种利益，与当事人的意志无关。后一种观点为通说。尽管发生不当得利的原因有事件，也有行为，但不当得利都是与人的意志无关的，不是由得利人的意志决定取得的，亦即得利人取得不当利益的主观状态如何，并不影响不当得利事实的成立。在不当得利中得利人的义务是直接由法律规定的。法律规定不当得利之债的目的，并不在于制裁得利人的得利"行为",而在于纠正其"得利"不当这一不正常、不合理的现象,调整无法律原因的财产利益的变动。

二、不当得利与相关制度的关系

不当得利作为一种法律事实,属于事件,与人的意志无关,因而其不同于与人的意志有关的民事法律行为、无因管理及侵权行为等。

民事法律行为以意思表示为要素。依民事法律行为而取得利益是合法的、正当的,当然不成立不当得利;但是若当事人所为的民事法律行为无效或者被撤销时,当事人一方依据该行为所取得的利益(例如依无效合同所取得的利益),已无法律根据,则可构成不当得利。

无因管理虽不是民事法律行为,却是一种合法的事实行为。无因管理的管理人应将管理所得的利益移归于受益人,管理人并不能取得利益。因此,受益人从管理人取得利益的,因该利益本为自己所有,不属于不当得利;管理人将管理所取得的利益移归受益人时, 因其未将利益占为己有,管理人不为得利人。但是若管理人从管理中取得利益并不归还受益人而自己占有的,则管理人的占有是无法律根据的,受益人得基于不当得利的规定请求管理人返还。

侵权行为也是社会中发生的一种不正常的现象,并且侵权行为也会给受害人造成损失。但侵权行为是单方实施的一种不合法的与人的意志有关的事实行为。法律规范侵权行为的目的,是要预防侵权行为的发生,制裁不法行为人。而法律规范不当得利并不是为了制裁不当得利人，而是纠正不正常的财产利益转移，使之恢复到正常状态。当然，侵权行为人侵害他人的合法权益也可能从中得利，其所得利益当然也是没有法律根据的，就其得利的这一事实来说，也可构成不当得利。

三、不当得利的构成条件及除外情况

第九百八十五条 得利人没有法律根据取得不当利益的，受损失的人可以请求得利人返还取得的利益，但是有下列情形之一的除外：

（一）为履行道德义务进行的给付；

（二）债务到期之前的清偿；

（三）明知无给付义务而进行的债务清偿。

本条规定了不当得利的构成及除外情形。

（一）不当得利的构成条件

一般情形下须具备以下四个条件，不当得利才能成立。

1. 一方取得利益

所谓一方取得利益，是指一方当事人因一定的事实结果而使其得到一定的财产利益。取得财产利益也就是财产总量的增加，包括财产的积极增加和消极增加。财产的积极增加即积极取得利益，是指财产权利的增强或者财产义务的消灭。这既包括所有权、他物权、债权以及知识产权等财产权利的取得，也包括占有的取得，还包括财产权利的扩张及其效力的增强、财产权利限制的消除等。财产的消极增加即消极取得利益，是指财产本应减少而没有减少。这既包括本应支出的费用而没有支出，也包括本应承担的债务而未承担以及所有权上应设定负担的而未设定等。

2. 他方受损失

这里的所谓损失，是指因一定的事实结果使财产利益的总额减少，既包括积极损失，也包括消极损失。积极损失，又称为直接损失，是指现有财产利益的减少；消极损失，又称为间接损失，是指财产应增加而未增加，亦即应得利益的损失。这里的应得利益是指在正常情形下可以得到的利益，并非指必然得到的利益。例如，没有合法根据地居住他人的空房，所有人也就失去对该房的使用收益的利益，尽管该利益不是所有人必然得到的，也不失为其损失。

3. 一方取得利益与他方受损失之间有因果关系

所谓取得利益与受损失之间有因果关系，是指他方的损失是因一方得到利益造成的，一方得到利益是他方受损的原因，受益与受损二者之间有变动的关联性。即使受损失与得到利益不是同时发生的，具有不同的表现形式，有不同的范围，也不影响二者之间因果关系的存在。

关于得到利益与受损失之间的因果关系，有直接因果关系说与非直接因果关系说两种学说。直接因果关系说认为，必须基于同一原因事实，即由于同一原因使一方得到利益，他方受有损失，二者间才为有因果关系。如果得到利益与受损失是由两个不同的原因事实造成的，即使二者间有牵连关系，也不应视为具有因果关系。例如，甲向乙借钱用于修理内的房屋，而甲无力偿还借款时，乙不得向丙请求返还不当得利。因为乙受损失与丙取得利益的原因并不是同一事实。德国、日本多采直接因果关系说。非直接因果关系说认为，取得利益与受有损失间的因果关系，不限于同一原因事实造成受益与受损的情况，即使受益与受损是由两个原因事实造成的，如果社会观念认为二者有牵连关系，也应认为二者间具有因果关系。依我国法规定，没有法律根据取得不当利益，即构成不当得利。因此，只要他人的损失是由取得不当利益造成的，或者如果没有其不当利益的取得，他人就不会造成损失，就应当认定取得利益与受损间有因果关系。

4. 没有法律根据

一方得利与另一方受损没有法律根据，是不当得利构成的实质性条件。在社会交易中，任何利益的取得都须有法律根据，或是直接依据法律的规定，或是依据民事法律行为。不是直接根据法律或者根据民事法律行为取得利益的，其取得利益就是没有法律根据的，亦即没有法律上的原因，该得利即为不正当的。当事人于取得利益时没有法律根据，其利益的取得当然为没有法律根据的；其取得利益时虽有法律根据，但其后该根据丧失的，该利益的取得也为没有法律根据。

（二）不当得利的类型

不当得利从发生原因上可分为因给付发生的不当得利和因其他原因发生的不当得利。

1. 基于给付而发生的不当得利

给付是一方将其财产利益转移给另一方。给付原本应是债务人履行债务的行为，亦即当事人给付财产利益给他人，是以履行自己的义务为目的的。若当事人一方为履行义务而为给付，从该给付取得利益的一方的得利即是有法律根据的，不为不当得利。但若当事人一方为实现给付的法律目的而为给付行为，而其法律目的又欠缺时，则另一方因该给付所取得的利益就是没有法律根据的。因给付而发生的不当得利包括以下几种情形：

（1）给付的目的自始不存在

这是指一方为履行自己的义务而向受益人给付，但该义务自始就不存在。这种情形又称为非债清偿。例如，甲误认为与乙之间有买卖合同而将货物交付给乙。

在下列情形下，当事人一方虽没有给付义务而为给付，另一方的得利也不为不当得利：

其一，为履行道德义务而为给付。例如，弟妹对未抚养自己的兄姐没有法定扶养义务。但弟妹扶养生活困难的兄姐，则属于尽道德义务。对因此而支出的费用，弟妹不得以不当得利请求返还。

其二，为清偿未到期债务而给付。债务未到清偿期债务人本无清偿的义务，但若债务人主动提前清偿而债权人受领时，即使债务人因此而失去利益，债权人因此而取得利益，债权人得到的利益也不为不当得利。

其三，明知无给付义务而进行的债务清偿。一方明知自己没有给付义务而向他人交付财产清偿的，对方接受该财产不成立不当得利。因为，此种情形应视为赠与。

其四，基于不法原因而给付财产。因不法原因给付的，"债务人"没有给付财产的法律义务，"债权人"也没有得到财产的权利。但给付一方不能以不当得利为由请求对方返还。不法原因既包括违反法律的强行性规定，也包括违反公序良俗。当然，在因不法原因给付财产的情形下，对方也不能取得该财产，该财产应当收缴。例如，因偿还赌"债"而给付财产时，该财产就应收缴。

（2）给付的目的未达到

当事人为一定目的而为给付，但其目的因某种原因未达到时，因该给付取得的利益也就是没有法律根据的不当得利。例如，债权人以受清偿的目的将债务清偿的收据交付给债务人，而其后债务人并未清偿债务。

（3）给付的目的嗣后不存在

当事人一方给付原是有法律目的的，但于给付后该法律目的不存在时，因给付而取得的财产利益也就成为无法律原因的受益。例如，当事人一方为担保合同的履行而向对方给付定金，而其后该合同被确认为无效，这就属于给付目的嗣后不存在的给付。

2. 基于给付以外的事实而发生的不当得利

基于给付以外的事实而发生不当得利的，主要有以下情形：

其一，基于受益人自己的行为而发生的不当得利。这是指基于受益人的行为取得利益而使他人利益受损失。由于该情形下的不当得利是因受益人侵害他人的合法权益发生的，因此，这种情形下受益人的行为也可能会构成侵权行为。

其二，基于受损人的行为而发生的不当得利。例如，误认他人的房屋为自己的房屋而进行装修。

其三，基于第三人的行为而发生的不当得利。例如，甲以乙的饲料饲养丙的牲畜。

其四，基于自然事件而发生的不当得利。例如，甲养的鱼因池水漫溢而流入乙的养鱼池内。

其五，基于法律规定而发生的不当得利。例如，在发生添附时，一方可基于法律规定而取得他方之物的所有权，但另一方不能因此而受损失，取得所有权的一方并无得到利益的法律根据，须向另一方返还所取得的利益

四、不当得利的效力

不当得利的效力是不当得利成立后发生的法律后果。不当得利的后果就是在得利人与受损人间发生债权债务：得利人负有返还不当得利的义务，受损人享有请求返还不当得利的权利。所以，不当得利的效力体现为受损人的不当得利返还请求权。

（一）善意得利人的利益返还义务

第九百八十六条　得利人不知道且不应当知道取得的利益没有法律根据，取得的利益已经不存在的，不承担返还该利益的义务。

本条规定了善意得利人返还的利益范围。

得利人负返还义务应返还的利益依其是善意还是恶意而不同。判断得利人善意恶意的标准，是得利人于得利时是否知道或应当知道其得利是没有法律根据的。得利人于取得利益时不知道且不应当知道自己取得利益无合法的根据的情形下，得利人对得利不知情，为善意得利人，善意得利人返还的利益范围仅以现在的利益为限。即便受损人的损失大于得利人取得的利

益，得利人返还的利益也仅以获得的利益为限。得利人获得的利益已经不存在的，得利人不承担返还该利益的义务。所谓现存利益，是指得利人受到返还请求时享有的利益，而不以原物的固有形态为限。原物的形态虽改变，但其价值仍存在或者可以代偿的，仍不失为现存利益。例如，得利人将其受领的财物以低于通常的价格出卖，得利人只返还所得的价款。如果该价款已经被其消费，并因此而省下其他的费用开支，则其节省下的开支为现存利益，得利人仍应返还。但是若得利人所得的价款被他人盗走，则为利益已不存在。得利人受有的利益大于受损人的损失时，得利人返还的利益范围应以受损人受到的损失为准。

（二）恶意得利人的利益返还义务

第九百八十七条　得利人知道或者应当知道取得的利益没有法律根据的，受损失的人可以请求得利人返还其取得的利益并依法赔偿损失。

本条规定了恶意得利人的返还义务。

恶意得利人是在得利上有恶意。所谓恶意，为对得利知情，是指得利人于取得利益时知道或者应当知道其取得利益是没有法律根据的。恶意的得利人应当返还其所取得的全部利益，即使其利益已不存在，也应负责返还。若得利人所得到的利益少于受损人的损失，得利人除返还其所得到的全部实际利益外，还须就其损失与得利的差额另加以赔偿。这实质上是受益人的返还义务与赔偿责任的结合。

得利人于取得利益时是善意的，而嗣后为恶意时，得利人所返还的利益范围应以恶意开始时的利益范围为准。

（三）无偿受让人的返还义务

第九百八十八条　得利人已经将获得的利益无偿转让给第三人的，受损失的人可以请求第三人在相应范围内承担返还义务。

本条规定了受让第三人的返还义务。

得利人获得的利益为受损人的利益，因此，得利人将该利益转让给第三人的，属于无权处分。如果得利人是有偿转让的，第三人可依据善意取得规则取得该利益，受损失人无权请求第三人返还，但得利人无偿转让的，因第三人取得利益是无任何代价的，受损失人可以请求第三人返还，第三人应在相应内的范围内承担返还义务。于此情形下，第三人返还也不会造成损失，反而可使受损失人的利益得到保护。

附　录

中华人民共和国民法典第三编　合同
（节选）

第一分编　通则

第一章　一般规定

第四百六十三条　本编调整因合同产生的民事关系。

第四百六十四条　合同是民事主体之间设立、变更、终止民事法律关系的协议。

婚姻、收养、监护等有关身份关系的协议，适用有关该身份关系的法律规定；没有规定的，可以根据其性质参照适用本编规定。

第四百六十五条　依法成立的合同，受法律保护。

依法成立的合同，仅对当事人具有法律约束力，但是法律另有规定的除外。

第四百六十六条　当事人对合同条款的理解有争议的，应当依据本法第一百四十二条第一款的规定，确定争议条款的含义。

合同文本采用两种以上文字订立并约定具有同等效力的，对各文本使用的词句推定具有相同含义。各文本使用的词句不一致的，应当根据合同的相关条款、性质、目的以及诚信原则等予以解释。

第四百六十七条　本法或者其他法律没有明文规定的合同，适用本编通则的规定，并可以参照适用本编或者其他法律最相类似合同的规定。

在中华人民共和国境内履行的中外合资经营企业合同、中外合作经营企业合同、中外合作勘探开发自然资源合同，适用中华人民共和国法律。

第四百六十八条　非因合同产生的债权债务关系，适用有关该债权债务关系的法律规定；没有规定的，适用本编通则的有关规定，但是根据其性质不能适用的除外。

第二章　合同的订立

第四百六十九条　当事人订立合同，可以采用书面形式、口头形式或者其他形式。

书面形式是合同书、信件、电报、电传、传真等可以有形地表现所载内容的形式。

以电子数据交换、电子邮件等方式能够有形地表现所载内容，并可以随时调取查用的数据电文，视为书面形式。

第四百七十条　合同的内容由当事人约定，一般包括下列条款：

（一）当事人的姓名或者名称和住所；

（二）标的；

（三）数量；

（四）质量；

（五）价款或者报酬；

（六）履行期限、地点和方式；

（七）违约责任；

（八）解决争议的方法。

当事人可以参照各类合同的示范文本订立合同。

第四百七十一条 当事人订立合同，可以采取要约、承诺方式或者其他方式。

第四百七十二条 要约是希望与他人订立合同的意思表示，该意思表示应当符合下列条件：

（一）内容具体确定；

（二）表明经受要约人承诺，要约人即受该意思表示约束。

第四百七十三条 要约邀请是希望他人向自己发出要约的表示。拍卖公告、招标公告、招股说明书、债券募集办法、基金招募说明书、商业广告和宣传、寄送的价目表等为要约邀请。

商业广告和宣传的内容符合要约条件的，构成要约。

第四百七十四条 要约生效的时间适用本法第一百三十七条的规定。

第四百七十五条 要约可以撤回。要约的撤回适用本法第一百四十一条的规定。

第四百七十六条 要约可以撤销，但是有下列情形之一的除外：

（一）要约人以确定承诺期限或者其他形式明示要约不可撤销；

（二）受要约人有理由认为要约是不可撤销的，并已经为履行合同做了合理准备工作。

第四百七十七条 撤销要约的意思表示以对话方式作出的，该意思表示的内容应当在受要约人作出承诺之前为受要约人所知道；撤销要约的意思表示以非对话方式作出的，应当在受要约人作出承诺之前到达受要约人。

第四百七十八条　有下列情形之一的，要约失效：

（一）要约被拒绝；

（二）要约被依法撤销；

（三）承诺期限届满，受要约人未作出承诺；

（四）受要约人对要约的内容作出实质性变更。

第四百七十九条　承诺是受要约人同意要约的意思表示。

第四百八十条　承诺应当以通知的方式作出；但是，根据交易习惯或者要约表明可以通过行为作出承诺的除外。

第四百八十一条　承诺应当在要约确定的期限内到达要约人。

要约没有确定承诺期限的，承诺应当依照下列规定到达：

（一）要约以对话方式作出的，应当即时作出承诺；

（二）要约以非对话方式作出的，承诺应当在合理期限内到达。

第四百八十二条　要约以信件或者电报作出的，承诺期限自信件载明的日期或者电报交发之日开始计算。信件未载明日期的，自投寄该信件的邮戳日期开始计算。要约以电话、传真、电子邮件等快速通讯方式作出的，承诺期限自要约到达受要约人时开始计算。

第四百八十三条　承诺生效时合同成立，但是法律另有规定或者当事人另有约定的除外。

第四百八十四条　以通知方式作出的承诺，生效的时间适用本法第一百三十七条的规定。

承诺不需要通知的，根据交易习惯或者要约的要求作出承诺的行为时生效。

第四百八十五条　承诺可以撤回。承诺的撤回适用本法第一百四十一条的规定。

第四百八十六条　受要约人超过承诺期限发出承诺，或者在承诺期限内发出承诺，按照通常情形不能及时到达要约人的，为新要约；但是，要约人及时通知受要约人该承诺有效的除外。

第四百八十七条　受要约人在承诺期限内发出承诺，按照通常情形能够及时到达要约人，但是因其他原因致使承诺到达要约人时超过承诺期限的，除要约人及时通知受要约人因承诺超过期限不接受该承诺外，该承诺有效。

第四百八十八条　承诺的内容应当与要约的内容一致。受要约人对要约的内容作出实质性变更的，为新要约。有关合同标的、数量、质量、价款或者报酬、履行期限、履行地点和方式、违约责任和解决争议方法等的变更，是对要约内容的实质性变更。

第四百八十九条　承诺对要约的内容作出非实质性变更的，除要约人及时表示反对或者要约表明承诺不得对要约的内容作出任何变更外，该承诺有效，合同的内容以承诺的内容为准。

第四百九十条　当事人采用合同书形式订立合同的，自当事人均签名、盖章或者按指印时合同成立。在签名、盖章或者按指印之前，当事人一方已经履行主要义务，对方接受时，该合同成立。

法律、行政法规规定或者当事人约定合同应当采用书面形式订立，当事人未采用书面形式但是一方已经履行主要义务，对方接受时，该合同成立。

第四百九十一条　当事人采用信件、数据电文等形式订立合同要求签订确认书的，签订确认书时合同成立。

当事人一方通过互联网等信息网络发布的商品或者服务信息符合要约条件的，对方选择该商品或者服务并提交订单成功时合同成立，但是当事人另有约定的除外。

第四百九十二条　承诺生效的地点为合同成立的地点。

采用数据电文形式订立合同的，收件人的主营业地为合同成立的地点；没有主营业地的，其住所地为合同成立的地点。当事人另有约定的，按照其约定。

第四百九十三条　当事人采用合同书形式订立合同的，最后签名、盖章或者按指印的地点为合同成立的地点，但是当事人另有约定的除外。

第四百九十四条　国家根据抢险救灾、疫情防控或者其他需要下达国家订货任务、指令性任务的，有关民事主体之间应当依照有关法律、行政法规规定的权利和义务订立合同。

依照法律、行政法规的规定负有发出要约义务的当事人，应当及时发出合理的要约。

依照法律、行政法规的规定负有作出承诺义务的当事人，不得拒绝对方合理的订立合同要求。

第四百九十五条　当事人约定在将来一定期限内订立合同的认购书、订购书、预订书等，构成预约合同。

当事人一方不履行预约合同约定的订立合同义务的，对方可以请求其承担预约合同的违约责任。

第四百九十六条　格式条款是当事人为了重复使用而预先拟定，并在订立合同时未与对方协商的条款。

采用格式条款订立合同的，提供格式条款的一方应当遵循公平原则确定当事人之间的权利和义务，并采取合理的方式提示对方注意免除或者减轻其责任等与对方有重大利害关系的条款，按照对方的要求，对该条款予以说明。提供格式条款的一方未履行提示或者说明义务，致使对方没有注意或者理解与其有重大利害关系的条款的，对方可以主张该条款不成为合同的内容。

第四百九十七条　有下列情形之一的，该格式条款无效：

（一）具有本法第一编第六章第三节和本法第五百零六条规定的无效情形；

（二）提供格式条款一方不合理地免除或者减轻其责任、加重对方责任、限制对方主要权利；

（三）提供格式条款一方排除对方主要权利。

第四百九十八条　对格式条款的理解发生争议的，应当按照通常理解予以解释。对格式条款有两种以上解释的，应当作出不利于提供格式条款一方的解释。格式条款和非格式条款不一致的，应当采用非格式条款。

第四百九十九条　悬赏人以公开方式声明对完成特定行为的人支付报酬的，完成该行为的人可以请求其支付。

第五百条　当事人在订立合同过程中有下列情形之一，造成对方损失的，应当承担赔偿责任：

（一）假借订立合同，恶意进行磋商；

（二）故意隐瞒与订立合同有关的重要事实或者提供虚假情况；

（三）有其他违背诚信原则的行为。

第五百零一条　当事人在订立合同过程中知悉的商业秘密或者其他应当保密的信息，无论合同是否成立，不得泄露或者不正当地使用；泄露、不正当地使用该商业秘密或者信息，造成对方损失的，应当承担赔偿责任。

第三章　合同的效力

第五百零二条　依法成立的合同，自成立时生效，但是法律另有规定或者当事人另有约定的除外。

依照法律、行政法规的规定，合同应当办理批准等手续的，依照其规定。未办理批准等手续影响合同生效的，不影响合同中履行报批等义务条款以及相关条款的效力。应当办理申请批准等手续的当事人未履行义务的，对方可以请求其承担违反该义务的责任。

依照法律、行政法规的规定，合同的变更、转让、解除等情形应当办理批准等手续的，适用前款规定。

第五百零三条　无权代理人以被代理人的名义订立合同，被代理人已经开始履行合同义务或者接受相对人履行的，视为对合同的追认。

第五百零四条　法人的法定代表人或者非法人组织的负责人超越权限订立的合同，除相对人知道或者应当知道其超越权限外，该代表行为有效，订立的合同对法人或者非法人组织发生效力。

第五百零五条　当事人超越经营范围订立的合同的效力，应当依照本法第一编第六章第三节和本编的有关规定确定，不得仅以超越经营范围确认合同无效。

第五百零六条　合同中的下列免责条款无效：

（一）造成对方人身损害的；

（二）因故意或者重大过失造成对方财产损失的。

第五百零七条　合同不生效、无效、被撤销或者终止的，不影响合同中有关解决争议方法的条款的效力。

第五百零八条　本编对合同的效力没有规定的，适用本法第一编第六章的有关规定。

第四章　合同的履行

第五百零九条　当事人应当按照约定全面履行自己的义务。

当事人应当遵循诚信原则，根据合同的性质、目的和交易习惯履行通知、协助、保密等义务。

当事人在履行合同过程中，应当避免浪费资源、污染环境和破坏生态。

第五百一十条　合同生效后，当事人就质量、价款或者报酬、履行地点等内容没有约定或者约定不明确的，可以协议补充；不能达成补充协议的，按照合同相关条款或者交易习惯确定。

第五百一十一条　当事人就有关合同内容约定不明确，依据前条规定仍不能确定的，适用下列规定：

（一）质量要求不明确的，按照强制性国家标准履行；没有强制性国家标准的，按照推荐性国家标准履行；没有推荐性国家标准的，按照行业标准履行；没有国家标准、行业标准的，按照通常标准或者符合合同目的的特定标准履行。

（二）价款或者报酬不明确的，按照订立合同时履行地的市场价格履行；依法应当执行政府定价或者政府指导价的，依照规定履行。

（三）履行地点不明确，给付货币的，在接受货币一方所在地履行；交付不动产的，在不动产所在地履行；其他标的，在履行义务一方所在地履行。

（四）履行期限不明确的，债务人可以随时履行，债权人也可以随时请求履行，但是应当给对方必要的准备时间。

（五）履行方式不明确的，按照有利于实现合同目的的方式履行。

（六）履行费用的负担不明确的，由履行义务一方负担；因债权人原因增加的履行费用，由债权人负担。

第五百一十二条　通过互联网等信息网络订立的电子合同的标的为交付商品并采用快递物流方式交付的，收货人的签收时间为交付时间。电子合同的标的为提供服务的，生成的电子凭证或者实物凭证中载明的时间为提供服务时间；前述凭证没有载明时间或者载明时间与实际提供服务时间不一致的，以实际提供服务的时间为准。

电子合同的标的物为采用在线传输方式交付的，合同标的物进入对方当事人指定的特定系统且能够检索识别的时间为交付时间。

电子合同当事人对交付商品或者提供服务的方式、时间另有约定的，按照其约定。

第五百一十三条　执行政府定价或者政府指导价的，在合同约定的交付期限内政府价格调整时，按照交付时的价格计价。逾期交付标的物的，遇价格上涨时，按照原价格执行；价格下降时，按照新价格执行。逾期提取标的物或者逾期付款的，遇价格上涨时，按照新价格执行；价格下降时，按照原价格执行。

第五百一十四条　以支付金钱为内容的债，除法律另有规定或者当事人另有约定外，债权人可以请求债务人以实际履行地的法定货币履行。

第五百一十五条　标的有多项而债务人只需履行其中一项的，债务人享有选择权；但是，法律另有规定、当事人另有约定或者另有交易习惯的除外。

享有选择权的当事人在约定期限内或者履行期限届满未作选择，经催告后在合理期限内仍未选择的，选择权转移至对方。

第五百一十六条　当事人行使选择权应当及时通知对方，通知到达对方时，标的确定。标的确定后不得变更，但是经对方同意的除外。

可选择的标的发生不能履行情形的，享有选择权的当事人不得选择不能履行的标的，但是该不能履行的情形是由对方造成的除外。

第五百一十七条　债权人为二人以上，标的可分，按照份额各自享有债权的，为按份债权；债务人为二人以上，标的可分，按照份额各自负担债务的，为按份债务。

按份债权人或者按份债务人的份额难以确定的，视为份额相同。

第五百一十八条　债权人为二人以上，部分或者全部债权人均可以请求债务人履行债务的，为连带债权；债务人为二人以上，债权人可以请求部分或者全部债务人履行全部债务的，为连带债务。

连带债权或者连带债务，由法律规定或者当事人约定。

第五百一十九条　连带债务人之间的份额难以确定的，视为份额相同。

实际承担债务超过自己份额的连带债务人，有权就超出部分在其他连带债务人未履行的份额范围内向其追偿，并相应地享有债权人的权利，但是不得损害债权人的利益。其他连带债务人对债权人的抗辩，可以向该债务人主张。

被追偿的连带债务人不能履行其应分担份额的，其他连带债务人应当在相应范围内按比例分担。

第五百二十条　部分连带债务人履行、抵销债务或者提存标的物的，其他债务人对债权人的债务在相应范围内消灭；该债务人可以依据前条规定向其他债务人追偿。

部分连带债务人的债务被债权人免除的，在该连带债务人应当承担的份额范围内，其他债务人对债权人的债务消灭。

部分连带债务人的债务与债权人的债权同归于一人的，在扣除该债务人应当承担的份额后，债权人对其他债务人的债权继续存在。

债权人对部分连带债务人的给付受领迟延的，对其他连带债务人发生效力。

第五百二十一条　连带债权人之间的份额难以确定的，视为份额相同。

实际受领债权的连带债权人，应当按比例向其他连带债权人返还。

连带债权参照适用本章连带债务的有关规定。

第五百二十二条　当事人约定由债务人向第三人履行债务，债务人未向第三人履行债务或者履行债务不符合约定的，应当向债权人承担违约责任。

法律规定或者当事人约定第三人可以直接请求债务人向其履行债务，第三人未在合理期限内明确拒绝，债务人未向第三人履行债务或者履行债务不符合约定的，第三人可以请求债务人承担违约责任；债务人对债权人的抗辩，可以向第三人主张。

第五百二十三条　当事人约定由第三人向债权人履行债务，第三人不履行债务或者履行债务不符合约定的，债务人应当向债权人承担违约责任。

第五百二十四条　债务人不履行债务，第三人对履行该债务具有合法利益的，第三人有权向债权人代为履行；但是，根据债务性质、按照当事人约定或者依照法律规定只能由债务人履行的除外。

债权人接受第三人履行后，其对债务人的债权转让给第三人，但是债务人和第三人另有约定的除外。

第五百二十五条　当事人互负债务，没有先后履行顺序的，应当同时履行。一方在对方履行之前有权拒绝其履行请求。一方在对方履行债务不符合约定时，有权拒绝其相应的履行请求。

第五百二十六条　当事人互负债务，有先后履行顺序，应当先履行债务一方未履行的，后履行一方有权拒绝其履行请求。先履行一方履行债务不符合约定的，后履行一方有权拒绝其相应的履行请求。

第五百二十七条　应当先履行债务的当事人，有确切证据证明对方有下列情形之一的，可以中止履行：

（一）经营状况严重恶化；

（二）转移财产、抽逃资金，以逃避债务；

（三）丧失商业信誉；

（四）有丧失或者可能丧失履行债务能力的其他情形。

当事人没有确切证据中止履行的，应当承担违约责任。

第五百二十八条　当事人依据前条规定中止履行的，应当及时通知对方。对方提供适当担保的，应当恢复履行。中止履行后，对方在合理期限内未恢复履行能力且未提供适当担保的，视为以自己的行为表明不履行主要债务，中止履行的一方可以解除合同并可以请求对方承担违约责任。

第五百二十九条　债权人分立、合并或者变更住所没有通知债务人，致使履行债务发生困难的，债务人可以中止履行或者将标的物提存。

第五百三十条　债权人可以拒绝债务人提前履行债务，但是提前履行不损害债权人利益的除外。

债务人提前履行债务给债权人增加的费用，由债务人负担。

第五百三十一条　债权人可以拒绝债务人部分履行债务，但是部分履行不损害债权人利益的除外。

债务人部分履行债务给债权人增加的费用，由债务人负担。

第五百三十二条　合同生效后，当事人不得因姓名、名称的变更或者法定代表人、负责人、承办人的变动而不履行合同义务。

第五百三十三条　合同成立后，合同的基础条件发生了当事人在订立合同时无法预见的、不属于商业风险的重大变化，继续履行合同对于当事人一方明显不公平的，受不利影响的当事人可以与对方重新协商；在合理期限内协商不成的，当事人可以请求人民法院或者仲裁机构变更或者解除合同。

人民法院或者仲裁机构应当结合案件的实际情况，根据公平原则变更或者解除合同。

第五百三十四条　对当事人利用合同实施危害国家利益、社会公共利益行为的，市场监督管理和其他有关行政主管部门依照法律、行政法规的规定负责监督处理。

第五章　合同的保全

第五百三十五条　因债务人怠于行使其债权或者与该债权有关的从权利，影响债权人的到期债权实现的，债权人可以向人民法院请求以自己的名义代位行使债务人对相对人的权利，但是该权利专属于债务人自身的除外。

代位权的行使范围以债权人的到期债权为限。债权人行使代位权的必要费用，由债务人负担。

相对人对债务人的抗辩，可以向债权人主张。

第五百三十六条　债权人的债权到期前，债务人的债权或者与该债权有关的从权利存在诉讼时效期间即将届满或者未及时申报破产债权等情形，影响债权人的债权实现的，债权人可以代位向债务人的相对人请求其向债务人履行、向破产管理人申报或者作出其他必要的行为。

第五百三十七条 人民法院认定代位权成立的，由债务人的相对人向债权人履行义务，债权人接受履行后，债权人与债务人、债务人与相对人之间相应的权利义务终止。债务人对相对人的债权或者与该债权有关的从权利被采取保全、执行措施，或者债务人破产的，依照相关法律的规定处理。

第五百三十八条 债务人以放弃其债权、放弃债权担保、无偿转让财产等方式无偿处分财产权益，或者恶意延长其到期债权的履行期限，影响债权人的债权实现的，债权人可以请求人民法院撤销债务人的行为。

第五百三十九条 债务人以明显不合理的低价转让财产、以明显不合理的高价受让他人财产或者为他人的债务提供担保，影响债权人的债权实现，债务人的相对人知道或者应当知道该情形的，债权人可以请求人民法院撤销债务人的行为。

第五百四十条 撤销权的行使范围以债权人的债权为限。债权人行使撤销权的必要费用，由债务人负担。

第五百四十一条 撤销权自债权人知道或者应当知道撤销事由之日起一年内行使。自债务人的行为发生之日起五年内没有行使撤销权的，该撤销权消灭。

第五百四十二条 债务人影响债权人的债权实现的行为被撤销的，自始没有法律约束力。

第六章　合同的变更和转让

第五百四十三条 当事人协商一致，可以变更合同。

第五百四十四条 当事人对合同变更的内容约定不明确的，推定为未变更。

第五百四十五条　债权人可以将债权的全部或者部分转让给第三人，但是有下列情形之一的除外：

（一）根据债权性质不得转让；

（二）按照当事人约定不得转让；

（三）依照法律规定不得转让。

当事人约定非金钱债权不得转让的，不得对抗善意第三人。当事人约定金钱债权不得转让的，不得对抗第三人。

第五百四十六条　债权人转让债权，未通知债务人的，该转让对债务人不发生效力。

债权转让的通知不得撤销，但是经受让人同意的除外。

第五百四十七条　债权人转让债权的，受让人取得与债权有关的从权利，但是该从权利专属于债权人自身的除外。

受让人取得从权利不因该从权利未办理转移登记手续或者未转移占有而受到影响。

第五百四十八条　债务人接到债权转让通知后，债务人对让与人的抗辩，可以向受让人主张。

第五百四十九条　有下列情形之一的，债务人可以向受让人主张抵销：

（一）债务人接到债权转让通知时，债务人对让与人享有债权，且债务人的债权先于转让的债权到期或者同时到期；

（二）债务人的债权与转让的债权是基于同一合同产生。

第五百五十条　因债权转让增加的履行费用，由让与人负担。

第五百五十一条　债务人将债务的全部或者部分转移给第三人的，应当经债权人同意。

债务人或者第三人可以催告债权人在合理期限内予以同意，债权人未作表示的，视为不同意。

第五百五十二条　第三人与债务人约定加入债务并通知债权人，或者第三人向债权人表示愿意加入债务，债权人未在合理期限内明确拒绝的，债权人可以请求第三人在其愿意承担的债务范围内和债务人承担连带债务。

第五百五十三条　债务人转移债务的，新债务人可以主张原债务人对债权人的抗辩；原债务人对债权人享有债权的，新债务人不得向债权人主张抵销。

第五百五十四条　债务人转移债务的，新债务人应当承担与主债务有关的从债务，但是该从债务专属于原债务人自身的除外。

第五百五十五条　当事人一方经对方同意，可以将自己在合同中的权利和义务一并转让给第三人。

第五百五十六条　合同的权利和义务一并转让的，适用债权转让、债务转移的有关规定。

第七章　合同的权利义务终止

第五百五十七条　有下列情形之一的，债权债务终止：

（一）债务已经履行；

（二）债务相互抵销；

（三）债务人依法将标的物提存；

（四）债权人免除债务；

（五）债权债务同归于一人；

（六）法律规定或者当事人约定终止的其他情形。

合同解除的，该合同的权利义务关系终止。

第五百五十八条 债权债务终止后，当事人应当遵循诚信等原则，根据交易习惯履行通知、协助、保密、旧物回收等义务。

第五百五十九条 债权债务终止时，债权的从权利同时消灭，但是法律另有规定或者当事人另有约定的除外。

第五百六十条 债务人对同一债权人负担的数项债务种类相同，债务人的给付不足以清偿全部债务的，除当事人另有约定外，由债务人在清偿时指定其履行的债务。

债务人未作指定的，应当优先履行已经到期的债务；数项债务均到期的，优先履行对债权人缺乏担保或者担保最少的债务；均无担保或者担保相等的，优先履行债务人负担较重的债务；负担相同的，按照债务到期的先后顺序履行；到期时间相同的，按照债务比例履行。

第五百六十一条 债务人在履行主债务外还应当支付利息和实现债权的有关费用，其给付不足以清偿全部债务的，除当事人另有约定外，应当按照下列顺序履行：

（一）实现债权的有关费用；

（二）利息；

（三）主债务。

第五百六十二条 当事人协商一致，可以解除合同。

当事人可以约定一方解除合同的事由。解除合同的事由发生时，解除权人可以解除合同。

第五百六十三条 有下列情形之一的，当事人可以解除合同：

（一）因不可抗力致使不能实现合同目的；

（二）在履行期限届满前，当事人一方明确表示或者以自己的行为表明不履行主要债务；

（三）当事人一方迟延履行主要债务，经催告后在合理期限内仍未履行；

（四）当事人一方迟延履行债务或者有其他违约行为致使不能实现合同目的；

（五）法律规定的其他情形。

以持续履行的债务为内容的不定期合同，当事人可以随时解除合同，但是应当在合理期限之前通知对方。

第五百六十四条 法律规定或者当事人约定解除权行使期限，期限届满当事人不行使的，该权利消灭。

法律没有规定或者当事人没有约定解除权行使期限，自解除权人知道或者应当知道解除事由之日起一年内不行使，或者经对方催告后在合理期限内不行使的，该权利消灭。

第五百六十五条 当事人一方依法主张解除合同的，应当通知对方。合同自通知到达对方时解除；通知载明债务人在一定期限内不履行债务则合同自动解除，债务人在该期限内未履行债务的，合同自通知载明的期限届满时解除。对方对解除合同有异议的，任何一方当事人均可以请求人民法院或者仲裁机构确认解除行为的效力。

当事人一方未通知对方，直接以提起诉讼或者申请仲裁的方式依法主张解除合同，人民法院或者仲裁机构确认该主张的，合同自起诉状副本或者仲裁申请书副本送达对方时解除。

第五百六十六条 合同解除后，尚未履行的，终止履行；已经履行的，根据履行情况和合同性质，当事人可以请求恢复原状或者采取其他补救措施，并有权请求赔偿损失。

合同因违约解除的，解除权人可以请求违约方承担违约责任，但是当事人另有约定的除外。

主合同解除后，担保人对债务人应当承担的民事责任仍应当承担担保责任，但是担保合同另有约定的除外。

第五百六十七条 合同的权利义务关系终止，不影响合同中结算和清理条款的效力。

第五百六十八条 当事人互负债务，该债务的标的物种类、品质相同的，任何一方可以将自己的债务与对方的到期债务抵销；但是，根据债务性质、按照当事人约定或者依照法律规定不得抵销的除外。

当事人主张抵销的，应当通知对方。通知自到达对方时生效。抵销不得附条件或者附期限。

第五百六十九条 当事人互负债务，标的物种类、品质不相同的，经协商一致，也可以抵销。

第五百七十条 有下列情形之一，难以履行债务的，债务人可以将标的物提存：

（一）债权人无正当理由拒绝受领；

（二）债权人下落不明；

（三）债权人死亡未确定继承人、遗产管理人，或者丧失民事行为能力未确定监护人；

（四）法律规定的其他情形。

标的物不适于提存或者提存费用过高的，债务人依法可以拍卖或者变卖标的物，提存所得的价款。

第五百七十一条 债务人将标的物或者将标的物依法拍卖、变卖所得价款交付提存部门时，提存成立。

提存成立的，视为债务人在其提存范围内已经交付标的物。

第五百七十二条 标的物提存后，债务人应当及时通知债权人或者债权人的继承人、遗产管理人、监护人、财产代管人。

第五百七十三条　标的物提存后，毁损、灭失的风险由债权人承担。提存期间，标的物的孳息归债权人所有。提存费用由债权人负担。

第五百七十四条　债权人可以随时领取提存物。但是，债权人对债务人负有到期债务的，在债权人未履行债务或者提供担保之前，提存部门根据债务人的要求应当拒绝其领取提存物。

债权人领取提存物的权利，自提存之日起五年内不行使而消灭，提存物扣除提存费用后归国家所有。但是，债权人未履行对债务人的到期债务，或者债权人向提存部门书面表示放弃领取提存物权利的，债务人负担提存费用后有权取回提存物。

第五百七十五条　债权人免除债务人部分或者全部债务的，债权债务部分或者全部终止，但是债务人在合理期限内拒绝的除外。

第五百七十六条　债权和债务同归于一人的，债权债务终止，但是损害第三人利益的除外。

第八章　违约责任

第五百七十七条　当事人一方不履行合同义务或者履行合同义务不符合约定的，应当承担继续履行、采取补救措施或者赔偿损失等违约责任。

第五百七十八条　当事人一方明确表示或者以自己的行为表明不履行合同义务的，对方可以在履行期限届满前请求其承担违约责任。

第五百七十九条　当事人一方未支付价款、报酬、租金、利息，或者不履行其他金钱债务的，对方可以请求其支付。

第五百八十条　当事人一方不履行非金钱债务或者履行非金钱债务不符合约定的，对方可以请求履行，但是有下列情形之一的除外：

（一）法律上或者事实上不能履行；

（二）债务的标的不适于强制履行或者履行费用过高；

（三）债权人在合理期限内未请求履行。

有前款规定的除外情形之一，致使不能实现合同目的的，人民法院或者仲裁机构可以根据当事人的请求终止合同权利义务关系，但是不影响违约责任的承担。

第五百八十一条 当事人一方不履行债务或者履行债务不符合约定，根据债务的性质不得强制履行的，对方可以请求其负担由第三人替代履行的费用。

第五百八十二条 履行不符合约定的，应当按照当事人的约定承担违约责任。对违约责任没有约定或者约定不明确，依据本法第五百一十条的规定仍不能确定的，受损害方根据标的的性质以及损失的大小，可以合理选择请求对方承担修理、重作、更换、退货、减少价款或者报酬等违约责任。

第五百八十三条 当事人一方不履行合同义务或者履行合同义务不符合约定的，在履行义务或者采取补救措施后，对方还有其他损失的，应当赔偿损失。

第五百八十四条 当事人一方不履行合同义务或者履行合同义务不符合约定，造成对方损失的，损失赔偿额应当相当于因违约所造成的损失，包括合同履行后可以获得的利益；但是，不得超过违约一方订立合同时预见到或者应当预见到的因违约可能造成的损失。

第五百八十五条 当事人可以约定一方违约时应当根据违约情况向对方支付一定数额的违约金，也可以约定因违约产生的损失赔偿额的计算方法。

约定的违约金低于造成的损失的，人民法院或者仲裁机构可以根据当事人的请求予以增加；约定的违约金过分高于造成的损失的，人民法院或者仲裁机构可以根据当事人的请求予以适当减少。

当事人就迟延履行约定违约金的，违约方支付违约金后，还应当履行债务。

第五百八十六条　当事人可以约定一方向对方给付定金作为债权的担保。定金合同自实际交付定金时成立。

定金的数额由当事人约定；但是，不得超过主合同标的额的百分之二十，超过部分不产生定金的效力。实际交付的定金数额多于或者少于约定数额的，视为变更约定的定金数额。

第五百八十七条　债务人履行债务的，定金应当抵作价款或者收回。给付定金的一方不履行债务或者履行债务不符合约定，致使不能实现合同目的的，无权请求返还定金；收受定金的一方不履行债务或者履行债务不符合约定，致使不能实现合同目的的，应当双倍返还定金。

第五百八十八条　当事人既约定违约金，又约定定金的，一方违约时，对方可以选择适用违约金或者定金条款。

定金不足以弥补一方违约造成的损失的，对方可以请求赔偿超过定金数额的损失。

第五百八十九条　债务人按照约定履行债务，债权人无正当理由拒绝受领的，债务人可以请求债权人赔偿增加的费用。

在债权人受领迟延期间，债务人无须支付利息。

第五百九十条　当事人一方因不可抗力不能履行合同的，根据不可抗力的影响，部分或者全部免除责任，但是法律另有规定的除外。因不可抗力不能履行合同的，应当及时通知对方，以减轻可能给对方造成的损失，并应当在合理期限内提供证明。

当事人迟延履行后发生不可抗力的，不免除其违约责任。

第五百九十一条 当事人一方违约后，对方应当采取适当措施防止损失的扩大；没有采取适当措施致使损失扩大的，不得就扩大的损失请求赔偿。

当事人因防止损失扩大而支出的合理费用，由违约方负担。

第五百九十二条 当事人都违反合同的，应当各自承担相应的责任。

当事人一方违约造成对方损失，对方对损失的发生有过错的，可以减少相应的损失赔偿额。

第五百九十三条 当事人一方因第三人的原因造成违约的，应当依法向对方承担违约责任。当事人一方和第三人之间的纠纷，依照法律规定或者按照约定处理。

第五百九十四条 因国际货物买卖合同和技术进出口合同争议提起诉讼或者申请仲裁的时效期间为四年。

第二分编　典型合同

第九章　买卖合同

第五百九十五条 买卖合同是出卖人转移标的物的所有权于买受人，买受人支付价款的合同。

第五百九十六条 买卖合同的内容一般包括标的物的名称、数量、质量、价款、履行期限、履行地点和方式、包装方式、检验标准和方法、结算方式、合同使用的文字及其效力等条款。

第五百九十七条 因出卖人未取得处分权致使标的物所有权不能转移的，

买受人可以解除合同并请求出卖人承担违约责任。

法律、行政法规禁止或者限制转让的标的物，依照其规定。

第五百九十八条　出卖人应当履行向买受人交付标的物或者交付提取标的物的单证，并转移标的物所有权的义务。

第五百九十九条　出卖人应当按照约定或者交易习惯向买受人交付提取标的物单证以外的有关单证和资料。

第六百条　出卖具有知识产权的标的物的，除法律另有规定或者当事人另有约定外，该标的物的知识产权不属于买受人。

第六百零一条　出卖人应当按照约定的时间交付标的物。约定交付期限的，出卖人可以在该交付期限内的任何时间交付。

第六百零二条　当事人没有约定标的物的交付期限或者约定不明确的，适用本法第五百一十条、第五百一十一条第四项的规定。

第六百零三条　出卖人应当按照约定的地点交付标的物。

当事人没有约定交付地点或者约定不明确，依据本法第五百一十条的规定仍不能确定的，适用下列规定：

（一）标的物需要运输的，出卖人应当将标的物交付给第一承运人以运交给买受人；

（二）标的物不需要运输，出卖人和买受人订立合同时知道标的物在某一地点的，出卖人应当在该地点交付标的物；不知道标的物在某一地点的，应当在出卖人订立合同时的营业地交付标的物。

第六百零四条　标的物毁损、灭失的风险，在标的物交付之前由出卖人承担，交付之后由买受人承担，但是法律另有规定或者当事人另有约定的除外。

第六百零五条　因买受人的原因致使标的物未按照约定的期限交付的，

买受人应当自违反约定时起承担标的物毁损、灭失的风险。

第六百零六条　出卖人出卖交由承运人运输的在途标的物，除当事人另有约定外，毁损、灭失的风险自合同成立时起由买受人承担。

第六百零七条　出卖人按照约定将标的物运送至买受人指定地点并交付给承运人后，标的物毁损、灭失的风险由买受人承担。

当事人没有约定交付地点或者约定不明确，依据本法第六百零三条第二款第一项的规定标的物需要运输的，出卖人将标的物交付给第一承运人后，标的物毁损、灭失的风险由买受人承担。

第六百零八条　出卖人按照约定或者依据本法第六百零三条第二款第二项的规定将标的物置于交付地点，买受人违反约定没有收取的，标的物毁损、灭失的风险自违反约定时起由买受人承担。

第六百零九条　出卖人按照约定未交付有关标的物的单证和资料的，不影响标的物毁损、灭失风险的转移。

第六百一十条　因标的物不符合质量要求，致使不能实现合同目的的，买受人可以拒绝接受标的物或者解除合同。买受人拒绝接受标的物或者解除合同的，标的物毁损、灭失的风险由出卖人承担。

第六百一十一条　标的物毁损、灭失的风险由买受人承担的，不影响因出卖人履行义务不符合约定，买受人请求其承担违约责任的权利。

第六百一十二条　出卖人就交付的标的物，负有保证第三人对该标的物不享有任何权利的义务，但是法律另有规定的除外。

第六百一十三条　买受人订立合同时知道或者应当知道第三人对买卖的标的物享有权利的，出卖人不承担前条规定的义务。

第六百一十四条　买受人有确切证据证明第三人对标的物享有权利的，可以中止支付相应的价款，但是出卖人提供适当担保的除外。

第六百一十五条 出卖人应当按照约定的质量要求交付标的物。出卖人提供有关标的物质量说明的，交付的标的物应当符合该说明的质量要求。

第六百一十六条 当事人对标的物的质量要求没有约定或者约定不明确，依据本法第五百一十条的规定仍不能确定的，适用本法第五百一十一条第一项的规定。

第六百一十七条 出卖人交付的标的物不符合质量要求的，买受人可以依据本法第五百八十二条至第五百八十四条的规定请求承担违约责任。

第六百一十八条 当事人约定减轻或者免除出卖人对标的物瑕疵承担的责任，因出卖人故意或者重大过失不告知买受人标的物瑕疵的，出卖人无权主张减轻或者免除责任。

第六百一十九条 出卖人应当按照约定的包装方式交付标的物。对包装方式没有约定或者约定不明确，依据本法第五百一十条的规定仍不能确定的，应当按照通用的方式包装；没有通用方式的，应当采取足以保护标的物且有利于节约资源、保护生态环境的包装方式。

第六百二十条 买受人收到标的物时应当在约定的检验期限内检验。没有约定检验期限的，应当及时检验。

第六百二十一条 当事人约定检验期限的，买受人应当在检验期限内将标的物的数量或者质量不符合约定的情形通知出卖人。买受人怠于通知的，视为标的物的数量或者质量符合约定。

当事人没有约定检验期限的，买受人应当在发现或者应当发现标的物的数量或者质量不符合约定的合理期限内通知出卖人。买受人在合理期限内未通知或者自收到标的物之日起二年内未通知出卖人的，视为标的物的数量或者质量符合约定；但是，对标的物有质量保证期的，适用质量保证期，不适用该二年的规定。

出卖人知道或者应当知道提供的标的物不符合约定的，买受人不受前两款规定的通知时间的限制。

第六百二十二条　当事人约定的检验期限过短，根据标的物的性质和交易习惯，买受人在检验期限内难以完成全面检验的，该期限仅视为买受人对标的物的外观瑕疵提出异议的期限。

约定的检验期限或者质量保证期短于法律、行政法规规定期限的，应当以法律、行政法规规定的期限为准。

第六百二十三条　当事人对检验期限未作约定，买受人签收的送货单、确认单等载明标的物数量、型号、规格的，推定买受人已经对数量和外观瑕疵进行检验，但是有相关证据足以推翻的除外。

第六百二十四条　出卖人依照买受人的指示向第三人交付标的物，出卖人和买受人约定的检验标准与买受人和第三人约定的检验标准不一致的，以出卖人和买受人约定的检验标准为准。

第六百二十五条　依照法律、行政法规的规定或者按照当事人的约定，标的物在有效使用年限届满后应予回收的，出卖人负有自行或者委托第三人对标的物予以回收的义务。

第六百二十六条　买受人应当按照约定的数额和支付方式支付价款。对价款的数额和支付方式没有约定或者约定不明确的，适用本法第五百一十条、第五百一十一条第二项和第五项的规定。

第六百二十七条　买受人应当按照约定的地点支付价款。对支付地点没有约定或者约定不明确，依据本法第五百一十条的规定仍不能确定的，买受人应当在出卖人的营业地支付；但是，约定支付价款以交付标的物或者交付提取标的物单证为条件的，在交付标的物或者交付提取标的物单证的所在地支付。

第六百二十八条　买受人应当按照约定的时间支付价款。对支付时间没有约定或者约定不明确，依据本法第五百一十条的规定仍不能确定的，买受人应当在收到标的物或者提取标的物单证的同时支付。

第六百二十九条　出卖人多交标的物的，买受人可以接收或者拒绝接收多交的部分。买受人接收多交部分的，按照约定的价格支付价款；买受人拒绝接收多交部分的，应当及时通知出卖人。

第六百三十条　标的物在交付之前产生的孳息，归出卖人所有；交付之后产生的孳息，归买受人所有。但是，当事人另有约定的除外。

第六百三十一条　因标的物的主物不符合约定而解除合同的，解除合同的效力及于从物。因标的物的从物不符合约定被解除的，解除的效力不及于主物。

第六百三十二条　标的物为数物，其中一物不符合约定的，买受人可以就该物解除。但是，该物与他物分离使标的物的价值显受损害的，买受人可以就数物解除合同。

第六百三十三条　出卖人分批交付标的物的，出卖人对其中一批标的物不交付或者交付不符合约定，致使该批标的物不能实现合同目的的，买受人可以就该批标的物解除。

出卖人不交付其中一批标的物或者交付不符合约定，致使之后其他各批标的物的交付不能实现合同目的的，买受人可以就该批以及之后其他各批标的物解除。

买受人如果就其中一批标的物解除，该批标的物与其他各批标的物相互依存的，可以就已经交付和未交付的各批标的物解除。

第六百三十四条　分期付款的买受人未支付到期价款的数额达到全部价

款的五分之一，经催告后在合理期限内仍未支付到期价款的，出卖人可以请求买受人支付全部价款或者解除合同。

出卖人解除合同的，可以向买受人请求支付该标的物的使用费。

第六百三十五条　凭样品买卖的当事人应当封存样品，并可以对样品质量予以说明。出卖人交付的标的物应当与样品及其说明的质量相同。

第六百三十六条　凭样品买卖的买受人不知道样品有隐蔽瑕疵的，即使交付的标的物与样品相同，出卖人交付的标的物的质量仍然应当符合同种物的通常标准。

第六百三十七条　试用买卖的当事人可以约定标的物的试用期限。对试用期限没有约定或者约定不明确，依据本法第五百一十条的规定仍不能确定的，由出卖人确定。

第六百三十八条　试用买卖的买受人在试用期内可以购买标的物，也可以拒绝购买。试用期限届满，买受人对是否购买标的物未作表示的，视为购买。

试用买卖的买受人在试用期内已经支付部分价款或者对标的物实施出卖、出租、设立担保物权等行为的，视为同意购买。

第六百三十九条　试用买卖的当事人对标的物使用费没有约定或者约定不明确的，出卖人无权请求买受人支付。

第六百四十条　标的物在试用期内毁损、灭失的风险由出卖人承担。

第六百四十一条　当事人可以在买卖合同中约定买受人未履行支付价款或者其他义务的，标的物的所有权属于出卖人。

出卖人对标的物保留的所有权，未经登记，不得对抗善意第三人。

第六百四十二条　当事人约定出卖人保留合同标的物的所有权，在标的物所有权转移前，买受人有下列情形之一，造成出卖人损害的，除当事人另有约定外，出卖人有权取回标的物：

（一）未按照约定支付价款，经催告后在合理期限内仍未支付；

（二）未按照约定完成特定条件；

（三）将标的物出卖、出质或者作出其他不当处分。

出卖人可以与买受人协商取回标的物；协商不成的，可以参照适用担保物权的实现程序。

第六百四十三条 出卖人依据前条第一款的规定取回标的物后，买受人在双方约定或者出卖人指定的合理回赎期限内，消除出卖人取回标的物的事由的，可以请求回赎标的物。

买受人在回赎期限内没有回赎标的物，出卖人可以以合理价格将标的物出卖给第三人，出卖所得价款扣除买受人未支付的价款以及必要费用后仍有剩余的，应当返还买受人；不足部分由买受人清偿。

第六百四十四条 招标投标买卖的当事人的权利和义务以及招标投标程序等，依照有关法律、行政法规的规定。

第六百四十五条 拍卖的当事人的权利和义务以及拍卖程序等，依照有关法律、行政法规的规定。

第六百四十六条 法律对其他有偿合同有规定的，依照其规定；没有规定的，参照适用买卖合同的有关规定。

第六百四十七条 当事人约定易货交易，转移标的物的所有权的，参照适用买卖合同的有关规定。

第十章 供用电、水、气、热力合同

第六百四十八条 供用电合同是供电人向用电人供电，用电人支付电费的合同。

向社会公众供电的供电人，不得拒绝用电人合理的订立合同要求。

第六百四十九条 供用电合同的内容一般包括供电的方式、质量、时间，用电容量、地址、性质，计量方式，电价、电费的结算方式，供用电设施的维护责任等条款。

第六百五十条 供用电合同的履行地点，按照当事人约定；当事人没有约定或者约定不明确的，供电设施的产权分界处为履行地点。

第六百五十一条 供电人应当按照国家规定的供电质量标准和约定安全供电。供电人未按照国家规定的供电质量标准和约定安全供电，造成用电人损失的，应当承担赔偿责任。

第六百五十二条 供电人因供电设施计划检修、临时检修、依法限电或者用电人违法用电等原因，需要中断供电时，应当按照国家有关规定事先通知用电人；未事先通知用电人中断供电，造成用电人损失的，应当承担赔偿责任。

第六百五十三条 因自然灾害等原因断电，供电人应当按照国家有关规定及时抢修；未及时抢修，造成用电人损失的，应当承担赔偿责任。

第六百五十四条 用电人应当按照国家有关规定和当事人的约定及时支付电费。用电人逾期不支付电费的，应当按照约定支付违约金。经催告用电人在合理期限内仍不支付电费和违约金的，供电人可以按照国家规定的程序中止供电。

供电人依据前款规定中止供电的，应当事先通知用电人。

第六百五十五条 用电人应当按照国家有关规定和当事人的约定安全、节约和计划用电。用电人未按照国家有关规定和当事人的约定用电，造成供电人损失的，应当承担赔偿责任。

第六百五十六条 供用水、供用气、供用热力合同，参照适用供用电合同的有关规定。

第十一章　赠与合同

第六百五十七条　赠与合同是赠与人将自己的财产无偿给予受赠人，受赠人表示接受赠与的合同。

第六百五十八条　赠与人在赠与财产的权利转移之前可以撤销赠与。

经过公证的赠与合同或者依法不得撤销的具有救灾、扶贫、助残等公益、道德义务性质的赠与合同，不适用前款规定。

第六百五十九条　赠与的财产依法需要办理登记或者其他手续的，应当办理有关手续。

第六百六十条　经过公证的赠与合同或者依法不得撤销的具有救灾、扶贫、助残等公益、道德义务性质的赠与合同，赠与人不交付赠与财产的，受赠人可以请求交付。

依据前款规定应当交付的赠与财产因赠与人故意或者重大过失致使毁损、灭失的，赠与人应当承担赔偿责任。

第六百六十一条　赠与可以附义务。

赠与附义务的，受赠人应当按照约定履行义务。

第六百六十二条　赠与的财产有瑕疵的，赠与人不承担责任。附义务的赠与，赠与的财产有瑕疵的，赠与人在附义务的限度内承担与出卖人相同的责任。

赠与人故意不告知瑕疵或者保证无瑕疵，造成受赠人损失的，应当承担赔偿责任。

第六百六十三条　受赠人有下列情形之一的，赠与人可以撤销赠与：

（一）严重侵害赠与人或者赠与人近亲属的合法权益；

（二）对赠与人有扶养义务而不履行；

（三）不履行赠与合同约定的义务。

赠与人的撤销权，自知道或者应当知道撤销事由之日起一年内行使。

第六百六十四条　因受赠人的违法行为致使赠与人死亡或者丧失民事行为能力的，赠与人的继承人或者法定代理人可以撤销赠与。

赠与人的继承人或者法定代理人的撤销权，自知道或者应当知道撤销事由之日起六个月内行使。

第六百六十五条　撤销权人撤销赠与的，可以向受赠人请求返还赠与的财产。

第六百六十六条　赠与人的经济状况显著恶化，严重影响其生产经营或者家庭生活的，可以不再履行赠与义务。

第十二章　借款合同

第六百六十七条　借款合同是借款人向贷款人借款，到期返还借款并支付利息的合同。

第六百六十八条　借款合同应当采用书面形式，但是自然人之间借款另有约定的除外。

借款合同的内容一般包括借款种类、币种、用途、数额、利率、期限和还款方式等条款。

第六百六十九条　订立借款合同，借款人应当按照贷款人的要求提供与借款有关的业务活动和财务状况的真实情况。

第六百七十条　借款的利息不得预先在本金中扣除。利息预先在本金中扣除的，应当按照实际借款数额返还借款并计算利息。

第六百七十一条　贷款人未按照约定的日期、数额提供借款，造成借人损失的，应当赔偿损失。

借款人未按照约定的日期、数额收取借款的，应当按照约定的日期、数额支付利息。

第六百七十二条　贷款人按照约定可以检查、监督借款的使用情况。借款人应当按照约定向贷款人定期提供有关财务会计报表或者其他资料。

第六百七十三条　借款人未按照约定的借款用途使用借款的，贷款人可以停止发放借款、提前收回借款或者解除合同。

第六百七十四条　借款人应当按照约定的期限支付利息。对支付利息的期限没有约定或者约定不明确，依据本法第五百一十条的规定仍不能确定，借款期间不满一年的，应当在返还借款时一并支付；借款期间一年以上的，应当在每届满一年时支付，剩余期间不满一年的，应当在返还借款时一并支付。

第六百七十五条　借款人应当按照约定的期限返还借款。对借款期限没有约定或者约定不明确，依据本法第五百一十条的规定仍不能确定的，借款人可以随时返还；贷款人可以催告借款人在合理期限内返还。

第六百七十六条　借款人未按照约定的期限返还借款的，应当按照约定或者国家有关规定支付逾期利息。

第六百七十七条　借款人提前返还借款的，除当事人另有约定外，应当按照实际借款的期间计算利息。

第六百七十八条　借款人可以在还款期限届满前向贷款人申请展期；贷款人同意的，可以展期。

第六百七十九条　自然人之间的借款合同，自贷款人提供借款时成立。

第六百八十条　禁止高利放贷，借款的利率不得违反国家有关规定。

借款合同对支付利息没有约定的，视为没有利息。

借款合同对支付利息约定不明确，当事人不能达成补充协议的，按照当地或者当事人的交易方式、交易习惯、市场利率等因素确定利息；自然人之间借款的，视为没有利息。

第十三章　保证合同

第一节　一般规定

第六百八十一条　保证合同是为保障债权的实现，保证人和债权人约定，当债务人不履行到期债务或者发生当事人约定的情形时，保证人履行债务或者承担责任的合同。

第六百八十二条　保证合同是主债权债务合同的从合同。主债权债务合同无效的，保证合同无效，但是法律另有规定的除外。

保证合同被确认无效后，债务人、保证人、债权人有过错的，应当根据其过错各自承担相应的民事责任。

第六百八十三条　机关法人不得为保证人，但是经国务院批准为使用外国政府或者国际经济组织贷款进行转贷的除外。

以公益为目的的非营利法人、非法人组织不得为保证人。

第六百八十四条　保证合同的内容一般包括被保证的主债权的种类、数额，债务人履行债务的期限，保证的方式、范围和期间等条款。

第六百八十五条　保证合同可以是单独订立的书面合同，也可以是主债权债务合同中的保证条款。

第三人单方以书面形式向债权人作出保证，债权人接收且未提出异议的，保证合同成立。

第六百八十六条　保证的方式包括一般保证和连带责任保证。

当事人在保证合同中对保证方式没有约定或者约定不明确的，按照一般保证承担保证责任。

第六百八十七条　当事人在保证合同中约定，债务人不能履行债务时，由保证人承担保证责任的，为一般保证。

一般保证的保证人在主合同纠纷未经审判或者仲裁，并就债务人财产依法强制执行仍不能履行债务前，有权拒绝向债权人承担保证责任，但是有下列情形之一的除外：

（一）债务人下落不明，且无财产可供执行；

（二）人民法院已经受理债务人破产案件；

（三）债权人有证据证明债务人的财产不足以履行全部债务或者丧失履行债务能力；

（四）保证人书面表示放弃本款规定的权利。

第六百八十八条　当事人在保证合同中约定保证人和债务人对债务承担连带责任的，为连带责任保证。

连带责任保证的债务人不履行到期债务或者发生当事人约定的情形时，债权人可以请求债务人履行债务，也可以请求保证人在其保证范围内承担保证责任。

第六百八十九条　保证人可以要求债务人提供反担保。

第六百九十条　保证人与债权人可以协商订立最高额保证的合同，约定在最高债权额限度内就一定期间连续发生的债权提供保证。

最高额保证除适用本章规定外，参照适用本法第二编最高额抵押权的有关规定。

第二节　保证责任

第六百九十一条　保证的范围包括主债权及其利息、违约金、损害赔偿金和实现债权的费用。当事人另有约定的，按照其约定。

第六百九十二条　保证期间是确定保证人承担保证责任的期间，不发生中止、中断和延长。

债权人与保证人可以约定保证期间，但是约定的保证期间早于主债务履行期限或者与主债务履行期限同时届满的，视为没有约定；没有约定或者约定不明确的，保证期间为主债务履行期限届满之日起六个月。

债权人与债务人对主债务履行期限没有约定或者约定不明确的，保证期间自债权人请求债务人履行债务的宽限期届满之日起计算。

第六百九十三条　一般保证的债权人未在保证期间对债务人提起诉讼或者申请仲裁的，保证人不再承担保证责任。

连带责任保证的债权人未在保证期间请求保证人承担保证责任的，保证人不再承担保证责任。

第六百九十四条　一般保证的债权人在保证期间届满前对债务人提起诉讼或者申请仲裁的，从保证人拒绝承担保证责任的权利消灭之日起，开始计算保证债务的诉讼时效。

连带责任保证的债权人在保证期间届满前请求保证人承担保证责任的，从债权人请求保证人承担保证责任之日起，开始计算保证债务的诉讼时效。

第六百九十五条　债权人和债务人未经保证人书面同意，协商变更主债权债务合同内容，减轻债务的，保证人仍对变更后的债务承担保证责任；加重债务的，保证人对加重的部分不承担保证责任。

债权人和债务人变更主债权债务合同的履行期限，未经保证人书面同意的，保证期间不受影响。

第六百九十六条　债权人转让全部或者部分债权，未通知保证人的，该转让对保证人不发生效力。

保证人与债权人约定禁止债权转让，债权人未经保证人书面同意转让债权的，保证人对受让人不再承担保证责任。

第六百九十七条　债权人未经保证人书面同意，允许债务人转移全部或者部分债务，保证人对未经其同意转移的债务不再承担保证责任，但是债权人和保证人另有约定的除外。

第三人加入债务的，保证人的保证责任不受影响。

第六百九十八条　一般保证的保证人在主债务履行期限届满后，向债权人提供债务人可供执行财产的真实情况，债权人放弃或者怠于行使权利致使该财产不能被执行的，保证人在其提供可供执行财产的价值范围内不再承担保证责任。

第六百九十九条　同一债务有两个以上保证人的，保证人应当按照保证合同约定的保证份额，承担保证责任；没有约定保证份额的，债权人可以请求任何一个保证人在其保证范围内承担保证责任。

第七百条　保证人承担保证责任后，除当事人另有约定外，有权在其承担保证责任的范围内向债务人追偿，享有债权人对债务人的权利，但是不得损害债权人的利益。

第七百零一条　保证人可以主张债务人对债权人的抗辩。债务人放弃抗辩的，保证人仍有权向债权人主张抗辩。

第七百零二条　债务人对债权人享有抵销权或者撤销权的，保证人可以在相应范围内拒绝承担保证责任。

第十四章　租赁合同

第七百零三条　租赁合同是出租人将租赁物交付承租人使用、收益，承租人支付租金的合同。

第七百零四条　租赁合同的内容一般包括租赁物的名称、数量、用途、租赁期限、租金及其支付期限和方式、租赁物维修等条款。

第七百零五条　租赁期限不得超过二十年。超过二十年的，超过部分无效。租赁期限届满，当事人可以续订租赁合同；但是，约定的租赁期限自续订之日起不得超过二十年。

第七百零六条　当事人未依照法律、行政法规规定办理租赁合同登记备案手续的，不影响合同的效力。

第七百零七条　租赁期限六个月以上的，应当采用书面形式。当事人未采用书面形式，无法确定租赁期限的，视为不定期租赁。

第七百零八条　出租人应当按照约定将租赁物交付承租人，并在租赁期限内保持租赁物符合约定的用途。

第七百零九条　承租人应当按照约定的方法使用租赁物。对租赁物的使用方法没有约定或者约定不明确，依据本法第五百一十条的规定仍不能确定的，应当根据租赁物的性质使用。

第七百一十条　承租人按照约定的方法或者根据租赁物的性质使用租赁物，致使租赁物受到损耗的，不承担赔偿责任。

第七百一十一条　承租人未按照约定的方法或者未根据租赁物的性质使用租赁物，致使租赁物受到损失的，出租人可以解除合同并请求赔偿损失。

第七百一十二条　出租人应当履行租赁物的维修义务，但是当事人另有约定的除外。

第七百一十三条　承租人在租赁物需要维修时可以请求出租人在合理期限内维修。出租人未履行维修义务的，承租人可以自行维修，维修费用由出租人负担。因维修租赁物影响承租人使用的，应当相应减少租金或者延长租期。

因承租人的过错致使租赁物需要维修的，出租人不承担前款规定的维修义务。

第七百一十四条 承租人应当妥善保管租赁物，因保管不善造成租赁物毁损、灭失的，应当承担赔偿责任。

第七百一十五条 承租人经出租人同意，可以对租赁物进行改善或者增设他物。

承租人未经出租人同意，对租赁物进行改善或者增设他物的，出租人可以请求承租人恢复原状或者赔偿损失。

第七百一十六条 承租人经出租人同意，可以将租赁物转租给第三人。

承租人转租的，承租人与出租人之间的租赁合同继续有效；第三人造成租赁物损失的，承租人应当赔偿损失。

承租人未经出租人同意转租的，出租人可以解除合同。

第七百一十七条 承租人经出租人同意将租赁物转租给第三人，转租期限超过承租人剩余租赁期限的，超过部分的约定对出租人不具有法律约束力，但是出租人与承租人另有约定的除外。

第七百一十八条 出租人知道或者应当知道承租人转租，但是在六个月内未提出异议的，视为出租人同意转租。

第七百一十九条 承租人拖欠租金的，次承租人可以代承租人支付其欠付的租金和违约金，但是转租合同对出租人不具有法律约束力的除外。

次承租人代为支付的租金和违约金，可以充抵次承租人应当向承租人支付的租金；超出其应付的租金数额的，可以向承租人追偿。

第七百二十条 在租赁期限内因占有、使用租赁物获得的收益，归承租人所有，但是当事人另有约定的除外。

第七百二十一条　承租人应当按照约定的期限支付租金。对支付租金的期限没有约定或者约定不明确，依据本法第五百一十条的规定仍不能确定，租赁期限不满一年的，应当在租赁期限届满时支付；租赁期限一年以上的，应当在每届满一年时支付，剩余期限不满一年的，应当在租赁期限届满时支付。

第七百二十二条　承租人无正当理由未支付或者迟延支付租金的，出租人可以请求承租人在合理期限内支付；承租人逾期不支付的，出租人可以解除合同。

第七百二十三条　因第三人主张权利，致使承租人不能对租赁物使用、收益的，承租人可以请求减少租金或者不支付租金。

第三人主张权利的，承租人应当及时通知出租人。

第七百二十四条　有下列情形之一，非因承租人原因致使租赁物无法使用的，承租人可以解除合同：

（一）租赁物被司法机关或者行政机关依法查封、扣押；

（二）租赁物权属有争议；

（三）租赁物具有违反法律、行政法规关于使用条件的强制性规定情形。

第七百二十五条　租赁物在承租人按照租赁合同占有期限内发生所有权变动的，不影响租赁合同的效力。

第七百二十六条　出租人出卖租赁房屋的，应当在出卖之前的合理期限内通知承租人，承租人享有以同等条件优先购买的权利；但是，房屋按份共有人行使优先购买权或者出租人将房屋出卖给近亲属的除外。

出租人履行通知义务后，承租人在十五日内未明确表示购买的，视为承租人放弃优先购买权。

第七百二十七条　出租人委托拍卖人拍卖租赁房屋的，应当在拍卖五日前通知承租人。承租人未参加拍卖的，视为放弃优先购买权。

第七百二十八条　出租人未通知承租人或者有其他妨害承租人行使优先购买权情形的，承租人可以请求出租人承担赔偿责任。但是，出租人与第三人订立的房屋买卖合同的效力不受影响。

第七百二十九条　因不可归责于承租人的事由，致使租赁物部分或者全部毁损、灭失的，承租人可以请求减少租金或者不支付租金；因租赁物部分或者全部毁损、灭失，致使不能实现合同目的的，承租人可以解除合同。

第七百三十条　当事人对租赁期限没有约定或者约定不明确，依据本法第五百一十条的规定仍不能确定的，视为不定期租赁；当事人可以随时解除合同，但是应当在合理期限之前通知对方。

第七百三十一条　租赁物危及承租人的安全或者健康的，即使承租人订立合同时明知该租赁物质量不合格，承租人仍然可以随时解除合同。

第七百三十二条　承租人在房屋租赁期限内死亡的，与其生前共同居住的人或者共同经营人可以按照原租赁合同租赁该房屋。

第七百三十三条　租赁期限届满，承租人应当返还租赁物。返还的租赁物应当符合按照约定或者根据租赁物的性质使用后的状态。

第七百三十四条　租赁期限届满，承租人继续使用租赁物，出租人没有提出异议的，原租赁合同继续有效，但是租赁期限为不定期。

租赁期限届满，房屋承租人享有以同等条件优先承租的权利。

第十五章　融资租赁合同

第七百三十五条　融资租赁合同是出租人根据承租人对出卖人、租赁物的选择，向出卖人购买租赁物，提供给承租人使用，承租人支付租金的合同。

第七百三十六条　融资租赁合同的内容一般包括租赁物的名称、数量、规格、技术性能、检验方法，租赁期限，租金构成及其支付期限和方式、币种，租赁期限届满租赁物的归属等条款。

融资租赁合同应当采用书面形式。

第七百三十七条　当事人以虚构租赁物方式订立的融资租赁合同无效。

第七百三十八条　依照法律、行政法规的规定，对于租赁物的经营使用应当取得行政许可的，出租人未取得行政许可不影响融资租赁合同的效力。

第七百三十九条　出租人根据承租人对出卖人、租赁物的选择订立的买卖合同，出卖人应当按照约定向承租人交付标的物，承租人享有与受领标的物有关的买受人的权利。

第七百四十条　出卖人违反向承租人交付标的物的义务，有下列情形之一的，承租人可以拒绝受领出卖人向其交付的标的物：

（一）标的物严重不符合约定；

（二）未按照约定交付标的物，经承租人或者出租人催告后在合理期限内仍未交付。

承租人拒绝受领标的物的，应当及时通知出租人。

第七百四十一条　出租人、出卖人、承租人可以约定，出卖人不履行买卖合同义务的，由承租人行使索赔的权利。承租人行使索赔权利的，出租人应当协助。

第七百四十二条　承租人对出卖人行使索赔权利，不影响其履行支付租金的义务。但是，承租人依赖出租人的技能确定租赁物或者出租人干预选择租赁物的，承租人可以请求减免相应租金。

第七百四十三条 出租人有下列情形之一，致使承租人对出卖人行使索赔权利失败的，承租人有权请求出租人承担相应的责任：

（一）明知租赁物有质量瑕疵而不告知承租人；

（二）承租人行使索赔权利时，未及时提供必要协助。

出租人怠于行使只能由其对出卖人行使的索赔权利，造成承租人损失的，承租人有权请求出租人承担赔偿责任。

第七百四十四条 出租人根据承租人对出卖人、租赁物的选择订立的买卖合同，未经承租人同意，出租人不得变更与承租人有关的合同内容。

第七百四十五条 出租人对租赁物享有的所有权，未经登记，不得对抗善意第三人。

第七百四十六条 融资租赁合同的租金，除当事人另有约定外，应当根据购买租赁物的大部分或者全部成本以及出租人的合理利润确定。

第七百四十七条 租赁物不符合约定或者不符合使用目的的，出租人不承担责任。但是，承租人依赖出租人的技能确定租赁物或者出租人干预选择租赁物的除外。

第七百四十八条 出租人应当保证承租人对租赁物的占有和使用。

出租人有下列情形之一的，承租人有权请求其赔偿损失：

（一）无正当理由收回租赁物；

（二）无正当理由妨碍、干扰承租人对租赁物的占有和使用；

（三）因出租人的原因致使第三人对租赁物主张权利；

（四）不当影响承租人对租赁物占有和使用的其他情形。

第七百四十九条 承租人占有租赁物期间，租赁物造成第三人人身损害或者财产损失的，出租人不承担责任。

第七百五十条 承租人应当妥善保管、使用租赁物。

承租人应当履行占有租赁物期间的维修义务。

第七百五十一条　承租人占有租赁物期间，租赁物毁损、灭失的，出租人有权请求承租人继续支付租金，但是法律另有规定或者当事人另有约定的除外。

第七百五十二条　承租人应当按照约定支付租金。承租人经催告后在合理期限内仍不支付租金的，出租人可以请求支付全部租金；也可以解除合同，收回租赁物。

第七百五十三条　承租人未经出租人同意，将租赁物转让、抵押、质押、投资入股或者以其他方式处分的，出租人可以解除融资租赁合同。

第七百五十四条　有下列情形之一的，出租人或者承租人可以解除融资租赁合同：

（一）出租人与出卖人订立的买卖合同解除、被确认无效或者被撤销，且未能重新订立买卖合同；

（二）租赁物因不可归责于当事人的原因毁损、灭失，且不能修复或者确定替代物；

（三）因出卖人的原因致使融资租赁合同的目的不能实现。

第七百五十五条　融资租赁合同因买卖合同解除、被确认无效或者被撤销而解除，出卖人、租赁物系由承租人选择的，出租人有权请求承租人赔偿相应损失；但是，因出租人原因致使买卖合同解除、被确认无效或者被撤销的除外。

出租人的损失已经在买卖合同解除、被确认无效或者被撤销时获得赔偿的，承租人不再承担相应的赔偿责任。

第七百五十六条　融资租赁合同因租赁物交付承租人后意外毁损、灭失等不可归责于当事人的原因解除的，出租人可以请求承租人按照租赁物折旧情况给予补偿。

第七百五十七条　出租人和承租人可以约定租赁期限届满租赁物的归属；对租赁物的归属没有约定或者约定不明确，依据本法第五百一十条的规定仍不能确定的，租赁物的所有权归出租人。

第七百五十八条　当事人约定租赁期限届满租赁物归承租人所有，承租人已经支付大部分租金，但是无力支付剩余租金，出租人因此解除合同收回租赁物，收回的租赁物的价值超过承租人欠付的租金以及其他费用的，承租人可以请求相应返还。

当事人约定租赁期限届满租赁物归出租人所有，因租赁物毁损、灭失或者附合、混合于他物致使承租人不能返还的，出租人有权请求承租人给予合理补偿。

第七百五十九条　当事人约定租赁期限届满，承租人仅需向出租人支付象征性价款的，视为约定的租金义务履行完毕后租赁物的所有权归承租人。

第七百六十条　融资租赁合同无效，当事人就该情形下租赁物的归属有约定的，按照其约定；没有约定或者约定不明确的，租赁物应当返还出租人。但是，因承租人原因致使合同无效，出租人不请求返还或者返还后会显著降低租赁物效用的，租赁物的所有权归承租人，由承租人给予出租人合理补偿。

第十六章　保理合同

第七百六十一条　保理合同是应收账款债权人将现有的或者将有的应收账款转让给保理人，保理人提供资金融通、应收账款管理或者催收、应收账款债务人付款担保等服务的合同。

第七百六十二条 保理合同的内容一般包括业务类型、服务范围、服务期限、基础交易合同情况、应收账款信息、保理融资款或者服务报酬及其支付方式等条款。

保理合同应当采用书面形式。

第七百六十三条 应收账款债权人与债务人虚构应收账款作为转让标的，与保理人订立保理合同的，应收账款债务人不得以应收账款不存在为由对抗保理人，但是保理人明知虚构的除外。

第七百六十四条 保理人向应收账款债务人发出应收账款转让通知的，应当表明保理人身份并附有必要凭证。

第七百六十五条 应收账款债务人接到应收账款转让通知后，应收账款债权人与债务人无正当理由协商变更或者终止基础交易合同，对保理人产生不利影响的，对保理人不发生效力。

第七百六十六条 当事人约定有追索权保理的，保理人可以向应收账款债权人主张返还保理融资款本息或者回购应收账款债权，也可以向应收账款债务人主张应收账款债权。保理人向应收账款债务人主张应收账款债权，在扣除保理融资款本息和相关费用后有剩余的，剩余部分应当返还给应收账款债权人。

第七百六十七条 当事人约定无追索权保理的，保理人应当向应收账款债务人主张应收账款债权，保理人取得超过保理融资款本息和相关费用的部分，无需向应收账款债权人返还。

第七百六十八条 应收账款债权人就同一应收账款订立多个保理合同，致使多个保理人主张权利的，已经登记的先于未登记的取得应收账款；均已经登记的，按照登记时间的先后顺序取得应收账款；均未登记的，由最先到达应收账款债务人的转让通知中载明的保理人取得应收账款；

既未登记也未通知的，按照保理融资款或者服务报酬的比例取得应收账款。

第七百六十九条　本章没有规定的，适用本编第六章债权转让的有关规定。

第十七章　承揽合同

第七百七十条　承揽合同是承揽人按照定作人的要求完成工作，交付工作成果，定作人支付报酬的合同。

承揽包括加工、定作、修理、复制、测试、检验等工作。

第七百七十一条　承揽合同的内容一般包括承揽的标的、数量、质量、报酬，承揽方式，材料的提供，履行期限，验收标准和方法等条款。

第七百七十二条　承揽人应当以自己的设备、技术和劳力，完成主要工作，但是当事人另有约定的除外。

承揽人将其承揽的主要工作交由第三人完成的，应当就该第三人完成的工作成果向定作人负责；未经定作人同意的，定作人也可以解除合同。

第七百七十三条　承揽人可以将其承揽的辅助工作交由第三人完成。承揽人将其承揽的辅助工作交由第三人完成的，应当就该第三人完成的工作成果向定作人负责。

第七百七十四条　承揽人提供材料的，应当按照约定选用材料，并接受定作人检验。

第七百七十五条　定作人提供材料的，应当按照约定提供材料。承揽人对定作人提供的材料应当及时检验，发现不符合约定时，应当及时通知定作人更换、补齐或者采取其他补救措施。

承揽人不得擅自更换定作人提供的材料，不得更换不需要修理的零部件。

第七百七十六条　承揽人发现定作人提供的图纸或者技术要求不合理的，应当及时通知定作人。因定作人怠于答复等原因造成承揽人损失的，应当赔偿损失。

第七百七十七条　定作人中途变更承揽工作的要求，造成承揽人损失的，应当赔偿损失。

第七百七十八条　承揽工作需要定作人协助的，定作人有协助的义务。定作人不履行协助义务致使承揽工作不能完成的，承揽人可以催告定作人在合理期限内履行义务，并可以顺延履行期限；定作人逾期不履行的，承揽人可以解除合同。

第七百七十九条　承揽人在工作期间，应当接受定作人必要的监督检验。定作人不得因监督检验妨碍承揽人的正常工作。

第七百八十条　承揽人完成工作的，应当向定作人交付工作成果，并提交必要的技术资料和有关质量证明。定作人应当验收该工作成果。

第七百八十一条　承揽人交付的工作成果不符合质量要求的，定作人可以合理选择请求承揽人承担修理、重作、减少报酬、赔偿损失等违约责任。

第七百八十二条　定作人应当按照约定的期限支付报酬。对支付报酬的期限没有约定或者约定不明确，依据本法第五百一十条的规定仍不能确定的，定作人应当在承揽人交付工作成果时支付；工作成果部分交付的，定作人应当相应支付。

第七百八十三条　定作人未向承揽人支付报酬或者材料费等价款的，承揽人对完成的工作成果享有留置权或者有权拒绝交付，但是当事人另有约定的除外。

第七百八十四条　承揽人应当妥善保管定作人提供的材料以及完成的工作成果，因保管不善造成毁损、灭失的，应当承担赔偿责任。

第七百八十五条　承揽人应当按照定作人的要求保守秘密，未经定作人许可，不得留存复制品或者技术资料。

第七百八十六条　共同承揽人对定作人承担连带责任，但是当事人另有约定的除外。

第七百八十七条　定作人在承揽人完成工作前可以随时解除合同，造成承揽人损失的，应当赔偿损失。

第十八章　建设工程合同

第七百八十八条　建设工程合同是承包人进行工程建设，发包人支付价款的合同。

建设工程合同包括工程勘察、设计、施工合同。

第七百八十九条　建设工程合同应当采用书面形式。

第七百九十条　建设工程的招标投标活动，应当依照有关法律的规定公开、公平、公正进行。

第七百九十一条　发包人可以与总承包人订立建设工程合同，也可以分别与勘察人、设计人、施工人订立勘察、设计、施工承包合同。发包人不得将应当由一个承包人完成的建设工程支解成若干部分发包给数个承包人。

总承包人或者勘察、设计、施工承包人经发包人同意，可以将自己承包的部分工作交由第三人完成。第三人就其完成的工作成果与总承包人或者勘察、设计、施工承包人向发包人承担连带责任。承包人不得将其承包的全部建设工程转包给第三人或者将其承包的全部建设工程支解以后以分包的名义分别转包给第三人。

禁止承包人将工程分包给不具备相应资质条件的单位。禁止分包单位将其承包的工程再分包。建设工程主体结构的施工必须由承包人自行完成。

第七百九十二条　国家重大建设工程合同，应当按照国家规定的程序和国家批准的投资计划、可行性研究报告等文件订立。

第七百九十三条　建设工程施工合同无效，但是建设工程经验收合格的，可以参照合同关于工程价款的约定折价补偿承包人。

建设工程施工合同无效，且建设工程经验收不合格的，按照以下情形处理：

（一）修复后的建设工程经验收合格的，发包人可以请求承包人承担修复费用；

（二）修复后的建设工程经验收不合格的，承包人无权请求参照合同关于工程价款的约定折价补偿。

发包人对因建设工程不合格造成的损失有过错的，应当承担相应的责任。

第七百九十四条　勘察、设计合同的内容一般包括提交有关基础资料和概预算等文件的期限、质量要求、费用以及其他协作条件等条款。

第七百九十五条　施工合同的内容一般包括工程范围、建设工期、中间交工工程的开工和竣工时间、工程质量、工程造价、技术资料交付时间、材料和设备供应责任、拨款和结算、竣工验收、质量保修范围和质量保证期、相互协作等条款。

第七百九十六条　建设工程实行监理的，发包人应当与监理人采用书面形式订立委托监理合同。发包人与监理人的权利和义务以及法律责任，应当依照本编委托合同以及其他有关法律、行政法规的规定。

第七百九十七条　发包人在不妨碍承包人正常作业的情况下，可以随时对作业进度、质量进行检查。

第七百九十八条　隐蔽工程在隐蔽以前，承包人应当通知发包人检查。发包人没有及时检查的，承包人可以顺延工程日期，并有权请求赔偿停工、窝工等损失。

第七百九十九条　建设工程竣工后，发包人应当根据施工图纸及说明书、国家颁发的施工验收规范和质量检验标准及时进行验收。验收合格的，发包人应当按照约定支付价款，并接收该建设工程。

建设工程竣工经验收合格后，方可交付使用；未经验收或者验收不合格的，不得交付使用。

第八百条　勘察、设计的质量不符合要求或者未按照期限提交勘察、设计文件拖延工期，造成发包人损失的，勘察人、设计人应当继续完善勘察、设计，减收或者免收勘察、设计费并赔偿损失。

第八百零一条　因施工人的原因致使建设工程质量不符合约定的，发包人有权请求施工人在合理期限内无偿修理或者返工、改建。经过修理或者返工、改建后，造成逾期交付的，施工人应当承担违约责任。

第八百零二条　因承包人的原因致使建设工程在合理使用期限内造成人身损害和财产损失的，承包人应当承担赔偿责任。

第八百零三条　发包人未按照约定的时间和要求提供原材料、设备、场地、资金、技术资料的，承包人可以顺延工程日期，并有权请求赔偿停工、窝工等损失。

第八百零四条　因发包人的原因致使工程中途停建、缓建的，发包人应当采取措施弥补或者减少损失，赔偿承包人因此造成的停工、窝工、倒运、机械设备调迁、材料和构件积压等损失和实际费用。

第八百零五条 因发包人变更计划，提供的资料不准确，或者未按照期限提供必需的勘察、设计工作条件而造成勘察、设计的返工、停工或者修改设计，发包人应当按照勘察人、设计人实际消耗的工作量增付费用。

第八百零六条 承包人将建设工程转包、违法分包的，发包人可以解除合同。

发包人提供的主要建筑材料、建筑构配件和设备不符合强制性标准或者不履行协助义务，致使承包人无法施工，经催告后在合理期限内仍未履行相应义务的，承包人可以解除合同。

合同解除后，已经完成的建设工程质量合格的，发包人应当按照约定支付相应的工程价款；已经完成的建设工程质量不合格的，参照本法第七百九十三条的规定处理。

第八百零七条 发包人未按照约定支付价款的，承包人可以催告发包人在合理期限内支付价款。发包人逾期不支付的，除根据建设工程的性质不宜折价、拍卖外，承包人可以与发包人协议将该工程折价，也可以请求人民法院将该工程依法拍卖。建设工程的价款就该工程折价或者拍卖的价款优先受偿。

第八百零八条 本章没有规定的，适用承揽合同的有关规定。

第十九章　运输合同

第一节　一般规定

第八百零九条 运输合同是承运人将旅客或者货物从起运地点运输到约定地点，旅客、托运人或者收货人支付票款或者运输费用的合同。

第八百一十条　从事公共运输的承运人不得拒绝旅客、托运人通常、合理的运输要求。

第八百一十一条　承运人应当在约定期限或者合理期限内将旅客、货物安全运输到约定地点。

第八百一十二条　承运人应当按照约定的或者通常的运输路线将旅客、货物运输到约定地点。

第八百一十三条　旅客、托运人或者收货人应当支付票款或者运输费用。承运人未按照约定路线或者通常路线运输增加票款或者运输费用的，旅客、托运人或者收货人可以拒绝支付增加部分的票款或者运输费用。

第二节　客运合同

第八百一十四条　客运合同自承运人向旅客出具客票时成立，但是当事人另有约定或者另有交易习惯的除外。

第八百一十五条　旅客应当按照有效客票记载的时间、班次和座位号乘坐。旅客无票乘坐、超程乘坐、越级乘坐或者持不符合减价条件的优惠客票乘坐的，应当补交票款，承运人可以按照规定加收票款；旅客不支付票款的，承运人可以拒绝运输。

实名制客运合同的旅客丢失客票的，可以请求承运人挂失补办，承运人不得再次收取票款和其他不合理费用。

第八百一十六条　旅客因自己的原因不能按照客票记载的时间乘坐的，应当在约定的期限内办理退票或者变更手续；逾期办理的，承运人可以不退票款，并不再承担运输义务。

第八百一十七条　旅客随身携带行李应当符合约定的限量和品类要求；超过限量或者违反品类要求携带行李的，应当办理托运手续。

第八百一十八条　旅客不得随身携带或者在行李中夹带易燃、易爆、有毒、有腐蚀性、有放射性以及可能危及运输工具上人身和财产安全的危险物品或者违禁物品。

旅客违反前款规定的，承运人可以将危险物品或者违禁物品卸下、销毁或者送交有关部门。旅客坚持携带或者夹带危险物品或者违禁物品的，承运人应当拒绝运输。

第八百一十九条　承运人应当严格履行安全运输义务，及时告知旅客安全运输应当注意的事项。旅客对承运人为安全运输所作的合理安排应当积极协助和配合。

第八百二十条　承运人应当按照有效客票记载的时间、班次和座位号运输旅客。承运人迟延运输或者有其他不能正常运输情形的，应当及时告知和提醒旅客，采取必要的安置措施，并根据旅客的要求安排改乘其他班次或者退票；由此造成旅客损失的，承运人应当承担赔偿责任，但是不可归责于承运人的除外。

第八百二十一条　承运人擅自降低服务标准的，应当根据旅客的请求退票或者减收票款；提高服务标准的，不得加收票款。

第八百二十二条　承运人在运输过程中，应当尽力救助患有急病、分娩、遇险的旅客。

第八百二十三条　承运人应当对运输过程中旅客的伤亡承担赔偿责任；但是，伤亡是旅客自身健康原因造成的或者承运人证明伤亡是旅客故意、重大过失造成的除外。

前款规定适用于按照规定免票、持优待票或者经承运人许可搭乘的无票旅客。

第八百二十四条　在运输过程中旅客随身携带物品毁损、灭失，承运人有过错的，应当承担赔偿责任。

旅客托运的行李毁损、灭失的，适用货物运输的有关规定。

第三节　货运合同

第八百二十五条　托运人办理货物运输，应当向承运人准确表明收货人的姓名、名称或者凭指示的收货人，货物的名称、性质、重量、数量，收货地点等有关货物运输的必要情况。

因托运人申报不实或者遗漏重要情况，造成承运人损失的，托运人应当承担赔偿责任。

第八百二十六条　货物运输需要办理审批、检验等手续的，托运人应当将办理完有关手续的文件提交承运人。

第八百二十七条　托运人应当按照约定的方式包装货物。对包装方式没有约定或者约定不明确的，适用本法第六百一十九条的规定。

托运人违反前款规定的，承运人可以拒绝运输。

第八百二十八条　托运人托运易燃、易爆、有毒、有腐蚀性、有放射性等危险物品的，应当按照国家有关危险物品运输的规定对危险物品妥善包装，做出危险物品标志和标签，并将有关危险物品的名称、性质和防范措施的书面材料提交承运人。

托运人违反前款规定的，承运人可以拒绝运输，也可以采取相应措施以避免损失的发生，因此产生的费用由托运人负担。

第八百二十九条　在承运人将货物交付收货人之前，托运人可以要求承运人中止运输、返还货物、变更到达地或者将货物交给其他收货人，但是应当赔偿承运人因此受到的损失。

第八百三十条　货物运输到达后，承运人知道收货人的，应当及时通知收货人，收货人应当及时提货。收货人逾期提货的，应当向承运人支付保管费等费用。

第八百三十一条 收货人提货时应当按照约定的期限检验货物。对检验货物的期限没有约定或者约定不明确，依据本法第五百一十条的规定仍不能确定的，应当在合理期限内检验货物。收货人在约定的期限或者合理期限内对货物的数量、毁损等未提出异议的，视为承运人已经按照运输单证的记载交付的初步证据。

第八百三十二条 承运人对运输过程中货物的毁损、灭失承担赔偿责任。但是，承运人证明货物的毁损、灭失是因不可抗力、货物本身的自然性质或者合理损耗以及托运人、收货人的过错造成的，不承担赔偿责任。

第八百三十三条 货物的毁损、灭失的赔偿额，当事人有约定的，按照其约定；没有约定或者约定不明确，依据本法第五百一十条的规定仍不能确定的，按照交付或者应当交付时货物到达地的市场价格计算。法律、行政法规对赔偿额的计算方法和赔偿限额另有规定的，依照其规定。

第八百三十四条 两个以上承运人以同一运输方式联运的，与托运人订立合同的承运人应当对全程运输承担责任；损失发生在某一运输区段的，与托运人订立合同的承运人和该区段的承运人承担连带责任。

第八百三十五条 货物在运输过程中因不可抗力灭失，未收取运费的，承运人不得请求支付运费；已经收取运费的，托运人可以请求返还。法律另有规定的，依照其规定。

第八百三十六条 托运人或者收货人不支付运费、保管费或者其他费用的，承运人对相应的运输货物享有留置权，但是当事人另有约定的除外。

第八百三十七条 收货人不明或者收货人无正当理由拒绝受领货物的，

承运人依法可以提存货物。

第四节　多式联运合同

第八百三十八条　多式联运经营人负责履行或者组织履行多式联运合同，对全程运输享有承运人的权利，承担承运人的义务。

第八百三十九条　多式联运经营人可以与参加多式联运的各区段承运人就多式联运合同的各区段运输约定相互之间的责任；但是，该约定不影响多式联运经营人对全程运输承担的义务。

第八百四十条　多式联运经营人收到托运人交付的货物时，应当签发多式联运单据。按照托运人的要求，多式联运单据可以是可转让单据，也可以是不可转让单据。

第八百四十一条　因托运人托运货物时的过错造成多式联运经营人损失的，即使托运人已经转让多式联运单据，托运人仍然应当承担赔偿责任。

第八百四十二条　货物的毁损、灭失发生于多式联运的某一运输区段的，多式联运经营人的赔偿责任和责任限额，适用调整该区段运输方式的有关法律规定；货物毁损、灭失发生的运输区段不能确定的，依照本章规定承担赔偿责任。

第二十章　技术合同

第一节　一般规定

第八百四十三条　技术合同是当事人就技术开发、转让、许可、咨询或者服务订立的确立相互之间权利和义务的合同。

第八百四十四条　订立技术合同，应当有利于知识产权的保护和科学技术的进步，促进科学技术成果的研发、转化、应用和推广。

第八百四十五条　技术合同的内容一般包括项目的名称，标的的内容、范围和要求，履行的计划、地点和方式，技术信息和资料的保密，技术成果的归属和收益的分配办法，验收标准和方法，名词和术语的解释等条款。

与履行合同有关的技术背景资料、可行性论证和技术评价报告、项目任务书和计划书、技术标准、技术规范、原始设计和工艺文件，以及其他技术文档，按照当事人的约定可以作为合同的组成部分。

技术合同涉及专利的，应当注明发明创造的名称、专利申请人和专利权人、申请日期、申请号、专利号以及专利权的有效期限。

第八百四十六条　技术合同价款、报酬或者使用费的支付方式由当事人约定，可以采取一次总算、一次总付或者一次总算、分期支付，也可以采取提成支付或者提成支付附加预付入门费的方式。

约定提成支付的，可以按照产品价格、实施专利和使用技术秘密后新增的产值、利润或者产品销售额的一定比例提成，也可以按照约定的其他方式计算。提成支付的比例可以采取固定比例、逐年递增比例或者逐年递减比例。

约定提成支付的，当事人可以约定查阅有关会计账目的办法。

第八百四十七条　职务技术成果的使用权、转让权属于法人或者非法人组织的，法人或者非法人组织可以就该项职务技术成果订立技术合同。

法人或者非法人组织订立技术合同转让职务技术成果时，职务技术成果的完成人享有以同等条件优先受让的权利。

职务技术成果是执行法人或者非法人组织的工作任务，或者主要是利用法人或者非法人组织的物质技术条件所完成的技术成果。

第八百四十八条　非职务技术成果的使用权、转让权属于完成技术成果的个人，完成技术成果的个人可以就该项非职务技术成果订立技术合同。

第八百四十九条　完成技术成果的个人享有在有关技术成果文件上写明自己是技术成果完成者的权利和取得荣誉证书、奖励的权利。

第八百五十条　非法垄断技术或者侵害他人技术成果的技术合同无效。

第二节　技术开发合同

第八百五十一条　技术开发合同是当事人之间就新技术、新产品、新工艺、新品种或者新材料及其系统的研究开发所订立的合同。

技术开发合同包括委托开发合同和合作开发合同。

技术开发合同应当采用书面形式。

当事人之间就具有实用价值的科技成果实施转化订立的合同，参照适用技术开发合同的有关规定。

第八百五十二条　委托开发合同的委托人应当按照约定支付研究开发经费和报酬，提供技术资料，提出研究开发要求，完成协作事项，接受研究开发成果。

第八百五十三条　委托开发合同的研究开发人应当按照约定制定和实施研究开发计划，合理使用研究开发经费，按期完成研究开发工作，交付研究开发成果，提供有关的技术资料和必要的技术指导，帮助委托人掌握研究开发成果。

第八百五十四条　委托开发合同的当事人违反约定造成研究开发工作停滞、延误或者失败的，应当承担违约责任。

第八百五十五条　合作开发合同的当事人应当按照约定进行投资，包括以技术进行投资，分工参与研究开发工作，协作配合研究开发工作。

第八百五十六条　合作开发合同的当事人违反约定造成研究开发工作停

滞、延误或者失败的,应当承担违约责任。

第八百五十七条　作为技术开发合同标的的技术已经由他人公开,致使技术开发合同的履行没有意义的,当事人可以解除合同。

第八百五十八条　技术开发合同履行过程中,因出现无法克服的技术困难,致使研究开发失败或者部分失败的,该风险由当事人约定;没有约定或者约定不明确,依据本法第五百一十条的规定仍不能确定的,风险由当事人合理分担。

当事人一方发现前款规定的可能致使研究开发失败或者部分失败的情形时,应当及时通知另一方并采取适当措施减少损失;没有及时通知并采取适当措施,致使损失扩大的,应当就扩大的损失承担责任。

第八百五十九条　委托开发完成的发明创造,除法律另有规定或者当事人另有约定外,申请专利的权利属于研究开发人。研究开发人取得专利权的,委托人可以依法实施该专利。

研究开发人转让专利申请权的,委托人享有以同等条件优先受让的权利。

第八百六十条　合作开发完成的发明创造,申请专利的权利属于合作开发的当事人共有;当事人一方转让其共有的专利申请权的,其他各方享有以同等条件优先受让的权利。但是,当事人另有约定的除外。

合作开发的当事人一方声明放弃其共有的专利申请权的,除当事人另有约定外,可以由另一方单独申请或者由其他各方共同申请。申请人取得专利权的,放弃专利申请权的一方可以免费实施该专利。

合作开发的当事人一方不同意申请专利的,另一方或者其他各方不得申请专利。

第八百六十一条　委托开发或者合作开发完成的技术秘密成果的使用权、

转让权以及收益的分配办法，由当事人约定；没有约定或者约定不明确，依据本法第五百一十条的规定仍不能确定的，在没有相同技术方案被授予专利权前，当事人均有使用和转让的权利。但是，委托开发的研究开发人不得在向委托人交付研究开发成果之前，将研究开发成果转让给第三人。

第三节　技术转让合同和技术许可合同

第八百六十二条　技术转让合同是合法拥有技术的权利人，将现有特定的专利、专利申请、技术秘密的相关权利让与他人所订立的合同。

技术许可合同是合法拥有技术的权利人，将现有特定的专利、技术秘密的相关权利许可他人实施、使用所订立的合同。

技术转让合同和技术许可合同中关于提供实施技术的专用设备、原材料或者提供有关的技术咨询、技术服务的约定，属于合同的组成部分。

第八百六十三条　技术转让合同包括专利权转让、专利申请权转让、技术秘密转让等合同。

技术许可合同包括专利实施许可、技术秘密使用许可等合同。

技术转让合同和技术许可合同应当采用书面形式。

第八百六十四条　技术转让合同和技术许可合同可以约定实施专利或者使用技术秘密的范围，但是不得限制技术竞争和技术发展。

第八百六十五条　专利实施许可合同仅在该专利权的存续期限内有效。专利权有效期限届满或者专利权被宣告无效的，专利权人不得就该专利与他人订立专利实施许可合同。

第八百六十六条　专利实施许可合同的许可人应当按照约定许可被许可人实施专利，交付实施专利有关的技术资料，提供必要的技术指导。

第八百六十七条　专利实施许可合同的被许可人应当按照约定实施专利，

不得许可约定以外的第三人实施该专利，并按照约定支付使用费。

第八百六十八条 技术秘密转让合同的让与人和技术秘密使用许可合同的许可人应当按照约定提供技术资料，进行技术指导，保证技术的实用性、可靠性，承担保密义务。

前款规定的保密义务，不限制许可人申请专利，但是当事人另有约定的除外。

第八百六十九条 技术秘密转让合同的受让人和技术秘密使用许可合同的被许可人应当按照约定使用技术，支付转让费、使用费，承担保密义务。

第八百七十条 技术转让合同的让与人和技术许可合同的许可人应当保证自己是所提供的技术的合法拥有者，并保证所提供的技术完整、无误、有效，能够达到约定的目标。

第八百七十一条 技术转让合同的受让人和技术许可合同的被许可人应当按照约定的范围和期限，对让与人、许可人提供的技术中尚未公开的秘密部分，承担保密义务。

第八百七十二条 许可人未按照约定许可技术的，应当返还部分或者全部使用费，并应当承担违约责任；实施专利或者使用技术秘密超越约定的范围的，违反约定擅自许可第三人实施该项专利或者使用该项技术秘密的，应当停止违约行为，承担违约责任；违反约定的保密义务的，应当承担违约责任。

让与人承担违约责任，参照适用前款规定。

第八百七十三条 被许可人未按照约定支付使用费的，应当补交使用费并按照约定支付违约金；不补交使用费或者支付违约金的，应当停止实施专利或者使用技术秘密，交还技术资料，承担违约责任；实施专利或者使用技术秘密超越约定的范围的，未经许可人同意擅自许可第三人实施该专利或者使用该技术秘密的，应当停止违约行为，承担违约责任；违反约定的保密义务的，应当承担违约责任。

受让人承担违约责任，参照适用前款规定。

第八百七十四条 受让人或者被许可人按照约定实施专利、使用技术秘密侵害他人合法权益的，由让与人或者许可人承担责任，但是当事人另有约定的除外。

第八百七十五条 当事人可以按照互利的原则，在合同中约定实施专利、使用技术秘密后续改进的技术成果的分享办法；没有约定或者约定不明确，依据本法第五百一十条的规定仍不能确定的，一方后续改进的技术成果，其他各方无权分享。

第八百七十六条 集成电路布图设计专有权、植物新品种权、计算机软件著作权等其他知识产权的转让和许可，参照适用本节的有关规定。

第八百七十七条 法律、行政法规对技术进出口合同或者专利、专利申请合同另有规定的，依照其规定。

第四节 技术咨询合同和技术服务合同

第八百七十八条 技术咨询合同是当事人一方以技术知识为对方就特定技术项目提供可行性论证、技术预测、专题技术调查、分析评价报告等所订立的合同。

技术服务合同是当事人一方以技术知识为对方解决特定技术问题所订立的合同，不包括承揽合同和建设工程合同。

第八百七十九条 技术咨询合同的委托人应当按照约定阐明咨询的问题，提供技术背景材料及有关技术资料，接受受托人的工作成果，支付报酬。

第八百八十条 技术咨询合同的受托人应当按照约定的期限完成咨询报告或者解答问题，提出的咨询报告应当达到约定的要求。

第八百八十一条 技术咨询合同的委托人未按照约定提供必要的资料，影响工作进度和质量，不接受或者逾期接受工作成果的，支付的报酬不得追回，未支付的报酬应当支付。

技术咨询合同的受托人未按期提出咨询报告或者提出的咨询报告不符合约定的，应当承担减收或者免收报酬等违约责任。

技术咨询合同的委托人按照受托人符合约定要求的咨询报告和意见作出决策所造成的损失，由委托人承担，但是当事人另有约定的除外。

第八百八十二条 技术服务合同的委托人应当按照约定提供工作条件，完成配合事项，接受工作成果并支付报酬。

第八百八十三条 技术服务合同的受托人应当按照约定完成服务项目，解决技术问题，保证工作质量，并传授解决技术问题的知识。

第八百八十四条 技术服务合同的委托人不履行合同义务或者履行合同义务不符合约定，影响工作进度和质量，不接受或者逾期接受工作成果的，支付的报酬不得追回，未支付的报酬应当支付。

技术服务合同的受托人未按照约定完成服务工作的，应当承担免收报酬等违约责任。

第八百八十五条 技术咨询合同、技术服务合同履行过程中，受托人利用委托人提供的技术资料和工作条件完成的新的技术成果，属于受托人。委托人利用受托人的工作成果完成的新的技术成果，属于委托人。当事人另有约定的，按照其约定。

第八百八十六条 技术咨询合同和技术服务合同对受托人正常开展工作所需费用的负担没有约定或者约定不明确的，由受托人负担。

第八百八十七条　法律、行政法规对技术中介合同、技术培训合同另有规定的，依照其规定。

第二十一章　保管合同

第八百八十八条　保管合同是保管人保管寄存人交付的保管物，并返还该物的合同。

寄存人到保管人处从事购物、就餐、住宿等活动，将物品存放在指定场所的，视为保管，但是当事人另有约定或者另有交易习惯的除外。

第八百八十九条　寄存人应当按照约定向保管人支付保管费。

当事人对保管费没有约定或者约定不明确，依据本法第五百一十条的规定仍不能确定的，视为无偿保管。

第八百九十条　保管合同自保管物交付时成立，但是当事人另有约定的除外。

第八百九十一条　寄存人向保管人交付保管物的，保管人应当出具保管凭证，但是另有交易习惯的除外。

第八百九十二条　保管人应当妥善保管保管物。

当事人可以约定保管场所或者方法。除紧急情况或者为维护寄存人利益外，不得擅自改变保管场所或者方法。

第八百九十三条　寄存人交付的保管物有瑕疵或者根据保管物的性质需要采取特殊保管措施的，寄存人应当将有关情况告知保管人。寄存人未告知，致使保管物受损失的，保管人不承担赔偿责任；保管人因此受损失的，除保管人知道或者应当知道且未采取补救措施外，寄存人应当承担赔偿责任。

第八百九十四条　保管人不得将保管物转交第三人保管，但是当事人另有约定的除外。

保管人违反前款规定，将保管物转交第三人保管，造成保管物损失的，应当承担赔偿责任。

第八百九十五条 保管人不得使用或者许可第三人使用保管物，但是当事人另有约定的除外。

第八百九十六条 第三人对保管物主张权利的，除依法对保管物采取保全或者执行措施外，保管人应当履行向寄存人返还保管物的义务。

第三人对保管人提起诉讼或者对保管物申请扣押的，保管人应当及时通知寄存人。

第八百九十七条 保管期内，因保管人保管不善造成保管物毁损、灭失的，保管人应当承担赔偿责任。但是，无偿保管人证明自己没有故意或者重大过失的，不承担赔偿责任。

第八百九十八条 寄存人寄存货币、有价证券或者其他贵重物品的，应当向保管人声明，由保管人验收或者封存；寄存人未声明的，该物品毁损、灭失后，保管人可以按照一般物品予以赔偿。

第八百九十九条 寄存人可以随时领取保管物。

当事人对保管期限没有约定或者约定不明确的，保管人可以随时请求寄存人领取保管物；约定保管期限的，保管人无特别事由，不得请求寄存人提前领取保管物。

第九百条 保管期限届满或者寄存人提前领取保管物的，保管人应当将原物及其孳息归还寄存人。

第九百零一条 保管人保管货币的，可以返还相同种类、数量的货币；保管其他可替代物的，可以按照约定返还相同种类、品质、数量的物品。

第九百零二条　有偿的保管合同，寄存人应当按照约定的期限向保管人支付保管费。

当事人对支付期限没有约定或者约定不明确，依据本法第五百一十条的规定仍不能确定的，应当在领取保管物的同时支付。

第九百零三条　寄存人未按照约定支付保管费或者其他费用的，保管人对保管物享有留置权，但是当事人另有约定的除外。

第二十二章　仓储合同

第九百零四条　仓储合同是保管人储存存货人交付的仓储物，存货人支付仓储费的合同。

第九百零五条　仓储合同自保管人和存货人意思表示一致时成立。

第九百零六条　储存易燃、易爆、有毒、有腐蚀性、有放射性等危险物品或者易变质物品的，存货人应当说明该物品的性质，提供有关资料。

存货人违反前款规定的，保管人可以拒收仓储物，也可以采取相应措施以避免损失的发生，因此产生的费用由存货人负担。

保管人储存易燃、易爆、有毒、有腐蚀性、有放射性等危险物品的，应当具备相应的保管条件。

第九百零七条　保管人应当按照约定对入库仓储物进行验收。保管人验收时发现入库仓储物与约定不符合的，应当及时通知存货人。保管人验收后，发生仓储物的品种、数量、质量不符合约定的，保管人应当承担赔偿责任。

第九百零八条　存货人交付仓储物的，保管人应当出具仓单、入库单等凭证。

第九百零九条　保管人应当在仓单上签名或者盖章。仓单包括下列事项：

（一）存货人的姓名或者名称和住所；

（二）仓储物的品种、数量、质量、包装及其件数和标记；

（三）仓储物的损耗标准；

（四）储存场所；

（五）储存期限；

（六）仓储费；

（七）仓储物已经办理保险的，其保险金额、期间以及保险人的名称；

（八）填发人、填发地和填发日期。

第九百一十条　仓单是提取仓储物的凭证。存货人或者仓单持有人在仓单上背书并经保管人签名或者盖章的，可以转让提取仓储物的权利。

第九百一十一条　保管人根据存货人或者仓单持有人的要求，应当同意其检查仓储物或者提取样品。

第九百一十二条　保管人发现入库仓储物有变质或者其他损坏的，应当及时通知存货人或者仓单持有人。

第九百一十三条　保管人发现入库仓储物有变质或者其他损坏，危及其他仓储物的安全和正常保管的，应当催告存货人或者仓单持有人作出必要的处置。因情况紧急，保管人可以作出必要的处置；但是，事后应当将该情况及时通知存货人或者仓单持有人。

第九百一十四条　当事人对储存期限没有约定或者约定不明确的，存货人或者仓单持有人可以随时提取仓储物，保管人也可以随时请求存货人或者仓单持有人提取仓储物，但是应当给予必要的准备时间。

第九百一十五条　储存期限届满，存货人或者仓单持有人应当凭仓单、入库单等提取仓储物。存货人或者仓单持有人逾期提取的，应当加收仓储费；提前提取的，不减收仓储费。

第九百一十六条　储存期限届满，存货人或者仓单持有人不提取仓储物的，保管人可以催告其在合理期限内提取；逾期不提取的，保管人可以提存仓储物。

第九百一十七条　储存期内，因保管不善造成仓储物毁损、灭失的，保管人应当承担赔偿责任。因仓储物本身的自然性质、包装不符合约定或者超过有效储存期造成仓储物变质、损坏的，保管人不承担赔偿责任。

第九百一十八条　本章没有规定的，适用保管合同的有关规定。

第二十三章　委托合同

第九百一十九条　委托合同是委托人和受托人约定，由受托人处理委托人事务的合同。

第九百二十条　委托人可以特别委托受托人处理一项或者数项事务，也可以概括委托受托人处理一切事务。

第九百二十一条　委托人应当预付处理委托事务的费用。受托人为处理委托事务垫付的必要费用，委托人应当偿还该费用并支付利息。

第九百二十二条　受托人应当按照委托人的指示处理委托事务。需要变更委托人指示的，应当经委托人同意；因情况紧急，难以和委托人取得联系的，受托人应当妥善处理委托事务，但是事后应当将该情况及时报告委托人。

第九百二十三条　受托人应当亲自处理委托事务。经委托人同意，受托人可以转委托。转委托经同意或者追认的，委托人可以就委托事务直接指示转委托的第三人，受托人仅就第三人的选任及其对第三人的指示承担责任。转委托未经同意或者追认的，受托人应当对转委托的第三人的行为承担责任；但是，在紧急情况下受托人为了维护委托人的利益需要转委托第三人的除外。

第九百二十四条　受托人应当按照委托人的要求，报告委托事务的处理情况。委托合同终止时，受托人应当报告委托事务的结果。

第九百二十五条　受托人以自己的名义，在委托人的授权范围内与第三人订立的合同，第三人在订立合同时知道受托人与委托人之间的代理关系的，该合同直接约束委托人和第三人；但是，有确切证据证明该合同只约束受托人和第三人的除外。

第九百二十六条　受托人以自己的名义与第三人订立合同时，第三人不知道受托人与委托人之间的代理关系的，受托人因第三人的原因对委托人不履行义务，受托人应当向委托人披露第三人，委托人因此可以行使受托人对第三人的权利。但是，第三人与受托人订立合同时如果知道该委托人就不会订立合同的除外。

受托人因委托人的原因对第三人不履行义务，受托人应当向第三人披露委托人，第三人因此可以选择受托人或者委托人作为相对人主张其权利，但是第三人不得变更选定的相对人。

委托人行使受托人对第三人的权利的，第三人可以向委托人主张其对受托人的抗辩。第三人选定委托人作为其相对人的，委托人可以向第三人主张其对受托人的抗辩以及受托人对第三人的抗辩。

第九百二十七条　受托人处理委托事务取得的财产，应当转交给委托人。

第九百二十八条　受托人完成委托事务的，委托人应当按照约定向其支付报酬。

因不可归责于受托人的事由，委托合同解除或者委托事务不能完成的，委托人应当向受托人支付相应的报酬。当事人另有约定的，按照其约定。

第九百二十九条　有偿的委托合同，因受托人的过错造成委托人损失的，委托人可以请求赔偿损失。无偿的委托合同，因受托人的故意或者重大过失造成委托人损失的，委托人可以请求赔偿损失。

受托人超越权限造成委托人损失的，应当赔偿损失。

第九百三十条　受托人处理委托事务时，因不可归责于自己的事由受到损失的，可以向委托人请求赔偿损失。

第九百三十一条　委托人经受托人同意，可以在受托人之外委托第三人处理委托事务。因此造成受托人损失的，受托人可以向委托人请求赔偿损失。

第九百三十二条　两个以上的受托人共同处理委托事务的，对委托人承担连带责任。

第九百三十三条　委托人或者受托人可以随时解除委托合同。因解除合同造成对方损失的，除不可归责于该当事人的事由外，无偿委托合同的解除方应当赔偿因解除时间不当造成的直接损失，有偿委托合同的解除方应当赔偿对方的直接损失和合同履行后可以获得的利益。

第九百三十四条　委托人死亡、终止或者受托人死亡、丧失民事行为能力、终止的，委托合同终止；但是，当事人另有约定或者根据委托事务的性质不宜终止的除外。

第九百三十五条　因委托人死亡或者被宣告破产、解散，致使委托合同终止将损害委托人利益的，在委托人的继承人、遗产管理人或者清算人承受委托事务之前，受托人应当继续处理委托事务。

第九百三十六条　因受托人死亡、丧失民事行为能力或者被宣告破产、解散，致使委托合同终止的，受托人的继承人、遗产管理人、法定代理人或者清算人应当及时通知委托人。因委托合同终止将损害委托人利益的，在委托人作出善后处理之前，受托人的继承人、遗产管理人、法定代理人或者清算人应当采取必要措施。

第二十四章　物业服务合同

第九百三十七条　物业服务合同是物业服务人在物业服务区域内，为业主提供建筑物及其附属设施的维修养护、环境卫生和相关秩序的管理维护等物业服务，业主支付物业费的合同。

物业服务人包括物业服务企业和其他管理人。

第九百三十八条　物业服务合同的内容一般包括服务事项、服务质量、服务费用的标准和收取办法、维修资金的使用、服务用房的管理和使用、服务期限、服务交接等条款。

物业服务人公开作出的有利于业主的服务承诺，为物业服务合同的组成部分。

物业服务合同应当采用书面形式。

第九百三十九条　建设单位依法与物业服务人订立的前期物业服务合同，以及业主委员会与业主大会依法选聘的物业服务人订立的物业服务合同，对业主具有法律约束力。

第九百四十条　建设单位依法与物业服务人订立的前期物业服务合同约定的服务期限届满前，业主委员会或者业主与新物业服务人订立的物业服务合同生效的，前期物业服务合同终止。

第九百四十一条　物业服务人将物业服务区域内的部分专项服务事项委托给专业性服务组织或者其他第三人的，应当就该部分专项服务事项向业主负责。

物业服务人不得将其应当提供的全部物业服务转委托给第三人，或者将全部物业服务支解后分别转委托给第三人。

第九百四十二条　物业服务人应当按照约定和物业的使用性质，妥善维修、养护、清洁、绿化和经营管理物业服务区域内的业主共有部分，维护物业服务区域内的基本秩序，采取合理措施保护业主的人身、财产安全。

对物业服务区域内违反有关治安、环保、消防等法律法规的行为，物业服务人应当及时采取合理措施制止、向有关行政主管部门报告并协助处理。

第九百四十三条　物业服务人应当定期将服务的事项、负责人员、质量要求、收费项目、收费标准、履行情况，以及维修资金使用情况、业主共有部分的经营与收益情况等以合理方式向业主公开并向业主大会、业主委员会报告。

第九百四十四条　业主应当按照约定向物业服务人支付物业费。物业服务人已经按照约定和有关规定提供服务的，业主不得以未接受或者无需接受相关物业服务为由拒绝支付物业费。

业主违反约定逾期不支付物业费的，物业服务人可以催告其在合理期限内支付；合理期限届满仍不支付的，物业服务人可以提起诉讼或者申请仲裁。

物业服务人不得采取停止供电、供水、供热、供燃气等方式催交物业费。

第九百四十五条　业主装饰装修房屋的，应当事先告知物业服务人，遵守物业服务人提示的合理注意事项，并配合其进行必要的现场检查。

业主转让、出租物业专有部分、设立居住权或者依法改变共有部分用途的，应当及时将相关情况告知物业服务人。

第九百四十六条　业主依照法定程序共同决定解聘物业服务人的，可以解除物业服务合同。决定解聘的，应当提前六十日书面通知物业服务人，但是合同对通知期限另有约定的除外。

依据前款规定解除合同造成物业服务人损失的，除不可归责于业主的事由外，业主应当赔偿损失。

第九百四十七条　物业服务期限届满前，业主依法共同决定续聘的，应当与原物业服务人在合同期限届满前续订物业服务合同。

物业服务期限届满前，物业服务人不同意续聘的，应当在合同期限届满前九十日书面通知业主或者业主委员会，但是合同对通知期限另有约定的除外。

第九百四十八条　物业服务期限届满后，业主没有依法作出续聘或者另聘物业服务人的决定，物业服务人继续提供物业服务的，原物业服务合同继续有效，但是服务期限为不定期。

当事人可以随时解除不定期物业服务合同，但是应当提前六十日书面通知对方。

第九百四十九条　物业服务合同终止的，原物业服务人应当在约定期限或者合理期限内退出物业服务区域，将物业服务用房、相关设施、物业服务所必需的相关资料等交还给业主委员会、决定自行管理的业主或者其指定的人，配合新物业服务人做好交接工作，并如实告知物业的使用和管理状况。

原物业服务人违反前款规定的，不得请求业主支付物业服务合同终止后的物业费；造成业主损失的，应当赔偿损失。

第九百五十条　物业服务合同终止后，在业主或者业主大会选聘的新物

业服务人或者决定自行管理的业主接管之前，原物业服务人应当继续
处理物业服务事项，并可以请求业主支付该期间的物业费。

第二十五章　行纪合同

第九百五十一条　行纪合同是行纪人以自己的名义为委托人从事贸易活
动，委托人支付报酬的合同。

第九百五十二条　行纪人处理委托事务支出的费用，由行纪人负担，但
是当事人另有约定的除外。

第九百五十三条　行纪人占有委托物的，应当妥善保管委托物。

第九百五十四条　委托物交付给行纪人时有瑕疵或者容易腐烂、变质的，
经委托人同意，行纪人可以处分该物；不能与委托人及时取得联系的，
行纪人可以合理处分。

第九百五十五条　行纪人低于委托人指定的价格卖出或者高于委托人指
定的价格买入的，应当经委托人同意；未经委托人同意，行纪人补偿
其差额的，该买卖对委托人发生效力。

行纪人高于委托人指定的价格卖出或者低于委托人指定的价格买入
的，可以按照约定增加报酬；没有约定或者约定不明确，依据本法第
五百一十条的规定仍不能确定的，该利益属于委托人。

委托人对价格有特别指示的，行纪人不得违背该指示卖出或者买入。

第九百五十六条　行纪人卖出或者买入具有市场定价的商品，除委托人
有相反的意思表示外，行纪人自己可以作为买受人或者出卖人。

行纪人有前款规定情形的，仍然可以请求委托人支付报酬。

第九百五十七条　行纪人按照约定买入委托物，委托人应当及时受领。

经行纪人催告，委托人无正当理由拒绝受领的，行纪人依法可以提存

委托物。

委托物不能卖出或者委托人撤回出卖，经行纪人催告，委托人不取回或者不处分该物的，行纪人依法可以提存委托物。

第九百五十八条　行纪人与第三人订立合同的，行纪人对该合同直接享有权利、承担义务。

第三人不履行义务致使委托人受到损害的，行纪人应当承担赔偿责任，但是行纪人与委托人另有约定的除外。

第九百五十九条　行纪人完成或者部分完成委托事务的，委托人应当向其支付相应的报酬。委托人逾期不支付报酬的，行纪人对委托物享有留置权，但是当事人另有约定的除外。

第九百六十条　本章没有规定的，参照适用委托合同的有关规定。

第二十六章　中介合同

第九百六十一条　中介合同是中介人向委托人报告订立合同的机会或者提供订立合同的媒介服务，委托人支付报酬的合同。

第九百六十二条　中介人应当就有关订立合同的事项向委托人如实报告。

中介人故意隐瞒与订立合同有关的重要事实或者提供虚假情况，损害委托人利益的，不得请求支付报酬并应当承担赔偿责任。

第九百六十三条　中介人促成合同成立的，委托人应当按照约定支付报酬。对中介人的报酬没有约定或者约定不明确，依据本法第五百一十条的规定仍不能确定的，根据中介人的劳务合理确定。因中介人提供订立合同的媒介服务而促成合同成立的，由该合同的当事人平均负担中介人的报酬。

中介人促成合同成立的，中介活动的费用，由中介人负担。

第九百六十四条 中介人未促成合同成立的，不得请求支付报酬；但是，可以按照约定请求委托人支付从事中介活动支出的必要费用。

第九百六十五条 委托人在接受中介人的服务后，利用中介人提供的交易机会或者媒介服务，绕开中介人直接订立合同的，应当向中介人支付报酬。

第九百六十六条 本章没有规定的，参照适用委托合同的有关规定。

第二十七章　合伙合同

第九百六十七条 合伙合同是两个以上合伙人为了共同的事业目的，订立的共享利益、共担风险的协议。

第九百六十八条 合伙人应当按照约定的出资方式、数额和缴付期限，履行出资义务。

第九百六十九条 合伙人的出资、因合伙事务依法取得的收益和其他财产，属于合伙财产。

合伙合同终止前，合伙人不得请求分割合伙财产。

第九百七十条 合伙人就合伙事务作出决定的，除合伙合同另有约定外，应当经全体合伙人一致同意。

合伙事务由全体合伙人共同执行。按照合伙合同的约定或者全体合伙人的决定，可以委托一个或者数个合伙人执行合伙事务；其他合伙人不再执行合伙事务，但是有权监督执行情况。

合伙人分别执行合伙事务的，执行事务合伙人可以对其他合伙人执行的事务提出异议；提出异议后，其他合伙人应当暂停该项事务的执行。

第九百七十一条 合伙人不得因执行合伙事务而请求支付报酬，但是合伙合同另有约定的除外。

第九百七十二条 合伙的利润分配和亏损分担，按照合伙合同的约定办理；合伙合同没有约定或者约定不明确的，由合伙人协商决定；协商不成的，由合伙人按照实缴出资比例分配、分担；无法确定出资比例的，由合伙人平均分配、分担。

第九百七十三条 合伙人对合伙债务承担连带责任。清偿合伙债务超过自己应当承担份额的合伙人，有权向其他合伙人追偿。

第九百七十四条 除合伙合同另有约定外，合伙人向合伙人以外的人转让其全部或者部分财产份额的，须经其他合伙人一致同意。

第九百七十五条 合伙人的债权人不得代位行使合伙人依照本章规定和合伙合同享有的权利，但是合伙人享有的利益分配请求权除外。

第九百七十六条 合伙人对合伙期限没有约定或者约定不明确，依据本法第五百一十条的规定仍不能确定的，视为不定期合伙。

合伙期限届满，合伙人继续执行合伙事务，其他合伙人没有提出异议的，原合伙合同继续有效，但是合伙期限为不定期。

合伙人可以随时解除不定期合伙合同，但是应当在合理期限之前通知其他合伙人。

第九百七十七条 合伙人死亡、丧失民事行为能力或者终止的，合伙合同终止；但是，合伙合同另有约定或者根据合伙事务的性质不宜终止的除外。

第九百七十八条 合伙合同终止后，合伙财产在支付因终止而产生的费用以及清偿合伙债务后有剩余的，依据本法第九百七十二条的规定进行分配。

第三分编 准合同

第二十八章 无因管理

第九百七十九条 管理人没有法定的或者约定的义务，为避免他人利益受损失而管理他人事务的，可以请求受益人偿还因管理事务而支出的必要费用；管理人因管理事务受到损失的，可以请求受益人给予适当补偿。

管理事务不符合受益人真实意思的，管理人不享有前款规定的权利；但是，受益人的真实意思违反法律或者违背公序良俗的除外。

第九百八十条 管理人管理事务不属于前条规定的情形，但是受益人享有管理利益的，受益人应当在其获得的利益范围内向管理人承担前条第一款规定的义务。

第九百八十一条 管理人管理他人事务，应当采取有利于受益人的方法。中断管理对受益人不利的，无正当理由不得中断。

第九百八十二条 管理人管理他人事务，能够通知受益人的，应当及时通知受益人。管理的事务不需要紧急处理的，应当等待受益人的指示。

第九百八十三条 管理结束后，管理人应当向受益人报告管理事务的情况。管理人管理事务取得的财产，应当及时转交给受益人。

第九百八十四条 管理人管理事务经受益人事后追认的，从管理事务开始时起，适用委托合同的有关规定，但是管理人另有意思表示的除外。

第二十九章 不当得利

第九百八十五条 得利人没有法律根据取得不当利益的，受损失的人可以请求得利人返还取得的利益，但是有下列情形之一的除外：

（一）为履行道德义务进行的给付；

（二）债务到期之前的清偿；

（三）明知无给付义务而进行的债务清偿。

第九百八十六条　得利人不知道且不应当知道取得的利益没有法律根据，取得的利益已经不存在的，不承担返还该利益的义务。

第九百八十七条　得利人知道或者应当知道取得的利益没有法律根据的，受损失的人可以请求得利人返还其取得的利益并依法赔偿损失。

第九百八十八条　得利人已经将取得的利益无偿转让给第三人的，受损失的人可以请求第三人在相应范围内承担返还义务。